zum Kulturgüterschutz
Property Studies

eben von

Dr. Wilfried Fiedler, Saarbrücken
Dr. Dr. h. c. mult. Erik Jayme, Heidelberg
Dr. Kurt Siehr, Zürich

Amalie Weidner

Kulturgüter als
res extra commercium
im internationalen Sachenrecht

Schriften zum Kulturgüterschutz
Cultural Property Studies

Schrifte
Cultura

Herausge
Edited by

Professor
Professor
Professor

Amalie Weidner

Kulturgüter als res extra commercium im internationalen Sachenrecht

Walter de Gruyter · Berlin · New York 2001

Dr. Amalie Weidner,
Rechtsreferendarin am Kammergericht Berlin

Gedruckt mit Unterstützung der Deutschen Forschungsgemeinschaft

♾ Gedruckt auf säurefreiem Papier,
das die US-ANSI-Norm über Haltbarkeit erfüllt.

Die Deutsche Bibliothek – CIP Einheitsaufnahme

Weidner, Amalie:
Kulturgüter als res extra commercium im internationalen Sachenrecht / Amalie Weidner. – Berlin ; New York : de Gruyter, 2001
(Schriften zum Kulturgüterschutz)
Zugl.: Regensburg, Univ., Diss., 2000
ISBN 3-11-017211-9

Printed in Germany
Einbandgestaltung: +malsy kommunikation und gestaltung, Bremen
Datenkonvertierung: WERKSATZ Schmidt & Schulz, Gräfenhainichen
Druck und Bindung: Hubert & Co, Göttingen

Vorwort

Der Ausdruck *res extra commercium* bezeichnet im römischen Recht Sachen, die im Eigentum der Götter stehen bzw. Gegenstand rein göttlicher Berechtigung sind und deswegen nicht nach menschlichem Recht beurteilt werden können. Dieses Konzept scheint in die moderne Zeit überhaupt nicht zu passen. Faszinierend ist, daß der Begriff der Extrakommerzialität heute trotzdem von größter Aktualität ist, weil er im Bereich des Kulturgüterschutzes in einem völlig anderen Zusammenhang eine ganz neue Bedeutung erlangt hat.

Der Entwicklung dieses Begriffs nachzugehen und seinen Einfluß auf Kulturgüter vor allem im internationalen Sachenrecht aufzuzeigen, ist das Anliegen der vorliegenden Arbeit, welche im Sommersemester 2000 als Dissertation bei der Juristischen Fakultät der Universität Regensburg eingereicht wurde. Sie entstand mit Hilfe eines Stipendiums nach dem Gesetz zur Förderung des wissenschaftlichen und künstlerischen Nachwuchses im Zeitraum Herbst 1998 bis Frühjahr 2000. Die mündliche Prüfung fand am 20. Dezember 2000 statt. Für die Veröffentlichung wurde Literatur und Rechtsprechung bis April 2001 einbezogen. In der gleichen Schriftenreihe wird demnächst die Monographie „Unveräußerliche Kulturgüter im nationalen und internationalen Rechtsverkehr“ von Marc Weber erscheinen, welche nicht mehr berücksichtigt werden konnte.

Meinem Doktorvater Herrn Prof. Dr. Dr. h. c. mult. Dieter Henrich möchte ich an dieser Stelle herzlich danken. Er hat schon zu Beginn meines Studiums mein Interesse für das Internationale Privatrecht und die Rechtsvergleichung geweckt und in vielfältiger Weise – nicht zuletzt durch die Ermöglichung verschiedener Auslandsaufenthalte – gefördert. Dieses Interesse konnte ich später durch die wissenschaftliche Mitarbeit an seinem Lehrstuhl noch vertiefen. Daß er mir bei der Wahl des Dissertationsthemas völlige Entscheidungsfreiheit ließ, hat zwar mitunter auch zu mancher Ratlosigkeit geführt, insgesamt aber sicherlich dazu beigetragen, daß ich der Arbeit besonders viel Interesse und Begeisterung entgegenbringen konnte.

Herrn Prof. Dr. Peter Gottwald danke ich für die Anfertigung des Zweitgutachtens.

Berlin, im Juni 2001 *Amalie Weidner*

Inhaltsübersicht

Inhaltsverzeichnis

Abkürzungsverzeichnis

a. A.	anderer Ansicht
ABGB	Allgemeines Bürgerliches Gesetzbuch (Österreich)
abgedr.	abgedruckt
ABl.	Amtsblatt der Europäischen Gemeinschaften
Abs.	Absatz
Abschn.	Abschnitt
A. C.	Appeal Cases (Law Reports)
AcP	Archiv der civilistischen Praxis
ADS	Allgemeine Deutsche See-Versicherungsbedingungen
a. E.	am Ende
a. F.	alte Fassung
AFDI	Annuaire français de droit international
a. G.	altes Gesetz
AIDI	Annuaire del'Institut de Droit International
AJDA	L'Actualité Juridique – Droit administratif
AJP	Aktuelle Juristische Praxis
All E. R.	The All England Law Reports
ALR	Art Loss Register
Am. J. Int'l. L.	American Journal of International Law
Anh.	Anhang
Anm.	Anmerkung
Ann.	Annex
App.	Appendix
Arch. bürg. R.	Archiv für bürgerliches Recht
Ariz. St. L. J.	Arizona State Law Journal
Art.	Artikel / Article / Articolo / Artículo / Artigo
AS	Amtliche Sammlung der Bundesgesetze und Verordnungen (Schweiz)
AT	Allgemeiner Teil
Aufl.	Auflage
AZ	Aktenzeichen
BayGO	Bayerische Gemeindeordnung
BayVBl.	Bayerische Verwaltungsblätter
Bd.	Band
Begr.	Begründung
bes.	besonders
Beschl.	Beschluß
BewG	Bewertungsgesetz
BGB	Bürgerliches Gesetzbuch (Deutschland)
BGBl.	Bundesgesetzblatt (Österreich/Schweiz)
BGE	Entscheidungen des Schweizer Bundesgerichts (amtliche Sammlung)
BGH	Bundesgerichtshof
BGH Warn	Warneyer Rechtsprechung des BGH in Zivilsachen

BGHZ	Entscheidungen des BGH in Zivilsachen (amtliche Sammlung)
BHO	Bundeshaushaltsordnung
BJM	Basler Juristische Mitteilungen
B. O. E.	Boletín Oficial del Estado (Spanien)
BR-Drs.	Bundesratsdrucksache
BT-Drs.	Bundestagsdrucksache
Bull.	Bulletin
BVerfG	Bundesverfassungsgericht
BVerfGE	Entscheidungen des BVerfG (amtliche Sammlung)
BVerwG	Bundesverwaltungsgericht
BVerwGE	Entscheidungen des BVerwG (amtliche Sammlung)
B. W.	Burgerlijk Wetboek (Niederlande)
bw DschG	Baden-württembergisches Denkmalschutzgesetz
bw WasserG	Baden-württembergisches Wassergesetz
bzw.	beziehungsweise
c.	contro / contre (gegen)
C. A.	Court of Appeal
ca.	circa
Cal.	California
can(n).	Canon(es) des Codex iuris canonici
Cass.	Cour de Cassation (Frankreich) / Corte di Cassazione (Italien)
C. c.	Code civil (Frankreich) / Codice civile (Italien) / Código civil (Spanien, Portugal)
C. com.	Código del comercio (Spanien)
C. D.	Central District Court
CdIC	Codex iuris canonici
CD-Rom	Compact Disk Read Only Memory
Cels.	Celsus
Ch.	Chambre / Chancery Division (Law Reports)
Ch. D.	Chancery Division
CIC	Corpus iuris canonici
Cir.	Circuit
civ.	civil
Clunet	Journal du droit international privé
Cod. pen.	Codice penale (Italien)
Col. J. Transnat'l. L.	Columbia Journal of Transnational Law
Col. L. Rev.	Columbia Law Review
Cornell Int'l. L. J.	Cornell International Law Journal
Cornell L. Rev.	Cornell Law Review
CPEIA	Cultural Property Export and Import Act (Kanada)
CPIA	Convention on Cultural Property Implementation Act (USA)
DDR	Deutsche Demokratische Republik
ders.	derselbe
d. h.	das heißt

dies.	dieselbe
Dig.	Digesten des Justinian
Dir. com. int.	Diritto del commercio internazionale
disp. prel.	Disposizioni préliminari (codice civile)
Diss.	Dissertation
DMSG	(österreichisches) Denkmalschutzgesetz
D. O.	Diario Oficial (Mexiko)
Doc.	Document
DÖV	Die öffentliche Verwaltung
Dok.	Dokument
D. P.	Recueil périodique et critique Dalloz (1825–1923)
D. S.	Recueil Dalloz Sirey (seit 1955)
dt.	deutsch
EdD	Enciclopedia del Diritto
EEA	Einheitliche Europäische Akte v. 28. 2. 1986
EG	Europäische Gemeinschaften
EGBGB	Einführungsgesetz zum Bürgerlichen Gesetzbuch
EGV	Vertrag zur Gründung der europäischen Wirtschaftsgemeinschaft v. 23. 5. 1957
Einl.	Einleitung
Entsch.	Entscheidung
Entw.	Entwurf
etc.	et cetera
EU	Europäische Union
EuGH	Gerichtshof der Europäischen Gemeinschaften
EuGMR	Europäischer Gerichtshof für Menschenrechte
EuGVÜ	Brüsseler Übereinkommen über die gerichtliche Zuständigkeit und die Vollstreckung von Entscheidungen in Zivil- und Handelssachen v. 27. 9. 1968
EuR	Europarecht
EuZP	Europäische Zeitschrift für Privatrecht
EuZW	Europäische Zeitschrift für Wirtschaftsrecht
e. V.	eingetragener Verein
EVÜ	Europäisches Übereinkommen über das auf vertragliche Schuldverhältnisse anzuwendende Recht v. 27. 9. 1980
evtl.	eventuell
EWG	Europäische Wirtschaftsgemeinschaft
f. / ff.	folgende
F. 2d.	Federal Reporter (Second Series)
F. 3rd.	Federal Reporter (Third Series)
Fasc.	Fascicule (Akte)
FAZ	Frankfurter Allgemeine Zeitung
FBI	Federal Bureau of Investigation
Fn.	Fußnote
Fordham Intell. Prop. Media & Ent. L. J.	Fordham Intellectual Property, Media and Entertainment Law Journal
Foro it.	Foro italiano

franz.	französisch
franz. C. c.	französischer Code civil
FS	Festschrift
FStrG	Bundesfernstraßengesetz
F. Supp.	Federal Supplement
G.	Gesetz
Gai.	Institutionen des Gaius
Gai. Dig.	Gaius (in: Digesten)
Ga. J. Int'l. & Comp. L.	Georgia Journal of International and Comparative Law
gem.	gemäß
GewO	Gewerbeordung
GG	Grundgesetz
Giur. ital.	Giurisprudenza italiana
Giust. civ.	Giustizia civile
G. O.	Gazeta Oficial (Ecuador)
GO	Gemeindeordnung
GO LSA	Gemeindeordnung des Landes Sachsen-Anhalt
griech.	griechisch
GS	Gedenkschrift
G. U.	Gazzetta Ufficiale (Italien)
GVG	Gerichtsverfassungsgesetz
GYIL	German Yearbook of International Law
hamb DOG	Hamburgisches Deichordnungsgesetz
hamb WegeG	Hamburgische Wegegesetz
Harv. J. Int'l. L.	Harvard International Law Journal
Harv. L. Rev.	Harvard Law Review
Hast. L. J.	Hastings Law Journal
h. M.	herrschende Meinung
Houst. J. Int'l. L.	Houston Journal of International Law
HR	Hooge Rad (Niederlande)
Hrsg.	Herausgeber
HS	Halbsatz
I. C. L. Q.	The International and Comparative Law Quarterly
ICOM	International Council of Museums
i. d. F.	in der Fassung
IFAR	International Foundation for Art Research
i. J.	im Jahre
IJCP	International Journal of Cultural Property
Ill.	Illinois
I. L. M.	International Legal Materials
Ind.	Indiana
Inst.	Institutionen (des Justinian)
Interpol	Internationale kriminalpolizeiliche Organisation
IPR	Internationales Privatrecht
IPRax	Praxis des Internationalen Privatrechts
IPRG	Gesetz zum Internationalen Privatrecht
i. S. (v.)	im Sinne (von)

ISWA	International Sales of Works of Art
ital.	italienisch
ital. C. c.	italienischer Codice civile
i. V. (m.)	in Verbindung (mit)
JBl.	Juristische Blätter
JCP	Juris-Classeur Périodique: La Semaine Juridique
J. D. I.	Journal du Droit International
Jh.	Jahrhundert
J. Marshall J. Computer & Info. L.	John Marshall Journal of Computer and Information Law
J. O.	Journal Officiel (Frankreich)
JuS	Juristische Schulung
JZ	Juristenzeitung
Kap.	Kapitel
KG	Kort Geding (niederländische Entscheidungssammlung)
KOM (SYN)	Dokumente der Kommission der Europäischen Gemeinschaften
KultgRückG	Kulturgüterrückgabegesetz
KultgSchG	Kulturgutschutzgesetz
KultgSiG	Kulturgutsicherungsgesetz
KultgSRG	Kulturgutschutzrahmengesetz
Lab.	Labeo
LG	Landgericht
LGVÜ	Luganer Übereinkommen über die gerichtliche Zuständigkeit und die Vollstreckung von Entscheidungen in Zivil- und Handelssachen v. 16.9.1988
liecht.	liechtensteinisch
lit.	litera (Buchstabe)
LPE	Ley del Patrimonio del Estado
LPHE	Ley del Patrimonio Histórico Español
LPN	Ley del Patrimonio Nacional
L. & Pol. Int'l. Bus	Law and Policy in International Business
L. Q. R.	The Law Quarterly Review
Ltd.	Limited
LUAB	Loi uniforme sur l'acquisition des biens corporels de bonne foi
Marc.	Marcian
Marcell.	Marcellus
m. E.	meines Erachtens
Mich. L. Rev.	Michigan Law Review
MünchKomm	Münchener Kommentar zum Bürgerlichen Gesetzbuch
m. w. N.	mit weiteren Nachweisen
n., no.	number, numéro, numero
n. Chr.	nach Christus

N. D.	Northern District
NDI	Novissimo Digesto Italiano
NGCC	Nuova Giurisprudenza Civile Commentata
NGO	Niedersächsische Gemeindeordnung
NILR	Netherland International Law Review
NJ	Nederlandse Jurisprudentie
NJW	Neue Juristische Wochenschrift
Nr.	Nummer
NSPA	National Stolen Property Act (USA)
NVwZ	Neue Zeitschrift für Verwaltungsrecht
N. W. J. Int'l. J. L. & Bus.	Northwestern Journal of International Law and Business
NWVBl.	Nordrhein-Westfälische Verwaltungsblätter
N. Y.	New York
N. Y. U. J. Int'l. L. & Pol.	New York University Journal of International Law and Politics
o.	oben
OAS	Organization of American States
ÖJZ	Österreichische Juristenzeitung
öster.	österreichisch
OGH	Oberster Gerichtshof (Österreich)
OLG	Oberlandesgericht
OVG	Oberverwaltungsgericht
Pap.	Papinian
Paul.	Paulus
Pomp.	Pomponius
port.	portugiesisch
pr.	principium
Q. B. D.	Queen's Bench Division (Law Reports)
RabelsZ	Rabels Zeitschrift für ausländisches und internationales Privatrecht
R. D.	Real Decreto
RdC	Recueil des Cours de l'Académie de droit international (La Haye)
RefEntw.	Referentenentwurf
Rev. cr. dr. int. pr.	Revue critique de droit international privé
Rev. dr. int.	Revue de droit international
Rev. dr. int. lég. comp.	Revue de droit international et législation comparée
Rev. dr. int. pr.	Revue de droit international privé
Rev. dr. unif.	Revue de droit uniforme
Rev. hist. dr. fr. étr.	Revue historique de droit français et étranger
Rev. int. dr. comp.	Revue internationale de droit comparé
Rev. trim. dr. civ.	Revue trimestrielle de droit civil
R. G. D. I. P.	Revue générale de droit international public
Riv. com. int.	Rivista del commercio internazionale
Riv. dir. civ.	Rivista di diritto civile

Riv. dir. com.	Rivista di diritto commerciale
Riv. dir. com. dir. gen. ob.	Rivista del diritto commerciale e del diritto generale delle obbligazioni
Riv. dir. int.	Rivista di diritto internazionale
Riv. dir. int. pr. proc.	Rivista di diritto internazionale processuale e privato
Riv. trim. dir. proc. civ.	Rivista trimestrale di diritto processuale civile
Riv. trim. dir. pub.	Rivista trimestrale di diritto pubblico
RM Themis	Rechtsgeleerd Magazijn Themis
Rn.	Randnummer
R. R. J.	Droit prospectif – Revue de la recherche juridique
Rs.	Rechtssache
rumän.	rumänisch
S.	Seite / Satz
s.	siehe
sc.	scilicet
schwed.	schwedisch
schweiz.	schweizerisch
schweiz. IPRG	Bundesgesetz über das internationale Privatrecht (Schweiz)
S. D.	Southern District
SDHI	Studia et documenta historiae et iuris
sec.	section (Abschnitt)
SJZ	Schweizerische Juristen-Zeitung
Slg.	Sammlung der Rechtsprechung des Gerichtshofs der Europäischen Gemeinschaften
s. o.	siehe oben
sog.	sogenannt/e/er/es
span.	spanisch
span. C. c.	spanischer Código civil
StGBl.	Staatsgesetzblatt (Österreich)
str.	strittig
s. u.	siehe unten
Syr. J. Int'l. L. & Com.	Syracuse Journal of International Law and Commerce
SZ	Süddeutsche Zeitung
Tenn. L. Rev.	Tennessee Law Review
Tex. Int'l. L. J.	Texas International Law Journal
Tex. L. Rev.	Texas Law Review
T. L. R.	Times Law Report
Trib.	tribunal / tribunale
T. U.	Testo Unico
türk.	türkisch
türk. ZGB	Türkisches Zivilgesetzbuch
u.	unten
UA	Unterabsatz
u. a.	unter anderem / und andere
Übers.	Übersetzung

Ulp.	Ulpian
UNESCO	United Nations Organization for Educational and Scientific Cooperation
ung.	ungarisch
UNIDROIT	Institute for the Unification of Private Law
Un. L. Rev.	Uniform Law Review
Urt.	Urteil
U. S. / USA	United States / United States of America
U. S. C.	United States Code
v.	von / vom / versus (gegen)
Va. J. Int'l. L.	Virginia Journal of International Law
Vand. L. Rev.	Vanderbilt Law Review
v. Chr.	vor Christus
Verf.	Verfasser
VerwArch	Verwaltungsarchiv
VG	Verwaltungsgericht
VGH	Verwaltungsgerichtshof
Vgl. / vgl.	vergleiche
Vol.	Volume
VwVfG	Verwaltungsverfahrensgesetz
W. L. R.	The Weekly Law Reports
WRV	Weimarer Reichsverfassung
Yale L. J.	Yale Law Journal
ZaöRVR	Zeitschrift für ausländisches öffentliches Recht und Völkerrecht
z. B.	zum Beispiel
ZfRV	Zeitschrift für Rechtsvergleichung
ZGB	Zivilgesetzbuch (Schweiz)
ZIR	Zeitschrift für Internationales Recht
zit.	zitiert
ZSR	Zeitschrift für Schweizerisches Recht
ZVglRWiss	Zeitschrift für Vergleichende Rechtswissenschaft

1. Kapitel: Einführung

§ 1 Einleitung

In der heutigen Zivilisation hat man sich daran gewöhnt, daß alles, was auf der Erde existiert, auch Gegenstand von Rechten und Verfügungen sein kann. Sachen, worunter das deutsche Recht körperliche Gegenstände versteht (§ 90 BGB), sind Waren, mit denen gehandelt werden kann. Lediglich der Mensch ist von dieser Betrachtungsweise ausgenommen.[1] Das erscheint selbstverständlich, war jedoch nicht immer so. Im römischen Recht z. B. galten unfreie Menschen in privatrechtlicher Hinsicht als Sachen, die besessen und veräußert werden konnten.[2]

Auch bei Kunstwerken und Kulturgütern steht zunehmend deren kommerzieller Wert im Vordergrund. Sie gelten als optimale Kapitalanlage;[3] über die Preise, welche die Bilder bestimmter Künstler bei Auktionen erzielen, wird wie über Aktienkurse berichtet;[4] Kunst kann jetzt sogar im Internet ersteigert werden.[5] Diese Sichtweise verhindert aber den Blick auf den wesentlichen Wert eines Kulturguts: Dieser Wert ist immaterieller Art[6] und nicht in Geld zu messen. Denn Kunstwerke und Kulturgüter insgesamt sind einmalig und nicht ersetzbar. Sie geben Aufschluß über die Vergangenheit des Menschen, über die Geschichte eines Landes, die Identität eines Volkes und über vergangene Kulturen und Zivilisationen.[7]

---

1 Auch nach seinem Tod scheut man sich beim Menschen, die rein materialistische Sichtweise fortzusetzen. Wenn auch die Sachqualität der Leiche überwiegend bejaht wird (a. A. *Larenz/Wolf* AT, § 20 Rn. 9), wird ihre Verkehrsfähigkeit unter Hinweis auf den im Körper des toten Menschen verkörperten Rückstand der Persönlichkeit abgelehnt, vgl. statt vieler MünchKomm/*Holch* § 90 Rn. 23, 25, m. w. N.

2 *Kaser* I, S. 285; vgl. Gai. 2, 13: *Corporales hae sunt quae tangi possunt, velut fundus, homo, vestis, aurum, argentum, et denique aliae res innumerabiles.*

3 Vgl. *Brestel* Blick durch die Wirtschaft (FAZ) v. 23. 3. 1995, S. 1; *Hansen/Rohr Bongard/Schumacher* Capital 1990, 83ff. Die Objekte werden in Tresoren aufbewahrt und nach einigen Jahren mit möglichst hohem Gewinn weiterveräußert, *Graepler* S. 29, dazu auch *v. Kaenel* S. 71. In Schweizer Banken lagern in klimatisierten Bank-Boxen Kunstgegenstände im Wert von schätzungsweise 5 Milliarden Franken, vgl. *Brestel* Blick durch die Wirtschaft (FAZ) v. 26. 5. 1994, S. 1. Die Schweizer Bank UBS unterhält einen eigenen Geschäftsbereich Art Banking, vgl. *Brestel* FAZ v. 24. 6. 2000, S. 23.

4 Vgl. *Odrich* Blick durch die Wirtschaft (FAZ) v. 23. 7. 1996, S. 1.

5 Vgl. die Notiz v. 19. 1. 1999, IJCP 8 (1999) 578; FAZ v. 15. 3. 1999, S. 51. Vgl. auch die Internetadresse von Sotheby's: http://auction.sothebys.com.

6 Vgl. *Lhuilier* R. R. J. 1998, 513ff., 514.

7 *Hutt/McKeown* Ariz. St. L. J. 31 (1999) 363ff., 364; *Lewis* Journal of the Royal Society of Arts 129 (1981) 435ff., 436.

Außerdem tragen sie zum intellektuellen Leben eines Landes und zur öffentlichen Bildung bei.

Das gibt Anlaß zu der Überlegung, daß Kulturgüter eigentlich Sachen sind, die sich der Bewertung nach kommerziellen Gesichtspunkten entziehen und folglich auch dem kommerziellen Handel entzogen sein müßten.[8] Der Gedanke, daß bestimmte Sachen von derartiger Natur sind, daß sie am Rechtsverkehr nicht teilnehmen können oder sollen, hat auch in einer Rechtsfigur ihren Niederschlag gefunden, der *res extra commercium*, welche ihren Ursprung im römischen Recht hat. Die damaligen Erwägungen, wieso eine Sache *extra commercium* stehen sollte, hatten freilich nichts mit Aspekten des Kulturgüterschutzes zu tun. Trotzdem bietet die Rechtsfigur auch für diesen Bereich einen fruchtbaren Ansatzpunkt. Wie zu zeigen ist, behandeln viele Rechtsordnungen ihre Kulturgüter zum Teil als *res extra commercium*. Das gilt vor allem für das öffentliche und das kirchliche Kulturgut.

Seit der Nachkriegszeit und besonders seit den Achtziger Jahren[9] hat sich der Handel mit Kulturgütern zu einem Massengeschäft entwickelt, was dazu geführt hat, daß Kulturgüter „Mangelware" sind. Die große Nachfrage bei kaufwilligen Interessenten und die hohen Verkaufserlöse, die mit Kunst erzielt werden,[10] schaffen einen Anreiz, Kunstgegenstände auch auf ungesetzlichem Weg zu beschaffen.[11] Illegaler Kunsthandel ist von mafiosen Banden längst als gewinnbringendes Gewerbe entdeckt worden und wird auf der Profitskala illegaler Wirtschaftstätigkeit nur von Drogen- und Waffenhandel übertroffen.[12] In den Medien häufen sich die Nachrichten von illegalen Ausgrabungen und Kunstdiebstählen.[13] Abgesehen davon, daß die Gegenstände und ihr Aussagewert durch die oft rüden und unwissenschaftlichen Praktiken bei Raubgrabungen und Kunstschmuggel gefährdet werden, ist besorgniserregend, daß der Lageort eines Kulturguts davon bestimmt werden soll, wer am meisten dafür bezahlt.[14] Denn naturgemäß führt das zu einem Ausverkauf des Kulturerbes bestimmter Länder, die zwar an Kulturgütern reich, aber ökonomisch schwach sind. Die betroffenen

---

8 *Lhuilier* (Fn. 6) 513ff.; *Moine* S. 412f.; *v. Kaenel* S. 76.

9 *McFarland-Taylor* J. Marshall J. Computer & Info. L. 16 (1998) 937ff., 945.

10 Vgl. dazu *Foutty* Vand. L. Rev. 43 (1990) 1839ff., 1839f.; *Köhler* FAZ v. 2.8.2000, S. 12.

11 *Graepler* S. 25, 29.

12 *Brill* SZ v. 7.7.1998, S. 3.

13 *Allihn* FAZ v. 22.8.2000, S. 14; *Calonego/Brill* SZ v. 6.5.1997, S. 3; *Graaf* SZ v. 24.1.2000; *Uslucan* FAZ v. 9.8.2000, S. B 32; FAZ v. 26.5.2000, S. 46; FAZ v. 16.8.2000, S. 11; vgl. Fn. 29, 30.

14 Zynisch erscheint in diesem Zusammenhang die Bemerkung von *Merryman* Am. J. Int'l. L. 80 (1986) 831ff., 849: „*One way that cultural objects can move to the locus of highest protection is through the market. The plausible assumption is that those who are prepared to pay the most are the most likely to do whatever is needed to protect their investment.*"

Länder haben mit strengen Vorschriften reagiert, die die Bewahrung des nationalen Kulturguts im Lande sichern sollen.

Auch wenn man sich allgemein einig ist, daß der dargestellten Entwicklung Einhalt geboten werden muß, ist nicht klar, auf welchem Wege dieses Ziel erreicht werden kann. Strafgesetze können höchstens abschreckend wirken, den illegalen Handel aber letztlich nicht verhindern. Exportverbote nützen nichts, wenn das Kulturgut trotzdem herausgeschmuggelt wird, weil diese Gesetze von den Gerichten anderer Staaten meist nicht angewandt werden. Die Interessen der Herkunftsstaaten stehen außerdem im Widerstreit zu den Interessen des Kunsthandels und der sogenannten Marktstaaten. Fraglich ist nämlich auch, nach welchen Kriterien sich die Illegalität des Kunsthandels überhaupt bemißt.[15]

Es läßt sich nicht leugnen, daß Kunstwerke für die nationale Identität und das historische Bewußtsein des Landes, in dem sie sich befinden und dem sie aufgrund seiner Geschichte zugeordnet werden, sehr wichtig sein können. Auch sind sie häufig Gegenstand religiöser Verehrung und stehen daher in einer besonders engen Bindung zu der Kultur und dem Ort, an dem sie aufbewahrt werden. Einzelne Dokumente erlangen beispielsweise einen besonderen Wert als Bestandteil des Archivs, zu dem sie gehören; Archive wiederum stehen häufig in einem kulturellen oder historischen Zusammenhang zu dem Ort oder der Region, in der sie sich befinden.[16] Bei archäologischen Gegenständen sind aus wissenschaftlicher Sicht die Informationen und Erkenntnisse, die aus dem Fundzusammenhang erlangt werden, oft wichtiger als das Objekt selbst.[17] Es gibt also eine territoriale Bindung bestimmter Kulturgüter. Das Interesse von Staaten an ihrer Bewahrung im eigenen Land ist daher grundsätzlich legitim.

Andererseits haben viele Länder (allerdings aus berechtigter Furcht bzw. wegen ihrer Erfahrungen in der Vergangenheit)[18] solch eine rigorose Gesetzgebung erlassen, daß jeder Verkauf oder Export von Kulturgut verboten ist. Einen legalen Handel könnte es also mit Kulturgütern aus diesen Ländern gar nicht mehr geben.[19] Es sind auch solche Kulturgüter betroffen, die in diesem Land vielfach vorhanden sind und deswegen keiner großen Wertschätzung unterliegen.[20] Von

---

[15] Ein Handeln, das Rechtsvorschriften eines Staates verletzt, gilt in einem anderen Staat nur dann als illegal, wenn dieser die Regelungen des ausländischen Staates in irgendeiner Form in sein eigenes Recht übernommen hat, vgl. auch 5. Kap. § 7.

[16] Vgl dazu *Bouaïta* Rev. dr. int. 61 (1983) 27ff., 35ff.; *Mußgnug* Kunst und Recht, S. 15ff., S. 29.

[17] Vgl. *Giuliani* S. 7ff.; *Krinzinger* S. 45ff.

[18] Vgl. z. B. 2. Kap. § 4 I.

[19] Von Kritikern wird behauptet, daß gerade diese Gesetze Ursache eines illegalen Kunsthandels sind; *Merryman* (Fn. 14) 847f.; *ders.* ISWA V, S. 3ff., S. 13; *ders.* N. Y. U. J. Int'l. L. & Pol. 31 (1998) 1ff., 10.

[20] *Bator* Stan. L. Rev. 34 (1982) 275ff., 325.

Kritikern wird angeführt, daß die Kulturgüter in ihrem Heimatland nicht geschützt, sondern lediglich gehortet würden. Sie würden nicht ausgestellt und keinen wissenschaftlichen Zwecken zur Verfügung gestellt.[21] Selbst in den Museen ist eine angemessene Konservierung in diesen Ländern aufgrund eines Mangels an finanziellen Möglichkeiten häufig nicht gewährleistet.[22]

Demgegenüber besteht auch ein Interesse am Austausch von Kulturgütern und daran, die Werke fremder Kulturen möglichst vielen Menschen zugänglich zu machen.[23] Es kann nicht der Sinn von Kulturpolitik sein, beispielsweise alle altägyptische Kunst in Ägypten, alle Werke von Dürer in Deutschland oder alle Renoirs in Frankreich zu behalten.[24] Interesse an und Verständnis für fremde Kulturen kann zur Völkerverständigung und zur Friedenssicherung beitragen; auch die Entwicklung der eigenen Kultur ist häufig durch die Kenntnis anderer Kulturen bedingt.[25] Die generelle Bindung von Kulturgut, insbesondere von solchem im Privateigentum, an ein bestimmtes Land begegnet also auch Bedenken.

Die Frage, ob und inwieweit nationale Kulturgüterschutzgesetze in anderen Staaten berücksichtigt werden sollten, ist sehr umstritten und die Vertreter der verschiedenen Ansichten bekriegen sich auf das Heftigste. Da das Thema geeignet ist, Emotionen zu mobilisieren, wird die Diskussion häufig leider unsachlich und undifferenziert geführt. Von der einen Seite (den sogenannten Kulturnationalisten) wird die Bedeutung der Kultur für das Identitätsgefühl eines Volkes angeführt, von anderer Seite (den selbsternannten sogenannten Kulturinternationalisten)[26] die auf Nationalismus beruhenden Eingriffe in das Privateigentum und den freien Handel angeprangert und Kulturgut als gemeinsames Erbe der Menschheit beansprucht.[27] Die Frage, wie das allgemeine Spannungsverhältnis zwischen dem Interesse eines Staates an der Bewahrung seines nationalen Kulturguts im Land und dem Interesse an einem freien Handel und Austausch von Kulturgütern zu lösen ist, soll hier nur am Rande behandelt werden.

---

21 *Merryman/Elsen* 2. Aufl., S. 62ff., S. 63.

22 *Schumacher* S. 60ff.

23 *Bator* (Fn. 20) 306ff.; *Franz* S. 25f.; vgl. auch die Präambel der UNESCO-Konvention v. 1970; s. u. 6. Kap. § 2 V.

24 Auch würde eine einseitig auf Repatriierung ausgerichtete Kulturgüterschutzpolitik eigenmächtiges Handeln rechtfertigen, wie z. B. das eines mexikanischen Rechtsanwalts, der Anfang der Achtziger Jahre einen atztekischen Kodex aus der Bibliothèque Nationale in Paris stahl. Die mexikanische Regierung verweigerte die Rückgabe mit der Behauptung, daß der Kodex im 19. Jahrhundert aus Mexiko gestohlen worden sei, vgl. *Merryman/Elsen* 3. Aufl., S. 197; *Nafziger* Houst. J. Int'l. L. 4 (1981) 189ff., 193.

25 Die Kubisten holten sich z. B. Anregungen bei afrikanischen Holzschnitten und Masken.

26 Diese Unterscheidung geht auf *Merryman* (Fn. 14) 831ff. zurück. Vgl. auch *ders.* ISWA V, S. 3ff.; *Hugger* JuS 1992, 997ff., 1002f.

27 Vgl. dazu auch 3. Kap. Fn. 6.

Ein von der generellen nationalen oder territorialen Bindung des Kulturerbes eines Landes zu unterscheidendes Thema ist, ob das internationale und das deutsche Sachenrecht der mit Kulturgütern verbundenen Interessenlage gerecht werden. Nach deutschem Recht werden alle in Deutschland belegenen körperlichen Gegenstände als Sachen i. S. v. § 90 BGB behandelt, unabhängig davon, ob es sich um Gegenstände mit rein finanziellem Wert oder um solche mit einem immateriellen Wert handelt bzw. ob sie im Eigentum Privater oder im Eigentum der öffentlichen Hand stehen. Dieses Problem wird virulent, wenn gestohlenes oder unterschlagenes Kulturgut aus ausländischen Museen oder Kirchen, welches nach der dortigen Rechtsordnung den Status einer *res extra commercium* hat, nach Deutschland gelangt und hier dieselbe Behandlung wie ein in der Eisenbahn liegengelassener Regenschirm erfährt,[28] nämlich nach zehn Jahren gutgläubigen Besitzes ersessen, bei einer öffentlichen Versteigerung gutgläubig erworben und nach 30 Jahren selbst von dem Dieb nicht mehr zurückgefordert werden kann.

Gerade Diebstähle aus staatlichen Museen[29] und Kirchen[30] haben in den letzten Jahren zugenommen; viele der Kunstwerke gelangen Jahre später auf Umwegen wieder auf den Kunstmarkt, um den bestehenden Bedarf zu befriedigen.[31]

---

28 Vgl. *Mußgnug* Rechtsfragen, S. 199ff., S. 200; *ders.* FAZ v. 10.11.1998, S. 12.

29 Im Mai 1998 entwendeten Diebe aus der Galleria Nazionale d'Arte Moderna in Rom drei wertvolle Gemälde von Cezanne und von Van Gogh, vgl. *Brill* SZ v. 22.5.1998, S. 12. Zwei Monate später wurden die Bilder glücklicherweise durch eine für den Kulturgüterschutz zuständige Spezialeinheit der Carabinieri aufgefunden. Nicht identifiziert werden konnten jedoch die Auftraggeber, vgl. *Brill* SZ v. 7.7.1998, S. 3. In der französischen Stadt Orleans wurde Ende April ein Gemälde des Impressionisten Alfred Sisley, SZ v. 6.5.1998, S. 17, aus dem Louvre ein Bild von Camille Corot gestohlen, SZ v. 5.5.1998, S. 13. Im September 1998 wurden aus dem Museum der Schönen Künste in Nizza Gemälde von Alfred Sisley und Claude Monet geraubt, SZ v. 22.9.1998, S. 14. Im Januar 1999 wurden zwei Gemälde (von Bellini und Rembrandt) aus dem Kopenhagener Museum gestohlen, FAZ v. 30.1.1999, S. 9; im April wurden Bilder aus dem Sankt Petersburger Russischen Museum das Opfer von Dieben, FAZ v. 8.4.1999, S. 4. In der Silvesternacht 1999/2000 wurde aus einem Museum in Oxford ein Gemälde von Cezanne gestohlen, FAZ v. 3.1.2000, S. 47. In den Zeitungsartikeln liest man stets, daß die Bilder aufgrund des hohen Bekanntheitsgrades als unverkauflich gelten. Die Scheu, auch eindeutig gestohlene Werke zu kaufen, ist in den Kreisen der Abnehmer jedoch längst nicht so groß, wie angenommen wird. Zwar ist ein Eigentumserwerb vom Nichtberechtigten mangels Gutgläubigkeit in diesen Fällen nicht möglich; es droht allerdings Verjährung.

30 Im Juli 1998 wurde eine Bande von Kunstdieben gestellt, die seit April 1996 bei Einbrüchen in Kapellen im Raum Bamberg/Forchheim sakrale Kunstgegenstände gestohlen hatten, SZ v. 27.6.1998, S. 63. Die SZ v. 14.10.1998, S. L6, berichtet von einer Diebstahlserie aus Kirchen im Raum Amberg und Weiden. Von Kirchendiebstählen sind in besonders großem Maße die osteuropäischen Länder betroffen, *Schnitzler* FAZ v. 24.8.1999, S. 10. Vgl. auch FAZ v. 2.2.1999, S. 13.

31 Bilder von Corot, die 1994 aus einem Museum in Burgund gestohlen worden waren, tauchten zwei Jahre danach in japanischen Galerien auf, *Chimelli* SZ v. 13.6.1998, S. 12. Zur

Die Frage, ob die den dinglichen Status dieser Kulturgüter regelnden Bestimmungen nicht auch vor deutschen Gerichten anerkannt werden sollen, muß von der generellen Problematik einer Anerkennung ausländischer Exportverbote unterschieden werden. Wenn nämlich ein als *res extra commercium* angesehenes Kulturgut veräußert wird, geschieht es nie mit Zustimmung des Eigentümers; dieser ist (von wenigen Ausnahmen abgesehen) eine öffentlichrechtliche juristische Person. In den meisten Fällen wurde das Kulturgut gestohlen; es kann aber auch eine andere Form der unrechtmäßigen Aneignung (z. B. Unterschlagung, Erpressung) stattgefunden haben. Auf jeden Fall liegt ursprünglich – auch aus der Sicht eines Staates mit liberaleren Regelungen für den Kunsthandel – eine unrechtmäßige Handlung vor. Die Situation ist also eine andere als bei einem Exportverbot, durch welches in Rechte des privaten Eigentümers eingegriffen wird und dieser an einem (möglicherweise lukrativeren) Verkauf im Ausland gehindert wird.[32]

Die Arbeit möchte zeigen, was Extrakommerzialität im rechtlichen Sinne bedeutet, welche Regelungen des Kulturgüterschutzrechts in diese Richtung gehen und warum und auf welchem Wege ausländische Regelungen, die Kulturgut zu *res extra commercium* erklären, im Wege des IPR bzw. mittels internationaler Abkommen anerkannt werden können. Schließlich soll die Frage der Extrakommerzialität als Vorschlag für das deutsche Kulturgüterschutzrecht diskutiert werden.

§ 2 Vorbemerkungen und Themenabgrenzung

Juristische Dissertationen zum Kulturgüterschutz beginnen meist mit einer Definition des Begriffs „Kulturgut."[33] Der Versuch einer umfassenden und allgemeingültigen Definition ist aber meist ein erfolgloses und zudem wenig sinnvolles Unterfangen.[34] Entweder wird der Begriff zu eng gefaßt, so daß Gegenstände, die an sich schützenswert wären, nicht darunter fallen, oder die

---

unrühmlichen Rolle auch der großen Auktionshäuser *v. Planta* FAZ v. 18.9.1999, S. 51; *Watson* Sotheby's – Das Ende eines Mythos; *Volker* SZ v. 10.12.1997, S. 914.

32 Nur die letztgenannte Situation wird allerdings von den Gegnern einer stärkeren Kooperation im Bereich des internationalen Kulturgüterschutzes, die auch eine Berücksichtigung ausländischer Schutzgesetze mitumfassen würde, dargestellt, vgl. z. B. *Merryman* N. Y. U. J. Int'l. L. & Pol. 31 (1998) 1ff., 4; *Staechelin* S. 71ff.

33 Vgl. *Byrne-Sutton* trafic, S. 60ff.; *Jaeger* S. 9ff.; *Schmeinck* S. 46ff.; *v. Schorlemer* S. 46ff.; *Walter* S. 12ff. Vgl. auch *Blake* I. C. L. Q. 49 (2000) 61ff.

34 *Müller-Katzenburg* S. 133; vgl. *Reichelt* Neues Recht, S. 55ff., S. 61: *„Der Begriff des Kulturgutes ist vielmehr ein in Zeit und Raum dynamischer Begriff, für den eine internationale Definition nicht nur nicht möglich ist, sondern auch gar nicht wünschenwert ist."*

Definition ist so weit, daß sie ihren Zweck, eine Grenze zu ziehen, nicht erfüllt. Selbst wenn man eine befriedigende Definition finden würde, bliebe die Frage offen, wann die aufgestellten Kriterien erfüllt sind, wann also z. B. ein Gegenstand von künstlerischem oder historischem Interesse ist.[35] Denn dabei handelt es sich um Merkmale, die nie objektiv feststehen können, sondern bei denen ein subjektiver Bezug erforderlich ist.[36] In dieser Arbeit wird von einem weiteren Definitionsversuch daher Abstand genommen.

Der Begriff Kulturgut ist in jedem Fall weiter als der Begriff Kunstwerk, weil von ihm auch Gegenstände umfaßt werden, die keinen ästhetischen Wert haben, aber z. B. wegen ihres geschichtlichen Zusammenhangs (wie historische Dokumente) von kultureller Bedeutung sind. Den größten Teil der vom internationalen illegalen Handel betroffenen Kulturgüter machen aber Kunstwerke aus, weswegen die Begriffe Kulturgut und Kunstwerk häufig synonym benutzt werden. Das bedeutet nicht, daß, wenn im folgenden von Kunstwerken oder Kunsthandel die Rede ist, andere Kulturgüter ausgeschlossen sein sollen.

Die Arbeit beschäftigt sich nur mit dem rechtlichen Status von beweglichem Kulturgut. Denn nur bei diesem ergibt sich das Problem des grenzüberschreitenden Rechtsverkehrs. Allerdings haben die rücksichtslose Vorgehensweise von Kunstdieben und -schmugglern[37] sowie die modernen technischen Möglichkeiten[38] dazu geführt, daß die Frage, ob es sich um eine bewegliche oder unbewegliche Sache handelt, manchmal schwer zu beantworten ist.[39]

Das Recht des internationalen Kulturgüterschutzes kann unter verschiedenen Aspekten betrachtet werden. Mit Problemen des Schutzes von Kulturgütern, des illegalen Kunsthandels und der Rückführung von Kulturgut befassen sich sowohl die nationalen zivilrechtlichen, öffentlichrechtlichen und strafrechtlichen Gesetze als auch das Internationale Privatrecht, das Internationale Strafrecht und das Völkerrecht. Eine im Völkerrecht maßgebliche Unterteilung ist die Unterscheidung von kriegsrechtlichem Kulturgüterschutz und Kulturgüterschutz in Friedenszeiten.

Die vorliegende Arbeit beschäftigt sich in erster Linie mit zivil- und internationalprivatrechtlichen Fragen und Ansprüchen, auch wenn in diesem Zusammen-

---

35 Vgl. *Müller-Katzenburg* S. 134: *„Damit wird die Frage der Begriffsbestimmung letztlich auf eine andere Ebene verschoben."*

36 Vgl. dazu *Roellecke* S. 33: *„Kultur ist also Wertschätzung, und Wertschätzung hängt vom sozialen Kontext ab."*

37 Statuen und Reliefs werden abgeschlagen oder indianische Grabstelen zersägt, s. u. 4. Kap. § 3 I.

38 Mosaiken und Fresken können von ihrem Untergrund abgetrennt werden.

39 Vgl. zu dieser Problematik die Entsch. *Ville de Genève et Fondation Abegg c. Consorts Magail*, s. u. 5. Kap. § 8 III. 1. a. Fn. 440.

hang, soweit es um dessen zivilrechtliche Rechtswirkungen geht, häufig nationales öffentliches Recht von Bedeutung ist. Völkerrechtliche Fragen des Kulturgüterschutzes werden dagegen nicht oder nur am Rande berührt. Insofern finden sich keine Anmerkungen zu den Rückgabeforderungen und der Nationalisierung deutscher Beutekunst durch das russische Parlament.[40] Der kriegsrechtliche Kulturgüterschutz wird ganz ausgespart.[41] Ebensowenig wird auf das seit der Washingtoner Konferenz über den Umgang mit unrechtmäßig erworbenem Vermögen von Holocaust-Opfern im Herbst 1998[42] sehr aktuelle Thema der Rückgabeforderungen von während der Nazizeit beschlagnahmten und enteigneten Kunstgegenständen eingegangen.[43]

§ 3 Begriffsbestimmungen

Eine „*res extra commercium*" ist eine „Sache außerhalb des Rechtsverkehrs." Gemeint ist, daß die Sache nicht Gegenstand des Rechtsverkehrs sein kann; sie ist nicht verkehrsfähig. Zum besseren Verständnis erscheint es angebracht, diesen Begriff vorweg näher zu erläutern und von anderen rechtlichen Beschränkungen abzugrenzen.

I. Verkehrsfähigkeit

Verkehrsfähigkeit im engeren Sinne bedeutet die Eignung von Sachen, Gegenstand dinglicher Rechte und Verfügungen zu sein. Häufig wird der Begriff Verkehrsfähigkeit in einem sehr weiten Sinne verstanden, so daß jede Bestimmung, die den Handel mit einer Sache – auch nur faktisch – erschweren kann, als eine Einschränkung ihrer Verkehrsfähigkeit angesehen wird. Danach würde etwa bereits die Tatsache, daß die Ausfuhr eines Kulturguts ins Ausland, wo es zu

---

40 Dazu SZ v. 6.2.1997, S. 9; SZ v. 14.5.1997, S. 1; vgl. zum Urteil des russischen Verfassungsgerichts, welches das russische Gesetz für verfassungsmäßig erklärt hat, FAZ v. 21.7.1999, S. 1, S. 14, S. 43; FAZ v. 22.7.1999, S. 47. Zur Rückforderung sogenannter Beutekunst *Schoen* NJW 2001, 537ff.; *Schorlemer* GYIL 41 (1998) 317ff.

41 Vgl. zum am 26.3.1999 verabschiedeten Protokoll zur Haager Kulturgutschutzkonvention (abgedruckt in Art, Antiquity and Law 4 (1999) 178ff.) *Gilessen* FAZ v. 18.5.1999, S. 54; vgl. auch *Carducci* R. G. D. I. P. 2000, 289ff.

42 Vgl. dazu *Kaps* FAZ v. 3.12.1998, S. 45; *Kornelius* SZ v. 30.11.1998, S. 4; *Raschèr* IJCP 8 (1999) 338ff.

43 Vgl. *Tyler* Rutgers L. J. 30 (1999) 441ff.; *Walton* Fordham Intell. Prop. Media & Ent. L. J. 9 (1999) 549ff. Viele Museen haben in der Folgezeit Kunstwerke an die früheren Eigentümer bzw. deren Nachkommen zurückgegeben, vgl. FAZ v. 28.6.1999, S. 54; SZ v. 9.7.1999, S. 17. Zur Restitution „entarteter Kunst" vgl. die Monographie von *Kunze*.

einem höheren Preis verkauft werden könnte, verboten wird, seine Verkehrsfähigkeit beschränken.[44]

In dem hier verwendeten Sinn werden unter Entzug und Einschränkung der Verkehrsfähigkeit nur rechtliche Beschränkungen verstanden und zwar solche, die sich auf die Sache selbst beziehen, nicht auf die Befugnisse ihres Eigentümers oder auf das Rechtsgeschäft, dessen Gegenstand die betreffende Sache bildet. Verkehrsfähigkeit bzw. ihr Fehlen oder ihre Beschränkung bezeichnen eine intrinsische, dingliche Eigenschaft der Sache.[45] Diese haftet der Sache unmittelbar und grundsätzlich auf Dauer an: Eine verkehrsfähige Sache kann ihre Verkehrsfähigkeit nicht auf einmal einbüßen; umgekehrt kann eine verkehrsunfähige oder in ihrer Verkehrsfähigkeit beschränkte Sache diese Qualität nicht verlieren (wie etwa eine dingliche Belastung im deutschen Recht durch gutgläubigen lastenfreien Erwerb untergehen kann, § 936 BGB), es sei denn, daß durch eine Entscheidung der Legislative oder der Exekutive – je nach dem, ob die Verkehrsbeschränkung auf einer besonderen Einordnung der Sachen durch den Gesetzgeber oder auf einer Widmung der Exekutive beruht – der dingliche Status der Sache verändert wird.[46] Die Zuordnung der Verkehrsfähigkeit oder ihres Fehlens zu der Sache selbst ist insofern wichtig, als dadurch der Unterschied gegenüber Beschränkungen der Handlungsfähigkeit oder Verfügungsmacht des Rechtsinhabers der Sache deutlich wird.[47]

Die Verkehrsunfähigkeit bzw. Extrakommerzialität setzt sich aus zwei Komponenten zusammen, der Unveräußerlichkeit und der Unverjährbarkeit. Beides ist allerdings nicht Folge der Extrakommerzialität, sondern macht gerade ihr Wesen aus.[48]

---

[44] Vgl. z. B. *Cornu* S. 89. MünchKomm/*Kreuzer* Nach Art. 38 Anh. 1, Rn. 205, spricht in diesem Fall von grenzüberschreitender Verkehrsunfähigkeit.

[45] *Kaufmann* S. 6; *Kormann* S. 96, S. 105, S. 132. Vgl. auch *Moine* S. 3: *„En somme, la commercialité est l'état „ordinaire" des choses."*

[46] Vgl. z. B. die *desaffectation* oder das *déclassement* im franz. Recht, s. u. 4. Kap. § 1 I. 2. a. und § 1 I. 2. b. bzw. die *sdemanializzazione* im ital. Recht, s. u. 4. Kap. § 1 IV. 2. a.

[47] *Raape* S. 181; s. u. § 3 II. Auf den ersten Blick ist diese Definition allerdings schwer mit der Tatsache zu vereinbaren, daß sich die Verkehrsunfähigkeit von Kulturgütern in den meisten Rechtsordnungen auf Kulturgüter im Eigentum des Staates oder einer juristischen Person des öffentlichen Rechts beschränkt. Demnach scheint es doch auf den Eigentümer anzukommen. Allerdings legt diese Eingrenzung auf Kulturgüter im Eigentum des Staates nur fest, welche Kulturgüter überhaupt vom Status der Verkehrsunfähigkeit betroffen sind und qualifiziert nicht die Verkehrsunfähigkeit als solche. Eine derartige Bestimmung stellt keine bloße Verfügungsbeschränkung des Staates dar, weil die betreffenden Güter weder vom Staat noch von irgendeiner anderen Person wirksam veräußert bzw. erworben werden können.

[48] Vgl. *Kaufmann* S. 10: *„Die Extrakommerzialität der einzelnen Sache ist nicht die Ursache, sondern nur die zusammenfassende Bezeichnung der verschiedenen, die Stellung derselben zum Privatrechtssubjekt markierenden Merkmale."*

1. Unveräußerlichkeit

Eine unveräußerliche Sache ist untaugliches Objekt einer Veräußerung.[49] Unter Veräußerung versteht man die rechtsgeschäftliche Übertragung eines Rechts. Eine unveräußerliche Sache kann also nicht übereignet werden. Dagegen können an einer extrakommerziellen Sache überhaupt keine Rechte begründet werden. Insofern stellt die Veräußerlichkeit nur einen Aspekt oder Ausschnitt der Verkehrsfähigkeit dar, dementsprechend die Unveräußerlichkeit nur eine Teileinschränkung derselben. Streng genommen könnte das Eigentum an unveräußerlichen Sachen zwar nicht übertragen werden; Verpfändung oder Dereliktion wären dagegen möglich. Meist bestehen aber Regelungen, die auch diese Verfügungen ausschließen.

Die Qualifikation einer Sache als unveräußerlich verhindert dagegen nicht, daß das Eigentum wegen Ersitzung der Sache durch einen anderen verloren geht oder sie wegen Verjährung des Vindikationsanspruchs nicht mehr herausverlangt werden kann.[50] Die Begriffe Unveräußerlichkeit und Extrakommerzialität werden allerdings häufig synonym gebraucht.[51]

2. Unverjährbarkeit[52]

Neben der Unveräußerlichkeit einer Sache ist ihre Unverjährbarkeit Grund für die Verkehrsunfähigkeit. Unverjährbarkeit bedeutet, daß auch Zeitablauf keinen Einfluß auf die Eigentumsverhältnisse an der Sache haben kann. Sie kann weder ersessen werden noch kann der Vindikationsanspruch verjähren.

---

49 Unveräußerlichkeit ist hier immer nur im Sinne von Unübertragbarkeit einer Sache gemeint. Dagegen wird in den USA der Begriff „*inalienability*" als sogenannte „*market-inalienability*" auch für Konstellationen verwandt, in denen zwar die Übertragung eines Rechts möglich ist, aber nicht gegen Entgelt. In diesen Bereich fallen Probleme der Prostitution, des Kinderhandels und der Leihmutterschaft, vgl. *Radin* Harv. L. Rev. 1987 (100) 1849ff. *Rose-Ackermann* Col. L. Rev. 85 (1985) 931ff., 935, spricht in diesem Fall von „*modified inalienability.*" Zur Abgrenzung auch *Moustakos* Cornell L. R. 74 (1989) 1179ff., 1203. Mit Unveräußerlichkeit ist im Rahmen der vorliegenden Arbeit auch nur die gesetzliche Unveräußerlichkeit gemeint, im Gegensatz zur rechtsgeschäftlich festgelegten Unveräußerlichkeit (vgl. § 137 BGB).

50 S. u. § 3 I. 2.

51 Z. B. wurde bei den in Art. 23 des ital. KulturgüterschutzG v. 1939 (durch den Testo Unico v. 1999 außer Kraft gesetzt) als unveräußerlich bezeichneten Kulturgütern als selbstverständlich vorausgesetzt, daß diese auch nicht ersessen werden konnten. Vgl. *Bila* S. 87; *Deangeli* Giur. it. 1994, I, 1241ff., 1243; *Reichelt* Internationaler Kulturgüterschutz, S. 14 Fn. 26. Das folgte aus Art. 1145 ital. C. c., der besagt, daß der Besitz von Gegenständen, an denen man kein Eigentum erwerben kann, keine Rechtswirkungen nach sich zieht.

52 Meist wird der im franz. bzw. ital. Recht verwandte Begriff „*imprescriptible*" bzw. „*imprescrittibile*" im Deutschen mit „unersitzbar" übersetzt, vgl. z. B. Staudinger/*Stoll* Internationales Sachenrecht, Rn. 178. Ausgeschlossen wird durch diese Qualifizierung einer Sache allerdings nicht nur die Möglichkeit ihrer Ersitzung, sondern auch die Verjährung des Vindikationsanspruchs. Deswegen wird hier der Ausdruck „unverjährbar" bevorzugt.

Die Unverjährbarkeit ist wie die Unveräußerlichkeit eine der Sache unmittelbar anhaftende dingliche Eigenschaft, die unabhängig davon besteht, in wessen Eigentum die Sache steht. Da es sich bei dem Eigentumserwerb durch Ersitzung bzw. dem „faktischen Eigentumserwerb" durch Verjährung[53] um einen originären und nicht um einen derivativen Eigentumserwerb handelt, erfolgt dieser ohne ein zugrundeliegendes Rechtsgeschäft. Die Unveräußerlichkeit, die nur zur Unfähigkeit eines Gegenstandes, durch Rechtsgeschäft übereignet zu werden, führt, kann einen originären Eigentumserwerb folglich nicht verhindern. Die Unverjährbarkeit ist daher die notwendige und logische Ergänzung der Unveräußerlichkeit.[54] Während die Unveräußerlichkeit beim derivativen Eigentumserwerb eingreift und die unerwünschte Folge des Eigentumswechsels verhindert, erreicht die Unverjährbarkeit dies hinsichtlich des originären Eigentumserwerbs.

Die Unverjährbarkeit einer Sache kann aber auch Einfluß darauf haben, ob diese überhaupt vom Nichtberechtigten erworben werden kann, weil in manchen Rechtsordnungen der gutgläubige Erwerb als eine Form der Ersitzung ausgeformt ist (Art. 2279 franz. C. c.; Art. 464, 1955 span. C. c.).[55]

II. Verfügungsbeschränkungen

Die Verkehrsunfähigkeit einer Sache darf nicht mit einer Beschränkung des Verfügungsrechts verwechselt werden. Als Verfügungsrecht bezeichnet man das Zusammentreffen von Verfügungsmacht und Verfügungsbefugnis.[56] Verfügungsmacht ist die rechtliche Macht, kraft derer eine bestimmte rechtliche Wirkung erzielt werden kann, der Verfügungserfolg, z. B. also die Übertragung des Eigentums. Dagegen bezeichnet der Begriff der Verfügungsbefugnis die Verfügungsmacht voraussetzende rechtliche Erlaubnis zur Verfügung. Verfügungsmacht bezeichnet also das Verfügenkönnen, Verfügungsbefugnis das Verfügendürfen.

---

[53] Der ursprüngliche Eigentümer behält zwar sein Eigentum; dieser Rechtstitel ist aber vollkommen wertlos, ein sogenanntes *ius nudum*, weil der Eigentümer die Sache nicht herausverlangen kann; vgl. dazu *v. Gehren* FAZ v. 10. 7. 1992, S. 31. Andere Rechtsordnungen trennen gar nicht zwischen Verjährung und Ersitzung. Bei der Ersitzung handelt es sich um einen Eigentumserwerb durch Verjährung, vgl. z. B die *adverse possession* im Common Law. Vgl. auch Art. 2219 franz. C. c.: *La prescription est un moyen d'acquérir ou de se libérer par un certain laps de temps, et sous les conditions déterminées par la loi.* bzw. Art. 1930 span. C. c.: (1) *Por la prescripción se adquieren, dela manera y con las condiciones determinadas en la ley, el dominio y demás derechos reales.*

(2) *También se extinguen del propio modo por la prescripción los derechos y las acciones, de cualquier clase que sean.*

[54] *Chatelain* Œuvres d'art, S. 28, S. 30; *Dufau* domaine public, S. 273; *Wolkowitsch* S. 98.

[55] S. u. 4. Kap. § 1 I. 2. b.; 4. Kap. § 1 V. 2. b.

[56] *Mehrtens* S. 60.

Ist die Verfügungsmacht beschränkt, mißlingt die Verfügung. Der mit ihr erzielte Erfolg kann nicht eintreten. Das rechtliche Fehlgehen der Verfügung beruht in diesen Fällen aber auf einer subjektiven Beschränkung des Verfügenden und nicht auf einer objektiven, jedermann treffenden Eigenschaft der Sache.[57]

III. Veräußerungsverbote

Ebenfalls abzugrenzen sind Verkehrsbeschränkungen gegenüber Veräußerungsverboten. Die solchen Verboten zuwiderlaufende Veräußerung ist zwar häufig nichtig (im deutschen Recht in Verbindung mit § 134 BGB), schlägt also ebenfalls fehl.[58] Veräußerungsverbote gehen jedoch von grundsätzlich veräußerlichen Verfügungsobjekten aus.[59] Wenn die Rechtsordnung dagegen den rechtlichen Erfolg von vornherein versagt, braucht sie das Verbot gar nicht.[60] Kennzeichen des Veräußerungsverbotes ist dessen Singularität: Die Veräußerung eines Gegenstandes, der grundsätzlich als veräußerlich angesehen wird, wird ausnahmsweise verboten. Nach einer Definition von *Wappaeus* ist Wesen der Verkehrsentziehung Ausschluß von Rechten, Wesen des Veräußerungsverbots dagegen Ausschluß von Rechtsgeschäften. Extrakommerzialität bedeute, daß an der Sache

---

[57] Vgl. auch *Kormann* S. 96; *Salvestroni* Riv. dir. com. dir. gen. ob. 1988, 477ff., 485: „*Per atto di disposizione e disponibilità di beni si deve intendere, a nostro avviso, l'atto e la relativa legittimazione del titolare di un rapporto su una res per l'esercizio del relativo potere giuridico, nel senso del trasferimento totale o parziale della res medesima dal proprio patrimonio al patrimonio altrui.*"; 486: „*I termini „alienazione" e „alienabilità" esprimono analoghi concetti, considerati però in collegamento piuttosto che con il presupposto soggettivo dell'atto, e cioè con il soggetto, e con le sue posizioni soggetive, con la res nel suo obiettivo distacco – anche necessario – da un patrimonio per entrare in patrimonio diverso;* (...) *Se ora si passa dalle nozioni „positivi" fin qui esaminate all'esame di quelle „negative" corrispondenti, si possono anzitutto rilevare ulteriori precisazioni della dottrina. Così, con riferimento al concetto di „indisponibilità" giuridica" si è ritenuto indubbio che esso riflette quella singolare posizione del titolare del diritto, conseguente al fatto che il diritto stesso è destinato ad assolvere una particolare funzione nei confronti di determinate personi (terzi creditori): nel frattempo il soggetto non può dismetterlo dal suo patrimonio, cioè non può compiere atti dispositivi. Dal che discende che la posizione del soggetto va posta in relazione all'oggetto dell'atto, il quale però è di per sé idoneo al trasferimento e deve soltanto assolvere ad una funzione transeunte. Non ricorre quindi una situazione invalidante, ma semplicemente illegittimante, in quanto il soggetto è capace e l'oggetto è trasferibile.*" (...); 487: „*Quest'ultima nozione (inalienabilità), peraltro sembra adeguatamente rappresentare tutte le forme qualificabili di indisponibilità obiettiva, derivante cioè da un particolare status rei,* (...)."

[58] In Rechtsordnungen, die für die Übertragung des Eigentums ein wirksames Grundgeschäft voraussetzen (z. B. das öster. Recht) bzw. bei denen das Eigentum schon aufgrund dieses Rechtsgeschäfts übergeht (z. B. im franz. oder ital. Recht), führt auch die Nichtigkeit des Kauf- oder Schenkungsvertrages zum Fehlgehen der Veräußerung.

[59] *Mehrtens* S. 47.

[60] *Raape* S. 15.

keine oder doch gewisse Rechte nicht zugelassen werden; die sekundäre Folge davon sei die Unstatthaftigkeit gewisser Verträge. Ein Veräußerungsverbot bedeute hingegen, daß an der Sache zwar jede Privatberechtigung an und für sich stattfinde, trotzdem jedoch bestimmte Verträge über sie nicht geschlossen werden könnten.[61]

[61] *Wappaeus* S. 36.

2. Kapitel: Rechtgeschichtlicher Überblick über die Entwicklung der *res extra commercium*

§ 1 Die Entwicklung der *res extra commercium* im römischen Recht

Die Rechtsfigur der *res extra commercium* stammt aus dem klassischen römischen Recht. Allerdings findet man den heute üblichen Begriff *res extra commercium* in den Quellen nicht. Stattdessen wird von *„res quia commercium eius non est"*[1] bzw. *„res quarum commercium non est"*[2] und von *„res nullius in bonis"*[3] gesprochen. In den Institutionen des Gaius und (darauf basierend) auch in denjenigen des Justinian wird in identischer Weise der Begriff *res in patrimonio* bzw. *extra patrimonium* verwendet.[4] Das ist mißverständlich, weil *res extra patrimonium*, also eine Sache, die in niemandes Vermögen steht, auch die herrenlose Sache *(res nullius)* sein kann, welche aber grundsätzlich fähig ist, im Privateigentum zu stehen, also *res in commercio* ist.[5]

Die römische Rechtsterminologie faßt unter die *res extra commercium* manchmal auch solche Sachen, welche zwar grundsätzlich jede Rechtsausübung über sich zulassen, über die aber bestimmte Rechtsgeschäfte infolge positiver gesetzlicher Anordnung nicht oder nur unter gewissen Umständen abgeschlossen werden können.[6] Diese entsprechen insofern nicht dem Begriff von Extrakommerzialität im hier verwandten Sinne.[7]

---

1 Marc. Dig. 20, 3, 1 § 2.

2 Inst. 2, 20 § 4; Pomp. Dig. 18, 1, 6 pr.

3 Inst. 2, 1, 7; Gai. Dig. 1, 8, 1 pr.

4 Gai. 2, 1: (...) *modo videamus de rebus. quae vel in nostro patrimonio sunt vel extra patrimonium nostrum patrimonum habentur* (= Inst. 2, 1 pr.).

5 *Arias Ramos* S. 101; *Astuti* EdD, XI, voce „cosa," S. 3; *Bonfante* S. 14; *Kaser* Studi Arangio-Ruiz, S. 161 ff., S. 163 f.

6 *Wappäus* spricht von *res extra commercium* im uneigentlichen Sinne, S. 3, S. 7 f., S. 35 ff. Es handelt sich um Sachen, die einem Veräußerungsverbot unterliegen, s. o. 1. Kap. § 3 III.

7 S. o. 1. Kap. § 3 I.

I. Die Unterteilung aller Sachen in *res in commercio* und *res extra commercium*

Daß es Sachen *in commercio* und *extra commercium* gibt, wird im Corpus iuris civilis in den Institutionen und Digesten jeweils im Abschnitt „*De rerum divisione*"[8] erläutert. Das macht schon deutlich, daß es bei der Extrakommerzialität um eine Eigenschaft von Sachen geht, so wie etwa im heutigen Recht bei der Unterteilung in bewegliche und unbewegliche Sachen.[9]

Res extra commercium sind Sachen, die aus unterschiedlichen Gründen nicht fähig sind, Gegenstand privatrechtlicher und vermögensrechtlicher Beziehungen zu sein.[10] Sie können nicht veräußert werden,[11] ebensowenig ist eine Ersitzung möglich.[12] Bei bestimmten *res extra commercium* wird ihre Unveräußerlichkeit und Unersitzbarkeit noch einmal besonders erwähnt.[13]

1. *Res divini iuris*

Das römische Recht unterteilt die Sachen weiterhin in solche, die menschlichem Recht (*res humani iuris*) und solche, die göttlichem Recht unterliegen (*res divini iuris*).[14] *Res humani iuris* sind alle Gegenstände, welche innerhalb des Gebietes menschlicher Berechtigung liegen, *res divini iuris* dagegen diejenigen, die in den Bereich rein göttlicher Berechtigung fallen. Dahinter steht die Auffassung der antiken Theologie, daß die Götter als menschenähnliche Wesen angesehen wurden, welche die gleichen Bedürfnisse wie die Menschen hatten.[15] *Res divini iuris* stehen im Eigentum der Götter oder jedenfalls unter göttlichem Schutz. Sie unterliegen ausschließlich dem *ius divinum*, welches die Beziehungen zwischen

---

[8] Inst. 2, 1; Gai. Dig. 1, 8.

[9] Diese Einteilung hatte im römischen Recht keine große Bedeutung, *Kaser* I, S. 382.

[10] *Bonfante* S. 13.

[11] Paul. Dig. 18, 1, 34 § 1: *Omnium rerum quas quis habere vel possidere vel persequi potest, venditio recte fit: quas vero natura vel gentium ius vel mores civitatis commercio exuerunt, earum nulla venditio est.*

[12] Eine *res extra commercium* ist nicht *res habilis* (ersitzungsfähige Sache), *Voci* S. 262.

[13] Vgl. Gai, 3, 97: *Si id quod dari stipulamur tale sit ut dari non possit, inutilis est stipulatio velut si quis hominem liberum quem servum esse credebat, aut mortuum quem vivum esse credebat, aut locum sacrum vel religiosum quem putabat humani iuris esse, dari stipuletur.* Vgl. auch Inst. 3, 19, 2; Inst. 2, 6, 1: *Sed aliquando etiamsi maxime quis bona fide rem possiderit, non tamen illi usucapio ullo tempore procedit, veluti si quis liberum hominem vel rem sacram vel religiosam vel servum fugitivum possideat.*

[14] Gai. 2, 2: *Summa itaque rerum divisio in duos articulos diducitur: nam aliae sunt divini iuris, aliae humani* (= Dig. 1, 8, 1 pr.).

[15] *Saleilles* Rev. hist. dr. fr. etr. 12 (1888) 497ff., 553f.; *Wappäus* S. 9.

den Göttern und Menschen regelt,[16] und sind dem Rechtsverkehr unter Privaten entzogen. *Res divini iuris* sind daher immer auch *res extra commercium.*[17] Die *res divini iuris* unterteilen sich in *res sacrae* und *res religiosae*;[18] meist werden auch die *res sanctae* dazugerechnet.[19]

Res sacrae sind die den überirdischen Gottheiten *(dii superi)* geweihten Sachen.[20] Dazu zählen Tempel, sakralen Zwecken dienende Grundstücke, Bildsäulen, Altäre etc.[21] Damit eine Sache *res sacra* wird, muß sie durch die *pontifices*[22] geweiht werden (sogenannte *consecratio*). Dadurch wird die Sache in eine Art sakrales Eigentum der Gottheit übertragen und unterliegt folglich nicht mehr dem Privatrecht.[23] Die Widmung durch den Eigentümer macht die Sache dagegen nicht zur *res sacra.*[24] Seit dem 4. Jahrhundert v. Chr. bedarf die *consecratio* der Ermächtigung durch ein Gesetz oder einen Senatsbeschluß,[25] später durch den Kaiser.[26] Zunächst ist eine *res sacra* dem Rechtsverkehr auf Dauer entzogen; seit der späten Republik besteht die Möglichkeit einer nachträglichen Entwidmung (sogenannte *profanatio* oder *evocatio deorum*[27]).[28]

Res religiosae sind vor allem die mit einem Leichnam belegten Grabstätten. Diese werden mit der Bestattung den Manen (Seelen der Verstorbenen) geweiht[29] und scheiden damit aus dem Privatrechtsverkehr aus.[30] Es ist dafür kein öffentlicher

---

16 *Kaufmann* S. 20.

17 Gai. 2, 9: *Quod autem divini iuris est, id nullius in bonis est,* (...) (= Dig. 1, 8, 1 pr.; Inst. 2, 1, 7).

18 Gai. 2, 3: *Divini iuris sunt veluti res sacrae et religiosae* (= Dig. 1, 8, 1 pr.).

19 *Bonfante* S. 17; vgl. auch Inst. 2, 1, 7.

20 Gai. 2, 4: *Sacrae sunt quae diis superis consecratae sunt, religiosae quae diis Manibus relictae sunt.*

21 *Kaser* I, S. 378.

22 Die öffentlich bestellten Bewahrer und Wächter des göttlichen Rechts und daher auch Richter für den Bereich des *ius sacrum*. *Wappäus* S. 10.

23 *Kaser* I, S. 378; *Meurer* I, S. 192ff., 257ff.

24 Marc. Dig. 1, 8, 6 § 3: *Sacrae autem sunt hae, quae publice consecratae sunt, non private: si quis ergo privatim sibi sacrum constituerit, sacrum non est, sed profanum.* Hintergrund war, daß Religionsausübung nach der antiken Auffassung Staatsangelegenheit war und nicht etwa Sache einer vom Staat unabhängigen Glaubensgemeinschaft, *Wappäus* S. 11.

25 Gai. 2, 5: *Sed sacrum quidem hoc solum existimatur quod ex auctoritate populi Romani consecratum est, veluti lege de ea re lata aut senatusconsulto facto.* Vgl. auch Inst. 2, 1, 8.

26 Ulp. Dig. 1, 8, 9 § 1. Der Kaiser war seit dem Untergang der Republik *Pontifex Maximus.*

27 *Arias Ramos* S. 102; *Meurer* I, S. 199.

28 *Kaser* I, S. 378 Fn. 23. Unter Justinian konnten *res sacrae* ausnahmsweise zum Freikauf von Kriegsgefangenen benutzt werden, Inst. 2, 1, 8.

29 Gai. 1, 4.

30 Ulp. Dig. 8, 5, 1: (...) *Sepulchra autem nostri dominii non sunt.* (...); Paul. Dig. 41, 2, 30 § 1: *Possessionem amittimus multis modis, veluti si mortuum in eum locum intulimus, quem possi-*

Akt notwendig, sondern nur die Widmung durch den privaten Eigentümer des Grabes.[31]

Die *res sanctae* werden üblicherweise ebenfalls zu den *res extra commercium divini iuris* gerechnet. Allerdings genießen sie gegenüber *res sacrae* und *res religiosae* wohl einen untergeordneten Stellenwert und werden von Gaius nur als „*quodammodo divini iuris*"[32] bezeichnet.[33] Auch an anderen Stellen, an denen es um die *res divini iuris* geht, werden die *res sanctae* nicht miterwähnt.[34]

Res sanctae, wozu in erster Linie Stadtmauern und -tore gezählt werden,[35] stehen nicht im Eigentum der Götter, sondern lediglich unter göttlichem Schutz. Dieser göttliche Schutz äußert sich in einem besonders strengen Rechtsschutz und den Sanktionen, mit denen die Verletzung der *res sanctae* durch Menschen belegt wird.[36]

2. *Res extra commercium humani iuris*

Neben den *res divini iuris* werden auch bestimmte *res humani iuris* als *res extra commercium* angesehen.[37] Dazu zählen die *res publicae*, die *res communes omnium* und die *res in patrimonio Caesaris*. Diese sind dem Privatrechtsverkehr nicht aus religiösen Gründen, sondern aus Gründen des Gemeinwohls entzogen. Während Gaius nur die Unterscheidung von *res publicae* gegenüber *res privatae* kennt,[38] finden sich bei anderen Schriftstellern weitere Differenzierungen.

---

debamus: namque locum religiosum aut sacrum non possumus possidere, etsi contemnamus religionem et pro privato eum teneamus, sicut hominem liberum.; Paul. Dig. 6, 1, 23 § 1: *Loca sacra, item religiosa, quasi nostra in rem actione peti non possunt.*

31 Gai. 2, 6: *Religiosum vero nostra voluntate facimus mortuum inferentes in locum nostrum, si modo eius mortui funus ad nos pertineat.*

32 Gai. 2, 8: *Sanctae quoque res, velut muri et portae, quodammodo divini iuris sunt.*

33 An der Zugehörigkeit zu den *res divini iuris* zweifeln daher *Solazzi* SDHI 19 (1953) 109ff., 111; *Wappäus* S. 16.

34 Gai. 2, 48: *Item liberos homines et res sacras et religiosas usucapi non posse manifestum est.;* Gai. 3, 97 (Fn. 13). Vgl. aber auch Gai. Dig. 41, 3, 9: *Usucapionem recipiunt maxime res corporales, exceptis rebus sacris, sanctis, publicis populi Romani et civitatium, item liberis hominibus.*

35 Gai. 2, 8 (Fn. 32).

36 *Meurer* I, S. 160; Marc. Dig. 1, 8, 8 pr.: *Sanctum est, quod ab iniuria hominum defensum atque munitum est.;* Ulp. Dig. 1, 8, 9 § 3: *Proprie dicimus sancta, quae neque sacra, neque profana sunt, sed sanctione quadam confirmata: ut leges sanctae sunt, sanctione enim quadam sunt subnixae: quod enim sanctione quadam subnixum est, id sanctum est, etsi Deo non sit consecratum. Et interdum in sanctionibus adicitur, ut qui ibi aliquid commisit, capite puniatur.*

37 Gai. 2, 9: (...) *id vero quod humani iuris est plerumque alicuius in bonis est; potest autem et nullius in bonis esse* (...).

38 Gai. 2, 10: *Hae autem quae humani iuris sunt, aut publicae sunt aut privatae.*

Res publicae sind Sachen im Eigentum des Staates. Sie sind entweder für den öffentlichen Gebrauch und Nutzen bestimmt (*res publicae in publico uso* bzw. *publico usui destinatae*, auch *res publicae* im engeren Sinne).[39] Dazu gehören z. B. öffentliche Flüsse, Hafen, Straßen und öffentliche Gebäude wie Theater, Thermen, Basiliken etc.[40] und der Meeresstrand (str.).[41] Oder ihr Zweck richtet sich darauf, eine Rendite zu erwirtschaften, mit welcher der Staat seine Ausgaben bezahlt, und der öffentlichen Verwaltung bei der Erfüllung ihrer Aufgaben zur Verfügung zu stehen (*res publicae in pecunia populi* bzw. *in patrimonio populi* bzw. *res fiscales*).[42]

Nur die *res in publico usu* sind wirkliche *res extra commercium*.[43] Denn da es ihre Funktion ist, der Öffentlichkeit zur Verfügung zu stehen, ist beherrschendes und berechtigtes Subjekt bei ihnen der *populus Romanus*, die Gesamtheit der Bürger.[44] Das Staatsvolk ist allerdings kein Privatrechtssubjekt, denn dem römischen Recht war der Begriff der juristischen Person noch fremd.[45] Insofern unterliegen die *res publicae in publico uso* nicht dem Privatrecht.[46]

Manche Schriftsteller fassen bestimmte Sachen, die von anderen ebenfalls zu den *res publicae* gerechnet werden, unter eine Sonderkategorie und bezeichnen sie als

---

39 Ulp. Dig. 43, 8, 2 § 2: *Hoc interdictum prohibitorium est et tam publicis utilitatibus quam privatorum per hoc prospicitur. loca enim publica utique privatorum usibus deserviunt, iure scilicet civitatis, non quasi propria cuiusque, et tantum iuris habemus ad obtinendum, quantum quilibet ex populo ad prohibendum habet* (...).

40 Marc. Dig. 1, 8, 4 § 1: *Sed flumina paene omnia et portus publicus sunt.*; Ulp. 43, 1, 1 pr.: (...) *publica: de locis publicis, de viis, deque fluminibus publicis.*

41 Cels. 43, 8, 3 pr.: *Litora, in quae populus Romanus imperium habet, populi Romani esse arbitror.*

42 *Wappäus* S. 21.

43 *Bonfante* S. 79; vgl. auch Pomp. Dig. 18, 1, 6 pr.: (...) *ut sacra et religiosa loca aut quorum commercium non sit, ut publica, quae non in pecunia populi, sed in publico usu habeantur, ut est campus Martius.*; Pap. Dig. 18, 1, 72 § 1: *Papianus: Lege venditionis illa facta si quid sacri, aut religiosi aut publici est, eius nihil venit, si res non in usu publico, sed in patrimonio fisci erit, venditio eius valebit, nec venditori proderit exceptio, quae non habuit locum.*

44 *Kaufmann* S. 30ff.; Gai. 2, 11: *Quae publicae sunt nullius videntur in bonis esse; ipsius enim universitatis esse creduntur. privatae sunt quae singulorum hominum sunt.*

45 *Kaser* I, S. 303, *Kaufmann* S. 40.

46 Den *res publicae* entsprechen in bezug auf anderen Städte neben Rom die *res universitatis*, *Bonfante* S. 105; *Voci* S. 109; Marc. Dig. 1, 8, 6 § 1: *Universitatis sunt non singulorum, veluti quae in civitatibus sunt theatra et stadia et similia et si qua alia sunt communia civitatium. Ideoque nec servus communis civitatis singulorum pro parte intellegitur, sed universitatis, et ideo tam contra civem quam pro eo posse servum civitatis torqueri divi fratres rescripserunt. Ideo et livertus civitatis non habet necesse veniam edicti petere, si vocet in ius aliquem ex civibus.* Vgl. auch Ulp. Dig. 50, 16, 15: *Bona civitatis abusive ‚publica' dicta sunt: sola enim ea publica sunt, quae populi Romani sunt.*

res communes omnium.[47] Damit sind Sachen gemeint, die schon ihrer Natur nach nicht fähig sind,[48] im Eigentum einzelner zu stehen, und daher von allen Menschen genutzt werden können,[49] wie z. B. die Luft, das offene Meer, das fließende Wasser etc.[50] Weil sie der Gesamtheit aller Menschen gehören, haben sie kein Privatrechtssubjekt.

In der Kaiserzeit werden schließlich auch die *res* bzw. *praedia in patrimonio Caesaris* als *res extra commercium* bezeichnet.[51] Dabei handelt es sich eine Art Staatsvermögen, welches aber als Privatvermögen des Princeps angesehen wird.[52] Die Tatsache, daß dieses Vermögen Privateigentum einer Person ist, steht der Bezeichnung als *res extra commercium* nicht mehr entgegen. Allerdings kann nur dem regierenden Princeps das *commercium* an den betreffenden Sachen zustehen, für jede andere Person sind sie *res extra commercium*, weswegen ihre Extrakommerzialität auch als relativ bezeichnet wird.[53]

II. Die Behandlung von Kunstwerken im römischen Recht

1. Kunstwerke als *res divini iuris*

In vielen Fällen dienten Kunstwerke religiösen Zwecken und waren unter den entsprechenden Voraussetzungen *res divini iuris* und damit *res extra commercium*. Zu den *res sacrae* zählten etwa Götterbilder und sämtliche in den Dienst des Kults gestellte Sachen, wenn sie auf die vorgeschriebene Art geweiht worden waren.[54] Auch förmlich konsekrierte Kaiserstatuen wurden später zu den *res sacrae* gerechnet.[55] Mit einem Grabdenkmal *(monumentum)* verbundene Kunstwerke, z. B. Statuen, gehörten zu den *res religiosae*, da der gesamte Begräbnisplatz mit allem seinem Zubehör *locus religiosus* war. Kunstwerke

---

47 Marc. Dig. 1, 8, 2 § 1: *Et quidem naturali iure omnium communia sunt illa: aer, aqua profluens, et mare, et per hoc litora maris.* Vgl. auch Inst. 2, 1, 1.

48 Vom Sachbegriff des § 90 BGB werden diese Gegenstände mangels Abgrenzbarkeit gar nicht erfaßt, Palandt/*Heinrichs* § 90 Rz. 8.

49 *Bonfante* S. 52; *Voci* S. 111.

50 Marc. Dig. 1, 8, 2 § 1 (Fn. 47); Inst. 2, 1, 1.

51 Ulp. Dig. 30, 39 § 10: *Sed et ea praedia Caesaris, quae in formam patrimonii redacta sub procuratore patrimonii sunt, si legentur, nec aestimatio eorum debet praestari, quoniam commercium eorum nisi iussu principis non sit, cum distrahi non soleant.*

52 *Kaser* I, S. 305; *Kaufmann* S. 68.

53 *Kaser* (Fn. 5) S. 161. *Wappäus* S. 35.

54 S. o. § 1 I. 1.

55 *Saleilles* Rev. hist. dr. fr. etr. 13 (1889) 457 ff., 499.

konnten *res sanctae* sein, wenn sie als Zierstücke an Stadtmauern und Stadttoren angebracht waren und damit eine dauernde Verbindung mit einer *res sancta* bestand.[56]

2. Kunstwerke als *res publicae*

Bei den öffentlichen Bildwerken kam es für die Frage, ob sie unter die *res publicae* (im engeren Sinn) oder die *res fisci* fielen, auf den Anlaß ihrer Entstehung bzw. ihres Übergangs ins Staatseigentum an. *Res publica* wurde ein Kunstwerk, wenn die öffentliche Hand eine Sache schaffen ließ oder erwarb, die zum Schmuck öffentlicher Anlagen, Wege, Plätze, Theater und Gebäude verwandt werden, also einem öffentlichen Zweck dienen sollte.[57] Das gleiche galt, wenn das Kunstwerk der öffentlichen Hand durch einen Privaten zum Zwecke der Förderung öffentlicher Belange auf Dauer übertragen wurde.[58] Die sogenannten *statuae decretae*, Bildwerke, welche die öffentliche Hand zu Ehren bestimmter Personen in der Öffentlichkeit errichten ließ, zählten ebenfalls zu den *res publicae*.[59] Für Kunstwerke im Eigentum der Munizipien galt Entsprechendes.[60]

3. Kunstwerke als *res privatae*

Ansonsten waren Kunstwerke *res privatae*. Als solche wurden sie nach den gewöhnlichen sachenrechtlichen Regeln behandelt.[61] Bereits im alten Rom bestand allerdings die Vorstellung, daß bei Kunstwerken neben den privaten Interessen von Urheber und Eigentümer auch Interessen der Allgemeinheit betroffen seien und privater Kunstbesitz zugunsten der Allgemeinheit verpflichte.[62] Es war daher üblich, daß römische Privatleute ihren Kunstbesitz der Öffentlichkeit zugänglich machten.[63] Dadurch wurden diese Sachen allerdings nicht *res publicae*, sondern blieben im Privateigentum, standen aber in einer durch die öffentlichen Interessen bedingten rechtlichen Sonderstellung.[64]

---

56 *Düll* S. 152.

57 *Düll* S. 140, S. 144; *Saleilles* (Fn. 55) 495.

58 *Düll* S. 141, der auf Marcell. Dig. 36, 2, 6 § 2 Bezug nimmt.

59 *Düll* S. 141, S. 144, S. 146ff. Vgl. dazu auch *Saleilles* (Fn. 55) 492ff.

60 *Düll* S. 142f.

61 Von einigen Ausnahmen abgesehen, etwa die Frage, wer bei der Erschaffung eines Kunstwerks aus fremdem Material Eigentümer wird, vgl. Inst. 2, 1, 25.

62 *Düll* S. 136.

63 Paul. Dig. 43, 9, 2: *Concedi solet, ut imagines et statue, quae ornamenta rei publicae sunt futurae, in publicum ponantur.*

64 *Düll* S. 137. Das folgt im Umkehrschluß daraus, daß die Öffentlichkeit eine Einrede gegen einen möglichen Vindikationsanspruch hatte, vgl. Lab. Dig. 44, 1, 23: *Paulus: Si quis statuam in municipio ea mente posuit, ut eam municipii esset, et eum petere vult, excludi eum oportet praescriptione in factum data.*; ebenso Ulp. Dig. 41, 1, 41.

Diese Sachen werden in den römischen Quellen als *res quasi publicatae* bezeichnet.[65]

Bereits im römischen Recht wurden Kunstwerke teilweise als *res extra commercium* behandelt,[66] wenn auch diese Regeln nicht speziell für sie galten. Der Grund für die Extrakommerzialität von Kunstwerken lag entweder in ihrer Bedeutung für die Religionsausübung oder darin, daß sie öffentlich zugänglich und einem öffentlichen Zweck gewidmet waren.

§ 2 Die Entwicklung der *res extra commercium* im kanonischen Recht

Bis zum 6. Jahrhundert wurde das Recht der kirchlichen Sachen weitgehend von römischen Rechtsgrundsätzen beherrscht.[67] Aber auch wenn im Justinianischen Recht die Regeln über die *res divini iuris* auf die Gegenstände der christlichen Kirche Anwendung fanden,[68] konnte man aufgrund des geänderten Gottesbildes nicht mehr von dem Konzept eines göttlichen Eigentums ausgehen.[69] Die *res divini iuris* mußten insofern im Eigentum eines weltlichen Rechtssubjekts stehen, entweder der Kirche selbst, welcher 313 durch das Mailander Toleranzedikt die Vermögensfähigkeit zuerkannt worden war, des Staates oder irgendeiner Privatperson.[70]

Während in der Anfangszeit des Christentums die Güter der Gemeinden hauptsächlich zu kultischen Zwecken verwandt wurden und sich der Klerus durch außerkirchliche Erwerbstätigkeit unterhielt, floß der Kirche seit dem 4. Jahrhundert eine große Menge beweglicher und unbeweglicher Güter zu.[71] Die kirchlichen Güter dienten also nicht mehr allein kultischen, sondern auch wirtschaftlichen Zwecken, nämlich dazu, den Unterhalt der kirchlichen Anstalten, der Kleriker und der Armen zu bestreiten. Schon in sehr frühen Quellen finden sich in bezug auf das kirchliche Vermögen Veräußerungsverbote.[72]

---

65 Ulp. Dig. 43, 24, 11 § 1.

66 *Saleilles* (Fn. 55) 489.

67 *Plöchl* I, S. 255.

68 In Inst. 2, 1, 8 wurde gegenüber Gai. 2, 4 einfach nur „*diis*" durch „*deo*" ersetzt.

69 *Bonfante* S. 23ff.; *Meurer* I, S. 293; *Wappäus* S. 50ff.

70 *Keihl* S. 37.

71 *Wappäus* S. 52; *Wenner* S. 38.

72 Vgl. z. B. aus einem Brief des Papstes Leo I. „an die gesammten in Sicilien angestellten Bischöfe (i. J. 447 aus Rom nach Sicilien)," Decreti, Pars II, Causa XII, Quaestio II: „*Wir setzen unbedingt fest, dass kein Bischof sich unterfangen solle, von den Gütern seiner Kirche etwas zu verschenken, zu vertauschen oder zu verkaufen, er müsste denn ein solches Geschäft*

I. Die Entstehung der kirchenrechtlichen *res sacra*

Weil das Vermögen der Kirche ganz unterschiedlichen (sowohl kultischen als auch wirtschaftlichen) Zwecken diente, fing man an, das Kirchengut (*bona ecclesiastica* oder *res ecclesiasticae*) in die unmittelbar für den Gottesdienst bestimmten Sachen (im Rückgriff auf die römische Terminologie als *res sacrae* bezeichnet) und sonstige Kirchengüter (*res ecclesiasticae* im engeren Sinne) zu unterteilen.[73] Allerdings kam es für die Qualifizierung einer Sache als *res sacra* nicht darauf an, in wessen Eigentum sie stand.[74] Sie mußte nicht Bestandteil des Kirchengutes sein, sondern konnte auch im Eigentum von Privatleuten stehen. Maßgeblich war, daß die *res sacra* durch einen besonderen liturgischen Akt geweiht wurde und dadurch eine Qualität der inneren Heiligkeit empfing, welche eine besondere Rechtswirkung nach sich zog.[75] Diese Weihe bewirkte bei Gegenständen im Privateigentum aber keine Eigentumsverschiebung zugunsten der Kirche.[76]

Während sämtliches Kirchengut Veräußerungsbeschränkungen unterfiel, deren Nichtbeachtung mit Strafen sanktioniert war, galt für die *res sacrae*, daß sie ihrer Funktion auf keinen Fall entzogen, also nicht zu profanen Zwecken gebraucht werden durften.[77] Jedes darauf abzielende Rechtsgeschäft war nichtig. *Res sacrae* waren also in ihrer Verkehrsfähigkeit eingeschränkt. Rechtsfolge der auf der Weihe beruhenden Heiligkeit der Gegenstände war aber nicht, daß sie, wie die *res divini iuris* des römischen Rechts, dem Privatrechtsverkehr ganz entzogen waren. Der Erwerb privaten Eigentums war vielmehr auch an einer *res sacra* möglich, solange sie ihrer besonderen religiösen Zweckbestimmung erhalten blieb.[78]

---

zum Vortheil der Kirche abschliessen und diese Maassregel unter Berathung und Zustimmung seiner ganzen Geistlichkeit deshalb ergreifen, weil dieselbe offenbar den Nutzen der Kirche befördert. (...) §. 1. *Der Bischof muss die Güter der Kirche stets als anvertraute, nicht aber als sein Eigenthum betrachten. Denn jede Veräusserung oder Vertauschung kirchlicher Güter, welche der Bischof ohne Einwilligung und Unterschrift seiner Geistlichen vornimmt, ist ungültig."* (zit. nach *Schilling/Sintesis* S. 346). Vgl. auch aus einer Kirchenversammlung zu Agde (i. J. 506 in Frankreich), Decreti, Pars II, Causa XII, Quaestio II: *„Jede Veräusserung eines Kirchengutes, welche ein Pfarrer vorgenommen hat, soll dergestalt null und nichtig sein, dass weder dem Käufer noch dem Verkäufer eine Klage daraus zusteht."* (zit. nach *Schilling/Sintenis* S. 341).

73 Allerdings wurde in der mittelalterlichen Kanonistik noch nicht strikt zwischen diesen Begriffen unterschieden; häufig wurden sie synonym gebraucht und als *res sacrae* sämtliche Sachen im kirchlichen Eigentum bezeichnet, *Heimerl/Pree* S. 84; *Plöchl* II, S. 405.

74 *Meurer* I, S. 254.

75 *Keihl* S. 14f.

76 *Meurer* II, S. 47.

77 Vgl. CIC, Liber Sextus, Regulae Iuris 51: *Semel Deo dicatum non est ad usum humanos ulterius transferendum* (zit. nach *Heimerl/Pree* S. 596).

78 *Keihl* S. 15.

II. Die Behandlung von *res sacrae* im geltenden kanonischen Recht

Die Unterscheidung zwischen heiligen Sachen und sonstigem Kirchengut hat sich bis heute erhalten und wurde auch im CdIC von 1917 und 1983 festgeschrieben. Alle Sachen im Eigentum der Kirche unterliegen Veräußerungsbeschränkungen.[79] Es können aber auch Sachen im Eigentum von Privatpersonen,[80] einer (kommunalen) Gemeinde oder sogar des Staates zu *res sacrae* werden, die dann nicht den für das Kirchengut geltenden Veräußerungsbeschränkungen unterliegen. Sie sind grundsätzlich frei veräußerlich, aber ebenfalls zweckgebunden und, weil sie dem gottesdienstlichen Zweck erhalten bleiben müssen, nur eingeschränkt verkehrsfähig.[81] Jede mit diesem Zweck nicht vereinbare Veräußerung ist nach kanonischem Recht juristisch unmöglich.

Res sacrae sind diejenigen beweglichen oder unbeweglichen Sachen, die durch Konsekration oder konstitutive Benediktion[82] geweiht werden. Zu den *res consecratae* gehören die Kirche selbst, Altar, Kelch und Patene; zu den *res benedictae* z. B. die liturgischen Gewänder, Ziborium, Monstranz, Glocken und Kirchhöfe. Ein Unterschied zwischen *res consecratae* und *res benedictae* besteht nur, was den formalen Akt der Weihe angeht, zieht aber keine unterschiedlichen Rechtswirkungen nach sich.[83] Damit eine Sache zur *res sacra* wird, bedarf es aber auf jeden Fall des liturgischen Weiheaktes der Konsekration oder Benediktion. Dieser ist konstitutiv, der bloße Gebrauch einer Sache für den Gottesdienst löst diese Rechtswirkungen nicht aus.[84]

Im Gegensatz zum CdIC von 1917[85] definiert der geltende CdIC von 1983 den

---

[79] Cann. 1290 ff. CdIC/1983.

[80] Z. B. eine private Schloßkapelle.

[81] *Hinschius* IV, S. 164f.; *Wappäus* S. 58f.

[82] Im Gegensatz zur Segnung (*benedictio invocativa*) von Personen oder Sachen, welche keine besondere Weihe an Gott, sondern nur die Herbeirufung göttlichen Beistands bewirken soll, *Heimerl/Pree* S. 595.

[83] *Keihl* S. 14; *Wenner* S. 39f.

[84] Anders ist es im protestantischen Kirchenrecht, wo eine Sache durch ihre Indienststellung, welche mit einem besonderen, aber lediglich „deklaratorischen" feierlichen Akt (sog. Dedikation) bei der Ingebrauchnahme verbunden ist, dem besonderen kirchlichen Zweck gewidmet und zur *res sacra* wird, *Keihl* S. 14; *Wappäus* S. 59. Zur Ausnahme von weihelosen *res sacrae* im katholischen Kirchenrecht *Keihl* S. 14.

[85] Can. 1497 CdIC/1917 § 1: *Bona temporalia, sive corporalia, tum immobilia tum mobilia, sive incorporalia, quae vel ad Ecclesiam universam et ad Apostolicam Sedem vel ad aliam in Ecclesia personam moralem pertineant, sunt bona ecclesiastica.*
§ 2: *Dicuntur sacra, quae consecratione vel benedictione ad divinum cultum destinata sunt; pretiosa, quibus notabilis valor sit, artis vel historiae vel materiae causa.*

Begriff der *res sacra* nicht mehr und regelt bis auf die Ersitzung[86] auch nicht deren rechtliche Stellung.[87]

Auch das kanonische Recht kennt Sachen, die nur eingeschränkt fähig sind, Gegenstand des Rechtsverkehrs zu sein. *Res sacrae* können zwar grundsätzlich im Eigentum jeder Person stehen und sind, soweit die administrativen kirchenrechtlichen Beschränkungen beachtet werden, auch veräußerlich. Trotzdem werden auch sie als *res extra commercium* bezeichnet,[88] da sie dem Rechtsverkehr nur im Rahmen ihrer gottesdienstlichen Bestimmung zugänglich sind.[89]

§ 3 Kulturgüterschutz in der Pontifikalgesetzgebung

Der Gedanke, bestimmte Sachen nicht nur aufgrund ihrer religiösen oder öffentlichen Zweckbestimmung, sondern aufgrund ihres kulturellen Wertes besonderen rechtlichen Regeln zu unterwerfen, kam zur Zeit des Humanismus und der Renaissance auf, als sich die Menschen erstmals ihrer kulturellen Identität und Vergangenheit bewußt wurden und Kunst und Kultur ein hoher Stellenwert eingeräumt wurde. Italien und besonders Rom war die Hochburg dieser Entwicklung und wurde zum Anziehungspunkt für Künstler aus ganz Europa. Entsprechend finden sich in den Gesetzen des Kirchenstaates auch die ersten Rechtsvorschriften zum Kulturgüterschutz, die Bullen der Päpste Martin V. („Etsi in cunctarum" v. 30.3.1425[90]) und Pius II. („Cum almam nostram urbem" v. 28.4.1462[91]). Diese hatten in erster Linie den Schutz antiker Gebäude zum Inhalt. Trotzdem wurden auch in der Folgezeit noch viele antike Stätten als

---

86 Can. 1269 CdIC/1983: *Heilige Sachen können, falls sie sich im Eigentum von Privatpersonen befinden, durch Ersitzung von Privatpersonen erworben werden, wobei es ihnen jedoch nicht erlaubt ist, sie zu profanem Gebrauch zu benutzen, es sei denn, sie hätten die Weihung oder die Segnung verloren; gehören sie aber einer öffentlichen juristischen Person in der Kirche, so können sie nur von einer anderen kirchlichen öffentlichen juristischen Person erworben werden.*

87 Dagegen Can. 1150 CdIC/1917: *Res consecratae, vel benedictae constitutiva benedictione, reverenter tractentur neque ad usum profanum vel non proprium adhibeantur, etiamsi in dominio privatorum sint.*

88 *Wappäus* S. 58ff.

89 Klarzustellen ist, daß dieses Ergebnis nur die Sichtweise des kanonischen Rechts darstellt. Inwiefern sich die kirchenrechtliche Extrakommerzialität auch zivilrechtlich auswirkt, kann nur das Zivilrecht selbst regeln, vgl. *Meurer* I, S. 221. S. dazu u. 7. Kap. § 2 II. 2.

90 Abgedr. bei *Theiner* S. 290f. Es wurde die Zerstörung aller neuen Gebäude, die antike Denkmäler beeinträchtigen könnten, angeordnet.

91 Abgedr. bei *Theiner* S. 422f. Die Zerstörung antiker Bauwerke wurde mit schwerer Strafe wie Exkommunikation oder Gefängnis belegt. Dagegen enthielt diese Bulle noch keine Exportverbote, wie fälschlicherweise häufig zu lesen ist, vgl. z. B. *Bila* S. 7; *Jaeger* S. 17; *Maurer* S. 22; *Niéc* Hast. L. J. 27 (1976) 1089ff., 1092; *Raber* S. 10.

Steinbrüche für die neuen Bauten benutzt, was teilweise sogar von den Päpsten selbst veranlaßt war.[92] Die neue Wertschätzung für Kunst führte dazu, daß sich ein reger Kunsthandel entwickelte, welcher aber auch die Gefahr der Abwanderung wertvoller Kunstschätze ins Ausland mit sich brachte. Um dem vorzubeugen, wurden Exportverbote für bestimmte Kategorien von Kunst[93] bzw. die Werke bestimmter Künstler[94] erlassen.

Von besonderer Bedeutung waren zwei unter dem Pontifikat von Papst Pius VII. ergangenen Regelungen, das Edikt Doria Pamphili v. 2.10.1802[95] und das Edikt Pacca v. 7.4.1820.[96] Ersteres verhängte ein absolutes Exportverbot und versagte jede Genehmigung der Ausfuhr von Kulturgut.[97] Diese Bestimmung wurde durch das Edikt Pacca allerdings wieder abgeschwächt.[98] Die Edikte verpflichteten die Besitzer von Kulturgut, dieses zu inventarisieren[99] und den Verkauf anzuzeigen.[100] Es ist allerdings unrichtig, daß, wie manchmal zu lesen ist, durch die erwähnten Bullen und Edikte Kulturgüter zu *res extra commercium* erklärt wurden.[101] Die Kunstwerke blieben innerhalb des Kirchenstaates bzw. der anderen Staaten frei veräußerlich.[102] Der Kauf und Verkauf von Kulturgütern war

---

[92] 1516 ermächtigte z. B. Papst Leo X. Raffael, für die Arbeiten am Petersdom Mamor und Steine der antiken Ruinen einzukaufen, abgedr. bei *Mariotti* S. 205f. Überliefert ist ein Brief von Raffael an Leo X., in dem dieser sich beklagt. „(...) *Quanta calcina si è fatta di statue et d'altri ornamenti antichi? che ardirei dire che tutta questa nova Roma, che or si vede, quanto grande che ella vi sia, quanto bella, quanto ornata di palazzi, di chiese e di altri edifici, sia fabbricata di calcina fatta di marmi antichi.*" (zit. nach *Volpe* S. 18).

[93] Vgl. für den Kirchenstaat u. a. das Verbot des Kardinals Aldobrandini v. 5.10.1624 (abgedr. bei *Emiliani* S. 55f. und bei *Mariotti* S. 208); Edikt des Kardinals Sforza v. 29.1.1646 (abgedr. bei *Emiliani* S. 56ff. und bei *Mariotti* S. 208ff.); Verbot des Kardinals Altieri v. 5.2.1696 (abgedr. bei *Emiliani* S. 61ff. und bei *Mariotti* S. 211ff.); Verbot des Kardinals Spinola v. 3.4.1717 (abgedr. bei *Mariotti* S. 216f.); Verbot des Kardinals Valenti Gonzaga v. 5.1.1750 (abgedr. bei *Emiliani* S. 76ff., bei *Mariotti* S. 220ff. und bei *Speroni* S. 195ff.); Edikt des Kardinals Braschi v. 21.8.1801 (abgedr. bei *Emiliani* S. 84f. und bei *Mariotti* S. 225f.). Entsprechende Verbote bestanden auch in den anderen Provinzen Italiens, vgl. die Aufstellungen bei *Emiliani* und *Mariotti*.

[94] Vgl. für die toskanischen Provinzen den Beschl. des Granduca v. 24.10.1602 (abgedr. bei *Emiliani* S. 28f. und bei *Mariotti* S. 248f.). Die Liste umfaßte die Namen von 18 bereits verstorbenen Künstlern, darunter z. B. Michelangelo, Raffael, Leonardo da Vinci, Andrea del Sarto, Jacopo Pontormo und Filippo Lippi.

[95] Abgedr. bei *Emiliani* S. 86ff. und bei *Mariotti* S. 226ff.

[96] Abgedr. bei *Emiliani* S. 100ff. und bei *Mariotti* S. 235ff.; franz. Übers. bei *Marguery* S. 357ff.

[97] Art. 1ff. Edikt Doria Pamphili.

[98] Art. 12ff. Edikt Pacca.

[99] Art. 11 Edikt Doria Pamphili; Art. 7 Edikt Pacca.

[100] Art. 8, 9 Edikt Pacca.

[101] *Bila* S. 11; *Raber* S. 10.

[102] Art. 5 Edikt Doria Pamphili, Art. 11 Edikt Pacca.

nur verboten, wenn er darauf gerichtet war, diese ins Ausland zu bringen.[103] Es bestand auch kein Bedürfnis, ihre Verkehrsfähigkeit innerhalb des jeweiligen Territoriums zu verhindern; wichtig war lediglich, die Ausfuhr ins Ausland zu verhindern. Veräußerungsverbote bestanden nur hinsichtlich kirchlicher Kulturgüter,[104] um diese in ihrem religiösen Umfeld zu bewahren, bzw. in bezug auf unrechtmäßig ausgegrabene Kulturgüter.[105] Durch alle diese Verbote wurden diese Sachen aber nicht zu *res extra commercium*; es handelte sich in erster Linie um Strafgesetze, deren Sanktionen die Täter abschrecken sollten.

Trotzdem waren viele Kulturgüter dem Privatrechtsverkehr entzogen. Ein Großteil der bedeutenden Kunstwerke war von den Päpsten nämlich ihren eigenen Verwandten oder anderen adligen römischen Familien vermacht worden,[106] allerdings fiduziarisch gebunden durch die Bildung einer Fideikommiß-Stiftung. Diese Sammlungen durften folglich weder veräußert noch geteilt werden.[107] Sie waren meist der Öffentlichkeit zugänglich.[108] Während der französischen Besetzung (von 1796 bis 1870) waren sämtliche unter den Päpsten ergangene Regelungen außer Kraft gesetzt und auch die Fideikomißbindungen aufgehoben worden.[109] Der „motu proprio" von Pius VII. v. 1816 setzte nach der Restauration des Kirchenstaats im Jahre 1814 die betreffenden Gesetze wieder in Kraft. Er erklärte aber die beweglichen Sachen als frei von fiduziarischen Bindungen, wovon die Kunst- und wissenschaftliche Sammlungen sowie Bibliotheken allerdings ausdrücklich ausgenommen waren, weil man darin offenbar ein wirksames

---

[103] Vgl. das Edikt des Kardinals Sforza v. 29.1.1646 (Fn. 93); Verbot des Kardinals Altieri v. 5.2.1686 (Fn. 93): *„Inoltre dichiaramo, che nell'istesse pene incorreranno li compratori, e venditori delle sudette cose antiche e moderne se le venderanno, o compreranno senza nostra licenza per portarle, o mandarle fuori di Roma come sopra, sotto le pene di sopra espresse."*

[104] Vgl. die Bulle „Quam provida" von Sixtus IV. v. 7.4.1474. Diese Bestimmung wurde in den Edikten Doria Pamphili (Art. 9, 10) und Pacca (Art. 52, 53) aufgegriffen, bekräftigt und erweitert.

[105] Ein weiterer Bereich, mit dem sich die Kulturgüterschutzgesetzgebung in dieser Zeit befaßte, war die Genehmigungspflichtigkeit von Ausgrabungen und der Schutz von archäologischen Funden; vgl. u.a. das Edikt des Kardinals Sforza v. 29.1.1646 (Fn. 93); Verbot des Kardinals Altieri v. 5.2.1686 (Fn. 93); Edikt des Kardinals Spinola v. 30.9.1704 (Fn. 93); Edikt des Kardinals Albani v. 21.10.1726 (abgedr. bei *Emiliani* S. 70f., bei *Mariotti* S. 217f. und bei *Speroni* S. 191ff.).

[106] Vgl. z.B. die Sammlungen Borghese, Doria Pamphili, Barberini, Spada. Die Stiftungsurkunden und Inventare der einer Fideikommißbindung unterliegenden Werke sind bei *Mariotti* S. 81ff., abgedruckt.

[107] *Chrétien* Clunet 30 (1903) 736ff., 740; *Kohler* Arch. bürg. R. 9 (1899) 56ff., 72f.; *Lepelletier* Clunet 23 (1896) 962ff., 963; *Speroni* S. 37 Fn. 100.

[108] Dies geht aus den Beratungen über einen Gesetzesentwurf im Jahre 1848 hervor, abgedr. bei *Mariotti* S. 12ff.

[109] *Lepelletier* (Fn. 107) 970.

Instrument zur Bewahrung des Kulturguts sah.[110] Zudem wurde bestimmt, daß der Kardinalkämmerer (*Camerlengo*) Maßnahmen ergreifen könne, um die Unveräußerlichkeit sicherzustellen. Kunstgegenstände, die Gegenstand eines Fideikommiß waren, wurden von dem Grundsatz der freien Veräußerlichkeit innerhalb Roms (Art. 5 Edikt Doria Pamphili, Art. 11 Edikt Pacca) nicht erfaßt.[111] An der fideikommissarischen Bindung von Kunstsammlungen wurde auch nach der Einigung Italiens in einem Gesetz v. 28.6.1871 festgehalten,[112] allerdings mit dem Hinweis, daß der Schutz dieser Sachen insgesamt einer gesetzlichen Regelung bedürfe.[113]

Die Fideikommißbindung spielte auch in der sogenannten „Affäre Sciarra" eine Rolle. Die Sammlung der Familie Barberini war 1628 von Papst Urban VIII. als Fideikommißstiftung eingerichtet worden und gemäß den Verfügungen des Stifters jeweils an einen Nachkommen der Familie übergegangen, schließlich an den Prinzen Barberini Colonna di Sciarra.[114] Dieser befand sich in Geldsorgen und wollte einige Kunstgegenstände verkaufen, welche er zunächst dem Staat

---

[110] Motu proprio von Pius VII. v. 6.7.1816, Art. 137 (abgedr. bei *Mariotti* S. 3): „*Sono eccettuate le raccolte di statue, di pitture e di altri oggetti di arte, come ancora le raccolte di monumenti ed altri oggetti di antichità, e quelli di storia naturale, d'istrumenti e machine di fisica, d'astronomia, di notomia, le biblioteche ed altre simili collezioni di arti liberali e di scienze, le quali potranno, in aggiunta ai fidecommissi da istituirsi sopra gli stabili, assoggettarsi all'obbligo della conservazione e restituzione, qualora vi acceda l'approvazione del cardinal camerlengo pro tempore, il quale potrà accordarla, sempreché (previo l'esame da commettersi persone intendenti) consti del pregio e della rarità di sì fatte collezioni, e con quelle cautele e prescrizioni anche penali che crederà opportuno di ordinare per assicurarne la identità e la inalienabilità durante il vincolo fidecommissario a cui saranno assoggettate.*" Vgl. auch die Beratungen des Parlaments der Republik Rom am 24.11.1848 über einen Gesetzesentwurf, welcher die Abschaffung der Fideikommisse vorsah, Redebeitrag des Handelsministers (abgedr. bei *Mariotti* S. 12f.): „*Prendo la parola su questo articolo, perchè, come ministro del commercio, ho ancora la tutela di ciò che riguarda le belle arti in Roma. Fra le sostituzioni fidecommissarie entrano ancora le raccolte di quadri, di sculture, di manoscritti e di altri oggetti preziosi. Roma ne abbonda, e formano la ricchezza di essa, l'ornamento del paese. Sciogliendo i fidecommissi, di qualunque specie essi seno, vengono a sciogliersi anche essi. È per questo che io penserei d'impedire di poterli vendere. (...) perchè, se noi guardiamo il pensiero dell'istitutore di queste raccolte quando ne faceva un fidecommisso, non essendo queste fruttifere in nessun conto, volle piuttosto farne un regalo al paese, volle che restassero e fossero più di utilità pubblica, che privata. Prendendo dunque questa norma, sarebbe un danno per il paese abbandonare alla discrezione di quelli che veranno appresso questi oggetti così preziosi.*"

[111] *Chrétien* (Fn. 107) 741.

[112] Franz. Übers. abgedr. bei *Marguery* S. 374f.; Art. 4 (Gesetzentwurf abgedr. bei *Mariotti* S. 51): *Non ostante l'abolizione delle sostituzioni e finchè non sia per legge speciale altrimenti provveduto, le gallerie, biblioteche ed altre collezioni d'arte o di antichità rimarranno indivise ed inalienabili fra i chiamati alla risoluzione del fidecommisso, loro eredi od aventi causa. La legge speciale, di cui sopra, sarà presentata nella sessione prossima.*

[113] Diese ließ noch bis 1902 auf sich warten, s. u. § 4 III.

[114] *Lepelletier* (Fn. 107) 964.

anbot. Als der Staat einen Kauf ablehnte und auch keine Genehmigung nach den Vorschriften des Edikts Pacca erteilen wollte, strengte der Prinz erfolglos eine zivilrechtliche Klage gegen den Staat an, mit dem Ziel, daß die Sammlung von der fideikommissarischen Bindung freigesprochen werde.[115] Noch vor der Entscheidung[116] verkaufte er 1891 21 Gemälde und Statuen aus der Sammlung an einen in Rom wohnenden Franzosen. In dem darauffolgenden Strafverfahren ging es allerdings nur noch um die Frage, ob sich der Prinz wegen Verstoßes gegen das Edikt Doria Pamphili bzw. das Edikt Pacca strafbar gemacht habe.[117] Wegen ihrer Fideikommißbindung sollten die Kunstwerke beschlagnahmt werden; die französischen Gerichte lehnten eine Vollstreckung dieser Anordnung jedoch ab.[118]

Der Pontifikalstaat hatte also zwei Arten von Kulturgütern geschaffen: Auf der einen Seite diejenigen im Besitz bestimmter Adelsfamilien, welche zum Großteil aus Schenkungen früherer Päpste stammten und wegen ihrer fiduziarischen Bindung unveräußerlich waren, auf der anderen Seite diejenigen, die den normalen gesetzlichen Regeln unterlagen und höchstens durch Ausfuhrverbote geschützt waren, innerhalb des Kirchenstaats aber frei veräußert werden konnten.[119]

§ 4 Das Konzept der *res extra commercium* in den ersten Kulturgüterschutzgesetzen der Nationalstaaten des 19. und 20. Jahrhundert

I. Griechenland

Griechenland war eines der ersten Länder, das seine Kulturgüter durch rechtliche Regeln zu schützen versuchte. Bereits 1834 kurz nach Erlangung der Unabhängigkeit wurde ein Gesetz[120] erlassen, das als Reaktion auf die nord- und

---

115 *Frigo* protezione, S. 19.

116 Trib. di Roma, Dekret v. 29.1.1892, zit. in der Anm. zu Cour d'appel de Paris, Entsch. v. 27.4.1892, Clunet 19 (1892) 973ff., 974.

117 Es war streitig, ob das Edikt Pacca das vorhergehende Edikt Doria Pamphili außer Kraft gesetzt hätte. Das Appellationsgericht Rom entschied jedoch, daß sich der Prinz auch bei Anwendung allein des Edikts Pacca strafbar gemacht habe, weil er gewußt habe, daß die Kunstgegenstände ins Ausland exportiert würden und außerdem den Verkauf habe anzeigen müssen, *Lepelletier* (Fn. 107) 974.

118 Cour d'appel de Paris (Fn. 116) 973f.; Cass., Entsch. v. 20.11.1893, Clunet 24 (1894) 311ff.

119 *Chrétien* (Fn. 107) 741.

120 Gesetz betreffend die wissenschaftlichen und artistischen Sammlungen des Staats, ferner die Auffindung und Erhaltung der Alterthümer sowie deren Benutzung v. 10./22.5.1834, dt. Übers. abgedr. bei *v. Wussow* Anlagenband, S. 252ff.

westeuropäischen Ausgrabungsexpeditionen im 18. und 19. Jahrhundert und die in diesem Zeitraum erlittenen Verluste[121] großer Teile des Kulturerbes zu sehen ist.[122] Das Gesetz von 1834 erklärte alle in Griechenland gefundenen Altertümer[123] zum „gemeinsamen Nationalgut aller Hellenen."[124] Alle in öffentlichem Grund und Boden befindlichen Altertümer wurden zu Staatseigentum deklariert.[125] Die Eigentumsrechte von Privaten wurden stark eingeschränkt.[126] Die Ausfuhr von Altertümern war, vorbehaltlich einer Genehmigung der Staatsregierung, verboten.[127] Bestimmte Kulturgüter wurden auch als unveräußerlich erklärt und zwar die „wissenschaftlichen und artistischen Gegenstände" der öffentlichen Sammlungen (Gemeinde-, Bezirks-, Kreis- und Centralsammlungen).[128] Das Gesetz von 1834 wurde 1899 durch mehrere Gesetze abgeändert, welche wiederum 1932 zusammen mit anderen Vorschriften in einem Sammelgesetz, dem noch heute geltenden Antiquitätengesetz Nr. 5351/1932 v. 9.8.1932 zusammengefaßt wurden.[129]

---

[121] Bekanntestes Beispiel ist die Verbringung der sog. Elgin Marbles nach England. Dabei handelt es sich um eine Sammlung griechischer Antiken, im wesentlichen um Skulpturen und Reliefs, die zu dem im 5. Jahrhundert auf der Akropolis in Athen erbauten Parthenontempel gehörten. Diese wurden zwischen 1802 und 1812 – in der Zeit also, als Griechenland unter türkischer Herrschaft stand – von dem britischen Botschafter Lord Thomas Elgin entfernt, was ihm durch einen Ferman (ein amtliches Schreiben) der Hohen Pforte gestattet worden war, nach England gebracht und 1816 vom britischen Staat für das Britische Museum gekauft, wo sie sich noch heute befinden. Seit 1983 werden von griechischer Seite offiziell Rückgabeforderungen erhoben, die von der britischen Regierung jedoch stets zurückgewiesen wurden; dazu ausführlich, *Frank* Recht und Kunst, S. 1ff.; *Hugger* JuS 1992, 997ff.; *Merryman* Mich. L. Rev. 83 (1985) 1881ff.; vgl. zuletzt *Reppas* Fordham Intell. Prop. Media & Ent. L. J. 9 (1999) 911ff. und besonders zum Schicksal der Marbles in England *St Clair* IJCP 8 (1999) 391ff. Anfang 1999 unterzeichneten ca. 350 Mitglieder des Europäischen Parlaments eine Erklärung, in der sie sich für die Rückgabe der Elgin Marbles an Griechenland aussprachen, ABl. v. 7.5.1999, C 128/97.

[122] *Prott/O'Keefe* I, Rz. 206; *Schmeinck* S. 77.

[123] Gemäß der Legaldefinition in Art. 110, 111 des griech. Gesetzes v. 1834 alle Gegenstände aus der Antike und dem Mittelalter.

[124] Art. 61 des griech. Gesetzes v. 1834.

[125] Art. 62 des griech. Gesetzes v. 1834.

[126] Art. 76ff. des griech. Gesetzes v. 1834; *v. Wussow* I, S. 161.

[127] Art. 76 des griech. Gesetzes v. 1834.

[128] Art. 14 des griech. Gesetzes v. 1834: *Solche wissenschaftlichen und artistischen Gegenstände sind unveräußerliches Staats-, Kreis-, Bezirks- und Gemeindegut. Die Veräußerung von Doubletten oder einzelnen unbrauchbar gewordenen Gegenständen jener Sammlungen zum Behufe neuer Anschaffungen ist jedoch nicht ausgeschlossen.*

[129] *Voudouri* S. 409.

II. Frankreich

In Frankreich unterlag öffentliches Kulturgut im 19. Jahrhundert auch ohne ein spezielles Kulturgüterschutzgesetz durch die Regeln über das *domaine public* einem besonderen Schutz. Danach war Eigentum des Staates, welches einem öffentlichen Zweck gewidmet worden war, unveräußerlich und unverjährbar.[130] Häufig war die Zugehörigkeit eines Kunstgegenstandes zum *domaine public* allerdings schwer zu beweisen.[131] Beweisprobleme führten z. B. 1886 zur Abweisung der Klage des französischen Staates gegen einen Privatmann auf Herausgabe des Sarkophags des französischen Staatsmannes Philippe Pot, weil sich der Besitzer auf gutgläubigen Erwerb gemäß Art. 2279 C. c. berief, was bei einer eindeutigen Zuordnung des Gegenstands zum *domaine public* nicht möglich gewesen wäre.[132]

Als Reaktion auf dieses Urteil wurde 1887 ein Gesetz[133] zum Schutz von Kulturgütern erlassen,[134] welches die Klassifizierung von Kulturgütern vorsah. Als klassifizierte Kulturgüter bezeichnet man diejenigen Kulturgüter, die durch verwaltungsrechtliche Entscheidung in eine einer besonderen Behandlung unterliegende rechtliche Kategorie eingeordnet werden.[135] Allerdings bestimmt ein Gesetz vorher bereits abstrakt, welche Kategorien von Kulturgütern klassifizierbar sind.[136] Die durch Verwaltungsakt erfolgende Widmung bezieht sich meist auf individualisierte Objekte, kann aber auch eine ganze Gruppe von durch besondere Charakteristiken gekennzeichneten Gegenständen erfassen.[137] Die Klassifizierung führt dazu, daß die klassifizierten Kulturgüter – aber auch nur

---

[130] S. dazu ausführlich 4. Kap. § 1 I. 2. a.

[131] Vgl. dazu *v. Wussow* I, S. 158f.: *„Das Bedürfnis nach einem Spezialgesetz findet wohl hauptsächlich darin seinen Grund, daß wenn auch sehr viel für die Erhaltung der unbeweglichen Denkmäler unter der geltenden Gesetzgebung geschehen, (...), es doch an jedem gesetzlichen Schutz für die beweglichen Kunstschätze der in Rede stehenden Kategorie fehlte. Allerdings hat die Rechtsprechung – une jurisprudence constante – den Schutz gegen die Veräußerung der mobilen Kunstdenkmäler gewährt, jedoch immer nur dann, wenn die Staatsverwaltung noch zur richtigen Zeit in der Lage war, der veräußerten Sache in die Hände ihres Erwerbers nachzufolgen. Es fehlt aber an einem vollständigen Inventar der Reichthümer dieser Art in Frankreich, und ohne solches werden alle Bemühungen um den Schutz der beweglichen Kunstschätze erfolglos bleiben, (...).“*

[132] *Richard de Vesrotte v. l'Etat* Dijon, Entsch. v. 3. 3. 1886, D. P. 1887, II, 253.

[133] Loi du 30 mars 1887 pour la conservation des monuments et objets d'art ayant un intérêt historique et artistique, J. O. v. 31. 3. 1887, n. 17739, abgedr. in: *Marguery* S. 297ff.

[134] *De Visscher* Mouseion 43/44 (1938) 7ff., 10.

[135] *Fraoua* trafic, S. 74; *Schmeinck* S. 51. Diesem System folgen noch heute viele Staaten, s. u. 4. Kap.

[136] *Fraoua* (Fn. 135) S. 76.

[137] *Knapp* Rapports suisses, S. 227ff., S. 237.

diese – einer besonderen rechtlichen Behandlung unterliegen.[138] Den Rechtswirkungen, die an die Klassifizierung geknüpft sind, unterliegt das betreffende Kulturgut unabhängig davon, in wessen Hände es gelangt; die Rechtswirkungen gehen durch Veräußerung nicht unter, sondern erst, wenn das Kulturgut durch Verwaltungsentscheidung deklassifiziert worden ist.

Nach der Regelung des französischen Gesetzes v. 1887 waren der Klassifizierung allerdings nur bewegliche Kulturgüter im Eigentum des Staates, der Départments, der Gemeinden und der öffentlichen Einrichtungen zugänglich. Klassifizierte Kulturgüter im Eigentum des Staates waren unveräußerlich und unverjährbar,[139] also *res extra commercium.*[140] Die anderen Kulturgüter im Eigentum der öffentlichen Hand konnten mit Genehmigung des zuständigen Ministers veräußert werden.[141] Das Gesetz von 1887 wurde 1909 ergänzt und 1913 durch ein neues Gesetz ersetzt, welches immer noch in Kraft ist.

III. Italien

Nach der Vereinigung des italienischen Königreichs wurden zwischen 1872 und 1888 viele Entwürfe für ein Gesetz zum Schutz von Kulturgut vorgelegt,[142] aber kein Gesetz verabschiedet. Dies geschah erst im 20. Jahrhundert mit dem Gesetz v. 12.6.1902,[143] welches schon kurz darauf durch das Gesetz v. 20.6.1909[144] ersetzt wurde.[145] Darin wurde das Kulturgut des Staates und der Provinzen wie auch das der kirchlichen und staatlichen gemeinnützigen Einrichtungen („*enti morali*") für unveräußerlich erklärt. Es konnte mit Genehmigung der Regierung aber an andere öffentliche Einrichtungen derselben Art oder den

---

138 *Fraoua* (Fn. 135) S. 74.

139 Art. 10 des franz. Gesetzes v. 1887: *Les objets classés et appartenant à l'Etat seront inaliénables et imprescriptibles.*

140 *Kohler* (Fn. 107) 75.

141 Art. 11 des franz. Gesetzes v. 1887: *Les objets classés appartenant aux départments, aux communes, aux fabriques et autres établissements publics ne pourront être restaurés, réparés, ni aliénés par vente, don ou échange, qu'avec l'autorisation du ministre de l'Instruction publique et des Beaux-Arts.* Auf diese waren aber weiterhin die Regeln über Verjährung und auch Art. 2279 franz. C. c. anwendbar, *Saleilles* (Fn. 15) 498.

142 Alle abgedr. bei *Mariotti* S. 311ff.

143 Gesetz v. 12.6.1902, n. 185, franz. Übers. abgedr. in: Clunet 30 (1903) 744ff. und bei *Marguery* S. 402ff.

144 Gesetz v. 20.6.1909, n. 364, legge circa le antichità e le belle arti, G. U. del regno v. 27.6.1909, n. 150; abgedr. bei *Emiliani* S. 245ff.; franz. Übers. abgedr. bei *Marguery* Ann., S. 435ff.; dazu *Musatti* Riv. dir com. 7 (1909) 435ff.

145 Franz. Übers. abgedr. bei *Marguery* Annexes, S. 435ff.

Staat veräußert werden, wenn sein Verbleib in Italien dadurch nicht gefährdet wurde.[146]

Die historische Entwicklung zeigt, daß die aus dem römischen Recht stammende Rechtsfigur der *res extra commercium* als wirksame rechtliche Methode für den Kulturgüterschutz entdeckt wurde.[147] Durch die Unveräußerlichkeit und Unverjährbarkeit von Kulturgut versuchte man, willkürliche Veräußerungen zu verhindern und zu erreichen, daß das Kulturgut seinen öffentlichen Zweck auf Dauer erfüllen konnte.

---

146 Art. 2 des ital. Gesetzes v. 20. 6. 1909: *Le cose di cui all'articolo precedente sono inalienabili quando appartengono allo Stato, a comuni, a provincie, a fabbricherie, a confraternite, a enti morali ecclesiastici di qualsiasi natura e ad ogni ente morale riconosciuto. Il Ministero della pubblica istruzione, su le conformi conclusioni del Consiglio superiore per le antichità e belle arti, istituito con la legge 27 giugno 1907, n. 386, potrà permettere la vendita e la permuta di tali cose da uno a un altro degli enti sopra nominati quando non derivi danno alla loro conservazione e non ne sia menomato il pubblico godimento.* Gemäß dem Gesetz von 1902 galt das nur für Kulturgut von hohem Wert (Art. 2).

147 Vgl. dazu auch *Mansi* S. 12.

3. Kapitel: Die Erklärung von Sachen zu *res extra commercium* als Instrument des nationalen Kulturgüterschutzes

§ 1 Gründe für die Erklärung von Kulturgütern zu *res extra commercium*

Im Bereich des Kulturgüterschutzes stößt der traditionelle Eigentumsbegriff an seine Grenzen.[1] Was sonst Eigentum im Wesentlichen ausmacht, nämlich das Recht, mit dem Eigentumsobjekt nach Belieben zu verfahren und andere von der „Nutzung" auszuschließen,[2] kann in bezug auf Kulturgüter nicht ohne weiteres gelten. Soll der Eigentümer eines wertvollen und einzigartigen Kunstgegenstandes diesen einfach zerstören dürfen[3] oder darf er ihn in einem Tresor verschließen und die Öffentlichkeit sowie die Forschung vollkommen davon ausschließen? So diffus die Überlegungen in diesem Bereich auch sind, besteht Einigkeit, daß der traditionelle Eigentumsbegriff für Kulturgüter nicht paßt, sondern daß „Rechte" an Kulturgütern nicht nur beim jeweiligen Eigentümer, sondern bei einem viel größeren Personenkreis liegen. Manchmal wird die Vorstellung zu Hilfe gezogen, daß hinter dem zivilrechtlichen Eigentum ein „Eigentum zweiten Grades" einer größeren Gemeinschaft steht, welches das Eigentum ersten Grades überlagert.[4] Die Beschränkungen, denen das Eigentum an Kulturgütern unterliegt, sind als Ausfluß dieses übergeordneten Eigentums zweiten

---

[1] *Prott/O'Keefe* IJCP 1 (1992) 307ff., 309f.; *Rodotà* Council of Europe, S. 99; *ders.* Report, S. 7; *Williams* S. 64. Vgl. bereits 1899 *Kohler* Arch. bürg. R. 9 (1899) 56ff., 56: *„Überall wäre der Individualismus des Eigenthums besser angebracht als hier. Wo die Interessen der ästhetischen und wissenschaftlichen Kultur obwalten, muß das Individualeigenthum sich fügen. Niemand darf des Eigenthums halber die menschliche Kultur um ein paar Jahrzehnte zurückdrängen."*

[2] Vgl. statt vieler MünchKomm/*Säcker* § 903 BGB Rn. 4ff.

[3] Vgl. *Harding* Ariz. St. L. J. 31 (1999) 291ff., 292. In diesem Zusammenhang ist auch auf das Schicksal des „teuersten Bildes der Welt," das von Vincent Van Gogh gemalte Portrait seines Arztes Dr. Gachet, welches 1990 bei Christie's in New York für 82, 5 Millionen Dollar von dem japanischen Industriellen Ryoei Saito ersteigert wurde, hinzuweisen. Saito kündigte an, daß das Bild bei seinem Begräbnis verbrannt werden sollte. Er starb 1996; seitdem ist der Verbleib des Bildes unbekannt. Allerdings bestehen Anhaltspunkte, daß das Bild nicht zerstört wurde, sondern irgendwo auf der Welt in einem Banktresor gehortet wird, vgl. dazu *Crüvell/v. Lovenberg* FAZ v. 31.7.1999, S. 51; *Saltzman* S. 324.

[4] *Koumantos* Council of Europe, S. 12.; *ders.* FS Pedrazzini, S. 159ff., S. 166f.

Grades anzusehen.[5] Der Staat fungiert als eine Art Treuhänder, mit der Pflicht, die als schützenswert zu erachtenden Güter für künftige Generationen zu bewahren und zu überliefern.[6]

In der Erklärung von Kulturgut zu *res extra commercium* verwirklicht sich diese Idee eines mehrstufigen Eigentums an Kulturgut. Das gesetzgeberische Vorgehen trägt der Tatsache Rechnung, daß, auch wenn eine bestimmte (meist öffentlichrechtliche juristische) Person Eigentümer eines Kulturguts ist, dieses für einen viel größeren Personenkreis, welcher gewissermaßen Anrechte daran hat, von Bedeutung ist.[7] Denn das extrakommerzielle Kulturgut kann weder willkürlich veräußert werden (sondern entweder gar nicht oder nur, wenn die besonderen dafür aufgestellten Voraussetzungen vorliegen) noch kann es von einem Nichtberechtigten gutgläubig erworben oder ersessen werden. Wenn es gestohlen oder unterschlagen wird, verloren geht oder sonstwie abhanden kommt, kann es immer wieder herausgefordert werden, unabhängig davon, wieviel Zeit vergangen ist. Durch die Extrakommerzialität wird sichergestellt, daß das Kulturgut für die Öffentlichkeit und auch für nachfolgende Generationen bewahrt wird und seinen Zweck, Zeugnis über eine bestimmte kulturelle, wissenschaftliche oder historische Epoche oder Entwicklung abzulegen, weiter entfalten kann.[8]

§ 2 Untersuchung der Kulturgüterschutzgesetze

Beim Studium der verschiedenen nationalen Kulturgüterschutzgesetze fällt auf, daß der Handel mit Kulturgut in vielen Rechtsordnungen Beschränkungen unterliegt. Zu einem großen Teil stellen diese Beschränkungen jedoch keine Einschränkung der Verkehrsfähigkeit dar. Die verschiedenen Eingriffe in den freien Handel zum Schutz von Kulturgütern sollen daher kurz dargestellt und voneinander abgegrenzt werden.

---

5 *Koumantos* Council of Europe, S. 13.

6 *V. Schorlemer* S. 565; *Williams* S. 64; vgl. auch *Sax* S. 139. Sogar über ein Eigentum dritten Grades, was der Staatengemeinschaft zukomme, wird nachgedacht – ein Gedanke, der mit dem Prinzip des „Common Heritage of Mankind" einhergeht, *Koumantos* (Fn. 5) S. 14. Kritisch zur Anwendung dieses Begriffs auf Kulturgüter *Dolzer* Rechtsfragen, S. 13ff.; *Jayme* Kunstwerk, S. 7ff., S. 13f.; *Müller* S. 266ff.

7 L'activité de l'Office International des Musées 1932/33, rapport à la commission internationale de cooperation intellectuelle, Mouseion 23/24 (1933) 235 ff., 245; *Moustakos* Cornell L. Rev. 74 (1989) 1179ff., 1184f., spricht von *„property for grouphood,"* dessen Schutz die Unveräußerlichkeit erfordert.

8 *Cozzuto-Quadri* S. 26; *Drimmer* Tenn. L. Rev. 65 (1998) 691ff., 736f.; *Moustakos* (Fn. 7) 1214ff. Vgl. zur „Unantastbarkeit" von Kulturgut auch *Cornu* Rev. trim. dr. civ. 2000, 697ff.

I. Behandlung von Kulturgütern als *res extra commercium*

Bei Kulturgütern ist es in den allermeisten Rechtsordnungen[9] so, daß sie nicht völlig außerhalb jeder rechtlichen Beherrschung stehen, sondern im Eigentum einer bestimmten Person, häufig des Staates. In manchen Rechtsordnungen ist dieses „Eigentum" rein öffentlichrechtlich ausgeformt. Die Sachen stehen nicht im Privateigentum; an ihnen besteht lediglich eine öffentlichrechtliche Berechtigung, die in Anlehnung an die privatrechtliche Terminologie ebenfalls Eigentum genannt wird. Es gibt aber auch im Privateigentum[10] stehende *res extra commercium*. Streng genommen liegt eine Verkehrsunfähigkeit im Sinne der oben genannten Definition[11] in diesem Fall gar nicht vor, weil die Sachen Gegenstand eines privatrechtlichen dinglichen Rechts, nämlich des Eigentums, sind. Weil sich ihre dingliche Zuordnung, solange sie dem Status der Extrakommerzialität unterliegen, aber nicht ändern kann, und sie in keinem Fall Gegenstand von privatrechtlichen Rechtsgeschäften und damit des Privatrechtsverkehrs sein können, ist es angebracht, auch hier von Verkehrsunfähigkeit zu sprechen und nicht nur von Beschränkung der Verkehrsfähigkeit.[12] Die Verkehrsunfähigkeit dieser Sachen beschränkt sich dann darauf, daß über sie nicht mehr verfügt werden bzw. das Eigentum nicht untergehen kann.

In den Gesetzen zum Kulturgüterschutz ist aber in Bezug auf die dingliche Qualität nie von Extrakommerzialität die Rede, sondern von seinen bereits angeführten Elementen Unveräußerlichkeit und Unverjährbarkeit.[13]

1. Unveräußerlichkeit

Ein Kulturgut ist unveräußerlich, wenn es grundsätzlich nicht veräußert werden kann. Ihm haftet eine dingliche Eigenschaft an, die es unfähig macht, Gegenstand einer Veräußerung zu sein. Ein auf Rechtsübertragung gerichtetes Rechtsgeschäft wäre wegen rechtlicher Unmöglichkeit nichtig. Die Qualifizierung eines

---

[9] Allerdings herrscht in manchen Rechtskulturen (Eingeborenen- bzw. Stammesrechten) besonders bei kultischen Gegenständen die Vorstellung, daß diese nicht im Eigentum von Menschen stehen können, weil sie von Göttern gemacht oder sogar selbst göttlich sind, *Prott* RdC 217 (1989) 215ff., 308; *Prott/O'Keefe* (Fn. 1) 310.

[10] Der Begriff Privateigentum ist nicht zu verwechseln mit dem Eigentum Privater.

[11] S. o. 1. Kap. § 3 I.

[12] *Raape* S. 180, bezeichnet als *res extra commercium* die Gegenstände, die Rechtsobjektivität ganz oder zum Teil entbehren. Vgl. auch *Saleilles* Rev. hist. dr. fr. etr. 12 (1888) 497ff., 508: *„Mais on peut être propriétaire et avoir les mains liées; propriété et indisponibilité sont deux idées parfaitement conciliables. Une chose peut ainsi être objet de propriété tout en étant mise hors du commerce, c'est-à-dire tout en restant inaliénable et imprescriptible."*

[13] S. o. 1. Kap. § 3 I.

Kulturguts als unveräußerlich schließt nicht aus, daß unter gewissen Umständen (z. B. Genehmigung der Aufsichtsbehörde) eine Veräußerung doch möglich ist. Dies bedeutet nur, daß durch eine hoheitliche Entscheidung die rechtliche Qualität der Unveräußerlichkeit aufgehoben wird. Man kann aber nicht von unveräußerlichen Kulturgütern sprechen, wenn für das Rechtsgeschäft der Veräußerung lediglich Schranken aufgestellt werden, ohne daß die dingliche Eigenschaft der Sache dadurch beeinflußt wird.[14]

2. Unverjährbarkeit

Die Unveräußerlichkeit von Kulturgütern trifft meist mit ihrer Qualifizierung als unverjährbar zusammen. Unverjährbarkeit bedeutet, daß die Sache weder ersessen werden noch der Vindikationsanspruch verjähren kann.[15] Gerade im illegalen Kunsthandel ist es üblich und wegen des hohen Wertes der Objekte auch lohnenswert, die Kunstgegenstände für eine bestimmte Zeit wegzuschließen, um die jeweiligen Herausgabefristen ablaufen zu lassen und sie erst dann dem Markt zugänglich zu machen.[16] Die Ursache für die Möglichkeit der Ersitzung, nämlich das Bedürfnis, durch eine endgültige Güterzuordnung Rechtssicherheit zu schaffen, muß in den Rechtsordnungen, die diesem Konzept folgen, angesichts der überragenden Interessen des Kulturgüterschutzes zurücktreten.

Als unverjährbar werden häufig auch Kulturgüter deklariert, die nicht unveräußerlich sind, z. B. Kulturgüter im Eigentum Privater.[17] Ein Grund ist, daß die Erklärung von Privaten gehörenden Sachen als unveräußerlich einen wohl nicht zu rechtfertigenden Eingriff in das Eigentumsrecht darstellen würde, weil dem Eigentümer eines seiner grundlegenden Rechte, die Fähigkeit und Freiheit, über die Sache zu verfügen, völlig genommen wäre. Die Unverjährbarkeit ist für den Eigentümer jedoch nur vorteilhaft, denn sein Eigentum wird dadurch ja gerade geschützt. Weder kann es durch die Ersitzung eines anderen untergehen, noch kann es faktisch nicht durchzusetzen sein, weil der Vindikationsanspruch ver-

---

[14] S. u. § 2 II.

[15] S. o. 1. Kap. § 3 I. 2.

[16] *Droz* Rev. crit. dr. int. pr. 86 (1997) 239ff., 243: *„Tel spéculateur qui sans être de complète mauvaise foi manie la prudence achètera un objet d'art dans un pays à courte prescription, le fera vieillir, comme un bon vin, quelques années, dans un coffre, à l'abri de toute publicité, puis la prescription écoulée ou l'usucapion acquise pourra le vendre en toute sécurité sinon en toute bonne conscience."* *Prott* I. C. L. Q. 41 (1992) 160ff., 163; *dies.* (Fn. 9) 271: *„The periods concerned are very short when considered in relation to the long term value of cultural heritage items. As long as an important work of art is kept „under wraps" for three (France, Belgium, Netherlands) or five (Switzerland) years, it can resurface and be sold with impunity."* Vgl. auch *Müller-Katzenburg* NJW 1999, 2551ff., 2558.

[17] Vgl. z. B. Art. 18 Abs. 1 des franz. Gesetzes v. 1913 (s. u. 4. Kap. Fn. 53); Art. 28 des port. Gesetzes v. 1985 (s. u. 4. Kap. Fn. 224); vgl. auch *Prott/O'Keefe* III, Rn. 774.

jährt ist. Zum anderen ist die Gefahr, die Kulturgütern durch Verjährung und Ersitzung droht, vielleicht noch größer als die ihrer Veräußerlichkeit.[18] Wenn man vom Fall der unrechtmäßigen Veräußerung durch den Eigentümer selbst absieht, ist für den Eigentumserwerb vom Nichtberechtigen Gutgläubigkeit erforderlich. An die Gutgläubigkeit werden im Bereich des Kunsthandels strenge Anforderungen gestellt.[19] Die zunehmende Existenz von Registern, die gestohlenes oder verloren gegangenes Kulturgut auflisten, führt zu erweiterten Nachforschungspflichten der Erwerber von Kunstgegenständen. Gestohlene Gegenstände können in den meisten Rechtsordnungen ohnehin nicht gutgläubig erworben werden.[20] In diesen Fällen spielt der Rechtsverlust durch Zeitablauf eine große Rolle.[21] Die Ersitzung ist dagegen in einigen Rechtsordnungen auch bei Bösgläubigkeit möglich.[22] In den meisten Ländern tritt irgendwann Verjährung des Herausgabeanspruchs ein.[23]

Die Möglichkeit der Ersitzung von Kulturgütern bzw. die Verjährung der Herausgabeansprüche des Eigentümers kommt dem illegalen Kunsthandel sehr entgegen.[24] Allein durch Zeitablauf können die ursprünglichen Rechte an der Sache ausgelöscht bzw. undurchsetzbar werden, so daß es ausreicht, den gestohlenen Kunstgegenstand in einen Staat mit kurzer Ersitzungs- oder Verjährungsfrist zu bringen und für einige Zeit verschwinden zu lassen, um ihn dann unbesorgt auf dem Kunstmarkt auftauchen zu lassen.[25] Wie verschiedene Fälle in der Recht-

---

[18] So auch *Dufau* domaine public, S. 274; vgl. auch *Richard/Junker* Jura 1985, 415ff., 422.

[19] S. u. 5. Kap. § 3 II.

[20] Ein gutgläubiger Erwerb gestohlener Gegenstände ist generell nur in Italien möglich, auch in Deutschland allerdings im Falle einer öffentlichen Versteigerung (§ 935 Abs. 2 BGB, s. u. 7. Kap. § 2 II. 3. In anderen Rechtsordnungen kann die Sache vom bestohlenen Eigentümer einem gutgläubigen Erwerber gegenüber oft nur während einer sehr kurzen Zeitspanne herausgefordert werden – vgl. z. B. Art. 2279 Abs. 2 franz. C. c. (3 Jahre), Art. 934 Abs. 1 ZGB (5 Jahre).

[21] *Hanisch* FS Müller-Freienfels, S. 193ff., S. 218; *Siehr* Symposium, S. 41ff., S. 64.

[22] Vgl. z. B. Art. 1161 ital. C. c.; Art. 1955 span. C. c.: Dort spielt die Frage nach Gut- oder Bösgläubigkeit nur für die Länge der Frist eine Rolle.

[23] Im deutschen Recht ist die Ersitzung bei Bösgläubigkeit ausgeschlossen, § 937 Abs. 2 BGB. Selbst der bösgläubige Erwerber kann sich nach 30 Jahren aber auf die Verjährung des Vindikationsanspruchs berufen. Er hat dann zwar kein Eigentum an dem Gegenstand erworben, darf ihn aber trotzdem behalten.

[24] *Reichelt* sieht in ihrer ersten UNIDROIT-Studie daher die Schaffung von einheitlichen Ersitzungs- bzw. Verjährungsregeln als dringendstes Anliegen im Bereich der Rechtsvereinheitlichung des gutgläubigen Erwerbs an Kulturgütern an, Un. L. R. 1985, 42ff., 119, dazu u. 6. Kap. § 2 IX.

[25] Es ist bei Kunstdiebstählen typisch, daß die Kunstgegenstände erst nach langer Zeit auf dem Markt auftauchen, *Jayme* Reports, S. 93; vgl. auch *Bourguignon/Choppin* S. 279f.; *Byrne-Sutton* trafic, S. 43, S. 105; *Mußgnug* EuR 2000, 564ff., 572 Fn. 27. Fraglich und wohl zu optimistisch ist die Behauptung von *Reich/Fischer* NJW 1993, 1417ff., 1420f., daß die Verjährung wegen höherer Gewalt gehemmt sei (§ 203 BGB), wenn der Eigentümer keine

sprechung zeigen, vergeht häufig geraume Zeit, bis ein Kulturgut ausfindig gemacht und Klage auf Rückgabe erhoben werden kann.[26] Das gilt besonders für während eines Krieges gestohlene oder abhanden gekommene Kunstwerke.[27]

Was die unerwünschte Veräußerung durch den Berechtigten angeht, so reicht es, um den Schutz der Kulturgüter zu gewährleisten, oftmals aus, eine ohne die erforderliche Anzeige bzw. Genehmigung erfolgte Veräußerung für nichtig zu erklären, um einen Eigentumsübergang zu verhindern. Eine wirksame Veräußerung durch den Berechtigten ist dann ebenfalls nicht möglich. Ersitzung könnte aber erfolgen, weil diese von einem Rechtsgeschäft unabhängig ist. Das zeigt, daß die Möglichkeit der Ersitzung aus der Sicht des Kulturgüterschutzes die größere Gefahr darstellt, weil ihr schwerer zu begegnen ist, und erklärt, warum sich die Qualifizierung von Kulturgütern als unverjährbar häufiger findet als ihre Unveräußerlichkeit.

Ist hinsichtlich eines Kulturgutes lediglich die Unverjährbarkeit, nicht aber die Unveräußerlichkeit bestimmt, kann es nicht als *res extra commercium* bezeichnet werden, weil es, zumindest vom Berechtigten, veräußert werden und somit am Rechtsverkehr teilnehmen kann. Die Tatsache, daß Besitz und Zeitablauf keine Rechtswirkungen nach sich ziehen, schränkt die Verkehrsfähigkeit allerdings ein.

II. Veräußerungsbeschränkungen

In vielen ausländischen Kulturgüterschutzgesetzen finden sich Bestimmungen, infolge derer die Veräußerung bestimmter Kulturgüter nur mit Genehmigung erfolgen kann[28] bzw. ohne Genehmigung verboten ist.[29] Dies ist regelmäßig der

---

Kenntnis vom Verbleib des Kunstwerks habe; dazu auch *Jayme* Gutachten, S. 225ff., S. 234; *Schoen* NJW 2001, 537ff., 543.

26 *Prott* (Fn. 16) 163; *Schmeinck* S. 159.

27 Z. B. *Kunstsammlungen Weimar v. Elicofon* (s. u. 5. Kap. Fn. 407): nach 21 Jahren; *De Weerth v. Baldinger* 658 F. Supp. 688 (S. D. N. Y. 1987); 836 F. 2d. 103 (2d Cir. 1987); 804 F. Supp. 539 (S. D. N. Y. 1992); 38 F. 3d. 1266 (2d Cir. 1994): nach 36 Jahren; vgl. auch den Fall des Quedlinburger Domschatzes (s. u. 5. Kap. Fn. 125): nach 45 Jahren. Nur weil amerikanische Gerichte keine Verjährung von Kriegsverlusten kennen, sofern eine stete Bemühung um Rückerlangung des Eigentums nachgewiesen ist, konnten 1945 nach Aserbaidschan verbrachte und nach einem Diebstahl in New York zum Kauf angebotene Werke von Dürer, Mantegna und Rembrandt nach Bremen zurückgegeben werden, *Beaucamp* FAZ v. 19.7.2000, S. 53. Dagegen lehnte das höchste niederländische Gericht die Forderung des Bundeslandes Sachsen nach Rückgabe des Gemäldes „Klooster in landschap“ von Jan van der Heyden, welches 1945 aus der Gemäldegalerie Dresden verschwunden war, unter Hinweis auf Verjährung ab, FAZ v. 11.5.1998, S. 43.

28 Vgl. z. B. Art. 55 ital. T. U. v. 1999.

29 Z. B. § 6 Abs. 5 S. 2 öster. DMSG v. 1923 (s. u. 4. Kap. § 1 VIII. 2.), Art. 35 des nicaraguanischen Gesetzes Nr. 1142 v. 1982: *All deeds of transfer of ownership, right of disposal or mere*

Fall bei klassifizierten Kulturgütern.[30] Fraglich ist, ob solche Veräußerungsverbote zu einem Entzug der Verkehrsfähigkeit von Kulturgütern führen.

Es ist denkbar, daß ein Verbotsgesetz nur das rechtliche Dürfen, nicht aber das rechtliche Können beeinflußt. Dann führt ein Verstoß eventuell zu strafrechtlichen Sanktionen, beeinträchtigt aber nicht die Wirksamkeit des Rechtsgeschäfts.[31] Aber auch wenn das Gesetz den Verstoß mit der Nichtigkeit des Rechtsgeschäfts sanktioniert,[32] führt diese Bestimmung nur dazu, daß das Übertragungsgeschäft keine rechtliche Wirksamkeit entfaltet; der rechtliche Status der entsprechenden Sache wird nicht berührt.[33] Manchmal wird sogar ausdrücklich statuiert, daß Eigentum an einer Sache ohne Zustimmung einer bestimmten Stelle nicht übertragen werden könne.[34] Dies kann so verstanden werden, als sei die Sache ohne die Zustimmung verkehrsunfähig.[35] Auch hier betrifft die Regelung meist aber nicht die Sache und deren dingliche Qualität, sondern das Übertragungsgeschäft. Die Veräußerung scheitert nicht an der Untauglichkeit des Objekts, sondern daran, daß eine besondere Voraussetzung, die für die rechtsgeschäftliche Übertragung des Eigentums aufgestellt wurde, nicht vorliegt. Auch wenn das Kulturgut ohne die erforderliche Genehmigung nicht übertragen werden kann, bleibt es aber veräußerlich. Im übrigen kann es, soweit die entsprechende Rechtsordnung das Rechtsinstitut der Ersitzung kennt, durch Zeitablauf erworben werden.

III. Verbot des Handels

In manchen nationalen Kulturgüterschutzgesetzen wird bestimmt, daß der Handel mit Kulturgütern verboten ist.[36] Dieses Verbot kann Konsequenz der Bestimmung sein, daß der Staat alleiniger Eigentümer bestimmter Kulturgüter ist

---

possession effected without the prior authorization of the Heritage Office on any grounds whatsoever in respect of property forming part of the cultural heritage are prohibited. Failure to obtain such authorization will render the deal null and void. (engl. Übers. abgedr. in: UNESCO-Doc. CLT-85/WS/35).

30 S. o. 2. Kap. § 4 II.

31 Vgl. z. B. sec. 24 des irischen Gesetzes Nr. 2 v. 1930 (abgedr. in: UNESCO-Doc. CLT-85/WS/24).

32 Vgl. z. B. Art. 35 des nicaraguanisches Gesetzes (Fn. 29).

33 *Prott/O'Keefe* Handbuch, S. V.

34 Vgl. z. B. Art. 18 Abs. 3 des port. Gesetzes Nr. 13 v. 1985 (s. u. 4. Kap. Fn. 222).

35 S. o. § 2 I. 1.

36 Vgl. z. B. Präambel und Art. 16 Abs. 1 des irakischen Gesetzes Nr. 40 v. 1926 (vgl. dazu *Prott/O'Keefe* (Fn. 33) S. 109); Art. 7 des ägyptischen Gesetzes Nr. 117 v. 1983 (engl. Übers. abgedr. in: UNESCO-Doc. CLT-85/WS/27).

und diese von Privaten nicht erworben werden können. In diesem Fall sind die Kulturgüter auch dem privaten Rechtsverkehr entzogen. In vielen Fällen verfolgt ein Verbot des Handels aber auch nur den Zweck, Kulturgüter tatsächlich dem Geschäftsverkehr zu entziehen. Verstöße gegen dieses Verbot führen zu strafrechtlichen Sanktionen.[37] Die juristische Fähigkeit dieser Sachen, Gegenstand des Rechtsverkehrs zu sein, bleibt durch das Verbot aber unberührt.

IV. Exportverbote

Fast alle Rechtsordnungen kennen Bestimmungen, durch welche der Export bestimmter (in einigen Fällen sogar aller) Kulturgüter verboten wird. Teilweise gelten diese Verbote absolut,[38] teilweise unterliegen sie einem Genehmigungsvorbehalt.[39] Das Verbot erstreckt sich in allen Fällen auf die rein tatsächliche Verbringung der betreffenden Sache aus dem Hoheitsgebiet des Staates (unabhängig von einer Veräußerung). Die unerlaubte Ausfuhr wird straf- oder verwaltungsrechtlich sanktioniert.[40] Im Privatrecht können sich Exportverbote höchstens mittelbar auswirken, dergestalt daß Rechtsgeschäfte, welche auf die Ausfuhr des Kulturgutes abzielen, nichtig sind[41] oder wenn das Gesetz vorsieht, daß im Falle der unerlaubten Ausfuhr ein hoheitlicher Eigentumserwerb des Staates erfolgt.[42]

V. Staatseigentum

Viele Rechtsordnungen sehen vor, daß in der Erde verborgene Kulturgüter bei ihrer Entdeckung Eigentum des Staates werden.[43] Diese Vorschriften weichen von den ansonsten in diesen Rechten für den originären Eigentumserwerb bei Fund bzw. Schatzfund geltenden Regeln ab. Manche Rechtsordnungen gehen über diese Bestimmungen noch hinaus und deklarieren sämtliche Kulturgüter zu Staatseigentum, selbst wenn diese noch nicht einmal entdeckt, sondern völlig

---

37 Vgl. z. B. Art. 95 des afghanischen Code for the Protection of Antiquities v. 1958 (vgl. dazu *Prott/O'Keefe* (Fn. 33) S. 1).

38 Vgl. z. B. Art. der algerischen Verordnung v. 20.12.1967 (abgedr. in engl. Übers. in: UNESCO, Kompendium I, S. 51).

39 Vgl. z. B. Art. 65, 55 ital. T. U. v. 1999; §§ 16, 17 öster. DMSG.

40 Vgl. z. B. § 16 dt. KultgSchG.

41 S. u. 5. Kap. § 3 V.

42 Vgl. z. B. Art. 29 span. LPHE, s. u. 4. Kap. Fn. 202; allgemein dazu 5. Kap. § 2 II. 2. b.

43 Vgl. *Fraoua* trafic, S. 81 Fn. 27; *Prott/O'Keefe* III, Rn. 605; jeweils mit Ländernachweisen.

unbekannt sind.[44] Solche Bestimmungen werden als *„Umbrella Statutes,"*[45] *„Blanket Laws,"*[46] bzw. *„Omnibus Ownership Laws"*[47] bezeichnet. Im Einzelnen sind die Gesetze sehr unterschiedlich. Teilweise fallen nur bestimmte Kulturgüter in das Staatseigentum,[48] teilweise nur die nach einem bestimmten Datum (meist dem Inkrafttreten des Gesetzes)[49] entdeckten. Kulturgüter, an denen bereits vor diesem Zeitpunkt wirksam Privateigentum begründet worden ist, werden vom Staat nicht beansprucht. In diesen Fällen findet aber häufig eine Beweislastumkehr statt,[50] d. h. der Privatperson obliegt die Beweislast, daß sie vor dem maßgeblichen Zeitpunkt Eigentum an dem Gegenstand begründet hatte.[51]

Grund der Statuierung von Staatseigentum ist in erster Linie weniger, die Ausgrabungsstücke für den Staat zu beanspruchen, sondern mehr das Interesse des Staates, Raubgrabungen zu verhindern, bei Ausgrabungen die Kontrolle auszuüben und die durch den Fundgegenstand selbst, aber vor allen Dingen aus dem Fundkontext gewonnenen Informationen sicherzustellen.[52] Nachdem alle diese Informationen erlangt worden sind, hat sich das diesbezügliche Interesse des Staates erledigt. Einige Rechtsordnungen sehen deshalb die Möglichkeit eines Verzichts auf das Staatseigentum vor.[53] Häufig hat das Staatseigentum aber auch den Sinn, die archäologischen Kulturgüter langfristig für den Staat zu reklamieren und nationale Sammlungen zu errichten.[54]

Die in das Staatseigentum fallenden Sachen sind nicht per se *res extra commercium*, obwohl es teilweise so dargestellt wird[55] und auch dem Schutzinteresse der

---

[44] Vgl. z. B. Art. 21 des chilenischen Gesetzes Nr. 17,288 v. 17.1.1970: *Solely by operation of law, anthropo-archaeological places, ruins, deposits and pieces which exist on or beneath the national territory shall be archaeological monuments under the ownership of the State.* (engl. Übers. abgedr. in: UNESCO, Kompendium I, S. 87); vgl. auch *Moore* Yale L. J. 97 (1988) 466ff., 470, 471 Fn. 26 m. w. N.

[45] *Moore* (Fn. 44) 467.

[46] *Eyster* IJCP 5 (1996) 185ff., 188. *Jaeger* S. 79, spricht von „Mantelgesetzgebung."

[47] *Carducci* S. 251; *Merryman* N. Y. U. J. Int'l. L. & Pol. 31 (1998) 1ff., 7; *Vrellis* S. 246.

[48] *Church* Col. J. Trans. L. 1992, 178ff, 194f.; vgl. auch Art. 12 des norwegischen Gesetzes Nr. 50 v. 9. 6. 1978: Erfaßt sind nur Gegenstände aus der Zeit bis 1537, Münzen aus der Zeit bis 1650 und mehr als 100 Jahre alte Sami-Objekte.

[49] Sec. 2 des israelischen Gesetzes Nr. 5738 v. 1978 (vgl. *Prott/O'Keefe* (Fn. 33) S. 112); sec. 24 des kenianischen Gesetzes v. 1983 (engl. Übers. abgedr. in: UNESCO-Doc. CLT-85/WS/29).

[50] Vgl. sec. 2 des israelischen Gesetzes (Fn. 49).

[51] Bzw. besteht für Privateigentümer eine Pflicht zur Registrierung ihrer Kulturgüter. Kommen sie dieser Pflicht nicht nach, können sie ihr Privateigentum nicht geltend machen, *Prott/O'Keefe* I, Rn. 605.

[52] *Prott/O'Keefe* I, Rn. 611; *v. Schorlemer* S. 185f.

[53] *Prott/O'Keefe* I, Rn. 611.

[54] *Prott/O'Keefe* I, Rn. 611.

[55] *Hipp* S. 187; *Jaeger* S. 70, S. 159; Staudinger/*Stoll* Internationales Sachenrecht, Rn. 178.

Staaten entgegenkommen würde, weil das Anliegen, auf die Sachen jederzeit Zugriff nehmen zu können, vereitelt wird, wenn die Funde, ohne daß der Staat von ihnen überhaupt Kenntnis erlangt hat, gutgläubig erworben oder ersessen werden können. Der Staat erwirbt das Eigentum zwar durch einen hoheitlichen Akt; die Gegenstände fallen aber grundsätzlich trotzdem in sein Privateigentum.[56] Auch in Rechtsordnungen, denen das Konzept eines öffentlichen Eigentums unbekannt ist, gibt es Bestimmungen, nach denen archäologische Funde „ex lege“[57] ins Eigentum des Staates fallen.[58] Archäologische Funde, die durch Gesetz zu Staatseigentum erklärt worden sind, sind nur dann als unveräußerlich und unverjährbar anzusehen, wenn dies in den maßgeblichen Normen ausdrücklich bestimmt ist[59] oder wenn Kulturgüter im Eigentum des Staates aufgrund anderer Bestimmungen unveräußerlich sind.[60] Ebenfalls muß von Unveräußerlichkeit bzw. Unersitzbarkeit ausgegangen werden, wenn aus dem Gesetzestext hervorgeht, daß das Eigentum des Staates ausschließlich sein soll.[61]

In vielen Fällen soll durch die Deklarierung von Kulturgütern zu Staatseigentum aber auch nur das allgemeine hoheitliche Interesse des Staates an diesen Gegenständen zum Ausdruck gebracht werden, ohne daß dadurch Eigentum von Privatpersonen ausgeschlossen ist.[62] Es entsteht eine Art geteiltes Eigentum.[63] Komplizert und noch undurchsichtiger wird die Situation in vielen Staaten durch das Auseinanderdriften der Rechtslage „de iure“ und „de facto.“ Manche Staaten bestimmen, daß sämtliche archäologische Gegenstände Staatseigentum

---

56 *Kreuzer* RdC 259 (1996) 9ff., 157.

57 S. u. 5. Kap. § 2 II. 2. b.

58 Z. B. § 32 bw DSchG. Das Schatzregal im Dienste des Denkmalschutzes, das die bundesgesetzliche Vorschrift des § 984 BGB modifiziert, geht auf einen – im Sachsenspiegel verzeichneten Rechtssatz (Erstes Buch, Art. 35 § 1: *„Alle schacz, under der erden begraben, tiefer den ein phlûg gê, der gehôret zû der kunglîcehn gewalt,“* zit. nach *Weiske* S. 32) zurück und blieb nach dem Inkrafttreten des BGB über Art. 73 EGBGB in Kraft; vgl. dazu *Fechner* Archäologie, S. 60.

59 Vgl. z. B. Art. 27 des mexikanischen Gesetzes v. 28.4.1972 (engl. Übers. abgedr. in: UNESCO-Doc. CC-87/WS/12), s. u. 4. Kap. Fn. 331; Art. 1 des griech. Gesetzes Nr. 5351 v. 1932 (engl. Übers. abgedr. in: UNESCO-Doc. CC-87/WS/5), s. u. 4. Kap. Fn. 296; Art. 2 des Gesetzes der Dominikanischen Republik Nr. 564 v. 27.9.1973 (engl. Übers. abgedr. in: UNESCO-Doc. CC-88/WS/3); Art. 8 Abs. 2 des tunesischen Gesetzes Nr. 86–35 v. 9.5.1986 (engl. Übers. abgedr. in: UNESCO-Doc. CC-88/WS/2). Vgl. auch Art. 44 des span. Gesetzes Nr. 16 v. 25.6.1985, s. u. 4. Kap. Fn. 212.

60 Vgl. z. B. Art. 3 der algerischen Verordnung v. 20.12.1967 (Fn. 38); sec. 18 des thailändischen Gesetzes v. 1961 (dazu *Prott/O'Keefe* (Fn. 33) S. 209).

61 Vgl. z. B. Art. 27 Abs. 3 des panamaischen Gesetzes No. 14 v. 15.5.1982: *All archaeological finds from the date of commencement of the Act are the exclusive property of the State.* (dazu *Prott/O'Keefe* (Fn. 33) S. 165).

62 Vgl. *Church* (Fn. 48) 199.

63 S. u. § 2 VI.

sind; trotzdem bestehen in diesen Ländern reiche und allseits bekannte private Sammlungen dieser Gegenstände, weil in der Praxis doch der Finder „Eigentümer" wird und der Staat seine Ansprüche nicht geltend macht.[64]

Die UNESCO-Empfehlung von 1956[65] spricht sich weder für noch gegen die Festsetzung von Staatseigentum an archäologischen Funden aus, sondern empfiehlt lediglich, daß die Staaten ihren Standpunkt in diesem Bereich hinreichend deutlich machen sollten.[66]

VI. Geteiltes Eigentum

Es wurde bereits die Überlegung angesprochen, daß an Kulturgut mehrstufige Eigentumsrechte bestehen.[67] Besonders *Giannini* hat in der Literatur die Idee entwickelt, daß bei Kulturgütern zwischen zwei Eigentumsobjekten zu unterscheiden sei.[68] Die Sache selbst sei Gegenstand vermögensrechtlicher Interessen und als Objekt des gewöhnlichen zivil- bzw. öffentlichrechtlichen Eigentumsrechts nach den danach maßgeblichen Regeln zu beurteilen.[69] Davon zu unterscheiden sei jedoch das eigentliche Kulturgut, worunter *Giannini* den kulturellen Wert, welcher der Sache innewohnt, versteht. Dieses Kulturgut habe ein immaterielles Wesen und sei Gegenstand öffentlicher Interessen, in deren Mittelpunkt nicht die vermögensrechtliche Verwertbarkeit, sondern die Bewahrung und kulturelle Nutzung stünde.[70] *Giannini* erinnert an die Idee des geteilten Eigentums

---

[64] *Bator* Stan. L. Rev. 34 (1982) 275ff., 286.

[65] UNESCO Recommendation on international principles applicable to archaeological excavations (abgedr. in: UNESCO, Kompendium I, S. 375 ff.), Art. 5: *Each member state should in particular: (...) (e) Define the legal status of the archaeological sub-soil and, where State ownership of the said sub-soil is recognized, specifically mention the fact in its legislation.*

[66] In der US-amerikanischen Entscheidung *Peru v. Johnson* 720 F. Supp. 810 (C. D. Cal. 1989) 814, wurde ein Eigentumsanspruch z. B. wegen Unklarheit des Gesetzes abgelehnt. Auch ein Herausgabeanspruch des türkischen Staates hinsichtlich fünf antiker Grabstelen, welche in die Schweiz gebracht worden waren, wurde abgelehnt, Urt. des Appellationsgericht des Kantons Basel-Stadt v. 18.8.1995, BJM 1997, 17ff., weil aus dem Wortlaut des Art. 697 türk. ZGB nicht klar hervorgehe, ob es sich um einen ipso iure-Eigentumserwerb oder lediglich um ein Aneignungsrecht des Staates handele, bestätigt durch Urt. des Schweizer Bundesgerichts v. 22.5.1996, abgedr. in: IPRax 1999, 472ff. Diese Entscheidung verwundert, weil Art. 697 türk. ZGB dem Art. 724 schweiz. ZGB nachgebildet ist, bei welchem die h. M. nicht von einem Aneignungsrecht, sondern von einem ex lege-Eigentumserwerb des Staates ausgeht. In diesem Sinne sprachen sich auch die beigebrachten türkischen Gutachten aus, vgl. dazu auch *Siehr/Üstün* IPRax 1999, 489ff., 491.

[67] S. o. 3. Kap. § 1.

[68] Zu dieser These auch *D'Addino Serravalle* S. 31ff.

[69] *Giannini* Riv. trim. dir. pub. 26-I (1976) 3ff., 24f.

[70] *Giannini* (Fn. 69) 24, 26; ebenso *Mazzoni* S. 243ff., S. 246.

im *ius commune*, nach der ein Teil des Eigentums, das *dominium eminente* (bzw. *directum*) dem Staat zustand, während der andere Teil, das *dominium utile*, dem Inhaber des vermögensrechtlichen Rechts gebührte, lehnt eine Parallele für den Kulturgüterschutz jedoch ab, da sich das *dominium eminente* immer auch auf ein vermögensrechtliches Interesse bezogen habe, wovon die Einflußnahme, die der Staat bzw. die Öffentlichkeit auf Kulturgüter ausübe, aber nicht geprägt sei.[71]

Auch in den Rechtsordnungen einiger Länder findet die Idee, daß an Kulturgütern, auch wenn sie im Eigentum Privater stehen, gleichzeitig ein übergeordnetes Interesse des Staates und der Öffentlichkeit besteht, in einer Art geteiltem Eigentum Ausdruck. Die entsprechenden Kulturgüterschutzgesetze bestimmen meist, daß alle Kulturgüter bestimmter Kategorien im Vermögen bzw. Eigentum des Staates stehen.[72] Gleichzeitig können die betreffenden Gegenstände aber auch im Privateigentum anderer natürlicher oder juristischer Personen stehen.[73] Das besondere Eigentumsrecht des Staates gibt diesem grundsätzlich nicht die Möglichkeit, die Sachen herauszuverlangen und für sich zu beanspruchen.[74]

In manchen Rechtsordnungen wird bestimmt, daß sämtliche Kulturgüter im Staatseigentum stehen, daneben aber Privatbesitz an ihnen zugelassen.[75] Rein formal liegt in diesen Fällen kein geteiltes Eigentum vor; nur der Staat hat Eigentum. In tatsächlicher Hinsicht ist die Situation aber zumindest ähnlich wie in den Rechtsordnungen, die zwischen „*state property*" und „*private ownership*" unterscheiden. Der Besitz kann nach bestimmten Vorschriften übertragen werden;

---

71 *Giannini* (Fn. 69) 25 Fn. 15.

72 In den engl. Übersetzungen wird dieses Eigentum des Staates mit dem Begriff „*property*" bezeichnet, vgl. z. B. Art. 6 des ägyptischen Gesetzes Nr. 117 von 1983 (s. o. Fn. 36): *All antiquities with the exception of religious endowments (waqfs) shall be deemed public property, and the ownership, possession and disposition of them shall be subject to the terms and conditions set forth in this law and regulations made thereunder.* Vgl. zum Kulturgüterschutz in Ägypten *Irsheid* IJCP 6 (1997) 11 ff., 18 f. Bei einem „*waqf*" handelt es sich um eine Art religiöser Stiftung, *Irsheid* 45 Fn. 16.

73 Dies wird im Gegensatz zu „*property*" mit „*ownership*" übersetzt.

74 Die hoheitlichen, das Privateigentum überlagernden Rechte des Staates an der Sache sind naturgemäß unveräußerlich und unverjährbar. Denn es ist gerade der Sinn dieser Bestimmungen, zu verdeutlichen, daß der Staat – unabhängig davon, in wessen Besitz oder Eigentum die Sache steht – ein Interesse an der Bewahrung der Kulturgüter hat. Es liegt in der Natur der Sache, daß dieses Interesse weder durch Veräußerung noch durch Zeitablauf untergehen kann. Besonders deutlich wird dies in der Formulierung des Kulturgüterschutzgesetzes von Honduras, Art. 30 der Verordnung No. 81–84 v. 30. 5. 1984: *For the due protection of the cultural heritage, the State of Honduras declares its permanent, inalienable and imprescriptible sovereignty over the property referred to in Art. 5 of the present law.* (engl. Übers. abgedr. in: UNESCO-Doc. CLT-85/WS/28).

75 *Müller-Katzenburg* S. 69.

dem Besitzer gebühren bestimmte Rechte an der Sache. Seine faktische Stellung ist von der eines Eigentümers häufig nicht zu unterscheiden.[76]

In jüngerer Zeit wurden auch Überlegungen angestellt, einen besonderen (ungeteilten) Eigentumsbegriff für Kulturgüter zu entwickeln, der die verschiedenen betroffenen Interessen miteinbezieht und ihnen Rechnung trägt.[77]

[76] In der Literatur wird teilweise gefordert, einem Staat auch ohne ausdrückliche gesetzliche Erklärung ein eigentumsähnliches Recht (*droit éminent*) an Kulturgütern zuzusprechen, sofern er seine Kulturgüter öffentlichrechtlichen Schranken unterwirft, vgl. *Byrne-Sutton* (Fn. 25) S. 90ff. Argumentiert wird damit, daß es unbillig wäre, wenn man die Vindikationsmöglichkeit des Staates davon abhängig machen würde, ob dieser eine diesbezügliche Erklärung, die ohnehin rein formal wäre, abgegeben hat.

[77] *Prott/O'Keefe* III, Rn. 401; *Prott* (Fn. 9) 307ff.; *Reichelt* Symposium, S. 31ff., S. 36; *Rodotà* Council of Europe, S. 99 ff.; *Tamiozzo* S. 31f.

4. Kapitel: Rechtsvergleichender Überblick über verkehrsbeschränkende Regelungen in den nationalen Kulturgüterschutzgesetzen

Bei der rechtsvergleichenden Darstellung, ob und inwiefern einige ausgewählte Länder Kulturgüter als *res extra commercium* behandeln, sollen zunächst kurz die in dieser Hinsicht interessierenden sachenrechtlichen Regeln über den gutgläubigen Erwerb beweglicher Sachen vom Nichtberechtigten, die Ersitzung und Verjährung dargestellt werden. Danach soll untersucht werden, welche Sonderregeln die betreffende Rechtsordnung für Kulturgüter kennt.

§ 1 Europa

I. Frankreich

1. Allgemeines Zivilrecht

Gemäß Art. 2279 Abs. 1 C. c.[1] ist ein gutgläubiger Eigentumserwerb vom Nichtberechtigten möglich, wenn der Erwerber Besitz an der Sache erlangt hat und dabei gutgläubig war. Wenn die Sache dem Eigentümer gestohlen wurde oder verloren gegangen ist, wird der Eigentumserwerb hinausgeschoben. In diesem Fall kann die Sache während der Dauer von drei Jahren ab dem Zeitpunkt des Abhandenkommens[2] zurückgefordert werden.[3] Wegen der weitreichenden Auswirkungen des Art. 2279 C. c. spielt die Ersitzung im französischen Recht keine große Rolle.[4] Im Fall der Bösgläubigkeit ist sie nach herrschender Meinung nach 30 Jahren möglich.[5] Ob der Vindikationsanspruch gemäß Art. 2262 C. c. verjähren kann, ist strittig.[6]

---

1 Art. 2279 franz. C. c.: (1) *En fait de meubles, la possession vaut titre.*
(2) *Néanmoins celui qui a perdu ou auquel il a été volé une chose peut la revendiquer pendant trois ans, à compter du jour de la perte ou du vol, contre celui dans les mains duquel il la trouve; sauf a celui-ci son recours contre celui duquel la tient.*

2 Denn bei der Dreijahresfrist handelt es sich um eine Verwirkungs- bzw. Ausschlußfrist und nicht um eine Ersitzungsfrist, *Thorn* S. 158.

3 In bestimmten Fällen (Art. 2280 C. c.) hat der gutgläubige Erwerber allerdings ein sog. Lösungsrecht.

4 *Ferid/Sonnenberger* Anm. 3 A 213 Fn. 217; Anm. 3 B 142, *Thorn* S. 232.

5 *Ferid/Sonnenberger* Anm. 3 A 108; *Prott/O'Keefe* III, Rn. 773.

6 Vgl. dazu *Marty/Raynaud* Anm. 227.

2. Sonderregeln für Kulturgüter

a. Kulturgüter als *domaine public*

Das französische Recht kennt – anders als das deutsche[7] – eine besondere Form des öffentlichen Eigentums, das sogenannte *domaine public.*[8] „Öffentliches Eigentum" bedeutet, daß die Gegenstände nicht dem Privatrecht unterliegen, sondern ausschließlich Normen des öffentlichen Rechts.[9]

Das Eigentum des Staates *(domaine de l'Etat)* unterteilt sich in *domaine public* und *domaine privé* (den Regeln des Zivilrechts unterliegendes Privateigentum). Diese Unterscheidung hat sich erst im Laufe des 19. Jahrhunderts herausgebildet;[10] der Code civil von 1804 kannte sie noch nicht. Zwar spricht Art. 538 C. c.[11] von *domaine public*; der Begriff wird dort aber im übergreifenden Sinne für sämtliches Staatseigentum benutzt.[12] Unterscheidungskriterium ist, daß zum *domaine public* diejenigen Güter gehören, welche für den Staat unverzichtbar sind, d. h. ohne welche die dem Staat und der öffentlichen Verwaltung obliegenden Aufgaben nicht erfüllt werden könnten, während das *domaine privé* alle sonstigen Sachen, die für die öffentliche Verwaltung lediglich nützlich sind, umfaßt.[13] Ursprünglich war der Begriff des *domaine public* lediglich für Immobilien entwickelt worden.[14] Nach und nach wurden auch bewegliche Sachen, die sich in zum *domaine public* gehörenden Immobilien befanden, dazu gezählt[15]

---

7 Eine Ausnahme stellt das öffentliche Eigentum in Hamburg und Baden-Württemberg dar, s. u. 7. Kap. § 2 I.

8 Unverkennbar ist die Parallele zwischen dem *domaine public* des französischen Rechts (und entsprechenden Formen öffentlichrechtlichen Eigentums in anderen romanischen Ländern) und den *res publicae in publico uso* des klassischen römischen Rechts, vgl. dazu *Saleilles* Rev. hist. dr. fr. etr. 12 (1888) 497 ff., 499 ff.

9 Diese öffentlichrechtliche Berechtigung wird in Anlehnung an das privatrechtliche Eigentum als öffentliches Eigentum bezeichnet. In Wirklichkeit geht es aber nicht um eine Modifizierung des Eigentums, sondern um eine besondere Eigenschaft der betreffenden Sachen; vgl. dazu auch 7. Kap. § 2 I.

10 *Ferid/Sonnenberger* Anm. 3 A 40; *Guinchard* S. 3; *Weill/Terré/Simler* Anm. 537. Das Erscheinen des fünfbändigen Werkes von *Victor Prudhon* „Traité du domaine public ou de la distinction des biens considérés principalement par rapport au domaine public" (1833) wird als Ursprung der modernen Theorie des *domaine public* angesehen; vgl. dazu auch *Moine* S. 46 f.

11 Art. 538 franz. C. c.: *Les chemins, routes et rues à la charge de l'État, les fleuves et rivières navigables ou flottables, les rivages, lais et relais de la mer, les ports, les havres, les rades, et généralement tous les portions du territoire français qui ne sont pas susceptibles d'une propriété privée, sont considérés comme des dépendances du domaine public.*

12 *Beudant* Anm. 179; *Chatelain* Œuvres d'art, S. 47, note 1; *Dufau* domaine public, S. 14.

13 *Chatelain* (Fn. 12) S. 17.

14 *Carducci* S. 59 f.

15 *Wolkowitsch* S. 46.

und solche, die ausdrücklich als zum *domaine public* gehörend gewidmet worden waren.[16] 1963 bejahte die Cour de Cassation schließlich die „*domanialité*" eines Bildes des Malers Seurat unabhängig von diesem Kriterium.[17] Mittlerweile ist die Erweiterung des *domaine public* auch auf bewegliche Sachen unumstritten.[18]

Neben dem nationalen *domaine public* haben auch die anderen Gebietskörperschaften (Départements, Gemeinden) ihr eigenes *domaine public*.[19] Daneben war strittig, ob auch das Eigentum von sonstigen Körperschaften oder Anstalten des öffentlichen Rechts den Regeln des *domaine public* unterliegen kann,[20] was vom Conseil d'État 1984 bejaht wurde.[21]

Was genau zum *domaine public* gehört, ist teilweise unklar und wird vom Code du domaine de l'État[22] offengelassen.[23] Die einzelnen Voraussetzungen sind nach und nach von Rechtsprechung und Lehre entwickelt worden.[24] Dazugerechnet werden Sachen, deren Gebrauch ihrer Natur nach der Öffentlichkeit gebührt,[25] sowie Sachen, die einem öffentlichen Zweck gewidmet werden, indem sie entweder durch ausdrücklichen Verwaltungsakt[26] oder auch stillschweigend[27] in das *domaine public* eingeordnet wurden. Damit eine Sache aufhört, zum *domaine public* zu gehören, bedarf es aber eines ausdrücklichen Rechtsaktes (sogenanntes *déclassement* bzw. *desaffectation*). Andernfalls unterliegt die Sache weiter den besonderen Regeln des *domaine public*, selbst wenn sie in Wirklichkeit keinem öffentlichen Zweck mehr dient.[28]

---

16 *Poli* S. 274.

17 *Montagne c. Réunion des musées nationaux et autres* Cass., Entsch. v. 2. 4. 1963, AJDA 1963, 486: „*Les biens des établissements publics sont partie du domaine public dès lors que (...) leur conservation et présentation au public sont l'objet même du service public.*" (zit. nach *Chatelain* (Fn. 12) S. 47, note 3).

18 *Chatelain* (Fn. 12) S. 17; *ders.* musées, S. 437; *Poli* S. 276.

19 Trib. de Montluçon, Entsch. v. 29. 9. 1963, D. S. 1963, 774ff., 775. Zu den Problemen, die das Regime des *domaine public* für kleinere Museen der Provinzen und Gemeinden mit sich bringt vgl. *Chatelain* musées, S. 442ff.

20 *Chatelain* (Fn. 19) S. 437; *Ferid/Sonnenberger* Anm. 3 A 40.

21 Conseil d'État, Entsch. v. 21. 3. 1984, D. S. 1984, 510.

22 Eine 1962 durch Décret no. 62–298 erfolgte Zusammenstellung sämtlicher Gesetze, Rechtsverordnungen, Dekrete und Verfügungen zum Thema, *Chatelain* (Fn. 12) S. 47f. note 3.

23 *Delpech* D. S. 1965, 776; *Römer* Mobiliarerwerb, S. 114; *Weill/Terré/Simler* Anm. 538.

24 *Chatelain* ISWA III, S. 109ff., S. 109; *ders.* (Fn. 12) S. 18.

25 Z. B. Straßen, Flüsse etc.

26 *Aubry/Rau/Esmain* § 169 Anm. 41.

27 *Ferid/Sonnenberger* Anm. 3 A 41.

28 *Audit* Rev. int. dr. comp. 46 (1994) 405ff., 408 Fn. 8; *Dufau* Jurisclasseur, Fasc. 405–2, Anm. 84, 94.

Mittlerweile ist unumstritten, daß die Sammlungen öffentlicher Museen, Bibliotheken (sowie die dazugehörenden Bücher und Manuskripte[29]) und Archive zum *domaine public* gehören.[30] Denn Zweck dieser Einrichtungen ist es, ihre Sammlungen für die Öffentlichkeit zu bewahren und ihr zur Verfügung zu stellen.[31] Auch die in nationalisierten, im Eigentum des Staates stehenden[32] Kirchen aufbewahrten Kunstgegenstände gehören zum *domaine public*.[33] Zum *domaine privé* gehören dagegen Kulturgüter, die zwar im Eigentum der öffentlichen Hand stehen, aber keinen öffentlichen Zweck erfüllen, z. B. Möbel und Kunstgegenstände, die zur Einrichtung und Ausstattung offizieller Gebäude genutzt werden.[34]

Da sie nicht den Regeln des Privatrechts unterliegen, sind zum *domaine public* gehörende Sachen unveräußerlich.[35] Das Eigentum an ihnen kann also niemals durch Rechtsgeschäft übertragen werden. Weil ein privatrechtlicher Besitz im Sinne des Art. 2228 C. c.[36] an ihnen nicht möglich ist,[37] ist die Regel des Art. 2279 C. c. nicht anwendbar und ein gutgläubiger Erwerb ausgeschlossen.[38] Das führt allerdings nicht dazu, daß Güter des *domaine public* nie übertragen werden können. Eine Veräußerung muß jedoch immer gleichsam in zwei Stufen erfolgen, da der eigentlichen Veräußerung zwingend das *déclassement* vorausgehen muß, durch welches die Zugehörigkeit zum *domaine public* endet.[39] Die Unveräußer-

---

[29] *Bibliothèque royale c. Charron* Cours de Paris, Entsch. v. 3. 1. 1846, D. P. 1846, II, 212f., 213. In dieser Entscheidung ging es um ein Manuskript von Molière, das aus der Bibliothek mindestens acht Jahre zuvor gestohlen worden war. Vgl. auch *Jean Bonnin c. villes de Mâcon et de Lyon* Cass., Entsch. v. 17. 6. 1896, D. P. 1897, I, 257ff., 260. In dieser Entscheidung ging es um im Eigentum der Gemeinde Mâcon stehende Miniaturen eines mittelalterlichen Manuskripts, die gestohlen und erst 43 Jahre später wiedergefunden wurden.

[30] *Beudant* Anm. 185; *Chatelain* ISWA III, S. 109ff., S. 109; *Cornu* S. 476f.; *Marty/Raynaud* Anm. 404.

[31] *Chatelain* (Fn. 12) S. 18; *Poli* S. 277.

[32] Loi sur la séparation des églises et de l'État v. 9. 12. 1905, J. O. v. 11. 12. 1905.

[33] *Beudant* Anm. 189; *Chatelain* (Fn. 12) S. 27; *ders.* rapport, S. 5; *Cornu* S. 478f.; *Dufau* (Fn. 12) S. 69; *Leniaud* S. 59; *Poli* S. 281.

[34] *Chatelain* (Fn. 12) S. 19; *ders.* (Fn. 19) S. 437.

[35] Vgl. auch Art. L 52 Code du domaine de l'État; dieser bestätigt aber nur eine Regel, die bereits im 19. Jahrhundert durch die Rechtsprechung entwickelt wurde, *Dufau* (Fn. 28) Fasc. 406–1, Anm. 4.

[36] Art. 2228 C. c.: *La possession est la détention ou la jouissance d'une chose ou d'un droit que nous tenons ou que nous exerçons par nous-même, ou par un autre qui la tient ou qui l'exerce en notre nom.*

[37] *Ferid/Sonnenberger* Anm. 3 A 122. Allerdings wird, da das *domaine public* ein besonderes öffentlichrechtliches Eigentum darstellt, ein Besitz der öffentlichen Hand angenommen.

[38] *Aubry/Rau/Esmein* § 183 Anm. 96; *Chatelain* (Fn. 12) S. 28; *Marty/Raynaud* Anm. 404.

[39] *Dufau* (Fn. 12) S. 265. Bei Kulturgütern ist es aber – anders als etwa bei zum *domaine public* gehörenden militärischen Gegenständen – schwer denkbar, daß die Notwendigkeit ihrer

lichkeit kann außerdem durch den Gesetzgeber selbst aufgehoben werden.[40] Ausgeschlossen ist schließlich auch nicht, daß die Gegenstände des *domaine public* an eine andere öffentlichrechtliche Körperschaft nach Regeln des öffentlichen Rechts übertragen werden, sofern dadurch ihr besonderer Zweck nicht beeinträchtigt wird.[41]

Güter des *domaine public* sind auch unverjährbar.[42] Zum *domaine public* gehörende Kulturgüter können also auch nicht ersessen werden, sondern von ihrem öffentlichrechtlichen Eigentümer zeitlich unbegrenzt herausgefordert werden. Die Unverjährbarkeit stellt die Ergänzung und Vervollständigung des bereits durch die Unveräußerlichkeit angelegten Schutzes dar.[43]

b. Schutz durch das Kulturgüterschutzgesetz von 1913[44]

Zweck der Regelungen über das *domaine public* ist es nicht in erster Linie, Kulturgüter zu schützen, sondern vielmehr das Funktionieren der öffentlichen Verwaltung zu garantieren.[45] Diese Vorschriften haben keinen spezifisch kulturellen Bezug. Sie umfassen zum einen auch viele andere Sachen, welche der Erfüllung öffentlicher Aufgaben dienen, auf der anderen Seite gehören nicht alle Kulturgüter zum *domaine public*. Ein großer Teil von Kulturgütern wird allerdings durch ein besonderes öffentlichrechtliches Gesetz aus dem Jahr 1913 geschützt.[46]

Zugehörigkeit zum *domaine public* z. B. wegen Veraltung schwindet, weil ihr Wert im Gegenteil mit zunehmendem Alter wächst und sie keinen Modernisierungsentwicklungen unterworfen sind, vgl. *Chatelain* (Fn. 19) S. 441; *Poli* S. 283. Eine Entwidmung von Kulturgütern ist also nur im Ausnahmefall denkbar, z. B. wenn eine Bibliothek mehrere Exemplare des gleichen Buches besitzt.

40 Vgl. das Gesetz v. 23. 6. 1941 über den Austausch von Gemälden zwischen Frankreich und Spanien oder das Gesetz v. 29. 6. 1956 über einen Tausch mit Japan; *Chatelain* (Fn. 12) S. 29, *Poli* S. 283.

41 In diesem Fall liegt lediglich eine *„mutation dominiale,"* eine Änderung der öffentlichen Widmung vor, *Wolkowitsch* S. 103.

42 Vgl. auch Art. L 53 Code du domaine de l'État, siehe dazu Fn. 35.

43 Cass. (Fn. 29) 257; *Chatelain* (Fn. 12) S. 30. Vgl. auch Art. 2226 C. c.: *On ne peut prescrire le domaine des choses qui ne sont point dans le commerce.* Diese Bestimmung ist im Grunde allerdings überflüssig (so auch *Poli* S. 288), denn die Unverjährbarkeit ist ja gerade Merkmal der *res extra commercium*. Nicht weil die Sache *res extra commercium* ist, ist sie unverjährbar, sondern, weil sie unverjährbar (und unveräußerlich) ist, wird sie als *extra commercium* bezeichnet, s. o. 1. Kap. § 3 I.). Man kann also sagen, daß in Art. 2226 C. c. Ursache und Wirkung miteinander verwechselt werden.

44 Loi sur les monuments historiques v. 31. 12. 1913, J. O. v. 4. 1. 1914.

45 *Chatelain* (Fn. 12) S. 51.

46 Dazu allgemein *Périnet-Marquet* Rev. int. dr. comp. 42 (1990) 789ff.

Gemäß Art. 14 des Gesetzes von 1913 unterliegen bewegliche Sachen,[47] an deren Bewahrung ein geschichtliches, künstlerisches, wissenschaftliches oder technisches Interesse besteht, den besonderen Regeln des Gesetzes, wenn sie durch ministerielle Verfügung als *„monuments historiques"* eingestuft *(classés)* worden sind.[48] Die Rechtswirkungen dieser Klassifizierung hören erst auf, wenn dies durch ministerielle Verfügung bestimmt worden ist[49] (sogenanntes *déclassement*,[50] Art. 24), was in der Praxis allerdings selten vorkommt.[51] Bestimmte Rechtswirkungen der Klassifizierung beziehen sich auf sämtliche Kulturgüter.[52] Ihre Veräußerlichkeit variiert jedoch, je nachdem, in wessen Eigentum sie sich befinden.

Klassifizierte Kulturgüter, die dem Staat gehören, sind gemäß Art. 18 Abs. 2[53] absolut unveräußerlich. Die Unveräußerlichkeit kann, solange die Sache klassifiziert ist, nicht überwunden werden.[54] Sie stellt eine Eigenschaft der Sache dar, die dieser dauerhaft anhaftet. Allerdings ist Rechtsfolge eines Verstoßes gegen Art. 18 Abs. 2 gemäß Art. 20 Abs. 1 S. 1[55] die Nichtigkeit der Veräußerung, so

---

[47] Archive fallen nicht in den Anwendungsbereich des Gesetzes v. 1913, sondern unterliegen einem eigenen Gesetz v. 3.1.1979 (loi sur les archives no. 79–18). Da die Archive öffentlich-rechtlicher Körperschaften zu deren *domaine public* zu rechnen sind (s. o. § 1 I. 2. a.), trifft dieses Gesetz in bezug auf die freie Veräußerlichkeit in erster Linie Regelungen für private Archive. Diese sind gem. Art. 14 des Gesetzes v. 1979 zwar unverjährbar, aber trotzdem veräußerlich.

[48] Art. 15ff. des franz. Gesetzes v. 1913 regeln das Verfahren im einzelnen, dazu *Chatelain* (Fn. 12) S. 54ff.

[49] *Brechet* Fasc. 465, Anm. 178.

[50] Dies ist nicht zu verwechseln mit dem *déclassement* von Gütern des *domaine public* (s. o. § 1 I. 2. a.), was deswegen besser als *desaffectation* bezeichnet wird, vgl. *Chatelain* (Fn. 12) S. 49, note 13.

[51] *Chatelain* (Fn. 12) S. 58f.

[52] Z. B. das Verbot, ohne besondere Genehmigung Veränderungen an ihnen vorzunehmen (Art. 22 des franz. Gesetzes v. 1913).

[53] Art. 18: (1) *Tous les objets mobiliers classés sont imprescriptibles.*
(2) *Les objets classés appartenant à l'État sont inaliénables.*
(3) *Les objets classés appartenant à un département, à une commune, à un établissement public ou d'utilité publique ne peuvent etre aliénés qu'avec l'autorisation du ministre d'État, chargé des affaires culturelles et dans les formes prévues par les lois et règlements. La propriété ne peut en être transférée qu'à l'État, à une personne publique ou à un établissement d'utilité publique.*

[54] Vgl. auch Art. 19: (1) *Les effets du classement suivent l'objet, en quelques mains qu'il passe.*

[55] Art. 20: (1) *L'acquisition faite en violation de l'article 18, 2ième et 3ième alinéas, est nulle. Les actions en nullité ou en revendications peuvent être exercées à toute époque tant par le ministre d'État, chargé des affaires culturelles que par le propriétaire originaire. Elles s'exercent sans préjudice des demandes en dommages-intérêts qui peuvent etre dirigées soit contre les parties contractantes solidairement responsables, soit contre l'officier public qui à prêté son concours à l'aliénation. Lorsque l'aliénation illicite a été consentie par une personne publique ou un éta-*

daß Art. 18 Abs. 2 auch nur als Veräußerungsverbot, dessen Nichtbeachtung mit Nichtigkeit des Rechtsgeschäfts sanktioniert wird, aufgefaßt werden könnte. Dagegen spricht jedoch die eindeutige Formulierung des Art. 18 Abs. 2. Es wird kein Gebot an den Staat aufgestellt, Kulturgüter nicht zu veräußern, sondern eine besondere Qualität dieser Sachen beschrieben. Insofern ist der Verweis von Art. 20 Abs. 1 S. 1 auf Art. 18 Abs. 2, was die Eigentumsübertragung angeht, eigentlich überflüssig, weil diese schon wegen Untauglichkeit des Objekts[56] nicht erfolgen kann. Er führt aber dazu, daß die Nichtigkeitsklage *(action en nullité)* zeitlich unbegrenzt erhoben werden kann und zwar – ebenso wie die Vindikationsklage – nicht nur vom Eigentümer, sondern auch vom Kulturminister. Außerdem sieht Art. 20 die Möglichkeit von Schadensersatzansprüchen vor.

Sofern Kulturgüter bereits zum *domaine public* gehören und gleichzeitig gemäß Art. 14 des Gesetzes v. 1913 klassifiziert werden, kann das zu Konflikten führen. In diesem Fall gehen die Regeln über das *domaine public* vor.[57] Die Klassifizierung von Kulturgütern im Eigentum des Staates hat nicht die Wirkung, daß davon umfaßte Kulturgüter ins *domaine public* übergehen.[58] Sie gehören vielmehr grundsätzlich zum *domaine privé* des Staates; ihnen kommt aber durch Art. 18 Abs. 2 ein besonderer verwaltungsrechtlicher Schutz zu.[59]

Weiterhin bestimmt Art. 18 Abs. 1 die Unverjährbarkeit von klassifizierten Kulturgütern im Eigentum des Staates. Diese können daher nicht gutgläubig erworben werden.[60]

---

blissement publique, cette action en dommages-intérêts est exercée par le ministre d'État, chargé des affaires culturelles au nom et au profit de l'État.
L'acquéreur ou sous-acquéreur de bonne foi, entre les mains duquel l'objet est revendiqué, a droit au remboursement de son prix d'acquisition; si la revendication est exercée par le ministre d'État, chargé des affaires culturelles celui-ci aura recours contre le vendeur originaire pour le montant intégral de l'indemnité qu'il aura dû payer à l'acquéreur ou sous-acquéreur.
(2) *Les dispositions du présent article sont applicables aux objets perdus ou volés.*

56 Vgl. Art. 1128 franz. C. c.: *Il n'y a que les choses qui sont dans le commerce qui puissent être l'objet des conventions.*

57 *Chatelain* (Fn. 12) S. 61; *Ferid/Sonnenberger* Anm. 3 B 107; *Poli* S. 146. Ein Unterschied in der Behandlung von Kulturgütern des *domaine public* und solchen, die von Art. 18 Abs. 2 geschützt werden, ergibt sich z. B. bei der Frage, ob der gutgläubige Erwerber ein Lösungsrecht bzw. einen Entschädigungsanspruch erwirbt. Während dies bei Sachen des *domaine public* wegen der Nichtanwendbarkeit von Art. 2279 und 2280 C. c. nicht der Fall ist (vgl. *Bredin* Rev. trim. dr. civ. 1966, 107f., 110), regelt für nach Art. 18 Abs. 2 unveräußerliche Kulturgüter des Staates Art. 20 Abs. 1 S. 5 diese Frage zugunsten eines Lösungsrechts.

58 Cass. (Fn. 29) 259 für das Vorgängergesetz v. 30. 3. 1887; *Dufau* (Fn. 12) S. 18.

59 *Beudant* Anm. 185.

60 *Aubry/Rau/Esmein* § 183 Anm. 96; *Römer* (Fn. 23) S. 114.

Art. 2279 C. c. ist auf sie nicht anwendbar.[61] Ebenfalls ist bei ihnen keine Ersitzung oder die Verjährung des Eigentumsanspruchs möglich.[62]

Kulturgüter im Eigentum eines Département, einer Gemeinde bzw. einer öffentlichen oder gemeinnützigen Einrichtung können veräußert werden, aber gemäß Art. 18 Abs. 3 nur mit Zustimmung des Kulturministers. Außerdem ist ihre freie Veräußerlichkeit insofern eingeschränkt, als sie nur an den Staat, eine juristische Person des öffentlichen Rechts oder eine gemeinnützige Einrichtung übertragen werden können. Diese Kulturgüter sind also nicht wie Kulturgüter im Eigentum des Staates absolut unveräußerlich. Bei Art. 18 Abs. 3 handelt es sich aber auch nicht um ein bloßes Veräußerungsverbot, weil die Norm selbst bestimmt, daß die betroffenen Sachen nur an bestimmte Körperschaften übertragen werden können und gemäß Art. 19 die Rechtswirkungen der Klassifizierung den Sachen anhaften, unabhängig davon, in wessen Besitz sie stehen. Auch Kulturgüter im Eigentum eines Département, einer Gemeinde, einer öffentlichen oder gemeinnützigen Einrichtung sind also grundsätzlich unveräußerlich;[63] das Gesetz sieht aber selbst einen gewissen Vorbehalt vor. Man spricht deswegen auch von relativer Unveräußerlichkeit.[64]

Wie Kulturgüter im Eigentum des Staates sind Kulturgüter im Eigentum der genannten juristischen Personen gemäß Art. 18 Abs. 1 unverjährbar. Eine Privatperson kann daher in keinem Fall Eigentum erwerben.[65] Sinn dieser Regelung ist es, die Rückkehr der Kulturgüter in den freien Handel zu verhindern.[66] Da sie wirksam nur an bestimmte juristische Personen des öffentlichen Rechts übertragen werden können, sind auch die in Art. 18 Abs. 3 genannten Kulturgüter dem Rechtsverkehr unter Privaten entzogen und können daher als *res extra commercium* bezeichnet werden.

Kulturgüter im Eigentum von Privatpersonen sind nicht unveräußerlich. Der Eigentümer unterliegt bei der Veräußerung gemäß Art. 19 Abs. 2 und 3 nur gewissen Mitteilungs- und Benachrichtigungspflichten, deren Nichtbeachtung die Übertragung aber nicht nichtig macht.[67] Auch klassifizierte Kulturgüter im

---

61 Nicht ganz klar ist aber, ob diese Rechtsfolge Konsequenz der Unveräußerlichkeit oder der Unverjährbarkeit ist. Weil klassifizierte Kulturgüter im Eigentum des Staates beiden Eigenschaften unterliegen, wirkt sich dieser Streit bei ihnen nicht aus.

62 Unabhängig davon, wie man ansonsten zu der Möglichkeit der Verjährung steht.

63 *Lagarde* ISWA I, S. 389ff., S. 400; *Poli* S. 145.

64 *Carducci* S. 46 Fn. 22, S. 65.

65 Art. 2279 C. c. ist auch auf diese Kulturgüter nicht anwendbar, *Aubry/Rau/Esmein* § 183 Anm. 96; *Marty/Raynaud* Anm. 404.

66 *Chatelain* (Fn. 12) S. 59.

67 Art. 20 bezieht sich nur auf Art. 18.

Privateigentum sind gemäß Art. 18 Abs. 1 aber unverjährbar. Die Unverjährbarkeit führt in diesem Fall nach wohl herrschender Meinung auch dazu, daß dem Vindikationsanspruch des Eigentümers Art. 2279 C.c. nicht entgegengehalten werden kann,[68] weil der gutgläubige Eigentumserwerb gemäß Art. 2279 Abs. 1 C. c. überwiegend als originärer Eigentumserwerb angesehen wird.[69] Bei unverjährbaren Sachen zieht der Besitz keine Rechtswirkungen nach sich. Ein gutgläubiger Erwerb vom Nichtberechtigten ist damit auch bei klassifizierten Kulturgütern im Privateigentum nicht möglich.[70] Ebenfalls sind die Möglichkeiten der Ersitzung und der Verjährung des Vindikationsanspruchs ausgeschlossen. Kulturgüter im Privateigentum sind keine *res extra commercium*; ihre Verkehrsfähigkeit ist durch die Unverjährbarkeit aber stark eingeschränkt.

c. Rechtliche Behandlung von archäologischen Funden[71]

Der Eigentumserwerb an archäologischen Funden bestimmt sich gemäß Art. 11, 16 Abs. 2 des Gesetzes über archäologische Funde v. 1941[72] nach der normalen zivilrechtlichen Regel über den Schatzfund (Art. 716 C. c.). Der Staat hat allerdings ein Aneignungsrecht (Art. 5, 11, 16 Abs. 2 des Gesetzes v. 1941). Veräußerungsbeschränkungen unterliegen diese Sachen aber nicht.

3. Zwischenergebnis

Alle Kulturgüter, die zum *domaine public* einer öffentlichrechtlichen Körperschaft zu rechnen sind, sind dem privaten Rechtsverkehr vollständig entzogen. Dasselbe gilt für klassifizierte Kulturgüter im Eigentum des Staates. Klassifizierte Kulturgüter im Eigentum anderer juristischer Personen des öffentlichen Rechts unterliegen einem Regime relativer Unveräußerlichkeit. Klassifizierte Kulturgüter im Privateigentum sind zwar nicht unveräußerlich; sie können aber nicht gutgläubig erworben (str.) und ersessen werden und sind in ihrer Verkehrsfähigkeit insofern beschränkt.

---

68 A. A. *Bila* S. 91.

69 Nach a. A. stellt Art. 2279 Abs. 1 C. c. eine gesetzliche Eigentumsvermutung zugunsten des Besitzers dar, *Wolkowitsch* S. 190 Fn. 600. Vgl. zu der Darstellung des Meinungsstreites *Thorn* S. 220.

70 *Cornu* S. 459; *Niéc* Hast. L. J. 27 (1976) 1089ff., 1094; *Poli* S. 145; *De Visscher* Rev. dr. int. lég. comp. 62 (1935) 32ff., 40; die Auswirkungen von Art. 18 Abs. 1 auf die Art. 2279, 2280 C. c. sind aber strittig: Es wird auch vertreten, daß die Unverjährbarkeit nur dazu führt, daß im Fall des Art. 2279 Abs. 2 C. c. (also im Fall eines unfreiwilligen Besitzverlusts) statt in einer Frist von drei Jahren die Herausgabe unbegrenzt gefordert werden kann, während Art. 2279 Abs. 1 C. c. anwendbar bleibt; *Chatelain* (Fn. 12) S. 62; *Lhuilier* R. R. J. 1998, 513ff., 556; *Wolkowitsch* S. 190; vgl. auch *Prott/O'Keefe* III, Rn. 774.

71 Dazu ausführlich *Poli* S. 158ff.

72 Loi portant règlementation des fouilles archéologiques v. 27.9.1941, J. O. v. 15.10.1941.

II. Luxemburg[73]

Der französische Code civil ist in Luxemburg, das 1804 im Zeitpunkt seines Inkrafttretens zu Frankreich gehörte, bis heute in Kraft geblieben.[74] Das allgemeine Sachenrecht Luxemburgs entspricht insofern dem Frankreichs.[75] Auch in Luxemburg wird das Staatseigentum in *domaine public* und *domaine privé* unterteilt. Ebenso sind die hier interessierenden Bestimmungen des luxemburgischen Kulturgüterschutzgesetzes[76] über die Verkehrsfähigkeit beweglicher Kulturgüter nahezu völlig identisch mit den Bestimmungen des französischen Gesetzes von 1913.[77] Die Art. 23–25 des luxemburgischen Gesetzes entsprechen den Art. 18–20 des französischen Gesetzes.[78]

III. Belgien

1. Allgemeines Zivilrecht

Da auch Belgien 1804 zu Frankreich gehörte, trat dort ebenfalls der französische Code civil in Kraft; Doktrin und Rechtsprechung haben sich stets sehr am französischen Recht orientiert.[79] Bezüglich der allgemeinen zivilrechtlichen Regelungen über die Rechtsverhältnisse an beweglichen Sachen kann daher auf die Ausführungen zum französischen Recht verwiesen werden.[80]

2. Sonderregeln für Kulturgüter

a. Kulturgüter als *domaine public*

Auch in Belgien wird das Eigentum der öffentlichen Hand in *domaine public* und *domaine privé* unterteilt. Zum *domaine public* gehören die Sammlungen, Kunstgegenstände, Bücher und Manuskripte sämtlicher öffentlicher Museen, Bibliotheken und Archive sowie Kult- und Kunstgegenstände, die sich in öffentlich zugänglichen Kirchen befinden.[81] Diese Güter sind wie im französischen

---

73 Zum nationalen Kulturgüterschutz in Luxemburg vgl. *Bour* S. 279ff.; *Elvinger* S. 445ff.

74 *Thorn* S. 48.

75 S. o. § 1 I. 1.

76 Loi concernant la conservation et la protection des sites et monuments nationaux v. 18.7.1983, Memorial A 1983, S. 1390ff.

77 *Carducci* S. 71.

78 S. o. § 1 I. 2. b.

79 *Zweigert/Kötz* S. 99.

80 S. o. § 1 I. 1.

81 *Haumont* ISWA III, S. 31ff., S. 35; *De Page/Dekkers* S. 708, S. 712.

Recht, solange sie zum *domaine public* gehören, unveräußerlich und unverjährbar und damit dem Rechtsverkehr entzogen.[82]

b. Schutz durch das Kulturgüterschutzgesetz von 1931[83]

Kulturgüter werden daneben von öffentlichrechtlichen Gesetzen geschützt.[84] Gemäß Art. 17 Abs. 1 des nationalen Gesetzes von 1931[85] werden bewegliche Sachen, die dem Staat oder einer anderen öffentlichrechtlichen juristischen Person gehören und deren Bewahrung aus künstlerischen Gesichtspunkten im öffentlichen Interesse liegt, klassifiziert, indem sie in ein Inventar aufgenommen werden.[86] Das Gesetz sieht kein *déclassement* vor, in der Verwaltungspraxis wird diese Möglichkeit allerdings bejaht.[87] Sammlungen in Museen und Bibliotheken des Staates, der Gemeinschaften und Provinzen können gemäß Art. 17 Abs. 2[88] nicht Gegenstand einer Inventarisierung und damit Klassifizierung nach Art. 17 Abs. 1 sein. Sie unterstehen dem Schutz des Gesetzes von 1931 folglich nicht, was aber auch nicht notwendig ist, da sie ja, wenn sie der Öffentlichkeit zugänglich gemacht werden, zum *domaine public* gehören und in diesem Fall ohnehin unveräußerlich und unverjährbar sind.[89]

---

82 *Van Ommeslaghe* ISWA IV, S. 53ff., S. 53.

83 Loi sur la conservation des monuments et sites v. 7. 8. 1913, Moniteur belge v. 5. 9. 1931. Das am 16. 5. 1960 erlassene Kulturgüterschutzgesetz trat wegen der Regionalisierung (vgl. Fn. 84) nicht in Kraft, *Uhl* S. 94.

84 Der nationale Kulturgüterschutz ist eine Materie, die seit den Verfassungsreformen von 1980 und 1988 in den Kompetenzbereich der Regionen und der Gemeinschaften fällt, *Gautier* S. 36: Das unbewegliche Kulturgut unterfällt der Gesetzgebungskompetenz der Regionen, das bewegliche der Kompetenz der Gemeinschaften. Soweit die Gemeinschaften allerdings noch keine Regeln zum Schutz beweglicher Kulturgüter erlassen haben, bleibt die nationale Gesetzgebung in Kraft, *Haumont* (Fn. 81) S. 32. In der flämischen Gemeinschaft gilt eine Verordnung v. 17. 11. 1982, n. 83–408 (Decret houdende bescherming van het roerend cultureel patrimonium), in der französischen Gemeinschaft eine Verordnung v. 17. 7. 1987, welche allerdings hinsichtlich beweglicher Kulturgüter die Regeln des Gesetzes von 1931 unberührt läßt.

85 Art. 17 des Gesetzes von 1931: (1) *L'inventaire des objets mobiliers appartenant à l'État, aux provinces, aux communes et aux établissements publics, et dont la conservation est d'intérêt national au point de vue artistique, est dressé à la requête du Ministre des sciences et des arts par les soins des administrations ou établissements publics intéressés ou de la Commission royale des monuments et des sites. Ces inventaires sont signifiés aux administrations intéressées.* (2) *La presente disposition n'est pas applicable aux musées et bibliothèques de l'État et des provinces.*

86 Nach Art. 32 der Verordnung der flämischen Gemeinschaft ist auch die Klassifizierung von Kulturgütern Privater (mit den entsprechenden Rechtsfolgen) möglich, allerdings nur wenn der Eigentümer dies ausdrücklich beantragt.

87 *Haumont* ISWA III, S. 99ff., S. 101.

88 Dies entspricht Art. 1 Abs. 2 der Verordnung der flämischen Gemeinschaft.

89 *Haumont* (Fn. 81) S. 35.

Die Klassifizierung hat zur Folge, daß die klassifizierten Kulturgüter gemäß Art. 19 Abs. 1 S. 1 des Gesetzes von 1931[90] nicht ohne Genehmigung des Königs veräußert werden können und jede entgegen dem Verbot erfolgte Veräußerung gemäß Art. 20 Abs. 1[91] nichtig ist. Die Vindikationsklage kann gemäß Art. 20 Abs. 2 nicht verjähren. Dieses Regime ähnelt dem des *domaine public*, weswegen in der Literatur überlegt wird, ob eine Klassifizierung gemäß Art. 17 das Kulturgut in das *domaine public* einordnet[92] bzw. die sonst auch stillschweigend mögliche Widmung einer Sache als zum *domaine public* gehörend bei beweglichen Kulturgütern nur in der Form des Art. 17 Abs. 1 erfolgen kann.[93] Allerdings liegt ein Unterschied der beiden Regelungen darin, daß dem *domaine public* zugehörige Kulturgüter, solange kein *déclassement* erfolgt ist, absolut unveräußerlich und damit verkehrsunfähig sind, während die klassifizierten Kulturgüter mit Genehmigung veräußert werden können.[94] Der Schutz von Kulturgütern nach dem Gesetz von 1931 und den entsprechenden Verordnungen der Gemeinschaften liegt nur in einem Veräußerungsverbot mit Genehmigungsvorbehalt, dessen Nichtbeachtung die Sanktion der Nichtigkeit der Veräußerung nach sich zieht. Dadurch wird der dingliche Status der Sachen aber nicht geändert. Sie sind nicht grundsätzlich unveräußerlich und vor allen Dingen nicht unverjährbar. Die klassifizierten Kulturgüter können daher weiterhin gutgläubig gemäß Art. 2279 C. c. erworben werden, weil dieser Erwerb unabhängig von einem wirksamen Rechtsgeschäft erfolgt. Bei Bösgläubigkeit des Besitzers können sie nach 30 Jahren ersessen werden.

---

[90] Art. 19 des Gesetzes von 1931: (1) *Aucun des objets ainsi classés ne peut être restauré, réparé ou aliéné sans une autorisation donnée par le Roi, après avis de la Commission royale des monuments et sites. L'arreté royal autorisant l'aliénation peut reserver un droit de préemption au profit des collections publiques du royaume.*
(2) *L'administration ou l'établissement public qui se trouve en possession d'un objet classé ne peut s'en dessaisir, meme momentanément, que de l'avis conforme de la Commission royale des monuments et des sites.*

[91] Art. 20 des Gesetzes von 1931: (1) *Toute aliénation faite en violation de l'article 18 est nulle.*
(2) *L'action en nullité de cette aliénation et l'action en revendication de l'objet aliéné sont imprescriptibles.* Art. 20 sanktioniert seinem Wortlaut nach einen Verstoß gegen Art. 18. Dem Sinn nach kann er sich aber nur auf Art. 19 beziehen und wird auch so verstanden, *Haumont* (Fn. 81) S. 33; *Uhl* S. 95. Art. 18 stellt gar keine Veräußerungsschranke auf.

[92] *De Page/Dekkers* S. 693.

[93] *De Page/Dekkers* S. 697.

[94] *Haumont* (Fn. 81) S. 36.

IV. Italien

1. Allgemeines Zivilrecht

Gemäß Art. 1153 C. c.[95] können Sachen gutgläubig vom Nichtberechtigten erworben worden. Das gilt sogar für verloren gegangene und gestohlene Sachen. Voraussetzung ist neben der Gutgläubigkeit ein grundsätzlich zur Eigentumsübertragung geeigneter Titel *(„titolo astrattamente idoneo")*, d. h. das Veräußerungsgeschäft darf keinem anderen Mangel unterliegen als dem Fehlen der Verfügungsbefugnis des Veräußerers. Der Vindikationsanspruch verjährt im italienischen Recht nicht (Art. 948 Abs. 3 C. c.[96]); es ist aber Ersitzung möglich, bei Gutgläubigkeit nach zehn Jahren (Art. 1161 Abs. 1 C. c.[97]) und sogar bei Bösgläubigkeit nach 20 Jahren (Art. 1161 Abs. 2 C. c.).

2. Sonderregeln für Kulturgüter

a. Kulturgüter als *demanio pubblico*

Das Eigentum des Staates und das der anderen Gebietskörperschaften (Regionen, Provinzen, Gemeinden), wird in *demanio* und *patrimonio* unterteilt. Das italienische *demanio pubblico* hat das französische *domaine public* zum Vorbild; es stellt wie dieses eine besondere Form von (öffentlichem) Eigentum dar.[98] Dagegen ist das *patrimonio* das privatrechtliche Eigentum (entsprechend dem *domaine privé*).[99] Dieses unterfällt wiederum in *patrimonio disponibile* und *patrimonio indisponibile*. Kulturgüter im Eigentum des Staates oder einer Gebietskörperschaft sind, wie darzulegen ist, entweder *beni demaniali* oder *beni patrimoniali indisponibili*.[100] Da in Art. 822 C. c.[101] die Güter, die zum *demanio* gehören,

---

[95] Art. 1153 ital. C. c.: *Effetti dell'acquisto del possesso.* – (1) *Colui al quale sono alienati beni mobili da parte di chi non è proprietario, ne acquista la proprietà mediante il possesso, purché sia in buona fede al momento della consegna e sussista un titolo idoneo al trasferimento della proprietà.*

[96] Art. 948 Abs. 3 ital. C. c.: *Azione di rivendicazione.* (3) *L'azione di revendicazione non si prescrive salvi gli effetti dell'acquisto della proprietà da parte di altri per usucapione.*

[97] Art. 1161 ital. C. c.: *Usucapione dei beni mobili.* (1) *In mancanza di titolo idoneo, la proprietà dei beni mobili e gli altri diritti reali di godimento sui beni medesimi si acquistano in virtù del possesso continuato per dieci anni, qualora il possesso sia stato acquistato in buona fede.*
(2) *Se il possessore è di mala fede, l'usucapione si compie con il decorso di venti anni.*

[98] *Landi/Potenza* S. 99f.; *Resta* Art. 822–831, S. 70ff.

[99] Für Provinzen und Gemeinden ist diese Unterteilung in Art. 824 Abs. 1, 826 C. c. festgelegt; für die Regionen folgt die analoge Behandlung aus Art. 119 Abs. 4 der Verfassung i. V. m. Spezialgesetzen.

[100] S. u. IV. 2. b.

[101] Art. 822 ital. C. c.: *Demanio pubblico.* – (1) *Appartengono allo Stato e fanno parte del demanio pubblico il lido del mare, la spiaggia, le rade e i porti; i fiumi, i torrenti, i laghi e le altre acque definite pubbliche dalle leggi in materia; le opere destinate alla difesa nazionale.*

abschließend aufgezählt werden, ist es nicht mehr – wie im französischen Recht und wie auch noch unter der Geltung des alten Codice civile von 1865 – notwendig festzustellen, was die Charakteristiken eines *bene demaniale* sind und welche Sachen diese Merkmale erfüllen.[102]

Art. 822 Abs. 1 C. c. nennt diejenigen Güter, die *demanio necessario* bzw. *per natura* sind, d. h. die notwendigerweise öffentliches Eigentum sein müssen; Abs. 2 zählt dagegen die Sachen auf, die zum *demanio accidentale* oder *eventuale* gehören. Diese müssen nicht zwingend im Eigentum der öffentlichen Hand stehen; wenn dies aber der Fall ist, sind sie *beni demaniali.*[103]

Art. 822 Abs. 2 C. c. nennt neben Immobilien, an denen ein historisches, archäologisches oder künstlerisches Interesse besteht, die Sammlungen von Museen, Pinakotheken, Archiven und Bibliotheken. Die Zugehörigkeit zum *demanio pubblico* wird von Art. 54 des neuen italienischen Testo Unico (T. U.) für den Bereich des Kulturgüter- und Naturschutzes von 1999 noch einmal wiederholt.[104] Es gehören also nur Immobilien und Sachgesamtheiten zum *demanio*, keine einzelnen Kulturgüter.[105] Die einzelnen Gegenstände der Sachgesamtheiten (also z. B. Bilder der Sammlungen von Museen) sind aber ebenfalls *beni demaniali.* 1998 hat die Corte di Cassazione festgestellt, daß sie diese Zugehörigkeit zum *demanio* auch dann nicht verlieren, wenn sie der Sammlung entnommen werden.[106] Voraussetzung dafür wäre eine Art Entwidmung von Seiten der Verwaltung (sogenannte *sdemanializzazione*).[107] Die zum *demanio pubblico*

---

(2) *Fanno parimenti parte del demanio pubblico, se appartengono allo Stato, le strade, le autostrade e le strade ferrate; gli aereodromi; gli acquedotti; gli immobili riconosciuti d'interesse storico, archeologico e artistico a norma delle leggi in materia; le raccolte dei musei, delle pinacoteche, degli archivi, delle biblioteche; e infine gli altri beni che sono dalla legge assoggettati al regime proprio del demanio pubblico.*

102 *Alessi* S. 512.

103 *Cian/Trabucchi* Art. 822 C. c. Anm. I. 1., S. 540; *Delpino/Del Giudice* S. 497.

104 Art. 54 T. U. *(Beni del demanio storico, artistico e archivistico): I beni culturali indicati nell'art. 822 del codice civile appartenenti allo Stato, alle regioni, alle province, ai comuni costituiscono il demanio storico, artistico, archivistico e bibliografico e sono assoggettati al regime proprio del demanio pubblico.*

105 *Alibrandi/Ferri* S. 54; *D'Addino Serravalle* S. 13. Dieses Kriterium wurde im franz. Recht dagegen im Laufe der Zeit überwunden, s. o. § 1 I. 2. a.

106 Cass., Entsch. v. 28. 8. 1998, n. 8589, Foro it. 1998, 3167ff., 3169: In dem Fall ging es um die Frage, ob ein von einem Angestellten der kommunalen Biblioteca Valentiana von Camerino unterschlagenes Buch, welches zunächst an einen Antiquar und dann an das Staatsarchiv von Macerata verkauft worden war, gem. Art. 1153 C. c. gutgläubig erworben werden konnte.

107 Laut der Corte di Cassazione (Fn. 106) 3169, kann diese Entscheidung auch stillschweigend ergehen, sofern nur der Wille der Verwaltung in ihrem Verhalten klar zum Ausdruck kommt. Vgl. aber Art. 829 C. c., vgl. auch *Cortese* S. 90.

gehörenden Gegenstände werden in eine Liste eingetragen; diese Eintragung hat aber lediglich deklaratorische Wirkung.[108]

Wesentliches Merkmal der *beni demaniali* ist ihre absolute Unveräußerlichkeit (Art. 823 C. c.[109]). Güter, die zum *demanio pubblico* gehören, können auch mit Genehmigung nicht veräußert werden.[110] Auch wenn Art. 823 C. c. nur von Unveräußerlichkeit spricht, ist klar, daß die *beni demaniali* auch unverjährbar sind, weil Dritte an ihnen keine Rechte erwerben können.[111] *Beni demaniali* können daher weder gutgläubig erworben noch ersessen werden. Die Unveräußerlichkeit steht aber wie im französischen Recht nicht der Möglichkeit der Eigentumsübertragung von einer Gebietskörperschaft auf eine andere entgegen, wenn die Sache keiner konkreten Körperschaft zwingend zugeordnet wird, weil dadurch die Ratio der *demanialità*, die Sachen im öffentlichen Eigentum für ihren jeweiligen Zweck zu bewahren, nicht verletzt wird.[112]

Beni demaniali sind wegen ihrer absoluten Unveräußerlichkeit und der Unmöglichkeit, an ihnen durch Besitz und Zeitablauf Rechte zu erwerben, dem privaten Rechtsverkehr vollständig entzogen und daher *res extra commercium*.[113]

---

108 *Cortese* S. 89f.

109 Art. 823 ital. C. c.: *Condizione giuridica del demanio pubblico.* – (1) *I beni che fanno parte del demanio pubblico sono inalienabili e non possono formare oggetto di diritti a favore di terzi, se non nei modi e nei limiti stabiliti dalle leggi che li riguardano.*

110 Dies war unter dem alten Gesetz Nr. 1089 v. 1939 umstritten, weil dessen Art. 23 (s. u. Fn. 133) die Veräußerung von Kulturgütern im Eigentum des Staates oder einer anderen öffentlichrechtlichen Körperschaft mit Genehmigung des Kulturministers (Ministro dei beni culturali ed ambientali, seit dem decreto legislativo n. 368 v. 20. 10. 1998 Ministro per i beni e le attività culturali) vorsah, wenn daraus kein Schaden für ihre Erhaltung resultierte und ihre öffentliche Nutzung nicht beeinträchtigt wurde. Da die Art. 822, 823 und 824 C. c. selbst auf die speziellen Gesetze und damit auf das Gesetz Nr. 1089 v. 1939 verwiesen, wurde die für die *beni demaniali* statuierte Unveräußerlichkeit teilweise für eine lediglich relative Beschränkung gehalten (Consiglio di Stato, Entsch. v. 7. 5. 1988, n. 568, Foro it. 1990, III, 357, 367f.; *Piva* EdD XI, S. 93ff., S. 100). Wegen der uneinheitlichen Rechtsprechung zu diesem Punkt beantragte das Ministerium, daß die Frage der Vollversammlung (adunanza generale) des Consiglio di Stato vorgelegt werde, welche entschied, daß mit dem Inkrafttreten des Codice civile von 1942 die Kulturgüter, die von Art. 822 C. c. als *beni demaniali* genannt werden, aus dem Regime der älteren Art. 23ff. herausgefallen sind und einem eigenen Eigentumsregime, dem der *demanialità*, unterliegen, dessen Kennzeichen die absolute Unveräußerlichkeit ist (Consiglio di Stato, Entsch. v. 13. 7. 1989, n. 59/89, Foro it. 1990, III, 356f., 359ff.; so auch *D'Addino Serravalle* S. 13; *Resta* Art. 822 C. c., S. 106). Das Problem ist jetzt durch Art. 55 T. U. (s. u. Fn. 139) gelöst, welcher die *beni demaniali* von den Regeln des Gesetzes ausdrücklich ausnimmt.

111 Vgl. auch Art. 1145 C. c., s. o. 1. Kap. § 3 I. 1.

112 *Delpino/Del Giudice* S. 499; *Loosli* S. 95; *Sandulli* EdD V, S. 291. Eine solche Übertragung des Eigentums würde sich dann aber nicht nach den Bestimmungen des Codice civile, sondern ausschließlich nach öffentlichrechtlichen Regeln richten, *Resta* Art. 823 C. c., S. 109.

113 Consiglio di Stato, Entsch. v. 13. 7. 1989 (Fn. 110) 364; *Alessi* S. 518; *Biondi* NDI II, S. 354ff., S. 356; *Loosli* S. 91.

b. Kulturgüter als *beni patrimoniali*

Beni patrimoniali sind alle Sachen, die der öffentlichen Verwaltung nicht aufgrund einer öffentlichrechtlichen Berechtigung gehören, sondern Privateigentum sind.[114] Wie bereits erwähnt, wird zwischen *beni patrimoniali disponibili* und *indisponibili* unterschieden.[115] Als zum jeweiligen *patrimonio indisponibile* gehörend nennt Art. 826 Abs. 2 C. c.[116] zwar nur die Sachen von historischer, archäologischer, paletnologischer und paleontologischer Bedeutung, die unter der Erde gefunden werden. Art. 826 Abs. 2 C. c. kann aber, obwohl dies die sprachliche Formulierung nahelegt, nicht als abschließende Aufzählung betrachtet werden.[117] Die *indisponibilità* der sonstigen Kulturgüter folgt aus den öffentlichrechtlichen Beschränkungen (früher Art. 24 des Gesetzes Nr. 1089 v. 1939, jetzt Art. 55 T. U.). In Rechtsprechung und Literatur wird die Aufzählung in Art. 826 Abs. 2 C. c. meist gar nicht weiter erörtert, sondern ohne Diskussion davon ausgegangen, daß die Kulturgüter im Eigentum der öffentlichen Hand, die nicht *beni demaniali* sind, zum *patrimonio indisponibile* gehören.[118] Bei *beni patrimoniali indisponibili* kann es sich sowohl um bewegliche als auch um unbewegliche Sachen handeln.

Es stellt sich die Frage, ob auch das *patrimonio indisponibile* dem Rechtsverkehr entzogen ist. Im Gegensatz zu Art. 823 C. c. für die *beni demaniali* nennt Art. 828 C. c.[119] die Unveräußerlichkeit nicht als Charakteristikum

---

[114] *Cortese* S. 86.

[115] Während den Regeln über das *demanio pubblico* nur Sachen im Eigentum von öffentlichrechtlichen Gebietskörperschaften unterliegen, beziehen sich die Regeln über die *beni patrimoniali* auf sämtliche juristische Personen des öffentlichen Rechts, vgl. Art. 830 C. c.

[116] Art. 826 ital. C. c.: *Patrimonio dello Stato, delle province e dei communi.* – (1) *I beni appartenenti allo Stato, alle province e ai comuni, i quali non siano della specie di quelli indicati dagli articoli precedenti, costituiscono il patrimonio dello Stato o, rispettivamente, delle province e dei comuni.*
(2) *Fanno parte del patrimonio indisponibile dello Stato le foreste che a norma delle leggi in materia costituiscono il demanio forestale dello Stato, le miniere, le cave e torbiere quando la disponibilità ne è sotratta al proprietario del fondo, le cose d'interesse storico, archeologico, paletnologico, paleontologico e artistico, da chiunque e in qualunque modo ritrovate nel sottosuolo, i beni costituenti la dotazione della presidenza della Repubblica, le caserme, gli armamenti, gli aeromobili militari e le navi della guerra.*
(3) *Fanno parte del patrimonio indisponibile dello Stato o, rispettivamente, delle province e dei comuni, secondo la loro appartenenza, gli edifici destinati a sede di uffici pubblici, con i loro arredi, e gli altri beni destinati a un pubblico servizio.*

[117] *Delpino/Del Giudice* S. 501, 502; *Sandulli* (Fn. 112) S. 285 Fn. 20; a. A. *Alibrandi/Ferri* S. 54f.; *D'Addino Serravalle* S. 13f.

[118] Vgl. z. B. Consiglio di Stato, Entsch. v. 13. 7. 1989 (Fn. 110) 365; Cass., Entsch. v. 6. 4. 1966, n. 898, Foro it. 1966, I, 2061 ff., 2064; *Cian/Trabucchi* Art. 828 C. c., Anm. II. 1., S. 555; *Giaccardi* S. 423 ff., S. 426.

[119] Art. 828 ital. C. c.: *Condizione giuridica dei beni patrimoniali.* – (1) *I beni che costituiscono il patrimonio dello Stato, delle province e dei comuni sono soggetti alle regole particolari che li concernono e, in quanto non è diversamente disposto, alle regole del presente codice.*

des *patrimonio indisponibile*. Art. 828 Abs. 2 C. c. unterstellt die *beni patrimoniali indisponibili* aber insoweit einer besonderen Regelung, als er besagt, daß diese durch eine Veräußerung ihrer Bestimmung nicht entzogen werden können. Dies könnte einen teilweisen Entzug der Verkehrsfähigkeit darstellen. Folge dieser Annahme wäre dann, daß Kulturgüter, die *beni patrimoniali indisponibili* sind, nur insoweit überhaupt Gegenstand eines Rechtsgeschäfts sein könnten, als dies mit ihrer konkreten Bestimmung vereinbar wäre.

Die *beni patrimoniali indisponibili* werden häufig ohne weitere Ausführung als *res extra commercium* bezeichnet.[120] Daß dies allerdings nicht richtig ist, wurde erst kürzlich durch die höchstrichterliche Rechtsprechung bestätigt.[121] Zwar ist eine wirksame Veräußerung nicht möglich, wenn die Sache dadurch ihrer Zweckbestimmung entzogen wird.[122] Der Begriff „*indisponibile*" darf aber trotzdem nicht mit dem Begriff „*incommerciabile*" gleichgesetzt werden. Bei einer unveräußerlichen Sache ist die Veräußerung wegen Untauglichkeit des Objekts, nicht wegen Verstoßes gegen besondere gesetzliche Anforderungen, wie bei den *beni patrimoniali indisponibili*, nichtig.[123] Außerdem ist die Situation beim *patrimonio indisponibile* hinsichtlich einer zweiten nachfolgenden Veräußerung bzw. bei der Veräußerung einer entwendeten Sache eine andere: Denn das Verbot des Zweckentzugs des Art. 828 Abs. 2 C. c. bezieht sich nur auf von der Verwaltung vorgenommene Veräußerungen. Bei der Veräußerung durch einen Dritten liegt dagegen ein normaler Erwerb vom Nichtberechtigten vor; Art. 1153 C. c. ist insofern anwendbar.[124] Das *bene patrimoniale indisponibile* kann nämlich nur einmal durch Rechtsgeschäft seinem Zweck entzogen werden. In einem nachfolgenden Rechtsgeschäft liegt schon begrifflich kein Zweckentzug mehr.[125] Außerdem bleibt die Möglichkeit des originären Eigentumserwerbs

---

(2) *I beni che fanno parte del patrimonio indisponibile non possono essere sottratti alla loro destinazione, se non nei modi stabiliti dalle leggi che li riguardano.*

120 *Bila* S. 87; *Galgano* ISWA I, S. 121ff., S. 126, 128; *ders.* Diritto privato, S. 119; *Loosli* S. 92.

121 Cass., Entsch. v. 9.10.1997 n. 8743, Giust. civ. 1998, 2649f., 2649: „(...) *l'art. 828 C. c. dispone solo che i beni del patrimonio indisponibile non possono essere sottratti alla loro destinazione, senza escluderne, in generale, la commerciabilità e, quindi, la usucabilità.*"; vgl. dazu die Anm. von *Ciancarelli* Giust. civ. 1998, 2650ff.

122 Nach einer Ansicht liegt Nichtigkeit der Veräußerung vor, *Amorth* Riv. trim. dir. proc. civ. 1953, 476ff., 480; *Cannada-Bartoli* Riv. trim. dir. pub. 3 (1953) 813ff., 819ff. Nach a. A. ist die Veräußerung lediglich anfechtbar, Cass., Entsch. v. 6.4.1966 (Fn. 118) 2064; *Cian/Trabucchi* Art. 828 C. c., Anm. II. 1., S. 555.

123 *Caputi Jambrenghi* S. 12f.

124 *Amorth* (Fn. 122) 483. Vgl. auch Art. 1418 Abs. 1 C. c. (vgl. Fn. 142).

125 *Amorth* (Fn. 122) 484.

durch Ersitzung.[126] *Beni patrimoniali indisponibili* sind daher keine *res extra commercium*.[127]

Allerdings unterliegen Kulturgüter, die zum *patrimonio indisponibile* des Staates oder einer juristischen Person des öffentlichen Rechts gehören, einer Sonderbehandlung. Dies rührt allerdings nicht allein aus ihrer Einordnung als *patrimonio indisponibile* her, sondern aus den Rechtsnormen des T. U. (früher Art. 23ff. des Gesetzes Nr. 1089 v. 1939).

c. Testo Unico von 1999

Durch Art. 1 Abs. 1 des Gesetzes Nr. 352 v. 8.10.1997[128] wurde der Regierung die Ermächtigung erteilt, sämtliche Rechtsnormen, die den Schutz von Kulturgütern betreffen, in einer Regelung zusammenzufügen.[129] Damit sollte die Verwirrung, welche die verschiedenen, sich teilweise widersprechenden Gesetze und Verordnungen mit sich gebracht hatten, beendet werden. Ende 1999 wurde der Testo Unico dei Beni Culturali verabschiedet.[130] Der Testo Unico geht von einem sehr weiten Kulturgutbegriff aus.[131] Kulturgüter fallen in seinen Schutzbereich, ohne daß – wie im französischen Recht – eine Klassifizierung erforderlich wäre.

Was die Kulturgüter im Eigentum des Staates, der Regionen, Provinzen und Gemeinden angeht, hat der neue T. U. die Behandlung dieser Kulturgüter gegenüber dem Gesetz 1089/1939 grundlegend geändert.[132] Unter der Geltung des

---

[126] Cass., Entsch. v. 9.10.1997 (Fn. 121) 2649.

[127] Corte d'Apello Firenze, Entsch. v. 7.11.1952, Foro it. 1953, I, 1218; Trib. Treviso, Entsch. v. 21.4.1950, Foro it. 1950, I, 1455; *Amorth* (Fn. 122) 479, 481, 485; unklar insofern *Loosli* S. 29, S. 92, S. 95.

[128] G. U. v. 17.10.1997.

[129] Vgl. Art. 1 des Gesetzes Nr. 352 v. 8.10.1997: (1) *Il Governo della Repubblica è delegato ad emanare, entro un anno dalla data di entrata in vigore della presente legge, un decreto legislativo recante un testo unico nel quale siano riunite e coordinate tutte le disposizioni legislative vigenti in materia di beni culturali e ambientali.* (...)
(2) *Nella predisposizione del testo unico di cui al comma 1, il Governo si attiene ai seguenti principi e criteri direttivi:*
a) *possono essere inserite nel testo unico le disposizioni legislative vigenti alla data di entrata in vigore della presente legge, nonché quelle che entreranno in vigore nei sei mesi successivi;*
b) *alle disposizioni devono essere apportate esclusivamente le modificazioni necessarie per il loro coordinamento formale e sostanziale, nonché per assicurare il riordino e la semplificazione dei procedimenti.*

[130] Decreto legislativo n. 490 v. 29.10.1999, G. U. 302 v. 27.12.1999, Supplemento ordinario n. 229.

[131] Vgl. Art. 2 T. U.

[132] Insofern ist fraglich, ob sich die Regierung noch im Rahmen der ihr vom Gesetz Nr. 352 v. 8.10.1997 erteilten Ermächtigung gehalten hat, welche lediglich vorsah, die verschiedenen bestehenden Regelungen zu koordinieren (vgl. Fn. 129). Zuvor bestanden vom Gesetz

Gesetzes v. 1939 waren sie gemäß Art. 23[133] unveräußerlich. Nach Art. 24[134] konnte die Veräußerung zwar ausnahmsweise genehmigt werden, wenn dadurch kein Schaden für ihre Erhaltung zu befürchten und die öffentliche Nutzung nicht beeinträchtigt war. Trotzdem stellte die Unveräußerlichkeit den Grundsatz dar; hierzu bildete Art. 24 erst eine Ausnahme.[135] Das heißt, daß die Unveräußerlichkeit eine Eigenschaft der Sachen war und diese damit ungeeignet und unfähig waren, Objekt eines Veräußerungsgeschäfts zu sein,[136] auch wenn sie mit Genehmigung ausnahmsweise Gegenstand des Rechtsverkehrs sein konnten.[137] Über die Möglichkeit der Ersitzung sagte Art. 23 nichts; in der Literatur wurden die betreffenden Kulturgüter aber als *„incommerciabili,"* also nicht verkehrsfähig bezeichnet.[138]

Art. 55 T. U.[139] sieht für diese Kulturgüter vor, daß sie mit Genehmigung des Ministers veräußert werden können, wenn sie nicht von Interesse für die öffent-

---

1089/1939 abweichende Bestimmungen nämlich nur für unbewegliches Kulturgut (vgl. Art. 12 des Gesetzes n. 127 v. 15. 5. 1997, G. U. v. 17. 5. 1997, n. 113), während der T. U. auch die Normen über die Veräußerlichkeit beweglichen Kulturguts ändert.

133 Art. 23 des Gesetzes Nr. 1089 v. 1939: *Le cose indicate negli articoli 1 e 2 sono inalienabili quando appartengono allo Stato o ad altro ente o istituto pubblico.*

134 Art. 24 des Gesetzes Nr. 1089 v. 1939: (1) *Il Ministro dei beni culturali ed ambientali, sentito il Consiglio nazionale dei beni culturali ed ambientali, può autorizzare l'alienazione di cose di antichità e d'arte, di proprietà dello Stato o di altri enti o istituti pubblici, purchè non ne derivi danno alla loro conservazione e non ne sia menomato il pubblico godimento.*
(2) *Il Ministro può altresì autorizzare la alienazione di dublicati e, in genere, di cose di antichità e d'arte che non abbiano interesse per le collezioni dello Stato o di altri ente o istituto pubblico.*

135 *Cortese* S. 215.

136 Vgl. *Sandulli* (Fn. 112) S. 292.

137 Eine Mindermeinung in der ital. Literatur sieht dagegen alle Kulturgüter, deren Veräußerung nur mit Genehmigung erfolgen kann, als *„incommerciabili"* an, *Cozzuto-Quadri* S. 34 ff., S. 41 ff., S. 44. Damit wird lediglich der Begriff der „Extrakommerzialität" über den hier verwandten Inhalt hinaus ausgedehnt, ohne daß von einem anderen Status der betreffenden Kulturgüter ausgegangen würde.

138 *Deangeli* Giur. it. 1994, I, 1241 ff., 1243, 1245; *Cozzuto Quadri* S. 28; vgl. auch Art. 1145 C. c., s. dazu o. Fn. 111, 1. Kap. Fn. 51.

139 Art. 55 T. U. (*Alienazioni soggette ad autorizzazione*): (1) *È soggetta ad autorizzazione del Ministerio l'alienazione:*
a) *dei beni culturali appartenenti allo Stato, alle regioni, alle province, ai comuni che non facciano parte del demanio storico e artistico;*
b) *dei beni culturali indicati nell'articolo 2, comma 1, lettere a) e b) appartenenti ad enti pubblici;*
c) *delle collezioni o serie di oggetti indicate nell'articolo 2, comma 1, lettera c), dichiarate a norma dell'articolo 6, comma 2, o di parti di esse.*
(2) *Il Ministero può autorizzare l'alienazione dei beni culturali indicati nel comma 1, qualora non abbiano interesse per le raccolte pubbliche e dall'alienazione stessa non derivi danno alla loro conservazione e non ne sia menomato il pubblico godimento.*

lichen Sammlungen sind und weder Erhaltung noch öffentliche Nutzung beeinträchtigt werden. Ohne Genehmigung können Kulturgüter an den Staat veräußert werden (Art. 57 T. U.[140]). Diese Regelung ähnelt auf den ersten Blick dem Regime der Art. 23, 24 des Gesetzes Nr. 1089 von 1939: Die Notwendigkeit einer Genehmigung begrenzt die freie Veräußerung. Ein Unterschied liegt jedoch darin, daß von Art. 55 T. U. nicht – wie in Art. 23 – die generelle Unveräußerlichkeit statuiert wird, die durch eine Genehmigung aufgehoben werden kann, sondern im Gegenteil ausdrücklich bestimmt wird, daß sie veräußert werden können und nur eine besondere Voraussetzung für die Veräußerung aufgestellt wird.[141] Wird dagegen verstoßen, ist das Rechtsgeschäft zwar wegen Art. 1418 C. c.[142] nichtig,[143] aber nicht wegen Untauglichkeit des Objekt aufgrund dessen Unveräußerlichkeit, sondern wegen Verstoßes gegen eine Verbotsnorm.

Fraglich ist, ob das Genehmigungserfordernis den gutgläubigen Erwerb vom Nichtberechtigten gemäß Art. 1153 C. c. hindert. Weil dafür ein geeigneter Titel erforderlich ist,[144] kann, wenn das Veräußerungsgeschäft gemäß Art. 1418 Abs. 1 C. c. wegen Verstoßes gegen Art. 55 T. U. nichtig ist, auch ein gutgläubiger Käufer kein Eigentum erwerben. Wenn die Veräußerungsbeschränkungen des Testo Unico aber so wie die Veräußerungsbeschränkungen des alten Gesetzes[145] interpretiert werden, was anzunehmen ist, richten sie sich nur an die Verwaltung und gelten nicht für die Veräußerung unter Privaten.[146] Das bedeutet, daß zwar die ungenehmigte Veräußerung durch die Verwaltung nichtig ist und zunächst auch Art. 1153 C. c. nicht eingreift, daß der Erwerber dann aber als Nichtberechtigter

(3) *È altresì soggetta ad autorizzazione l'alienazione dei beni culturali indicati nell'articolo 2, comma 1, lettere a) e b), e comma 4, lettera c) appartenenti a persone giuridiche private senza fine di lucro. L'autorizzazione è concessa qualora non ne derivi un grave danno alla conservazione o al pubblico godimento dei beni.*

(4) *Gli archivi degli enti pubblici ed i singoli documenti dello Stato, delle regioni, degli enti territoriali e degli altri enti pubblici sono inalienabili.*

140 Art. 57 T. U. (*Altri casi di alienazione*): (1) *Le disposizioni dell'articolo 55 si applicano anche alle costituzioni di ipoteca e di pegno ed ai negozi giuridici che possono comportare l'alienazione dei beni culturali indicati nello stesso articolo.*

(2) *Gli atti che comportano l'alienazione di beni culturali a favore dello Stato, ivi comprese le cessioni in pagamento di obbligazioni tributarie, non sono soggetti ad autorizzazione.*

141 Unveräußerlich sind nur noch Archive (Art. 55 Abs. 4 T. U.), s. u. § 1 IV. 2. f.

142 Art. 1418 Abs. 1 C. c.: *Il contratto è nullo quando è contrario a norme imperative, salvo che la legge disponga diversamente.*

143 Vgl. auch *Salvestroni* Riv. dir. com. dir. gen. ob. 1988, 477ff., 490.

144 S. o. § 1 IV. 1.

145 Art. 26, 27 des Gesetzes Nr. 1089 v. 1939, welche nicht die Verkehrsfähigkeit beschränkten, sondern nur Genehmigungsvorbehalte aufstellten

146 Cass., Entsch. v. 7.4.1992, n. 4260, Foro it. 1992, I, 2402ff., 2404; *Deangeli* (Fn. 138) 1245; *Loosli* S. 106.

Eigentum übertragen kann. Zu einem anderen Ergebnis käme man, wenn man davon ausginge, daß wie im französischen Recht bestimmte Rechtswirkungen aufgrund ihrer Qualifizierung als Kulturgut der Sache auf Dauer anhaften.[147] Das italienische Recht kennt aber eben keine Klassifizierung von Kulturgut und enthält auch keine dem Art. 19 des franz. Gesetzes v. 1913 vergleichbare Vorschrift.

Während Kulturgüter im Eigentum sonstiger öffentlichrechtlicher Körperschaften oder Anstalten nach dem alten Recht demselben Regime relativer Unveräußerlichkeit (Art. 23, 24 des Gesetzes v. 1939) wie Kulturgüter im Eigentum von Gebietskörperschaften unterstanden, gibt es nach der neuen gesetzlichen Regelung Verfügungsbeschränkungen nur noch für unbewegliches Kulturgut (Art. 55 Abs. 1 b) T. U.).

Kirchliche Kulturgüter[148] unterliegen nach Ansicht der italienischen Rechtsprechung jedenfalls nicht dem Eigentumsregime des *demanio pubblico*,[149] sondern stehen in privatrechlichem Eigentum.[150] Nach dem System des Gesetzes Nr. 1089 v. 1939 unterfielen kirchliche Kulturgüter keiner eigenen Kategorie.[151] Dasselbe gilt auch für den Testo Unico. Da kirchliche Einrichtungen zu den privatrechtlichen juristischen Personen gerechnet werden,[152] erfordert nur die Veräußerung von Immobilien und historisch besonders interessanten Archiven eine Genehmigung (Art. 55 Abs. 3 T. U.).[153] In verfahrensrechtlicher Hinsicht muß der Minister gemäß Art. 19 T. U. aber mit Einverständnis der kirchlichen Behörden vorgehen.[154]

Eine Besonderheit für kirchliche Güter ergibt sich aus Art. 831 Abs. 1 C. c.,[155] wonach die Anwendung der Sachenrechtsnormen des Codice civile unter dem Vorbehalt der speziellen Gesetze steht. Während die Lateranverträge von 1929

---

147 S. o. § 1 I. 2. b.

148 Unter dem im Italienischen verwandten Begriff der „*beni culturali ecclesiastici*" werden im engeren Sinne nur solche Kulturgüter religiösen Ursprungs bezeichnet, die im Eigentum der Kirche oder kirchlicher Einrichtungen stehen, *Sisinni* S. 34.

149 Anders ist es allerdings, wenn ehemals kirchliche Kulturgüter nun im Eigentum des Staates, einer Gemeinde etc. stehen; *Sisinni* S. 35.

150 *Deangeli* (Fn. 138) 1243.

151 *Garlato* S. 17f.

152 Corte d'appello di Firenze, Entsch. v. 19. 5. 1950, Foro it. 1951, I, 353ff., 356; *Loosli* S. 96.

153 Vgl. zu Kulturgütern kirchlicher Einrichtungen aber die Entscheidung Cass., Entsch. v. 7. 4. 1992 (Fn. 146), wegen des Zusammenhangs mit dem Vorkaufsrecht s. u. § 1 IV. 2. d.

154 *Loosli* S. 31, in bezug auf Art. 8 des Gesetzes Nr. 1089 v. 1939.

155 Art. 831 ital. C. c.: *Beni degli enti ecclesiastici ed edifici di culto.* – (1) *I beni degli enti ecclesiastici sono soggetti alle norme del presente codice, in quanto non è diversamente disposto dalle leggi speciali che li riguardano.*

keine die kirchlichen Kulturgüter betreffenden Regeln enthielten,[156] wurde in einer diese abändernden Vereinbarung vom 18. 2. 1984 eine verstärkte Zusammenarbeit zwischen dem italienischen Staat und dem Heiligen Stuhl beschlossen. Die betreffende Norm[157] läßt viele Unklarheiten offen;[158] bis jetzt sind auch noch keine gesetzlichen Bestimmungen erlassen worden, die diese Zusammenarbeit in den Einzelheiten ausführen.[159] Art. 831 Abs. 2 C. c., der besagt, daß die der öffentlichen Ausübung der katholischen Religion gewidmeten Räume auch durch Veräußerung ihrem Zweck nicht entzogen werden können, gilt nur für Immobilien und kann auch nicht durch Analogie auf Mobilien erweitert werden.[160]

Kulturgüter im Eigentum von Privatpersonen werden gemäß Art. 839 C. c.[161] wie normale Sachen behandelt, soweit nicht spezielle Gesetze eingreifen. Von dem T. U. (ebenso Gesetz Nr. 1089 v. 1939) werden auch Kulturgüter, die Privaten gehören, umfaßt. Allerdings unterfallen diese nicht per se den besonderen Regeln des Gesetzes, denn die damit verbundenen Beschränkungen stellen einen Eingriff in das in Art. 42 der Verfassung garantierte Privateigentum dar und erfordern daher eine förmliche Unterschutzstellung durch Verwaltungsakt.[162] Gemäß Art. 6 ff. T. U. wird dem Eigentümer durch Bescheid mitgeteilt, daß der jeweilige Gegenstand als von besonderem kulturellen Interesse befunden wird. Das hat zur Folge, daß das Kulturgut von diesem Zeitpunkt an besonderen öffentlichrechtlichen Schranken unterliegt. Sie gelten so lange, bis sie von den zuständigen Behörden aufgehoben werden.[163]

Entsprechend der Zielsetzung der Arbeit ist allein zu untersuchen, wie sich diese Schranken auf die Verkehrsfähigkeit der Kulturgüter auswirken. Während die

---

156 *D'Avack* EdD XXXII, S. 420 ff., S. 420.

157 Art. 12 Accordo di modificazioni del Concordato Lateranense v. 18. 2. 1984: (1) *La Santa Sede e la Repubblica Italiana, nel rispettivo ordine, collaborano per la tutela del patrimonio storico e artistico.*

(2) *Al fine di armonizzare l'applicazione della legge italiana con le esigenze di carattere religioso, gli organi competenti delle due Parti concorderanno opportune disposizioni per la salvaguardia, la valorizzazione e il godimento dei beni culturali di interesse religioso appartenenti ad enti e istituzioni ecclesiastiche.*

(3) *La conservazione e la consultazione degli archivi d'interesse storico e delle biblioteche dei medesimi enti e istituzioni saranno favorite e agevolate sulla base di intesa tra i competenti organi delle due Parti.*

158 Dazu *Garlato* S. 26 ff.

159 *Loosli* S. 32.

160 Corte d'Appello di Firenze (Fn. 152) 355.

161 Art. 839 ital. C. c.: *Beni d'interesse storico e artistico. – Le cose di proprietà privata, immobili e mobili, che presentano interesse artistico, storico e archeologico o etnografico, sono sottoposte alle disposizioni delle leggi speciali.*

162 Cass., Entsch. v. 24. 5. 1975, n. 2102, Foro it. 1976, I, 119 ff., 122; *Loosli* S. 17.

163 *Loosli* S. 17, für das Gesetz Nr. 1089 v. 1039.

Veräußerung einer Sammlung im Eigentum Privater einer Genehmigung bedarf (Art. 55 Abs. 1 c) T. U.),[164] besteht in bezug auf sonstige Kulturgüter nur die Pflicht des Eigentümers, die Veräußerung anzuzeigen (Art. 58 T. U.). In jedem Fall steht dem Staat ein gesetzliches Vorkaufsrecht zu (Art. 59ff. T. U.). Dieses muß innerhalb von zwei Monaten nach Bekanntgabe der Veräußerung ausgeübt werden (Art. 60 Abs. 1 T. U.). Die Belastung des Privateigentums mit dem Vorkaufsrecht entzieht die Sache aber nicht dem Rechtsverkehr. Die fehlende oder unzureichende[165] Anzeige der Veräußerung hat nur zur Folge, daß die Zweimonatsfrist nicht zu laufen beginnt, das Vorkaufsrecht vielmehr unbegrenzt geltend gemacht werden kann.[166] Die beabsichtigte Eigentumsübertragung ist, solange auf das Vorkaufsrecht von Seiten des Staates nicht wirksam verzichtet worden ist, gemäß Art. 60 Abs. 3 T. U. zwar ohne Rechtswirkung; das hindert nach herrschender Meinung jedoch nicht, daß die Sache von einem Dritten gutgläubig erworben werden kann.[167]

d. Exkurs: Entscheidung der Corte di Cassazione v. 7. 4. 1992

Allerdings hat die Corte di Cassazione 1992 entschieden, daß die Nichtigkeit einer vorangegangenen Veräußerung auch dem gutgläubigen Erwerber entgegengehalten werden könne, solange die öffentliche Verwaltung ihr Vorkaufsrecht noch nicht ausgeübt habe. In der Entscheidung ging es um die ohne Genehmigung nach Art. 26 des alten Gesetzes v. 1939 (a. G.)[168] erfolgte und deswegen gemäß Art. 61 Abs. 1 a. G. nichtige Veräußerung von zwei Türen eines Tabernakels durch den Kirchenvorstand, die später von dem Ersterwerber an einen Dritten verkauft wurden. Das Gericht argumentierte, daß Art. 32 Abs. 2 S. 1 HS 2 a. G.[169] über das Vorkaufsrecht die Übergabe ausdrücklich verbiete. Dies

---

[164] Eine trotzdem erfolgte Veräußerung wäre gem. Art. 1418 Abs. 1 C. c. nichtig; hier gilt dann aber dasselbe wie bei Kulturgütern im Eigentum von Gebietskörperschaften.

[165] Vgl. Cass., Entsch. v. 11. 3. 1996, n. 1950, NGCC 1996, I, 387ff.

[166] Das gilt auch, wenn bereits die für die Ersitzung notwendige Frist abgelaufen ist, *Mansi* S. 332.

[167] *Deangeli* (Fn. 138) 1244; *Loosli* S. 106; anders Cass., Entsch. v. 7. 4. 1992 (Fn. 146) 2405, s. u. § 1 IV. 2. d. Die entsprechende Vorschrift des Vorgängergesetzes von 1939 war kürzlich Gegenstand einer Entscheidung des Europäischen Gerichtshofs für Menschenrechte, *Beyeler c. Italia* EuGMR, Urt. v. 5. 1. 2000, Riv. dir. int. 83 (2000) 822ff.

[168] Art. 26 des Gesetzes v. 1939: (1) *Le cose appartenenti ad enti o istituti legalmente riconosciuti, diversi da quelli indicati nell'art. 23, possono essere alienate, previa autorizzazione del Ministro per i beni culturali e ambientali.*
(2) *Il Ministro, sentito il Consiglio nazionale per i beni culturali e ambientali, può rifiutare l'autorizzazione, qualora ritenga che l'alienazione produca un grave danno al patrimonio nazionale tutelato dalla presente legge o al pubblico godimento della causa.*

[169] Art. 32 des Gesetzes v. 1939 : (...) (2) *In pendenza di detto termine, il contratto rimane condizionato sospensivamente all'esercizio del diritto di prelazione: all'alienante è vietato di effet-*

führe zu einem Konflikt mit der Regel des Art. 1153 C. c., wonach die gutgläubige Erlangung des Besitzes durch die Übergabe zum Eigentumserwerb führt. Dem Übergabeverbot des Art. 32 a. G. käme hier das größere Gewicht zu, weswegen ein gutgläubiger Eigentumserwerb nach Art. 1153 C. c. verneint werden müsse.[170]

Die Entscheidung des Gerichts scheint mehr von dem Bemühen getragen zu sein zu verhindern, daß das Veräußerungsverbot des Art. 26 a. G. umgangen wird, indem erst eine vorgeschobenen Zwischenveräußerung stattfindet und die Sache dann, ohne daß Art. 26 a. G., der bei einem Rechtsgeschäft zwischen Privaten nicht gilt, eingreift, weiterverkauft und gutgläubig erworben wird, als von dogmatischen Überlegungen. Der von der Corte di Cassazione behauptete Konflikt zwischen Art. 32 a. G. und Art. 1153 C. c. würde sich nämlich bei jeder Veräußerung stellen, bei der ein Vorkaufsrecht des Staates entsteht, also auch bei Kulturgütern im Eigentum von öffentlichrechtlichen oder privatrechtlichen juristischen Personen und von Privatpersonen. Dies würde dazu führen, daß die Sache nicht gutgläubig erworben werden könnte, solange der Staat sein Vorkaufsrecht nicht ausgeübt hat. Allerdings hat das Gericht besonders auf die Schutzbedürftigkeit der in den Kirchen frei zugänglichen Kunstschätze abgestellt, wollte sich also mit seiner Argumentation wohl nur auf kirchliche Kulturgüter beschränken. Das Urteil der Corte di Cassazione wurde auch in der italienischen Literatur kritisiert und sollte deswegen, solange es nicht durch andere Rechtsprechung bestätigt wird, als Einzelfall betrachtet und nicht verallgemeinert werden.[171] Es kann aber als Beispiel dafür dienen, wie sich Belange des Kulturgüterschutzes auch auf die Auslegung allgemeiner Sachenrechtsnormen auswirken.[172]

e. Rechtliche Behandlung archäologischer Funde

An im Untergrund gefundenen Kulturgütern erfolgt ein originärer staatlicher Eigentumserwerb (Art. 88 T. U.[173]). Soweit es sich um Immobilien handelt, unterstehen sie ab dem Zeitpunkt der Entdeckung den Regeln des *demanio pubblico*; bewegliche Kulturgüter gehören zum *patrimonio indisponibile*.

---

tuare la tradizione della cosa. (...) Art. 32 a. G. entspricht in dieser Hinsicht Art. 60 Abs. 3 T. U.

170 Cass., Entsch. v. 7.4.1992 (Fn. 146) 2405. Allerdings wendet sich das Übergabeverbot des Art. 32 Abs. 2 S. 1 HS 2 a. G. nur gegen den Erstveräußerer, während der gutgläubige Erwerb in diesem Fall aufgrund der Übergabe des Zweitveräußerers stattgefunden hatte.

171 *Deangeli* (Fn. 138) 1242; *Loosli* S. 90.

172 S. u. 5. Kap. § 3.

173 Art. 88 T. U.: *I beni indicati nell'articolo 2, da chiunque e in qualunque modo ritrovati, appartengono allo Stato. A seconda che siano beni immobili o mobili essi fanno parte, rispettivamente, del demanio pubblico o del patrimonio indisponibile dello Stato a norma degli articoli 822 e 826 del codice civile.*

f. Rechtliche Behandlung von Archiven und Dokumenten

Gemäß Art. 55 Abs. 4 T. U. sind die einzelnen historischen Dokumente, die dem Staat, den Regionen, den Provinzen oder Gemeinden gehören (im Gegensatz zu Archiven, die als Sachgesamtheiten ja ohnehin den Regeln des *demanio pubblico* unterliegen), und die Archive und einzelnen Dokumente im Eigentum von nicht territorialen öffentlichrechtlichen Körperschaften unveräußerlich und damit dem Rechtsverkehr entzogen.

3. Zwischenergebnis

Als *res extra commercium* können also alle Kulturgüter im Eigentum der öffentlichen Hand bezeichnet werden, welche zum *demanio pubblico* gehören. Unter der Geltung des Gesetzes Nr. 1089 v. 1939 waren aufgrund von Art. 23 sämtliche Kulturgüter im Eigentum des Staates oder anderer juristischer Personen des öffentlichen Rechts *res extra commercium*. Der neue Testo Unico von 1999 hat diese Regelungen aber abgeschafft und sieht lediglich Verfügungsbeschränkungen vor. Unveräußerlich sind nur noch Archive und Dokumente im Eigentum der öffentlichen Hand. Alle sonstigen Kulturgüter unterliegen zwar bestimmten Beschränkungen und sind nicht völlig frei verfügbar, weswegen auch behauptet wird, daß ihre Behandlung dem Zustand von *res extra commercium* nahe komme;[174] sie werden dem Privatrechtsverkehr aber nicht entzogen.

V. Spanien

1. Allgemeines Zivilrecht

Der in Art. 464 C. c.[175] geregelte gutgläubige Erwerb stellt nach allgemeiner Ansicht eine Form der Ersitzung dar. Im Einzelnen ist diese Vorschrift allerdings umstritten.[176] Die herrschende Meinung in der Literatur sieht Art. 464 C. c. als eigenständige Norm an (sogenannte germanische Interpretation). Nach Ansicht der Rechtsprechung (sogenannte romanische Interpretation) ist Art. 464 C. c. im Zusammenhang mit den Art. 1940ff. C. c. zu lesen. Ein Eigentumserwerb findet dementsprechend gemäß Art. 1955 C. c.[177] bei Gutgläubigkeit erst nach drei Jah-

---

174 *Lombardi* S. 197

175 Art. 464 span. C. c.: (1) *La posesión de los bienes muebles, adquirida de buena fe, equivale al título. Sin embargo, el que hubiese perdido una cosa mueble o hubiese sido privado de ella ilegalmente, podrà reivindicarla de quien la posea.* (...)

176 Dazu *Marco Molina* S. 229f.; *Thorn* S. 220.

177 Art. 1955 span. C. c.: (1) *El dominio de los bienes muebles se prescribe por la posesión no interrumpida de tres años con buena fe.*
(2) *También se prescribe el dominio de las cosas muebles por la posesión no interrumpida de seis años, sin necesidad de ninguna otra condición.*

ren, ansonsten nach sechs Jahren statt. Ausgeschlossen ist der Eigentumserwerb, wenn die Sache abhanden gekommen ist (Art. 464 Abs. 1 S. 2 C. c.). Die spanische Rechtsprechung faßt diesen Begriff sehr weit und subsumiert darunter auch die Veräußerung von dem Nichtberechtigten durch den Eigentümer anvertrauten Sachen.[178] Eine augenblickliche Ersitzung auch an gestohlenen Sachen erfolgt gemäß Art. 85 C. com., einer handelsrechtlichen Sondervorschrift über den gutgläubigen Erwerb vom Nichtberechtigten. Eine von der Ersitzung unabhängige Verjährung des Vindikationsanspruchs gibt es nicht.[179]

2. Sonderregeln für Kulturgüter

a. Kulturgüter als *dominio público*

Auch das spanische Recht kennt das Konzept eines öffentlichen Eigentums *(dominio público)*. Art. 338 C. c.[180] teilt alle Sachen in *dominio público* und *propiedad privada* (Privateigentum) ein.[181] Träger des *dominio público* können alle juristischen Personen des öffentlichen Rechts sein.[182] Zum *dominio público* gehören gemäß Art. 339 C. c.[183] alle Güter, die dem öffentlichen Gebrauch oder irgendeinem öffentlichen Nutzen gewidmet sind, aber auch solche, die durch Gesetz dem *dominio público* zugeordnet werden.[184] Güter des *dominio público* sind per se unveräußerlich und unverjährbar.[185]

b. Ley del Patrimonio Histórico Español[186]

Neben der Gesetzgebungskompetenz des Zentralstaates haben auch die autonomen Gebietseinheiten *(comunidades autónomas)* bestimmte Kompetenzen im Bereich des Kulturgüterschutzes und davon zum Teil auch Gebrauch gemacht,

---

178 *Thorn* S. 169f.

179 Art. 1940 span. C. c.: *Para la prescripción ordinaria del dominio y demás derechos reales se necesita poseer las cosas con buena fe y justo título por el tiempo determinado en la ley.*

180 Art. 338 span. C. c.: *Los bienes son de dominio público o de propiedad privada.*

181 Vgl. die *divisio rerum* im römischen Recht, s. o. 2. Kap. § 1 I.

182 *García-Escudero/Pendas García* S. 15.

183 Art. 339 span. C. c.: *Son bienes de dominio público:*
1. *Los destinados al uso público, como los caminos, canales, ríos, torrentes, puertos y puentes construidos por el Estado, las riberas, playas, radas y otros análogos.*
2. *Los que pertenecen privativamente al Estado, sin ser de uso común, y están destinados a algún servicio público o al fomento de la riqueza nacional, como las murallas, fortalezas y demás obras de defensa del territorio, y las minas, mientras que no se otorgue su concesión.*

184 *Virgós Soriano* ISWA III, S. 127ff., S. 129. Zum Beispiel erklärt Art. 44 Abs. 1 des LPHE (Fn. 186) alle archäologischen Funde als zum *dominio público* gehörig, s. u. § 1 V. 2. d.

185 *Virgós Soriano* (Fn. 184) S. 129; vgl. Art. 132 der span. Verfassung; Art. 113ff. der Ley del Patrimonio del Estado.

186 Ley del Patrimonio Histórico Español (LPHE), Gesetz 16/85 v. 25. 6. 1985, B. O. E. Nr. 155 v. 29. 6. 1985.

z. B. in Katalonien.[187] Diese Gesetze sollen aber außer Betracht bleiben und die Untersuchung auf das nationale spanische Gesetz 16/1985 (LPHE) beschränkt sein.

Das LPHE stellt Kulturgüter unter einen besonderen Schutz.[188] Der Begriff *Patrimonio Histórico Español* stellt den Oberbegriff dar; ansonsten unterfallen die Kulturgüter in mehrere Kategorien. Eine Kategorie umfaßt diejenigen Kulturgüter, die gemäß den Regeln der Art. 9ff. als von besonderem kulturellen Interesse eingestuft worden sind (im folgenden: klassifizierte Kulturgüter).[189] Eine andere Kategorie enthält diejenigen Kulturgüter, die nicht klassifiziert, aber wegen ihrer besonderen Bedeutung inventarisiert werden (Art. 26).[190]

Prinzipiell sind Sachen im Eigentum des Staates oder anderer öffentlichrechtlicher Körperschaften, die nicht zum *dominio público* gehören, veräußerlich. Dieser Grundsatz wird jedoch durch das LPHE von 1985 stark eingeschränkt.[191] Gemäß Art. 28 Abs. 2[192] können die das *Patrimonio Histórico Español* formenden Kulturgüter, die im Eigentum der öffentlichen Verwaltungen stehen, von diesen nicht veräußert werden, es sei denn, daß es sich um Veräußerungen an eine andere juristische Person des öffentlichen Rechts handelt. Eine weitere Ausnahme stellt Art. 34[193] dar. Die Regierung kann mit anderen Staaten den Aus-

---

[187] *Jayme* ZVglRWiss 95 (1996) 158ff., 164.

[188] Zu den von dem Gesetz geschützten beweglichen Gegenständen, dem sogenannten historischen Vermögens Spaniens, gehören gem. Art. 1 Abs. 2 LPHE Sachen von künstlerischem, historischem, paläontologischem, archäologischem, etnografischem, wissenschaftlichem und technischem Interesse, außerdem das sog. dokumentarische und bibliografische Vermögen (Art. 49, 50 LPHE).

[189] Zum Verfahren *García-Escudero/Pendas García* S. 144.

[190] Dazu *García-Escudero/Pendas García* S. 167ff. Übrig bleiben die Kulturgüter, die weder als von kulturellem Interesse eingestuft worden sind noch inventarisiert wurden. Sie unterliegen – abgesehen davon, daß sie gem. Art. 5 Abs. 3 zeitweise für nicht exportierbar erklärt werden können, wenn noch kein Verfahren zur Deklarierung eingeleitet worden ist – keinen besonderen Vorschriften.

[191] *Virgós Soriano* (Fn. 184) S. 129.

[192] Art. 28 LPHE: (1) *Los bienes muebles declarados de interés cultural y los incluidos en el Inventario general que estén en posesión de instituciones eclesiásticas, en cualquiera de sus establecimientos o dependencias, no podrán transmitirse por título oneroso o gratuito ni cederse a particulares ni a entidades mercantiles. Dichos bienes solo podrán ser enajenados o cedidos al Estado, a entidades de derecho público o a otras instituciones eclesiásticas.*
(2) *Los bienes muebles que forman parte del Patrimonio Histórico Español no podrán ser enajenados por las Administraciones públicas, salvo las transmisiones que entre sí mismas éstas efectúen y lo dispuesto en los articulos 29 y 34 de esta Ley.*
(3) *Los bienes a que se refiere este artículo serán imprescriptibles. En ningún caso se aplicará a estos bienes lo dispuesto en el artículo 1.995 del Código Civil.*

[193] Art. 34 LPHE: *El Gobierno podrá concertar con otros Estados la permuta de bienes muebles de titularidad estatal pertenecientes al Patrimonio Histórico Español por otros de al menos igual valor y significado histórico. La aprobación precisará de informe valorable de las Reales*

tausch von im Eigentum des Staates stehenden Kulturgütern gegen andere Kulturgüter von gleichem oder größerem Wert und historischer Bedeutung vereinbaren.[194] Kulturgüter im Privateigentum der öffentlichen Hand unterliegen damit einem Regime der relativen Unveräußerlichkeit. Weiterhin sind sie gemäß Art. 28 Abs. 3 unverjährbar. Sie können daher, weil der gutgläubige Erwerb vom Nichtberechtigten im spanischen Recht als Ersitzung angesehen wird, auch nicht gutgläubig erworben werden.[195] Kulturgüter im Eigentum der öffentlichen Hand sind also dem Rechtsverkehr zwischen Privaten entzogen und können daher als *res extra commercium* bezeichnet werden.

Bewegliche klassifizierte oder inventarisierte Kulturgüter, die sich im Besitz kirchlicher Einrichtungen befinden, können gemäß Art. 28 Abs. 1 nur an den Staat, an juristische Personen des öffentlichen Rechts oder andere kirchliche Institutionen übertragen werden, aber nicht an Einzelpersonen oder Unternehmen. Auch kirchliche Kulturgüter unterliegen demnach einer relativen Unveräußerlichkeit.[196] Die Regelung des Art. 28 Abs. 1 beruht auch darauf, daß der Verlust von sich in Kirchen befindlichen Kunstwerken nicht allein auf Diebstahl oder Plünderung durch Dritte, gegen die sich die Kirchen nicht wehren konnten, zurückging, sondern in vielen Fällen unter Mitwirkung von Vertretern der Kirche selbst erfolgte.[197] Obwohl der Wortlaut des Art. 28 Abs. 1 keinerlei dahingehende Einschränkungen trifft, ist nur die katholische Kirche gemeint, was aus einer historischen Interpretation der Norm hervorgeht. Die rechtliche Behandlung von Kulturgütern im Besitz anderer Religionsgemeinschaften richtet sich nach den allgemeinen Regeln.[198] Der zeitliche Anwendungsbereich des Art. 28 Abs. 1 war zunächst auf 10 Jahre beschränkt, was durch das Gesetz Nr. 42 v. 30.12.1994 auf weitere 10 Jahre erweitert wurde.[199]

Mit denselben Konsequenzen wie Kulturgüter im Eigentum der öffentlichen Hand sind auch kirchliche Kulturgüter unverjährbar (Art. 28 Abs. 3). Sie sind deswegen dem Privatrechtsverkehr entzogen.

Academias de la Historia y de Bellas Artes de San Fernando y de la Junta de Calificación, valoración y Exportación de Bienes del Patrimonio Histórico Español.

194 Art. 34 findet auch auf zum *dominio público* gehörende Sachen Anwendung, *Virgós Soriano* (Fn. 184) S. 129.

195 In diesem Sinne *Gonzales Campos/Virgós Soriano* ISWA I, S. 333ff., S. 347; *Knott* S. 62; *Schmeinck* S. 130.

196 *Gonzales Campos/Virgós Soriano* (Fn. 195) S. 347. Obwohl das aus dem Wortlaut des Art. 28 Abs. 1 nicht unbedingt hervorgeht, muß die Bestimmung so ausgelegt werden, daß damit nur spanische juristische Personen des öffentlichen Rechts und kirchliche Institutionen in Spanien gemeint sind, *Gonzales Campos/Virgós Soriano* ISWA II, S. 107ff., S. 116.

197 *Viladás* S. 326.

198 *García-Escudero/Pendas García* S. 139.

199 Disposición transitoria 5 LPHE (bis zum 1.1.2005).

Kulturgüter im Eigentum von Privatpersonen unterliegen insofern einer Sonderbehandlung, als Privateigentümer klassifizierter oder inventarisierter Kulturgüter verpflichtet sind, deren Veräußerung anzuzeigen (Art. 38 Abs. 1). Die staatliche Verwaltung hat dann gemäß Art. 38 Abs. 2 innerhalb von zwei Monaten die Möglichkeit, ein Vorkaufsrecht *(derecho de tanteo)* auszuüben.[200] Wird die Veräußerung nicht korrekt angezeigt, hat sie gemäß Art. 38 Abs. 3 ein Rückkaufsrecht *(derecho de retracto)*, das in einer Frist von sechs Monaten ab Kenntnis von der Veräußerung auszuüben ist. Ansonsten unterliegen Kulturgüter im Eigentum Privater aber keinen Verkehrsbeschränkungen. Art. 28 ist auf sie nicht anwendbar.[201]

Eine Besonderheit des spanischen Rechts stellt Art. 29 LPHE[202] dar.[203] Gemäß Art. 5 Abs. 3 ist die – nicht nur temporäre[204] – Ausfuhr von klassifizierten Kulturgütern und von solchen des *Patrimonio Histórico Español*, die von der staatlichen Verwaltung ausdrücklich als nicht exportierbar eingestuft worden sind,

---

200 Von dieser Möglichkeit machte der spanische Staat unlängst hinsichtlich eines vorher in Privatbesitz befindlichen Bildes von Francisco de Goya (Portrait der Condesa de Chinchon) Gebrauch, *Kügler* FAZ v. 21.1.2000, S. 52; FAZ v. 10.3.2000, S. 41.

201 *García-Escudero/Pendas García* S. 131; unrichtig insofern *Prott/O'Keefe* I, Rn. 774.

202 Art. 29 LPHE: (1) *Pertenecen al Estado los bienes muebles integrantes Patrimonio Histórico Español que sean exportados sin la autorización requerida por el artículo 5 de esta Ley. Dichos bienes son inalienables y imprescriptibles.*

203 Die Bestimmung des Art. 29 LPHE ist eine Reaktion auf die illegale Ausfuhr eines Portraits von Francisco de Goya „La Marquesa de Santa Cruz" und die aufgrund der damaligen Rechtslage erfolglosen Bemühungen der spanischen Regierung, die Rückgabe des Bildes zu erreichen (zu diesem Sachverhalt ausführlich *Agnew/Ferrer* IJCP 1 (1992) 137ff.). Das Gemälde war 1983 von einer Nachfahrin der Porträtierten für ca. 200 000 US-Dollar innerhalb Spaniens verkauft worden. Der Käufer wollte es gewinnbringend im Ausland weiterverkaufen. Da aber die Ausfuhr aufgrund der Zugehörigkeit des Bildes zum nationalen Kulturgut Spaniens verboten war, wurden die erforderlichen Exportdokumente gefälscht. Über Zürich gelangte das Bild nach London, wo es zunächst an einen englischen Kunsthändler und dann an eine nach dem Recht von Liberia gegründete Gesellschaft mit Sitz auf den Virgin Islands verkauft wurde, welche es einer Versteigerung des Auktionshauses Christie's in London zuführte. Nachdem das Gemälde in einem Katalog von Christie's publiziert worden war, erlangten die spanischen Behörden von dem Aufenthalt des Bildes Kenntnis. Da sie ein Rückgabeverlangen auf keinerlei Eigentumstitel stützen konnte, konnte die spanische Regierung lediglich auf Feststellung, daß die Exportdokumente gefälscht seien und die Ausfuhr des Bildes daher illegal sei, klagen (*Kingdom of Spain v. Christie, Manson & Woods Ltd.* (1986) 1 W. L. R. 1120 (Ch. D.) = (1986) 3 All E. R. 28). Im Urteil wurde der spanischen Regierung in dieser Hinsicht ein legitimes Feststellungsinteresse zugebilligt; ihrem Antrag wurde stattgegeben und der Einwand der Beklagten, der Antrag sei rechtsmißbräuchlich, weil er nur darauf abziele, den Verkaufswert des Bildes zu mindern, zurückgewiesen. Spanien kaufte das Gemälde letztlich für 6 Millionen Dollar (das 30-fache des ursprünglichen Kaufpreises) zurück; es ist jetzt im Prado in Madrid ausgestellt.

204 Die zeitweilige Ausfuhr – etwa die Ausleihe von Kunstwerken für bestimmte Ausstellungen – kann nach Art. 31 LPHE genehmigt werden.

vorbehaltlich der Regelung des Art. 34[205] absolut verboten, die Ausfuhr von mehr als hundert Jahre alten bzw. von allen inventarisierten Kulturgüter nur mit ausdrücklicher und vorheriger Genehmigung erlaubt. Wird gegen die Exportbestimmungen verstoßen, verfällt das Kulturgut gemäß Art. 29 Abs. 1 S. 1 automatisch dem Staat. Auf diese Weise in das Eigentum gelangte Kulturgüter sind gemäß Art. 29 Abs. 1 S. 2 unveräußerlich und unverjährbar. Diese Regelung gibt dem spanischen Staat die Möglichkeit, im Ausland als Eigentümer Herausgabeansprüche geltend zu machen und die Sache für den Fall, daß sie wieder nach Spanien gelangt, wegen ihrer Verkehrsunfähigkeit auch von einem gutgläubigen Erwerber herausverlangen und pfänden zu können.[206]

c. Kulturgüter als *Patrimonio Nacional*

In eine besondere Kategorie fällt das sogenannte *Patrimonio Nacional.* Das sind gemäß Art. 2[207] der Ley del Patrimonio Nacional (LPN)[208] Güter im Eigentum des Staates, die dem Gebrauch und Nutzen des Königs und der königlichen Familie gewidmet worden sind. Von den beweglichen Sachen gehören dazu die Sachen, die sich in den königlichen Palästen[209] befinden und in einem besonderen Inventar aufgeführt sind (Art. 4 Nr. 7 LPN), die Staatsgeschenke sowie weitere Sachen, die dem Nutzen und Dienst der Krone gewidmet sind (Art. 4 Nr. 8 LPN). Dem Eigentumsregime des *Patrimonio Nacional* unterliegen Gegenstände nur, solange sie nicht entwidmet worden sind. Gemäß Art. 17 S. 2 R. D. 496/1987[210] können bewegliche Sachen von historisch-künstlerischem Wert allerdings nicht entwidmet werden.

Die zum *Patrimonio Nacional* gehörenden Sachen sind gemäß Art. 6 Abs. 2 LPN[211] unveräußerlich und unverjährbar. Gemäß Art. 6 Abs. 3 LPN unterliegen

---

205 Vgl. Art. 28 Abs. 2 LPHE, s. o. Fn. 192.

206 *Gonzales Campos/Virgós Soriano* (Fn. 195) S. 347, S. 348, S. 351; *García-Escudero/Pendas García* S. 173. Der Unveräußerlichkeit steht allerdings gem. Art. 29 Abs. 3 nicht entgegen, daß die Sache dem früheren Eigentümer, der beweisen kann, daß ihm die Sache vor der Ausfuhr abhanden gekommen war, er also mit dem illegalen Export nichts zu tun hatte – was bei juristischen Personen des öffentlichen Recht vermutet wird, unter bestimmten Voraussetzungen vom Staat wieder überlassen wird.

207 Art. 2 LPN: (1) *Tienen la calificación jurídica de bienes del Patrimonio Nacional los de titularidad del Estado afectados al uso y servicio del Rey y de los miembros de la Real Familia para el ejercicio de la alta representación que la Constitución y las leyes les atribuyen.*

208 Ley reguladora del Patrimonio Nacional Nr. 23 v. 16. 6. 1982, B. O. E. no. 148 v. 22. 6. 1982.

209 Z. B. Aranjuez oder El Escorial.

210 Real Decreto v. 18. 3. 1987 por el que se aprueba el Reglamento de la Ley 23/1982, B. O. E. no. 88 v. 13. 4. 1987.

211 Art. 6 LPN: (1) (...)
(2) *Los bienes y derechos integrados en el Patrimonio Nacional serán inalienables, imprescriptibles e inembargables, gozarán del mismo régimen de exenciones tributarias que los bienes de*

zum *Patrimonio Nacional* gehörende Gegenstände von historisch-künstlerischem Wert gleichzeitig auch dem Anwendungsbereich der diesbezüglichen Gesetzgebung (LPHE von 1985).

d. Archäologische Gegenstände

Art. 44 Abs. 1 LPHE[212] erklärt alle Gegenstände oder Relikte, welche die Eigenschaften des *Patrimonio Histórico Español* erfüllen (vgl. Art. 1 Abs. 2 LPHE) und als Folge von Ausgrabungen oder sonstiger Arbeiten bzw. zufällig gefunden werden, als zum *dominio público* gehörig. Die sonst für Fundsachen geltende Eigentumsregelung des Art. 351 C. c. findet keine Anwendung. Allerdings geht Art. 45 LPHE davon aus, daß die Ausgrabungsgegenstände von öffentlichen Körperschaften erworben werden können.[213]

3. Zwischenergebnis

Das spanische Recht beschränkt seine Kulturgüter in großem Maße in ihrer Verkehrsfähigkeit. Dem Privatrechtsverkehr völlig entzogen sind zum *dominio público* oder zum *Patrimonio Nacional* gehörende Kulturgüter bzw. solche, die dem Staat gemäß Art. 29 Abs. 1 LPHE zugefallen sind. Für Kulturgüter des *Patrimonio Histórico Español*, die im Eigentum der öffentlichen Hand oder im Besitz der katholischen Kirche stehen, gilt dies mit Einschränkungen. Zum *Patrimonio Histórico Español* gehörende Kulturgüter im Eigentum Privater sind zwar nicht unveräußerlich, aber insofern in ihrer Verkehrsfähigkeit beschränkt, als sie nicht ersessen und auch nicht gutgläubig erworben werden können.

---

dominio público del Estado, y deberán ser inscritos en el Registro de la Propiedad como de titularidad estatal. (...)
(3) *A los bienes que tengan valor o carácter histórico-artístico les será también de aplicación la legislación sobre patrimonio histórico-artístico nacional.*

212 Art. 44 LPHE: (1) *Son bienes de dominio público todos los objetos y restos materiales que posean valores que son propios del Patrimonio Histórico Español y sean descubiertos como consecuencia de excavaciones, remociones de tierra y obras de cualquier índole o por azar. El descubridor deberá comunicar a la Administración competente su descubrimiento en el plazo máximo de treinta días e inmediatamente cuando se trate de hallazgos casuales. En ningún caso será de aplicación a tales objetos lo dispuesto en el artículo 351 del Código Civil.*

213 Wie im ital. und franz. Recht entzieht die Unveräußerlichkeit des span. *dominio público* die Sache nur dem Rechtsverkehr unter Privaten.

VI. Portugal

1. Allgemeines Zivilrecht

Das portugiesische Zivilrecht kennt keinen sofortigen Eigentumserwerb vom Nichtberechtigten.[214] Deswegen kommt der Ersitzung eine große Bedeutung zu (Art. 1298f. C. c.[215]).

2. Sonderregeln für Kulturgüter

Wie alle romanischen Rechtsordnungen unterteilt auch das portugiesische Recht die Gegenstände im Eigentum des Staates in öffentliches und privates Eigentum.[216] Während die öffentlichen Sachen *(coisas públicas)* einem dem *domaine public* vergleichbaren Régime unterliegen, werden solche im privaten Eigentum durch das portugiesische Kulturgüterschutzgesetz von 1985[217] geschützt. Dieses folgt dem System der Klassifizierung und unterwirft klassifizierte Kulturgüter besonderen öffentlichrechtlichen Normen. Die Klassifizierung erfolgt durch Verwaltungsakt auf Initiative des Staates, einer Region, Gemeinde oder irgendeiner Einzelperson. Eine ähnliche Prozedur gilt für die Deklassifizierung.[218] Der Klassifizierung zugänglich sind alle körperlichen (sowohl beweglichen als auch unbeweglichen) Sachen, unabhängig davon, in wessen Eigentum sie stehen.[219] Einzige Voraussetzung ist ihre Zugehörigkeit zum kulturellen Erbe Portugals, wobei das portugiesische Gesetz einem sehr weiten Kulturgutbegriff folgt.[220]

Die Rechtsfolgen, welche die Klassifizierung nach sich zieht, sind in bezug auf Kulturgüter im Eigentum der öffentlichen Hand und von Privaten gleich. Die

---

[214] *Siehr* ZVglRWiss 80 (1981) 273ff., 281; *Thorn* S. 50.

[215] Art. 1298 port. C. c. *(Coisas sujeitas a registo)*: *Os direitos reais sobre coisas móveis sujetas a registo adquirem-se por usucapião, nos termos seguintes:*
a) *Havendo título de aquisição e registo deste, quando a posse tiver durado dois anos, estando o possuidor de boa fé, ou quatro anos, se estiver de má fé;*
b) *Não havendo registo, quando a posse tiver durado dez anos, independentemente da boa fé do possuidor e da existência de título.*
Art. 1299 port. C. c. *(Cosas não sujeitas a registo)*: *A usucapião de coisas não sujeitas a registo dá-se quando a posse, de boa fé e fundada em justo título, tiver durado três anos, ou quando, independentemente da boa fé e de título, tiver durado seis anos.*

[216] *Thorn* S. 90, S. 254.

[217] Gesetz Nr. 13 v. 6. 7. 1985, Diário da República v. 6. 7. 1985, Nr. 153.

[218] *Vieira de Andrade* S. 478.

[219] *Vieira de Andrade* S. 475.

[220] Vgl. Art. 1 des Gesetzes Nr. 13/85.

Kulturgüter bleiben veräußerlich.[221] Während des Prozesses der Klassifizierung dürfen bewegliche Kulturgüter gemäß Art. 18 Abs. 3 des Gesetzes Nr. 13/85[222] nur mit Genehmigung des Kulturministers veräußert werden. Ein Verstoß gegen diese Bestimmungen führt gemäß Art. 55[223] dazu, daß auf Antrag des Kulturministers die Veräußerung während einer Frist von einem Jahr für nichtig erklärt werden kann. Die Kulturgüter bleiben aber trotzdem veräußerlich.

Die Klassifizierung führt bei beweglichen Kulturgütern allerdings dazu, daß sie nicht durch Ersitzung erworben werden können (Art. 28 des Gesetzes Nr. 13/85[224]), was, da es keinen wirksamen Erwerb vom Nichtberechtigten gibt, dazu führt, daß an ihnen gar kein gutgläubiger Eigentumserwerb möglich ist.

VII. Schweiz

1. Allgemeines Zivilrecht

Nach schweizerischem Recht ist ein gutgläubiger Erwerb an beweglichen Sachen gemäß Art. 714, 933 ZGB[225] möglich. Auch bei abhandenen gekommenen Sachen ist ein Erwerb vom Nichtberechtigten nicht ausgeschlossen; der Eigentümer kann die Sache aber gemäß Art. 934 Abs. 1 ZGB[226] während einer Frist von 5 Jahren ab dem Zeitpunkt des Abhandenkommens zurückfordern. In diesem Fall muß er dem gutgläubigen Erwerber unter bestimmten Voraussetzungen aber den Kaufpreis ersetzen (Art. 934 Abs. 2 ZGB). Wenn das Veräußerungsgeschäft aus sonstigen Gründen unwirksam war, kann die Sache gemäß Art. 728

---

[221] Im Falle einer Veräußerung besteht gem. Art. 17 des Gesetzes Nr. 13/85 nur die Pflicht, den Kulturminister zu benachrichtigen, worauf der Staat ein Vorkaufsrecht ausüben kann.

[222] Art. 18 des Gesetzes Nr. 13/85: (3) *Os bens móveis não poderão, durante a pendência do seu processo de classificação, ser alienados, alterados, restaurados ou exportados sem autorização do Ministro da Cultura, ouvidos, obrigatoriamente, os órgãos consultivos competentes.*

[223] Art. 55 des Gesetzes Nr. 13/85: *São anuláveis, a solicitação do Ministro da Cultura, durante o prazo de um ano, as alienações de bens classificados ou em vias de classificação feitas sem a comunicação a que se refere o n.° 1 do artigo 17°.*

[224] Art. 28 des Gesetzes Nr. 13/85: *Os bens culturais móveis classificados são insusceptíveis de aquisição por usucapião.*

[225] Art. 714 ZGB: (1) *Zur Übertragung des Fahrniseigentums bedarf es des Überganges des Besitzes auf den Erwerber.*
(2) *Wer in gutem Glauben eine bewegliche Sache zu Eigentum übertragen erhält, wird, auch wenn der Veräusserer zur Eigentumsübertragung nicht befugt ist, deren Eigentümer, sobald er nach den Besitzesregeln im Besitze der Sache geschützt ist.*

[226] Art. 934 ZGB: (1) *Der Besitzer, dem eine bewegliche Sache gestohlen wird oder verloren geht oder sonst wider seinen Willen abhanden kommt, kann sie während fünf Jahren jedem Empfänger abfordern.*

Abs. 1 ZGB[227] bei Vorliegen von Gutgläubigkeit nach einer Frist von 5 Jahren ersessen werden. Grundsätzlich verjährt der Vindikationsanspruch nach herrschender Meinung überhaupt nicht.[228]

2. Sonderregeln für Kulturgüter

Das schweizerische Recht unterteilt das Eigentum der öffentlichen Hand in Finanzvermögen und Verwaltungsvermögen. Letzteres umfaßt die Güter, welche die öffentlichrechtlichen Körperschaften benötigen, um ihre im öffentlichen Interesse liegenden Aufgaben zu erfüllen.[229] Damit eine Sache zum Verwaltungsvermögen gehört, muß sie für solch einen öffentlichen Zweck gewidmet werden.[230]

Im schweizerischen Bundesrecht werden öffentliche Sachen sowohl privatrechtlichen als auch öffentlichrechtlichen Normen unterstellt. Grundsätzlich gilt für Eigentumsrechte die privatrechtliche Ordnung. Sie wird aber überall dort vom Wohle der Allgemeinheit überlagert, wo aus Gründen des öffentlichen Interesses zum Wohle der Allgemeinheit besondere Regelungen notwendig sind.[231] Allerdings entscheidet in der Schweiz letztlich das öffentliche Recht der Kantone darüber, ob und wieweit die in ihrem Gebiet befindlichen öffentlichen Sachen dem Privatrecht oder dem öffentlichen Recht unterstehen. Die Kantone sind grundsätzlich befugt, die Anwendung von Bundesprivatrecht auf die in ihrem Gebiet befindlichen öffentlichen Sachen auszuschließen und diese Sachen einer rein öffentlichrechtlichen Regelung zu unterwerfen.[232] In den Kantonen kann es daher auch öffentlichrechtliches Eigentum i. S. des französischen *domaine public* geben.[233]

Güter des Verwaltungsvermögens, wozu z. B. Museumsgüter gerechnet werden,[234] werden als grundsätzlich unveräußerlich und unverjährbar bezeichnet.[235] Das gilt aber nicht, wenn sie vorher entwidmet worden sind, weil sie nicht mehr der Erfüllung einer öffentlichen Aufgabe dienen oder wenn ausdrücklich das

---

227 Art. 728 ZGB: (1) *Hat jemand eine fremde bewegliche Sache ununterbrochen und unangefochten während fünf Jahren in seinem Besitze, so wird er durch Ersitzung Eigentümer.*

228 *Byrne-Sutton* trafic, S. 103. Vgl. auch Art. 936 Abs. 1 ZGB.

229 *Knapp* Précis, Rn. 2902.

230 *Knapp* (Fn. 229) Rn. 2925.

231 *Fleiner-Gerster/Zurkirchen* S. 366, S. 378f. Vgl. das ähnliche Konzept im dt. Recht, s. u. 7. Kap. § 2 II.

232 BGE 97 II Nr. 53, 371 ff., 378f.; *Knapp* (Fn. 229) Rn. 2907.

233 Vgl. z. B. das Genfer Loi sur le domaine public v. 24. 6. 1961.

234 *Knapp* ISWA III, S. 135ff., S. 138.

235 *Knapp* Rapports suisses, S. 227ff., S. 232; *ders.* (Fn. 229) Rn. 2953.

Gegenteil bestimmt worden ist. So sehen verschiedene Bundes- und Kantonsgesetze die Möglichkeit einer Veräußerung vor.[236] Ansonsten werden Kulturgüter nach den gewöhnlichen Regeln des Privatrechts beurteilt, sofern nicht einzelne öffentlichrechtliche kantonale Vorschriften den Handel einschränken.[237] In mehreren Kantonen[238] können bewegliche Kulturgüter klassifiziert werden und unterliegen dann besonderen Regeln. Art. 66 Abs. 1 des Natur- und Kulturgüterschutzgesetzes des Kantons Waadt[239] bestimmt z. B. die Unveräußerlichkeit von klassifizierten Kulturgütern im Eigentum des Staates oder einer Gemeinde und entzieht sie damit dem Rechtsverkehr.

VIII. Österreich

1. Allgemeines Zivilrecht

Im österreichischen Recht können bewegliche Sachen grundsätzlich gutgläubig vom Nichtberechtigten erworben werden (§§ 367, 368 ABGB[240]). Wenn die Sache dem Eigentümer ohne dessen Willen abhanden gekommen ist, gilt dies nur, wenn der Erwerber sie bei einer öffentlichen Versteigerung oder von einem Kaufmann, der mit ähnlichen Gütern Handel treibt, erwirbt (§ 367 ABGB). Die Möglichkeit der Ersitzung ist in den §§ 1460 ff. ABGB geregelt. Die Ersitzungsfrist beträgt bei beweglichen Sachen, wenn das Veräußerungsgeschäft ansonsten gültig war, grundsätzlich drei Jahre (§ 1466 ABGB),[241] ansonsten 30 Jahre (§ 1477 ABGB).[242]

---

[236] Z. B. Art. 11 der Verordnung über die Verwaltung des schweiz. Landesmuseums v. 14. 11. 1979: *Verkauf und Tausch. Der Direktor kann im Einvernehmen mit der Kommission Objekte des Museums verkaufen oder eintauschen, wenn sie mehrfach vorhanden sind oder sonst für das Museum entbehrlich geworden sind.* (abgedr. in: AS 1979 II, 1911 ff.).

[237] *Steinauer* ISWA I, S. 103 ff., S. 104.

[238] Vgl. z. B. Art. 26 i. V. m. Art. 10 ff. des Genfer Loi sur la protection des monuments, de la nature et des sites v. 4. 6. 1976.

[239] Loi sur la protection de la nature, des monuments et des sites v. 10. 12. 1969.

[240] § 367 ABGB: *Die Eigentumsklage findet gegen den redlichen Besitzer einer beweglichen Sache nicht statt, wenn er beweist, daß er diese Sache entweder in einer öffentlichen Versteigerung, oder von einem zu diesem Verkehre befugten Gewerbsmanne, oder gegen Entgelt von jemandem an sich gebracht hat, dem sie der Kläger selbst zum Gebrauche, zur Verwahrung, oder in was immer für einer andern Absicht anvertraut hatte. In diesen Fällen wird von den redlichen Besitzern das Eigentum erworben, und dem vorigen Eigentümer steht nur gegen jene, die ihm dafür verantwortlich sind, das Recht der Schadloshaltung zu.*

[241] Bei Sachen im Eigentum des Staates oder einer anderen juristischen Person beträgt die Frist sechs Jahre (§ 1472 ABGB).

[242] Im Falle des § 1472 ABGB (s. Fn. 241) beträgt die Frist dann vierzig Jahre.

2. Sonderregeln für Kulturgüter

Das österreichische Denkmalschutzgesetz (DMSG) ist seit dem 1.1.2000 in maßgeblich geänderter Form in Kraft.[243] Es stellt eine Reihe von Veräußerungsverboten auf. So ist die Veräußerung von Denkmälern,[244] die kraft gesetzlicher Vermutung unter Denkmalschutz stehen,[245] ohne Bewilligung des Bundesdenkmalamtes (§ 6 Abs. 1 S. 1 DMSG[246]) verboten. Die Nichtbeachtung dieses Verbots führt zu Sanktionen nach § 37 DMSG und dazu, daß die Sache weiterhin einem Verfügungsverbot mit Bewilligungsvorbehalt unterliegt (vgl. § 6 Abs. 1 S. 2 DMSG). Die Veräußerung ist aber nicht nichtig; § 879 ABGB[247] findet keine Anwendung.[248] Allerdings ist die Veräußerung eines einzelnen Gegenstandes, der zu einer Sammlung, die das Bundesdenkmalamt als Einheit unter Denkmalschutz gestellt hat, gehört, ohne Bewilligung nach § 6 Abs. 5 S. 1 DMSG[249] gemäß § 6 Abs. 5 S. 2 DMSG, der auf § 879 ABGB verweist, nichtig. Gemäß § 37 Abs. 2 Ziffer 2 DMSG kann der Gegenstand für verfallen erklärt werden. Weil im österreichischen Recht ein wirksamer Titel Voraussetzung für die Übertragung des Eigentums ist, führt die Nichtigkeit nach § 879 ABGB dazu, daß die Gegenstände auch nicht gutgläubig erworben werden können. Das Fehlgehen der Eigentumsübertragung beruht hier aber auf der Nichtigkeit des zugrundeliegenden Rechtsgeschäfts, nicht auf einer besonderen dinglichen Qualität der betreffenden Sachen, so daß auch bei Gegenständen einer Sammlung nicht von *res extra commercium* gesprochen werden kann.

---

243 Bundesgesetz v. 25.9.1923, betreffend Beschränkungen in der Verfügung über Gegenstände von geschichtlicher, künstlerischer oder kultureller Bedeutung, BGBl. Nr. 533/1923, zuletzt geändert durch das Bundesgesetz v. 19.8.1999, BGBl. I Nr. 170/1999.

244 Legaldefinition in § 1 Abs. 1 DMSG.

245 Das ist bei Kulturgütern im Eigentum der öffentlichen Hand der Fall, *Reichelt* ZfRV 31 (1990) 61 ff., 68; vgl. § 2 Abs. 1 DMSG.

246 § 6 Abs. 1 DMSG: *Die freiwillige Veräußerung von Denkmalen, die kraft gesetzlicher Vermutung unter Denkmalschutz stehen (§ 2 Abs. 1), bedarf der Bewilligung des Bundesdenkmalamtes. Werden derartige Denkmale ohne Bewilligung des Bundesdenkmalamtes freiwillig veräußert, sodass daran zumindest zur Hälfte Eigentum von nicht in § 2 Abs. 1 erster Satz genannten Personen entsteht, so unterliegen sie dennoch nach wie vor den Bestimmungen des § 2 Abs. 1 samt den sich daraus ergebenden Rechtsfolgen. Soweit die freiwillige Veräußerung durch Gesetz erfolgt, endet diese Fortdauer fünf Jahre nach erfolgtem Eigentumsübergang.*

247 § 879 ABGB: (1) *Ein Vertrag, der gegen ein gesetzliches Verbot oder die guten Sitten verstößt, ist nichtig.*

248 *Helfgott* Anm. zu § 6 DMSG, S. 72; parlamentarischer Ausschußbericht zur Regierungsvorlage zu § 6 Abs. 1 (abgedr. bei *Helfgott* S. 76).

249 § 6 Abs. 5 DMSG: *Die freiwillige Veräußerung oder Belastung einzelner Gegenstände aus einer Sammlung bedarf der schriftlichen Bewilligung des Bundesdenkmalamtes, wenn das Bundesdenkmalamt diese Sammlung als Einheit (§ 1 Abs. 4 und 5) unter Denkmalschutz gestellt hat. Die freiwillige Veräußerung oder Belastung ohne diese Bewilligung ist verboten und gemäß § 879 des Allgemeinen Bürgerlichen Gesetzbuches nichtig.* (...).

Denn in Österreich sind gemäß §§ 355, 356 ABGB[250] alle Sachen als verkehrsfähig anzusehen, es sei denn, daß eine besondere gesetzliche Anordnung besteht. Weder die Veräußerungs- noch die Ausfuhrbeschränkungen[251] des Denkmalschutzgesetzes entziehen Kulturgüter aber dem Rechtsverkehr.

IX. Großbritannien

1. Allgemeines Zivilrecht

Das englische Sachenrecht folgt dem Grundsatz „*Nemo plus iuris ad alium transferre potest quam ipse habet*“[252] und schließt damit einen gutgläubigen Eigentumserwerb praktisch aus. Einige Ausnahmen hierzu finden sich im Sale of Goods Act von 1974,[253] von denen aber die wichtigste, die *market overt*-Regel,[254] die den gutgläubigen Erwerb bei Kauf auf einem offenen Markt zuließ, seit dem 3.1.1995 abgeschafft ist.[255] Ein Grund für diese Gesetzesänderung war gerade, daß die *market overt*-Regel, den Handel mit gestohlenen Kunstgegenständen begünstigte.[256] Eine Ersitzung gibt es im englischen Recht nicht; den Verjährungsregeln kommt aber funktionell eine entsprechende Bedeutung zu.[257]

2. Sonderregeln für Kulturgüter

Im englischen Recht werden Kulturgüter zwar durch Ausfuhrverbote geschützt,[258] ansonsten aber wie normale Sachen als *res in commercio* behandelt.[259]

---

250 § 355 ABGB: *Alle Sachen sind insgemein Gegenstände des Eigentumsrechtes, und jedermann, den die Gesetze nicht ausdrücklich ausschließen, ist befugt, dasselbe durch sich selbst oder durch einen anderen in seinem Namen zu erwerben.*
§ 356 ABGB: *Wer also behauptet, daß der Person, die etwas erwerben will, in Rücksicht ihrer persönlichen Fähigkeit, oder in Rücksicht auf die Sache, die erworben werden soll, ein gesetzliches Hindernis entgegenstehe, dem liegt der Beweis ob.*

251 Vgl. §§ 16ff. DMSG. Das Gesetz vom 5. 12. 1918 über das Verbot der Ausfuhr von Gegenständen von geschichtlicher, künstlerischer oder kultureller Bedeutung, StGBl. Nr. 90/1918, ist gem. Art. II Abs. 2 Ziffer 1 Denkmalschutzänderungsgesetz mit Inkrafttreten des Änderungsgesetzes am 1.1.2000 außer Kraft getreten.

252 Ulp. Dig. 50, 17, 54.

253 Vgl. dazu *Henrich* S. 92; *Knott* S. 56f.

254 Sale of Goods Act 1979, sec. 22.

255 *Thorn* S. 181.

256 *Ulph* S. 71.

257 *Thorn* S. 241; vgl. dazu auch *Redmond-Cooper* S. 145ff.

258 Import, Export and Customs Powers (Defence) Act von 1939 i. d. F. v. 1.12.1987, Export of Goods Control Order von 1992 i. d. F. v. 10.11.1994 (abgedr. bei *Maurer* Anh. C) 3) a)).

259 *Lewis* ISWA III, S. 73ff., S. 79.

Wegen der oben dargestellten *„nemo dat"*-Regel besteht aber auch ein geringeres Bedürfnis nach einer Verkehrsunfähigkeit.

Allerdings können Veräußerungsbeschränkungen an Kulturgut durch das Rechtsinstitut des Trust entstehen.[260] Der Trust ist eine Besonderheit des Common Law, durch das geteiltes Eigentum *(dual ownership)* entsteht. Dem sogenannten „Trustee" wird Eigentum *(ownership at law)* übertragen, mit der Verpflichtung, es treuhänderisch zum Nutzen einer anderen oder mehrerer Personen, den sogenannten „Beneficiaries," die ein *equitable ownership* haben, innezuhaben.[261] Viele öffentliche Museen werden als Trust für die öffentliche Hand verwaltet. In manchen Fällen ist den Trustees eines Museums die Verfügung völlig verboten, in anderen Fällen unter bestimmten Voraussetzungen erlaubt.[262] Wenn eine Sache von einem Museum entgegen diesen Bestimmungen verkauft wird, liegt ein *breach of trust* vor; der Staatsanwalt kann Herausgabe verlangen, aber nur solange kein gutgläubiger Erwerb stattgefunden hat.[263] Das zeigt, daß das Trustvermögen verkehrsfähig bleibt und die Unveräußerlichkeit, von der in bezug auf durch einen Trust gebundene Kunstgegenstände gesprochen wird,[264] sich nur auf die Verfügungsberechtigung des Trustee bezieht.[265]

X. Irland

In Irland unterliegen Kulturgüter keinen Verkehrsbeschränkungen. Gemäß Sec. 24 Abs. 1 des National Monument Act von 1930[266] ist es unrechtmäßig, einen archäologischen Gegenstand zum Export zu verkaufen. Ein Verstoß gegen dieses Verbot führt jedoch nur zu strafrechtlichen Sanktionen nach Sec. 24 Abs. 3.

---

260 *Prott/O'Keefe* III, Rn. 403.

261 Vgl. *Henrich* S. 98 ff.

262 *Jessup* ISWA III, S. 67 ff., S. 69, *Lewis* (Fn. 259) S. 82.

263 *Barr-Smith* ISWA III, S. 147 ff., S. 151; zur Veräußerung trustgebundener Kunstgegenstände auch *Hayton* S. 121 ff.

264 Vgl. die Entscheidung *Van der Heydt et Burth c. Kleinberger* Trib. civil de la Seine, Entsch. v. 28. 6. 1901, Clunet 1901, 812 ff.: In dieser Entscheidung ging es darum, daß ein Engländer 1898 in Paris fünf wertvolle Gemälde an einen Kunsthändler verkauft hatte, die aus seinem Schloß stammten, welches als Trust gehalten wurde. Die Trustees verlangten Nichtigerklärung des Kaufs und Rückgabe der Bilder. Das franz. Gericht entschied, daß der Trust nicht die sich nach dem Personalstatut richtende Geschäftsfähigkeit des Veräußernden betreffe und die Unveräußerlichkeit insofern in Frankreich keine Auswirkungen habe. Im übrigen sei sie nicht mit dem franz. *ordre public* zu vereinbaren; vgl. auch *De Visscher* (Fn. 70) 51 f.; *ders.* Mouseion 43/44, 7 ff., 21 f.

265 Meist wird wegen mangelnder Berechtigung des Verfügenden und Anwendung der *„nemo dat"*-Regel ein Eigentumsübergang im Inland natürlich scheitern, allerdings nicht wegen fehlender Kommerzialität der Sachen.

266 Gesetz v. 26. 2. 1930, abgedr. in: UNESCO-Doc. CLT-85/WS/24.

XI. Niederlande

1. Allgemeines Zivilrecht

Ein gutgläubiger Eigentumserwerb an beweglichen Sachen ist im niederländischen Recht gemäß Art. 3:86 Abs. 1 Burgerlijk Wetboek (B. W.)[267] möglich. Wenn die Sache gestohlen war, kann sie der ursprüngliche Eigentümer während einer Frist von 3 Jahren von dem gutgläubigen Erwerber herausfordern (Art. 3:86 Abs. 3 B. W.). Gemäß Art. 3:99 B. W.[268] ist eine Ersitzung innerhalb von drei Jahren möglich. Der Vindikationsanspruch verjährt nach 20 Jahren (Art. 3:306 B. W.).

2. Sonderregeln für Kulturgüter

a. Kulturgüterschutzgesetz von 1984[269]

Das Gesetz folgt dem Enumerationssystem;[270] geschützt werden nur die einzelnen in einer Liste aufgeführten Kulturgüter. Die Liste umfaßt nur wenige ausgesuchte Kulturgüter (etwa 600, darunter nur 30–40 Gemälde). Der größte Teil steht im Eigentum kirchlicher und gemeinnütziger Organisationen.[271] Die aufgeführten Gegenstände müssen von solcher Wichtigkeit für das nationale Kulturerbe sein, daß sie vom kulturhistorischen bzw. wissenschaftlichen Standpunkt aus als unersetzlich angesehen werden.[272] Intention des Gesetzgebers war, daß die Öffentlichkeit mit Hilfe der geschützten Kulturgüter durch wenigstens einige gute Beispiele aus jedem Bereich einen Eindruck über die niederländische Kulturgeschichte sollte erhalten können.[273] Die geschützten Gegenstände dürfen gemäß Art. 7 des Gesetzes nicht ohne Genehmigung verkauft oder exportiert

---

[267] Art. 3:86 B. W.: (1) *Trotz der Nichtberechtigung des Veräußerers ist eine Übertragung gemäß Artikel 90, 91 oder 93 einer beweglichen Sache, die kein Registergut ist, oder eines Inhaberrechts oder Rechtes an Order wirksam, wenn die Übertragung entgeltlich geschieht und der Erwerber gutgläubig ist.*
(...) (3) *Gleichwohl kann der Eigentümer einer beweglichen Sache, der den Eigenbesitz an dieser Sache durch Diebstahl verloren hat, diese für die Dauer von drei Jahren nach dem Tage des Diebstahls als sein Eigentum herausverlangen, es sei denn* (...)

[268] Art. 3:99 B. W.: (1) *Rechte an beweglichen Sachen, die keine Registergüter sind, und Inhaberrechte oder Rechte an Order erwirbt ein gutgläubiger Eigenbesitzer durch einen ununterbrochenen Eigenbesitz von drei Jahren, andere Güter durch einen ununterbrochenen Eigenbesitz von zehn Jahren.*

[269] Wet tot behoud cultuurbezit v. 1. 2. 1984, Staatsblad 1984, Nr. 49.

[270] Zum Enumerationssystem *Jaeger* S. 10; *Prott/O'Keefe* Mésures, Anm. 010; *Schmeinck* S. 50f.

[271] *Boll* ISWA II, S. 97ff., S. 99.

[272] Art. 2 Abs. 1, Beschl. zum Kulturbesitz, Königliches Dekret v. 13. 3. 1985, Staatsblad 1985, Nr. 262.

[273] *Van Buuren/Koning* Ars Aequi 34 (1985) 83ff., 84.

werden.[274] Gemäß Art. 14a des Gesetzes von 1984, der durch das die Richtlinie 93/7/EWG umsetzende Gesetz v. 9. 3. 1995 neu eingefügt wurde, sind daneben weitere Kulturgüter lediglich vor Ausfuhr aus den Niederlanden geschützt.

Kunstgegenstände im Eigentum der öffentlichen Hand sollen nicht auf die Liste gesetzt werden, da davon ausgegangen wird, daß das Verantwortungsbewußtsein des öffentlichen Eigentümers groß genug ist, um das Verschwinden von wirklich wichtigen Kulturgütern zu verhindern.[275] Daher stellt sich die Frage, ob sie nicht ohnehin einem besonderen Eigentumsregime (wie in in anderen Ländern, z. B. Frankreich, Italien) unterliegen.

b. Behandlung von Kulturgütern im Eigentum der öffentlichen Hand

Das alte niederländische Zivilgesetzbuch unterschied noch zwischen Sachen innerhalb und außerhalb des Rechtsverkehrs.[276] Zu den *res extra commercium (zaken buiten de handel)* wurden Sachen im Eigentum der öffentlichen Hand gezählt, welche zum Gebrauch und Nutzen aller Bürger bestimmt waren.[277] In der Praxis hatte sich die Regel herausgebildet, daß eine Veräußerung von Kulturgütern durch eine öffentlichrechtliche Körperschaft der Genehmigung der übergeordneten Behörde bedürfe bzw. Veräußerungsbeschlüsse von der Krone aufgehoben werden könnten.[278]

Die Frage der Rechtsnatur des öffentlichen Kultureigentums wurde in einem Rechtsstreit zwischen der Gemeinde Hilversum und der niederländischen Krone erörtert:[279] 1987 beschloß der Gemeinderat von Hilversum, ein Bild von Mondrian, das der Gemeinde 1932 geschenkt worden war, zu verkaufen. Dieser Gemeinderatsbeschluß wurde durch die Krone aufgehoben, wogegen die Gemeinde vergeblich klagte. Das Berufungsgericht Den Haag[280] stellte die besondere Natur des Eigentumsrechts einer öffentlichrechtlichen Person heraus; Kulturgüter im Eigentum dieser seien *res extra commercium.*[281]

Durch das neue holländische Zivilgesetzbuch ist die Unterscheidung zwischen *res extra commercium* und *res in commercio* aber aufgegeben worden,[282] weswegen davon auszugehen ist, daß auch öffentliches Kulturgut keinem besonderen dinglichen Status mehr unterliegt.

---

[274] Zu den Voraussetzungen und Rechtsfolgen der Auflistung *Boll* (Fn. 271) S. 99ff.

[275] *Quaedvlieg* ISWA III, S. 45ff., S. 46.

[276] Vgl. z. B. Art. 593 B. W. v. 1838.

[277] *Thorn* S. 88.

[278] *Quaedvlieg* (Fn. 275) S. 46.

[279] Dazu *Boll* RM Themis 1989, 125ff., bes. 130ff.

[280] Rechtsbank Den Haag, Entsch. v. 26. 11. 1987, KG 1988, 72.

[281] *Boll* (Fn. 271) S. 102.

[282] *Thorn* S. 88.

c. Sonderregeln im Bürgerlichen Gesetzbuch

Das dritte Buch des B. W. enthält allerdings einige Sonderregeln für Kulturgüter. Der holländische Gesetzgeber hat die europäische Richtlinie 93/7/EWG durch Gesetz vom 9. 3. 1995 in das 1992 in Kraft getretene dritte Buch des neuen B. W. implementiert, um der Rechtszersplitterung durch von der EU bestimmtem Recht entgegenzuwirken[283] – wobei über die Anforderungen der Richtlinie aber sogar hinausgegangen wurde[284] –, und dadurch Ausnahmetatbestände für Kulturgüter geschaffen.

Bestimmte Kulturgüter sind gemäß Art. 3:86a Abs. 2 B. W.[285] von der Möglichkeit des gutgläubigen Erwerbs ausgenommen. Dazu zählen die Kulturgüter, die bereits vor dem Diebstahl in die Liste der aufgrund des Gesetzes von 1984 geschützten Kulturgüter eingetragen oder in einer gemäß Art. 14a dieses Gesetzes erstellten Inventurliste über die Kulturgüter, deren Ausfuhr verboten ist, enthalten sind.[286] Ebensowenig können die genannten Kulturgüter sowie solche, die Teil einer öffentlichen Sammlung sind, ersessen werden (Art. 3:99 Abs. 2 B. W.[287]). Trotzdem kann aber der Vindikationsanspruch verjähren. Allerdings gelten dafür auch besondere Verjährungsfristen. Der Herausgabeanspruch verjährt gemäß Art. 3:310b Abs. 1 B. W.[288] fünf Jahre, nachdem der Eigentümer von der Belegenheit des Gegenstandes und der Person des Besitzers Kenntnis erlangt hat, spätestens 30 Jahre, nachdem ein Nichtberechtigter Eigenbesitz an der Sache erlangt hat.

---

283 *Nieper* S. XXV.

284 Denn die Richtlinie sieht gar keine Änderung des Zivilrechts vor, s. u. 6. Kap. § 3 II. 2.

285 Art. 3:86a B. W.: (2) *Art. 86 kann auch demjenigen nicht entgegengehalten werden, der als Eigentümer eine bewegliche Sache herausverlangt, die in dem Zeitpunkt, in dem er seinen Eigenbesitz an ihr verlor, aufgrund des Gesetzes über die Erhaltung des Kulturerbes zum geschützten Gegenstand bestimmt war oder deren Ausfuhr aufgrund von Art. 14a jenes Gesetzes verboten war.*

286 Der Richter kann dem gutgläubigen Eigenbesitzer aber gem. Art. 3:86a Abs. 3 B. W. eine Entschädigung zubilligen, es sei denn, die Sache war gestohlen.

287 Art. 3:99 B. W.: (2) *Abs. 1 gilt nicht für bewegliche Sachen, die aufgrund des Gesetzes über den Erhalt des Kulturerbes zu geschützten Gegenständen bestimmt sind oder einen Teil einer öffentlichen Sammlung oder einer in Art. 14a Abs. 2 jenes Gesetzes bezeichneten Inventarliste bilden, vorausgesetzt, daß der Eigenbesitz nach der Bestimmung oder während der Zeit, in der sie auf die genannte Weise einen Teil ausmachen, begründet worden ist.*

288 Art. 3:310b B. W.: (1) *Ein Anspruch auf Herausgabe einer beweglichen Sache, die aufgrund des Gesetzes über die Erhaltung des Kulturerbes zum geschützten Gegenstand bestimmt ist oder einen Teil einer öffentlichen Sammlung oder einer wie in Art. 14a Abs. 2 jenes Gesetzes bezeichneten Inventarliste ausmacht und die nach dieser Bestimmung oder während der Zeit, in der sie auf die genannte Weise einen Teil ausmacht, aus dem Eigenbesitz des Eigentümers gelangt ist, verjährt mit dem Ablauf von fünf Jahren nach dem Beginn des Tages, an dem der Ort, wo sich die Sache befindet und die Person des Eigenbesitzers oder Besitzers bekannt geworden sind, und auf jeden Fall mit Ablauf von 30 Jahren nach dem Beginn des Tages, an dem ein Nichtberechtigter Eigenbesitzer der Sache geworden ist.*

3. Zwischenergebnis

Kulturgüter werden in den Niederlanden nicht als *res extra commercium* behandelt, da sie veräußerlich bleiben. Bestimmte Kulturgüter werden in ihrer Verkehrsfähigkeit aber sehr stark beschränkt, weil sie weder gutgläubig erworben noch ersessen werden können und der Vindikationsanspruch ihres Eigentümers einer verlängerten Verjährungsfrist unterliegt. Dies kommt einer Extrakommerzialisierung sehr nahe.

XII. Skandinavien

Der rechtliche Kulturgüterschutz in den skandinavischen Ländern erschöpft sich in erster Linie in Ausfuhrbeschränkungen.[289] In Schweden besagt zwar Gewohnheitsrecht, daß die öffentliche Hand ihr Eigentum nur mit Zustimmung durch ein Gesetz oder die Regierung verkaufen könne.[290] Dieses Eigentum ist aber deswegen nicht verkehrsunfähig.[291]

XIII. Griechenland

In Griechenland ist noch heute das Antiquitätengesetz Nr. 5351/1932[292] in Kraft.[293] Der Schutzbereich des Gesetzes umfaßt alle „Antiquitäten." Unter diesen Begriff fallen archäologische Güter aus der Zeit bis 1453 (dem Jahr der Eroberung Konstantinopels durch die Osmanen).[294] Darüber hinaus besteht mittlerweile Einigkeit, daß auch Kunstwerke, die vor 1830 (dem Jahr der griechischen Unabhängigkcit) geschaffen wurden, unter den Schutz des Gesetzes fallen.[295] Antiquitäten stehen gemäß Art. 1[296] im absolutem und dauerhaften

---

289 Schwedisches Gesetz Nr. 950 v. 1988; Dänisches Gesetz Nr. 332 v. 4.6.1986; Finnisches Gesetz v. 7.6.1978; Norwegisches Gesetz Nr. 50 v. 9.6.1978.

290 *Wegenius* ISWA III, S. 133f., S. 134.

291 *Wegenius* (Fn. 290) S. 133, berichtet über den Rückkauf einer Juwelensammlung, die aus dem staatlichen Museum Stockholm gestohlen und später auf einer Auktion versteigert worden war.

292 Gesetz v. 9.8.1932, engl. Übers. abgedr. in: UNESCO-Doc. CC.87/WS/5.

293 S. o. 2. Kap. § 4 I.

294 Was im Einzelnen dazugehört, zählt Art. 2 des Gesetzes Nr. 5351/1932 auf.

295 *Chatelain* rapport, S. 5; *Deliyannis* ISWA I, S. 63ff., S. 64 Fn. 2; *Dimolitsa* ISWA III, S. 39f., S. 39; *Ladas* S. 230.

296 Art. 1 des Gesetzes Nr. 5351/1932: *All antiquities, whether movable or immovable, from ancient or subsequent times found in Greece and any national possessions, in rivers, lakes and the depths of the sea, and on public, monastic and private land, shall be the property of the*

Eigentum des Staates.[297] Trotz des Eigentums des Staates dürfen sich die Gegenstände allerdings im Besitz von Privaten befinden[298] und können unter Umständen, nachdem sie bei der zuständigen Behörde gemeldet worden sind, sogar verkauft werden (Art. 5 Abs. 1[299]).[300] Der Staat verliert sein Eigentum dadurch aber nicht;[301] der Verkauf zielt also nur auf eine Übertragung des Besitzrechts ab.[302] Griechische Antiquitäten werden daher als *res extra commercium* angesehen.[303] Private können nur Besitz an den Sachen erhalten, Eigentum aber weder durch Veräußerung noch durch Ersitzung erwerben.[304]

Von dieser Regel ausgenommen sind allerdings bewegliche archäologische Gegenstände, die in die Hände gutgläubiger Privatpersonen gelangt und von diesen bei der zuständigen Behörde gemeldet worden sind, wenn ihnen von dieser eine

---

State. Consequently, the right and obligation to investigate and preserve such items, in public museums where appropriate, belong to the State.

[297] *Dimolitsa* (Fn. 295) S. 40; gem. Art. 15 des Gesetzes Nr. 5351/1932 gilt das sogar für importierte Kulturgüter, die diesen Kriterien unterfallen, da, sofern sie bei der Einfuhr nicht deklariert wurden, die unwiderlegbare Vermutung besteht, sie seien in Griechenland gefunden worden, vgl. *Bila* S. 89. Von den Kunstwerken, die zwischen 1453 und 1830 geschaffen wurden stehen viele jedoch auch im gebundenen Eigentum von Klöstern, *Jayme* IPRax 1991, 357f., 357; *Maurer* S. 145.

[298] Z. B. von privaten Sammlern, die bestimmte Privilegien und Rechte genießen, welche Eigenschaften des Eigentumsrechts nahekommen; *Dimolitsa* ISWA III, S. 175f., S. 175. Vgl. Art. 23ff. des Gesetzes Nr. 5351/1932.

[299] Art. 5 des Gesetzes Nr. 5351/1932: (1) *Any person entering in whatsoever way into possession of an antiquity shall, within two weeks of the date of such entry into possession, make a declaration thereof to the nearest archaeological or police authority or to the Archaeology Department of the Ministry of Education and Religious Affairs, stating at the same time the manner of acquisition of the antiquity and, if possible, the place in which it was found. After the declaration of the antiquity, the holder may keep it himself or sell it to another party within the State in accordance with the provisions of this Act.*
(2) *The district archaeological superintendent or other senior archaeological official appointed by the Ministry shall, within the shortest possible lapse of time, examine and precisely describe the antiquity. If the declared antiquities are of little scientific significance and of very small or no commercial value in the judgement of the Archaeological Council, they shall simply be enumerated and described before being left for the free use of the holder. The Ministry may further require that photographs of such antiquities shall be deposited.*

[300] *Dimolitsa* (Fn. 295) S. 40.

[301] *Ladas* S. 233.

[302] Vgl. auch *Jayme* (Fn. 297) 357; *Voudouri* S. 412f., spricht von einem „*droit de détention*" (Gewahrsamsrecht), einem Recht sui generis.

[303] *Deliyannis* (Fn. 295) S. 64; *Ladas* S. 233, S. 235; *Schmeinck* S. 108.

[304] Wegen dieser Aufteilung der Rechte an Kulturgütern wird in der griechischen Literatur auch die Auffassung vertreten, daß der griechische Gesetzgeber der Theorie vom „geteilten Eigentum" folge (s. o. 3. Kap. § 2 VI.), nach der zwischen dem *dominium eminens*, was dem Staat zukomme, und dem *dominium utile*, das einem Einzelnen gehören könne, unterschieden werden müsse, *Ladas* S. 232.

geringe wissenschaftliche Bedeutung sowie ein vernachlässigenswerter kommerzieller Wert bescheinigt worden ist und sie deshalb ihren Besitzern zur freien Nutzung überlassen worden sind (Art. 5 Abs. 2). Die Privatperson kann dann über die Gegenstände – jedenfalls innerhalb Griechenlands – frei verfügen.[305]

Gemäß Art. 1 Abs. 3 des Gesetzes Nr. 1469/1950 vom 2.8.1950 können auch Kunstwerke aus der Zeit nach 1830 durch Verwaltungsakt als „eines besonderen staatlichen Schutzes bedürfend" eingestuft, d.h. klassifiziert werden.[306] Der besondere staatliche Schutz äußert sich in der analogen Anwendung einiger Bestimmungen des Gesetzes 5351/1932.[307] Diese Gegenstände stehen aber nicht im absoluten Staatseigentum und werden daher nicht dem Rechtsverkehr entzogen.

XIV. Türkei[308]

Das türkische Kulturgüterschutzgesetz[309] erklärt in seinem Art. 5[310] sämtliches Kulturgut, welches in der Türkei gefunden wird, zum Staatseigentum.[311] Der Staat erlangt sein Eigentum ipso iure.[312] Private sollen an dem Kulturgut im Staatseigentum kein Eigentum erlangen können, weder durch Veräußerung, gut-

---

305 *Deliyannis* (Fn. 295) S. 64; *Uhl*, S. 98. Die Vorgehensweise ähnelt damit ein bißchen der Deklassifizierung klassifizierter Kulturgüter bzw. der Entwidmung des *domaine public*. Der dahinterstehende Gedanke ist derselbe: Wenn das Interesse des Staates an der Bewahrung und dem Schutz bestimmter Kulturgüter nicht mehr besteht, weil diese keine große künstlerische, historische oder wissenschaftliche Bedeutung haben, verlieren sie ihren besonderen, diesem Schutzinteresse Rechnung tragenden Charakter. Unklar ist allerdings, ob durch diese Entscheidung der Behörde wirklich das Eigentum des Staates untergeht bzw. die Sachen ihren Charakter als *res extra commercium* verlieren (in diesem Sinne wohl *Ladas* S. 234; vgl. auch *Voudouri* S. 413 Fn. 8) oder ob die Sache nur nicht mehr den strengen Bestimmungen des Gesetzes Nr. 5351/1932 unterliegt. Fraglich ist z. B., ob der Staat erneut Zugriff auf den Gegenstand nehmen kann, wenn sich dessen Wert erst nachträglich herausstellt.

306 Eine solche Erklärung erfolgte z. B. in bezug auf Ikonen, die bis zum Ende des 19. Jahrhunderts geschaffen wurden, *Maurer* S. 145.

307 *Dimolitsa* (Fn. 295) S. 40.

308 Wie Griechenland ist auch die Türkei von illegalen Ausgrabungen und Export in besonders starker Weise betroffen, vgl dazu *Blake* Art, Antiquity and Law 2 (1997) 233ff.

309 Kültür ve tabiat verliklarini koruma kanunu (Gesetz zum Schutz von Kulturgütern und Naturschätzen), Nr. 2683 v. 1983 (engl. Übers. in UNESCO-Doc. 24 C/24 (1987)).

310 Art. 5 des Gesetzes v. 1983: *All movable and immovable cultural and natural property that needs to be conserved and is found or is to be found on property belonging to the state, public institutions or private institutions and individuals is considered state property.*

311 Davon ausgenommen sind nur Kulturgüter im Eigentum bestimmter Stiftungen *(vakiflar)*, *Blake* (Fn. 308) 238.

312 *Özsunay* IJCP 6 (1997) 278ff., 279.

gläubigen Erwerb oder Ersitzung.[313] Dieses Staatseigentum ist also ein öffentlichrechtliches Eigentum, auf das die Regeln des Privatrechts keine Anwendung finden. Kulturgüter, welche aufgrund von Art. 5 des türkischen Gesetzes Nr. 2683 v. 1983 in das Eigentum des Staates fallen, sind daher *res extra commercium*.[314]

§ 2 Afrika[315]

Die Kulturgüterschutzgesetzgebung der meisten afrikanischen Staaten, von denen einige ehemalige französische Kolonien sind, ist stark an das französische Recht angelehnt. Viele Staaten folgen dem in Frankreich entwickelten Klassifikationsprinzip.[316] Klassifizierte Kulturgüter im Eigentum des Staates werden meist als unveräußerlich erklärt.[317] In Bezug auf das Kulturgut im Eigentum anderer öffentlichrechtlicher Körperschaften gehen die meisten Staaten nur von einer relativen Unveräußerlichkeit aus. Diese Kulturgüter können nur mit Genehmigung und nur an andere öffentlichrechtliche Körperschaften veräußert werden.[318] Die Regelung entspricht dem Art. 18 Abs. 3 des französischen Gesetzes von 1913. In fast allen Rechtsordnungen sind klassifizierte Kulturgüter, teilweise auch die, welche im Eigentum Privater stehen, unverjährbar.[319]

---

313 *Özsunay* (Fn. 312) 281, 284.

314 *Schmeinck* S. 108; *Vrellis* Rapports, S. 232.

315 Vgl. zum nationalen Kulturgüterschutz in Afrika, insbesondere zu den Ländern Äthiopien, Nigeria und Zaire, *Jote* S. 129. Zum Kulturgüterschutz in den arabischen Ländern vgl *Irsheid* IJCP 6 (1997) 11ff.

316 *Prott/O'Keefe* (Fn. 270) Rn. 012; *Reichelt* Un. L. R. 1985, 42ff., 69; s. dazu o. 2. Kap. § 4 II.

317 Vgl. z. B. Algerien (Art. 3 Beschl. Nr. 67–281 v. 20.12.1967, engl. Übers. abgedr. in: UNESCO, Kompendium I, S. 47), Marokko (Art. 29 i. V. m. Art. 26 der Verordnung No. 1-80-341 v. 25.12.1980, engl. Übers. abgedr. in: UNESCO-Doc. CC-87/WS/6), Tschad (Art. 14 Gesetz Nr. 14/60, vgl. *Prott/O'Keefe* Handbuch, S. 43).

318 Vgl. z. B. Gabun, Guinea, Kongo, Niger und Zentralafrikanische Republik (Art. 14 Statute No. 56-1106 v. 3.11.1956; dieses Gesetz datiert noch aus der Zeit der franz. Kolonialherrschaft, *Prott/O'Keefe* I, Rn. 911; *Shyllon* IJCP 5 (1996) 235ff., 236), Kamerun (Art. 26 des Gesetzes Nr. 63–22 v. 19.6.1963, vgl. *Prott/O'Keefe* (Fn. 317) S. 36); Mali (Art. 18 des Gesetzes 85–40 v. 26.7.1985, vgl. *Prott/O'Keefe* (Fn. 317) S. 140); Zaire (Art. 25 Gesetz Nr. 71–160 v. 15.3.1971, engl. Übers. abgedr. in: UNESCO, Kompendium I, S. 323).

319 Vgl. z. B. Gabun, Guinea, Kongo, Niger (Art. 5 Statute No. 56–1106 v. 3.11.1956), Libanon (Art. 6 Order No. 166LR v. 7.11.1933, engl. Übers. abgedr. in: UNESCO, Kompendium I, S. 190; dieses Gesetz stammt noch aus der Zeit, als Libanon unter franz. Mandat stand.).

§ 3 Mittel- und Südamerika

Die mittel- und südamerikanischen Staaten waren und sind in besonders starker Weise von Plünderungen, Raubgrabungen und Kunstschmuggel betroffen.[320] Viele Länder haben sich deswegen, um ihr Kulturgut zu schützen, eine sehr protektionistische Gesetzgebung gegeben. Eine solche Einstellung ist typisch für Länder, die zwar reich an Kulturgütern, aber ökonomisch schwach sind und sich im Hinblick auf die Bewahrung wichtigen nationalen Kulturguts im Lande nicht anders zu helfen wissen. Viele Staaten haben sogenannte „*Umbrella Statutes*" erlassen.[321] Einige Staaten erklären bestimmte Kulturgüter ausdrücklich für unveräußerlich.[322] Manche Staaten lassen Privateigentum an Kulturgütern zu, billigen dem Staat aber gleichzeitig hoheitliche eigentumsähnliche, das Privateigentum überlagernde Rechte zu.[323] Exemplarisch sollen die Rechtsordnungen von Mexiko und Ecuador vorgestellt werden.

I. Mexiko

Die Kulturgüterschutzgesetzgebung Mexikos ist eine der strengsten und wird als einem völligen Embargo gleichkommend bezeichnet.[324] Dabei ist zu beachten, daß das an Kulturgütern extrem reiche Land Opfer beispielloser Verluste wertvoller archäologischer Gegenstände geworden ist, die sowohl auf das Konto professioneller Plünderer als auch von Touristen gehen. Durch deren rücksichtslose und völlig unwissenschaftliche Ausgrabungs- und Schmuggelmethoden entstand ein unvorstellbarer Schaden für die archäologischen Gegenstände und den Fundkontext. In den sechziger Jahren wurden z. B. zu Maya-Tempeln gehörende Stelen von Plünderern – zum Zweck des einfachen und heimlichen Transports und damit sie später schwerer identifiziert werden könnten – in Stücke zersägt.[325] Durch die Trennung zusammenhängender Teile gingen für die Entzifferung des Schriftsystems der Maya wichtige Informationen unwiderbringlich verloren.[326]

---

320 Z. B. hat Costa Rica 95 Prozent seines kulturellen Erbes verloren, *Jote* S. 122.

321 *Moore* Yale L. J. 97 (1988) 466ff., 467; s. o. 3. Kap. § 2 V.

322 S. o. 3. Kap. Fn. 59.

323 S. o. 3. Kap. § 2 VI.

324 *Jaeger* S. 31; *Jote* S. 151.

325 *Coggins* IJPC 7 (1998) 52ff., 52; *Williams* S. 113.

326 *Bator* Stan. L. Rev. 34 (1982) 275ff., 279.

Das kulturelle Erbe Mexikos unterfällt nach dem jüngsten Gesetz von 1972[327] in drei Kategorien: Erstens archäologische Monumente,[328] wozu die sogenannten präkolumbianischen Kulturgüter (d. h. Gegenstände aus der Zeit vor der spanischen Kolonisation) gehören, zweitens künstlerische Monumente[329] (Werke von hervorragendem künstlerischen Wert) und drittens historische Monumente[330] (Kulturgüter, die mit der nationalen Geschichte ab dem Zeitpunkt der Kolonialisierung zusammenhängen). Alle Kategorien umfassen sowohl bewegliche als auch unbewegliche Gegenstände. Sämtliche archäologische Gegenstände sind gemäß Art. 27 des Gesetzes von 1972[331] Staatseigentum. Sie werden in ein öffentliches Register eingetragen; allerdings stehen auch uneingetragene, bisher noch unentdeckte, archäologische Gegenstände im Staatseigentum. Gemäß Art. 27 sind sie unveräußerlich und unverjährbar.[332]

II. Ecuador

Das ecuadorianische Kulturgüterschutzrecht wird in der Literatur zum internationalen Kulturgüterschutz häufiger erwähnt, weil es 1982 von einem italienischen Gericht in der Entscheidung *Repubblica dell' Ecuador c. Danusso*[333] angewandt und ausgelegt werden mußte. In diesem Fall ging es um eine Unmenge (ca. 12 000 Objekte) aus präkolumbianischer Zeit stammender wertvoller archäologischer Kulturgüter, die von einem italienischen Sammler zwischen 1972 und 1975 in Ecuador von verschiedenen Privatpersonen gekauft und dann illegal nach Italien ausgeführt worden waren. Nachdem in verschiedenen Zeitungsartikeln über die Privatsammlung berichtet worden war, erlangte die ecuadorianische Regierung 1975 von den Vorkommnissen Kenntnis und verlangte die Kunstgegenstände zurück. Da die Veräußerung der Gegenstände in Ecuador

---

[327] Ley sobre monumentos y zonas arqueológicas, artísticas y históricas v. 28. 4. 1972, D. O. v. 6. 5. 1972, engl. Übers. abgedr. in: UNESCO-Doc. CC-87/WS/12.

[328] Art. 28: *Son monumentos arqueológicos los bienes muebles e inmuebles, producto de culturas anterioras al establecimiento de la hispánica en el territorio nacional, así como los restos humanos, de la flora y de la fauna, relacionados con esas culturas.*

[329] Art. 33: *Son monumentos artísticos las obras que revisten valor estético relevante. Salvo el muralismo mejicano, las obras de artistas vivos no podrán declararse monumentos. La obra mural relevante será conservada y restaurada por el Estado.*

[330] Art. 35: *Son monumentos históricos los bienes vinculados con la historia de la nación, a partir del establecimiento de la cultura hispánica en el país, en los términos de la declaratoria respectiva o por determinación de la Ley.*

[331] Art. 27: *Son propiedad de la nación, inalienables e imprescriptibles, los monumentos arqueológicos, muebles e inmuebles.*

[332] Art. 10 der Ausführungsverordnung bestimmt aber, daß das Nationale Institut für Anthropologie und Geschichte ein Nießbrauchsrecht übertragen kann.

[333] Trib. di Torino, Entsch. v. 25. 3. 1982, Riv. dir. int. pr. proc. 1982, 625 ff.

stattgefunden hatte, war die Frage des Eigentumserwerbs dem Grundsatz der *lex rei sitae* gemäß nach ecuadorianischem Recht zu beurteilen.[334] Einschlägig war ein Gesetz von 1945,[335] das 1979 von einem – auf den Sachverhalt noch nicht anwendbaren – Gesetz[336] abgelöst wurde. Das Gesetz von 1979 hat die maßgeblichen Bestimmungen aber übernommen, weswegen auf die Interpretation des Turiner Gerichts immer noch zurückgegriffen werden kann.

Art. 7 des Gesetzes[337] erklärt einen umfassenden Katalog von Kulturgütern als zum kulturellen Erbe des Staates gehörig. Dies stellt jedoch keine Deklarierung zum Staatseigentum dar.[338] Gemäß Art. 11[339] soll der Eigentümer nicht an der Ausübung seiner Eigentümerrechte gehindert werden, welche allerdings durch die Bestimmungen des Gesetzes eingeschränkt werden können. Privateigentum an Kulturgütern ist also möglich. Das italienische Gericht hat aber aus der Deklarierung zum nationalen kulturellen Erbe im Zusammenhang mit Normen der Verfassung und des Código civil gefolgert, daß das Privateigentum mit einem der Souveränität des Staates entspringenden hoheitlichen Recht, einem sogenannten *„dominio eminente"* belastet ist. Dieses ist vom Eigentumsrecht zu unterscheiden; es stellt ein öffentlichrechtliches, das Eigentumsrecht überlagerndes Recht des Staates dar, welches die Kulturgüter einem sachenrechtlichen Spezialregime unterwirft.[340] An Kulturgütern besteht somit eine doppelte Berechtigung *(contitularità)* von Privateigentümer und Staat.[341] Damit unterfallen diese Sachen einer besonderen Kategorie, die zwischen öffentlichem Eigentum und Privateigentum liegt. Das *dominio eminente* haftet der Sache auf Dauer an; es ist unveräußerlich und unverjährbar.[342] Außerdem gibt es dem Staat einen Herausgabeanspruch hinsichtlich des belasteten Kulturguts.[343]

---

[334] S. u. 5. Kap. § 2 II. 1.

[335] Gesetz über das nationale künstlerische Erbe vom 22. 2. 1945, Zusammenfassung bei *Burnham* S. 69.

[336] Gesetz über das kulturelle Erbe, Nr. 3501 – G. O. v. 2. 7. 1979, Nr. 865, engl. Übers. in: UNESCO-Doc. CLT-85/WS/23.

[337] Art. 7 des Gesetzes Nr. 3501/1979: *Property included in the following categories is declared to be property belonging to the cultural heritage of the State.* (…) (Art. 7 entspricht dem Art. 1 des alten Gesetzes, umfaßt aber einige zusätzliche Kategorien).

[338] S. o. 3. Kap. § 2 V.

[339] Art. 11 des Gesetzes Nr. 3501/1979: *The Declaration which confers the status of property belonging to the Cultural Heritage of the Nation, as stipulated in Art. 7 of this Act or as formulated by the Cultural Heritage Institute, shall not deprive its owner of the exercise of ownership rights over this property, within the limit laid down by the present Act.* (entspricht Art. 4 des alten Gesetzes).

[340] *Müller-Katzenburg* S. 258.

[341] Trib. Torino (Fn. 333) 629.

[342] Trib. Torino (Fn. 333) 629.

[343] Trib. Torino (Fn. 333) 630.

Gemäß Art. 12 Abs. 1[344] unterliegt die Eigentumsübertragung von zum nationalen kulturellen Erbe Ecuadors gehörenden Gegenständen einem Genehmigungsvorbehalt. Durch die hoheitliche Belastung der Kulturgüter mit dem *dominio eminente* stellt dieser Genehmigungsvorbehalt aber kein reines Veräußerungsverbot dar, sondern wirkt unmittelbar dinglich,[345] so daß die Kulturgüter, solange keine Genehmigung erteilt ist und sie mit dem *dominio eminente* belastet sind, *res extra commercium* sind.[346]

Über die Bestimmungen, die dem Staat Ecuador das *dominio eminente* zuweisen, geht Art. 9[347] des neuen Gesetzes von 1979, durch den der Schutz des ecuadorianischen Kulturguts gegenüber dem alten Gesetz verstärkt werden sollte, noch hinaus. Er besagt, daß alle noch nicht entdeckten archäologischen Gegenstände, die nach dem Inkrafttreten des Gesetzes gefunden werden, im Eigentum des ecuadorianischen Staates stehen. Dies stellt eine echte Deklarierung von Staatseigentum dar.[348] Auch nimmt Art. 11, welcher die Unberührtheit von Privateigentum an Kulturgütern herausstellt, nur auf Art. 7, nicht aber auf Art. 9 Bezug. Durch Art. 9 wird kraft Hoheitsaktes besitzloses Staatseigentum statuiert,[349] allerdings nur an den archäologischen Kulturgütern, die nach dem Inkrafttreten des Gesetzes 1979 gefunden wurden.

---

[344] Art. 12 des Gesetzes Nr. 3501/1979: (1) *Any transfer of ownership in respect of objects belonging to the Cultural Heritage of the Nation, gratuitously or otherwise, shall be subject to the authorization of the Cultural Heritage Institute, and the location of such objects shall not be changed without the permission of the Institute. In either case, if the need to conserve the Heritage should so require, the applications for authorization may be refused.* (entspricht Art. 5 des Gesetzes von 1945).

[345] *Siehr* FS Lorenz, S. 525ff., S. 528; *ders.* RdC 243 (1993) 9ff., 83, sieht in der Belastung mit dem *dominio eminente* ein dingliches Verfügungsverbot.

[346] So *Ferrer-Correia* AIDI 64-I (1991) 90ff., 101; *Seidl-Hohenfeldern* Stellungnahme in AIDI 64-I (1991) 135; *Stoll* Rechtsfragen, S. 53ff., S. 64.

[347] Art. 9 des Gesetzes Nr. 3501/1979: (1) *As from the date on which the present act enters into force, the State shall become and shall be the owner of archaeological property to be found on the land, in the subsoil or on the seabed of the territory of Ecuador, be they objects in ceramics, metal, stone or any other material belonging to the pre-Hispanic or colonial periods, including human remains or traces of the flora and fauna related to those periods, irrespective of the control which public or private institutions, including corporations of all kinds or individuals, may have over the land area where they may be situated or may have been found intentionally or accidentally.* (...).
(5) *State ownership rights shall be exercised through the National Cultural Heritage Institute, which may keep the aforementioned archaeological property for cultural uses, or hand them over to the custody of the other major public museums in the country.*

[348] Die engl. Übersetzung des Gesetzestexts spricht hier auch nicht nur von *State property*, sondern von *ownership*.

[349] S. o. 3. Kap. § 2 V.

§ 4 Zusammenfassung

Nach der Untersuchung, welche Kulturgüter in den verschiedenen Rechtsordnungen als *res extra commercium* behandelt werden, läßt sich feststellen, daß man verschiedene Konstellationen unterscheiden kann, die sich im wesentlichen ähneln.

I. Verschiedene Typen von als *res extra commercium* behandelten Kulturgütern

1. Kulturgut als öffentliches Eigentum

Kulturgüter werden in denjenigen Rechtsordnungen als *res extra commercium* behandelt, die das Eigentum des Staates oder dasjenige von öffentlichrechtlichen Gebietskörperschaften in öffentliches und privates Eigentum unterteilen, wobei das erstere nur Regeln des öffentlichen Rechts unterliegt.[350] Die Konsequenz, daß die zum öffentlichen Eigentum gehörenden Kulturgüter dem dinglichen Regime der Unveräußerlichkeit und Unverjährbarkeit unterliegen, folgt allerdings nicht aus ihrer Kulturguteigenschaft, sondern aus der Tatsache, daß sie als für die Erfüllung der öffentlichen Aufgaben des Staates notwendig erachtet werden und zum unmittelbaren Gebrauch durch die Allgemeinheit bestimmt sind. In diesen Rechtsordnungen unterliegt sämtliches der Öffentlichkeit zugängliches Kulturgut im Eigentum der öffentlichen Hand dem Status der Extrakommerzialität, also vor allen Dingen Kulturgüter in öffentlichen Museen, Archiven und Bibliotheken.

2. Klassifiziertes Kulturgut im Eigentum der öffentlichen Hand

Weiterhin wird Kulturgut in vielen Rechtsordnungen, die dem Klassifikationssystem folgen, als *res extra commercium* behandelt.[351] Als absolut unveräußerlich wird in diesen Rechtsordnungen meist nur Kulturgut im Eigentum des Staates behandelt. Kulturgut im Eigentum sonstiger öffentlichrechtlicher Körperschaften unterfällt meist einer relativen Unveräußerlichkeit; es kann lediglich an andere öffentlichrechtliche Körperschaften übertragen werden. Auch Kulturgüter im Eigentum Privater können in diesen Rechtsordnungen klassifiziert werden; hier zieht die Klassifizierung aber nur die Rechtsfolge der Unverjährbarkeit nach sich, d. h. sie können nicht ersessen werden und der Vindikationsanspruch des Eigentümers kann nicht verjähren.

---

[350] Vgl. z. B. Frankreich, Luxemburg, Belgien, Italien, Spanien, Portugal.

[351] Vgl. z. B. Frankreich, Luxemburg, Spanien, viele afrikanische Staaten.

3. Kulturgut im ausschließlichen Staatseigentum

Weiterhin wird Kulturgut in solchen Staaten als *res extra commercium* behandelt, die ganze Kategorien von Kulturgütern zum ausschließlichen Staatseigentum erklären und gleichzeitig dessen Unveräußerlichkeit und Unverjährbarkeit bestimmen.[352] An diesen Kulturgütern kann kein Privater je Eigentum erlangen. Allerdings können die Kulturgüter unter Privaten teilweise trotzdem ganz normal gehandelt werden, weil es die betreffende Rechtsordnung zuläßt, daß Besitzrechte an ihnen begründet werden und diese auch frei veräußert werden können. Deswegen können Zweifel aufkommen, ob auch bei diesen Kulturgütern die Bezeichnung *res extra commercium* wirklich gerechtfertigt ist. Denn in Wirklichkeit stehen sie – auch juristisch gesehen – nicht außerhalb des Rechtsverkehrs. Gegenstand des Rechtsverkehrs ist zwar nicht das Eigentum an ihnen, sondern nur der Besitz; hierbei handelt es sich letztlich aber um ein reines Austauschen von Begriffen.

In Ländern, in denen zwar nach den jeweiligen Kulturgüterschutzgesetzen der Staat das Eigentum an sämtlichen Kulturgütern innehat, die Kulturgüter aber im Privatbesitz stehen und den Besitzern sämtliche Rechte zukommen, die ansonsten der Eigentümer ausübt, ist es meiner Meinung nach nicht gerechtfertigt, von diesen Gegenständen als *res extra commercium* zu sprechen, da hier der Staat sich lediglich durch eine rein rhetorische Deklarierung von Staatseigentum die Bewahrung der Kulturgüter im Land dinglich sichern will, der Handel mit diesen Gegenständen aber ansonsten rechtlich möglich bleibt. Anders ist die Situation dagegen, wenn sich der Staat das Eigentum an unausgegrabenen archäologischen Kulturgütern durch die Deklarierung von Staatseigentum sichern und dieses Eigentumsrecht im Regelfall auch durchsetzen will.[353]

II. Beschränkung auf Kulturgut im Eigentum der öffentlichen Hand

Insgesamt fällt auf, daß sich die Statuierung der Extrakommerzialität ausschließlich auf Kulturgüter im Eigentum des Staates oder jedenfalls einer juristischen Person des öffentlichen Rechts beschränkt. Kulturgüter im Eigentum von Privatpersonen werden zwar in manchen Rechtsordnungen als unersitzbar und unverjährbar erklärt und damit in ihrer Verkehrsfähigkeit stark eingeschränkt, niemals aber dem Rechtsverkehr durch die Statuierung von Unveräußerlichkeit ganz entzogen. Der daraus resultierende Eingriff in die Rechte des Eigentümers ist bei Privaten nicht möglich.[354]

---

[352] Vgl. z. B. Griechenland, Türkei, viele mittel- und südamerikanische Staaten.

[353] S. u. 5. Kap. § 2 II. 2. b.

[354] Vgl. *Abele* S. 75; *Jaeger* S. 111 Fn. 587; L'activité de l'Office International des Musées 1932/33, rapport à la Commission internationale de cooperation intellectuelle, S. 235ff., S. 245.

5. Kapitel: Berücksichtigung der *res extra commercium* – Bestimmungen im Ausland

Im rechtsvergleichenden Teil wurde anhand einiger ausgewählter Rechtsordnungen eine bestimmte Methode des nationalen Kulturgüterschutzes dargestellt, die Erklärung von Kulturgütern im Eigentum der öffentlichen Hand oder kirchlichen Kulturgütern zu *res extra commercium*. Nun stellt sich die Frage, inwieweit diese Regelungen auch anerkannt werden bzw. weiterhin Wirkung entfalten, wenn sich die betreffenden Kulturgüter nicht mehr im Hoheitsgebiet der Rechtsordnung, die sie zu *res extra commercium* erklärt hat, sondern im Ausland befinden. Im deutschen Internationalen Sachenrecht unterliegen gemäß dem am 1.6.1999 in Kraft getretenen[1] Art. 43 Abs. 1 EGBGB[2] und den entsprechenden Normen fast aller Rechtsordnungen[3] Rechte an einer Sache dem Recht des Staates, in dem sich die Sache befindet (Prinzip der *lex rei sitae*). Wenn eine in einem Staat als *res extra commercium* behandelte Sache in ein anderes Land verbracht wird, unterliegen die Rechte an ihr also grundsätzlich nicht mehr dem Recht ihres Herkunftsstaates, sondern dem Recht des neuen Belegenheitsstaates.

§ 1 Gründe für eine Beachtung

Zunächst könnte man sich überlegen, wieso z. B. ein deutsches Gericht ausländische Bestimmungen, die Kulturgüter zu *res extra commercium* erklären, überhaupt beachten soll, warum also die Frage, welche internationalprivatrechtlichen Möglichkeiten für eine Berücksichtigung in Frage kommen, überhaupt in Betracht zu ziehen ist.

Es ist ein fundamentaler Grundsatz des Internationalen Privatrechts, daß in- und ausländisches Recht grundsätzlich als gleichrangig angesehen werden und die Anwendung ausländischen Rechts angebracht ist, wenn diese Rechtsordnung die für die Regelung des betreffenden Sachverhalts angemessene ist.[4] Im Rahmen des Kulturgüterschutzes wird dieser Grundsatz aber noch verstärkt, weil es um

---

1 Gesetz zum Internationalen Privatrecht für außervertragliche Schuldverhältnisse und für Sachen v. 21.5.1999, BGBl. 1999 I, 1026.

2 Art. 43 Abs. 1 EGBGB: *Rechte an einer Sache unterliegen dem Recht des Staates, in dem sich die Sache befindet.*

3 Zu einigen Ausnahmen vgl. Staudinger/*Stoll* Internationales Sachenrecht, Rn. 127f.

4 Vgl. statt vieler *Kropholler* IPR, § 4 Anm. II 1.

die Durchsetzung eines Ziels geht, welches von allen Staaten in gleicher Weise verfolgt wird.[5] Der internationale illegale Kunsthandel kann nur unterbunden werden, wenn Schutz- und Verbotsnormen nicht auf eine rein territoriale Geltung beschränkt sind und Kulturgüter nicht durch die bloße Verbringung in einen anderen Staat ihren Schutz verlieren. Ihr gemeinsames Ziel fordert die Staaten in besonderer Weise heraus, ausländischen Normen so weit wie möglich Beachtung zukommen zu lassen.

Ein Grund für eine anerkennungsfreundliche Haltung gegenüber ausländischen Kulturgüterschutznormen ist die Aussicht, daß auf diese Weise auch die Interessen des Forumstaates gefördert werden können, weil dessen kulturgutschützende Normen in Zukunft vom ausländischen Staat vielleicht in gleicher Weise durchgesetzt werden und sich internationale Standards bilden, die allen Staaten zugute kommen.[6] Ein Staat, der selbst erwartet, daß seine Gesetze zum Schutz von Kulturgut im Ausland beachtet werden bzw. eine Berücksichtigung begrüßen würde, darf sich auch gegenüber den betreffenden ausländischen Gesetzen nicht verschließen.

Stets genanntes Argument für die Anwendung ausländischer Gesetze ist das Streben nach internationalem Entscheidungseinklang. Es ist Ziel des Internationalen Privatrechts, daß Rechtsverhältnisse nach Möglichkeit von den verschiedenen Rechtsordnungen gleich behandelt werden und keine unterschiedlichen Rechtswirkungen entfalten. Dieses Argument spielt auch bei der Anerkennung ausländischer Kulturgüterschutzgesetze eine große Rolle. Viele Normen zum Schutz von Kulturgut werden von ihren Rechtsordnungen als international zwingende Normen angesehen. Das gilt besonders für Bestimmungen, durch die Kulturgüter zu *res extra commercium* werden.[7] Werden diese Bestimmungen von dem Forumstaat außer Betracht gelassen, kommt es bei einem gutgläubigen Erwerb zu hinkendem Eigentum:[8] Das Eigentum, das der Erwerber nach Ansicht des Forumstaates an dem Kulturgut erworben hat, wird im Herkunftsstaat nicht anerkannt; die Sache hat – je nach dem, nach welcher Rechtsordnung man die Frage beurteilt – unterschiedliche Eigentümer.

Gegen die Anwendung ausländischer Gesetze zum Schutz von Kulturgut wird häufig vorgebracht, daß diese aufgrund ihres restriktiven und exzessiven Charakters einen legalen Kunsthandel verhindern und damit den illegalen Kunsthandel eher begünstigen würden.[9] Ohne diesem Argument prinzipiell zustimmen

---

5 Vgl. *Prott* RdC 217 (1989) 215ff., 267.

6 Vgl. MünchKomm/*Kreuzer* Nach Art. 38 EGBGB, Anh. I Rn. 205.

7 S. u. § 4 II.

8 S. u. § 2 V. 2.

9 *Merryman/Elsen* 2. Aufl., S. 62ff., S. 63; *Merryman* Am. J. Int'l. L. 80 (1986) 831ff., 847f.

oder ihm entgegentreten zu wollen, muß deutlich gemacht werden, daß die Sachlage bei als *res extra commercium* behandelten Kulturgütern eine andere ist.[10] Abgesehen von Rechtsordungen wie Griechenland oder Mexiko, die sämtliches Kulturgut einer bestimmten Kategorie zu als *res extra commercium* behandeltem (rhetorischem) Staatseigentum erklären,[11] geht es dabei um Kulturgüter im Eigentum des Staates oder öffentlichrechtlicher Körperschaften, z. B. Museums-, Bibliotheks- und Archivgut. Anders als bei generellen Ausfuhrverboten, welche die Eigentümerrechte von Privatleuten beschränken, zielen die fraglichen Bestimmungen in erster Linie auf den Schutz vor Diebstahl und sonstigem Verlust ab.[12] Natürlich wird der betreffende öffentlichrechtliche Eigentümer auch in seiner Möglichkeit beschränkt, das Kulturgut zu veräußern. Ein staatliches italienisches Museum kann z. B. nicht nach Belieben irgendein Bild verkaufen. Internen Verfügungsbeschränkungen unterliegt öffentliches Kulturgut aber auch in Deutschland.[13] Bei als *res extra commercium* behandelten Kulturgütern besteht außerdem meist die Möglichkeit der Entwidmung oder Deklassifizierung bzw. kann eine Ausnahme beim Tausch von Kulturgütern gemacht werden.

Res extra commercium-Bestimmungen dienen also weniger einer Beschränkung des Eigentümers als dem Schutz einer bestimmten Kategorie von Sachen, deren Eigenart eine besondere Behandlung rechtfertigt. Auch greift die gegenüber Exportverboten erhobene Kritik, daß dadurch ein nationales Kulturerbe geschützt wird, welches die Nation nie zu sehen bekommt,[14] nicht. Denn bei im Eigentum der öffentlichen Hand stehenden Kulturgütern geht es regelmäßig um Kulturgüter, die der Öffentlichkeit oder zumindest (wie etwa bei Archivgut) einer eingeschränkten Öffentlichkeit zugänglich sind.

Gegen eine Anerkennung spricht aus der Sicht der *lex fori* der Verkehrsschutz. Wenn der Status der Verkehrsunfähigkeit auch nach der Verbringung in ein anderes Land aufrechterhalten bleibt, kann sich ein gutgläubiger Besitzer, der ansonsten wegen eines Erwerbes vom Nichtberechtigten oder Ersitzung Eigen-

---

[10] S. o. 1. Kap. § 1; vgl. dazu auch *de Visscher* Rev. dr. int. lég. com. 62 (1935) 32ff., 67.

[11] S. o. 4. Kap. § 1 XIII., XIV., § 3 I., § 4 I. 3.

[12] *Cornu* S. 419; vgl. auch *Lanciotti* S. 127: „*Quando il limite alla commerciabilità del bene discende da un divieto assoluto di alienazione, divieto che normalmente grava sui beni appartenenti allo Stato o ad altre istituzioni pubbliche, non sembra coerente con il sistema che, in forza del principio della territorialità delle norme di diritto pubblico straniero, venga preclusa ogni possibilità di recupero, anche perché, in questi casi, il trasferimento del bene culturale si verifica evidentemente senza il consenso del titolare del diritto. Infatti, se il bene è stato acquistato in un altro Paese da un terzo, la cessione non può che essere avvenuta per mano di un soggetto che è solo il titolare apparente del diritto di proprietà.*"

[13] *Knopp* S. 3.

[14] *Merryman* (Fn. 9) 847; *ders.* Riv. dir. civ. 34, I (1988) 633f., 638; vgl. dazu auch *de Visscher* (Fn. 10) 67.

tum erwerben würde, auf diese Vorschriften nicht berufen. Diese Einschränkung der Sicherheit des Rechtsverkehrs kann aber durch die besondere mit als *res extra commercium* behandelten Kulturgütern verbundene Interessenlage gerechtfertigt werden, welche dazu führt, daß der beim gutgläubigen Erwerb vom Nichtberechtigten und der Ersitzung ohnehin bestehende Widerstreit von Interessen zugunsten des früheren, öffentlichen Eigentümers gelöst wird. Zu beachten ist auch, daß der gutgläubige Erwerber in solch einem Fall nicht völlig schutzlos dasteht, sondern von demjenigen, von dem er die Sache erworben hat, Schadensersatz wegen Nichterfüllung fordern kann.

Eine Anerkennung des Status eines Kulturguts als *res extra commercium* ist also prinzipiell wünschenswert. Allerdings gibt es auch Gründe, die dagegen sprechen (z. B. Verkehrsschutz). Unter welchen Voraussetzungen und in welchem Umfang eine Anerkennung möglich ist, soll daher im Rahmen der verschiedenen Berücksichtigungsmöglichkeiten diskutiert werden.

Im folgenden soll untersucht werden, welche Möglichkeiten das Internationale Privatrecht bietet, den extrakommerziellen Status einer Sache auch im Ausland anzuerkennen. Dabei soll in erster Linie, aber nicht ausschließlich vom deutschen Internationalen Privatrecht ausgegangen werden, weil die Regeln des Internationalen Sachenrechts in den meisten Staaten vergleichsweise ähnlich sind. Besonders interessant ist nämlich, wie sich ein Staat, der seine eigenen Kulturgüter ebenfalls dem Rechtsverkehr entzieht, einem Kulturgut gegenüber verhält, das in seinem Heimatland[15] als *res extra commercium* behandelt wird.

Bei der Frage, ob der besondere dingliche Status der Kulturgüter im Ausland beachtet wird oder beachtet werden kann, muß zwischen der Situation unterschieden werden, in der ein rechtsrelevanter Vorgang noch unter der die Sache als *res extra commercium* behandelnden Rechtsordnung geschehen ist, bevor die Sache in ein anderes Land gelangt ist, und der Situation, daß sich der zu beurteilende rechtliche Vorgang bereits unter der Herrschaft des neuen Statuts abgespielt hat.

§ 2 Berücksichtigung des dinglichen Status als wohlerworbenes Recht

Die Extrakommerzialität eines Kulturguts könnte unter dem Gesichtspunkt des Schutzes wohlerworbener Rechte zu berücksichtigen sein.

---

15 Sofern im folgenden ohne weitere Erläuterung von Heimatland oder Herkunftsstaat die Rede ist, ist damit das Land gemeint, dessen Rechtsordnung das Kulturgut als *res extra commercium* behandelt.

I. Schutz wohlerworbener Rechte

Bei einem Statutenwechsel läßt das neue Belegenheitsstatut die nach dem alten Belegenheitsstatut vorgefundene Rechtslage grundsätzlich unberührt. Es übernimmt die Sache mit der sachenrechtlichen Prägung, die ihr das bisherige Statut verliehen hat.[16] Begründet wird dieser Vorgang mit der Notwendigkeit des Schutzes wohlerworbener Rechte. Unter dem alten Sachstatut erworbene dingliche Rechte werden also auch von dem neuen Belegenheitsstatut anerkannt. Nicht uneingeschränkt gilt dieser Grundsatz jedoch bei der Übernahme von dem neuen Recht fremden Rechtsinstituten und für den Fall, daß das neue Recht eine nach Ansicht des alten Statuts fehlgeschlagene Rechtsänderung für wirksam erachtet.

1. Sonderfall: Unbekannte Rechtsinstitute

Die Übernahme von fremden Rechtsinstituten ist insofern problematisch, als im deutschen Sachenrecht der Grundsatz des numerus clausus der dinglichen Rechte gilt. Die Frage, ob und wieweit der Grundsatz des Schutzes wohlerworbener Rechte auch in bezug auf solche dinglichen Prägungen gilt, die das neue Sachenrechtsstatut nicht kennt, ist daher in der Literatur umstritten.

Nach der sogenannten Hinnahmetheorie gebührt dem Gedanken des Schutzes wohlerworbener Rechte absoluter Vorrang. Der Grundsatz des numerus clausus, nach dem die Zahl der dinglichen Rechte auf die gesetzlich vorgesehenen Typen beschränkt ist, gelte nur für die Begründung von Sachenrechten durch Inlandsgeschäfte und könne nicht ohne weiteres auf Sachenrechte ausländischen Ursprungs übertragen werden.[17]

Die herrschende Meinung folgt der sogenannten Transpositionslehre.[18] Danach werden nach ausländischem Recht begründete Rechtsinstitute zwar grundsätzlich anerkannt. Um dem Schutz des inländischen Rechtsverkehrs gerecht zu werden, ist aber die Umdeutung in funktionsäquivalente Rechtsinstitute des deutschen Rechts (sogenannte *Transposition*) erforderlich. Das neue Statut entscheidet damit über den Inhalt und die Wirkungen des dinglichen Rechts im Inland. Grenze einer Anerkennung ist immer der *ordre public*. Sofern durch die Anwendung ausländischen Rechts wesentliche Grundsätze des inländischen Rechts verletzt werden, muß der Schutz wohlerworbener Rechte zurücktreten. Das neue Gesetz zum Internationalen Privatrecht für außervertragliche Schuldverhältnisse und für Sachen v. 21. 5. 1999[19] hat hier einen Mittelweg eingeschla-

---

[16] OLG Schleswig, NJW 1989, 3105f., 3105.

[17] Staudinger/*Stoll* (Fn. 3) Rn. 358.

[18] MünchKomm/*Kreuzer* (Fn. 6) Rn. 62.

[19] Art. 43 Abs. 2 EGBGB: *Gelangt eine Sache, an der Rechte begründet sind, in einen anderen Staat, so können diese Rechte nicht im Widerspruch zu der Rechtsordnung dieses Staates ausgeübt werden.*

gen, indem es zwar nicht die Umwandlung des fremden Rechtsinstituts verlangt, aber ihm nur die Wirkungen eines entsprechenden dinglichen Rechts des neuen Statuts zuerkennt.[20]

2. Sonderfall: Heilung durch Statutenwechsel

Grundsätzlich ist die Entstehung oder Änderung eines Rechts, die nach dem alten Statut fehlgeschlagen ist, auch nach dem neuen Statut nicht erfolgt.[21] Eine Ausnahme wird jedoch in solchen Fällen gemacht, in denen die Verbringung der Sache von vornherein vorgesehen war und das dingliche Rechtsgeschäft im Hinblick auf diese Lageänderung und die Wirksamkeit nach dem neuen Statut abgeschlossen wurde, z. B. bei der Vereinbarung eines Eigentumsvorbehalts.[22]

Zu untersuchen ist, wie die Verkehrsunfähigkeit von Kulturgütern nach einem Statutenwechsel unter diesen Gesichtspunkten zu beurteilen ist.

II. Schlichter Statutenwechsel nach Veräußerung im Herkunftsstaat

Unter einem sogenannten schlichten Statutenwechsel versteht man die Situation, daß ein Rechtstatbestand unter der Geltung des alten Statuts vollständig abgeschlossen wurde und die Sache danach in den Geltungsbereich einer anderen Rechtsordnung verbracht wurde. Um die Beurteilung eines schlichten Statutenwechsel nach der Veräußerung einer unveräußerlichen Sache ging es in der italienischen Entscheidung *Ecuador c. Danusso*.

1. *Ecuador c. Danusso*[23]

Kunstgegenstände, die mit einem hoheitlichen dinglichen Recht des ecuadorianischen Staates (*dominio eminente*) belastet und daher unveräußerlich und unverjährbar waren, waren in Ecuador veräußert und danach nach Italien gebracht worden.[24] Das Turiner Gericht stellte bei der Frage des anwendbaren Rechts auf

---

20 *V. Hoffmann* § 12 Rz. 32; *Pfeiffer* IPRax 2000, 270ff., 273; *Stoll* IPRax 2000, 259ff., 262.

21 *Siehr* FS Trinkner, S. 703ff., S. 711, bezeichnet dies als die negative Aussage des Grundsatzes vom Schutz wohlerworbener Rechte: Ein Recht kann nicht als wohlerworben in Anspruch genommen werden, wenn der Erwerb im Ausland nach der dort geltenden *lex rei sitae* ungültig war.

22 Vgl. BGH, Entsch. v. 2. 2. 1966 (die sog. *Strickmaschinenentscheidung*), BGHZ 45, 95.

23 *Repubblica dell' Ecuador contro Danusso ed altri* Trib. di Torino, Entsch. v. 25. 3. 1982, Riv. dir. int. pr. proc. 18 (1982) 625ff.

24 Vgl. bereits 4. Kap. § 3 II.

den Grundsatz der *lex rei sitae* ab,[25] wies aber darauf hin, daß im Falle einer Verbringung der Sache in einen anderen Staat dieser Grundsatz einer genaueren Interpretation bedürfe. Es kam zu dem Schluß, daß zwischen der Existenz eines dinglichen Rechts und dem Inhalt desselben unterschieden werden müsse. Während die Frage des Titels, auf dem das Eigentum (oder das eigentumsähnliche dingliche Recht) beruht, dem alten Recht unterworfen bleibe, richte sich der Inhalt des Rechts nach der neuen *lex rei sitae*.[26] Dies habe zur Konsequenz, daß in dem Fall, daß die neue *lex rei sitae* das maßgebliche dingliche Recht nicht kenne, der Berechtigte, obwohl er – abstrakt gesehen – Rechtsinhaber bleibe, dieses nicht ausüben könne. Wenn das Recht bzw. dessen Charakteristika dagegen bekannt seien (und sei es auch unter einem anderen Namen), könne es weiter ausgeübt werden. In dem Fall schließlich, daß das betreffende Recht nach dem neuen Statut einen anderen Inhalt als nach dem ursprünglichen Statut habe, könne der Rechtsinhaber es nur nach Maßgabe des neuen Statuts geltend machen.[27] Allerdings kann dem Recht wohl kein weitreichenderer Inhalt zugemessen werden, als es nach dem alten Statut hatte, selbst wenn dies nach der neuen Rechtsordnung gerechtfertigt wäre. Denn begründet wurde das Recht unter dem alten Statut; durch den bloßen Wechsel der Rechtsordnung werden keine neuen Rechte begründet.

Im konkreten Fall ging es nach Ansicht des Turiner Gerichts um die Frage des Eigentumstitels. Der ecuadorianische Staat stützte die Herausgabeklage auf sein *dominio eminente*, während Danusso meinte, gemäß der Regel *„possesso vale titolo"* (Art. 1153 ital. C. c.) gutgläubig Eigentum erworben zu haben. Diese Frage war, da die Veräußerungen in Ecuador stattgefunden hatten, nach ecuadorianischem Recht zu beurteilen. Danach war das *dominio eminente* des ecuadorianischen Staates unveräußerlich und auch durch gutgläubigen Erwerb nicht untergegangen.[28] Das Gericht überprüfte dieses Ergebnis als Voraussetzung für die Anerkennung in Italien weiterhin am internen italienischen und am internationalen *ordre public* (namentlich den Maßstäben der UNESCO-Konvention von 1970) und bejahte die Vereinbarkeit.

Das Gericht hat also einerseits entschieden, daß durch den Statutenwechsel keine Heilung eintritt. Die Regel *„possesso vale titolo"* kann nur gelten, wenn ihr

---

[25] Art. 22 disp. prel.: *Il possesso, la proprietà e gli altri diritti sulle cose mobili e immobili sono regolati dalla legge del luogo nel quale le cose si trovano.* (Vgl. jetzt Art. 51 des ital. IPR-Gesetzes Nr. 218 v. 1995).

[26] Dieses Konzept erinnert sehr an Art. 43 Abs. 2 EGBGB (s. o. Fn. 19): Auch unbekannte ausländische Rechte sollen grundsätzlich anerkannt, aber nur insoweit ausgeübt werden, wie es mit der inländischen Rechtsordnung vereinbar ist.

[27] Tribunale di Torino (Fn. 23) 631.

[28] S. o. 4. Kap. § 3 II.

bereits das erste Statut folgt.[29] Weiterhin folgt aus der Entscheidung, daß das *dominio eminente* im Falle eines Statutenwechsels bestehen bleibt und der ecuadorianische Staat seine Revindikation darauf stützen konnte.

Die Anerkennung des extrakommerziellen Status eines Kulturguts im Ausland folgt in dem Fall, in dem die Veräußerung noch unter dem alten Statut geschehen ist, aus dem Grundsatz der *lex rei sitae*. Da die rechtserheblichen Vorgänge im internationalen Sachenrecht nach dem Recht des jeweiligen Belegenheitsortes zu beurteilen sind, gilt dies auch für die dingliche Eigenschaft. An dieser Beurteilung des Rechtsvorgangs kann sich auch durch den nachfolgenden Statutenwechsel grundsätzlich nichts ändern, sondern die Sachenrechtslage ist so, wie sie sich unter dem alten Statut ergeben hat, anzuerkennen.[30]

2. Anwendung von öffentlichem Recht

Eine Schwierigkeit, welche vom Tribunale di Torino in der Entscheidung *Ecuador c. Danusso* allerdings gar nicht angesprochen und wohl auch nicht als Problem gesehen wurde, kann aber darin liegen, daß sich Sonderregeln zum Schutz von Kulturgütern in den meisten Ländern nicht im Privatrecht, sondern im öffentlichen Recht finden. Wenn feststeht, welche Rechtsordnung einen Vorgang regelt, stellt sich als nächstes die Frage, ob nur das Privatrecht dieser Rechtsordnung oder auch deren öffentliches Recht Anwendung finden soll.[31]

Es war lange Zeit umstritten, ob die kollisionsrechtliche Verweisung auf das Recht eines Staates auch dessen öffentliches Recht umfasse und dieses vom

---

29 *Clerici* Riv. dir. int. pr. proc. 25 (1989) 799ff., 804.

30 Anders die h. M. in Frankreich, s. u. § 2 II. 4. Vgl auch *Niéc* Hast. L. J. 27 (1976) 1089ff., 1119: „(…) *it would seem that recovery should be possible in the first instance* (sc.: *an object which is state property and which that country's provisions describe as inalienable is nonetheless alienated within the country and is then exported*) *on the ground that all countries should consider the alienation within the country of ownership invalid, according to the generally accepted principle on property law that lex rei sitae – the validity of a transfer depends upon the law of the country in which the subject matter is situated at the time of the legal transaction. Contrary to expectation, however in such cases the country which owns the property does not necessarily recover. The reason for this anomalous result is that courts in this situation apply a competing principle of private international law according to which the legal status of movable property is evaluated in accordance with the law of the state where the property happens to be at the moment that an action in detinue is brought. Thus, the law to be applied in this case will be the law of the state to which the cultural property, recognized as inalienable in the country of origin, has been imported. If in this foreign country the object is not recognized as inalienable, the country of original ownership will not regain the object.*" Diese Aussage trifft höchstens für das franz. IPR zu.

31 Wohlgemerkt geht es hier noch nicht um die Frage, ob auch ausländische zwingende öffentlichrechtliche Eingriffsnormen berücksichtigt werden sollen, wenn der Sachverhalt eigentlich einer anderen Rechtsordnung unterliegt, sondern um die Berücksichtigung auch des öffentlichen Rechts der von der Verweisungsnorm berufenen Rechtsordnung.

inländischen Richter zu beachten sei.[32] Als Grund dafür wurde das Territorialitätsprinzip angeführt.[33] Dieses besage, daß die Geltung öffentlichen Rechts auf das Hoheitsgebiet des rechtssetzenden Staates beschränkt sei und öffentlichrechtliche Normen daher nur in dem Staat anzuwenden seien, der sie erlassen habe.[34] Zumindest solle das für den Fall gelten, daß die Regelungen nicht im Interesse privater Belange oder Beteiligter erlassen worden waren, sondern der Verwirklichung politischer Ziele des rechtssetzenden Staates dienen sollten.[35]

In dieser Frage ist jedoch in den letzten Jahrzehnten ein großer Wandel erfolgt und es ist mittlerweile herrschende Meinung, daß es keinen Grundsatz der prinzipiellen Nichtanwendbarkeit ausländischen öffentlichen Rechts gibt. Richtungsweisend war in dem Zusammenhang auch die Resolution des Institut de droit international von 1975, die sich in diesem Sinne ausgesprochen hat.[36] Häufig ist es nämlich schwer auszumachen, ob eine ausländische Norm privat- oder

---

[32] Die Beachtung ausländischen öffentlichen Rechts ist von dessen Durchsetzung zu unterscheiden, vgl. hierzu *O'Keefe* Syr. J. Int'l. & Com. 10 (1983) 352ff., 362ff.; *Schwadorf-Ruckdeschel* S. 96f. und die Entsch. *Attorney General of New Zealand v. Ortiz and Others*, s. u. § 2 II. 2. b. aa. Fn. 56.

[33] Der Begriff „Territorialitätsprinzip" wird häufig als Schlagwort eingesetzt, ohne daß klar wird, was eigentlich damit gemeint ist. Ihm werden aber ganz verschiedene Bedeutungen beigemessen, dazu näher *Kropholler* (Fn. 4) § 22; *Schwander* S. 73ff., s. auch u. § 2 II. 2. b. Wenn der Grundsatz der Nichtanwendung ausländischen öffentlichen Rechts durch den Territorialitätsgrundsatz untermauert wird, wird nur auf die negative Territorialität abgestellt, vgl. *Busse* ZVglRWiss 95 (1996) 386ff., 395f.

[34] *Müller-Katzenburg* S. 178; *Wyss* S. 206f.

[35] BGH, Entsch. v. 17.12.1959, NJW 1960, 1101ff., 1102.

[36] Resolution des Institut de droit international, Wiesbadener Sitzung v. 1975, abgedr. in: AIDI 56 (1975) 550ff.:
A. I. 1. *Le caractère public attribué à une disposition du droit étranger désigné par la règle de conflit de lois ne fait pas obstacle à l'application de cette disposition, sous la réserve fondamentale de l'ordre public.*
A. II. *Le prétendu principe de l'inapplicabilité a priori du droit public étranger, comme celui de son absolue territorialité, principe invoqué, sinon appliqué, par la jurisprudence et la doctrine de certain pays:*
a) *n'est fondé sur aucune raison théorique ou pratique valable,*
b) *fait souvent double emploi avec les principes de l'ordre public,*
c) *est susceptible d'entrainer des résultats peu souhaitables et peu conformes aux exigences actuelles de la collaboration internationale.* (...)
Vgl. auch Art. 13 schweiz. IPRG v. 18.12.1987: *Die Verweisung dieses Gesetzes auf ein ausländisches Recht umfaßt alle Bestimmungen, die nach diesem Recht auf den Sachverhalt anwendbar sind. Die Anwendbarkeit einer Bestimmung des ausländischen Rechts ist nicht allein dadurch ausgeschlossen, daß ihr ein öffentlicher Charakter zugeschrieben wird.* Die Klage der Türkei auf Herausgabe der Grabstelen (s. o. 3. Kap. Fn. 66) scheiterte daher nicht daran, daß die maßgebliche Vorschrift als ihrer Natur nach öffentliches Recht angesehen wurde, Appellationsgericht Basel-Stadt, Entsch. v. 18.8.1995, BJM 1997, 17ff., 21f.

öffentlichrechtlichen Ursprungs ist bzw. kennen manche Rechtsordnung die strikte Trennung zwischen Privatrecht und öffentlichem Recht, wie sie dem deutschen Recht eigen ist, gar nicht.[37] Die Überschneidung von öffentlichrechtlichen und privatrechtlichen Normen zeigt sich besonders im Sachenrecht.[38] Gerade Normen, welche die Verkehrsfähigkeit von Kulturgütern einschränken, könnten genauso gut im Zivilrecht wie im öffentlichen Recht zu finden sein.[39] Angesichts der Verflechtung von öffentlichem Recht und Privatrecht würde eine generelle Nichtbeachtung des öffentlichen Rechts einer Verstümmelung der anwendbaren Rechtsordnung gleichkommen.[40] Dem steht auch das Interesse an einem internationalen Entscheidungseinklang entgegen, weil ein Sachverhalt in dem einen Staat trotz Anwendung des Rechts eines ausländischen Staates anders als in genau diesem Staat beurteilt würde.[41]

Das heißt aber ebenso wenig, daß ausländisches öffentliches Recht immer zu berücksichtigen ist. Denn grundsätzlich regeln die Verweisungsnormen des internationalen Privatrechts privatrechtliche Sachverhalte.[42] Es kommt also – wie so oft – auf den Einzelfall an. Vereinfacht läßt sich sagen, daß alle Normen, die sich auf Privatrechtsverhältnisse beziehen, angewandt werden können.[43] Ein Privatrechtsbezug kann aber auch bei Normen, die eine staatspolitische Zielsetzung verfolgen, gegeben sein, wenn die Regelung die privatrechlichen Verhältnisse dauerhaft beeinflußt.[44]

---

37 *Frigo* Comunicazioni e Studi 1985, 547ff., 567; *Schmeinck* S. 87; *Siehr* RabelsZ 52 (1988) 41ff., 76.

38 *Stoll* Rechtsfragen, S. 53ff., S. 53; Staudinger/*Stoll* (Fn. 3) Rn. 3.

39 Vgl. z. B. die Sondervorschriften für bestimmte Kulturgüter im neuen niederländischen B. W. oder auch die Regeln über die Unveräußerlichkeit des *demanio pubblico* im ital. Codice civile.

40 *Siehr* (Fn. 37) 76, spricht von einer „planvollen Denaturierung" des ausländischen Rechts; in diesem Sinne auch *Schwander* S. 67. Eine Differenzierung zwischen privatrechtlichen und öffentlichrechtlichen Normen würde auch der Vorgabe widersprechen, daß der Ausgangspunkt des IPR die Lösung von Lebenssachverhalten und nicht der Anwendungsbereich von Privatrechtsnormen ist.

41 *Schmeinck* S. 85; *Siehr* (Fn. 37) 76.

42 *Frigo* (Fn. 37) 569.

43 Jedenfalls sind öffentlichrechtliche Normen anzuwenden, wenn sie das Privatrechtsverhältnis direkt regeln, also z. B. die Nichtigkeit eines Rechtsgeschäfts anordnen. Schwieriger ist es bei öffentlichrechtlichen Normen, die nur ein Verbot aussprechen und erst im Zusammenhang mit anderen Sachnormen Privatrechtsrelevanz erlangen, vgl. *Zimmer* IPRax 1993, 65ff., 66.

44 *Vischer* RabelsZ 53 (1989) 438ff., 440, in bezug auf das schweiz. IPRG.

a. Anwendung öffentlichrechtlicher Normen, die Kulturgüter zu *res extra commercium* erklären

Öffentlichrechtliche Verkehrsbeschränkungen zielen darauf ab, privatrechtliche Verfügungen unmöglich zu machen.[45] Sie wirken daher unmittelbar auf den dinglichen Status der Sachen ein. Auch wenn die Normen, die Kulturgüter zu *res extra commercium* erklären, öffentlichrechtlicher Natur sind, ist die rechtliche Wirkung, die sie auslösen, nämlich die Unfähigkeit, Gegenstand eines privaten Rechtsgeschäfts zu sein, dem Zivilrecht zuzuordnen.[46] Das betreffende Gesetz zum Schutz von Kulturgut bedient sich damit eines sachenrechtlichen Behelfs.[47] Bei der Anwendung des öffentlichrechtlichen Gesetzes geht es daher im Grunde um die Berücksichtigung seiner zivilrechtlichen Wirkung, welche ohne Probleme von der kollisionsrechtlichen Verweisung miterfaßt wird.[48]

Die Anwendung von öffentlichrechtlichen Verkehrsbeschränkungen, die Bestandteil des Sachrechts sind, wird von der jetzt herrschenden Meinung befürwortet.[49] Soweit sich die Sachen im Zeitpunkt der Begründung des sachenrechtlichen Sonderstatus im Hoheitsgebiet befunden haben, hat sich der Staat in den Grenzen seiner Macht gehalten.[50] Im übrigen stellt die *ordre public*-Klausel ein hinreichendes Korrektiv dar, um die Anwendung von Normen, die der Durchsetzung ausländischer Staatsinteressen dienen, im Einzelfall auszuschließen, wenn das Resultat mit der inländischen Rechtsordnung unvereinbar scheint.

b. Exkurs: Anerkennung von Staatseigentum

Bei jeder Vindikationsklage eines Staates muß geprüft werden, ob der Staat überhaupt ein dingliches Recht an dem Kulturgut hat. Fraglich kann aber sein, ob der Eigentumstitel, auf den er sich beruft, im Ausland anzuerkennen ist.

Wenn ein Staat eine Sache in sogenanntem öffentlichem Eigentum hat, an dieser also eine rein öffentlichrechtliche Berechtigung besteht, könnte es zweifelhaft sein, ob dieser Staat nach Verbringung der Sache ins Ausland einen zivilrechtlichen Vindikationsanspruch gelten machen kann. Das Bestehen eines zivilrechtlichen Herausgabeanspruchs wird jedoch auch bei z. B. im *domaine public* etc. stehenden Sachen nicht in Frage gestellt.[51] Man kann dieses Ergebnis mit der

---

45 *Stoll* spricht von „hoheitlicher Privatrechtsgestaltung," Staudinger/*Stoll* (Fn. 3) Rn. 179.

46 *Carducci* S. 335, nennt sie *„lois de droit public par leur finalité et de droit privé par leurs effets."*

47 Vgl. auch *Stoll* Rechtsfragen, S. 53ff., S. 53.

48 *Carducci* S. 316f.; *Frigo* (Fn. 37) 570; *Kropholler* (Fn. 4) § 22 Anm. II 2; *Venturini* S. 15.

49 *Carducci* S. 316f.; *v. Schorlemer* S. 536; *Schwadorf-Ruckdeschel* S. 96; *Siehr* Rechtsfragen, S. 83ff., S. 97; zurückhaltend jedoch Diskussionsbeitrag v. *Matthias Herdegen* abgedr. in: Rechtsfragen, S. 128.

50 *Stoll* (Fn. 47) S. 64; Staudinger/*Stoll* (Fn. 3) Rn. 179.

51 *Prott/O'Keefe* Mésures, Anm. 131; vgl. auch *Siehr* AJP 1999, 962ff., 965.

Transpositionslehre[52] begründen. Wenn eine im öffentlichen Eigentum stehende Sache in den Geltungsbereich einer Rechtsordnung kommt, die das Konzept eines rein öffentlichen Eigentums nicht kennt, geht es um die Übernahme eines dem neuen Statut unbekannten Rechtsinstituts. Das zivilrechtliche Eigentum entspricht diesem jedoch funktionell, weswegen der Staat ab Grenzübertritt die einem Privateigentümer zustehenden Rechte an der Sache ausüben kann.

Manchmal handelt es sich bei dem fraglichen Eigentumsrecht des Staates um ein Eigentum „ex lege," das dem Staat nicht durch Rechtsgeschäft übertragen wurde, sondern durch Hoheitsakt begründet wurde. So werden in vielen mittel- und südamerikanischen Staaten sämtliche archäologischen Gegenstände kraft Gesetz zum Eigentum des Staates erklärt.[53] Die Anerkennung eines solchen hoheitlichen Eigentums folgt grundsätzlich aus dem Territorialitätsprinzip. Positive Ausformung dieses Prinzips ist, daß die durch Hoheitsakt erworbenen Eigentumsrechte eines Staates auch von anderen Staaten anerkannt werden, solange sich die erfaßten Sachen zum Zeitpunkt des Hoheitsaktes auf dem Gebiet des Staates befunden haben.[54]

Weitere Voraussetzung für die Anerkennung hoheitlich begründeten Eigentums eines ausländischen Staates ist aber, daß der Staat den dem Eigentumserwerb zugrunde liegenden Hoheitsakt tatsächlich vollzogen haben muß.[55] Konsequenz des Territorialitätsprinzip ist es, daß sich ein Staat nicht eines anderen Staates bei der Durchsetzung seiner Hoheitsakte bedienen kann. Ohne Vollzug des Hoheitsaktes wäre der Eigentumserwerbstatbestand noch nicht abgeschlossen und ein Vindikationsanspruch würde abgelehnt, was die folgenden zwei Rechtsprechungsfälle zeigen.

aa. *Attorney General of New Zealand v. Ortiz*[56]

In diesem Fall stützte Neuseeland seine Klage auf Herausgabe einer illegal ausgeführten Maori-Schnitzerei[57] auf eine Vorschrift des neuseeländischen Kulturgüterschutzgesetzes, wonach Kulturgüter im Falle ihrer unerlaubten Ausfuhr

---

52 S. o. § 2 I. 1.

53 S. o. 3. Kap. § 2 V.

54 *Müller-Katzenburg* S. 239. Die amerikanischen Gerichte begründen die Anerkennung in gleicher Weise mit der *Act of State Doctrine*, wonach ein Gericht die Hoheitsakte fremder Staaten nicht auf ihre Rechtmäßigkeit hin überprüfen darf, wenn sich der ausländische Staat dabei in den Grenzen seines Hoheitsgebietes gehalten hat, *Knott* S. 91 ff.; *Müller-Katzenburg* S. 240.

55 *Müller-Katzenburg* S. 241; vgl. dazu auch *Vischer* IPRax 1991, 209 ff., 213.

56 *Attorney General of New Zealand v. Ortiz* (1982) Q. B. D. 349 = (1982) 2 W. L. R. 10 = (1982) 3 All E. R. 432; Court of Appeal, (1984) A. C. 1 = (1982) 3 W. L. R. 570 = (1982) 3 All E. R. 432, 454; House of Lords, (1984) A. C. 41 = (1983) 2 W. L. R. 809 = (1983) 2 All E. R. 93.

57 Es ging um eine äußerst wertvolle geschnitzte Holztür. Sie war 1973 von einem Londoner Kunsthändler in Neuseeland gekauft worden, nach New York exportiert und dort an den

dem Staat verfallen, und machte insofern ein Eigentumsrecht geltend. Die englischen Obergerichte lehnten die Klage ab, weil sie die neuseeländische Vorschrift so interpretierten, daß sie keinen automatischen Verfall und damit Eigentumserwerb des Staates im Zeitpunkt des illegalen Exports vorsah, sondern noch eine Beschlagnahme erforderlich sei. Da es sich dabei aber um eine hoheitliche Tätigkeit des Staates handele, könne sie nur auf dessen Gebiet vollzogen werden. Mangels Vollendung des Erwerbsvorgangs konnte sich Neuseeland bei seiner Herausgabeklage nicht auf ein Eigentumsrecht stützen.[58]

bb. *King of Italy v. De Medici*[59]

Im Prozeß *King of Italy v. De Medici* aus dem Jahre 1918 forderte der italienische Staat die sogenannten Medici-Archive zurück, eine Sammlung von wertvollen Dokumenten aus dem 11. bis 18. Jahrhundert, die heimlich aus Florenz nach London gebracht worden waren, wo sie bei Christie's versteigert werden sollten. Die eine Hälfte dieser Dokumente stand wegen ihres Charakters als Staatsakte im Eigentum des italienischen Staates; die andere Hälfte war Eigentum von Privatleuten. Wegen ihres besonderen historischen Interesses hatte der Staat aber ein Vorkaufsrecht[60] und ihre Ausfuhr aus Italien war verboten. Das englische Gericht erließ eine einstweilige Verfügung[61] in bezug auf die im Staatseigentum stehenden Dokumente, durch welche die Versteigerung wegen der Rechte des italienischen Staates untersagt wurde. Bei den anderen Dokumenten lehnte es einen Rückgabeanspruch Italiens mangels Eigentumstitels aber ab. Zwar hätte der italienische Staat durch die Ausübung des Vorkaufsrechts Eigentum erlangen können, aber nur, solange sich die Dokumente in Italien befanden. Das Vorkaufsrecht und das Exportverbot konnten nicht extraterritorial durchgesetzt werden.

Kunstsammler Ortiz verkauft worden, der sie zunächst nach Genf und dann nach London brachte. Dort wurden sie dem Auktionshaus Sotheby's übergeben und die neuseeländische Regierung erlangte Kenntnis von ihrem Verbleib. Zum Schutz des kulturellen Erbes der Maori in Neuseeland *Paterson* IJCP 8 (1999) 108ff.

[58] Für die Frage, ob ein Staat, dessen Gesetzgebung bei unerlaubter Ausfuhr den Verfall des betreffenden Kulturgutes vorsieht, eine zivilrechtliche Herausgabeklage geltend machen kann, kommt es also darauf an, ob der Verfall an den Staat automatisch erfolgt oder noch besondere Vollstreckungsakte, z. B. Beschlagnahme, erforderlich sind, *O'Keefe* (Fn. 32) 360; vgl. auch *Roloff* S. 53, S. 78.

[59] *King of Italy and Italian Gouvernment v. Marquis Cosimo de Medici Tornaquinci, Marquis Averardo de Medici Tornaquinci, and Christie, Manson and Woods* Entsch. v. 31. 7. 1918, 34 T. L. R. 623 (Ch. D. 1918).

[60] S. o. 4. Kap. § 1 IV. 2. c.

[61] Ein Urteil in der Hauptsache erging nicht; ein Großteil der Dokumente wurde aufgrund eines Vergleichs wieder nach Italien gebracht, vgl. *de Visscher* (Fn. 10) 59.

cc. *City of Gotha and Federal Republic of Germany v. Sotheby's and Cobert Finance S. A.*

Anerkannt wurde das Eigentum der Bundesrepublik Deutschland allerdings in der bislang unveröffentlichten Entscheidung *City of Gotha and Federal Republic of Germany v. Sotheby's and Cobert Finance S. A.*,[62] obwohl sich das Bild,[63] dessen Herausgabe die Bundesrepublik von der panamaischen Gesellschaft Cobert forderte, im Zeitpunkt des Eigentumübergangs auf das Land Thüringen möglicherweise bereits in der damaligen Sowjetunion befand. Obwohl der Richter davon überzeugt war, daß das Eigentum an dem Bild, welches ursprünglich im Eigentum der „Herzog von Sachsen-Coburg und Gotha'schen Stiftung für Kunst und Wissenschaft" stand, bereits durch das Enteignungsgesetz v. 9.10.1945 auf das Land Thüringen übergegangen war – 1945 befand sich das Gemälde noch in Thüringen –, prüfte er hilfsweise, ob es am 14.10.1950 wegen Auflösung der Stiftung durch den Justizministers des Landes Thüringen an das Land Thüringen (und damit 1952 mit Auflösung der Länder an die DDR und 1990 durch die Wiedervereinigung an die Bundesrepublik) übergegangen war. Zu diesem Zeitpunkt befand sich das Bild aber wahrscheinlich bereits in der Sowjetunion. Die beklage Gesellschaft Cobert machte geltend, daß es sich bei der Auflösung der Stiftung um eine Enteignung gehandelt habe, welche keine extraterritoriale Wirkung habe und das in der Sowjetunion belegene Gemälde insofern nicht erfaßt worden sei.

Entscheidungserheblich war, ob der Akt der Auflösung lediglich den Zweck hatte, den Übergang der Vermögenswerte der Kunststiftung auf das Land sicherzustellen. Das englische Gericht verneinte dies jedoch und stellte fest, daß die Stiftung gemäß § 87 Abs. 1 BGB aufgelöst worden wäre, mit der Folge, daß das Stiftungseigentum im Wege der Gesamtrechtsnachfolge auf das Land übergegangen wäre, auch wenn sich Teile des Vermögens zu diesem Zeitpunkt bereits außerhalb des Staatsgebiets befunden hätten. Das auf diesem Wege erworbene Eigentum werde auch in England anerkannt, weil es nicht auf einem in erster Linie auf die Übertragung von Vermögensrechten abzielenden Akt der öffentlichen Verwaltung beruhe,[64] sondern Konsequenz einer Erklärung, die sich auf

---

[62] High Court, Entsch. v. 9.9.1998, im Internet unter: http://iecl.iuscomp.org/gla/judgments/foreign/gotha1.htm; vgl. dazu auch *Carl/Güttler/Siehr* Kunstdiebstahl vor Gericht; *Crüvell* FAZ v. 4.11.1998, S. 41; *Finkenauer* JZ 2000, 241ff.; *v. Gehren* FAZ v. 10.7.1992, S. 32; *Jayme* Rückführung, S. 203ff., S. 210ff.; *ders.* Gutachten S. 255ff.; *Lomas/Orton* Art, Antiquity and Law 4 (1999) 159ff.; *Mair* Art, Antiquity and Law 3 (1998) 413ff.; *Müller-Katzenburg* Art, Antiquity and Law 5 (2000) 105ff., 120ff.; *Redmond Cooper* Art, Antiquity and Law 5 (2000) 185ff., 190ff. Am 19.2.1999 wurde das Gemälde an die Stadt Gotha zurückgegeben, Notiz, IJCP 8 (1999) 584.

[63] Es ging um ein Bild des Niederländers Joachim Wtewael, die Darstellung der Heiligen Familie, ein herausragendes Beispiel des niederländischen Manierismus.

[64] Dann würde nämlich das Territorialitätsprinzip eingreifen und eine Anerkennung daran scheitern, daß sich das Bild außerhalb des Hoheitsgebiets befunden hatte, s. o. § 2 II. 2. b.

den Rechtsstatus der Kunststiftung beziehe, sei. Deswegen handele es sich bei der Erhebung einer Klage in England auch nicht um die Ausübung souveräner Hoheitsgewalt in England.

c. Problem: Besitzloses Staatseigentum

Die Kulturgüter, die durch Gesetz zu Staatseigentum erklärt werden, befinden sich häufig nicht im Besitz des Staates. Die Staaten unternehmen oft auch keinerlei Anstrengungen, um in ihren Besitz zu gelangen. Häufig sehen schon die Kulturgüterschutzgesetze selbst vor, daß die Kunstgegenstände in Privatbesitz stehen können. Das Eigentum des Staates dient in diesen Fällen nur dazu, diesem ein potentielles Zugriffsrecht zu verschaffen und gibt ihm ein Mittel in die Hand, seine Kulturpolitik leichter durchsetzen zu können.[65] Manchmal ist sogar nicht einmal die Existenz der Kulturgüter bekannt.

Fraglich ist, ob es in diesen Fällen mangels Besitzergreifung an einer Durchsetzung des das Eigentum begründenden Anspruchs von Seiten des Staates fehlt, was dazu führen würde, daß dieser im Ausland kein Eigentumsrecht geltend machen könnte. Teilweise wird in der Literatur gefordert, die genannten Eigentumserklärungen nicht anzuerkennen. Es handele sich um rein rhetorische Gesetze, die nur darauf zugeschnitten wären, im Ausland durchgesetzt zu werden, während sie im Inland gar nicht beachtet würden. Deswegen würde es sich bei den Eigentumserklärungen eigentlich nur um Exportverbote handeln. Diese könnten aber nicht extraterritorial durchgesetzt werden.[66]

Für eine Anerkennung des Eigentumserwerbs und eine Gleichbehandlung von rechtsgeschäftlich erlangtem und hoheitlich begründetem Eigentum sprechen aber das Territorialitätsprinzip und der Schutz wohlerworbener Rechte: Es ist Sache des Staates, in dessen Gebiet sich die Sachen befinden, festzulegen, auf welche Weise an ihnen Eigentum erworben werden kann.[67] Die Erlangung des

---

[65] *Müller-Katzenburg* S. 243.

[66] *Merryman* IJCP 1 (1992) 169ff., 170; *ders.* ISWA I, S. 425ff., S. 432; vgl. auch *Knott* S. 98; *Government of Peru v. Johnson* 720 F. Supp. 810 (C. D. Cal. 1989), 814: „*The domestic effect of such pronouncement appears to be extremely limited. Possession of such artifacts is allowed to remain in private hands, and such objects may be transferred by gift or bequeast or succession. There is no indication that Peru has ever sought to exercise its ownership rights in such property, so long as there is no removal from that country. The laws of Peru could reasonably be considered to have no more effect than export restrictions.*"

[67] Vgl. *United States. v. Mc Clain* 545 F. 2d 988 (5th Cir. 1977), 1002: „*The State comes to own property only when it acquires such property in the general manner by which persons come to own property, or when it declares itself the owner, the declaration is an attribute of sovereignty.*" Die U. S.-amerikanischen Gerichte, die sich mit dem Problem der Anerkennung vorwiegend im Zusammenhang mit der Frage, ob ein Kulturgut als gestohlen i. S. des National Stolen Property Act (NSPA) angesehen werden konnte, beschäftigten, haben ein besitzloses

Besitzes ist dafür nicht zwingende Voraussetzung.[68] Da bereits durch die Gesetze selbst bestimmt wird, daß die jeweiligen Kulturgüter im Eigentum des Staates stehen, bedarf es auch keines weiteren Vollzugsaktes. Wann der Eigentumserwerb vollendet ist, hängt nur von den vom gesetzlichen Tatbestand geforderten Voraussetzungen ab.[69] Die Gesetze, welche bestimmte Kulturgüter zu Staatseigentum erklären, setzen eine Besitzergreifung aber nicht voraus.[70]

Solange sich das Kulturgut in dem Staat, zu dessen Eigentum es erklärt worden ist, befindet, wird es als sein Eigentum angesehen, auch wenn der Staat das Eigentumsrecht nicht geltend macht. Das Prinzip vom Schutz wohlerworbener Rechte fordert aber, daß ein Recht wie das Eigentum bei einem Statutenwechsel nicht untergeht, auch wenn es unter anderen oder auch leichteren Voraussetzungen begründet worden ist als denjenigen des neuen Statuts.[71] Bei der Nichtanerkennung eines Rechtes ist größte Zurückhaltung geboten;[72] diese ist nur gerechtfertigt, wenn die Anerkennung im Ergebnis gegen den *ordre public* verstoßen würde.[73]

Staatseigentum grundsätzlich als wirksames Eigentum anerkannt; vgl. z. B. *United States v. Pre-Columbian Artifacts and the Republic of Guatemala* 845 F. Supp. 544 (N. D. Ill. 1993) 547. Sie ließen eine Beachtlichkeit der Eigentumserklärung aber meist daran scheitern, daß das ausländische Gesetz keine ausreichend eindeutige Erklärung nationalen Eigentums enthielt, vgl. *Church* Col. J. Trans. L. 30 (1992) 179ff., 184, 199f.

68 *Byrne-Sutton* trafic, S. 90; *U. S. v. McClain* (Fn. 67) 992: „*Possession is but a frequent incident, not the sine qua non of ownership, in the common law or the civil law.*"; vgl. auch *U. S. v. Mc Clain* 593 F. 2d 658 (5th Cir. 1979) 671: „(...) *we agree with the earlier panel that it is proper to punish through the National Stolen Property Act encroachments upon legitimate and clear Mexican ownership, even though the goods may never have been physically possessed by agents of that nation.*"

69 *Müller-Katzenburg* S. 245.

70 Ein Unterschied zu dem Fall *Attorney General of New Zealand v. Ortiz* (Fn. 56) ist, daß dort der Eigentumserwerb ein bestimmtes Ereignis, nämlich die illegale Ausfuhr voraussetzte, während bei den *Umbrella Statutes* der Eigentumserwerb im Zeitpunkt des Inkrafttretens des Gesetzes erfolgt.

71 *Ferrer-Correia* AIDI 64-I (1991) 140ff., 162; *Müller-Katzenburg* S. 244.

72 *Müller-Katzenburg* S. 244; *Prott/O'Keefe* III, Rn. 718.

73 Auch das OLG Schleswig (Beschl. v. 10.2.1989, NJW 1989, 3105f.) hat im Rahmen eines Rechtshilfeersuchens des griechischen Staates zugunsten der Anerkennung von hoheitlich begründetem, besitzlosem Staatseigentum an Kulturgütern entschieden: Ein in Deutschland lebender Grieche hatte auf einem von seinem Vater geerbten Grundstück in Griechenland 75 antike Münzen gefunden, die er nach Deutschland mitnahm. Das griechische Justizministerium ersuchte die deutschen Behörden um Beschlagnahme und Herausgabe der Münzen. Da Voraussetzung für die Rechtshilfe war, daß das Verhalten des Griechen auch in Deutschland strafbar war, prüfte das Gericht die Eigentumslage an den Münzen und kam zu dem Schluß, daß das Eigentum, welches der griechische Staat gemäß dem griechischen Gesetz Nr. 5351/1932 (s. o. 4. Kap. § 1 XIII.) an den Münzen habe, durch die Verbringung nach Deutschland nicht untergegangen sei. Das neue Sachstatut übernehme die Sache mit der

Für die Anerkennung von gesetzlich begründetem Staatseigentum an Kulturgut werden neben rechtlichen auch wirtschaftliche Gründe vorgebracht.[74] Aus Sicht der Herkunftsstaaten ist die Erklärung von Kulturgütern zu Staatseigentum nämlich häufig die einzige Möglichkeit, archäologische Fundstätten wenigstens mittelbar vor Plünderung zu schützen und die Funde vor der Abwanderung ins Ausland zu bewahren, weil sie nicht die technischen und finanziellen Mittel haben, diese in tatsächlicher Hinsicht zu schützen.[75] Die Anerkennung eines weitreichenden Staatseigentums führt dagegen zu einer Risikoverlagerung zu Lasten der Käufer, was zwar auf den ersten Blick nicht erstrebenswert erscheint. Letztlich hat aber ein Erwerber die Möglichkeit, sich über die Herkunft eines Kunstgegenstandes zu erkundigen, Nachforschungen einzuziehen und unter Umständen auch auf den Kauf zu verzichten. Wenn Kunsthändler und Sammler dazu gezwungen sind, bei zweifelhaften Objekten vom Kauf abzulassen, weil ansonsten das Risiko, die Sache zurückgeben zu müssen, besteht, und insofern stärkere Zurückhaltung üben, verringert sich der Anreiz, den die hohen im Kunsthandel gezahlten Preise für Plünderer, Diebe und Schmuggler bieten.[76] Berücksichtigt werden muß in diesem Zusammenhang auch, daß der Erwerber, der einen Kunstgegenstand an den Eigentümerstaat zurückgeben muß, einen Schadensersatzanspruch gegenüber seinem Verkäufer hat.[77] Das Risiko, daß dieser nicht mehr auffindbar ist, ist Folge der Obliegenheit, nur mit bekannten, vertrauenswürdigen Kunsthändlern Geschäfte zu machen.[78]

---

sachenrechtlichen Prägung, die ihr das alte Statut verliehen habe, es sei denn, diese wäre mit der geltenden deutschen Sachenrechtsordnung völlig unverträglich. Eine solche Unverträglichkeit läge jedoch nicht vor, denn auch das deutsche Privatrecht gestatte in Art. 73 EGBGB die Kodifizierung eines Schatzregals durch die Länder.

[74] *Moore* Yale L. J. 97 (1988) 466ff., 478ff.

[75] *Carducci* S. 252; *Jaeger* S. 77.

[76] *Moore* (Fn. 74) 467; *Müller-Katzenburg* S. 249.

[77] *Müller-Katzenburg* S. 250; s. o. § 1.

[78] Für die Anerkennung besitzlosen Staatseigentums an Kulturgütern spricht auch ein Vergleich mit der Eigentumslage an Bodenschätzen, vgl. *Carducci* S. 252f.; *Müller-Katzenburg* S. 248; *Prott/O'Keefe* III, Rn. 718. Auch an diesen wird das Eigentum des Staates hoheitlich begründet. Die extraterritoriale Anerkennung dieses Staatseigentums setzt nicht voraus, daß bereits eine tatsächliche Besitzergreifung des Staates daran stattgefunden hat, *Moore* (Fn. 74) 482 Fn. 84. Es besteht aber kein Grund, wieso ein *ex lege*-Eigentumsrecht des Staates an den auf seinem Staatsgebiet befindlichen Kulturgütern anders beurteilt werden sollte, vgl. auch *Seidl-Hohenveldern* Observations, AIDI 64-I (1991) 134ff., 135: „*La loi de la République de l'Equateur déclarant biens d'État et res extra commercium les trésors archéologiques encore inconnus et ensevelis me paraît une mésure relativement efficace de protection et guère plus choquante que le droit régalien sur les gisements de pétrole.*"

d. Grenzen der Anerkennung

Eine andere Betrachtungsweise ist allerdings angebracht, wenn sich die Erklärung des Staatseigentums nicht nur auf unbekannte bzw. unausgegrabene Kulturgüter bezieht, sondern auch auf solche, von denen der Staat sehr wohl Kenntnis hat und die sich im Privatbesitz befinden und durch die Übertragung von Besitzrechten oder Nießbrauchrechten sogar veräußert werden dürfen.[79] In solchen Fällen, in denen der Staat die Möglichkeit, aber keine Absicht hat, sein Eigentumsrecht geltend zu machen, solange sich das Kulturgut im Lande befindet, im Grunde alle Rechte bei Privatpersonen liegen und nur darauf verzichtet wird, diese Rechte auch als Eigentum zu bezeichnen, kann das Eigentum des Staates tatsächlich als rein rhetorisch bezeichnet werden. Wenn in einem solchen Fall ein Kulturgut vom berechtigten Besitzer an jemanden verkauft wird, welcher die Sache außer Landes bringt, sollte im Ausland lediglich von einer unrechtmäßigen Ausfuhr ausgegangen werden, dem Herkunftsstaat aber kein Vindikationsanspruch zugebilligt werden (Ende des Exkurses: Anerkennung von Staatseigentum).

3. Vereinbarkeit mit dem *ordre public*

Die Anwendung der früheren *lex rei sitae* samt ihrer öffentlichrechtlichen Bestimmungen, die das Kulturgut zur *res extra commercium* erklären, darf außerdem nicht zu *ordre public*-widrigen Ergebnissen führen. Bei Rechtsordnungen, die selber das Konzept der Erklärung von Kulturgütern im Eigentum öffentlichrechtlicher Körperschaften zu *res extra commercium* kennen, stellt der *ordre public* keine Hürde dar. So wurde z. B. in der Entscheidung *Ecuador c. Danusso* bei der Prüfung, ob die Anwendung der früheren ecuadorianischen *lex rei sitae* mit dem italienischen *ordre public* vereinbar sei, hervorgehoben, daß Italien ähnliche Kulturgüterschutznormen kenne.

Dem deutschen Recht ist die Erklärung von Kulturgütern zu *res extra commercium* bislang fremd. Das heißt allerdings noch nicht, daß die Anwendung einer Rechtsordnung, die von der Extrakommerzialität bestimmter Kulturgüter ausgeht, einen Verstoß gegen Art. 6 EGBGB darstellen würde. Auch das deutsche Recht kennt Vorschriften, die einen gutgläubigen Erwerb von Sachen ausschließen, z. B. § 935 Abs. 1 BGB. Die zu *res extra commercium* erklärten Kulturgüter im Eigentum öffentlichrechtlicher Körperschaften sind außerdem mit den öffentlichen Sachen vergleichbar, an denen zwar gutgläubig Eigentum erworben werden kann, die aber mit einer öffentlichen Dienstbarkeit belastet sind, welche trotzdem nicht untergeht.[80] In manchen Bundesländern sind bestimmte Sachen

---

[79] Vgl. z. B. Art. 23ff. des griech. Gesetzes Nr. 5351/1932, s. o. 4. Kap. § 1 XIII.

[80] S. u. 7. Kap. § 2 II.

dem privaten Rechtsverkehr völlig entzogen und unterliegen einer rein öffentlichrechtlichen, als „öffentliches Eigentum" bezeichneten Sachherrschaft.[81] Von BVerwG und BVerfG wurden diese Regelungen als mit der deutschen Rechtsordnung vereinbar angesehen.[82] Insofern verstößt die Anwendung von durch die *lex rei sitae* berufenen Rechtsnormen, die bestimmte Sachen als verkehrsunfähig behandeln, nicht gegen den deutschen *ordre public*.

Die Anerkennung des dinglichen Status einer Sache als *res extra commercium* stellt kein Problem dar, soweit es um die Auswirkungen auf eine Veräußerung, die auf dem Gebiet der Rechtsordnung des Herkunftsstaates erfolgt ist, geht. Wird das Kulturgut nach der vollendeten Veräußerung in ein anderes Land gebracht (Fall des schlichten Statutenwechsels), ist die Veräußerung wegen der Extrakommerzialität der Sache trotzdem fehlgeschlagen und die Sache kann vom Eigentümer herausverlangt werden.

4. Exkurs: Französisches IPR

Nur eingeschränkt gilt dieses Ergebnis allerdings aus Sicht des französischen IPR. Auch dieses verweist im internationalen Sachenrecht zwar auf die *lex rei sitae*. Bei der Frage des gutgläubigen Erwerbes wird aber nicht das Recht des Belegenheitsortes zum Zeitpunkt des Erwerbs, sondern das zum Zeitpunkt des Prozesses angewandt.[83] Wenn eine Sache in einem anderen Land veräußert und danach nach Frankreich verbracht wurde, verweist das französische IPR auf französisches Recht, weil die Rechtswirkungen des Art. 2279 franz. C. c. allein an die Tatsache des Besitzes anknüpfen. Der Begriff *„possession"* als Voraussetzung für das Entstehen des Titels wird also nicht als Inbesitznahme, sondern als Inbesitzhaben verstanden. Der Besitzer einer Sache soll sich auf Art. 2279 C. c. berufen können, sobald sich die Sache auf französischem Boden befindet und die Voraussetzungen des Art. 2279 C. c. vorliegen, auch wenn er die Sache in einem anderen Staat erworben hat, dessen Rechtsordnung diese Regel nicht kennt.[84]

Eine solche Interpretation führt dazu, daß Kulturgüter noch leichter den sie schützenden Vorschriften entzogen werden, weil allein die Verbringung eines

---

81 Vgl. § 4 hamb. WegeG, § 4a Abs. 1 hamb. DOG, § 4 bw WasserG.

82 BVerwGE 27, 131ff., 133; BVerfGE 24, 367ff., 380.

83 *Carducci* S. 335; *Prott* (Fn. 5) 262.

84 *Batiffol/Lagarde* Anm. 512; *Stroganoff-Scherbatoff c. Bensimon* Trib. de grande instance de la Seine, Entsch. v. 12. 1. 1966, Rev. cr. dr. int. pr. 1967, 120ff., wo es um die Herausgabe verschiedener von der sowjetischen Regierung nationalisierter Kunstwerke ging. Das Gericht stellte fest: *„Attendu, certes, que si le possesseur en France d'un meuble acquis à l'étranger peut valablement opposer des dispositions de l'article 2279 du Code civil à celui qui en revendique la propriété, du moment qu'il réunit les conditions prévues par cette disposition,* (...)" (123). Im konkreten Fall kam Art. 2279 C. c. den Beklagten aber mangels Gutgläubigkeit nicht zugute.

geschützten Kulturguts nach Frankreich ausreicht, damit das Kulturgut von seinem ursprünglichen Eigentümer einem gutgläubigen Erwerber gegenüber nicht mehr zurückverlangt werden kann.[85] Z. B. hätte sich Danusso im Fall *Ecuador c. Danusso*, wenn die Kunstgegenstände nach Frankreich gebracht worden und vor einem französischen Recht auf Rückgabe geklagt worden wäre, auf die Regel des Art. 2279 C. c. berufen können; die Klage Ecuadors wäre abgelehnt worden. Von einem Teil der französischen Literatur wird diese Konsequenz beim schlichten Statutenwechsel daher auch kritisiert und vertreten, daß Art. 2279 C. c. nur anwendbar sein solle, wenn dem Besitzer der Besitz an der Sache auch in Frankreich übertragen worden sei.[86]

III. Qualifizierter Statutenwechsel und internationales Verkehrsgeschäft

Anders stellt sich die Situation im Fall eines qualifizierten Statutenwechsels dar. Davon spricht man, wenn eine Sache in ein anderes Land und damit in den Geltungsbereich einer anderen Rechtsordnung gelangt, bevor sich ein Rechtsänderungstatbestand vollständig erfüllt hat.[87] Das ist z. B. der Fall, wenn die alte *lex rei sitae* für die Übereignung sowohl ein Rechtsgeschäft als auch eine rein tatsächliche Handlung wie die Übergabe vorsieht und die Sache erst nach dem Statutenwechsel übergeben wird, das Rechtsgeschäft aber schon vorher abgeschlossen wurde.

Bei solchen unter dem alten Statut nicht abgeschlossenen Tatbeständen (sogenannte gestreckte Tatbestände) richtet sich die Rechtsänderung nach allgemeiner Ansicht insgesamt nach dem neuen Statut. Dieses entscheidet darüber, ob die im Ausland verwirklichten Tatbestandsmerkmale im Inland anerkannt werden. Im deutschen Recht ist diese Frage jetzt durch Art. 43 Abs. 3 EGBGB[88] geregelt, der auf einen Vorschlag des Deutschen Rates für IPR zurückgeht.[89] Durch die gesetzliche Regelung ist der Streit, ob die im Ausland erfüllten Erwerbsvoraussetzungen nach dem Statutenwechsel fortwirken[90] oder im Wege einer

---

85 *Carducci* S. 156.

86 *Niboyet* Anm. 1209; besonders im Hinblick auf den Kulturgüterschutz *Audit* Rev. int. dr. comp. 46 (1994) 405ff., 419; *Carducci* S. 158ff.; *Muir-Watt* Rev. cr. dr. int. pr. 81 (1992) 1ff., 26.

87 MünchKomm/*Kreuzer* (Fn. 6) Rn. 60.

88 Art. 43 Abs. 3 EGBGB: *Ist ein Recht an einer Sache, die in das Inland gelangt, nicht schon vorher erworben worden, so sind für einen solchen Erwerb im Inland Vorgänge in einem anderen Staat wie inländische zu berücksichtigen.*

89 *Kreuzer* Gutachten, S. 37ff., S. 75.

90 So eine ältere Meinung, vgl. z. B. *Lewald* S. 187f.; diese Meinung stützt sich auf eine Entscheidung des OLG Zweibrücken v. 13. 7. 1898, ZIR 10 (1900) 220ff., 221.

materiellrechtlichen Fiktion als im Ausland antizipiert erfüllte Tatbestandselemente einer deutschen Sachnorm behandelt werden sollen,[91] zugunsten der letztgenannten Ansicht entschieden worden. Art. 43 Abs. 3 EGBGB ist als einseitige Kollisionsnorm formuliert, da grundsätzlich jede Rechtsordnung selbst entscheiden soll, ob sie Tatbestandsmerkmale, die nur unter einem alten Statut verwirklicht wurden, anerkennt oder nicht.[92] Weiterhin ist es auch Sache des Neustatuts zu entscheiden, ob es den Tatbestand schon als abgeschlossen ansieht.[93] Ist z. B. nach dem Neustatut für die Übereignung keine Übergabe notwendig, erfolgt der Eigentumsübergang im oben genannten Beispiel bereits mit Grenzübertritt der Sache.

I. Gestreckte Übereignung von als *res extra commercium* behandelten Gegenständen

Wenn eine Sache, die in einem Land, z. B. in Spanien, als unveräußerlich angesehen wird, dort übereignet werden soll, aber nach Abschluß des Kaufvertrags, jedoch noch vor Übergabe der Sache nach Deutschland gebracht und erst dort übergeben wird,[94] stellt sich die Frage, ob der Eigentumserwerb in Deutschland wirksam vollendet werden kann oder wegen der Unveräußerlichkeit nach spanischem Recht fehlgeschlagen ist. Dafür kommt es darauf an, ob die Beurteilung der gesamten Situation nach dem neuen Statut nur dazu führt, daß die Frage, welche Voraussetzungen für die Übereignung notwendig sind, nach dem Neustatut beurteilt wird (also hier nach deutschem Recht dingliche Einigung und Übergabe), oder es bedeutet, daß auch die Frage, ob diese Tatbestandsmerkmale wirksam erfüllt worden sind, dem Neustatut unterliegt. Im ersten Fall müßte man eine wirksame Übereignung verneinen. Eine nach dem deutschen Neustatut erforderliche wirksame dingliche Einigung[95] läge nicht vor, weil diese in Spanien wegen der Unveräußerlichkeit fehlgeschlagen wäre.[96]

---

91 So die h. M., vgl. statt vieler MünchKomm/*Kreuzer* (Fn. 6) Rn. 60, 72.

92 BT-Drs. 14/343, 16.

93 Das gilt aber nur für den Fall, daß das Altstatut den Tatbestand als noch nicht abgeschlossen ansieht. Ist der Tatbestand hingegen nach dem Altstatut bereits abgeschlossen, wird diese Frage von dem Neustatut nicht noch einmal beurteilt. Wenn die Sache in einen anderen Staat verbracht wird, stellt dies einen schlichten Statutenwechsel dar, s. o. § 2 II. Der Erwerbstatbestand ist allein nach dem alten Statut zu beurteilen und wird nach dem Grundsatz vom Schutz wohlerworbener Rechte grundsätzlich anerkannt.

94 Nach spanischem Recht erfordert die Übereignung „titulus" (Vertrag) und „modus" (Übergabe); vgl. Art. 609 Abs. 2 span. C. c.

95 Die dingliche Einigung kann als in dem in Spanien geschlossenen Kaufvertrag enthalten angesehen werden, weil dieser nach spanischem Recht darauf gerichtet ist, Eigentum zu übertragen.

96 In diesem Sinne wohl *Hanisch* FS Müller-Freienfels, S. 193ff., S. 214.

Gemäß der neuen Regelung des Art. 43 Abs. 3 EGBGB sind allerdings die in Spanien erfolgten Tatbestandsmerkmale so anzusehen, als ob sie in Deutschland vorgenommen worden wären. Die Rechtswirkungen dieser Handlungen nach spanischem Recht sind insofern ohne Belang. Die Wirksamkeit der einzelnen Tatbestandsmerkmale wird nach dem neuen Statut, also nach deutschem Recht beurteilt, welches die Sache als veräußerlich behandelt, was dazu führt, daß ein wirksamer Eigentumserwerb gemäß § 929 S. 1 (evtl. i. V. mit § 932) BGB erfolgt wäre: Daß der Kaufvertrag in Spanien mangels geeignetem Objekt gar nicht wirksam war und ein Eigentumsübergang in Spanien wegen der Unveräußerlichkeit des Gegenstandes nicht hätte erfolgen können, spielt keine Rolle. Für diese Lösung sprechen auch Praktikabilitätsgründe, weil es als unsinnig angesehen wird, den Parteien aufzuerlegen, bestimmte Handlungen im Inland zu wiederholen, die sie im Ausland bereits vorgenommen haben, um die gewünschte Rechtswirkung herbeizuführen.

Trotzdem mutet diese Lösung angesichts der Zufälligkeit, ob die Übergabe noch in Spanien oder erst in Deutschland erfolgt ist, willkürlich an. Wenn der Tatbestand bereits unter spanischem Recht abgeschlossen gewesen wäre, wäre die Übereignung wegen der Unveräußerlichkeit der Sache fehlgeschlagen und an diesem Ergebnis hätte sich auch durch einen Statutenwechsel nichts geändert. Die Verbringung der Sache in den Geltungsbereich des deutschen Rechts hätte nicht dazu geführt, daß die Übereignung plötzlich wirksam geworden wäre, denn die nach dem Altstatut nicht eingetretene Rechtsänderung erfolgt nicht dadurch, daß die Sache später in ein Gebiet gelangt, dessen Recht an den abgeschlossenen Tatbestand Erwerbswirkungen geknüpft hätte.[97] Wegen der häufig zufälligen Rechtsfolgen, die sich aus einem Statutenwechsel im Verlauf ein und desselben Rechtsgeschäfts ergeben, will eine stärker werdende Meinung bei einem sogenannten internationalen Verkehrsgeschäft von der strikten Geltung des *lex rei sitae*-Prinzips abweichen und das Sachstatut unwandelbar anknüpfen.

2. Internationales Verkehrsgeschäft

Bei einem internationalen Verkehrsgeschäft handelt es sich um ein Geschäft, bei dem der Verkäufer die Sache ins Ausland zu schicken hat (internationaler Versendungskauf) oder ein Beteiligter die Sache mit Wissen des anderen in ein anderes Land bringt.[98] Es kann sich also sowohl um abgeschlossene als auch um

---

[97] MünchKomm/*Kreuzer* (Fn. 6) Rn. 61; Staudinger/*Stoll* (Fn. 3) Rn. 303.

[98] Staudinger/*Stoll* (Fn. 3) Rn. 288. Der Begriff des internationalen Verkehrsgeschäfts deckt sich – in Bezug auf Kunstwerke – aber nicht mit dem des „internationalen Kunstkaufs," vgl. *Ferrer-Correia* AIDI 64-I (1991) 90ff. Dieser umfaßt auch reine Inlandsgeschäfte mit Auslandsberührung, so z. B. den Kauf eines Kunstwerkes in einem Land nach dessen illegaler Ausfuhr aus einem anderen Land.

gestreckte Tatbestände handeln. Beide Fälle haben aber gemeinsam, daß die Verbringung der Sache in ein anderes Rechtsgebiet von vornherein geplant ist, der Bezug zu einer anderen Rechtsordnung für beide Parteien also feststeht. Folgt man dem Grundsatz der *lex rei sitae*, muß man in solchen Situationen bei gestreckten Tatbeständen das Recht von Herkunfts- und Bestimmungsland nacheinander anwenden.

Die Berücksichtigung von zwei Rechtsordnungen im Rahmen eines Rechtsgeschäfts führt aber zu Schwierigkeiten, insbesondere aufgrund der fehlenden Koordination mit dem Vertragsstatut, das keinem Statutenwechsel unterliegt.[99] Weil die sukzessive Anwendung des Rechtes verschiedener Staaten von vielen als zu kompliziert empfunden wurde, kamen im Rahmen der Vorarbeiten zu einer gesetzlichen Regelung des deutschen internationalen Sachenrechts verschiedene Alternativvorschläge auf. Darunter dominierte die Empfehlung, im Fall des internationalen Verkehrsgeschäfts eine begrenzte Rechtswahl zuzulassen (entweder, um Drittinteressen zu schützen, nur mit inter partes-Wirkung,[100] oder sogar mit erga omnes-Wirkung[101] bzw. indirekt durch Anknüpfung des Sachstatuts an das Vertragsstatut,[102] welches einer Rechtswahl unterliegt). Der Gesetzgeber ist den Vorschlägen für eine Sonderregelung des internationalen Verkehrsgeschäfts aber nicht gefolgt, weil eine Rechtswahl der Parteien den numerus clausus der Sachenrechte durchbrechen würde und außerdem Verkehrsinteressen zuwiderlaufen würde.[103]

Auch de lege ferenda sind diese Ansichten nicht weiter zu diskutieren, weil keine von ihnen geeignet ist, die Unveräußerlichkeit des Kulturguts zu berücksichtigen und damit seinem Schutz Rechnung zu tragen. Die Parteien, denen daran gelegen ist, den Eigentumsübergang der Sache herbeizuführen, werden – zumindest wissentlich – wohl nicht die Rechtsordnung wählen, welche die besonderen verkehrsfeindlichen Vorschriften zum Schutze des Kulturguts enthält.[104] Ebenso ist der Vorschlag, die dingliche Rechtslage beim internationalen Verkehrsgeschäft nach der *lex validationis* zu beurteilen,[105] d. h. nach derjenigen der in Betracht kommenden *leges rei sitae*, die den Eigentumsübergang herbeiführt,

---

[99] *Kreuzer* (Fn. 89) S. 58.

[100] *Gottheiner* RabelsZ 18 (1953) 356ff., 357, 375.

[101] Staudinger/*Stoll* (Fn. 3) Rn. 292ff.

[102] *Erman/Hohloch* Art. 38 Anh. Rn. 26; *Sovilla* S. 72f.

[103] BT-Drs. 14/343, 14f. Allerdings kann mit Hilfe der Ausweichklausel (Art. 43 Abs. 4 EGBGB) unter Umständen auch ein einheitliches Sachstatut (so z. B. nur das Recht des Ausgangs- oder des Bestimmungsstaats oder auch das Schuldvertragsstatut) zur Anwendung kommen, wenn das Rechtsgeschäft nur mit diesem eine enge Verbindung hat.

[104] Vgl. *Prott* (Fn. 5) 236.

[105] *Lüderitz* S. 197ff.

unter dem Gesichtspunkt des Schutzes von *res extra commercium* kontraproduktiv. Aus der Perspektive eines umfassenden Kulturgüterschutzes müßte man eher das Gegenteil vertreten, nämlich die Anwendung der *lex invalidationis.*[106] Ein so einseitiger und extremer Standpunkt ist aber wohl nicht durchsetzbar und wäre auch nicht sinnvoll, da die Parteien der Wirkung der Unveräußerlichkeit durch eine Neuvornahme der Veräußerung unter dem Neustatut ohnehin entgehen könnten. Diesem Problem läßt sich nur durch eine generelle Weiterberücksichtigung der Unveräußerlichkeit auch nach einem Statutenwechsel begegnen. Deswegen kann eine Lösung der besonderen Situation der als *res extra commercium* behandelten Kulturgüter nicht in einer besonderen Behandlung der Konstellation eines gestreckten Tatbestandes oder eines internationalen Verkehrsgeschäfts gefunden werden, sondern muß grundlegend angegangen werden.

IV. Situation bei Veräußerung unter neuem Statut

Letztlich kann sich der Schutz von zu *res extra commercium* erklärten Kulturgütern international nur durchsetzen, wenn der besondere dingliche Status auch bei einer Veräußerung nach einem Statutenwechsel erhalten bleibt. Grundsätzlich gilt im internationalen Sachenrecht das Prinzip der *lex rei sitae*. Die *lex rei sitae* soll nach herrschender Ansicht auch darüber entscheiden, ob eine Sache Gegenstand von Rechtsgeschäften sein kann, ob sie also als *res in commercio* oder als *res extra commercium* angesehen wird.[107] Wenn das Recht des neuen Belegenheitsorts die Sache als frei veräußerlich betrachtet, findet nach dem neuen Statut ein Eigentumsübergang statt. Der frühere Status als *res extra commercium* findet keine Beachtung. Diese Konsequenz eines Statutenwechsels auf als *res extra commercium* behandelte Kunstgegenstände zeigte sich schon in einer in diesem Zusammenhang immer wieder erwähnten französischen Entscheidung aus dem Jahre 1885.

---

[106] Im Bereich der als *res extra commercium* behandelten Kulturgüter entspricht dem der Vorschlag, das für das Kulturgut „bessere Recht“ anzuwenden, s. u. § 8 III. 3.

[107] Vgl. z. B. *Diéna* Rev. dr. int. pr. 1911, 561ff., 581 Fn. 1; MünchKomm/*Kreuzer* (Fn. 6) Rn. 25; *ders.* RdC 259 (1996) 9ff., 79; *Lalive* Transfer, S. 24; *Niboyet* S. 391; *Siehr* RdC 243 (1993) 9ff., 85; *ders.* SJZ 1981, 189ff., 195; Staudinger/*Stoll* (Fn. 3) Rn. 295; *Venturini* S. 717; so auch bereits *Savigny* S. 183: „*Die Fähigkeit einer Sache, dem Privateigenthum unterworfen zu werden, also nicht unter die res quarum commercium non est zu gehören, ist zu beurtheilen nach dem Gesetz des Ortes, an welchem die Sache liegt.*“ Vgl. auch Art. 3 der Resolution des Institut de droit international, 1911 (abgedr. bei *Diéna* (Fn. 107) 565): *Il appartient à la lex rei sitae de déterminer quelles sont les choses susceptibles d'être l'objet d'un droit réel donné, de limiter ou d'exclure la revendication, la prescription et même les éffets des privilèges établis par la loi qui régit le rapport juridique auquel le privilège est attaché.*

I. *Duc de Frias c. Baron Pichon*[108]

Streitgegenstand dieses Prozesses war die Rückforderung eines silbernen Ciboriums, welches 1610 von Juan de Velasco, Connétable von Kastilien, der Kathedrale von Burgos unter der Bedingung seiner Unveräußerlichkeit gestiftet worden war und außerdem vom spanischen Recht wegen seiner Eigenschaft als *res sacra* als *res extra commercium* angesehen wurde.[109] Das Ciborium gelangte später in das Kloster der Heiligen Klara in Medina del Pomar, dessen Äbtissin sich entschloss, es zu verkaufen. 1883 wurde es in Paris an den französischen Sammler Baron Pichon veräußert. Als der Verkauf bekannt wurde, klagten der Duc de Frias als Nachkomme des Stifters und Patron der Kathedrale von Burgos und die *„chapelle du connétable dans la cathédrale"* auf Herausgabe. Das Tribunal de la Seine wies die Vindikationsklage ab, weil sich die Frage eines gutgläubigen Erwerbs allein nach französischem Recht richte. Die französische Regel des Art. 2279 C. c. sei als Eingriffsnorm zwingend anwendbar, so daß es nicht angebracht sei, eine Unveräußerlichkeit nach spanischem Recht weiter zu untersuchen.[110]

Das Tribunal de la Seine hat die Anwendung französischen Rechts und die Nichtbeachtung der Unveräußerlichkeit nach spanischem Recht eher mit dem *ordre public*-Charakter des Art. 2279 C. c. als mit dem Grundsatz der *lex rei sitae* begründet. Das hängt aber damit zusammen, daß die Anknüpfung an die *lex rei sitae* bei beweglichen Sachen zu dieser Zeit noch nicht so etabliert war.[111]

---

[108] Trib. civ. de la Seine, Entsch. v. 17.4.1885, Clunet 13 (1886) 593ff.

[109] In Spanien galt insofern kanonisches Recht, wonach die Sache als *res sacra* auch für das profane Recht *extra commercium* stand, vgl. Kreuzer, RdC 259 (1996) 9ff., 192; Redebeitrag v. *Hans Stoll* abgedr. in: Rechtsfragen, S. 229ff., S. 231.

[110] Trib. civ. de la Seine (Fn. 108) 594f.: *„Attendu qu'il n'y a pas lieu de rechercher si, d'après la loi espagnole, l'objet revendiqué par le duc de Frias était affecté, en tant que vase sacré, d'un caractère indélébile qui entraînerait l'indisponibilité absolue, lors même qu'il aurait cessé d'être consacré aux usages du culte ou s'il ne pouvait pas devenir aliénable dans certains cas déterminés; – Qu'il importe peu également que, suivant les conditions expresses de la donation de 1610, cet objet ne dût être en aucun cas, ni sous aucun prétexte, aliéné par le monastère de Santa Clara, et qu'il n'échet davantage d'examiner, si l'indisponibilité perpétuelle dont il était frappé, fût-elle conforme au droit espagnol, ne serait pas en opposition avec un principe essentiel de droit francais; Qu'en ce qui concerne les meubles proprement dits, s'il s'agit, comme dans l'espèce, d'une question de possession, l'intérêt d'ordre social qui a dicté la règle posée par l'art. 2279 Code civil, exige que la loi francaise soit seule appliqué; qu'en pareil cas le statut réel s'impose et constitue, à vrai dire, une loi de police, obligeant, suivant l'art. 3 du Code civil, tous ceux qui habitent sur le territoire francais;* (...)." Die Gutgläubigkeit des Baron Pichon wurde nicht in Frage gestellt. Dieser habe von dem sakralen Charakter der „Vase" keine Kenntnis gehabt und habe sie für einen reinen Kunstgegenstand halten dürfen, Trib. civ. de la Seine (Fn. 108), 595: *„Que, par sa forme et l'inscription qu'il portait, ce vase apparaissait comme un objet d'art ayant pu servir autrefois aux cérémonies du culte et devenir depuis un objet de curiosité au même titre que beaucoup d'autres qui sont actuellement dans le commerce."*

[111] *Byrne-Sutton* (Fn. 68) S. 135.

Die Auswirkung, welche die Beurteilung der Verkehrsfähigkeit einer Sache nach der *lex rei sitae* auf den illegalen Handel mit Kunstwerken hatte, wurde in der Literatur schon sehr früh beklagt. Trotzdem meinte man nicht davon abweichen zu können.[112]

Möglicherweise könnte der Unveräußerlichkeitsstatus aber als wohlerworbenes Recht aufrechterhalten bleiben.

2. *Ecuador c. Danusso*

In der Sache *Ecuador c. Danusso* hätte sich diese Frage bei einer Weiterveräußerung der Kunstgegenstände in Italien gestellt. Danusso gab während des Verfahrens an, zwischen 1972 und 1975 viele Gegenstände in Italien weiterverkauft zu haben.[113] Gegenstand der Vindikationsklage Ecuadors waren aber nur die bei Danusso beschlagnahmten Kunstgegenstände.[114] Insofern beschäftigte sich das Gericht auch nicht mit der Frage eines wirksamen Eigentumserwerbs und eines Untergangs des *dominio eminente* in Italien.

Von den meisten Autoren wird ohne weitere Diskussion davon ausgegangen, daß bei einer Übereignung in Italien die Regel *„possesso vale titolo"* (Art. 1153 ital. C. c.) zu gelten habe und insofern ein gutgläubiger Eigentumserwerb möglich sei.[115] So unproblematisch ist dies jedoch nicht. Nach Ansicht des Turiner Gerichts war das *dominio eminente* durch den Statutenwechsel ja nicht untergegangen, nur sein Inhalt richtete sich im folgenden nach italienischem Recht. Im Rahmen der Prüfung der Vereinbarkeit mit dem internen *ordre public* hatte das Gericht festgestellt, daß die Anwendung des ecuadorianischen Kulturgüterschutzrechts mit der italienischen Rechtsordnung absolut vereinbar (*„perfettamente compatibile"*) sei, weil der Schutz nationalen Kulturguts auf ähnliche Weise wie in Italien verfolgt werde.[116] Denn auch das italienische Recht behandelt seine Kulturgüter teilweise als *res extra commercium.*[117]

Ausländische Kulturgüter fallen allerdings nicht unter die italienischen Unveräußerlichkeitsregelungen. Es ist aber fraglich, ob ihnen nur deshalb jeglicher Schutz versagt bleiben muß. Um die Situation zu verdeutlichen, soll als Vergleich das Beispiel einer mit einem Pfandrecht belasteten Sache herangezogen werden:

---

112 *Fedozzi* S. 657; *Lalive* (Fn. 107) S. 25; *Niboyet* S. 391, S. 421; *de Visscher* (Fn. 10) 48.

113 Trib. di Torino (Fn. 23) 626.

114 *Müller-Katzenburg* S. 75.

115 *Clerici* (Fn. 29) 804; *Hanisch* (Fn. 96) S. 210; *Müller-Katzenburg* S. 159; *Pecoraro* Va. J. Int'l. L. 31 (1990) 1ff., 14f.; *Stoll* (Fn. 47) S. 64.

116 Trib. di Torino (Fn. 23) 632f.

117 S. o. 4. Kap. § 1 IV.

Wenn an einer Sache in dem Staat X ein Pfandrecht bestellt wurde und die Sache daraufhin in den Staat Y verbracht wurde, bleibt das Pfandrecht bestehen, sofern dies mit der Rechtsordnung des Staates Y vereinbar ist. Probleme kann es insofern geben, wenn beispielsweise das Recht von X ein besitzloses Pfandrecht kennt und das Recht von Y ein solches völlig ablehnt und auch keine vergleichbaren Rechtsinstitute (wie etwa in Deutschland das Sicherungseigentum) kennt. Ansonsten bleibt das Pfandrecht aber im Rahmen der Rechtsordung von Y auch bei nachfolgenden Veräußerungen bestehen, erst recht wenn die Regeln über Pfandrechte in beiden Staaten identisch sind. Es wird durch den Statutenwechsel vom Pfandrecht gemäß dem Recht von X zum Pfandrecht (oder einem entsprechenden dinglichen Recht) nach dem Recht von Y, weil es solche Rechte in beiden Rechtsordnungen gibt und keine Rechtsordnung deren Begründung nur an bestimmten, ausgewählten Sachen zuläßt.

Dagegen sind Regelungen zum Schutz von Kulturgut immer auf ausgewählte, „nationale" Kulturgüter beschränkt.[118] Auch wenn beide Staaten eine sich in allen Punkten völlig entsprechende Kulturgüterschutzgesetzgebung hätten, könnte es in diesem Bereich von vornherein nie zu einem Schutz wohlerworbener Rechte kommen, weil die jeweiligen Regelungen des neuen Statuts ausländische Kulturgüter nie erfassen. Daß dies aber so ist, ist ebenfalls verständlich, weil sich kein Staat dazu veranlaßt sieht, auch ausländische Kulturgüter besonderen Schutzregeln zu unterwerfen. Damit würde er im übrigen gegen das Territorialitätsprinzip verstoßen.[119] Einen Schutz wohlerworbener Rechte deswegen aber per se auszuschließen, ist unbefriedigend, wenn im Grunde beide Staaten, wie im Fall des Pfandrechts, vergleichbare Regelungen haben.

Anstatt darauf abzustellen, daß die Regeln des neuen Statuts nur nationale Kulturgüter schützen, und das als *res extra commercium* behandelte Kulturgut daher ab dem Statutenwechsel wie eine beliebige andere Sache zu behandeln, könnte man in diesem Fall prüfen, ob das neue Statut vergleichbare Kategorien von Kulturgut schützt oder das betreffende Kulturgut unter dem alten Statut einer ähnlichen Prozedur (z. B. Klassifizierung) unterzogen worden ist, wie es nach dem Neustatut für die Begründung einer Unveräußerlichkeit Voraussetzung wäre.[120]

---

[118] *Muir-Watt* (Fn. 86) 31 Fn. 92; *Siehr* (Fn. 51) 965; vgl. auch *Metzger* Tex. L. Rev. 74 (1996) 615 ff., 626: „*Because res extra commercium type protection is typically limited to objects that originated within the jurisdiction, this negation of foreign inalienability will be the rule rather than the exception.*" Richtigerweise muß man hier sogar von einer Regel ohne Ausnahme sprechen.

[119] S. o. § 2 II. 2.

[120] In eine ähnliche Richtung auch *Carducci* S. 313: „(...) *ce résultat, qui prive les biens culturels de leur régime de protection malgré la similitude des finalités législatives en cause, résulte plus de la volonté d'application de la nouvelle lex rei sitae pour la protection des tiers en matière de droit réels, que d'une prétendue impossibilité de prise en considération des règles de droit public*

Insofern könnte man bei der hypothetischen Weiterbildung des Falles *Ecuador c. Danusso* daran denken, dem ecuadorianischen Staat die Möglichkeit zu geben, sein *dominio eminente* im Rahmen des italienischen Rechts, soweit dessen Schutz für das italienische Kulturgut reicht, weiter geltend zu machen. Auf diesem Wege würde sich eine Möglichkeit bieten, dem Interesse eines Staates, Kulturgut im Land zu bewahren, in noch größerem Maße Geltung zu verschaffen, indem man das dingliche Recht des Staates Ecuador an den Kunstgegenständen und deren Unveräußerlichkeit auch bei einer Weiterveräußerung unter ausschließlicher Geltung italienischen Rechts berücksichtigen würde.

Dieser Ansicht könnte nun allerdings das Territorialitätsprinzip entgegengehalten werden, da hoheitliche Gewalt immer nur territorial begrenzt wirkt.[121] Bei der Anerkennung des die Veräußerung einschränkenden Rechts geht es aber nicht um die Ausübung eines hoheitlichen Rechts, sondern um die Weitergeltung einer bereits begründeten privatrechtswirksamen dinglichen Prägung. Das Territorialitätsprinzip steht einer Anerkennung meines Erachtens nicht entgegen, solange sich der betreffende Gegenstand im Zeitpunkt der Begründung des dinglichen Rechts im Gebiet des Hoheitsgewalt ausübenden Staates befunden hat.[122]

3. *Stato Francese c. De Contessini*[123]

In diesem Fall ging es um zwei im Eigentum des französischen Staates stehende Wandteppiche aus dem 17. Jahrhundert, die als nationales Kulturgut klassifiziert und daher aufgrund von Art. 18 Abs. 2 des französischen Gesetzes von 1913 unveräußerlich waren. Sie waren aus dem Justizpalast der Stadt Riom gestohlen worden und unter ungeklärten Umständen nach Italien gelangt, wo sie von dem Kunsthändler De Contessini erworben wurden. Nachdem die Teppiche im Rahmen eines Strafverfahrens[124] beschlagnahmt worden waren, verlangten sowohl Contessini als auch der französische Staat unter Berufung auf ihr Eigentum Herausgabe.[125]

---

de l'Etat d'origine, ces règles s'inspirant des mêmes finalités de protection que celles poursuivies par les règles parallèles de la lex fori."

[121] So *Schwadorf-Ruckdeschel* S. 104.

[122] Zur wohlwollenden Interpretation von hoheitlichen Maßnahmen als dingliche Lasten auch *Stoll* (Fn. 47) S. 64f.

[123] *Stato francese c. Ministero per i beni culturali e ambientali e De Contessini* Trib. di Roma, Entsch. v. 27.6.1987, Riv. dir. int. 1988, 920ff.; Cass., Entsch. v. 24.10.1995, Foro it. 1996, I, 907ff.

[124] Der Erwerb von Sachen zweifelhafter Herkunft ist gemäß Art. 712 Cod. pen. strafbar. Das Verfahren gegen De Contessini wurde aber eingestellt, Trib. di Roma (Fn. 123) 921.

[125] Wie so häufig (vgl. z.B. das gestohlene Quedlinburger Evangeliar, dazu unten Fn. 469) endete auch dieser Fall damit, daß der französische Staat die Teppiche zurückkaufte, vgl. *Nanetti/Squillante* Riv. dir. int. 1997, 396ff., 396 Fn. 2.

Sowohl das Tribunale di Roma als auch die Corte di Cassazione entschieden, daß De Contessini gemäß Art. 1153 ital. C. c. wirksam Eigentum erworben habe. Gemäß Art. 22 disp. prel. (Grundsatz der *lex rei sitae*) wäre auf den Eigentumserwerb italienisches Recht anwendbar; die französischen Normen über die Unveräußerlichkeit seien insofern irrelevant. Art. 826 ital. C. c. sei nicht anzuwenden, weil dieser nur für Kunstgegenstände im Eigentum des italienischen Staates gelte.[126] Eine mögliche Anwendung der Normen über das *demanio pubblico* oder des Gesetzes Nr. 1089 v. 1939 wurde vom Tribunale di Roma gar nicht diskutiert; von der Corte di Cassazione wurde sie abgelehnt.[127]

Ebenso erteilten die Gerichte einer Berücksichtigung der französischen Unveräußerlichkeit im Rahmen der UNESCO-Konvention eine Absage. Das Tribunale di Roma begnügte sich mit dem Hinweis, daß deren Bestimmungen nicht self-executing seien und Italien keine internen Normen erlassen habe, die einen gutgläubigen Erwerb ausschließen würden.[128] Auf den unveräußerliches Kulturgut besonders betreffenden Art. 13 d)[129] ging das Gericht überhaupt nicht ein.[130] Der Kassationshof lehnte die Anwendbarkeit der Konvention dagegen ab, weil sie zum Zeitpunkt der Veräußerung für Italien noch nicht in Kraft getreten war.[131] Frankreich wurde ohnehin erst 1997 Vertragsstaat der UNESCO-Konvention.[132]

Auch wenn die beiden Entscheidungen im Fall *Frankreich gegen De Contessini*, rein dogmatisch betrachtet, nicht als falsch bezeichnet werden können, müssen sie bei Betrachtung ihrer praktischen Auswirkungen auf Unverständnis oder doch zumindest Unzufriedenheit stoßen.[133] Denn beide Staaten, Italien und Frankreich, betreiben einen vergleichbaren nationalen Kulturgüterschutz, indem sie das Konzept eines öffentlichrechtlichen Eigentums kennen, welches auch Kulturgüter mitumfaßt, und daneben wichtige Kulturgüter im Eigentum des Staates als unveräußerlich klassifizieren. Um diesen Schutz effektiv durchzusetzen, wären beide Staaten im Grunde darauf angewiesen, daß die betreffenden

126 Trib. di Roma (Fn. 123) 922.

127 Cass. (Fn. 123) 910f.

128 Trib. di Roma (Fn. 123) 922.

129 S. u. 6. Kap. Fn. 106.

130 Art. 13 d) führt nach h. M. aber nicht zu einer automatischen Anerkennung des Status ausländischen Kulturguts als *res extra commercium*, s. u. 6. Kap. § 2 V. 2. g.

131 Cass. (Fn. 123) 911.

132 Die Gründe, weswegen das Trib. di Roma eine Anwendung der Konvention ablehnte, wurden in der Literatur heftig kritisiert, vgl. *Frigo* Dir. com. int. 1988, 611ff., 617; *Gardella* Dir. com. int. 1998, 997ff., 1007; *Lo Monaco* Riv. dir. int. 71 (1988) 842ff., 844; *Siehr* (Fn. 21) S. 709.

133 Vgl. *Jaeger* S. 74; *Siehr* (Fn. 21) S. 709; kritisch auch *Clerici* (Fn. 29) 807; *Nanetti/Squillante* (Fn. 125) 402ff.; generell zu diesem Problem *Carducci* S. 312f.; *Costanza* S. 33; *Lagarde* ISWA I, S. 389ff., S. 404.

Kulturgüter im Fall ihrer heimlichen Ausfuhr nicht unwiederbringlich verloren sind, sondern die Schutzgesetze auch im Ausland angewandt werden. Gegenüber einem Staat, dessen Gesetzgebung im Hinblick auf Kulturgüter vor allen Dingen von den Geboten des freien Handels bestimmt ist, wäre die Hoffnung auf eine Berücksichtigung ausländischer Schutzgesetze sicher weniger berechtigt. Da Italien und Frankreich aber dieselbe Kulturpolitik betreiben, hätte man erwarten können, daß ein italienisches Gericht, gerade auch wegen der Aussicht, daß sich ein französisches Gericht bei der Beurteilung eines entsprechenden Falles ebenso verhalten würde, die Unveräußerlichkeit nach französischem Recht nicht völlig außer Acht läßt.[134]

4. Anerkennung der Unveräußerlichkeit als wohlerworbenes Recht

Problematisch ist in den Entscheidungen *Stato Francese c. De Contessini* und in allen anderen Fällen, in denen unveräußerliche Kulturgüter in ein anderes Land verbracht werden, daß es sich bei der Unveräußerlichkeit nicht um ein dingliches Recht handelt. In der Entscheidung *Ecuador c. Danusso* folgte die Unveräußerlichkeit aus der Belastung der Sache mit einem hoheitlichen dinglichen Recht, welches nach dem Statutenwechsel als wohlerworbenes Recht fortbestehen konnte. Die Unveräußerlichkeit an sich ist aber dingliche Eigenschaft der Sache und kein Recht. Wenn man allerdings nach den Gründen für das Bestehen des ecuadorianischen *dominio eminente* und der Erklärung bestimmter Kulturgüter zu *res extra commercium* fragt, sind diese im wesentlichen gleich: Der besondere immaterielle kulturelle Wert dieser Güter führt dazu, daß sie nicht oder nur eingeschränkt einer Kommerzialisierung zugänglich sein sollen. Indem sie dem Rechtsverkehr entzogen werden, soll verhindert werden, daß sie von einem Nichtberechtigten erworben und außer Landes gebracht werden können, wodurch ihr Zweck, Zeugnis über Geschichte und Kultur eines Landes abzulegen, vereitelt würde.

Deswegen stellt sich die Frage, ob man in Fällen, in denen bestimmte Gegenstände als unveräußerlich erklärt sind, wie im ecuadorianischen Recht annehmen kann, daß sie mit einem dinglichen Recht des Staates belastet sind.[135] *Müller-*

[134] Vgl. dazu auch *Prott* (Fn. 5) 265: „*These disadvantages apply even though all the countries concerned may have parallel legislation protecting their own cultural heritage and it would be much more in their interests to have reciprocal enforcement of their cultural heritage protection laws.*" (...); 266: „*All three countries* (sc. Frankreich, Italien, Spanien) *have special protective legislation which would prevent a purchaser of stolen and inalienable goods, protected by their own legislation, from acquiring a good title in that country. Surely it would make sense to have mutual recognition of the similar legislation in neighbouring lands?*"

[135] *Byrne-Sutton* (Fn. 68) S. 92, will ein solches die Revindikation durch den Staat rechtfertigendes Recht sogar aus der bloßen Zugehörigkeit eines Kulturguts zu einem bestimmten Staat, welche in der Unterwerfung dieses Gegenstands unter besondere Regeln nationaler Gesetzgebung ihren Ausdruck gefunden hat, fordern, s. o. 3. Kap. Fn. 76.

Katzenburg sieht in den Unveräußerlichkeitsbestimmungen privatrechtsgestaltende Verfügungsbeschränkungen, durch die der Inhalt des Eigentums an den betroffenen Sachen modifiziert wird.[136] Sie will daher auch diesen Normen ein das Eigentumsrecht überlagerndes dingliches Recht entnehmen, das bei einem Statutenwechsel grundsätzlich weitergilt.[137] Die Annahme, daß durch die Qualifizierung einer Sache als *res extra commercium* das Eigentum beschränkt wird, ist meines Erachtens jedoch nicht richtig, auch wenn die Extrakommerzialität dazu führt, daß der Eigentümer nicht mehr übereignen kann. Letzteres ist aber nicht der Fall, weil die Verfügungsbefugnis des Eigentümers beschränkt wird oder das Eigentum unveräußerlich ist, auch wenn umgangssprachlich häufig von unveräußerlichem Eigentum die Rede ist. Das Eigentum ist grundsätzlich ein übertragbares Recht. Die Unveräußerlichkeit der Sache führt aber dazu, daß sie kein geeignetes Objekt einer Eigentumsübertragung sein kann. Durch die Extrakommerzialität wird also primär die Sache selbst und nicht das Eigentum an ihr betroffen.[138] Deswegen kann die Extrakommerzialität einer Sache auch nicht als dingliches Recht angesehen werden.

5. Anerkennung der sachenrechtlichen Prägung der Sache

Durch die Qualifizierung einer Sache als *res extra commercium* wird aber ihr sachenrechtlicher Status geprägt. Der Grundsatz des Schutzes wohlerworbener Rechte besagt auch, daß die Sache vom neuen Statut in ihrer sachenrechtlichen Prägung übernommen wird.[139] Das würde bedeuten, daß eine nach der alten *lex rei sitae* unveräußerliche Sache dies nach dem Statutenwechsel grundsätzlich auch bleibt. Ob ein schlichter Statutenwechsel den dinglichen Status der Sache ändert, ist aber bis zur nächsten Rechtsänderung z. B. durch Veräußerung völlig irrelevant, weil sich die Verkehrsfähigkeit erst in diesem Fall überhaupt auswirkt.

Im allgemeinen internationalen Sachenrecht vertritt die herrschende Meinung die Ansicht, daß die Entscheidung, ob eine Sache veräußerlich oder unveräußerlich ist, von dem Recht des jeweiligen Lageortes der Sache zu treffen ist, weil unter den Grundsatz der *lex rei sitae* auch die Frage der Eignung einer Sache,

---

[136] *Müller-Katzenburg* S. 255.

[137] *Müller-Katzenburg* S. 258.

[138] Vgl. auch *Frigo* protezione, S. 343f.: „*Non è già, quindi, che le limitazioni alla libera disponibilità di un bene attengano al contenuto del diritto, ma essendo esse, (in quanto ciò sia) relative alla idoneità stessa del bene a formare l'oggetto di (negozi traslativi di) diritti, son bensì afferenti alla condizione del bene ed incidono sulla stessa valida formazione del titolo da cui discende il diritto.*" Vgl. auch *Cornu* S. 327 Fn. 9: „(Sc.: *La question de l'incorporation des biens dans le domaine public*) *concerne en effet non pas la propriété du bien, quoique son régime s'en trouve modifié, mais davantage son affectation, sa destination à l'usage du public.*"

[139] *Stoll* (Fn. 47) S. 63.

Objekt einer Übereignung zu sein, fällt.[140] Die mangelnde Gerechtigkeit dieser Lösung wurde allerdings auch kritisiert.[141] Deswegen ist zu überlegen, ob jedenfalls in Staaten, welche die Unveräußerlichkeit von Kulturgütern ebenfalls kennen, diese nicht als eine Art wohlerworbene dingliche Eigenschaft aufrechterhalten werden könnte. Der Grundsatz, daß die Veräußerlichkeit von Sachen nach der neuen *lex rei sitae* beurteilt werden muß, besagt nämlich, daß unveräußerliche Sachen weiterhin als solche gelten, wenn das neue Statut sie ebenfalls als unveräußerlich behandelt. Bei der Qualifizierung ausländischer Kulturgütern scheitert dies daran, daß die nationalen Sachnormen nie generell Kulturgüter der Unveräußerlichkeit unterwerfen, sondern nur bestimmte Kulturgüter, nämlich die im Eigentum des eigenen Staates oder bestimmter inländischer Körperschaften.[142] Aus den oben genannten Gründen könnte aber bereits die Tatsache, daß der Staat der neuen *lex rei sitae* ebenfalls die Methode des Kulturgüterschutzes durch Erklärung bestimmter Kulturgüter zu *res extra commercium* kennt, die Anerkennung der vom alten Statut festgelegten Unveräußerlichkeit rechtfertigen. Maßgeblich ist, daß es hier um die Aufrechterhaltung und nicht um die Neubegründung eines besonderen dinglichen Status geht.[143] Der Unveräußerlichkeitsstatus rührt von dem alten Statut her, wird aber unter dem neuen Statut aufrechterhalten, weil dieses seine eigenen Kulturgüter ebenso behandelt.[144]

Der Verkehrsschutz, der dagegen ins Feld geführt wird,[145] stellt kein durchschlagendes Gegenargument dar, weil er in Ländern, die das Konzept der *res extra commercium* kennen, ohnehin stark eingeschränkt ist und es für einen gutgläubi-

---

[140] S. o. Fn. 107.

[141] S. o. Fn. 112.

[142] S. o. § 2 IV. 2.

[143] Dies war z. B. anders in der Münzenentscheidung, BGH, NJW 1987, 3077ff., in welcher der BGH zu dem Schluß kam, daß ein unter einem bestimmten Recht begründetes Lösungsrecht bei einem Statutenwechsel zwar als wohlerworbenes Recht aufrechterhalten bleibt, aber bei Veräußerung unter dem neuen Statut untergeht, weil nach der das Lösungsrecht begründenden Rechtsordnung dieses bei jeder Veräußerung neu entsteht und nicht einfach nur aufrechterhalten wird.

[144] Zum Territorialitätsprinzip s. o. § 2 IV. 2.

[145] *Müller-Katzenburg* S. 263 und *Stoll* (Fn. 47) S. 64 bzw. Staudinger/*Stoll* (Fn. 3) Rn. 179, befürworten die Anerkennung der durch die Erklärung von *res extra commercium* geschaffenen Sachenrechtslage nach einem Statutenwechsel. Diese müsse aber dem Verkehrsschutz des neuen Statuts weichen. Der Verkehrsschutz rechtfertigt die Verdrängung der grundsätzlich anerkannten Sachenrechtslage m. E. aber dann nicht, wenn die neue *lex rei sitae* ihn im Bereich des Kulturgüterschutzes durch die Schaffung von *res extra commercium* selbst einschränkt. Anderenfalls würde die grundsätzliche Anerkennung des verkehrsfeindlichen Status auch überhaupt nichts bewirken, weil es auf die Veräußerlichkeit einer Sache immer erst bei einer erneuten Veräußerung ankommt.

gen Erwerber keinen Unterschied macht, ob er die Sache wegen der von der inländischen Rechtsordnung festgelegten oder wegen einer auf ausländischem Recht beruhenden und im Inland anerkannten Verkehrsunfähigkeit nicht erworben hat. Die Unveräußerlichkeit nach inländischem Recht ist für einen gutgläubigen Erwerber auch nicht leichter erkennbar als die von einer ausländischen Rechtsordnung statuierte Unveräußerlichkeit. In einem Land, welches bestimmte Sachen als *res extra commercium* behandelt, trägt ein Erwerber vielmehr immer das Risiko, daß er trotz Gutgläubigkeit kein Eigentum erwirbt.

V. Rückkehr des Kulturguts in das Ursprungsland

Nach der heutigen Rechtsprechungspraxis wird das Kulturgut in den meisten Fällen seinen extrakommerziellen Status aber durch einen Statutenwechsel und nachfolgende Veräußerung verlieren, entweder weil die Rechtsordnung des neuen Belegenheitsorts die Behandlung von Kulturgütern als *res extra commercium* nicht kennt oder weil das Gericht wie die italienischen Gerichte in der Sache De Contessini keinen anerkennungsfreundlichen Standpunkt vertritt. Dann stellt sich die Frage, was für einen dinglichen Status das Kulturgut hat, wenn es in sein Ursprungsland zurückkehrt, also erneut von der Rechtsordnung beurteilt wird, unter der es früher *res extra commercium* war.[146] Häufig wird ein als *res extra commercium* behandeltes Kulturgut nur aus dem Grund ins Ausland gebracht und dort veräußert, um den Unveräußerlichkeitsstatus zu umgehen.[147]

Gemäß dem Grundsatz vom Schutz wohlerworbener Rechte müßte diese Rechtsordnung eigentlich die unter dem zwischenzeitlichen Belegenheitsstatut erfolgten Rechtsänderungen und Übereignungen anerkennen. Dem stehen aber massive Interessen des Heimatstaats entgegen, die das Interesse am Schutz wohlerworbener Recht aus seiner Sicht überwiegen. Die unter ausländischer *lex rei sitae* erworbenen Rechte an einem im Inland als *res extra commercium* behandelten Kulturgut werden daher nicht anerkannt.[148] Dies kann zum einen damit be-

---

[146] Das dies keine völlig unwahrscheinliche Situation ist, zeigt der Fall *Winkworth v. Christie, Manson & Woods* (1980) 1 Ch. 496 = (1980) 2 W. L. R. 937 = (1980) 1 All E. R. 1121. Einem englischen Kunstsammler waren japanische Kunstwerke in England gestohlen worden. Sie wurden nach Italien verbracht, wo sie gemäß Art. 1153 ital. C. c. gutgläubig erworben werden konnten. Der Erwerber brachte die Kunstgegenstände dann wieder nach England zurück und übergab sie dem Auktionshaus Christie's zur Versteigerung. Die Klage des ursprünglichen Eigentümers wurde abgelehnt, weil der Eigentumserwerb nach italienischer *lex rei sitae* wirksam war.

[147] *Römer* Gesetzesumgehung, S. 139.

[148] Falsch insofern *Metzger* (Fn. 118) 626, der ohne weitere Angaben oder Argumente behauptet, daß diese Konstellation wie der Fall *Winkworth v. Christie's* (Fn. 146) zu behandeln sei.

gründet werden, daß einer Anerkennung wohlerworbener Rechte der inländische *ordre public* entgegenstehe, zum anderen damit, daß die Normen, die Kulturgut zu *res extra commercium* erklären, als zwingende Normen angesehen werden.[149] Als solche werden sie von der *lex fori* unabhängig von dem nach allgemeinem Kollisionsrecht anwendbaren Recht angewandt und schließen einen Eigentumserwerb im Ausland aus. Eine als *res extra commercium* behandelte Sache kann aus der Sicht ihres Heimatrechts diesen Status niemals verlieren, auch wenn sie sich zwischendurch unter einem anderen Sachenrechtsstatut befunden hat.[150]

I. Diebstahl der „Mona Lisa"

Als z. B. das berühmte Portrait der „Mona Lisa" (La Gioconda) von Leonardo da Vinci 1911 aus dem Pariser Louvre gestohlen und nach Italien gebracht worden war,[151] hätte aus französischer Sicht in Italien kein Recht an ihm begründet werden können,[152] weil das Bild als Museumsgut zum unveräußerlichen *domaine public* gehörte.[153] Es wurde, noch bevor es von dem Dieb in Italien veräußert werden konnte, beschlagnahmt und von der italienischen Regierung nach Frankreich zurückgegeben.[154]

Wären in dem Fall *Winkworth v. Christie's* die betreffenden Kunstwerke in England als nationales Kulturgut Gegenstand eines besonderen dinglichen verkehrsfeindlichen Status gewesen (allerdings kennt das englische Recht solche Regelungen für Kulturgut nicht),[155] hätten sie aus englischer Sicht diesen Status nie verloren und der gutgläubige Eigentumserwerb in Italien wäre nicht anerkannt worden.

---

[149] S. u. § 4.

[150] *Carducci* S. 203; *Goy* AFDI 16 (1970) 605ff., 610; *de Visscher* (Fn. 10) 35, 48; *ders.* Mouseion 43/44 (1938) 7ff., 7f.; vgl. für das franz. Recht *Lagarde* (Fn. 133) S. 401: „*L'objet frappé d'une inaliénabilité y conservera toujours ce caractère, même s'il a été déplacé et vendu à l'étranger. C'est un bien hors du commerce juridique au sens des articles 1128 et 2226 du Code Civil.*"; für das ital. Recht *Luzzatto* ISWA I, S. 409 ff., S. 419; für das span. Recht *Gonzales Campos/Virgós Soriano* ISWA I, S. 333ff., S. 347f.

[151] Zu diesen Vorgängen *Bourguignon/Choppin* S. 98ff.

[152] Bei einem so berühmten Bild ist ein gutgläubiger Erwerb allerdings ohnehin nicht denkbar.

[153] *Niboyet* S. 391 Anm. 2, S. 416; *Venturini* S. 14 Fn. 2.

[154] Gegenstand eines Rechtsstreits (Trib. civ. de la Seine, Entsch. v. 26. 6. 1918, Clunet 45 (1918) 1249ff.) war dann allerdings die Frage, ob der „Entdecker" des Bildes, welcher in dem ganzen Vorfall allerdings eine recht zwielichtige Rolle spielte, einen Anspruch auf Finderlohn nach ital. Recht (Art. 718 ital. C. c. v. 1865) habe. Das franz. Gericht lehnte einen solchen Anspruch aus verschiedenen Gründen ab. *Niboyet* kommentiert dazu, daß dieser Anspruch unter ital. *lex rei sitae* zwar entstanden wäre, aber mit der Rückkehr nach Frankreich franz. Recht weichen müsse, weil aufgrund der Unveräußerlichkeit innerhalb Frankreichs kein Recht an der Mona Lisa Wirkungen entfalten könne; *Niboyet* S. 416; zu dem Urteil auch *de Visscher* (Fn. 10) 50f.

[155] S. o. 4. Kap. § 1 IX.

2. Wiederaufleben des ursprünglichen Eigentums und des Status als *res extra commercium*

Konsequenz der Rückkehr eines von seiner Ursprungsrechtsordnung als *res extra commercium* behandelten Kulturguts in das Hoheitsgebiet desselben ist daher sowohl, daß der Unveräußerlichkeitsstatus wieder auflebt, als auch, daß die im Ausland erfolgten Rechtsänderungen nicht anerkannt werden, so daß das Kulturgut wieder im Eigentum der früher berechtigten juristischen Person steht. Das führt dazu, daß der gutgläubige Erwerber einer *res extra commercium* nach dem Recht des Erwerbsortes zwar Eigentum erlangt hat, nach dem Recht des Ursprungsstaates allerdings nicht. An der Sache besteht folglich ein sogenanntes „hinkendes Eigentum:“ [156] Nach dem Recht des Ursprungsstaates ist noch der ursprüngliche Eigentümer Eigentümer; nach dem Recht des Erwerbsorts und dem von Drittstaaten (es sei denn, diese erkennen den Status als *res extra commercium* in irgendeiner Weise an) ist der gutgläubige Erwerber Eigentümer. Insofern widerspricht die Tatsache, daß der Status als *res extra commercium* international nicht anerkannt wird, bzw. der Umstand, daß er aus der Sicht des Ursprungsstaats nie untergeht, dem Ziel einer internationalen Entscheidungsharmonie.[157]

§ 3 Berücksichtigung der *res extra commercium*-Bestimmungen bei der Auslegung des materiellen Rechts

Häufig wird die Ansicht vertreten, den Belangen des internationalen Kulturgüterschutzes könne auch durch eine Anpassung der Sachnormen hinreichend Rechnung getragen werden, ohne daß die maßgeblichen ausländischen Normen direkt angewandt werden müßten. Zu untersuchen ist, ob auf materiellrechtlicher Ebene auch eine Auslegung möglich ist, die dem besonderen dinglichen Status von Kulturgütern als *res extra commercium* Rechnung trägt. (Im folgenden geht es nur um die Situation nach einem Statutenwechsel.)

---

[156] Vgl. dazu *Schwind* FS Kegel, S. 599ff.

[157] Vgl. *Kreuzer* (Fn. 89) S. 50: „(...) *dem im internationalen Sachenrecht besonders wichtigen internationalen Entscheidungseinklang abträglich.*“; vgl. auch den Redebeitrag v. *Dagmar Coester-Waltjen* abgedr. in: Rechtsfragen, S. 129.

I. Berücksichtigung von kulturgutspezifischen Belangen und Auslandssachverhalten bei der Auslegung

Eine Möglichkeit, den Besonderheiten des Handels mit Kulturgütern ohne Schaffung besonderer Kollisions- oder Sachnormen Rechnung zu tragen, ist der Versuch, die Interessen des Kulturgüterschutzes bei der Auslegung des materiellen Rechts zu berücksichtigen. Kulturgüter genießen zwar im deutschen Privatrecht keine Sonderstellung, sondern werden nach den allgemeinen sachenrechtlichen Regeln beurteilt. Allerdings „verwendet die Gesetzessprache keine in ihrem Umfang genau festgelegten Begriffe, sondern mehr oder minder flexible Ausdrücke, deren mögliche Bedeutung innerhalb einer weiten Bandbreite schwankt und je nach den Umständen und der Sachbezogenheit (...) unterschiedlich sein kann."[158] Den für den jeweiligen Sachverhalt konkret geltenden Inhalt festzustellen, ist Aufgabe der Auslegung. Ein objektiv-teleologisches Kriterium der Auslegung ist dabei die „Natur der Sache" des zu regelnden Lebensbereichs. Sachgemäß kann eine Regelung nur dann sein, wenn sie der Sachstruktur dieses Bereichs angemessen ist.[159] Die besondere „Natur" und „Sachstruktur" von Kulturgütern, ihre Einmaligkeit, ihr hoher, nicht nur kommerzieller, sondern auch kultureller Wert und ihre Bedeutung für einen bestimmten Ort oder ein Land müssen also bei der Auslegung der anwendbaren Normen mitberücksichtigt werden, was dazu führt, daß bei der Gewichtung der verschiedenen Interessen andere Maßstäbe angelegt werden können.[160] Durch diese Berücksichtigung kulturgutspezifischer Interessen hat sich im allgemeinen Privatrecht durch Auslegung der einzelnen Vorschriften eine Art Kryptoprivatrecht für Kulturgüter gebildet.[161]

Außerdem ist zu berücksichtigen, daß die deutschen Sachvorschriften in erster Linie für rein deutsche Sachverhalte geschaffen worden sind.[162] Wenn der zu beurteilende Sachverhalt aber auch Bezüge zu einem anderen Land aufweist (sogenannter Auslandssachverhalt), kann und muß versucht werden, diesen Besonderheiten auch bei der Anwendung von deutschem materiellem Recht

---

[158] *Larenz* Methodenlehre, S. 298.

[159] *Larenz* (Fn. 158) S. 323.

[160] Zum Beispiel stehen sich bei der Frage des gutgläubigen Erwerbes gestohlener oder sonstwie abhanden gekommener Sachen die Interessen des ursprünglichen Eigentümers und des gutgläubigen Erwerbers gegenüber. Die Bedeutung dieser Interessen kann sich je nach der konkreten Situation ändern und die Position einer Partei etwa durch öffentlichrechtliche Interessen verstärkt werden, vgl. Diskussionsbeitrag v. *Erik Jayme* abgedr. in Rechtsfragen, S. 138; *Lanciotti* S. 151.

[161] *Jayme* ZVglRWiss 95 (1996) 158ff., 159; *ders.* Neues Recht, S. 11ff., S. 12.

[162] *Müller-Katzenburg* S. 301; *Siehr* Symposium, S. 41ff., S. 67; Staudinger/*Stoll* (Fn. 3) Rn. 133.

durch Auslegung und Konkretisierung desselben Rechnung zu tragen.[163] Diese Vorgehensweise entspricht der von Brainerd Currie und Albert Ehrenzweig begründeten Datumtheorie.[164] Danach sind auf der Ebene des materiellen anwendbaren Rechts solche ausländischen Regeln zu berücksichtigen, die *„local"* oder *„moral data"* sind. *„Local data"* in diesem Sinne sind ortsgebundene Regeln, die aufgrund ihrer faktischen Auswirkung auf den Sachverhalt als Tatsache mitberücksichtigt werden müssen, während man unter *„moral data"* Regeln, die rechtsethische Werturteile enthalten, versteht.[165]

II. Auslegung des Begriffs Gutgläubigkeit (§ 932 BGB)

Da als *res extra commercium* behandelte Kulturgüter im Eigentum öffentlich-rechtlicher juristischer Personen stehen und es keine verfügungsbefugten Vertreter gibt, handelt es sich bei einer Veräußerung in jedem Fall um die Veräußerung durch einen Nichtberechtigten. Das Kulturgut kann daher nur gutgläubig erworben werden. Während Bösgläubigkeit in Form einer Kenntnis der mangelnden Berechtigung des Veräußerers wohl eher selten vorliegt, treten Fälle, in denen dem Erwerber grob fahrlässige Unkenntnis vorgeworfen werden muß, verhältnismäßig häufig auf. Ebenfalls wird die Frage nach der Gutgläubigkeit aufgeworfen, wenn es darum geht, ob eine Sache ersessen worden ist.[166]

1. Allgemeiner Sorgfaltsmaßstab beim gutgläubigen Erwerb von Kulturgütern

Strenge Anforderungen an den gutgläubigen Erwerber wirken dem illegalen Kunsthandel entgegen, weil die Absatzmöglichkeiten eingeschränkt werden.[167] Nach allgemeiner Ansicht ist im Handel mit Kulturgut der Sorgfaltsmaßstab daher hoch anzusetzen[168] und eine Nachforschungspflicht des Erwerbers hin-

---

[163] V. *Hoffmann* § 1 Rn. 129.

[164] *Mülbert* IPRax 1986, 140ff., 141; *Müller-Katzenburg* S. 299.

[165] *Jayme* GS Ehrenzweig, S. 35ff., S. 46.

[166] Das Bremer Landgericht verurteilte im Februar 2000 einen Notar, der die Vermarktung eines Mosaiks aus dem legendären Bernsteinzimmer für einen Mandanten übernommen hatte, wegen Beihilfe zu versuchtem Betrug. Inzident wurde geprüft, ob das Mosaik von seinem Besitzer gutgläubig ersessen worden war, was das Gericht jedoch ablehnte, AZ: 11 KLs 602 Js 58164/97; vgl. SZ v. 22. 2. 2000, S. 16. Vgl. dazu auch *Krämer* NJW 1997, 2580f.

[167] *Müller-Katzenburg* NJW 1999, 2551ff., 2556.

[168] *Hanisch* (Fn. 96) S. 222; *Jayme* ZVglRWiss 95 (1996) 158ff., 159; *ders.* IPRax 1995, 260f., 261; *Müller-Katzenburg* S. 315; *Schwadorf-Ruckdeschel* S. 175ff.; *Siehr* (Fn. 162) S. 67.

sichtlich der Provenienz anzunehmen.[169] Er muß sich Kenntnisse über die Person des Veräußerers und seine Verfügungsbefugnis verschaffen. Das gilt insbesondere, wenn der verlangte Verkaufspreis erheblich unter dem angegebenen Wert des Kulturguts liegt oder die Umstände des Verkaufs außergewöhnlich sind. Außer Zweifel steht, daß sich der Erwerber über die Herkunft des Gegenstandes jedenfalls bei dem Veräußerer erkundigen und nach Belegen für die Richtigkeit der diesbezüglichen Angaben fragen muß. Mittlerweile gibt es aber auch verschiedene Möglichkeiten, diese selbständig zu überprüfen und zumindest einige Fälle der mangelnden Berechtigung des Veräußerers auszuschließen. Bestimmte Stellen veröffentlichen regelmäßig Listen, in denen gestohlenes und vermißtes Kulturgut aufgeführt wird.[170] Der Zugang zu den diesbezüglichen Informationen ist durch neue Techniken erheblich erleichtert worden. Mit Hilfe des Internets kann auf weltweite Informationen ohne Probleme in kürzester Zeit Zugriff genommen werden.[171] Außerdem kann der Kenntnisstand laufend aktualisiert werden. Seit 1991 besteht mit dem Art Loss Register (ALR)[172] die erste zentrale Datenbank mit individueller Zugriffsmöglichkeit, bei der gestohlene Kunstwerke aus aller Welt registriert werden.[173] 1998 waren dort 100.000 gestohlene Objekte registriert;[174] monatlich kommen etwa 1200 Diebstahlsmeldungen hinzu.[175] Diesbezügliche Nachforschungen können bei erkennbar wertvollen Kulturgütern auch von Laien erwartet werden. Eine andere Frage ist aber, wie umfassend diese Nachforschungen sein müssen, denn die Anzahl der öffentlichen und privaten Institutionen und der veröffentlichten Listen im Internet ist mittlerweile groß und unübersichtlich.[176] Soll es ausreichen, daß der Erwerber überhaupt

---

[169] *Stoll* (Fn. 47) S. 64, S. 140. Eine grundsätzliche Nachforschungspflicht bezüglich der Verfügungsberechtigung des Veräußerers besteht beim gutgläubigen Erwerb nicht, Palandt/*Bassenge* § 932 BGB Rn. 10.

[170] Z. B. Interpol, Sécrétariat général OIPC, B. P. 6041, F 69411 Lyon cedex 06; International Foundation for Art Research (IFAR), 46 East 70th Street, New York, N. Y. 10021. Interpol veröffentlichte Ende 1999 eine CD-Rom mit über 14 600 als gestohlen gemeldeten Kunstwerken. Sie wird alle zwei Monate aktualisiert, vgl. *Heinick* FAZ v. 6. 11. 1999 (Kunstmarkt).

[171] Dazu *McFarland Taylor* J. Marshall J. Computer & Info. L. 16 (1998) 937ff.; *O'Keefe* Art, Antiquity and Law 2 (1997) 357ff.

[172] The Art Loss Register (ALR), 13 Grosvenor Place, London SW 1X 7HH bzw. 46 East 70th Street, New York, NY 10021, im Internet unter http://www.artloss.com.

[173] Das ALR wurde, nachdem das Erfordernis einer zentralen Dokumentationsstelle schon seit langem gefordert worden war, auf Initiative von Versicherungsunternehmen, Auktionshäusern und der IFAR hin gegründet, dazu näher *Müller-Katzenburg* S. 324ff.; *Radcliffe* S. 189ff.; *Sultan* N. W. J. Int'l. L. & Bus. 18 (1998) 759ff, 798f.

[174] *Sultan* (Fn. 173) 798.

[175] *Radcliffe* S. 192.

[176] *McFarland-Taylor* (Fn. 171) 940, 951, 963. Vgl. nur die große Anzahl von Datenbanken unter http://www.saztv.com.

Anstrengungen unternommen hat, sich zu informieren oder daß er eine internationale Registrierungsstelle oder Organisation kontaktiert hat? Oder muß er, zumindest wenn ihm die Herkunft des Gegenstandes bekannt war oder sich diesbezügliche Vermutungen aufdrängen mußten, auch nationale Register und Behörden befragen?

Es darf nämlich auch nicht übersehen werden, daß der gute Glaube im deutschen Recht grundsätzlich vermutet wird und nur bei grober Fahrlässigkeit ausgeschlossen ist. Grob fahrlässige Unkenntnis heißt aber, daß der Erwerber das unterlassen haben muß, was sich jedem Menschen bei nur durchschnittlichem Erkenntnisvermögen ohne besondere Aufmerksamkeit und gründliche Überlegungen hätte aufdrängen müssen.[177] Auch wenn beim Erwerb von Kulturgut strenge Anforderungen an die Gutgläubigkeit gestellt werden müssen, kann dies nicht dazu führen, daß die Anforderungen des geltenden Gesetzes umgangen werden. Eine Umkehr der Beweislast[178] oder ein Ausschluß der Gutgläubigkeit bereits bei normaler oder leichter Fahrlässigkeit kann höchstens de lege ferenda in Betracht kommen. Das Gleiche gilt für den Vorschlag, einen gutgläubigen Erwerb bei weltweit bekannten und in einem öffentlichen Verzeichnis eingetragenen Kulturgütern ganz auszuschließen.[179]

Ein weiteres Problem ist, besonders bei archäologischen Gegenständen, daß deren wirklicher Wert nicht immer offensichtlich und von einem unprofessionellen Erwerber zu erkennen ist. Häufig weichen auch der wissenschaftliche Wert, den ein Objekt für die Forschung hat, und der kommerzielle Wert, zu dem er als Kunstgegenstand auf dem Markt gehandelt wird, stark voneinander ab.[180] In diesen Fällen besteht aber im Interesse des Kulturgüterschutzes ein ebenso großes Bedürfnis, einen gutgläubigen Erwerb zu verneinen, wie bei Kunstgegenständen, deren hoher Wert offenkundig ist. Ein de lege lata erforderliches grob fahrlässiges Handeln kann jedoch auch unter Berücksichtigung dieses Interesses nicht angenommen werden, wenn sich dem Erwerber unter keinen Umständen die illegale Herkunft des Objekts aufdrängen mußte.

2. Besonderer Sorgfaltsmaßstab bei berufsmäßigen Erwerbern

Persönliche Verhältnisse des Erwerbers und Handelsgewohnheiten können den Sorgfaltsmaßstab grundsätzlich verstärken.[181] Insofern sind an einen professionellen Erwerber (Kunst- und Antiquitätenhändler oder auch Institutionen wie

---

177 Palandt/*Bassenge* § 932 BGB Rn. 10.

178 Dies sieht die UNIDROIT-Konvention vor, s. u. 6. Kap. § 2 IX. 3. b.

179 *Crewdson* S. 113; *Reichelt* Un. L. Rev. 1985, 42ff., 113; *Schmeinck* S. 150.

180 *Giannini* Riv. trim. dir. pub. 26-I (1976) 3ff., 26f.

181 Palandt/*Bassenge* § 932 BGB Rn. 10.

Museen oder Auktionshäuser) bei der Beurteilung der Gutgläubigkeit noch höhere Anforderungen zu stellen.[182] Von ihnen kann erwartet werden, daß sie sich über Diebstahlsmeldungen in der allgemeinen Presse und in Fachzeitschriften informieren und auf dem Laufenden halten.[183] Auch kann bei ihnen eine größere Kenntnis der ausländischen Kulturgüterschutzgesetzgebung vorausgesetzt werden.[184]

Der Sorgfaltsmaßstab bestimmt sich auch nach der jeweiligen Verkehrsüblichkeit. Hier können die freiwilligen Erwerbsregeln, die sich viele Museen und Kunsthändler gegeben haben, Berücksichtigung finden. Die verschiedenen sogenannten *Codes of Ethics*[185] stimmen trotz unterschiedlicher Details in dem Punkt überein, beim Erwerb von Kulturgut sorgfältige Untersuchungen bezüglich seiner Herkunft vorzunehmen.[186] Sie sind zwar an sich rechtlich unverbindlich, geben aber Aufschluß darüber, was in der jeweiligen Branche als verkehrsübliches Verhalten und verkehrsgerechte Sorgfalt angesehen wird.[187] Ein davon abweichendes Verhalten wird den Sorgfaltsanforderungen insofern nicht gerecht und kann einen gutgläubigen Erwerb nicht rechtfertigen.[188]

3. Rechtsprechung zum gutgläubigen Erwerb von Kulturgut

Der Maßstab, der beim gutgläubigen Erwerb von Kulturgut angelegt wird, soll anhand einiger Rechtsprechungsbeispiele näher erläutert werden.

a. Urteil des OLG München v. 10. 1. 1973[189]

Bereits 1973 hatte das OLG München die Möglichkeit, Stellung zu der Ermittlung des guten Glaubens beim Erwerb von Kunstgegenständen zu nehmen. Streitgegenstand war ein sogenanntes Kykladenidol, eine weibliche Figur aus

---

[182] *Bour* S. 292. Allerdings ist die Grenze schwer zu ziehen, weil auch private Sammler in vielen Fällen ein umfangreiches Fachwissen haben, s. u. § 3 II. 3. c. In diesen Fällen ist auch bei ihnen ein höherer Maßstab an die Gutgläubigkeit anzulegen. Unterschied ist allerdings, daß bei letzteren erst die persönlichen, wirklich vorhandenen Kenntnisse zu strengeren Anforderungen führen, während bei professionell im Kunsthandel tätigen Personen dieser Maßstab generell gilt, selbst wenn sie ihm in Wahrheit nicht gerecht werden, *Müller-Katzenburg* S. 323.

[183] *Walter* S. 199.

[184] *Müller-Katzenburg* S. 323.

[185] S. u. 6. Kap. § 4.

[186] *Müller-Katzenburg* S. 211.

[187] *Müller-Katzenburg* S. 217, S. 317f.

[188] Auf der anderen Seite können Handelsgewohnheiten den generellen Sorgfaltsmaßstab nicht abmildern, so daß sich ein Kunsthändler bei einer Verletzung seiner Nachforschungspflichten nicht damit herausreden könnte, daß im Kunsthandel Diskretion üblich sei.

[189] OLG München, Entsch. v. 10. 1. 1973, BGHWarn 1973 Nr. 3, 9ff.

dem dritten Jahrtausend v. Chr. (mit einem kommerziellen Wert von ca. 80 000 DM), die der Kläger und rechtmäßige Besitzer an einen anderen überlassen hatte, welcher sie dann – unter Zwischenschaltung eines griechischen Studenten, der als Eigentümer ausgegeben wurde – für 7 000 DM an den Beklagten verkaufte. Berufungs- und Revisionsgericht gaben dem Anspruch des Klägers aus § 1007 I BGB statt. Die Gerichte stellten allerdings nicht auf die mögliche Qualifizierung des Idols als *res extra commercium* wegen der Bestimmungen des griechischen Gesetzes von 1932 und deren Auswirkungen im deutschen Recht ab.[190] Die Anwendbarkeit des deutschen Rechts auf die Vorgänge wurde überhaupt nicht in Frage gestellt und nicht einmal mit dem Grundsatz der *lex rei sitae* begründet.

Ein gutgläubiger Besitzerwerb[191] des Beklagten wurde verneint, weil dieser seiner Nachforschungspflicht nicht gerecht geworden sei und deswegen in grober Weise gegen die im Verkehr erforderliche Sorgfalt verstoßen habe. Anlaß zu Nachforschungen hätte nämlich schon der hohe Wert der Sache und das Mißverhältnis zu dem verlangten Betrag geben müssen. Derart wertvolle Kunstwerke würden nur im Fachhandel, auf Versteigerungen oder von privaten Sammlern verkauft, wogegen es sich bei dem Studenten um eine dem Käufer völlig unbekannte Person handelte. Weiterhin wies das Gericht darauf hin, daß die Tatsache, daß wertvolle Antiquitäten strengen Ausfuhrbestimmungen ihrer Herkunftsländer unterliegen, allgemein bekannt sei.[192]

b. *Autocephalous Greek–Orthodox Church of Cyprus and Republic of Cyprus v. Goldberg*[193]

Ausführungen zur Gutgläubigkeit beim Erwerb von Kulturgütern und insbesondere zu den an die Sorgfalt von Kunsthändlern zu stellenden Anforderungen finden sich in der amerikanischen Entscheidung *Cyprus v. Goldberg.*[194] Es ging um

---

[190] In den Entscheidungsgründen finden sich aber auch keine Ausführungen zur Provenienz des Gegenstandes; möglicherweise war diese nicht sicher geklärt.

[191] Ein wirksamer Eigentumserwerb des Käufers wurde nicht geprüft, weil dieser von einem bösgläubigen Besitzer dem Anspruch aus § 1007 Abs. 1 BGB nicht entgegengehalten werden könnte, OLG München (Fn. 189) 9.

[192] Angesichts der Tatsache, daß diese Entscheidung mittlerweile über 25 Jahre zurückliegt und die Sensibilität der Fachwelt, aber auch der allgemeinen Öffentlichkeit in bezug auf illegale Ausgrabungen, Veräußerungen und Exporte in jüngster Zeit enorm gewachsen ist, dürfte eine Kenntnis ausländischer Kulturgüterschutzgesetzgebung, die sich im Rahmen des Fahrlässigkeitsmaßstabs auswirken könnte, jetzt in noch größerem Maße angenommen werden.

[193] *Autocephalous Greek-Orthodox Church of Cyprus and Republic of Cyprus v. Goldberg and Feldmine Fine Arts inc. and Peg Goldberg* 717 F. Supp. 1374 (S. D. Ind. 1989); 917 F. 2d 278 (7th Cir. 1990).

[194] Allerdings bezogen auf die Auslegung von Schweizer Sachrecht.

seltene byzantinische Mosaiken aus dem sechsten Jahrhundert n. Chr., die zwischen 1976 und 1979 aus einer im türkisch besetzten Teil von Zypern liegenden Kirche gestohlen worden, 1988 von einer amerikanischen Kunsthändlerin auf dem Flughafen in Genf gekauft und dann in den US-Staat Indiana gebracht wurden. Im Rahmen der alternativen[195] Anwendung des schweizerischen Rechts auf den Eigentumserwerb mußte sich das Gericht mit der Gutgläubigkeit der Kunsthändlerin beschäftigen.[196]

Das Gericht sah die Umstände des Erwerbs aus verschiedenen Gründen als verdächtig an: Die Mosaiken kamen aus einem besetzten Gebiet, es bestand ein großer Unterschied zwischen dem angegebenen Wert der Kunstwerke und dem bezahlten Kaufpreis und die Person des Verkäufers war der Erwerberin völlig unbekannt. Außerdem wies das Gericht darauf hin, daß es sich bei den Mosaiken um bewegliche Sachen handelte, die vormals zu einem Gebäude gehört hätten, also unbeweglich gewesen seien. In diesem Fall müsse nach einer Erklärung, wie es dazu gekommen sei, gefragt werden. Zudem handele es sich um Gegenstände mit religiösem Hintergrund.[197] Alle diese Umstände führten dazu, daß ein ehrlicher und vernünftiger Erwerber weitere Ermittlungen bezüglich der Berechtigung des Veräußerers angestellt hätte. Es fände insofern eine Umkehr der Beweislast statt.[198] Der Kunsthändlerin gelang es nicht, darzulegen, daß sie die erforderlichen Nachforschungen angestellt hatte.[199] Ihr guter Glaube wurde daher verneint.

---

[195] Das Gericht sah – abweichend vom Grundsatz der *lex rei sitae* – eigentlich nicht das Schweizer Recht als *lex causae* an, sondern das Recht von Indiana, weil es die *„most significant contacts"* zu dem Sachverhalt hatte. Trotzdem prüfte es alternativ auch noch die Lösung des Sachverhalts nach Schweizer Recht. Nach Schweizer Recht wird Gutgläubigkeit zwar vermutet. Wenn der Kläger aber zeigen kann, daß die Umstände des Erwerbs geeignet waren, Mißtrauen zu erregen, muß der Beklagte beweisen, daß er hinreichende Schritte unternommen hat, um Zweifel an der Berechtigung des Veräußerers zu unterbinden. Den Kläger trifft also nur eine Art prima facie-Beweislast.

[196] Nach dem von dem Gericht vorrangig geprüften Recht von Indiana ist gar kein gutgläubiger Erwerb an gestohlenen Gegenständen möglich. Die Klage war auch noch nicht verjährt, *Foutty* Vand. L. Rev. 43 (1990) 1839ff., 1852ff.

[197] Vgl. *Cyprus v. Goldberg* 717 F. Supp. 1374 (S. D. Ind. 1989) 1401: „(...) *these objects are not ordinary commercial objects.*"

[198] Vgl. *Cyprus v. Goldberg* (Fn. 197) 1402: *„All the red flags are up, all the red lights are on, all the sirens are blaring."*

[199] Die von ihr behaupteten Nachfragen bei der UNESCO, der IFAR und US-amerikanischen, deutschen, Schweizer und türkischen Zollbehörden konnten nicht belegt werden. Nach Ansicht des Gerichts jedenfalls erforderlich gewesen wäre eine Anfrage bei der Republik Zypern, der zypriotischen Kirche oder der Türkischen Republik Zypern (der völkerrechtlich nicht anerkannte besetzte Teil Zyperns), von wo die Mosaiken stammten. Dies hatte die Kunsthändlerin aber unterlassen, *Cyprus v. Goldberg* (Fn. 197) 1403.

c. Entscheidung des Schweizer Bundesgerichts vom 5.3.1996[200]

Auch bei dieser Entscheidung ging es um die Frage des gutgläubigen Erwerbes an Kulturgütern, allerdings ohne internationalen Bezug. Der Beklagte hatte 1979 eine antike Waffensammlung erworben, welche ein halbes Jahr zuvor gestohlen worden war. Während das Obergericht des Kantons Luzern die Herausgabeklage der Versicherung (aus abgetretenem Recht) abgelehnt hatte, verneinte das Bundesgericht den guten Glauben des Erwerbers und gab der Klage statt. Der Kunsthandel gehöre zu den Geschäftszweigen, in denen an die Nachforschungspflicht des Erwerbers besonders hohe Anforderungen zu stellen seien, da sie dem Angebot von Waren zweifelhafter Herkunft und folglich mit Rechtsmängeln behafteter Sachen in besonderem Maße ausgesetzt seien.[201] Das Gericht berücksichtigte bei seiner Beurteilung auch die Tatsache, daß der Käufer bereits seit Jahren Antiquitäten, Zinnkannen und auch Waffen sammelte und es sich insofern um eine im Antiquitätenhandel keineswegs unerfahrene Person handelte.[202]

4. Gutgläubiger Erwerb von *res extra commercium*

Fraglich ist aber, ob die Auslegung und Anpassung des nationalen Sachrechts im Interesse des internationalen Kulturgüterschutzes bei Gegenständen, die in ihrem Heimatland als *res extra commercium* behandelt werden, ausreicht.

Die Möglichkeit, sich durch Nachfrage bei bestimmten Stellen oder Organisationen Gewißheit über die genaue Herkunft eines Kulturguts und die Verfügungsberechtigung des Veräußerers Gewißheit zu verschaffen, besteht bei *res extra commercium* in noch größerem Maße als bei anderen Kunstgegenständen. Sofern es sich bei dem Herkunftsland nämlich um ein Land handelt, das sein öffentliches oder kirchliches Kulturgut bzw. klassifizierte Kunstgegenstände als *res extra commercium* behandelt, sind diese meist in besonderen Inventarlisten registriert.[203] Bei Ländern wiederum, die alle Kulturgüter oder alle archäologischen Funde als *res extra commercium* behandeln, müßte schon diese Tatsache das Mißtrauen des Erwerbers erregen. Die Kenntnis von der Extrakommerzialität allein würde aber den guten Glauben noch nicht ausschließen, denn dieser bezieht sich auf die Verfügungsberechtigung des Veräußerers und in einem anderen als dem Heimatland würde der Gegenstand wahrscheinlich als *„in commercio"* behandelt. Da extrakommerzielle Kulturgüter aber in den meisten Rechtsordnungen im Eigentum der öffentlichen Hand stehen, könnte der Veräußerer nur dann

---

200 Schweizer Bundesgericht, Entsch. v. 5.3.1996, BGE 122 III (1996) Nr. 1, 1ff.

201 BGE (Fn. 200) 3.

202 BGE (Fn. 200) 4f.

203 Vgl. z.B. Art. 17 franz. Gesetz v. 1913; Art. 5 ital. T. U. v. 1999; Art. 1 Abs. 3 und Art. 12 span. Gesetz Nr. 16 v. 1985.

verfügungsberechtigt sein, wenn er das Kulturgut bereits nach einer dritten Rechtsordnung wirksam erworben oder ersessen hätte. Ohne Anhaltspunkte dafür müßte der Erwerber vom Fehlen der Verfügungsbefugnis ausgehen.

Voraussetzung für eine gezielte Nachfrage bei den Behörden des Heimatlandes ist jedoch, daß dem Erwerber die Herkunft des Kulturguts von dem Veräußerer mitgeteilt wurde oder sich aufgrund anderer Anhaltspunkte erschließt. Gerade im Fall von Kulturgütern, die in ihrem Herkunftsland als *res extra commercium* behandelt werden, kann jedoch vermutet werden, daß der Veräußerer die Herkunft des Gegenstandes eher verschleiern und falsche Angaben machen wird. Es kommt auch vor, daß Werke durch Übermalungen oder sonstige Zerstörungen so verändert werden, daß ihre Identität mit dem geschützten Gegenstand unentdeckt bleibt.

Letztlich sind *res extra commercium* vor einer Veräußerung dann nicht sicher, wenn sich der Erwerber völlig sorgfaltsgerecht verhalten hat und ihm deswegen grobe Fahrlässigkeit nicht vorgeworfen werden kann. Das kann entweder der Fall sein, wenn ihm der Wert des Gegenstandes nicht bekannt und auch nicht ersichtlich war und besondere Anstrengungen, sich der Verfügungsberechtigung des Veräußerers zu versichern, deswegen nicht von ihm verlangt werden konnten. Außerdem ist der Fall vorstellbar, daß ein Erwerber alles ihm Mögliche und Zumutbare unternommen hat, um die Nichtberechtigung des Verkäufers auszuschließen und trotzdem keine Kenntnis der tatsächlichen Lage erhalten hat, sei es, weil der Gegenstand nicht als gestohlen oder vermißt registriert war, sei es, weil sich der Erwerber an die Behörden eines falschen Staates gewandt hat oder einfach keine Auskunft erhalten hat. In diesen Fällen kann der Erwerber nicht als bösgläubig behandelt werden; ein Erwerb vom Nichtberechtigten müßte bejaht werden und der Herausgabeanspruch des ursprünglichen Eigentümers hätte keinen Erfolg. Eine Rückführung des Kulturguts in sein Herkunftsland wäre dann nicht möglich. All das zeigt, daß der Tatsache, daß Kulturgüter in ihrem Herkunftsland als verkehrsunfähig behandelt werden, allein durch strenge Anforderungen an den guten Glauben des Erwerbers nicht hinreichend Rechnung getragen werden kann.

5. Vorschläge, um die Möglichkeit eines gutgläubigen Erwerbs von Kulturgütern einzuschränken

In der Literatur wurde vorgeschlagen, für den rechtsgeschäftlichen Verkehr mit Kulturgütern, ähnlich dem Kraftfahrzeugbrief, einen „Kunstbrief" einzuführen, eine Art Stammbaum, auf dem die Herkunft und die Entwicklung der Eigentumsverhältnisse an dem Kulturgut verzeichnet sind.[204] Wenn sich ein Erwerber

[204] *Hanisch* (Fn. 96) 223; *Schmeinck* S. 151. In diese Richtung geht auch ein Vorschlag der Kommission der Europäischen Gemeinschaften hinsichtlich national besonders bedeuten-

diesen Kunstbrief nicht vorlegen ließe, würde er automatisch als bösgläubig gelten. Allerdings wäre eine solche Regelung nur auf internationaler Ebene erfolgversprechend. Obwohl der Vorschlag vor allem aufgrund seiner Parallele zum Gebrauchtwagenhandel einleuchtet, ist seine praktische Verwirklichung nicht absehbar. Das liegt zum einen daran, daß es unmöglich ist, den Begriff „Kulturgut" zu definieren. Eine Grenze, bei welchen Gegenständen ein Dokument erforderlich ist, müßte gezogen werden; allerdings geht bei der Definition, was (wichtiges) Kulturgut ist, jeder Staat von eigenen Kriterien aus. Dagegen spricht weiterhin die enorme Schwierigkeit, die aktuellen Eigentumsverhältnisse an einem Gegenstand, der zuvor durch verschiedene Hände gelaufen ist, festzustellen. Der damit und mit der Dokumentation jedes weiteren Erwerbsvorganges verbundene Verwaltungsaufwand würde die betreffenden Stellen hoffnungslos überlasten und überfordern.[205] Zudem wäre die Fälschungssicherheit nicht gewährleistet.

Ein weiterer Vorschlag ist die Einführung von „Reisepässen" für Kulturgüter, die von einem Land in ein anderes verbracht werden.[206] Durch solche Exportzertifikate könnte die legale Ausfuhr nachgewiesen werden, ansonsten müßte der Erwerber von illegalem Export ausgehen. Abgesehen davon, daß ein Problem bezüglich derjenigen Kulturgüter besteht, die bereits legal ausgeführt worden sind und deswegen keinen „Reisepaß" besitzen, würde selbst die Kenntnis oder die fahrlässige Unkenntnis von der unrechtmäßigen Ausfuhr de lege lata einen gutgläubigen Erwerb nicht verhindern, weil die Rechtmäßigkeit der Ausfuhr nichts mit der Verfügungsberechtigung des Veräußerers zu tun hat.[207] Und nur auf diese kommt es bei der Frage nach der Gutgläubigkeit an.

---

den Kulturgütern, Communication de la Commission du Conseil relative à la protection des trésors nationaux ayant une valeur artistique, historique ou archéologique dans la perspective de la suppression des frontières intérieures en 1992 v. 22.11.1989, abgedr. bei *Coutau-Bégarie/Schmitt* S. 255f. Der Vorschlag wurde jedoch aus praktischen Gründen wieder aufgegeben.

[205] *Franz* S. 73; *Müller-Katzenburg* S. 331; *Schmeinck* S. 151f.

[206] *Walter* S. 186f.; vgl. auch Art. 6 (a) der UNESCO-Konvention von 1970: *The State Parties to this Convention undertake:*
(a) To introduce an appropriate certificate in which the exporting State would specify that the export of the cultural property in question is authorized. The certificate should accompany all items of cultural property exported in accordance with the regulations; (...).

[207] *Nott* I. C. L. Q. 33 (1984) 203ff., 205.

III. Auslegung des Begriffs Abhandenkommen (§ 935 Abs. 1 BGB)

Auch bei der Frage, ob ein Gegenstand gestohlen oder abhanden gekommen ist, was bei Anwendung von deutschem Recht[208] und der meisten Rechtsordnungen einen gutgläubigen Eigentumserwerb grundsätzlich ausschließen würde, hat man es mit einem unbestimmten Rechtsbegriff zu tun, bei dessen Auslegung sowohl die Tatsache, daß es sich um Kulturgut handelt als auch der Auslandssachverhalt mitberücksichtigt werden können.

1. Gesonderte kollisionsrechtliche Anknüpfung

Teilweise wurde sogar vorgeschlagen, die Frage, ob eine Sache gestohlen oder abhanden gekommen ist, als Vorfrage gesondert anzuknüpfen und dem Ort des Diebstahls bzw. Abhandenkommens zu unterstellen.[209] Vorfragen sind von dem für die Hauptfrage maßgeblichen materiellen Recht aufgeworfene präjudizielle Fragen.[210] Umstritten ist, ob diese Fragen unselbständig angeknüpft werden, d. h. der Kollisionsnorm der *lex causae* unterstellt werden, oder selbständig, d. h., daß die Frage von der maßgeblichen Kollisionsnorm der *lex fori* beurteilt wird. Bei der Behandlung des Begriffs des Gestohlenseins oder Abhandenkommens als Vorfrage ist dieser Streit jedoch nicht von praktischer Bedeutung, solange sowohl das IPR der *lex fori* als auch das der *lex causae* dem Grundsatz der *lex rei sitae* folgen.[211] Maßgeblich ist, daß die Frage nicht einfach nach dem auf die Hauptfrage anwendbaren materiellen Recht beurteilt, sondern gesondert kollisionsrechtlich angeknüpft und deswegen der *lex rei sitae* im Zeitpunkt des Abhandenkommens unterstellt wird, also dem Recht des Ortes, wo der Besitzverlust stattgefunden hat bzw. ein Nichtberechtigter sich die Sache angeeignet hat.[212]

---

208 Allerdings gilt dies nicht für den im Kunsthandel recht bedeutsamen Fall einer öffentlichen Versteigerung (§ 935 Abs. 2 BGB), s. u. 7. Kap. § 2 II. 3. a. und § 3 I. 1.

209 *Fechner* Archäologie, S. 75; *Hanisch* (Fn. 96) 215; *v. Schorlemer* S. 541; *Weisflog* S. 33.

210 *Kropholler* (Fn. 4) § 32 Anm. I.

211 Das ist in fast allen Staaten der Fall, s. o. Fn. 3.

212 Die Befürworter der Behandlung des Abhandenkommens als Vorfrage berufen sich für diese Ansicht auf die Entscheidung *Kunstsammlungen zu Weimar v. Elicofon* 536 F. Supp. 829 (1981) 839 (s. u. § 8 II. 1. d. Fn. 407), und behaupten, daß das Gericht im Rahmen der Frage, ob Elicofon nach New Yorker Recht gutgläubig Eigentum erworben habe, die Frage, ob die Bilder abhanden gekommen seien, als Vorfrage gesondert angeknüpft und deswegen nach deutschem Recht beurteilt habe, *Fechner* (Fn. 209) S. 75f. Fn. 284; *Hanisch* (Fn. 96) S. 216f.; *Siehr* RdC 243 (1993) 9ff., 80. Das stimmt so allerdings nicht. Das Gericht untersuchte, ob zu der Zeit, als sich die Gemälde noch in Deutschland befanden, nach deutschem Recht als *lex rei sitae* ein gutgläubiger Eigentumserwerb stattgefunden hatte, wofür Voraussetzung gewesen wäre, daß die Bilder nicht abhanden gekommen wären. Die Beurteilung des Abhandenkommens nach deutschem Recht erfolgte also nicht als Vorfrage im Rahmen der Prüfung

In den bereits erwähnten Konstellationen, in denen archäologische Gegenstände in Ländern unrechtmäßig ausgegraben werden, deren Recht diese zu (besitzlosem) Staatseigentum erklärt hat,[213] würde die Anwendung dieses Rechts dazu führen, daß, auch wenn die Rechtsordnung, die über den gutgläubigen Erwerb zu entscheiden hat, ein Abhandenkommen mangels Besitzverlustes ausschließen würde, dieses zu bejahen ist, weil die Rechtsordnung des Ausgrabungsstaates den Besitz nicht als Voraussetzung ansieht oder jedenfalls von einem generellen Besitzwillen des Staates an unausgegrabenen Kulturgütern ausgeht.[214]

Gegen die kollisionsrechtliche Verselbständigung der Frage des Abhandenkommens wird angeführt, daß sie keine Lösung biete, wenn die materiellrechtlichen Regeln der *lex rei sitae* für diese Situation keine unterschiedlichen Regeln vorsähen.[215] Denn in solch einem Fall wird gar keine Vorfrage aufgeworfen. Allerdings kennen die allermeisten Rechtsordnungen in dieser Frage unterschiedliche Rechtsregeln.[216] Weiter wird der Verkehrsschutz ins Spiel gebracht: Eine Rechtsordnung wolle regelmäßig selber darüber entscheiden, in welchem Maße der Rechtsverkehr dadurch erschwert werde, daß eine Sache im Inland wegen des ihr anhaftenden Makels des Diebstahls oder sonstigen Abhandenkommens nicht oder nur eingeschränkt erworben werden könne.[217] Eine Einschränkung der Sicherheit des Rechtsverkehrs könnte zugunsten des Kulturgüterschutzes unter Umständen zwar hingenommen werden. Es ist aber nicht garantiert, daß die Anknüpfung an den Ort des Abhandenkommens die Interessen des Kulturgüterschutzes in allen Fällen mehr berücksichtigt. Das hängt letztlich vom anwendbaren Sachrecht ab.[218]

Insgesamt ist fraglich, ob es sich bei der Frage des Abhandenkommens überhaupt um eine Vorfrage handelt. Zwar wird die Frage, in welchen Fällen des unfreiwilligen Besitzverlustes ein gutgläubiger Erwerb ausgeschlossen ist, von den verschiedenen Rechtsordnungen unterschiedlich beurteilt.[219] Dabei handelt

---

des gutgläubigen Erwerbs nach New Yorker Recht, sondern im Rahmen des Eigentumserwerbs nach deutschem Recht, was zur Folge gehabt hätte, daß Elicofon seinen Eigentumserwerb auf einen Berechtigten hätte zurückführen können.

213 S. o. 3. Kap. § 2 V.; 5. Kap. § 2 II. 2. c.

214 *Hanisch* (Fn. 96) S. 215.

215 *Müller-Katzenburg* S. 226f.; *Siehr* (Fn. 212) 80f.; *Stoll* (Fn. 47) S. 58.

216 Ausnahmen sind z. B. Art. 1153 ital. C. c. und § 935 Abs. 2 BGB. In den meisten Rechtsordnungen kann der frühere Eigentümer die gestohlene Sache von dem gutgläubigen Erwerber zumindest während einer bestimmten Frist zurückfordern.

217 *Stoll* (Fn. 47) S. 58.

218 Ebenso *Schwadorf-Ruckdeschel* S. 169.

219 Teilweise ist dies nur bei Diebstahl der Fall, im deutschen Recht kommen auch sonstige Fälle des unfreiwilligen Besitzverlusts hinzu. Das span. Recht faßt das Merkmal noch weiter, s. o. 4. Kap. § 1 V. 1.

es sich aber um Tatbestandsmerkmale einer einheitlichen und in sich geschlossenen Sachrechtsnorm und nicht um ein präjudizielles Rechtsverhältnis, welches im Tatbestand verschiedener Normen eine Rolle spielt (wie z. B. die klassische Vorfrage des Bestehens einer Ehe) und einer eigenen Kollisionsnorm unterliegt. Bei der Frage des Erwerbs vom Nichtberechtigten sind die Normen über den unfreiwilligen Besitzverlust und den gutgläubigen Erwerb innerhalb einer Rechtsordnung aufeinander abgestimmt.[220] Wenn man sich das deutsche Recht anschaut, entdeckt man in den §§ 929, 932, 935 Abs. 1 und 2 BGB ein fein abgewogenes Regel und Ausnahme-Zusammenspiel der Normen. Es ist sinnvoller, diese Normverschachtelung einheitlich zugrundezulegen und nur, falls die konkrete Situation es erfordert, durch Auslegung dem Eigentümer- oder Erwerberinteresse ein stärkeres Gewicht beizumessen. Dies führt zu einer flexibleren Handhabe und damit zu gerechteren Ergebnissen.

2. Auslegung illegaler Ausgrabungen als Abhandenkommen

Es wurde bereits erwähnt, daß amerikanische Gerichte den mittel- und südamerikanischen Kulturgüterschutzgesetzen Geltung verschafft haben, indem sie zu Staatseigentum erklärte archäologische Gegenstände, die illegal ausgegraben und exportiert worden sind, als gestohlen behandelt haben.[221] Dabei wurde zur Feststellung des Gestohlenseins nicht unmittelbar das ausländische Recht angewandt; der Begriff wurde vielmehr autonom ausgelegt, wobei die ausländischen Kulturgüterschutzgesetze als Teil des Sachverhalts bei der Interpretation mitberücksichtigt wurden.[222] Im deutschen Recht würden die archäologischen Gegenstände nicht als abhanden gekommen qualifiziert werden, weil Voraussetzung dafür ist, daß der Eigentümer oder sein Besitzmittler den unmittelbaren Besitz ohne seinen Willen verloren hat.[223] Würde man diese Definition auf Fälle, wie sie den erwähnten amerikanischen Entscheidungen zugrunde lagen, anwenden, ergäbe sich die Problematik, daß der ausländische Staat als Eigentümer der Kulturgüter niemals Besitz an diesen hatte.

In der Literatur wird allerdings vorgeschlagen, daß man § 935 Abs. 1 BGB bei der Auslegung an die besondere Konzeption des Staatseigentums anpassen müsse und auch illegale Ausgrabungen von noch nicht entdeckten archäologischen Gütern als Abhandenkommen im Sinne des § 935 Abs. 1 BGB ansehen müsse.[224] Nach Ansicht von *Müller-Katzenburg* muß die in den §§ 929, 935 BGB

---

220 *Müller-Katzenburg* S. 227.

221 S. o. § 2 II. 2. c. Fn. 67.

222 Vgl. auch Art. 3 Abs. 2 der UNIDROIT-Konvention v. 1995, s. u. 6. Kap. § 2 IX. 3. a.

223 Palandt/*Bassenge* § 935 Rn. 2.

224 Staudinger/*Stoll* (Fn. 3) Rn. 302; sehr verkürzt *Schwadorf-Ruckdeschel* S. 89. Einen Ausschluß des gutgläubigen Erwerbes von illegal ausgegrabenen archäologischen Gegenständen

enthaltene Interessenabwägung so verstanden werden, daß die Schutzbedürftigkeit des Eigentümers daraus herrühre, daß er seine Sache nicht freiwillig aus der Hand gegeben habe. In dem Fall, in dem archäologische Funde, die im besitzlosen Eigentum des Staates standen, illegal ausgegraben und exportiert worden seien, fehle es aber ebenso an einem freiwilligen „aus der Hand geben" wie bei einem unfreiwilligen Besitzverlust.[225] Wegen gleicher Schutzbedürftigkeit müsse auch die letztere Situation als Abhandenkommen ausgelegt werden.[226]

Dieser Ansicht ist insoweit zuzustimmen, als es der Billigkeit und dem Regel-Ausnahme-Verhältnis der §§ 932, 935 BGB entspricht, darauf abzustellen, ob dem Staat eine „Mitschuld" an dem Abhandenkommen zuzurechnen ist. Wenn der Staat nie Besitz hatte, hat er zu der Möglichkeit, daß ein anderer an der Sache Besitz ergreifen konnte, auch nicht beigetragen. Richtigerweise ist diese Ansicht aber dahingehend einzuschränken, daß es darauf ankommen muß, ob der Staat die Möglichkeit der Inbesitznahme hatte. Wenn das nämlich der Fall war, der Staat aber selbst keinerlei Anstrengungen unternommen hat, sein Eigentumsrecht durchzusetzen,[227] kann ihm die Inbesitznahme durch einen anderen sehr wohl zugerechnet werden.

3. Abhandenkommen von *res extra commercium*

Zu überlegen ist, ob auch die Tatsache, daß Kulturgüter in ihrem Herkunftsstaat als *res extra commercium* behandelt werden, Einfluß auf die Auslegung des Begriffs des Abhandenkommens hat. In den meisten Fällen wird es sich bei diesen Gegenständen ohnehin um gestohlene Kulturgüter handeln. Aber auch in anderen Fällen könnte ein Abhandenkommen vorliegen.

Unveräußerliche Kulturgüter stehen, wie dargestellt, meist im Eigentum des Staates oder öffentlicher oder kirchlicher Einrichtungen. Eigentümer ist somit eine juristische Person, welche die Sache gar nicht selbst veräußern kann. Der

---

fordert auch *Fechner* (Fn. 209) S. 105f. Er hält eine erweiternde Auslegung des Begriffs des Abhandenkommens für denkbar, zieht aber aus dogmatischen Gesichtspunkten eine ausdrückliche Erweiterung des § 935 Abs. 1 BGB vor. In jedem Fall setzt eine solche Auslegung des Begriffs des Abhandenkommens voraus, daß man diese Art von besitzlosem Staatseigentum überhaupt anerkennt, s. o. § 2 II. 2. c.

225 *Müller-Katzenburg* S. 305f.

226 Sie räumt allerdings ein, daß eine solche Interpretation die Grenzen der Auslegung möglicherweise bereits sprengt und nur unter dem Gesichtspunkt der Normanpassung praktiziert werden könne, *Müller-Katzenburg* S. 307.

227 Das ist einerseits der Fall, wenn die Existenz archäologischer Gegenstände bekannt ist, diese aber ohne daß rechtfertigende Gründe vorliegen, sondern wegen bloßen Desinteresses nicht geborgen werden; andererseits wenn sich die Gegenstände mit Wissen des Staates im Besitz von jemand anderem befinden. In diesem Fall sollte nach der hier vertretenden Ansicht gar kein Eigentum des Staates anerkannt werden, s. o. § 2 II. 2. d.

Besitz wird bei juristischen Personen durch ihre Organe ausgeübt; die unbefugte Weggabe der Sache durch ein Organ stellt grundsätzlich kein Abhandenkommen dar.[228] Alle anderen Personen, welche die Gegenstände im Gewahrsam haben (z. B. Museumswächter, Bibliotheksangestellte etc.) sind als Besitzdiener zu qualifizieren.[229] Wenn sich ein Besitzdiener eine Sache zueignet oder weggibt, wird ein Abhandenkommen bejaht.[230] Dagegen wären Museums- oder Archivleiter als Organe und somit als Besitzer anzusehen, so daß bei einer Veräußerung durch diese § 935 Abs. 1 BGB nicht eingreifen würde. Allerdings ist zu beachten, daß bei als *res extra commercium* behandelten Kulturgütern die Besitzer nicht nur internen Weisungen zuwiderhandeln, sondern zur Veräußerung generell nicht befugt sind.[231] Insofern könnte auch in einem solchen Fall ein Abhandenkommen anzunehmen sein.[232]

Problematisch ist der Fall, wenn ein Kulturgut zu Forschungs- oder Restaurierungszwecken an jemanden entliehen wird,[233] der Besitz also freiwillig und im Rahmen der gesetzlichen Bestimmungen übertragen wird, und dann von diesem an einen gutgläubigen Dritten veräußert wird.[234] In einem solchen Fall käme man wohl nicht umhin, ein Besitzmittlungsverhältnis anzunehmen und müßte eine Qualifikation der treuwidrigen Veräußerung durch den unmittelbaren Besitzer als Abhandenkommen ablehnen.

---

[228] Palandt/*Bassenge* § 854 Rn. 12.

[229] *Frotscher* VerwArch 62 (1971) 153ff., 155. In Mainz plünderte ein Bibliotheksangestellter (und stellvertretender Magazinleiter) von 1990 bis 1993 die Stadtbibliothek und das Stadtarchiv. Unter anderem verschwanden die wertvollsten Urkunden der Stadt und kostbare Manuskripte und Dokumente aus dem Mittelalter. Einige Stücke wurden später in Antiquariaten wiedergefunden, vgl. FAZ v. 10. 6. 1994, S. 9.

[230] Palandt/*Bassenge* § 935 Rn. 4.

[231] Vgl. *Frotscher* (Fn. 229) 156; *Mußgnug* Rechtsfragen, S. 199ff., S. 199 Fn. 3. Vgl. auch *Hipp* S. 156f.

[232] Zu berücksichtigen ist auch, daß nach der Rechtsordnung, die das Kulturgut als *res extra commercium* behandelt, dieses im Grunde gar nicht im Besitz stehen kann. An ihm ist zwar auch eine Art öffentlichrechtliche Sachherrschaft möglich, aber kein Besitz im privatrechtlichen Sinne.

[233] Diese Konstellation ist nicht nur hypothetischer Natur, vgl. FAZ v. 24. 5. 1995, S. 11; FAZ v. 1. 6. 1995, S. 32. Ein im Eigentum des Vatikan stehendes wertvolles Manuskript aus dem 14. Jahrhundert mit Anmerkungen von Francesco Petrarca war 1987 zu Forschungszwecken an einen Professor der Universität Ohio entliehen worden. Dieser bot es 1995 einem Buchhändler zum Kauf an. Bei Anwendung deutschen Rechts hätte dieser, seine Gutgläubigkeit vorausgesetzt, Eigentum daran erworben.

[234] *Mußgnug* (Fn. 231) S. 200.

IV. Auslegung des Begriffs Unmöglichkeit (§ 275 BGB)

Eine weitere Berücksichtigung von nach allgemeinem Kollisionsrecht nicht anwendbaren ausländischen Kulturgüterschutznormen wird in der Literatur bei § 275 BGB befürwortet.[235] Bei als *res extra commercium* behandelten Sachen könnte dies relevant werden, wenn jemand eine von einer anderen Rechtsordnung *extra commercium* gestellte Sache verkauft hat und dann wegen ihrer Extrakommerzialität nicht erfüllen kann oder will und sich auf Unmöglichkeit beruft. Ebenfalls könnte man überlegen, ob es nach deutschem Recht einen Rechtsmangel i. S. von § 437 BGB darstellt, wenn jemand – nach der geltenden Rechtsordung wirksam – eine Sache übereignet bekommt, welche in ihrem Herkunftsstaat als *res extra commercium* behandelt wird, weswegen er die Sache nicht in dieses Land zurückbringen könnte, ohne daß sie von ihm herausverlangt werden würde. Da diese Probleme aber nicht sachenrechtlicher Natur sind, sollen sie hier nicht weiter vertieft werden.[236]

V. Auslegung des Begriffs Sittenwidrigkeit (§ 138 BGB)

Ausländischen Kulturgüterschutzgesetzen kann indirekt Geltung verschafft werden, indem sie bei der Ausfüllung von Generalklauseln berücksichtigt werden. Diesen Weg ist auch die deutsche Rechtsprechung gegangen, die es bisher abgelehnt hat, ausländische Normen außerhalb des Sachstatuts anzuwenden. Generalklauseln und unbestimmte Rechtsbegriffe bieten außerdem die Möglichkeit, international angewandte und akzeptierte Standards und Handelsbräuche, wie sie sich zum Beispiel aus internationalen Abkommen (auch wenn diese im konkreten Fall gar nicht anwendbar sind) oder aus freiwilligen Verhaltens- und Erwerbskodizes von Museen und Kunsthandel[237] herauslesen lassen, in die Bewertung einfließen zu lassen.[238]

Bei Verstoß gegen ausländische Verbotsgesetze kommt die Anwendung von § 134 BGB nach ganz herrschender Meinung nicht in Betracht, da diese im Inland unmittelbar keine Verbindlichkeit besitzen.[239] In der deutschen Rechtsprechung wurde ausländischen Verbotsgesetzen aber indirekt Geltung verschafft, indem

---

[235] *Schurig* RabelsZ 54 (1990) 217ff., 240; *Siehr* (Fn. 37) 78; *Zimmer* (Fn. 43) 66.

[236] Dazu allgemein *Busse* (Fn. 33) 402f., 407f.; *Siehr* (Fn. 37) 79f.

[237] S. u. 6. Kap. § 4.

[238] Solch ein Rückgriff auf internationale Standards erhöht möglicherweise auch die Überzeugungskraft einer Entscheidung, *Müller-Katzenburg* S. 296.

[239] Palandt/*Heinrichs* § 134 BGB Rn. 2; BGH, NJW 1972, 1575ff., 1576; a. A. *Kegel* IPR, § 23 Anm. I 4 b; *Schurig* (Fn. 235) 240; *Zimmer* (Fn. 43) 69.

Rechtsgeschäfte, bei denen bewußt gegen das ausländische Recht verstoßen wurde, als sittenwidrig behandelt wurden.[240] Voraussetzung einer Anwendung von § 138 BGB auf einen Verstoß gegen ausländische Verbotsgesetze ist, daß durch die Berücksichtigung ausländischen Rechts mittelbar auch deutsche Interessen geschützt werden oder das Verbot auf allgemein anerkannten rechtlichen Erwägungen beruht.[241] Letzteres spielte in der sogenannten *Nigeria-Entscheidung* des BGH eine Rolle.

I. Entscheidung des BGH vom 22.6.1972[242]

Hierbei handelt es sich um die bislang einzige Entscheidung zum internationalen Kulturgüterschutz in der höchstrichterlichen deutschen Rechtsprechung. Aufgrund ihres eigenen Lösungsansatzes wird sie aber auch in der internationalen Literatur häufig erwähnt und besprochen.[243] In dem Fall ging es um illegal aus Nigeria exportierte[244] afrikanische Masken und Bronzefiguren der Beninepoche, über die bei einer deutschen Versicherungsfirma ein deutschem Recht unterliegender Versicherungsvertrag geschlossen worden war. Wegen Verlustes von sechs Bronzefiguren wurde gegen die Versicherungsfirma auf Entschädigung geklagt. Neben prozessualen und Abtretungsproblemen ging es in der Entscheidung um die Wirksamkeit des Versicherungsvertrages.

Das Gericht lehnte die Unwirksamkeit des Vertrages nach § 134 BGB aus den oben genannten Gründen ab. Es bejahte aber die Sittenwidrigkeit des zu versichernden Unternehmens (die Ausfuhr), was mangels Vorliegen eines erlaubten Interesses zur Unwirksamkeit des Versicherungsvertrages führte.[245] Denn ein versicherbares Interesse bestehe nicht, wenn der Versicherer, sofern er den Sachverhalt gekannt hätte, den Versicherungsschutz nicht hätte übernehmen können, ohne daß der Vertrag nach § 138 BGB unwirksam gewesen wäre.[246] Zur Begründung machte das Gericht Ausführungen zum Maßstab der guten Sitten und dem

---

240 BGH, NJW 1962, 1436ff., 1437f.; vgl. auch BGHZ 69, 295ff., 298; BGHZ 94, 268 ff., 271ff.

241 Palandt/*Heinrichs* § 134 BGB Rn. 2.

242 BGH, Entsch. v. 22.6.1972, NJW 1972, 1575ff. (auch zit. als: *Allgemeine Versicherungsgesellschaft v. E. K.*).

243 Z. B. *Byrne-Sutton* (Fn. 68) S. 156f.; *Church* (Fn. 67) 211f.; *D'Addino Serravalle* S. 26; *Frigo* (Fn. 138) S. 350 Fn. 57; *Prott/O'Keefe* III, Rn. 1265; *Verheul* NILR 1984, 419ff., 420.

244 Nach dem nigerianischen Kulturgüterschutzgesetz von 1953 (sec. 22) durfte kein Kulturgut ohne die Genehmigung der sog. Antiquity Commission exportiert werden, *Shyllon* IJCP 5 (1996) 235ff., 237. Das aktuelle nigerianische Kulturgüterschutzgesetz von 1979 (National Commission for Museums and Monument Acts) sieht ebenfalls ein solch generelles Exportverbot vor (sec. 25), dazu ausführlich *Shyllon* 235ff.

245 Nach § 2 Abs. 1 ADS (Allgemeine Deutsche See-Versicherungsbedingungen) setzt eine wirksame Versicherung ein erlaubtes versichertes Interesse voraus.

246 BGH (Fn. 242) 1576; ebenso bereits BGH, NJW 1962, 1436ff., 1437.

Wandel der Vorstellungen hinsichtlich des nationalen und internationalen Kulturgüterschutzes: Während in früheren Zeiten die Mißachtung des Wunsches anderer Völker, im Besitz ihrer Kunstschätze zu bleiben, üblich gewesen sei und auch geduldet worden wäre, werde inzwischen das Interesse der Völker an der Erhaltung ihrer Kulturwerte an Ort und Stelle allgemein geachtet. Daher verdiene die Ausfuhr von Kulturgut entgegen dem Verbot des Ursprungslandes im Interesse der Wahrung der Anständigkeit im internationalen Verkehr mit Kunstgegenständen keinen bürgerlichrechtlichen und damit auch keinen versicherungsrechtlichen Schutz.[247] Zur Untermauerung des universell verbindlichen Sittlichkeitsmaßstabes wurde auch auf die von der Bundesrepublik – damals und heute – (noch) nicht ratifizierte UNESCO-Konvention von 1970 hingewiesen.[248] Damit wurde der internationale *ordre public* als Maßstab für die Sittenwidrigkeit herangezogen.[249]

2. Sittenwidrigkeit von Verpflichtungs- und Verfügungsgeschäften über illegal exportiertes Kulturgut

Fraglich ist zunächst, wie diese Entscheidung auf die Veräußerung von unrechtmäßig ausgeführten Kulturgütern übertragen werden kann. Sittenwidrig ist sicherlich das Rechtsgeschäft, durch das wissentlich unmittelbar gegen das Ausfuhrverbot verstoßen wird, also der Vertrag, der die Ausfuhr des Kulturguts bezweckt.[250] Obwohl sich § 138 BGB grundsätzlich nur auf das Verpflichtungs- und nicht auf das „wertneutrale" Erfüllungsgeschäft bezieht, wird es in der die Entscheidung besprechenden Literatur allgemein als vertretbar angesehen, die Rechtsfolge des § 138 BGB auch auf das dingliche Rechtsgeschäft zu erstrecken.[251] Denn der verbotswidrige Zustand manifestiert sich gerade in dem dinglichen Geschäft. Die Unabhängigkeit des Verfügungs- von dem Verpflichtungsgeschäft ist zudem eine Besonderheit des deutschen Rechts, weswegen es widersprüchlich wäre, wenn deutsche Gerichte die Übereignung bei der Berücksichtigung ausländischer Verbotsgesetze von der Verbotswirkung ausnehmen würden.[252]

Fraglich ist aber, ob auch ein Kaufvertrag, der in Deutschland über ein vorher illegal ausgeführtes Kulturgut geschlossen wurde, bzw. die Übereignung als

---

247 BGH (Fn. 242) 1577.

248 BGH (Fn. 242) 1576f.

249 Dazu ausführlich *Bleckmann* ZaöRVR 34 (1974) 112ff.

250 *Berndt* S. 118.

251 *Berndt* S. 119; *Jaeger* S. 92; *Knott* S. 132; *Müller-Katzenburg* S. 298, *Reichelt* Un. L. Rev. 1988, 52ff., 65.

252 *Schwadorf-Ruckdeschel* S. 106.

sittenwidrig anzusehen ist, wenn die Parteien davon Kenntnis haben, an der illegalen Ausfuhr aber selbst nicht beteiligt waren.[253] Teilweise wird vertreten, daß nur gegenüber dem illegalen Exporteur selbst geltend gemacht werden könne, daß der Kaufvertrag wegen Verstoßes gegen Ausfuhrgesetze des Ursprungslandes sittenwidrig und nichtig sei.[254] Der BGH stellt für die Bejahung der Sittenwidrigkeit des Versicherungsvertrags allerdings nur auf die Kenntnis des Versicherers ab.[255] Daraus könnte man schließen, daß Voraussetzung für die Anwendung von § 138 BGB auf ein Rechtsgeschäft nicht ist, daß die Parteien an der illegalen Ausfuhr selbst beteiligt waren, sondern schon die Kenntnis davon ausreicht. Allerdings ist ein Versicherungsunternehmen, das den illegalen Transport von Kunstgegenständen von einem Land in ein anderes versichert, immer auch daran beteiligt. Es stellt in der moralischen Beurteilung des Handelns einer Person sicherlich einen Unterschied dar, ob diese ein Kulturgut kauft, das extra zu diesem Zweck aus seinem Heimatland illegal exportiert wurde, oder ob sich das illegal exportierte Kulturgut bereits seit einiger Zeit im Land befindet und dann in Kenntnis der unrechtmäßigen Ausfuhr gekauft wird. Die Ausführungen des BGH sind diesbezüglich wohl nicht verallgemeinerungsfähig.

Weiterhin muß betont werden, daß wohl nicht jeder Verstoß gegen ein Ausfuhrverbot zur Nichtigkeit der Veräußerung wegen Sittenwidrigkeit führt, sondern nur, sofern das Ausfuhrverbot von dem international anerkannten Interesse, daß ein Land seine Kulturgüter gegen Abwanderung schützen darf, gedeckt ist. Ein Unterschied muß insbesondere zwischen dem Eigentum der öffentlichen Hand und dem Eigentum von Privatpersonen gemacht werden; ferner muß berücksichtigt werden, ob die Ausfuhr mit Wissen und Wollen des Eigentümers oder ohne dessen Einverständnis erfolgte. Die inflationäre und undifferenzierte Verhängung von Ausfuhrverboten durch ein Land entspricht nicht mehr dem, was international als vertretbar und achtenswert empfunden wird. Ein Verstoß dagegen würde daher in Deutschland wohl nicht zur Anwendung des § 138 BGB führen. Allerdings hängt die diesbezügliche Beurteilung immer vom Einzelfall ab und darf nicht pauschal, sondern nur unter Berücksichtigung sämtlicher Umstände, z. B. auch der Gründe, die Anlaß für die jeweilige Gesetzgebung waren, erfolgen.

---

[253] Bejahend *Jaeger* S. 92; *Müller-Katzenburg* S. 298, S. 352.

[254] *Siehr* FS Lorenz, S. 525ff., S. 536f. *Sandrock* ISWA I, S. 457ff., S. 479, sieht dagegen ein Rechtsgeschäft nur dann wegen Verstoßes gegen Exportbestimmungen als sittenwidrig an, wenn sich die Sache noch innerhalb des Hoheitsgebiets des Staates, der das Ausfuhrverbot erlassen hat, befindet, weil andernfalls die Verpflichtungen der Vertragsparteien nicht die Vornahme von diese Exportregeln verletzenden Handlungen beinhalten.

[255] BGH (Fn. 242) 1576. Das muß dann erst recht für den Erwerber gelten; so auch *Müller-Katzenburg* S. 298.

3. Sittenwidrigkeit bei Veräußerungen von *res extra commercium*

Fraglich ist, wie diese Überlegungen im Hinblick auf den Erwerb von in ihrem Heimatland als *res extra commercium* behandelten Kulturgütern fruchtbar gemacht werden können. Wenn der Erwerber eines als *res extra commercium* behandelten Kulturguts diesen Status kennt, ist er in der Regel auch bösgläubig hinsichtlich der Verfügungsberechtigung des Veräußerers.[256] Ein Erwerb scheitert dann bereits an den Voraussetzungen des gutgläubigen Erwerbs. Die zusätzliche Qualifizierung seines Verhaltens als sittenwidrig würde nur dazu führen, daß auch der Kaufvertrag wegen Nichtigkeit keinerlei Rechtswirkungen entfaltet.

Relevant könnte diese Kenntnis aber werden, wenn das betreffende Kulturgut von seinem Veräußerer unter einer anderen Rechtsordnung gutgläubig erworben oder ersessen worden ist. Da es sich hier um einen Erwerb vom Berechtigten handeln würde, würde sich die Kenntnis nicht im Rahmen der Gutgläubigkeit auswirken können. Da aus der Sicht des Heimatrechts die Sache immer noch *res extra commercium* ist, läge allerdings in der Veräußerung ein Verstoß gegen ausländische Kulturgüterschutznormen. Läßt man die Kenntnis von einem illegalen Export ausreichen, um das Rechtsgeschäft als sittenwidrig einzustufen, müßte man auch hier von Sittenwidrigkeit ausgehen, weil das Ausfuhrverbot bei als *res extra commercium* behandelten Kulturgütern aus der Natur der Sache folgt.[257] Eine Sittenwidrigkeit könnte allerdings sogar noch eher anzunehmen sein, weil in der Veräußerung selbst ein Verstoß gegen ausländisches Recht, aus dessen Sicht die Sache immer noch *res extra commercium* ist, liegt, wohingegen sich bei einem bloßen Exportverbot der Gesetzesverstoß in der einmaligen Ausfuhr erschöpft und ein späterer Erwerber daran nicht mehr beteiligt ist. Das Wissen eines Erwerbers, daß er durch sein Verhalten das Eigentumsrecht eines Staates (welches bei Rückkehr in dieses Land immer wieder aufleben würde) oder einer ausländischen öffentlichrechtlichen Person verletzt, selbst wenn er nach der geltenden Rechtsordnung vom Berechtigten erwirbt, ist sicherlich ausreichend, um sein Verhalten als moralisch verwerflich und sittenwidrig zu bewerten. Allerdings wird es die Situation, daß ein Erwerber zwar vom Berechtigten erwirbt, aber trotzdem die Herkunft des Kulturguts und seinen früheren Status als *res extra commercium* kennt, in der Praxis wahrscheinlich nicht häufig geben.

---

[256] S. o. § 3 II. 4.

[257] *Frier* AJDA 1993, 264ff., 266. Vgl. auch Art. 13 d) der UNESCO-Konvention (s. u. 6. Kap. Fn. 106).

§ 4 Berücksichtigung von Kulturgüterschutzgesetzen als zwingende Normen

Ausländische Gesetze, die nationale Kulturgüter zu *res extra commercium* erklären, könnten, auch wenn für den Eigentumserwerb die *lex rei sitae* gilt und jener in einem anderen als dem Herkunftsland erfolgte, trotzdem angewandt werden, wenn sie als sogenannte zwingende Normen zu berücksichtigen wären.

I. Begriff der zwingenden Norm bzw. Eingriffsnorm

Der Begriff der zwingenden Norm kann auf zweierlei Weise verstanden werden: Intern zwingende Normen sind solche, die durch Vereinbarung der Parteien nicht abbedungen werden können. Zwingendes Recht (*ius cogens*) steht damit im Gegensatz zu dispositivem Recht (*ius dispositivum*), welches nur Anwendung findet, wenn die Parteien in dem betreffenden Punkt keine abweichende Regelung getroffen haben. Intern zwingende Normen finden aber in jedem Fall nur Anwendung, wenn Sachstatut die Rechtsordnung ist, der sie angehören.[258]

Im Rahmen des internationalen Privatrechts hat der Begriff der zwingenden Norm noch eine andere Bedeutung: Bei international zwingenden Normen handelt es sich um Bestimmungen, die von den Gerichten des Staates, der sie erlassen hat, zwingend und unabhängig von der Frage, welches Recht den Sachverhalt ansonsten regelt, angewandt werden.[259] International zwingende Normen werden auch als Eingriffsnormen bezeichnet.[260] Dazu zählen in erster Linie politische und wirtschaftspolitische Vorschriften, die nicht der Gerechtigkeit zwischen Privaten, sondern den Interessen des Staates dienen.[261] Insofern gehören sie meist dem öffentlichen Recht an; dies ist jedoch keinesfalls Voraussetzung.[262] Kennzeichnend für Eingriffsnormen ist jedenfalls, daß sie im öffentlichen Interesse auf private Rechtsverhältnisse einwirken.[263] Als Beispiele werden z. B.

---

258 *Kropholler* (Fn. 4) § 3 Anm. II 1.

259 *Schurig* (Fn. 235) 220, 228. Dabei handelt es sich nicht um eine sachrechtliche Bestimmung des Begriffs, welche angesichts der Verschiedenartigkeit der unterschiedlichen Sachnormen auch nicht möglich erscheint, sondern um eine kollisionsrechtliche Definition; vgl. auch Art. 34 EGBGB.

260 Lois de police, règles d'application immédiate, norme di applicazione necessaria, mandatory rules; häufig wird bei dieser Kategorie von Rechtsregeln auch vom positiven *ordre public* gesprochen, *Schurig* (Fn. 235) 227.

261 *V. Hoffmann* § 10 Rn. 93.

262 *Busse* (Fn. 33) 389; *Lalive* rapports suisses, S. 91 ff., S. 101; *Prott* (Fn. 5) 297; *Siehr* (Fn. 37) 44, 91.

263 *Müller-Katzenburg* S. 288 f. Im deutschen Recht äußert sich das etwa darin, daß sie als Verbotsgesetze im Sinne des § 134 BGB anzusehen sind, *v. Hoffmann* § 10 Rn. 93.

Import- und Exportverbote, Devisen- und Währungsbestimmungen und Kartellverbote,[264] aber auch Bestimmungen zum Schutz von Kulturgütern[265] oder zum Artenschutz[266] genannt.

II. *Res extra commercium*-Bestimmungen als Eingriffsnormen

Zu untersuchen ist zunächst, ob auch Normen, die Kulturgüter zu *res extra commercium* erklären, als Eingriffsnormen anzusehen sind. Es handelt bei diesen Normen um öffentlichrechtliche Bestimmungen, die erlassen worden sind, um bestimmte Kulturgüter, die entweder für die Erfüllung öffentlichrechtlicher Aufgaben des Staates oder einer öffentlichen Einrichtung notwendig sind oder an denen ein großes öffentliches Interesse besteht, für die Öffentlichkeit zu bewahren und zu verhindern, daß sie zum Handelsobjekt werden und damit ihrer eigentlichen Bestimmung, der Öffentlichkeit zur Verfügung zu stehen und Zeugnis über die Geschichte und Kultur eines Landes abzugeben, nicht mehr dienen können. Eine Norm, die ein Kulturgut *extra commercium* stellt, dient somit nicht den privaten Eigentümerinteressen, sondern dem öffentlichen Interesse an diesem Gegenstand. Aus der Sicht ihrer Heimatrechtsordnung bleibt die Sache *res extra commercium*, auch wenn sie ins Ausland ausgeführt wird und die neue *lex rei sitae* sie nicht als solche ansieht. Kehrt das Kulturgut in sein Herkunftsland zurück, werden von dessen Rechtsordnung, auch wenn diese grundsätzlich dem Prinzip vom Schutz wohlerworbener Rechte folgt, die im Ausland begründeten Rechte nicht anerkannt.[267] Die *res extra commercium*-Bestimmung findet Anwendung, auch wenn der Sachverhalt eigentlich von einer anderen Rechtsordnung beurteilt werden müßte. Nur so realisiert sich im vollen Maße der Schutz, den die Bestimmung bezweckt. Normen, die Kulturgüter zu *res extra commercium* erklären, stellen deswegen Eingriffsnormen dar, weil sie vom öffentlichen Interesse getragen werden und von dem Staat, der sie erlassen hat, als international zwingende Normen auf jeden Sachverhalt unabhängig von dem nach allgemeinem Kollisionsrecht anwendbaren Recht angewandt werden.[268]

---

264 *V. Hoffmann* § 10 Rn. 93; *Frigo* (Fn. 138) S. 354 Fn. 62; *Kropholler* (Fn. 4) § 3 Anm. II.

265 *Basedow* GYIL 27 (1984) 109ff., 113; *Fraoua* trafic, S. 124; *Jaeger* S. 90; *Vrellis* Rapports, S. 221ff., S. 247.

266 *Siehr* (Fn. 37) 61f.

267 S. o. § 2 V. Fn. 150.

268 *Cannada-Bartoli* Riv. dir. int. 72 (1989) 618ff., 623; *Carducci* S. 319; *Metzger* (Fn. 118) 627.

III. Berücksichtigung von Eingriffsnormen

Eingriffsnormen werden, unabhängig davon welches Recht Sachstatut ist, immer dann angewandt, wenn sie der *lex fori* angehören.[269] Denn dieser unbedingte Anwendungsbefehl charakterisiert sie ja gerade als Eingriffsnormen. Problematisch und umstritten ist dagegen die Frage, ob und wann ein Gericht ausländische Eingriffsnormen anwenden kann. Die zu diesem Punkt vertretenen Ansichten werden meist nur auf der Ebene des Schuldvertragsrecht diskutiert.

1. Schuldstatutstheorie

Die sogenannte Schuldstatutstheorie geht im internationalen Schuldrecht von einer Einheitsanknüpfung aus. Wenn auf eine bestimmte Rechtsordnung verwiesen wird, umfaßt diese Verweisung deren gesamtes Recht, also sowohl privatrechtliche als auch öffentlichrechtliche Normen. Das gesamte vertragliche Rechtsverhältnis wird der vom IPR der *lex fori* berufenen *lex causae* unterstellt. Angewandt werden daher auch deren Eingriffsnormen, sofern sie nicht gegen den inländischen *ordre public* verstoßen.[270] Damit ist die Möglichkeit der Berücksichtigung drittstaatlicher Eingriffsnormen, d.h. solcher, die weder der *lex fori* noch der *lex causae* angehören, von vornherein ausgeschlossen.

Gegen diese Meinung wird zu Recht vorgebracht, daß die das Vertragsstatut bestimmenden Normen der Art. 27ff. EGBGB (bzw. im europäischen Ausland der gleichlautenden Bestimmungen des EVÜ) an den Parteiinteressen ausgerichtet sind und nicht unbedingt dazu geeignet sind, auch über die Anwendung solcher Normen zu entscheiden, die im öffentlichen Interesse erlassen wurden.[271] Dies gilt insbesondere auch für nationale Kulturgüterschutzvorschriften. Nachdem Kulturgüter illegal exportiert wurden, ist es unwahrscheinlich, daß ihr Herkunftsrecht noch einmal Geltung als Vertrags- oder Realstatut erlangt. Ein legitimes Bedürfnis nach Berücksichtigung der Schutzvorschriften besteht aber unabhängig von dem den Sachverhalt grundsätzlich regelnden Recht.

---

[269] Eine Ausnahme besteht, wenn die maßgebliche Eingriffsnorm diesen bestimmten Fall, etwa wegen mangelndem Inlandsbezug, nicht regeln will. Dann fällt der zu regelnde Sachverhalt aber ohnehin nicht in den Anwendungsbereich der Eingriffsnorm; vgl. dazu *Kropholler* (Fn. 4) § 3 Anm. II 2.

[270] Palandt/*Heldrich* Art. 34 EGBGB Rn. 6.

[271] *Kropholler* (Fn. 4) § 52 Anm. IX 1.

2. Sonderanknüpfungslehre

Eine andere im Vormarsch befindliche Lehre, die im wesentlichen von *Wilhelm Wengler*[272] und *Konrad Zweigert*[273] begründet wurde, will ausländische Eingriffsnormen unter bestimmten Bedingungen mit Hilfe einer kollisionsrechtlichen Sonderanknüpfung zur Anwendung bringen. Sonderanknüpfung bedeutet, daß eine Rechtsordnung oder ein besonderer Rechtssatz angewandt wird, ohne daß die allgemeine Kollisionsnorm darauf verweisen würde. Dadurch wird neben dem klassischen kollisionsrechtlichen System praktisch ein zweites Anknüpfungssystem geschaffen.[274] Konsequenz dieser Ansicht ist, daß sämtliche ausländische Eingriffsnormen nicht als vom allgemeinen IPR bestimmtes anwendbares Recht, sondern gesondert angeknüpft werden. Auch zum Vertrags- oder Sachstatut gehörende Eingriffsnormen finden also nur Anwendung, wenn die besonderen Voraussetzungen für eine Sonderanknüpfung vorliegen. Eine Schwierigkeit dieser Lehre besteht in der Festlegung und Feststellung der Kriterien für eine Sonderanknüpfung. In der Frage, welche Voraussetzungen sie für die Beachtung ausländischer zwingender Normen fordern, weichen die verschiedenen Vertreter voneinander ab. Überwiegend wird gefordert, daß die maßgebliche Norm selbst angewandt werden will, es eine enge Verbindung des normsetzenden Staates zu dem zu regelnden Sachverhalt gibt und außerdem eine gewisse Interessenharmonie mit der *lex fori* besteht.[275] Wenn diese Bedingungen erfüllt sind, soll die ausländische Eingriffsnorm neben dem den Sachverhalt ansonsten regelnden Recht angewandt werden, egal ob sie zu der von der allgemeinen kollisionsrechtlichen Verweisung erfaßten oder zu einer dritten Rechtsordnung gehört.

a. Anwendungswille

Die Berücksichtigung einer ausländischen Eingriffsnorm ist nur insoweit geboten, als diese den Sachverhalt nach ihrem eigenen Geltungsbereich und Anwendungswillen auch erfaßt.[276] Normen, die gar nicht angewendet werden wollen, muß dagegen kein Geltungsbereich verschafft werden.[277] Teilweise wird die Prüfung des Anwendungswillens der ausländischen Eingriffsnorm damit

---

[272] *Wengler* ZVglRWiss 54 (1941) 168ff.

[273] *Zweigert* RabelsZ 14 (1942) 283ff.

[274] *Schurig* (Fn. 235) 226.

[275] Vgl. bereits *Wengler* (Fn. 272) 183.

[276] *Siehr* (Fn. 37) 92; *Vischer* (Fn. 44) 444.

[277] Aus der Prüfung des Anwendungswillens einer Norm darf aber nicht geschlossen werden, daß die Anwendung der ausländischen Norm auf ihrem eigenen Geltungsanspruch beruht. Angewandt wird sie, weil dies durch einen (geschriebenen oder ungeschriebenen) kollisionsrechtlichen Befehl des inländischen Rechts angeordnet wird, *Kreuzer* Wirtschaftsrecht, S. 78; MünchKomm/*Martiny* Art. 34 EGBGB Rn. 99; *Siehr* (Fn. 37) 84.

begründet, daß es sich bei der kollisionsrechtlichen Verweisung nicht um eine Sachnormverweisung handele, die auf den Anwendungswillen der berufenen Norm keine Rücksicht nehme.[278] Insofern stellt die Frage nach dem Anwendungswillen im Grunde die Prüfung einer Art „versteckten Rückverweisung" dar. Nach anderer Ansicht stellt der Anwendungswille der Eingriffsnorm keine kollisionsrechtliche (und deswegen auch nicht mit Art. 35 EGBGB in Konflikt tretende), sondern eine sachrechtliche Begrenzung dar, weil der betreffende Sachverhalt von der Eingriffsnorm gar nicht erfaßt wird.[279] Im Ergebnis besteht jedoch Einigkeit, daß der Anwendungswille der ausländischen Eingriffsnorm zwingende Voraussetzung für ihre Anwendung ist.

b. Enge Verbindung

Für die Frage, wann die geforderte enge Verbindung zwischen dem normsetzenden Staat und dem in Frage stehenden Sachverhalt besteht, gibt es kein einheitliches Kriterium. Dieses kann räumlicher, funktionaler oder persönlicher Natur sein und ist für jede Fallgruppe gesondert zu bestimmen.[280] Die Beurteilung, ob eine enge Verbindung vorliegt, obliegt der *lex fori* und hängt nicht etwa vom Anwendungswillen der ausländischen Norm auf diesen Sachverhalt ab.[281] Voraussetzung ist lediglich eine enge Verbindung; es muß sich nicht zwangsläufig um die engste Verbindung handeln.[282]

c. Inlandsinteresse

Nur ein Interesse des inländischen Staates ist ein ausreichender Legitimationsgrund für die Anwendung von Normen einer ausländischen Rechtsordnung, die auf diesen Sachverhalt nach allgemeinem Kollisionsrecht eigentlich gar nicht anwendbar ist. Denn ohne besondere Gründe besteht für keinen Staat die Veranlassung, Normen, die staats- und ordnungspolitische Belange eines fremden Staates betreffen, anzuwenden.[283] Das Vorliegen eines Inlandsinteresses erfordert aber nicht, daß die Anwendung der ausländischen Eingriffsnorm im konkreten Fall und in unmittelbarer Weise einem inländischen Interesse entspricht.[284] Auch das Interesse an Kooperation zwischen den Staaten, eine Gegenseitigkeitserwartung (d. h. die Hoffnung, daß infolge der Sonderanknüp-

---

[278] *Kreuzer* (Fn. 277) S. 90; vgl. auch *Siehr* (Fn. 37) 72.

[279] *Schurig* (Fn. 235) 238.

[280] MünchKomm/*Martiny* (Fn. 277) Rn. 103.

[281] MünchKomm/*Martiny* (Fn. 277) Rn. 104.

[282] *Carducci* S. 329.

[283] MünchKomm/*Sonnenberger* Einl. Rn. 53, 277.

[284] *Zweigert* (Fn. 273) 290.

fung entsprechende inländische Normen im Ausland angewandt werden) oder die Verfolgung eines Ziels, über das auf internationaler Ebene Einigkeit besteht, kann das Interesse des Inlandes an der Anwendung ausländischen Rechts begründen.[285]

3. Kombinationstheorie

In der neueren Literatur wird teilweise eine Ansicht vertreten, die Schuldstatutstheorie und Sonderanknüpfungslehre miteinander kombiniert: Während Eingriffsnormen des nach allgemeinem Kollisionsrecht anwendbaren Rechts bereits als *„proper law of contract"* immer zu berücksichtigen sind, werden drittstaatliche Eingriffsnormen mittels einer Sonderanknüpfung angewandt, wenn die erforderlichen Voraussetzungen vorliegen.[286] Dieser Kombinationstheorie oder Kumulationslösung sind anscheinend auch Art. 7 Abs. 1 EVÜ bzw. Art. 34 Abs. 1 des Regierungsentwurfs zum EGBGB v. 1983 gefolgt, da die besonderen Anwendungsvoraussetzungen für eine Sonderanknüpfung nur für drittstaatliche Eingriffsnormen aufgestellt werden, während für solche des Vertragsstatuts wohl bereits von einem Anwendungsbefehl durch die allgemeine Kollisionsnorm ausgegangen wird.

Gegen die Kumulationslösung wird vorgebracht, daß Eingriffsnormen von der allgemeinen, nur die Kollision privater Interessen regelnden Verweisung gar nicht erfaßt würden bzw. nur eine generelle Sonderanknüpfung aller Eingriffsnormen eine adäquate Regelung des Problems darstellen würde, da ansonsten für die gleiche Frage zwei verschiedene Anknüpfungskriterien benutzt würden.[287] Gegen die automatische Berücksichtigung der Eingriffsnorm im Schuldstatut spricht außerdem die daraus resultierende häufige Berufung auf das „Notventil" *ordre public*, wenn die Beachtung der von politischen Interessen des ausländischen Staates getragenen Eingriffsnormen im Endergebnis doch nicht erwünscht ist.[288]

Dieser Einwand ist für das Schuldvertragsrecht, welches in erster Linie von der Parteiautonomie beherrscht wird, anzuerkennen. Hier kann man in der Tat davon ausgehen, daß die Parteien bei der Wahl einer bestimmten Rechtsordnung, welche ansonsten mit dem Vertrag gar nichts zu tun haben braucht, nicht auch deren Eingriffsnormen zur Anwendung bringen wollen und diese von der allgemeinen kollisionsrechtlichen Verweisung insofern nicht erfaßt sind. Unter Umständen können sie aber aufgrund anderer Kriterien und Interessen, also

---

[285] MünchKomm/*Sonnenberger* (Fn. 283) Rn. 53, 278.

[286] *Lando* S. 112.

[287] MünchKomm/*Martiny* (Fn. 277) Rn. 41.

[288] *Zweigert* (Fn. 273) 287.

mittels einer Sonderanknüpfung, zur Anwendung gelangen. Es besteht kein Grund für eine unterschiedliche Behandlung von ausländischen Eingriffsnormen des Vertragsstatuts und drittstaatlichen Eingriffsnormen.

4. Art. 7 Abs. 1 EVÜ

Die Möglichkeit der Berücksichtigung drittstaatlicher Eingriffsnormen über eine Sonderanknüpfung wurde ausdrücklich in Art. 7 Abs. 1[289] des Europäischen Übereinkommens über das auf vertragliche Schuldverhältnisse anzuwendende Recht[290] normiert. Art. 7 Abs. 1 EVÜ stellt eine Generalklausel dar, die keinen konkreten Fall beschreibt und insofern auch nicht vorschreibt, daß drittstaatliche Eingriffsnormen bei bestimmten Konstellationen angewandt werden müssen. Durch die Bestimmung wird lediglich klargestellt, daß nichts dagegen spricht, auch Eingriffsnormen einer Rechtsordnung, die weder *lex fori* noch Vertragsstatut ist, zu berücksichtigen und daß diese Berücksichtigung unter Umständen sogar geboten sein kann. Allerdings beschränkt sich der Anwendungsbereich des EVÜ auf vertragliche Schuldverhältnisse. Die Möglichkeit einer Sonderanknüpfung ausländischer Eingriffsnormen nach Art. 7 Abs. 1 besteht daher nur im Rahmen des Vertragsstatuts und bezieht sich nicht auf sachenrechtliche Normen.

5. Sonderanknüpfungskollisionsnormen in anderen IPR-Gesetzen

Manche Rechtsordnungen haben ebenfalls Generalklauseln, die eine Berücksichtigung drittstaatlicher Eingriffsnormen ermöglichen, in ihre IPR-Gesetze eingefügt. In diesem Zusammenhang ist z. B. Art. 19 schweiz. IPRG[291] zu nen-

---

289 Art. 7 Abs. 1 EVÜ: Zwingende Vorschriften. (1) *Bei Anwendung des Rechts eines bestimmten Staates aufgrund dieses Übereinkommens kann den zwingenden Bestimmungen des Rechts eines anderen Staates, mit dem der Sachverhalt eine enge Verbindung aufweist, Wirkung verliehen werden, soweit diese Bestimmungen nach dem Recht des letztgenannten Staates ohne Rücksicht darauf anzuwenden sind, welchem Recht der Vertrag unterliegt. Bei der Entscheidung, ob diesen zwingenden Bestimmungen Wirkung zu verleihen ist, sind ihre Natur und ihr Gegenstand sowie die Folgen zu berücksichtigen, die sich aus ihrer Nichtanwendung ergeben würden.*

290 Römisches EWG-Übereinkommen über das auf vertragliche Schuldverhältnisse anzuwendende Recht v. 19. 7. 1980, in der Fassung des zweiten Beitrittsübereinkommens von Funchal v. 18. Mai 1992, abgedr. bei *Jayme/Hausmann* Nr. 43.

291 Art. 19 schweiz. IPRG: (1) *Anstelle des Rechts, das durch dieses Gesetz bezeichnet wird, kann die Bestimmung eines anderen Rechts, die zwingend angewandt sein will, berücksichtigt werden, wenn nach schweizerischer Rechtsauffassung schützenswerte und offensichtlich überwiegende Interessen einer Partei es gebieten und der Sachverhalt mit jenem Recht einen engen Zusammenhang aufweist.*
(2) *Ob eine solche Bestimmung zu berücksichtigen ist, beurteilt sich nach ihrem Zweck und den daraus sich ergebenden Folgen für eine nach schweizerischer Rechtsauffassung sachgerechte Entscheidung.*

nen. Wie Art. 7 Abs. 1 EVÜ verdeutlicht Art. 19 schweiz. IPRG nur die Möglichkeit einer Beachtung drittstaatlicher Eingriffsnormen und legt deren Anwendung nicht zwingend fest. Der Richter kann die Anwendung flexibel handhaben und auch eine andere als die von der ausländischen Eingriffsnorm verfolgte Rechtsfolge wählen.[292] Im Gegensatz zu Art. 7 Abs. 1 EVÜ beschränkt das schweizerische IPR die Möglichkeit einer Sonderanknüpfung aber nicht auf den Bereich des Schuldstatuts. Bei jeder Verweisung kann geprüft werden, ob nicht Eingriffsnormen eines anderen Staates die Anwendung des generell maßgeblichen Statuts ausschließen, modifizieren oder ergänzen. Das gilt auch im Rahmen der *lex rei sitae*. Obwohl z. B. die Übereignung einer Sache nach dem Recht des Staates, in dem diese zum maßgeblichen Zeitpunkt belegen war, beurteilt wird, können unter den Voraussetzungen des Art. 19 schweiz. IPRG auch Normen eines anderen Staates, welche die Übereignung ausschließen, berücksichtigt werden.

6. Rechtslage de lege lata in Deutschland

Die Bundesrepublik Deutschland hat bei der Zustimmung zu dem Europäischen Vertragsübereinkommen gemäß Art. 22 Abs. 1 lit. a) EVÜ einen Vorbehalt eingelegt und Art. 7 Abs. 1 EVÜ nicht in das innerstaatliche Recht umgesetzt.[293] Während die Frage der Anwendung deutscher Eingriffsnormen bei ausländischer *lex causae* in Art. 34 EGBGB geregelt ist, gibt es im deutschen Recht keine ausdrückliche Entscheidung hinsichtlich der Anwendung ausländischer zwingender Normen. Nach herrschender Meinung ergibt sich daraus aber keine generelle Ablehnung der Anwendung fremder Eingriffsnormen.[294] Der Gesetzgeber

---

Eine ähnliche Regel wie Art. 19 IPRG enthält auch der neue Code civil von Québec, vgl. Art. 3079 Code civil du Québec: (1) *Lorsque les intérêts légitimes et manifestement prépondérants l'exigent, il peut être donné effet à une disposition impérative de la loi d'un autre État avec lequel la situation présente un lien étroit.*
(2) *Pour en décider, il est tenu compte du but de la disposition, ainsi que des conséquences qui découleraient de son application.*

292 *Knoepfler* ISWA I, S. 359ff., S. 379ff., S. 381.

293 Der Gesetzentwurf der Bundesregierung zur Neuregelung des IPR v. 1983 enthielt zwar in Art. 34 Abs. 1 EGBGB die Umsetzung des Art. 7 Abs. 1 EVÜ, BT-Drs. 10/504, 14, 83. Die Norm wurde jedoch später mit der Begründung gestrichen, daß sie aufgrund der Verwendung unbestimmter Rechtsbegriffe ein erhöhtes Maß an Rechtsunsicherheit beinhalte, Beschlußempfehlung und Bericht des Rechtsausschusses, Bericht der Abgeordneten Eylmann und Stiegler, BT-Drs. 10/5632, 45. Im Bundesrat wurden darüber hinaus Bedenken gegen eine grundsätzliche Berücksichtigung eines fremden *ordre public* und die sich daraus ergebende Mehrbelastung der deutschen Gerichte wegen der Ermittlung ausländischen Rechts vorgebracht, BR-Drs. 222/83, 9.

294 *Kropholler* (Fn. 4) § 52 Anm. IX 3; *Müller-Katzenburg* S. 288; *Reithmann* in: *Reithmann/Martiny* Rn. 452; *Schmeinck* S. 86; *Schurig* (Fn. 235) 235; *Zimmer* (Fn. 43) 65.

hat die Frage lediglich nicht geregelt, sondern es Rechtsprechung und Lehre überlassen, eine Lösung zu finden.

Die Rechtsprechung hat es bislang unterlassen, ausländische Eingriffsnormen im Wege einer Sonderanknüpfung direkt anzuwenden. Sie hat den ausländischen öffentlichrechtlichen Interessen höchstens im Wege einer materiellrechtlichen Berücksichtigung Rechnung getragen, wie z. B. in der *Nigeria-Entscheidung*.[295] Deswegen ist hinsichtlich der optimistischen Annahme, daß sich diese Linie ändern könnte, auch eher Zurückhaltung geboten. Eine Sonderanknüpfung von ausländischem zwingendem Recht würde aber nicht gegen geltendes Recht verstoßen. Insofern wäre eine Änderung des EGBGB durch Umsetzung des Art. 7 Abs. 1 EVÜ oder sogar die Einführung einer noch umfassenderen Norm wie Art. 19 schweiz. IPRG zwar begrüßenswert, weil die ausdrückliche Statuierung der Möglichkeit, drittstaatliche Eingriffsnormen anzuwenden, eventuell zu einer Änderung der Rechtsprechung beitragen könnte.[296] Eine Sonderanknüpfung ist aber bereits de lege lata möglich.

7. Übertragbarkeit der für das Schuldvertragsrecht entwickelten Lösungen auf das internationale Sachenrecht

Die Lehre von der Sonderanknüpfung ausländischer Eingriffsnormen wurde für den Bereich des internationalen Vertragsrechts entwickelt und eine Berücksichtigung drittstaatlicher zwingender Normen wird meist lediglich in diesem Kontext diskutiert. Das rührt wohl daher, daß sich Eingriffsnormen im Zivilrecht meist als Verbotsgesetze auswirken und zur Nichtigkeit eines Vertrags führen. Außerdem kennen die meisten Rechtsordnungen kein Abstraktionsprinzip, sondern messen dem schuldrechtlichen Vertrag entweder sogar unmittelbar dingliche Wirkung zu oder machen die Wirksamkeit der Übereignung zumindest von dem Vorliegen eines gültigen Verpflichtungsgeschäfts abhängig. In Fällen, in denen die *lex rei sitae* nicht dem Abstraktionsprinzip folgt, führt also bereits eine Sonderanknüpfung im Bereich des Schuldstatuts dazu, daß sich die drittstaatliche Eingriffsnorm auch im Bereich des sachenrechtlichen Tatbestands auswirkt.

Wenn z. B. eine in Frankreich als *res extra commercium* behandelte Sache in Italien veräußert wurde und das italienische Recht auch Vertragsstatut war, wird der Eigentumserwerb nach italienischem Recht beurteilt. Dieses entscheidet auch darüber, ob der Eigentumserwerb von der Wirksamkeit des Vertrages abhängig ist,[297] was nach italienischem Recht zu bejahen ist.[298] Über die Wirk-

---

[295] S. o. § 3 V. 1. Fn. 242.

[296] In diesem Sinne auch *v. Schorlemer* S. 558. Vgl. *Schwadorf-Ruckdeschel* S. 137.

[297] *Siehr* (Fn. 21) S. 713.

[298] Vgl. Art. 922 ital. C. c.

samkeit des Vertrages entscheidet ebenfalls italienisches Recht; aber die französische Unveräußerlichkeitsbestimmung könnte nach Ansicht der Sonderanknüpfungslehre als drittstaatliche Eingriffsnorm angewandt werden, weswegen der Vertrag mangels tauglichem Objekt nichtig wäre. Ein nichtiger Vertrag könnte nach italienischer *lex rei sitae* aber nicht zu einem Eigentumserwerb führen. Dies zeigt den Einfluß einer Sonderanknüpfung im Vertragsrecht auf eine *lex rei sitae*, die dem Konsens- oder Traditionsprinzip folgt.

Im Gegensatz dazu hat z. B. in Deutschland die Sonderanknüpfung innerhalb des Vertragsstatuts keinen Einfluß auf das dingliche Rechtsgeschäft. Eine Sonderanknüpfung auch im Bereich des Sachenrechts ist umstritten. Zum Teil wird sie abgelehnt, mit der Begründung, daß eine Sonderanknüpfung im Vertragsrecht nur ausnahmsweise gerechtfertigt sei, weil Situationen denkbar seien, bei denen das gewählte Recht nur eine sehr schwache Beziehung zu den Parteien oder zu dem Vertrag habe. Dies sei eine Konsequenz der grundsätzlichen Freiheit der Parteien in der Wahl des Vertragsstatuts.[299] Eine solche Situation könne im internationalen Sachenrecht aber nicht eintreten, weil durch das Kriterium des Lageortes immer eine ausreichende Beziehung des Sachverhalts zu der berufenen Rechtsordnung gegeben sei. Das Interesse der Rechtsordnung, in deren Gebiet die Sache belegen sei, auf den Eigentumserwerb Anwendung zu finden, sei legitim und beherrschend.[300] Dagegen ist einzuwenden, daß es bei einer Sonderanknüpfung nicht darum geht, daß zu dem aufgrund der allgemeinen Kollisionsnorm anwendbaren Recht keine oder nur eine schwache Beziehung besteht, sondern daß aufgrund eines besonderen Interesses zusätzlich eine Beziehung zu einem anderen Staat besteht und zwar unter Umständen eine Beziehung anderer Art als diejenige, die den Grund und die Legitimation für die allgemeine Kollisionsnorm darstellt. Mit der grundsätzlichen Bejahung einer Sonderanknüpfung auch im Bereich des Sachenrechts wird die *lex rei sitae* nicht völlig verdrängt: Diese bleibt als allgemeine Kollisionsnorm maßgeblich; es handelt sich insofern nicht um eine alternative, sondern um eine kumulative Anknüpfung.[301] Zudem können, wie der Fall *Cyprus v. Goldberg*[302] zeigt, auch im Sachenrecht durchaus Situationen eintreten, bei denen die *lex rei sitae* nur einen äußerst schwachen Bezug zum sonstigen Sachverhalt hat.[303]

Als weiteres Argument wird vorgebracht, daß durch eine Sonderanknüpfung im Bereich des Kulturgütersachenrechts der vindizierende Herkunftsstaat über-

---

299 *Byrne-Sutton* (Fn. 68) S. 159.

300 *Knott* S. 130.

301 *Jaeger* S. 101.

302 S. o. § 3 II. 3. b. Fn. 193, s. u. § 8 II. 3.

303 *Müller-Katzenburg* S. 290.

mäßig begünstigt würde. Die zwar beachtenswerten Interessen des Herkunftsstaates seien nicht ausreichend, die von der maßgeblichen *lex rei sitae* geschützten Interessen zu überwiegen.[304] Dagegen spricht jedoch Folgendes: Das Recht, welches durch die *lex rei sitae* berufen wird, ist das allgemeine Privatrecht, das den gutgläubigen Erwerb vom Nichtberechtigten regelt. Die Interessen, die von der *lex rei sitae* gegeneinander abgewogen werden, sind also privatrechtliche Interessen, die des ursprünglichen Eigentümers und die des gutgläubigen Erwerbers. Grundsätzlich mag bei beweglichen Sachen, bei denen dies die einzigen Interessen im Spiel sind, die *lex rei sitae* die geeignete Rechtsordnung für die erforderliche Abwägung sein. Bei Kulturgütern kommt aber unter Umständen neben den privatrechtlichen Interessen noch ein ebenfalls berechtigtes öffentliches Interesse an der Sache dazu.[305] Diesem kann bei alleiniger Geltung der *lex rei sitae* keine Bedeutung verschafft werden,[306] weil es sich um das Interesse eines anderen Staates handelt, das von den Gesetzen der *lex rei sitae* nicht beachtet wird. Eben dies spricht für eine Sonderanknüpfung öffentlichrechtlicher zwingender Normen auch sachenrechtlicher Art: Grundsätzlich gilt danach für sachenrechtliche Fragen die *lex rei sitae*, die für einen Ausgleich und eine Abwägung der betroffenen privatrechtlichen Interessen sorgt. Darüber hinaus können aber mittels einer Sonderanknüpfung auch drittstaatliche Eingriffsnormen angewandt werden, um dem im Einzelfall betroffenen öffentlichen Interesse Rechnung zu tragen.

Allerdings dürfen drittstaatliche Eingriffsnormen auch im Bereich des Sachenrechts nicht pauschal und in jedem Fall angewandt werden, sondern nur, wenn die dafür entwickelten besonderen Voraussetzungen vorliegen und eine Anwendung im konkreten Fall gerechtfertigt und angebracht erscheint. Es muß also nicht befürchtet werden, daß dem Herkunftsstaat ein Freibrief oder Blankoscheck[307] für die Rückforderung erteilt werde. Eine Sonderanknüpfung drittstaatlicher Kulturgüterschutzbestimmungen ist nur möglich, wenn dies mit dem Recht des Forumstaates prinzipiell vereinbar scheint. Und eine Rückforderung

---

304 *Byrne-Sutton* (Fn. 68) S. 161. *Müller-Katzenburg* S. 291, wendet dagegen zu Recht ein, daß auch die Verkehrsschutzinteressen des Belegenheitsstaates als zwingendes Recht behandelt werden können, welches in der Regel vorrangig zu beachten ist. Je größer aber das Interesse des Herkunftsstaates an der Beachtung seiner Kulturgüterschutznormen ist, desto eher können die Verkehrsinteressen des Belegenheitsstaates zurückgedrängt werden. Die Sonderanknüpfung im Sachenrecht führt also durch eine konkrete Abwägung der kollidierenden zwingenden Normen zu flexibleren Ergebnissen.

305 Vgl. *Lanciotti* S. 151.

306 Vgl. auch *Gonzales Campos/Virgós Soriano* (Fn. 150) S. 348: „*La règle lex rei sitae a été conçue en fonction de certains objectifs de politique législative par rapport aux biens parmi lesquels n'est pas inclus le besoin de protéger les objets d'art ayant une grande valeur pour le patrimoine culturel d'un pays.*"

307 Der Begriff wurde von *Bator* geprägt, Stan. L. Rev. 34 (1982) 275ff., 328.

des Herkunftsstaates hat ohnehin nur dann Erfolg, wenn er Eigentum oder doch zumindest ein eigentumsähnliches Recht, welches ihn zur Rückforderung berechtigt, an dem Gegenstand hatte.[308]

Gegen eine Differenzierung zwischen Schuld- und Sachenrecht in bezug auf die Sonderanknüpfung drittstaatlicher Eingriffsnormen spricht auch der oben erwähnte Einfluß der im Rahmen des Vertragsstatuts zu berücksichtigenden Eingriffsnorm auf ein Sachenrechtsstatut, welches nicht dem Abstraktionsprinzip folgt. Das Ergebnis darf im Bereich einer Rechtsordnung, die diese Verknüpfung von Schuldvertrag und dinglichem Geschäft nicht kennt, kein anderes sein.[309] Denn das Bedürfnis nach Sonderanknüpfung ausländischer Eingriffsnormen besteht auch im Sachenrecht; die Gründe, die dafür sprechen, sind die gleichen wie im Bereich des Schuldvertragsrecht: Wenn ein Staat zur Wahrung besonderer politischer und öffentlicher Interessen für einen Sachverhalt zwingende Normen erlassen hat, soll diesen, wenn die dafür erforderlichen Voraussetzungen vorliegen, auch Geltung verschafft werden. Eine Sonderanknüpfung drittstaatlicher Eingriffsnormen im Sachenrecht ist daher zu bejahen.[310]

8. Reine Sonderanknüpfungslehre oder Kumulationslösung?

Für das internationale Schuldrecht wurden die Argumente gegen eine Kumulationslösung vorgebracht[311] und eine generelle Sonderanknüpfung ausländischer Eingriffsnormen, egal ob es sich um solche des Vertragsstatuts oder der Rechtsordnung eines Drittstaats handelt, befürwortet. Die Situation im internationalen Sachenrecht ist demgegenüber eine andere. Im internationalen Sachenrecht gibt es keine Parteiautonomie; das durch die allgemeine kollisionsrechtliche Verweisung anwendbare Recht (die *lex rei sitae*) hat immer einen Bezug zu dem sachenrechtlich relevanten Tatbestand, wenn möglicherweise zu diesem Recht auch nur eine schwache oder nicht den Sachverhalt insgesamt dominierende Beziehung besteht. Das Interesse an internationaler Entscheidungsharmonie und der Grundsatz des Schutzes wohlerworbener Rechte erfordern es aber, daß der sachenrechtliche Tatbestand grundsätzlich nach der gesamten Rechtsordnung des Belegenheitsstaates beurteilt wird und nicht die als Eingriffsnormen zu qualifizierenden Regeln ausspart.[312] Mit der Werteordnung des Forumstaats überhaupt nicht zu vereinbarende Ergebnisse können über den *ordre public*-Vorbehalt ausgeschlossen werden.

---

[308] *Jaeger* S. 102.

[309] In diesem Sinne auch *Hanisch* (Fn. 96) S. 212, denn die abstrakt-dingliche Einigung ist, rechtsvergleichend gesehen, Ausnahme und nicht Regel.

[310] Vgl. *Hanisch* (Fn. 96) S. 213; *Müller-Katzenburg* S. 290; *Siehr* (Fn. 37) 96f.; *Lagarde* (Fn. 133) S. 405f., sieht einen internationalen Staatsvertrag als Voraussetzung an.

[311] S. o. § 4 III. 3.

[312] Vgl. die Entsch. *Ecuador c. Danusso* des Trib. di Turino, s. o. § 2 II. 1. Fn. 23.

Insofern sind die Eingriffsnormen des Sachstatuts, soweit sie nicht gegen den *ordre public* verstoßen, in jedem Fall anzuwenden.[313] Aufgrund der angestellten Überlegungen sind aber auch Eingriffsnormen eines Drittstaats anzuwenden, wenn die besonderen Voraussetzungen für eine Sonderanknüpfung vorliegen. Im Bereich des Sachenrechts stellt die Kombinationstheorie bzw. Kumulationslösung also einen sachgerechten Ansatz für die Berücksichtigung und Anwendung ausländischer Eingriffsnormen dar.

IV. Sonderanknüpfung ausländischer *res extra commercium*-Bestimmungen im Bereich des Kulturgüterschutzes

Nachdem die grundsätzliche Möglichkeit einer Sonderanknüpfung von Eingriffsnormen im internationalen Sachenrecht bejaht wurde, ist nun zu prüfen, ob und wann die Voraussetzungen, die für eine Anwendung drittstaatlicher Eingriffsnormen aufgestellt wurden, bei Normen, die Kulturgüter zu *res extra commercium* erklären, vorliegen. In der Literatur wurde eine Beachtung ausländischer Kulturgüterschutzgesetze meist nur im Hinblick auf Exportverbote diskutiert.[314]

1. Anwendungswille

Die Norm, welche das Kulturgut *extra commercium* stellt, müßte auch im Ausland angewandt werden wollen. Der räumlich-persönliche Anwendungswille einer Norm ergibt sich, wenn diese ihn nicht ausdrücklich selbst bestimmt, aus ihrem Sinn und Zweck.[315] Aus dem Wortlaut der *res extra commercium*-Bestimmungen geht der Wunsch nach extraterritorialer Geltung nicht unbedingt hervor. Deswegen könnte man annehmen, sie seien nur darauf gerichtet, den inländischen Rechtsverkehr zu regeln und das Kulturgut durch Statuierung der Verkehrsunfähigkeit davon auszunehmen. Eine teleologische Auslegung muß allerdings zu einem anderen Ergebnis führen: Sinn und Zweck einer *res extra commercium*-Norm ist es, das betreffende Kulturgut für die Öffentlichkeit des jeweiligen Staates zu bewahren. Diese Bestimmung ist aber um so mehr gefährdet, wenn die Sache aus dem Land ausgeführt wird.[316] Bei als *res extra commercium* behandelten Kulturgütern ergibt sich das Ausfuhrverbot bereits aus der

---

313 In diesem Sinne wohl auch *Lagarde* rapport général, S. 95ff., S. 105.

314 Vgl. z. B. *Knott* S. 127ff.; *Müller-Katzenburg* S. 287ff.; *v. Schorlemer* S. 551.

315 *Siehr* (Fn. 37) 48.

316 *Cannada-Bartoli* (Fn. 268) 620.

Natur der Sache.[317] Wenn durch eine Norm der innerstaatliche und internationale Handel verhindert werden soll, soll sie aber auch dazu dienen, verbotswidrig veräußerte und ausgeführte Gegenstände wieder zurückzuverlangen.[318] Das setzt ihren extraterritorialen Geltungsanspruch voraus. Der imperative Anwendungswille von Normen, die Kulturgüter zu *res extra commercium* erklären, ist daher zu bejahen.[319]

2. Enge Verbindung

Die in den bestehenden gesetzlichen Regeln (Art. 7 Abs. 1 EVÜ, Art. 19 schweiz. IPRG) und von der Wissenschaft geforderte enge Verbindung zwischen Sachverhalt und der in Betracht kommenden Eingriffsnorm wird bei ausländischen Bestimmungen, die das Kulturgut zur *res extra commercium* erklären, in den meisten Fällen gegeben sein. Dafür muß man gar nicht auf die nationale Zugehörigkeit des Kulturguts zu dem betreffenden Staat abstellen.[320] Die enge Verbindung besteht vielmehr darin, daß es legitim und allgemein anerkannt ist, daß ein Staat Sachen, die in seinem Geltungsbereich gelegen sind, besonderen Rechtsnormen unterwerfen kann.[321] Die heimliche und unrechtmäßige Verbringung des Kulturgutes kann grundsätzlich nicht zur Verneinung dieser Verbindung führen. Eine enge Beziehung kann unter Umständen dann verneint werden, wenn sich das Kulturgut bereits lange Zeit außerhalb des Staatsgebiets befunden hat.[322]

3. Inlandsinteresse

Eine Anerkennung der ausländischen Eingriffsnorm und damit des dinglichen Status des Kulturguts als *res extra commercium* müßte schließlich wenigstens mittelbar im Interesse des Forumstaats liegen. Hier muß auf ähnliche Gesichtspunkte abgestellt werden, wie der BGH sie in seiner *Nigeria-Entscheidung*[323] herangezogen hat. Es ist zu fragen, ob es in den verschiedenen Staaten *„shared*

---

[317] S. o. Fn. 257.

[318] Der franz. Staat hat sich im Rechtsstreit *Stato Francese c. De Contessini* (s. o. § 2 IV. 3. Fn. 123) für sein Rückführungsverlangen gerade auf die Unveräußerlichkeit der Teppiche nach franz. Recht gestützt.

[319] Ebenso *Knoepfler* (Fn. 292) S. 379f.; *Luzzatto* (Fn. 150) S. 419; *Schwadorf-Ruckdeschel* S. 135.

[320] Anders *Metzger* (Fn. 118) 627: *„The very nature of the connection between certain cultures and their cultural property would seem to satisfy the „closely connected" prong of the text."*

[321] So auch *Kreuzer* (Fn. 109) 223.

[322] *Carducci* S. 330; *Knoepfler* (Fn. 292) S. 380. Dieses Kriterium ist allerdings mit Vorsicht anzuwenden, weil im illegalen Kunsthandel Kulturgüter eben häufig planvoll für gewisse Zeit weggeschlossen werden, um die Spuren zu verwischen, s. o. 3. Kap. § 2 I. 2.

[323] S. o. § 3 V. 1. Fn. 242.

values" gibt, d. h. Interessen, welche in gleicher Weise vertreten und als verbindliche Ziele erachtet werden.

Wenn man generell Gesetze und Maßnahmen zum Schutz von nationalen Kulturgütern betrachtet, scheint es nicht schwer, das Bestehen von „*shared values*" zu bejahen.[324] Fast alle Staaten haben solche Gesetze erlassen; es gibt eine Vielzahl von internationalen Abkommen in diesem Bereich. Insofern handelt es sich bei dem Bemühen, den illegalen Kunsthandel zu bekämpfen, um ein Interesse, welches von allen Staaten geteilt wird. Ebenso hat jeder Staat ein Interesse daran, daß sein Kulturgut nicht durch die bloße Verbringung aus seinem Hoheitsgebiet diesem Schutz entzogen werden kann, sondern die bestehenden Gesetze möglicherweise auch im Ausland berücksichtigt werden. Insofern dient eine Beachtung von Kulturgüterschutzgesetzen mittels einer Sonderanknüpfung auch der Kooperation zwischen den Staaten. Grundsätzlich ist ein Inlandsinteresse an der Anwendung kulturgutschützender Gesetze daher zu bejahen; gerade der Bereich des Kulturgüterschutzes wird auch häufig für das Vorliegen einer die Sonderanknüpfung rechtfertigenden Interessenidentität genannt.[325]

Damit ist jedoch noch nicht dargelegt, daß auch die Anwendung eines Gesetzes, welches Kulturgüter für unveräußerlich erklärt, dem Inlandsinteresse entspricht. Betrachtet man den unmittelbaren Fall, bei dem ein von seinem Herkunftsland zur *res extra commercium* erklärtes Kulturgut in einem anderen Staat von einem gutgläubigen Käufer erworben wurde und dieser Eigentumserwerb gemäß der *lex rei sitae* wirksam gewesen wäre, so kann man schwerlich sagen, daß eine Beachtung der von der Rechtsordnung des Herkunftsstaats normierten Unveräußerlichkeit dem Interesse des Forumstaates entgegenkommt. Das gilt um so mehr, wenn die *lex rei sitae* gleichzeitig die *lex fori* ist. In diesem Fall scheint eine Beachtung der drittstaatlichen Eingriffsnorm dem inländischen Verkehrsinteresse sogar diametral entgegengesetzt zu sein. Diesem würde vielmehr eine Bejahung des gutgläubigen Erwerbs entsprechen. Eine solche Betrachtungsweise greift jedoch zu kurz. Wie oben dargestellt,[326] setzt ein Inlandsinteresse nicht voraus, daß die Anwendung der drittstaatlichen Eingriffsnorm im konkreten Fall zu einem für den Forumstaat vorteilhaften Ergebnis führen muß. Ein Inlandsinteresse ist vielmehr auch dann gegeben, wenn der inländische Staat selbst ähnliche Schutznormen für seine Kulturgüter aufgestellt hat, wenn er sich von einer Berücksichtigung ausländischer zwingender Normen eine Anwendung

---

[324] *Prott* (Fn. 5) 288; *Verheul* (Fn. 243) 420.

[325] *Basedow* (Fn. 265) 113; *Brüning* S. 50; *Carducci* S. 330; *Siehr* (Fn. 37) 61; *Schurig* (Fn. 235) 240. Einen Gegensatz stellen z. B. Exportverbote dar, welche einzelne Staaten diskriminieren.

[326] S. o. § 4 III. 2. c.

seiner eigenen Kulturgüterschutzgesetzgebung im Ausland erhoffen darf oder wenn für die Beachtung eine von einem Großteil der Staaten getragene internationale Überzeugung spricht.

Auf jeden Fall kann ein Interesse des Forumstaates an der Sonderanknüpfung von *res extra commercium*-Bestimmungen nicht verneint werden, wenn dieser Staat selbst Kulturgüter zu *res extra commercium* erklärt hat. In einem solchen Fall bestehen „*shared values,*" weil beide Staaten genau demselben Konzept des Kulturgüterschutzes folgen.[327] Aber auch wenn der Forumstaat das Konzept des Kulturgüterschutzes durch die Erklärung zu *res extra commercium* nicht kennt, ist eine Bejahung des Inlandsinteresses möglich, wenn er trotz anderer juristischer Umsetzung eine ähnliche Kulturgüterschutzpolitik betreibt. Für die Sonderanknüpfung einer Norm kommt es nicht in erster Linie darauf an, ob eine bestimmte Rechtsnorm oder ein juristisches Konzept international verbreitet und anerkannt ist, sondern ob das dahinter stehende Interesse gebilligt wird.[328] Wie ein Staat den Schutz seiner Kulturgüter verwirklicht, kann ihm letztlich nicht vorgeschrieben werden.

Je mehr eine Eingriffsnorm internationalen Standards entspricht, desto eher besteht auch eine Chance, daß sie mit dem internationalen *ordre public* und dem Interesse des Forumstaats übereinstimmt.[329] In diesem Zusammenhang ist auf Art. 13 d) der UNESCO-Konvention von 1970 hinzuweisen, der es als das unverjährbare Recht jedes Staates bezeichnet, bestimmte Kulturgüter als unveräußerlich zu erklären.[330] Die UNESCO-Konvention ist zwar bislang nur von vergleichsweise wenigen Staaten ratifiziert worden. Trotzdem geht aus dieser Formulierung in einer internationalen Konvention, die unter Beteiligung vieler Staaten ausgearbeitet wurde, die generelle Akzeptanz einer Gesetzgebung, die den Schutz bestimmter Kulturgüter durch die Erklärung zu *res extra commercium* verwirklicht, hervor. Auch die von vielen Museen und dem Kunsthandel freiwillig aufgestellten Erwerbs- und Verhaltenskodizes spielen für die Entstehung eines internationalen *ordre publics* eine Rolle.[331] In diesen finden sich häufig Bestimmungen, wonach die Museen von Veräußerungen Abstand nehmen

---

[327] *Carducci* S. 332. In der Entscheidung *Stato Francese c. De Contessini* (Fn. 123) hätte demnach viel dafür gesprochen, daß das römische Gericht die Bestimmung des franz. Gesetzes v. 1913, welche klassifiziertes Kulturgut im Eigentum des Staates für unveräußerlich erklärt, mit Hilfe einer Sonderanknüpfung angewandt hätte, weil das (alte) ital. Kulturgüterschutzgesetz v. 1939 eine nahezu identische Regelung vorsah, s. o. 4. Kap. § 1 IV. 2. c.

[328] *Carducci* S. 331.

[329] Vgl. *Basedow* (Fn. 265) 113; zu der Herausbildung internationaler Standards im internationalen Kulturgüterschutz und Kunsthandel allgemein vgl. die Monographie von *Müller-Katzenburg*.

[330] S. u. 6. Kap. § 2 V. 2. g.

[331] S. u. 6. Kap. § 4.

bzw. das erworbene Kulturgut zurückgeben wollen, wenn gegen Veräußerungsverbote des Herkunftsstaats verstoßen wurde.

Die als *res extra commercium* behandelten Kulturgütern machen nur einen Teil des gesamten Kulturguts eines Landes aus; sie stehen im Eigentum der öffentlichen Hand und sind in Museen etc. öffentlich zugänglich. Es handelt sich also um Gegenstände, bei denen das Interesse des Herkunftsstaats an der Bewahrung im nationalen Kulturerbe eine besondere Berechtigung hat. Je mehr nationale Kulturgüterschutzgesetze wirklich den Interessen des Kulturgüterschutzes und der Bewahrung dieser Werke für die Öffentlichkeit eines Landes dienen, desto eher kann auch das Interesse des Forumstaates an einer Anwendung dieser Gesetze aufgrund gleichgelagerter Interessen zu bejahen sein.[332]

Gegen ein Interesse des Forumstaates an der Sonderanknüpfung könnten dagegen inländische Verkehrsschutzinteressen angeführt werden. Die Verwirklichung von kulturgüterschutzrechtlichen Zielen durch die völlige Herausnahme bestimmter Gegenstände aus dem Rechtsverkehr ist möglicherweise ein zu radikales Mittel, als daß solche Gesetze auch noch im Ausland berücksichtigt werden könnten. Allerdings ist die Wirkung von Gesetzen, welche die Ausfuhr von Kulturgütern verbieten und zur Nichtigkeit von obligatorischen und dinglichen Rechtsgeschäften führen, nicht unbedingt geringer. Letztlich tritt die Anwendung von Gesetzen, die einer anderen Rechtsordnung als dem Sachstatut angehören, immer in Konflikt mit dem Verkehrsschutzinteresse der *lex causae.* Grund für die Sonderanknüpfung ist aber ja gerade, daß ein anderes Interesse höher bewertet wird als das Interesse der *lex causae* an der alleinigen Regelung des Sachverhalts. Eine Sonderanknüpfung von Normen, die Kulturgüter zu *res extra commercium* erklären, kann daher bejaht werden, wenn eine hinreichend enge Beziehung zwischen dem maßgeblichen Kulturgut und dem normgebenden Staat besteht und wenn die aufgezeigten Voraussetzungen auch im konkreten Fall erfüllt sind.

§ 5 Beachtung über den internationalen *ordre public*

Die Anerkennung des dinglichen Status eines Kulturguts als *res extra commercium* nach einem Statutenwechsel könnte man auch damit begründen, daß die alleinige Anwendung der *lex rei sitae* gegen den *ordre public* verstoßen würde. Dem entspricht die Entscheidung eines holländischen Gerichtes:

---

[332] Negativ würde sich dagegen die Bewertung niederschlagen, daß ein Gesetz in erster Linie wirtschaftliche oder protektionistische Ziele verfolgt oder die Rechte von privaten Eigentümern an Kulturgut ohne berechtigten Grund einschränkt, *Knoepfler* (Fn. 292) S. 380. Bei *res extra commercium*-Bestimmungen kann das Bestehen eines Inlandsinteresses zweifelhaft sein, wenn die ausländische Rechtsordnung sämtliches Kulturgut einer bestimmten Kategorie zu *res extra commercium* erklärt, vgl. z. B. Griechenland, Türkei, Mexiko, s. o. 4. Kap. § 1 XIII., XIV., § 3 I.; so auch *Kreuzer* (Fn. 109) 224.

I. *De Raad v. OvJ*[333]

In diesem Fall ging es um eine im Eigentum des französischen Staates stehende hölzerne Madonnenstatue, die 1978 aus einer katholischen Kirche im französischen Batz-sur-Mer gestohlen worden war. Nachdem sie mehrfach in Belgien und Holland veräußert worden war, tauchte sie gut drei Jahre nach dem Diebstahl[334] auf einer Antiquitätenmesse im holländischen Maastricht auf. Dort wurde sie auf einen anonymen Hinweis hin von der niederländischen Polizei beschlagnahmt. Dem Besitzer, einem Antiquitätenhändler, der die Statue in den Niederlanden von einem Kunsthändler erworben hatte, wurde vom Staatsanwalt mitgeteilt, daß die Statue an die Kirche in Batz-sur-Mer zurückgegeben werden solle. Gegen diese Entscheidung legte der Händler Beschwerde ein.[335] Das Beschwerdegericht stellte in einem summarischen Verfahren fest, daß bei dem Fall in erster Linie die französische Gesetzgebung berücksichtigt werden müsse. Eine Anwendung holländischen Rechts (der *lex rei sitae*) sei *ordre public*-widrig, da dadurch die französischen Regeln zum Schutz des nationalen Kulturerbes leerlaufen würden. Nach Art. 18 des französischen Gesetz von 1913 sei die Statue unveräußerlich; der französische Staat könne sie jederzeit herausverlangen.[336] Deswegen sei das Vorgehen des Staatsanwalts richtig gewesen. Von dem Hooge Rad, dem holländischen Kassationsgericht, wurde diese Entscheidung aber revidiert, weil nach seiner Ansicht die Interessen und Rechte des Antiquitätenhändlers nicht ausreichend geprüft worden seien.[337] Nach holländischem

---

[333] Die erstinstanzliche Entscheidung wurde nicht veröffentlicht. Der Kernsatz ist abgedruckt bei *Knott* S. 129; in engl. Übers. bei *Verheul* (Fn. 243) 420.

[334] Drei Jahre beträgt auch die Frist, während der nach niederl. Recht der Anspruch auf Herausgabe einer gestohlenen Sache gegenüber einem gutgläubigen Erwerber geltend gemacht werden kann, s. o. 4. Kap. § 1 XI. 1. Der Fall ist daher auch ein gutes Beispiel dafür, daß gestohlene Kunstgegenstände immer genau dann in der Öffentlichkeit auftauchen, wenn sie von ihrem früheren Eigentümer nicht mehr zurückgefordert werden können.

[335] Art. 118 des niederl. Strafprozeßbuchs sieht vor, daß eine beschlagnahmte Sache grundsätzlich an ihren Besitzer zurückgegeben wird. Der Staatsanwalt kann sie aber auch an jemand anderen zurückgeben, wobei Billigkeitsgesichtspunkte eine Rolle spielen. Im letzteren Fall hat der frühere Besitzer die Möglichkeit, die Entscheidung gerichtlich überprüfen zu lassen. Der Richter entscheidet aber nicht über die Eigentumslage. Seine Entscheidung hat nur vorläufigen Charakter und greift einem zivilrechtlichen Urteil nicht vor, vgl. *Knott* S. 129.

[336] Zit. nach *Verheul* (Fn. 243) 420: „*(...) first of all the position under French law should be looked into, since public policy is opposed to the application of Dutch law if French regulations protecting national cultural heritage would thereby be frustrated.*"

[337] HR, Entsch. v. 18.1.1983, NJ 1983, Nr. 445, 1402ff., zit. nach *Verheul* (Fn. 243) 421: „*The District Court has established, on the one hand, that more than three years had elapsed between the theft and the seizure, and, on the other, it has not been established that the antiques dealer was mala fide. Under these circumstances it could have been expected that the District Court, in view of Article 2014 (dutch) Civil Code, would have considered restoration of the statue to the antiques dealer as prima facie reasonable.*"

Recht, das grundsätzlich als *lex rei sitae* anwendbar gewesen wäre, hätte ein gutgläubiger Besitzer nämlich nach Ablauf der Dreijahresfrist Eigentum erworben.[338]

II. Internationaler *ordre public*

Interessant an der erstinstanzlichen Entscheidung ist, daß – jedenfalls wenn man den Wortlaut ernst nimmt – das Gericht nicht die französischen Bestimmungen als zwingend anwendbare Eingriffsnormen bzw. positiven *ordre public* herangezogen hat, sondern festgestellt hat, daß eine Beurteilung des Sachverhalts nach holländischem Recht dem *ordre public* widersprechen würde. Dies ist umso beachtenswerter, als *lex rei sitae*, also holländisches Recht, in diesem Fall gleichzeitig auch *lex fori* war. Normalerweise wird der *ordre public* (in seiner negativen Ausprägung) als Begründung für die Nichtanwendung ausländischen Rechts herangezogen. In diesem Fall war es aber so, daß die Richter das eigene Recht für *ordre public*-widrig hielten. Das Gericht hat bei der Überprüfung des Ergebnisses also nicht allein auf den internen *ordre public* abgestellt, gegen den die Anwendung der *lex fori* ja schwerlich verstoßen könnte,[339] sondern internationale Maßstäbe angelegt.[340]

Auch wenn eine Anwendung der französischen Unveräußerlichkeitsbestimmung als Eingriffsnorm und eine Nichtanwendung der holländischen *lex rei sitae* wegen *ordre public*-Verstoßes letztlich zum selben Ergebnis führen würden,[341] ist die Vorgehensweise eine andere.[342] Die Sonderanknüpfung einer ausländischen Eingriffsnorm beruht auf einer besonderen (ungeschriebenen) Kollisionsnorm, während die Prüfung eines *ordre public*-Verstoßes erst als zweiter Schritt, nachdem das anwendbare Recht aufgrund der allgemeinen Kollisionsnorm bestimmt worden ist, erfolgt. Die Vorbehaltsklausel des *ordre public* ist auch keine Kollisionsnorm, sondern ein gesetzlicher Vorbehalt gegen Kollisionsnormen.[343] Kon-

---

338 Auf die Berücksichtigung des franz. Rechts ging das Gericht nicht ein, sondern verwies die Sache an ein Zivilgericht, um die Frage des Eigentumsübergangs zu klären. Dieses Verfahren endete aber ohne Urteil, da sich die Parteien darauf einigten, daß die Statue gegen eine Entschädigung zurückgegeben werde, *Verheul* (Fn. 243) 422 Fn. 10.

339 Der inländische *ordre public* ist ausschließlich zum Schutz inländischer Rechtsgrundsätze berufen, *Brüning* S. 164.

340 Vgl. zur Beachtung eines fremden drittstaatlichen *ordre public* *Brüning* bes. S. 244ff.

341 Wohlgemerkt hat das Gericht einen gültigen Eigentumserwerb so konkret aber nicht geprüft, sondern nur summarisch betrachtet, um die Rechtmäßigkeit der Entscheidung des Staatsanwalts beurteilen zu können, ungenau insofern *Carducci* S. 328.

342 Vgl. *Reichelt* (Fn. 179) 95.

343 *Neumayer* S. 190.

sequenz der Nichtanwendung des holländischen Rechts aufgrund eines *ordre public*-Verstoßes wäre auch nicht unbedingt die Anwendung französischen Rechts gewesen; das Gericht entschied lediglich, daß sich der Antiquitätenhändler auf Art. 2014 B. W. a. F. nicht berufen könne und die Statue insofern nicht an ihn zurückgegeben werden müsse. Das französische Recht bzw. die durch die französische Gesetzgebung verfolgten Ziele wurden nur zur Konkretisierung des *ordre public* herangezogen.

Auf den sogenannten internationalen *ordre public* wird gerade im Zusammenhang mit dem Kulturgüterschutz häufig hingewiesen.[344] Während der interne *ordre public* die fundamentalen Rechtsgrundsätze der eigenen Rechtsordnung umfaßt, versteht man unter dem internationalen *ordre public* die grundlegenden Überzeugungen und Prinzipien der Staatengemeinschaft.[345] In bezug auf den Kulturgüterschutz ist dies das von allen Völkern getragene Interesse an der Bewahrung ihres bedeutsamen (vor allem öffentlichen) Kulturguts und an der Bekämpfung des illegalen Kunsthandels. Da fast alle Staaten bestimmte Veräußerungs- und Exportbeschränkungen kennen, kann man von internationalen Standards und Wertvorstellungen ausgehen.[346] Das holländische Gericht war der Meinung, die Anwendung des grundsätzlich maßgeblichen niederländischen Rechts führe zu einem Ergebnis, welches das von anderen Staaten geteilte und daher anerkennenswerte Interesse Frankreichs am Schutz seines Kulturguts vereitle. Ein solches Ergebnis verstoße gegen den internationalen *ordre public*, weswegen holländisches Recht nicht angewandt werden dürfe.

Eine solche Interpretation setzt aber eine absolute Verbindlichkeit der den internationalen *ordre public* bildenden Regeln voraus. Daß die *„shared values"* und internationalen Standards bei der Rechtsanwendung berücksichtigt werden sollten, z. B. im Rahmen der Auslegung unbestimmter Rechtsbegriffe oder bei der Frage, ob eine Sonderanknüpfung von Eingriffsnormen angebracht ist, wurde bereits dargelegt.[347] Da diese Werte und Standards aber nicht bindend sind,[348] kann der internationale *ordre public* kein zwingender Vorbehalt für die Anwendung des Sachstatuts sein. Anstatt die Anwendung von Rechtsnormen der *lex rei sitae* wegen Verletzung des internationalen *ordre public* abzulehnen, ist es vorzugswürdig, ausländische Normen zum Schutz von Kulturgut, sofern dies internationalen Standards und Wertvorstellungen entspricht, als drittstaatliche Eingriffsnormen anzuwenden.

---

344 *Lalive* FS Schwind, S. 51ff., S. 61; *Reichelt* (Fn. 179) 90ff., 126ff.

345 *Frigo* (Fn. 138) S. 346f.

346 S. o. § 4 IV. 3.

347 S. o. § 3, § 4.

348 Vgl. *v. Hoffmann* § 6 Rn. 147: Völkerrechtliche Verträge binden die Staaten nur im Rahmen ihres Anwendungsbereichs. Völkergewohnheitsrecht ist keine unmittelbare Quelle des IPR.

§ 6 Berücksichtigung des dinglichen Status von Kulturgut über das Schuldstatut

Die Unveräußerlichkeit von Kulturgut kann auch Beachtung finden, wenn Schuldvertragsstatut aufgrund von Rechtswahl oder internationalem Vertragsrecht das Recht des Ursprungsstaates ist und die Sache in einem Land übereignet wird, dessen Rechtsordnung das Eigentum schon aufgrund des obligatorischen Geschäfts übergehen läßt oder einen wirksamen Titel als Voraussetzung für die Übereignung ansieht.[349] Die *lex rei sitae* entscheidet nämlich zwar auch darüber, ob dem schuldrechtlichen Grundgeschäft dingliche Wirkungen zukommen bzw. ob ein dingliches Rechtsgeschäft von der Gültigkeit des Verpflichtungsgeschäfts abhängt.[350] Die Vorfrage der Wirksamkeit des Kausalverhältnisses ist aber nach jedenfalls für bewegliche Sachen ganz herrschender Ansicht selbständig anzuknüpfen.[351] Der Kaufvertrag über ein Kulturgut wäre nach dem Schuldrecht, das diese Sache als *res extra commercium* behandelt, wegen untauglichen Objekts oder aufgrund von rechtlicher Unmöglichkeit nichtig.[352]

Unter einer nicht dem Abstraktionsprinzip folgenden *lex rei sitae* könnte das Rechtsgeschäft wegen des Zusammenhangs zwischen Verpflichtungs- und Verfügungsgeschäft also auch keine sachenrechtlichen Folgen bewirken, obwohl die *lex rei sitae* die Sache als „*in commercio*“ betrachtet.[353]

---

349 *Carducci* S. 326.

350 *Kreuzer* (Fn. 109) 90; *Siehr* (Fn. 21) S. 713.

351 MünchKomm/*Kreuzer* (Fn. 6) Rn. 28; Staudinger/*Stoll* (Fn. 3) Rn. 159.

352 *Carducci* S. 326. Zu einem anderen Ergebnis käme man nur dann, wenn man annehmen würde, daß das Vertragsstatut Sachen, die nicht mehr im Hoheitsgebiet der betreffenden Rechtsordnung belegen sind, auch nicht mehr schützen will, so *Siehr* (Fn. 21) S. 714. Die Geltung des Vertragsstatuts beruht aber auf der Privatautonomie der Parteien bzw. mangels Rechtswahl hilfsweise auf einer objektiven Anknüpfung, nicht jedoch auf der Belegenheit des Vertragsgegenstandes im betreffenden Hoheitsgebiet. Normen, die Sachen zu *res extra commercium* erklären, haben außerdem den Willen, extraterritorial angewandt zu werden, s. o. § 4 IV. 1.

353 Die Auswirkung von *res extra commercium*-Bestimmungen über das Schuldstatut auf die Möglichkeit einer Übereignung ist allerdings von nicht sehr großer Praxisrelevanz. Wenn die Parteien wissen, daß das Kulturgut aus einem Land stammte, in dem es möglicherweise besonderen Schutzvorschriften unterlag, werden sie die Geltung dieses Rechts als Vertragsstatut tunlichst vermeiden, was ihnen durch Rechtswahl auch möglich ist. Auf der anderen Seite ist die dargestellte Situation auch nicht ausgeschlossen, zumal wenn die Parteien von der illegalen Herkunft des Kulturguts selbst keine Ahnung hatten und nicht wußten, daß der schuldrechtliche Vertrag nach dem von ihnen gewählten Recht nichtig war. Verhindert würde aber in jedem Fall nur ein auf Rechtsgeschäft basierender gutgläubiger Erwerb und nicht die Ersitzung, da diese originär erfolgt.

§ 7 Mittelbare Berücksichtigung durch nationale Importgesetzgebung

Eine weitere Möglichkeit zur Bekämpfung des illegalen Kunsthandels stellt der Erlaß von Gesetzen dar, die den Import von bestimmten Kulturgütern verbieten oder reglementieren.[354] Hintergrund von solchen Importverboten ist die Tatsache, daß Veräußerungs- und Exportverbote der Herkunftsländer angesichts der ablehnenden Haltung inländischer Gerichte gegenüber der Anwendung ausländischer Handels- und Exportbeschränkungen wenig nützen, solange sie nicht befolgt werden. Grundsätzlich verlieren sie ihre Wirksamkeit, wenn das Kulturgut trotz des Verbots außer Landes gebracht wird.[355] Die Rückgabe von illegal ausgeführten Kulturgütern durch das „Importland" an den Heimatstaat erfolgt aber regelmäßig, wenn gleichzeitig gegen inländisches Recht verstoßen wurde.[356] So gibt die – quasi spiegelbildliche[357] – Übernahme dieser Verbote in das inländische Recht dem Gesetzgeber die Möglichkeit, die Gerichte zur indirekten Beachtung der ausländischen Bestimmungen zu verpflichten.

Eine de lege ferenda bestehende Möglichkeit, ausländischen *res extra commercium*-Bestimmungen im Inland mittelbar Geltung zu verschaffen, wäre es daher, Gesetze zu erlassen, die den Import bzw. den Erwerb von Kulturgütern, die in ihrem Heimatland als *res extra commercium* behandelt werden, verbieten. Dadurch würde zwar nicht der dingliche Status dieser Sachen als *res extra commercium* anerkannt; eine wirksame Veräußerung wäre aber wegen Verstoßes gegen inländisches Recht nicht möglich und die Sachen könnten von ihrem ausländischen öffentlichen Eigentümer herausverlangt werden.

---

[354] *Fechner* Prinzipien, S. 11ff., S. 45.

[355] Vgl. *Fraoua* (Fn. 265) S. 107; *Siehr*, SJZ 77 (1981) 189ff., 196.

[356] *Siehr* (Fn. 355) 197; vgl. den Fall des sog. Boston Raphael: 1969 wurde von einem Vertreter des Boston Museum of Fine Arts in Italien ein Bild von Raphael (das Portrait der Eleonora Gonzaga) gekauft und illegal aus Italien ausgeführt. Das Bild wurde beschlagnahmt und an Italien zurückgegeben, allerdings nicht wegen der Verletzung ital. Rechts, sondern weil es bei der Einfuhr in die USA nicht deklariert worden war und damit US-amerikanische Zollvorschriften verletzt worden waren, vgl. *Bator* (Fn. 307) 280 Fn. 11; *Getty* S. 111ff.; *Prott/O'Keefe* III, Rn. 1268; vgl. auch die US-amerikanische Entsch. *United States v. An Antique Platter of Gold* 184 F 3d 131 (C. A. 2d Cir. 1999).

[357] *V. Schorlemer* S. 522.

I. Importverbote

Einige Staaten haben Gesetze erlassen, durch welche die Einfuhr illegal ausgeführter Kulturgüter verboten wird.[358] Beispiele sind der kanadische Cultural Property Export and Import Act (CPEIA),[359] in den USA der Pre-Columbian Monuments Act[360] und der Cultural Property Implementation Act (CPIA)[361] und der australische Protection of Movable Cultural Heritage Act 1986.[362] Diese Gesetze beruhen aber auf der Umsetzung der sich aus der UNESCO-Konvention von 1970 ergebenden Verpflichtungen bzw. der Pre-Columbian Monument Act auf einem Staatsvertrag zwischen den USA und Mexiko.[363] Ohne selbst ebenfalls davon zu profitieren, will kein Staat die Durchsetzung ausländischer Exportverbote durch Importverbote fördern.[364] Eine Ausnahme stellen insofern Neu-Guinea und die Philippinen dar, die einseitig Importverbote für illegal exportierte Kulturgüter erlassen haben.[365] Allerdings ist die ablehnende Haltung der Staaten gegenüber der Schaffung einseitiger Importverbote und der Erlaß solcher Gesetze nur unter dem Vorbehalt der Gegenseitigkeit bzw. aufgrund einer internationalen Verpflichtung auch verständlich. Denn Grund für das „Entgegenkommen" ist nicht zuletzt, daß den eigenen Handels- bzw. Exportverboten im Ausland in gleicher Weise Geltung verschafft werden soll.

Gegen Importverbote von unrechtmäßig exportierten Kulturgütern werden in der Literatur teilweise starke Vorbehalte geäußert. Es wird befürchtet, daß der Importstaat, der pauschal die Einfuhr eines unrechtmäßig ausgeführten Gegen-

---

358 Die Einfuhr von Kulturgütern in die Bundesrepublik Deutschland unterliegt nur zollrechtlichen und umsatzsteuerrechtlichen Bestimmungen, vgl. dazu *Pieroth/Kampmann* NJW 1993, 1385 ff., 1389 f.

359 Abgedr. bei *Williams* Annex IV, S. 233 ff. Das Gesetz trat am 6. 9. 1977 in Kraft.

360 Regulation of Importation of Pre-Columbian Monumental and Architectural Sculpture or Murals Act v. 27. 10. 1972, Public Law No. 92–587, kodifiziert als 19 U. S. C. §§ 2091 ff.; teilweise abgedr. bei *Merryman/Elsen* 3. Aufl., S. 128 f.

361 Convention on Cultural Property Implementation Act v. 1983, kodifiziert als 19 U. S. C. §§ 2601 ff., abgedr. bei *Merryman/Elsen* (Fn. 360) S. 139 ff.

362 Protection of Movable Cultural Heritage Act 1986, Acts of the Parliament of the Commonwealth of Australia Passed During the Year 1986, Bd. 1, Canberra 1987, S. 119 ff. (zit. nach: *Siehr* Recht und Kunst, S. 57 ff., S. 67 Fn. 62).

363 S. u. 6. Kap. § 1 I.

364 *Frigo* (Fn. 138) S. 57.

365 *Frigo* (Fn. 138) S. 57 Fn. 93; *Prott/O'Keefe* III, Rn. 1133, 1139. Vgl. auch Art. 27 des nicaraguanischen Kulturgüterschutzgesetzes v. 29. 9. 1982 (engl. Übers. abgedr. in: UNESCO-Doc. CLT-85/WS 35): *Foreign cultural properties illicitly imported on to Nicaraguan territory shall be returned by Nicaragua to their country of origin upon the request of the government concerned and after a decision by the Government of Nicaragua, in accordance with international conventions and standards.*

standes verbietet, sich der Herrschaft der Exportstaaten unterwerfe und der Möglichkeit beraube, selbst zu entscheiden, in welchen Fällen er die Verbringung eines Kulturguts aus dessen Heimatstaat als rechtswidrig ansieht. Es würde eine Beeinträchtigung der Souveränität der Importstaaten darstellen, wenn sie auf diese Weise ihre Gesetzgebung von den Exportstaaten abhängig machten. Den Heimatstaaten würde damit ein „Blankoscheck“[366] ausgestellt, weil jede noch so überzogene und ungerechtfertigte Ausfuhrgesetzgebung zu einer Verletzung von inländischem Recht führen würde. Dagegen ist einzuwenden, daß die Importgesetze die Fälle, in denen ein unrechtmäßiger Export zu einem Importverbot führt, auch begrenzen können. Im übrigen stellt die Anknüpfung eines Importverbots an die Tatsache, daß das Kulturgut unrechtmäßig aus seinem Heimatland ausgeführt wurde, nur eine von verschiedenen Möglichkeiten dar. Das Importverbot kann aber auch an anderen Tatbeständen festgemacht werden. So kann z. B. die Einfuhr von gestohlenen[367] oder von unrechtmäßig ausgegrabenen Kulturgütern verboten werden[368] bzw. von einer bestimmten Kategorie von Kulturgütern.[369] Die Staaten könnten insofern auch Gesetze erlassen, durch welche lediglich die Einfuhr von Kulturgütern, die in ihrem Heimatland als *res extra commercium* behandelt werden, verboten würde. Unter Verstoß gegen dieses Importverbot eingeführte Gegenstände könnten dann im Inland beschlagnahmt und an den Heimatstaat zurückgegeben werden.[370]

Fraglich ist aber, ob das Kulturgut auch von einem gutgläubigen Erwerber herausverlangt werden könnte. Im deutschen Recht könnte man das Importverbot als Verbotsgesetz im Sinne des § 134 BGB ansehen.[371] Es bliebe aber eine Ersitzung möglich, da diese unabhängig von einem Rechtsgeschäft, auf welches sich das Importverbot auswirken könnte, erfolgt. Außerdem bestünden Definitionsschwierigkeiten bei der Frage, welche Kulturgüter nicht eingeführt werden dürften. Die allgemeine Erklärung, daß die Einfuhr von Kulturgütern, die in ihrem Herkunftsstaat als *res extra commercium* behandelt werden, verboten ist, würde wohl nicht ausreichen, da daraus für die Grenzbehörden nicht ersichtlich

---

366 *Bator* (Fn. 307) 328.

367 Vgl. den NSPA, 18 U. S. C. § 2314.

368 *Prott/O'Keefe* III, Rn. 1117f.

369 In den USA ist beispielsweise durch den Pre-Columbian Monuments Act v. 1972 nur der Import von abgetrennten Teilen unbeweglicher Monumente bzw. von architektonischen Bestandteilen, die aus der präkolumbianischen indianischen Kultur stammen, verboten. *Fechner* (Fn. 209) S. 119ff., spricht sich für ein Verbot des Imports von archäologischen Objekten aus, welches durch eine zivilrechtliche Regelung, die den gutgläubigen Eigentumserwerb im Inland ausschließt, ergänzt werden soll, S. 122.

370 *Walter* S. 185.

371 *Schwadorf-Ruckdeschel* S. 139 Fn. 308. Die Kenntnis des Verbots ist für die Rechtsfolge der Nichtigkeit ohne Bedeutung, MünchKomm/*Mayer-Maly* § 134 BGB Rn. 92.

wäre, ob ein Kulturgut eingeführt werden darf oder nicht. Eine genaue Auflistung, welche Kulturgüter *res extra commercium* sind, wäre aber praktisch gar nicht möglich. Ein solches Importverbot wäre letztlich also nur durchführbar, wenn generell Exportzertifikate über den legalen Erwerb und die legale Ausfuhr von Kulturgütern verlangt würden.[372]

II. Erwerbsverbote

Eine andere Möglichkeit wäre es, den inländischen Handel mit von einem ausländischen Staat zu *res extra commercium* erklärten Kulturgütern zu verbieten bzw. ein Erwerbsverbot aufzustellen.

1. Art. 31 Abs. 2 des portugiesischen Kulturgüterschutzgesetzes

Ein Beispiel für eine solche Regelung stellt Art. 31 Abs. 2[373] des portugiesischen Kulturgüterschutzgesetzes von 1985 dar. Es ist eine Besonderheit dieses Gesetzes (abgesehen vom europäischen Gemeinschaftsrecht),[374] daß es auch den Kulturgütern anderer Staaten Schutz zukommen läßt. Art. 31 Abs. 2 erklärt auf portugiesischem Boden abgeschlossene Rechtsgeschäfte über aus einem ausländischen Staat stammende bewegliche Kulturgüter für nichtig und ohne Wirkung, wenn sie unter Verletzung bestimmter Veräußerungs- oder Exportgesetze erfolgt sind. Durch Art. 31 Abs. 2 des portugiesischen Gesetzes führt die Verletzung ausländischer Kulturgüterschutzgesetze zur Nichtigkeit jedes Veräußerungsgeschäfts und hat somit unmittelbar zivilrechtliche Wirkung.[375] Allerdings steht diese Vorschrift gemäß Art. 31 Abs. 3 unter dem Vorbehalt der Gegenseitigkeit[376] und spielt deswegen praktisch bislang keine große Rolle.[377] Bemerkenswert ist bei Art. 31 Abs. 2, daß er nicht auf die Kenntnis der Vertragsparteien von dem Verstoß gegen das ausländische Gesetz abstellt, sondern allein die Tatsache, daß

---

372 Zu den praktischen Schwierigkeiten der Durchführung von Importverboten allgemein *Walter* S. 185ff.

373 Art. 31 des port. Gesetzes Nr. 13/85: (2) *Sâo nulas e de nenhum efeito as transaccôes realizadas en território português sobre bens culturais móveis provenientes de países estrangeiros quando efectuadas com infraccâo das disposiciôes da respectiva legislacâo interna reguladorada sua alienacâo ou exportacâo.*

(3) *O disposto no número anterior será aplicável, relativamente a outros países, em termos de reciprocidade.*

374 S. u. 6. Kap. § 3 II. 2.

375 *Schwadorf-Ruckdeschel* S. 142.

376 Voraussetzung einer Anwendung des Art. 31 Abs. 2 ist also, daß der im konkreten Fall betroffene ausländische Ursprungsstaat portugiesisches Kulturgut ebenso schützen würde.

377 *Jayme* ZVglRWiss 95 (1996) 158ff., 165.

Recht des Herkunftsstaates verletzt wird, ausreicht, um die Rechtsfolge der Nichtigkeit auch im Belegenheitsstaat nach sich zu ziehen. Eine Bestimmung wie Art. 31 Abs. 2 wirkt sich insbesondere bei Kulturgütern, die in ihrem Heimatland als *res extra commercium* behandelt werden, aus, da jedes Rechtsgeschäft die Norm, welche das Kulturgut für unveräußerlich erklärt, verletzt.

2. Erwerbsverbot von *res extra commercium* im deutschen Recht

Im deutschen Recht könnte man eine Norm erlassen, die den Erwerb von Kulturgütern, die in ihrem Heimatland als *res extra commercium* behandelt werden, verbietet und entweder selbst die Rechtsfolge der Nichtigkeit ausspricht oder sich als Verbotsnorm im Sinne von § 134 BGB auswirken würde. Allerdings würde sich auch hierbei, genau wie bei einem Importverbot, ein Definitionsproblem ergeben. Der Anwendungsbereich einer Verbotsnorm muß genau bestimmt und für den Adressaten erkennbar sein, was bei der generellen Formulierung, daß alle Kulturgüter, die in ihrem Heimatland als *res extra commercium* behandelt werden, betroffen sind, nicht der Fall ist. Der generelle Ausschluß einer Ersitzung könnte schließlich nur erreicht werden, wenn eine Ausnahmevorschrift zu § 937 BGB geschaffen würde.

Die Schaffung eines Import- bzw. Erwerbsverbots stellt daher, da sie erstens praktischen Schwierigkeiten unterliegt und zweitens nur einen unvollkommenen Schutz bietet, kein geeignetes Mittel zur indirekten Anerkennung des Status ausländischer Kulturgüter als *res extra commercium* dar.

§ 8 Alternativer kollisionsrechtlicher Ansatz

Das internationale Sachenrecht war in Deutschland lange nicht kodifiziert. Allerdings war die prinzipielle Anwendung des Grundsatzes der *lex rei sitae* unbestritten.[378] Ihm wurde meist sogar gewohnheitsrechtliche Geltung beigemessen.[379] Durch das Gesetz zum Internationalen Privatrecht für außervertragliche Schuldverhältnisse und für Sachen v. 21. 5. 1999 ist dieser Grundsatz nun gesetzlich normiert worden.[380] Auch weltweit findet das Prinzip der *lex rei sitae* Verbreitung.[381]

---

[378] Dies gilt spätestens seit *Savigny* sowohl für bewegliche als auch für unbewegliche Sachen, vgl. *Savigny* S. 169ff. Der Grundsatz *„mobilia sequuntur personam"* wird heute in Deutschland und in den meisten Rechtsordnungen nicht mehr vertreten.

[379] BGH, NJW 1963, 1200f., 1200; *Kreuzer* (Fn. 109) 47.

[380] Art. 43 Abs. 1 EGBGB, s. o. Fn. 2. Zur Neuregelung des internationalen Sachenrechts *Pfeiffer* (Fn. 20) 270ff.; *Stoll* (Fn. 20) 259ff.

[381] Übersicht bei Staudinger/*Stoll* (Fn. 3) Rn. 21ff.

I. Die Unzulänglichkeit des Grundsatzes der *lex rei sitae* bei beweglichen Sachen

Bei unbeweglichen Sachen ist die Geltung der *lex rei sitae* unmittelbar einleuchtend. Denn bei der Anknüpfung an das Recht des Lageortes handelt es sich in diesem Fall um eine grundsätzlich unwandelbare Anknüpfung.[382] Damit sprechen für die Anwendung der *lex rei sitae* der Verkehrsschutz, die Kontinuität und Vorhersehbarkeit der Rechtsanwendung. Außerdem wird die Führung von Registern am Belegenheitsort durch die Anwendung von inländischem Recht vereinfacht.[383] Bei beweglichen Sachen gelten diese Argumente allerdings nicht oder nur begrenzt, weil sie von einem Land in ein anderes verbracht werden können und somit möglicherweise einem fortlaufenden Statutenwechsel unterliegen, ohne daß zu der jeweiligen *lex rei sitae* eine besondere Verbindung bestehen müßte. Für die Geltung der *lex rei sitae* spricht zwar auch hier die Verkehrssicherheit, weil der Lageort einer Sache ein objektiv feststellbares Kriterium ist. Auch die internationale Verbreitung, Rechtsklarheit und Durchsetzbarkeit werden als Argumente genannt.[384] Trotzdem steht die Herrschaft der *lex rei sitae* bei beweglichen Sachen auf schwächeren Füßen.[385]

Die strikte Geltung des *lex rei sitae*-Prinzips für alle Situationen und sämtliche bewegliche Sachen unterliegt daher auch Kritik. Der potentiell unendlich häufige Wechsel des anwendbaren Rechts kann zu großen Komplikationen führen. Denn die *lex rei sitae*-Regel ist auf bewegliche Sachen mit Dauerlageort zugeschnitten.[386] Schwierigkeiten ergeben sich insbesondere, wenn an der Sache dingliche Rechte bestehen, die in einem Land nicht oder anders bekannt sind oder Rechtsänderungen in den verschiedenen Ländern unterschiedlich beurteilt werden. Für einzelne Fallgruppen werden deswegen spezifische Sonderregeln vorgeschlagen.[387] In dem Änderungsgesetz zum EGBGB v. 21.5.1999 wurde z.B. eine Sonderregel für Transportmittel, die zwar ständig in den Geltungsbereich anderer Rechtsordnungen geraten, aber immer wieder zu einem festen Ort zurückkehren, geschaffen. Diese sieht eine unwandelbare Anknüpfung an das Herkunftsrecht (sogenannte „*lex stabuli*") vor.[388]

---

[382] Ein Statutenwechsel ist nur im Fall einer Gebietsabtretung oder Änderung der Staatsidentität denkbar, Staudinger/*Stoll* (Fn. 3) Rn. 253.

[383] Staudinger/*Stoll* (Fn. 3) Rn. 125.

[384] *Berndt* S. 124f.

[385] Staudinger/*Stoll* (Fn. 3) Rn. 126.

[386] MünchKomm/*Kreuzer* (Fn. 6) Rn. 64.

[387] MünchKomm/*Kreuzer* (Fn. 6) Rn. 64.

[388] Art. 45 EGBGB: *Transportmittel.* (1) *Rechte an Luft-, Wasser- und Schienenfahrzeugen unterliegen dem Recht des Herkunftsstaats. Das ist*

Eine Schwäche der Anwendung des *lex rei sitae*-Grundsatzes auf bewegliche Sachen zeigt sich verstärkt beim gutgläubigen Erwerb vom Nichtberechtigten. Weil ein Statutenwechsel bei beweglichen Sachen sehr leicht herbeizuführen ist, handelt es sich bei der Anknüpfung an den Lageort der Sache an ein leicht zu manipulierendes Kriterium. Durch die Verbringung der Sache in ein bestimmtes Land kann die anwendbare Rechtsordnung vorherbestimmt und ausgewählt werden, ohne daß zu diesem Land ansonsten eine enge Verbindung bestehen muß.[389] Gerade im Bereich des illegalen Kunsthandels lohnt es sich wegen des hohen Wertes der Kunstgegenstände, die Sachen in ein Land zu schaffen, dessen Rechtsordnung einen wirksamen Eigentumserwerb an ihnen zuläßt, und sie dort zu veräußern. Es besteht somit die Möglichkeit einer Art *„lex rei sitae-shoppings."*[390] Bestimmte Rechtsordnungen werden zu „internationalprivatrechtlichen Waschanlagen."[391] So ist z. B. Italien ein beliebter Veräußerungsort für gestohlene Kunstschätze,[392] weil das italienische Recht den Eigentumserwerb auch an gestohlenen Gegenständen zuläßt.[393] Bei als *res extra commercium*

---

1. *bei Luftfahrzeugen der Staat ihrer Staatszugehörigkeit,*
2. *bei Wasserfahrzeugen der Staat der Registereintragung, sonst des Heimathafens oder des Heimatorts,*
3. *bei Schienenfahrzeugen der Staat der Zulassung.*

389 Vgl. *Lagarde* (Fn. 133) S. 405; *Reichelt* (Fn. 179) 91.

390 Vgl. *Gardella* (Fn. 132) 1006. Der Begriff des *forum shoppings*, der teilweise auch für die Wahl des Veräußerungsortes einer Sache benutzt wird (vgl. *Berndt* S. 122; *Fechner* (Fn. 209) S. 73; *Hipp* S. 176; *Muir-Watt* (Fn. 86) 27) sollte nicht verwandt werden, weil es nicht um die Wahl des Forums, also des Gerichtsstands, geht, sondern um die Wahl des auf den Eigentumsübergang anwendbaren Rechts. Unabhängig davon ist, in welchem Forum diese Frage später beurteilt wird.

391 Vgl. den Diskussionsbeitrag v. *Holger Heinbuch* abgedr. in: Rechtsfragen, S. 133; vgl. auch *Nafziger* Syr. J. Int'l. & Com. 10 (1983) 323ff., 325; *Prott* (Fn. 5) 258.

392 In Insiderkreisen spricht man in bezug auf das Reinwaschen gestohlener Kulturgüter durch einen Kunsttransfer nach Italien auch von *„Italian Connection,"* *Reichelt* FS Schwind, S. 205ff., S. 210. Auch die Schweiz gilt als internationale „Kunstwaschanlage," *Calonego/Brill* SZ v. 6. 5. 1997, S. 3; v. *Kaenel* S. 72, obwohl die Frist, nach deren Ablauf eine gestohlene Sache nicht mehr herausverlangt werden kann, mit fünf Jahren sogar länger ist als in anderen Ländern (z. B. Frankreich, Holland).

393 Vgl. die Entscheidung *Winkworth v. Christie's* (Fn. 146): Die in England gestohlenen japanischen Miniaturen waren in Italien veräußert und hinterher wieder nach England zurückgebracht worden. Die immer wieder gelesene Behauptung, hinsichtlich des illegalen Kunsthandels mit gestohlenen Kulturgütern gäbe es kein Bedürfnis nach besonderen gesetzlichen Regelungen, weil alle Rechtsordnungen Diebstahl verbieten und bestrafen würden (vgl. z. B. *Kenety* Cornell Int'l. L. J. 23 (1990) 1ff., 13: *„A truly stolen item will almost always remain the property of the person from whom it was stolen. This is true no matter how many hands it passes through or how many borders it crosses."*; *Merryman/Elsen* (Fn. 360) S. 76: *„Of the three variations simple case thefts are ethically and legally the least complicated. All legal systems prohibit and punish this kind of theft, and the private international law concerning the return of stolen works when found in other nations is on the the whole clear."*), welche von bestimmten

behandelten Kulturgütern reicht, solange ihr besonderer dinglicher Status im Ausland nicht anerkannt wird, sogar die Veräußerung in irgendeinem anderen Staat aus, um sie den besonderen Unveräußerlichkeits- und Unverjährbarkeitsbestimmungen zu entziehen.[394] Angesichts dieser Realität kann auch das Argument der Neutralität der *lex rei sitae* nicht überzeugen.[395]

Der durchschnittliche Interessenausgleich, der hinter der *lex rei sitae*-Regel steht, wird außerdem der besonderen Situation von Kulturgütern nicht gerecht, weil bei diesen neben den beteiligten privatrechtlichen Interessen auch öffentlichrechtliche Interessen eine Rolle spielen.[396] Diese finden aber bei einer alleinigen Beurteilung der Sachlage nach der *lex rei sitae* keine Beachtung, sofern Belegenheitsort nicht der Staat ist, dessen öffentlichrechtliche Interessen in Frage stehen. Gegenüber den Belangen des Kulturgüterschutzes verlieren die für die *lex rei sitae* angeführten Verkehrsinteressen an Gewicht.[397] Besonders für den Bereich des Handels mit Kulturgütern wird daher Kritik am Grundsatz der *lex rei sitae* geübt.[398]

Als Reaktion auf die Unzulänglichkeit des Anknüpfungskriteriums der *lex rei sitae* wurde, auch im Vorfeld der Ergänzung des EGBGB durch Normen des Internationalen Sachenrechts, häufig vorgeschlagen, diese Regel in bestimmten Fällen durch eine andere Kollisionsnorm zu ersetzen. In den Erläuterungen zum Regierungsentwurf wurde das Thema des Kulturgüterschutzes angesprochen, aber die Meinung vertreten, daß es angesichts der besonderen Vorschriften der EG-Richtlinie und der UNIDROIT-Konvention einer Sonderregel für Kulturgüter nicht bedürfe.[399] Durch die gesetzliche Normierung der *lex rei sitae*-Regel auch für bewegliche Sachen (Art. 43 Abs. 1 EGBGB) ist ein Abweichen von diesem Grundsatz jetzt durch eine bloße Änderung der Rechtsprechung nicht mehr möglich. Der Kritik an der *lex rei sitae*-Regel für bewegliche Sachen und insbesondere für Kulturgüter konnte durch die Vorschrift aber nicht begegnet werden. Daher behalten die Überlegungen hinsichtlich einer alternativen kollisionsrechtlichen Anknüpfung ihre Gültigkeit, auch wenn sie jetzt Vorschläge „de lege ferenda“ darstellen. Sie beziehen sich teilweise speziell auf den Bereich des

---

Autoren gegen Beschränkungen und Sonderregeln für Kulturgüter vorgebracht wird, ist angesichts der vielen nationalen Gesetze, die auch an gestohlenen Sachen – zumindest nach kurzer Frist – einen Eigentumserwerb vorsehen, einfach unrichtig.

394 *Metzger* (Fn. 118) 625f.

395 *Fuentes Camacho* S. 375.

396 Vgl. *Lanciotti* S. 151; s. o. § 4 III. 7.

397 *Müller-Katzenburg* S. 283.

398 *Prott* (Fn. 5) 277ff.; *Reichelt* (Fn. 179) 88ff.

399 BT-Drs. 14/343, 15; vgl. auch *Wagner* IPRax 1998, 429ff., 435. Die UNIDROIT-Konvention ist von Deutschland allerdings bis heute noch nicht ratifiziert werden.

Kulturgüterschutzes, teilweise aber auch auf eine allgemeiner gehaltene Kategorie von Situationen, in denen die Anknüpfung an die *lex rei sitae* nicht zu befriedigenden Ergebnissen führt. Auch diese kollisionsrechtlichen Alternativvorschläge können aber zu einer verstärkten Berücksichtigung kulturgüterschutzrechtlicher Belange führen und sollen hier daher ebenfalls behandelt werden.

II. Allgemeine kollisionsrechtliche Änderungsvorschläge im internationalen Sachenrecht

1. Anknüpfung an die *lex furti*

Im Schrifttum findet sich der Vorschlag, die Frage, ob ein gutgläubiger Erwerb vom Nichtberechtigten stattgefunden hat, bei beweglichen Sachen, die gestohlen worden oder ihrem Eigentümer sonstwie abhanden gekommen sind, an das Recht des Orts des Diebstahls anzuknüpfen.[400] Im Grunde genommen handelt es sich bei dieser Anknüpfung nicht um ein wirkliches Abweichen vom Grundsatz der *lex rei sitae*; lediglich der Zeitpunkt, der für die Anknüpfung maßgeblich ist, wird verschoben.[401] Es gilt nicht die *lex rei sitae* im Zeitpunkt des in Frage stehenden Rechtserwerbs, sondern diejenige im Zeitpunkt des Abhandenkommens. Das Sachenrechtsstatut wird damit unwandelbar angeknüpft.

a. Auswirkung auf *res extra commercium*

Bei zu *res extra commercium* erklärten Kulturgütern würde eine Anknüpfung an die *lex furti* zu einem weitreichenden Schutz führen. Diese werden nämlich grundsätzlich – ihrem Sinn und Zweck entsprechend – in dem Land aufbewahrt, dessen Rechtsordnung sie als *res extra commercium* behandelt. Die Beurteilung aller sachenrechtlichen Vorgänge nach dem Recht des Diebstahlsorts hätte also zur Folge, daß auch nach einem Statutenwechsel die besonderen Schutzvorschriften, welche zur Verkehrsunfähigkeit der Sachen führen, angewandt werden. In allen Fällen, in denen Kulturgüter aus Museen, Bibliotheken, Archiven etc. gestohlen oder veruntreut würden, hätte ein Herausgabeanspruch des öffentlichen Eigentümers unter Berufung auf die Extrakommerzialität des Kulturguts

---

[400] *Kunze* S. 139ff.; *Mansel* IPRax 1988, 268ff., 271; in diesem Sinne wohl auch *Jefferson* L. Q. R. 96 (1980) 508ff., 511. Vgl. auch *Ferrer-Correia* (Fn. 71) S. 178 Fn. 84; *Reichelt* IPRax 1986, 73ff., 74, die auf die *lex furti* als alternatives, „materielles" Anknüpfungskriterium *(„de caractère substantiel")* zurückgreifen will, wenn die *lex rei sitae* eine völlig inhaltsleere Anknüpfung darstellen würde; vgl. auch *Byrne-Sutton* (Fn. 68) S. 146 f., im Endeffekt aber ablehnend, S. 150f.; *ders.* ISWA I, S. 483ff., S. 492ff. Das Gleiche gilt dann für die Ersitzung, s. u. § 9.

[401] Vgl. *Mansel* (Fn. 400) 271.

Erfolg, auch wenn die Sache ins Ausland gelangt und nach dem dortigen Recht gutgläubig erworben worden ist. Eine Schutzlücke bestünde allerdings für den Fall, daß der Gegenstand von einem Museum etc. zeitweilig (z. B. im Rahmen einer Ausstellung) ins Ausland ausgeliehen und dort gestohlen worden ist. Dann wäre *lex furti* die Rechtsordnung des Ausstellungsstaates, in deren Geltungsbereich der Gegenstand zur Zeit des Diebstahls belegen gewesen ist. Ein gutgläubiger Erwerb würde sich nach einem Recht beurteilen, das den Gegenstand als verkehrsfähig ansieht; sein „heimatrechtlicher" Status als *res extra commercium* würde sich nicht durchsetzen.

b. Auswirkung auf Kulturgüter allgemein

Die Anknüpfung an die *lex furti* verhindert, daß der Dieb durch bloßes Verbringen der Sache in ein anderes Rechtsgebiet eine günstigere Anknüpfungssituation herbeiführen kann. Da solche Vorgehensweisen gerade beim Handel mit gestohlenen Kunstgegenständen häufig sind und ein großes Problem darstellen, ist diese Konsequenz ein ernstzunehmendes Argument. Die Anknüpfung an die *lex furti* wird weiterhin damit gerechtfertigt, daß so die Rechtsordnung, in der sich der Eigentümer bewegt hat und auf dessen Regelungskompetenz er Einfluß nehmen konnte, auch diejenige ist, welche die Frage seines Rechtsverlusts beurteilt.[402] Die Annahme, daß ein Eigentümer auf die Rechtsordnung des letzten Belegenheitsortes vertraut hat und sich deswegen ein nachfolgender Erwerb durch einen Dritten nach dieser Rechtsordnung richten müsse, erscheint jedoch zu weit hergeholt. Von Vertrauen auf eine andere Rechtsordnung kann man meines Erachtens immer nur bei einer bewußten und aktiven juristisch relevanten Handlung sprechen. Wenn z. B. jemand eine Sache erwirbt, vertraut er darauf, daß sich dieser Erwerb nach dem Recht des Belegenheitsortes richtet. Es gibt jedoch keinen Vertrauensschutz des Eigentümers im Hinblick darauf, daß seine Sache, nachdem sie ihm abhanden gekommen ist, nur nach einer bestimmten Rechtsordnung gutgläubig erworben werden könne. Das Vertrauen des Eigentümers kann hier nicht an einem konkreten Akt oder Zeitpunkt festgemacht werden, bei dem die Annahme der Geltung einer Rechtsordnung nahelag.

Durch eine unterschiedliche kollisionsrechtliche Behandlung des Erwerbs von dem Eigentümer abhanden gekommenen Sachen wird die materiellrechtliche Wertung der §§ 932, 935 BGB auf das Kollisionsrecht übertragen.[403] Dagegen wird vorgebracht, daß Kollisionsnormen grundsätzlich wertneutral sein müßten. Es sei nicht ihre Aufgabe, einen Ausgleich zwischen Eigentümer- und Erwerberinteressen zu schaffen; dies obliege vielmehr den Regeln des anwendbaren Sachrechts.[404] Dieses Argument wendet sich aber schlechthin gegen die Suche nach

---

402 *Kunze* S. 139; *Mansel* (Fn. 400) 271.

403 *Mansel* (Fn. 400) 271.

404 *Byrne-Sutton* ISWA I, S. 483ff., S. 496f.; *Schwadorf-Ruckdeschel* S. 167.

einer alternativen Kollisionsregel, deren Ausgangspunkt es ist, die auf der zu formalen *lex rei sitae*-Regel beruhenden willkürlichen und unerwünschten Ergebnisse zu vermeiden und sich um den Schutz von Kulturgütern bereits bei der Wahl der anwendbaren Rechtsordnung zu bemühen.

Gegen die Anknüpfung an die *lex furti* werden schließlich das Bedürfnis nach Rechtssicherheit und das Verkehrsschutzinteresse vorgebracht. Die an dem Veräußerungsvorgang Beteiligten könnten mit der Anwendung einer fremden Rechtsordnung regelmäßig nicht rechnen.[405] Das ist jedoch immer der Fall, wenn man ein anderes Recht als das des Belegenheitsortes bzw. einzelne Rechtsregeln einer anderen Rechtsordnung anwendet. Mißt man der inländischen Verkehrs- und Rechtssicherheit eine solch absolute Bedeutung zu, könnte man ausländischen Bestimmungen, die Kulturgüter zu *res extra commercium* erklären, nie Geltung verschaffen.

Fraglich ist aber, ob die Anknüpfung der sachenrechtlichen Verhältnisse an den Diebstahlsort wirklich zu aus der Sicht des Kulturgüterschutzes vorteilhaften Ergebnissen führt. Aufschlußreich ist insofern eine Untersuchung, wie sich eine alternative kollisionsrechtliche Anknüpfung in verschiedenen Rechtsprechungsfällen ausgewirkt hätte.

c. *Stato Francese c. De Contessini*[406]

Als Argument für die Anknüpfung des gutgläubigen Erwerbs an die *lex furti* speziell für den Bereich gestohlener zu *res extra commercium* erklärter Kulturgüter kann die bereits erwähnte Entscheidung *Stato Francese c. De Contessini* angeführt werden. In diesem Fall stand fest, daß die Teppiche in Frankreich gestohlen worden waren, bevor sie nach Italien gebracht wurden und in den Besitz des Kunsthändlers De Contessini gelangten. Bei einer Anknüpfung an die *lex furti* hätte das italienische Gericht auf die Frage eines gutgläubigen Erwerbs De Contessinis französisches Recht anwenden müssen. Wegen der Klassifizierung der Teppiche nach dem Gesetz von 1913 und ihrer Qualifizierung als unveräußerlich und unverjährbar hätten Art. 2279 Abs. 1 und 2 franz. C. c., wonach ein gutgläubiger Erwerber drei Jahre nach dem Diebstahl Eigentum erworben hätte, aber keine Anwendung finden können. Eine Vindikation der Teppiche wäre nach französischem Recht ohne zeitliche Begrenzung möglich gewesen.

In diesem Fall hätte die Anknüpfung an das Recht des Diebstahlsortes also dazu geführt, daß sich die Qualifizierung des Kulturguts als *res extra commercium* auch im Ausland durchgesetzt und das besondere Interesse des Herkunftsstaats an der Bewahrung seines Kulturguts Berücksichtigung gefunden hätte.

---

[405] Staudinger/*Stoll* (Fn. 3) Rn. 302; *Stoll* (Fn. 47) S. 59f.

[406] S. o. § 2 IV. 3. Fn. 123.

d. *Kunstsammlungen zu Weimar v. Elicofon*[407]

Zu einem anderen Ergebnis wäre man allerdings in einem anderen berühmten Fall gelangt, welcher als Argument gegen die Anknüpfung an die *lex furti* dienen kann. In dem Prozeß *Kunstsammlungen zu Weimar v. Elicofon* verlangten die Kunstsammlungen zu Weimar von dem Beklagten, Edward Elicofon aus New York, zwei Bilder von Albrecht Dürer, Portraits des Nürnberger Kaufmannsehepaars Hans und Felicitas Tucher, heraus. Die Bilder hatten ursprünglich dem Großherzog von Sachsen-Weimar-Eisenach gehört. Sie waren später in den Staatlichen Kunstsammlungen zu Weimar ausgestellt und während des zweiten Weltkrieges in einem Schloß in Thüringen aufbewahrt worden. Dort waren sie im Sommer 1945 unter ungeklärten Umständen verschwunden. Elicofon hatte die Portraits 1946 von einem heimkehrenden amerikanischen Soldaten für 450 $ erworben, wobei ihm keine Bösgläubigkeit nachgewiesen werden konnte. Erst 1966 kam die wahre Identität der Bilder aufgrund ihrer Veröffentlichung in einem Katalog gestohlener Kunstwerke ans Licht. 1969 wurde von der Bundesrepublik die erste Klage eingereicht.[408]

Elicofon machte geltend, er habe die Gemälde nach deutschem Recht (§§ 937 ff. BGB) ersessen.[409] Nach Ansicht des New Yorker Gerichts war deutsches Recht auf die Frage eines Eigentumserwerbs durch Elicofon aber nicht anwendbar, weil sich diese Frage nach dem Recht des Staates richte, in dem die Sache zur Zeit der Besitzerlangung belegen gewesen wäre, also New Yorker Recht.[410] Zum deutschen Recht bestünden auch keine „*most significant relationships,*" die ein Abweichen von der *lex rei sitae*-Regel gerechtfertigt hätten. Unerheblich sei auch die Tatsache, daß die Bilder in Deutschland abhanden gekommen seien.[411]

Auch in diesem Fall erteilte ein Gericht der Anknüpfung sachenrechtlicher Tatbestände an die *lex furti* eine Absage. Die Anwendung der *lex rei sitae* führte hier aber dazu, daß die Herausgabeklage erfolgreich war.[412] Dahingegen hätte die Anknüpfung an die *lex furti* zur Anwendung deutschen Rechts geführt und bewirkt, daß ein Herausgabeanspruch der Kunstsammlungen wegen gutgläubiger

---

407 *Kunstsammlungen zu Weimar v. Elicofon* 536 F. Supp. 829 (D. C. N. Y. 1981); 678 F. 2d 1150 (2d Cir. N. Y. 1982).

408 Neben Problemen des internationalen Sachenrechts ging es in dem Fall auch um schwierige völkerrechtliche Fragen der Staatennachfolge und Anspruchsberechtigung und enteignungsrechtliche Fragen, weil sowohl die Bundesrepublik als auch die DDR als auch Nachfahren der Großherzoglichen Familie von Sachsen-Weimar Ansprüche geltend machten.

409 *Kunstsammlungen zu Weimar v. Elicofon* 536 F. Supp. 829, 845.

410 *Kunstsammlungen zu Weimar v. Elicofon* (Fn. 409) 845 f.

411 *Kunstsammlungen zu Weimar v. Elicofon* (Fn. 409) 846.

412 Nach dem anwendbaren New Yorker Recht war ein Eigentumserwerb an gestohlenen Sachen auch durch Zeitablauf nicht möglich, (Fn. 409) 846.

Ersitzung durch Elicofon gemäß § 937 BGB hätte verneint werden müssen. In diesem Fall wäre der ursprüngliche Eigentümer durch die Anknüpfung an die *lex furti* also schlechter gestellt gewesen als bei Anwendung des herkömmlichen Grundsatzes der *lex rei sitae*.[413] Der Fall *Kunstsammlungen Weimar v. Elicofon* zeigt, daß die Beurteilung nach dem Recht des Diebstahlsortes nicht immer den ursprünglichen Eigentümer begünstigt. Ein umfassender Eigentümerschutz könnte insofern nur durch eine Alternativanknüpfung von *lex rei sitae* und *lex furti* erreicht werden.[414] Dies würde aber wohl eine nicht gerechtfertigte Überbewertung der Eigentümerinteressen gegenüber den Erwerberinteressen darstellen. Zudem wäre die Rechtssicherheit stark beeinträchtigt.[415]

e. Bewertung

Es läßt sich also festhalten, daß eine Anknüpfung an die *lex furti* den Eigentümerschutz zwar in den meisten Fällen, aber nicht grundsätzlich stärkt. Anders ist es bei *res extra commercium*: Hier führt die Anknüpfung an die *lex furti*, wenn diese mit dem Heimatrecht identisch ist, zu einer Anerkennung dieses Status auch im Ausland. Fraglich ist aber, ob allein die Tatsache, daß sich bei *res extra commercium* positive Ergebnisse erzielen lassen, eine Anknüpfung des gutgläubigen Erwerbs an die *lex furti* rechtfertigt. Hinsichtlich sämtlicher abhanden gekommener Sachen machen als *res extra commercium* behandelte Kulturgüter nur einen ganz kleinen Teil aus. Eine Beschränkung des Anwendungsbereichs der *lex furti* auf diese würde zu einer nicht vertretbaren Minimalsonderregel führen.

Gegen die Anknüpfung dinglicher Verhältnisse an das Recht des Diebstahlsorts spricht aber auch noch folgendes: Als Argument für die Anknüpfung an die *lex furti* speziell bei Kulturgütern wird vorgebracht, daß die *lex furti* mit der Rechtsordnung des Herkunftsstaats *(lex originis)*[416] zusammenfalle und eine Anknüpfung an den Diebstahlsort dazu führe, daß besondere Bestimmungen, die ein Staat für sein Kulturgut erlassen hat, angewandt werden könnten.[417] Das zeigt, daß hinter der Anknüpfung an den Diebstahlsort eigentlich der Wunsch steht,

---

[413] Hier könnte von denjenigen, die eine Anknüpfung an die *lex furti* befürworten, allerdings eingewandt werden, daß der ursprüngliche Eigentümer in einem solchen Fall auch gar nicht damit habe rechnen dürfen, daß seine Sache unter einem den Eigentümerschutz stärker berücksichtigenden Statut erworben würde, und er diesbezüglich auch gar kein schutzwürdiges Vertrauen habe, vgl. *Mansel* (Fn. 400) 271.

[414] In diesem Sinne wohl *Reichelt* (Fn. 400) 74; *dies.* Das kulturelle Erbe, S. 61 ff., S. 63; s. auch u. § 8 III. 3.

[415] MünchKomm/*Kreuzer* (Fn. 6) Rn. 200; *ders.* (Fn. 109) 197; *Müller-Katzenburg* S. 233.

[416] S. u. § 8 III. 2.

[417] *Byrne-Sutton* (Fn. 68) S. 147, S. 151.

nationale Schutzvorschriften zur Anwendung zu bringen. Das Beispiel der während einer Ausstellung im Ausland gestohlenen Kulturgüter macht aber deutlich, daß *lex furti* und *lex originis* nicht notwendig und immer zusammenfallen müssen. Solche Fälle mögen zwar selten vorkommen und der Einwand daher theoretisch anmuten; er zeigt aber trotzdem, daß das Anknüpfungsmoment nicht das richtige ist, weil im Grund andere Interessen verfolgt werden.

2. Rechtswahl

Teilweise wurde in der Literatur gefordert, den Parteien auch im Bereich des Sachenrechts Autonomie zu gewähren und eine (beschränkte) Rechtswahl zuzulassen.[418] Das Änderungsgesetz zum EGBGB ist diesen Vorschlägen allerdings nicht gefolgt. Was die Belange des Kulturgüterschutzes und insbesondere die Behandlung ausländischer Kulturgüter als *res extra commercium* angeht, würde die Einräumung einer Rechtswahlmöglichkeit deren Schutz aber eher verringern als verstärken, da nicht anzunehmen ist, daß die Parteien eine Rechtsordnung wählen würden, welche die von ihnen beabsichtigte Veräußerung verhindert.[419] Ohne ansonsten zu diesem Thema Stellung nehmen zu wollen, muß daher aus der Sicht des Kulturgüterschutzes eine Parteiautonomie im Sachenrecht mißbilligt werden.

3. Ausweichklausel

Eine auch nach dem geltenden Recht bestehende Möglichkeit, zufälligen und willkürlichen Ergebnissen aufgrund einer Anwendung der *lex rei sitae* entgegenzuwirken,[420] ist der Rückgriff auf die Ausweichklausel des Art. 46 EGBGB.[421] Danach soll ausnahmsweise eine andere Rechtsordnung als die *lex rei sitae* anzuwenden sein, wenn zu dieser eine wesentlich engere Verbindung besteht. Die Schaffung von Ausnahmeklauseln beruht auf der Erkenntnis, daß Kollisionsnormen in ihrer Allgemeinheit nicht allen Fallgestaltungen Rechnung tragen können. Eine Kollisionsnorm muß meist sehr weite Gebiete abdecken und kann daher auf atypische Interessenlagen keine Rücksicht nehmen. Wenn der Normzweck, einen Sachverhalt derjenigen Rechtsordnung zuzuweisen, zu der die stärkste Verbindung besteht, bei Anwendung der Regelnorm verfehlt wird, muß er mit Hilfe einer Ausnahmeregel durchgesetzt werden.[422]

---

418 S. o. § 2 III. 2.

419 In diesem Sinne auch *Prott* (Fn. 5) 236; *Schwadorf-Ruckdeschel* S. 123f.; s. o. § 2 III. 2.

420 Vgl. auch *Jaeger* S. 68; *Reichelt* (Fn. 400) 74.

421 Art. 46 EGBGB: *Wesentlich engere Verbindung. Besteht mit dem Recht eines Staates offensichtlich eine wesentlich engere Verbindung als mit dem Recht, das nach den Artikeln 43 bis 45 maßgebend wäre, so ist jenes Recht anzuwenden.* Vgl auch Art. 15 schweiz. IPRG.

422 *Kreuzer* (Fn. 89) S. 37ff., S. 159.

Der Gedanke der abweichenden engeren Verbindung lehnt sich an das amerikanische Recht an, wo sich die Ansicht durchgesetzt hat, an Stelle von starren Anknüpfungen die kollisionsrechtliche Entscheidung nach den Besonderheiten jedes Einzelfalls zu treffen.[423] Ein Sachverhalt soll grundsätzlich an die Rechtsordnung angeknüpft werden, zu der die *„most significant relationship"* bzw. die *„most significant contacts"* bestehen, wobei allerdings eine Vermutung für das Recht des Belegenheitsortes spricht.[424] So hat z. B. ein amerikanisches Gericht in der Sache *Autocephalous Greek Orthodox Church of Cyprus v. Goldberg*[425] den gutgläubigen Eigentumserwerb nicht nach Schweizer Recht beurteilt, welches *lex rei sitae* gewesen wäre. Die zypriotischen Mosaiken waren in der zollfreien Zone des Genfer Flughafens von einem Türken an eine Kunsthändlerin aus Indiana verkauft worden, nachdem der Kauf durch zwei Franzosen in Frankreich vermittelt worden war. Das Gericht stellte fest, daß kein Bezug zum Schweizer Recht gegeben war, sondern die *„most significant relationship"* zum Recht von Indiana bestünden, wohin die Mosaiken dann gebracht worden waren. Diese Konstellation stellt aber wohl einen Extremfall dar, in dem der Belegenheitsort zum Zeitpunkt des angestrebten Eigentumsübergangs gar nichts mit dem sonstigen Sachverhalt zu tun hatte. In den meisten Fällen wird jedoch aus Verkehrsschutzgesichtspunkten eine Verbindung zur *lex rei sitae* bestehen, was den Rückgriff auf die Ausnahmeklausel bereits problematisch macht.[426]

Bei Kulturgütern könnte man eine enge Verbindung in der früheren rechtmäßigen Belegenheit in ihrem Herkunftsland bzw. in der Zugehörigkeit zum nationalen Erbe dieses Landes sehen.[427] Über die Ausweichklausel käme man dann zur Anwendung dieser Rechtsordnung und müßte so auch den dinglichen Status eines Kulturguts als *res extra commercium* berücksichtigen. Allerdings ist fraglich, ob die Verbindung zu der Ursprungsrechtsordnung enger ist als die zum Recht des Erwerbsorts. Aus den bereits erwähnten Gründen des Verkehrsschutzes wird es wohl nur wenige Fälle geben, bei denen mit Hilfe der Ausweichklausel von der Anwendung der *lex rei sitae* abgewichen werden kann.

Gegen die Ausweichklausel wird die gängige Kritik vorgebracht, Kollisionsrecht dürfe nicht von materiellrechtlichen Erwägungen überlagert werden.[428] Dieser Einwand ist jedoch unberechtigt. Die Antwort auf die Frage, ob zu einem anderen Recht eine engere Verbindung als zu der *lex rei sitae* besteht, wird nicht von einem erwünschten Ergebnis beeinflußt, sondern beruht auf formalen, kolli-

---

423 *Metzger* (Fn. 118) 634; *Schmeinck* S. 167; *Schwadorf-Ruckdeschel* S. 161.

424 Vgl. *Knott* S. 85.

425 S. o. § 3 II. 3. b. Fn. 193.

426 *Lalive* (Fn. 344) S. 61; *Stoll* (Fn. 20) 269.

427 Vgl. *Metzger* (Fn. 118) 636.

428 *Schwadorf-Ruckdeschel* S. 164.

sionsrechtlichen Kriterien. Daß sich ein Interesse, welches von der Rechtsordnung geschützt wird, zu der die engste Verbindung besteht, letztlich durchsetzt, ist zwangsläufige Folge dieser Anknüpfung und beruht nicht auf materiellrechtlichen Erwägungen.[429]

4. *Fraus legis*

Wenn Kunstgegenstände aus dem Land, in dem sie als *res extra commercium* behandelt werden, illegal exportiert werden, damit sie im Ausland als *res in commercio* veräußert werden können, was in ihrem Herkunftsland nicht möglich gewesen wäre, kann man daran denken, daß es sich bei der Verbringung ins Ausland um eine Gesetzesumgehung handelt.[430] Denn der Verkäufer nutzt die Anknüpfung der dinglichen Rechtsverhältnisse einer beweglichen Sache an den jeweiligen Belegenheitsort dazu, die Anwendung einer für ihn günstigeren Rechtsordnung herbeizuführen. Teilweise wird eine Sache sogar nur ins Ausland verschoben, um von ihrer illegalen Herkunft „gereinigt" zu werden und danach wieder dem Kunstmarkt im Heimatland zugänglich gemacht zu werden.[431]

Fraus legis (Gesetzesumgehung) setzt eine rechtsmißbräuchliche Umgehungshandlung in Umgehungsabsicht[432] voraus: Die Anwendung einer bestimmten Norm muß durch bewußte und gezielte Veränderung der anknüpfungs- bzw. qualifikationserheblichen Tatsachen erschlichen bzw. umgangen worden sein. Außerdem muß die Gesetzesumgehung als verwerflich anzusehen sein; nur dann kann von Rechtsmißbrauch gesprochen werden.[433] Rechtsfolge der Gesetzesumgehung ist, daß nicht das aufgrund des veränderten Anknüpfungspunktes anwendbare Recht, sondern die umgangene Norm Anwendung findet. Es handelt sich insofern nicht um eine besondere kollisionsrechtliche Anknüpfung; nur die Wandlung des Anknüpfungspunktes wird nicht beachtet. Die Gesetzesumgehung ist im deutschen IPR nicht ausdrücklich normiert wie in manchen anderen Rechtsordnungen,[434] wird aber als Rechtsfigur anerkannt.[435]

---

[429] Richtig ist allerdings, daß die Frage, zu welchem Recht die engste Verbindung besteht, nicht im Hinblick auf den Inhalt dieser Rechtsordnungen und das zu erzielende Ergebnis entschieden werden, sondern nur auf kollisionsrechtlichen Kriterien beruhen darf, vgl. auch *Knoepfler* (Fn. 292) S. 383.

[430] Zur Gesetzesumgehung im Handel mit Kulturgütern *Heeder* S. 290; *Schmeinck* S. 165f.; *Schwadorf-Ruckdeschel* S. 170ff.

[431] Vgl. den Fall *Winkworth v. Christie's* s. o. Fn. 146. Ein arglistiges und planmäßiges Handeln konnte in diesem Fall aber nicht nachgewiesen werden.

[432] So jedenfalls die h. M., vgl. *Heeder* S. 193.

[433] *V. Hoffmann* § 6 Rn. 122ff.

[434] Z. B. Art. 13 Abs. 3 liecht. IPRG; Art. 21 port. C. c.; Art. 8 rumän. IPRG; Art. 12 Abs. 4 span. C. c.; § 8 ung. IPRG (Vorschriften abgedr. bei *Heeder* S. 60f.).

[435] *V. Hoffmann* § 6 Rn. 123.

Die Berechtigung der *fraus legis* im Sachenrecht wird größtenteils verneint.[436] Denn der Belegenheitsstaat hat grundsätzlich ein Interesse an der Anwendung seiner Rechtsordnung. Zudem muß berücksichtigt werden, daß meist auch die Interessen gutgläubiger Dritter betroffen sind,[437] welche nicht wissen können, wie lange sich die Sache schon im Belegenheitsstaat befindet und aus welchen Gründen sie dorthin gebracht worden ist. Bei Kulturgütern beruht die Verbringung ins Ausland häufig auch nicht nur einzig und allein auf dem Grund, die Veräußerung einem anderen Recht zu unterstellen, sondern auch darauf, daß die illegale Herkunft des Kulturguts dort möglicherweise leichter zu verdecken ist und eine Veräußerung vor sich gehen kann, ohne daß der ursprüngliche Eigentümer davon erfährt. Diese Motive machen das Vorgehen des Kunstdiebs bzw. -schmugglers zwar nicht weniger verwerflich; sie sprechen aber trotzdem gegen das Vorliegen einer Gesetzesumgehung.

Ein Rückgriff auf die *fraus legis* kommt daher nur in ganz extremen Fallkonstellationen in Betracht, wenn z. B. das Veräußerungsgeschäft zwischen zwei Parteien im Heimatstaat des Kulturguts geplant worden ist und die Sache nur zum Zweck der Vornahme der Eigentumsübertragung kurz in einen anderen Staat verbracht worden ist, um die Schutzbestimmungen auszuschalten. Beim Erwerb eines Kulturguts vom Nichtberechtigten würde es in einem solchen Fall allerdings schon an der Gutgläubigkeit des Erwerbers fehlen. Bei als *res extra commercium* behandelten Kulturgütern würde das Heimatrecht des Kulturguts eine Übereignung sowieso nicht anerkennen, weil es die Unveräußerlichkeitsbestimmung als zwingendes Recht ansieht und nicht aufgehört hat, die Sache als *res extra commercium* zu betrachten.[438] Das Rechtsinstitut der Gesetzesumgehung ist insofern nicht geeignet, die Probleme des illegalen Transfers von Kulturgütern zu lösen.[439]

III. Besondere kollisionsrechtliche Änderungsvorschläge zum Schutz von Kulturgütern

1. Immobilisierung von Kulturgütern

Ein Vorschlag geht dahin, Kulturgüter kollisionsrechtlich wie Immobilien zu behandeln und unwandelbar an einen Lageort anzuknüpfen. Von dieser Sichtweise ist auch eine französische Entscheidung des Appellationsgerichts von Montpellier geprägt.

---

[436] MünchKomm/*Kreuzer* (Fn. 6) Rn. 53; *Mansel* (Fn. 400) 270; a. A.: *Hanisch* ISWA I, S. 157ff., S. 188; *Heeder* S. 290; bejahend für den Fall der kurzfristigen und nur vorübergehenden Verbringung in ein anderes Staatsgebiet *Römer* (Fn. 147) S. 138ff., S. 142.

[437] *Hanisch* (Fn. 96) S. 218 Fn. 87.

[438] S. o. § 2 V. bzw. § 4 II.

[439] Ebenso *Schmeinck* S. 166.

a. *Ville de Genève et Fondation Abegg c. Consorts Margail*[440]

In dieser Entscheidung ging es um romanische Fresken, die 1954 aus einer profanisierten, im privaten (Mit)eigentum stehenden katalanischen Kapelle in den Pyrenäen von einem der Miteigentümer ohne Zustimmung der anderen mit Hilfe eines modernen Verfahrens abgelöst und in die Schweiz veräußert worden waren. Nachdem lange Zeit nicht bekannt war, wo sich die Fresken befanden, tauchte ein Teil von ihnen 1963, die übrigen 1976 in Schweizer Museen wieder auf. Da von zwei Miteigentümern in Frankreich auf Rückgabe geklagt worden war,[441] mußte zunächst die internationale Zuständigkeit französischer Gerichte geprüft werden.

Das Berufungsgericht entschied, daß die Fresken als Bestandteil der Kapelle ursprünglich unbewegliche Sachen *(„immeubles par nature")* waren und nur aufgrund der neuartigen Prozedur von dem Gebäude hätten getrennt werden können. Diese technische Neuerung könne jedoch nicht dazu führen, daß sie nun bewegliche Sachen seien; vielmehr lägen die Voraussetzungen der Art. 525, 526 franz. C. c. vor, so daß sie als *„immeubles par destination"* („unbeweglich kraft Bestimmung") anzusehen seien.[442] Allein die physische Entfernung der Fresken von der Kapelle reiche nicht aus, sie zu beweglichen Sachen werden zu lassen, da nicht alle Eigentümer zugestimmt hätten.[443] Begründet wurde diese Entscheidung ausdrücklich auch mit dem Bedürfnis, den besonders gefährdeten Kulturgütern einen stärkeren Schutz zukommenzulassen.[444] Die Argumentation des Gerichts hinsichtlich des internationalen Gerichtsstandes hätte auch Auswirkungen auf das internationale Privatrecht gehabt. Gemäß der *lex rei sitae*-Regel für Immobilien hätte das Gericht das Recht des Lageorts des Grundstücks, also französisches Recht, anwenden müssen, obwohl die Fresken in der Schweiz veräußert worden waren.

Das Kassationsgericht verwarf diese Auffassung jedoch mit der kurzen Begründung, daß gemäß Art. 524 franz. C. c.[445] nur solche Sachen *„immeubles par desti-*

---

[440] Cour d'appel de Montpellier, Entsch. v. 18.12.1984, D. S. 1985, 208ff. = Rev. crit. dr. int. pr. 1985, 559ff.; häufig auch zit. unter dem Namen *„Fresken von Cazenoves."*

[441] Die erstinstanzliche Entsch. des Trib. de grande instance de Perpignon wurde nicht veröffentlicht.

[442] Cour d'appel de Montpellier, Rev. crit. dr. int. pr. 1985, 559ff., 560f. Zur immobilisation par destination auch *Cornu* Rev. trim. dr. civ. 2000, 697ff., 700f.

[443] Cour d'appel de Montpellier (Fn. 442) 561f.

[444] Cour d'appel de Montpellier (Fn. 442) 562: „(...) *la protection résultant de la fiction d'immobilisation est d'autant plus nécessaire à ces ensembles que les immeubles ou les sites naturels à caractère artistique, historique ou archéologique, sont de plus en plus exposés à des divertissements, des spoliations, voire à des pillages;*" vgl. auch *Maury* D. S. 1988, 329f., 330; *Reichelt* IPRax 1989, 254f., 255.

[445] Art. 524 franz. C. c.: (1) *Les objets que le propriétaire d'un fonds y a placés pour le service et l'exploitation de ce fonds, sont immeubles par destination.* (...)

nation“ seien, die vom Eigentümer zu einem wirtschaftlichen Zweck mit der unbeweglichen Sache verbunden worden seien, was bei den Fresken nicht zutreffe.[446] Dahinter stand die Überlegung, daß nur bewegliche Sachen zu „*immeubles par destination*“ werden könnten, wohingegen die Fresken früher ein fester integrierender Bestandteil des Gebäudes und daher „*immeubles par nature*“ gewesen waren. Diese würden durch die Trennung aber zu beweglichen Sachen.[447] Die Qualifizierung als „*immeubles par destination*“ scheiterte also daran, daß sich im Zeitpunkt ihres Anbringens niemand hätte vorstellen können, daß sie einmal würden entfernt werden können.[448] Zu bemerken ist noch, daß die Frage, ob die Fresken als bewegliche oder unbewegliche Sachen anzusehen sind, von beiden Gerichten unproblematisch nach französischem Recht beurteilt, also (stillschweigend) *lege fori* qualifiziert wurde, während diese Entscheidung in den meisten Staaten der *lex rei sitae*[449] unterstellt wird.[450]

Der Kassationshof hat sich bei seiner Beurteilung konsequent an den Gesetzestext gehalten; die Tatsache, daß es sich bei den Sachen um Kulturgüter handelte, was vielleicht eine besondere Beurteilung bzw. Auslegung gerechtfertigt hätte, wurde nicht berücksichtigt und nicht einmal erwähnt. Im Schrifttum wurde diese strikte und wenig phantasiereiche Interpretation bedauert.[451] Wenn der Fortschritt in den technischen Möglichkeiten dazu führe, daß ehemals unbeweglichen Kunstgegenständen wie Fresken ein geringerer Schutz zukomme und sie daher in größerem Maße den Gefahren des illegalen Kunsthandels ausgesetzt seien, müsse das Recht darauf reagieren. Es stellt ein widersprüchliches Ergebnis dar, daß ein Kulturgut in stärkerem Maße geschützt wird, wenn es sich um eine bewegliche Sache handelt, die mit einer unbeweglichen Sache in dauerhafter Absicht verbunden wurde, als wenn etwas als fester Bestandteil einer unbeweg-

---

(3) *Sont aussi immeubles par destination, tous effets mobiliers que le propriétaire a attachés au fonds à perpétuelle demeure.*

446 Cass., Entsch. v. 15.4.1988, D. S. 1988, 325 ff., 329.

447 Conclusions de Jean Cabannes, premier avocat général, D. S. 1988, 325 ff., 328; *Maury* S. 330.

448 *Prott* (Fn. 5) 239.

449 Gemeint ist damit der Ort der physischen Belegenheit der Sache, ansonsten führt der Verweis auf die *lex rei sitae* für die Frage der Qualifikation zu einem Zirkelschluß.

450 *Byrne-Sutton* (Fn. 68) S. 144 f.; *Lalive* (Fn. 107) S. 20; *Reichelt* (Fn. 179) 99; *Gonzales Campos/Virgós Soriano* (Fn. 150) S. 350, wobei sie diese Lösung in einem Falle wie dem vorliegenden als nicht gerechtfertigt erachten. Vgl. auch *Vrellis* (Fn. 265) S. 232.

451 Vgl. *Prott/O'Keefe* III, Rn. 927: „(...) *a result perhaps pleasing to adherents of strict interpretation of the Civil Code and limitation of legal fiction but disappointing to those who believe that laws are created to meet needs, and that developments* (...) *may need imaginative solutions.*“; vgl. auch *Barbieri* JCP 1988, II, n. 21066; *Prott* (Fn. 5) 240; *Reichelt* Symposium, S. 31 ff., S. 33; *dies.* (Fn. 179) 99; a. A.: *Müller-Katzenburg* S. 229 f.; *Byrne-Sutton* (Fn. 68) S. 144 f.

lichen Sache geschaffen wird und aufgrund technischer Neuerungen später davon getrennt werden kann.[452]

Es wird daher vorgeschlagen, bewegliche Kulturgüter, die mit einer unbeweglichen Sache in Verbindung stehen, im Wege einer Gesamtqualifikation als unbewegliche Sache anzusehen und damit unwandelbar an das Belegenheitsstatut derselben anzuknüpfen.[453] Teilweise beschränkt sich dieser Vorschlag auf Sachen, die (wie Fresken, Mosaiken) Bestandteil des Gebäudes sind, solange sie nicht gewaltsam davon getrennt werden, also physisch mit diesem verbunden sind.[454] Noch weitergehend soll die Immobilisierung alle Kunstgegenstände erfassen, bei denen eine bloß kulturelle Verbindung zu dem Gebäude besteht und die mit diesem als einheitliches Kulturgut (Ensemble) angesehen werden können.[455] Ebenso wurde der Vorschlag gemacht, illegal ausgegrabene Gegenstände generell als unbeweglich anzusehen.[456]

b. Auswirkung der Immobilisierung auf die Anerkennung als *res extra commercium*

Eine fiktive Immobilisierung von Kulturgütern, die mit einem Gebäude verbunden waren und auf unrechtmäßige Weise davon entfernt worden sind, würde dazu führen, daß im Herkunftsland auf Herausgabe der Gegenstände geklagt werden könnte. Wenn es sich bei den Gegenständen um *res extra commercium* handelte (oder das Gebäude der Extrakommerzialität unterlag, welche sich auf

---

[452] *Prott* (Fn. 5) 240.

[453] *Reichelt* (Fn. 444) 255. In Un. L. R. 1985, 42ff., S. 99 fordert *Reichelt* sogar eine völlige Aufgabe der Unterteilung von Kulturgütern in bewegliche und unbewegliche Sachen: „*It therefore appears quite clear that a genuine international protection of cultural property calls for the abandoning of the distinction, in respect of such property, between movables and immovables: cultural property ought not to be accorded greater or lesser protection depending on whether it is an integral part of a whole or has been detached from it, or on whether it is qualified as movable or immovable property.*“; vgl. auch *Dicke* Council of Europe, S. 17ff., S. 18f. Auch *Merryman* bezeichnet Kunstgegenstände, bei denen eine enge und notwendige Beziehung zu ihrem (früheren) Lageort besteht, als „*culturally immovable,*“ ohne allerdings eine kollisionsrechtliche Schlußfolgerung zu ziehen, ISWA V, S. 3ff., S. 17; *ders.* IJCP 7 (1998) 21ff., 25f.

[454] *Prott/O'Keefe* III, Rn. 927.

[455] *Fechner* (Fn. 354) S. 33; vgl. auch bereits *Savigny* S. 179: „(...) *Der zweite völlig entgegengesetzte Fall setzt voraus, daß bewegliche Sachen eine Bestimmung erhalten haben, die sie an einen bleibenden Aufenthalt fest bindet. So geschieht es mit dem Mobiliar eines Hauses, mit einer daselbst aufgestellten Bibliothek oder Kunstsammlung, mit dem Inventar eines Landgutes.* (...)“ Allerdings wurde es in Großbritannien vom Secretary of State for the Environment abgelehnt, die in einem von dem Auftraggeber eigens für sie errichteten Tempel ausgestellte Statuengruppe „Die drei Grazien“ von Canova deswegen als unbeweglich anzusehen, vgl. *O'Keefe* Prinzipien, S. 277ff., S. 279.

[456] *Fechner* (Fn. 209) S. 106. Dies entspricht einer Anknüpfung ihrer dinglichen Rechtsverhältnisse an das Recht ihres Fundorts, s. u. § 8 III. 2. a. ff.

seine Bestandteile ausdehnte), würde sich dieser dingliche Status bei einer Beurteilung der materiellen Rechtslage durchsetzen, zum einen weil die Immobilisierung der Sache auch auf kollisionsrechtlicher Ebene zur Anwendung des Rechts des Belegenheitsortes des Gebäudes führen würde und zum anderen, weil die *res extra commercium*-Bestimmungen Eingriffsnormen der *lex fori* und damit zwingend anwendbar wären.

Allerdings bliebe das Problem, wie ein solches den Status der *res extra commercium* berücksichtigendes Urteil durchzusetzen wäre, wenn sich die Kunstgegenstände im Ausland befänden und dort als Mobilien *„in commercio"* erworben worden wären. Grundsätzlich ist äußerst zweifelhaft, ob das Urteil dort anerkannt und vollstreckt würde. Im Verhältnis der Vertragsstaaten des EuGVÜ (bzw. des LGVÜ) zueinander könnte die Entscheidung jedoch aufgrund der Art. 25ff. EuGVÜ anzuerkennen und zu vollstrecken sein.[457] Voraussetzung ist lediglich, daß das Abkommen zeitlich und sachlich anwendbar ist.[458] Dagegen kommt es nicht darauf an, daß sich der Urteilsstaat auf eine Kompetenznorm des EuGVÜ gestützt hat.[459] Gemäß Art. 28 Abs. 3 EuGVÜ darf die Zuständigkeit der Gerichte des Urteilsstaates nicht nachgeprüft werden, wegen Art. 29 EuGVÜ verbietet sich jede „révision au fond."[460]

2. Anknüpfung an die *lex originis*

Verstärkt wird in der Literatur in letzter Zeit die Meinung vertreten, Kulturgüter sollten vom Grundsatz der *lex rei sitae* ausgenommen werden. Sie könnten auch kollisionsrechtlich nicht wie normale Sachen behandelt werden, sondern ihrer besonderen Stellung müßte durch eine spezielle Kollisionsregel Rechnung getragen werden. Es wird daher vorgeschlagen, ihre sachenrechtlichen Rechtsverhältnisse an ihr Heimatrecht,[461] die sogenannte *lex originis*,

---

[457] Vgl. *Siehr* Neues Recht, S. 29ff., S. 38.

[458] Die sachliche Anwendbarkeit könnte bei der Klage eines Staates oder einer Behörde auf Herausgabe seines Kulturguts bezweifelt werden. Vgl. *Fuchs* IPRax 2000, 281ff., 284. Bei der Rückforderung eines in seinem Eigentum stehenden als *res extra commercium* behandelten Kulturguts übt der Staat aber keine hoheitlichen Befugnisse aus, was die Anwendbarkeit des EuGVÜ ausschließen würde (*LTU gegen Eurocontrol* Entsch. des EuGH v. 14.10.1976, Slg. 1976, II, 1541ff., 1551), sondern macht eine zivilrechtliche Vindikationsklage geltend. Eine Zivilsache i.S.v. Art. 1 Abs. 1 EuGVÜ liegt daher vor, vgl. dazu *Jayme/Kohler* IPRax 1993, 357ff., 360.

[459] *Kropholler* EuGVÜ, Art. 25 EuGVÜ Rn. 4; unrichtig insofern *Walter* S. 37.

[460] *Kropholler* (Fn. 459) Vor Art. 26 EuGVÜ Rn. 4.

[461] Der Begriff der „Heimat" eines Kunstwerks geht auf Antonio Canova und dessen Streitgespräch mit dem franz. Politiker Talleyrand über die Rückführung der von den Franzosen aus Rom nach Paris gebrachten Kunstwerke zurück, vgl. *Jayme* Rechtsfragen, S. 35ff., S. 42. Canova war einer der ersten, der auf die Bindung bestimmter Kulturgüter an einen Ort oder

anzuknüpfen.[462] Die Zuordnung eines Kulturguts zu einer Heimat wird damit begründet, daß in einem Kunstwerk geistige Energien verkörpert seien, die als Ausdruck der Identität des Künstlers bzw. der Nation, die es als das ihre betrachte, anzusehen seien.[463] Ausgangspunkt dieser Ansicht ist die oben vorgebrachte Kritik an der herkömmlichen *lex rei sitae*-Regel. Durch die Wahl der *lex originis* als unwandelbares Anknüpfungsstatut könnten die willkürlichen Ergebnisse, die aus einer Anknüpfung an den oft zufälligen Lageort herrühren, vermieden und die Manipulierbarkeit des anwendbaren Rechts durch die Verbringung der Sache in ein bestimmtes Land ausgeschlossen werden.[464] Außerdem würden besondere zum Schutz der jeweiligen Kulturgüter erlassene Vorschriften Anwendung finden. Die Anknüpfung an die *lex originis* steht damit ganz klar im Gegensatz zu dem Interesse an einem freien und unbeschränkten Warenverkehr. Nach Ansicht der Befürworter der *lex originis* muß dieses Interesse aber zurücktreten, weil es gegenüber dem von allen Staaten geteilten Interesse, national bedeutsames Kulturgut im Land zu bewahren, keinen Schutz verdient.[465]

a. Bestimmung der *lex originis*

Die Anknüpfung an die *lex originis* wurde in der deutschen und internationalen Literatur vor allem von *Erik Jayme* entwickelt.[466] Für die Lösung der Frage, welche Rechtsordnung *lex originis* ist, nennt er verschiedene Kriterien:

aa. *Lex cultus*

Einen großen Teil aller Kulturgüter machen Kunstwerke religiösen Ursprungs aus. Es handelt sich um Gegenstände, denen neben ihrem ästhetischen, wissenschaftlichen oder historischen Wert auch ein religiöser Wert innewohnt. Von den Angehörigen des Kultes, dem sie zugeordnet werden, werden sie als Botschaft des Glaubens empfunden.[467] Wenn ein Kulturgut einer religiösen Gemeinschaft zugeordnet werden kann, besteht zunächst zwar eher eine Zuordnung zu einer Gruppe von Menschen als eine territoriale Bindung.[468] Auch religiöse Kultur-

---

eine Nation aufmerksam machte und deren Rückführung forderte; vgl. dazu auch *Jayme* Canova, S. 16f.

462 *Ferrer-Correia* ISWA IV, S. 41ff., S. 45; *Fuentes Camacho* S. 379ff.; *Jayme* FS Lalive, S. 717ff., S. 720; *Koumantos* Archaeological Heritage, S. 169ff., S. 170f.; *Lhuilier* R. R. J. 1998, 513ff., 549.

463 *Jayme* „Entartete Kunst," S. 24.

464 *Jayme* Reports, S. 87ff., S. 94.

465 *Ferrer-Correia* (Fn. 462) S. 45.

466 Vgl. z. B. *Jayme* IPRax 1990, 347f.; *ders.* Kunstwerk, S. 7ff.

467 Vgl. dazu auch *Belting* Bild und Kult.

468 *Fechner* (Fn. 354) S. 29.

güter können aber aus kultischen Gründen in einer engen Beziehung zu einem bestimmten Ort stehen[469] und es kann ein Bedürfnis bestehen, sie an diesem Ort zu bewahren bzw. dahin zurückzuführen.[470] In den Fällen, in denen Kulturgüter Gegenstand eines noch ausgeübten Kultes sind, kann daher die Anknüpfung an die *lex cultus*, an die Rechtsordung des Ortes, an dem die Religion ausgeübt und gelebt wird, das Heimatrecht des Kulturgutes bestimmen.[471]

Als Beispiel für einen Sachverhalt, in dem es um die Rückführung eines Kulturguts mit kultischer Bedeutung ging, kann der Fall des Afo-A-Kom dienen.[472] Dabei handelt es sich um eine Statue des Stammes Kom in Kamerun, die auf ungeklärte Weise von ihrem Herkunftsort verschwunden war und bei einem New Yorker Kunsthändler wieder auftauchte. Nachdem ihr Verbleib in New York bekannt wurde, verlangte die kamerunische Regierung die Rückführung. Die Statue wurde von Francois Xavier Tchoungiu, dem damaligen Kulturattaché von Kamerun (und Angehörigen des Stammes der Kom), seinerzeit folgendermaßen beschrieben: *„It is beyond money, beyond value. It is the heart of the Kom, what unifies the tribe, the spirit of the nation, what holds us together. It is not an object of art for sale and could not be.“*[473] Diese Beschreibung hebt den besonderen immateriellen Wert hervor, der Kulturgütern insgesamt, aber besonders solchen von kultischer Bedeutung innewohnt und der ihre Zugehörigkeit zu einem bestimmten Ort oder einer Gemeinschaft rechtfertigt. Außerdem verdeutlicht sie auf eindrückliche Weise die fehlende Kommerzialisierbarkeit bestimmter Kulturgüter, welche sich juristisch als Extrakommerzialität auswirken kann.[474]

---

469 Vgl. z. B. die Diskussion um die Rückführung des Quedlinburger Domschatzes, dazu *Kogelfranz/Korte* Quedlinburg – Texas und zurück. Zweifel an der Zugehörigkeit eines religiösen Kulturguts zu dem Ort seiner kultischen Bedeutung kommen allerdings auf, wenn man sieht, wie wenig dieser Zusammenhang teilweise von kirchlicher Seite berücksichtigt wird. So wurden im Zuge der verschiedenen Liturgiereformen viele Kulturgüter, die nicht mehr als „notwendig“ erachtet wurden, aus den Kirchen verbannt, vgl. dazu *Bourguignon/Choppin* S. 56.

470 Sogar John *Merryman*, einer der stärksten Kritiker der Tendenz, nationale Kulturgüterschutzgesetze auch im Ausland zu berücksichtigen, sieht die kultische Bedeutung eines Kunstwerkes als Grund für die Rückführung eines Kulturguts an, ISWA V, 3ff., 17f.; *ders.* Riv. dir. civ. 1988, 633ff., 637f.; ebenso *Church* (Fn. 67) 225. Im Jahr 2000 gab die Stiftung Preußischer Kulturbesitz ein Relief aus dem neunten Jahrhundert nach Nepal zurück, welches 1982 aus einem Tempelbezirk in der Nähe von Kathmandu gestohlen und illegal außer Landes gebracht worden war, vgl. FAZ v. 10. 8. 2000, S. B 32; FAZ v. 11. 8. 2000, S. 47.

471 *Ferrer-Correia* (Fn. 71) 153; *Jayme* Rechtsfragen, S. 35ff., S. 44; *ders.* Symposium, S. 7ff., S. 25; *ders.* Kunstwerk, S. 7ff., S. 29f.

472 Der Sachverhalt ist dargestellt bei *Merryman/Elsen* (Fn. 360) S. 200ff.

473 Zit. nach *Merryman* Art Law, S. 255ff., S. 256.

474 Infolge einer Vereinbarung zwischen dem Department of State, dem Justizdepartment, dem Botschafter von Kamerun in den USA und dem U. S. Custom Service wurde die Statue

Eine Anknüpfung an die *lex cultus* würde teilweise auch eine Anerkennung des verkehrsfeindlichen Status von Kulturgütern mit sich bringen. Denn in einigen Rechtsordnungen sind auch kirchliche Kulturgüter zu *res extra commercium* erklärt.[475]

bb. Nationalität des Künstlers

Die Zuordnung eines Kunstwerkes zu einer Rechtsordnung kann sich auch aus der Person des Künstlers ergeben.[476] Auf dieses Kriterium stellen viele nationale Kulturgüterschutzgesetze bei der Bestimmung, welche Gegenstände zum nationalen Kulturgut gehören, ab.[477] Auch die UNESCO-Konvention von 1970 nennt die Nationalität des Künstlers als ein mögliches Kriterium für die Zugehörigkeit zum Kulturerbe eines Staates.[478] Welcher Nation ein Künstler angehört, kann aber ebenfalls schwer zu bestimmen sein. Der Begriff der Nationalität kann auf jeden Fall nicht mit dem der Staatsangehörigkeit gleichgesetzt werden,[479] denn viele Staaten haben zu der Zeit, in der ein bestimmtes Kunstwerk entstanden ist, noch nicht oder nicht in dieser Form bestanden bzw. gab es keine Staatsangehörigkeitsgesetze.[480] Die Nationalität des Künstlers muß daher eher im Sinne von Johann Gottfried von Herders Begriff der Kulturnation als Zugehörigkeit zu einer sich auf gemeinsame Sprache und Kultur stützenden Gemeinschaft verstanden werden.

---

durch das Museum of African Art in Washington, D. C. erworben und nach Kamerun zurückgebracht, *Williams* S. 134. Es besteht allerdings das Gerücht, daß sie kurz darauf wieder im Kunsthandel auftauchte, *Fechner* (Fn. 354) S. 43.

[475] So erklären z. B. Art. 28 Abs. 1 und 3 des span. Kulturgüterschutzgesetzes Kulturgüter im Besitz kirchlicher Institutionen oder Einrichtungen für unveräußerlich und unverjährbar, s. o. 4. Kap. § 1 V. 2. b. In Frankreich werden profanisierte Kirchen im Eigentum des Staates samt der darin aufbewahrten Kunstgegenstände mit zum *domaine public* gerechnet, s. o. 4. Kap. § 1 I. 2. a.

[476] *Ferrer Correia* (Fn. 71) 153 f.; *Jayme* Rechtsfragen, S. 35 ff., S. 45; *ders.* Symposium, S. 26.

[477] Vgl. z. B. Art. 5 des schwed. Kulturgüterschutzgesetzes v. 30. 6. 1988: *The term Swedish items of historic interest refers to items which were actually or presumably made in Sweden or in some other country by a Swede. The term foreign items of historic interest refers to items made in another country by a Swede.*

[478] Art. 4 der UNESCO-Konvention v. 1970: *The State Parties to this Convention recognize that for the purpose of the Convention property which belongs to the following categories forms part of the cultural heritage of each State:*
(a) *Cultural property created by the individual or collective genius of nationals of the State concerned, and cultural property of importance to the State concerned created within the territory of that State by foreign nationals or stateless persons resident within such territory;* (...)

[479] *Jayme* Kunstwerk, S. 7 ff., S. 12, S. 31; vgl. den Diskussionsbeitrag v. *Roelof Kotting* abgedr. in: Rechtsfragen, S. 125.

[480] Vgl. auch *Jayme* Symposium, S. 7 ff., S. 12: *„Italienische Kunstwerke sind eben auch solche, die vor der Einigung Italiens entstanden sind."*

Die Nationalität des Künstlers als allein ausschlaggebendes Kriterium würde jedoch zu einer nicht erstrebenswerten, extrem nationalistischen Betrachtungsweise führen. Seit Jahrhunderten haben viele Künstler in anderen Ländern und für diese gearbeitet und sich auf diese Weise sowohl selbst neue Anstöße und Anregungen geholt als auch durch ihr Werk die Kultur des Auslandes bereichert und beeinflußt. Allerdings ist nicht zu leugnen, daß bestimmte Künstler von außerordentlicher Bedeutung für ihr Heimatland gewesen sind und ihr Werk als repräsentativ für die Kunst dieses Landes oder jedenfalls für eine bestimmte Epoche angesehen wird. In diesen Fällen kann auch der Nationalität des Künstlers Bedeutung für die Bestimmung der *lex originis* eines Kunstwerks zukommen.[481] Häufiger wird die Nationalität des Künstlers jedoch als Negativkriterium in Betracht kommen, welches die Zugehörigkeit eines Kunstwerks zum nationalen Kulturerbe eines Landes ausschließt.[482]

cc. Entstehungsort des Kulturguts

Ebenso kommt als Anknüpfungpunkt für das Heimatrecht der Entstehungsort eines Kunstwerks in Betracht.[483] Normalerweise besteht zu diesem Ort aber eine eher schwache Bindung, wenn das Kunstwerk nicht im Rahmen eines Auftrags entstanden ist und dort verbleiben sollte. Z. B. besteht kein Grund, die Zeichnungen und Aquarelle, die August Macke auf seiner Tunisreise malte, nach tunesischem Recht zu beurteilen.[484]

---

481 *Schwadorf-Ruckdeschel* S. 115.

482 So war es in dem *Fall Jeanneret v. Vichey* 541 F. Supp. 80 (S. D. N. Y. 1982) 693 F. 2d 259 (2d Cir. 1982), in dem es in erster Linie um die Frage ging, ob der Verkauf eines illegal aus Italien in die USA exportierten Gemäldes des franz. Malers Henri Matisse wegen der Gefahr von Rückforderungsansprüchen Italiens einen Rechtsmangel darstelle und der Verkäufer daher (wegen „*breach of implied warranty of title*") Schadensersatz zu leisten habe. Dabei wurde von dem Gericht geprüft, ob das italienische Ausfuhrverbot von legitimen Gründen getragen wurde und deswegen theoretisch die Möglichkeit einer Rückgabe des Bildes bestünde. Diese Frage wurde verneint: „*Matisse's Portrait sur Fond Jaune bore no such relation to Italy as Raphael or a Bellini Madonna.*", 693 F. 2d 259, 267. Für die Rechtmäßigkeit der Zuordnung des Kunstwerks zum italienischen Kulturerbe wurde aus amerikanischer Sicht also auf die Nationalität des Künstlers abgestellt, ohne daß allerdings der Umkehrschluß gezogen wurde und das Bild dem französischen Recht unterstellt wurde, vgl. *Jayme* Rechtsfragen, S. 35ff., S. 47.

483 Vgl. *Jayme* (Fn. 480) S. 27f.

484 Einen anderen Standpunkt kann man hinsichtlich der Bilder (Stadtansichten) vertreten, die der deutsch-amerikanische Maler Lyonel Feininger im Rahmen eines Studienaufenthalts (1929–1931) in Halle malte und die im Anschluß daran 1932 vom Städtischen Museum in der Moritzburg (jetzt Staatliche Galerie Moritzburg) gekauft wurden.

dd. Bestimmungsort des Kulturguts

Ein weiterer Anknüpfungsvorschlag bezieht sich auf den Ort, für den ein Kunstwerk geschaffen worden ist und für den es bestimmt war.[485] Das ist z. B. der Aufbewahrungsort eines Kunstwerks, welches im Rahmen einer Auftragsarbeit geschaffen worden ist oder der Ort, an dem sich die Sache nach dem Willen ihres Schöpfers befindet. Als Beispiel nennt *Jayme* Antonio Canovas Statuengruppe der drei Grazien, welche 1817 an den Duke von Bedford John Russell verkauft wurde.[486] Obwohl es sich um das in Italien geschaffene Werk eines italienischen Künstlers handelt, kann es zum englischen Kulturerbe gerechnet werden.[487]

Auch der Funktionszusammenhang von Kulturgütern spielt eine Rolle: Gegenstände, die ursprünglich integrierender Bestandteil eines Gebäudes waren oder zu einem Gesamtkomplex, mit dem sie in einem kulturhistorischen Zusammenhang standen, gehörten und auf unrechtmäßige Weise von diesem entfernt wurden, können dem kulturellen Erbe des Landes zugerechnet werden, in dem sich das maßgebliche Gebäude befindet.[488] Dadurch wird auch dem im Kulturgüter- und Denkmalschutz wichtigen Prinzip des Ensembleschutzes Rechnung getragen.[489]

ee. Sitz des Kulturguts

Schließlich wird für die Bestimmung der *lex originis* eines Kulturguts auf den sogenannten Sitz des Kunstwerkes abgestellt.[490] Das soll der Ort sein, an dem sich das legal erworbene Kunstwerk nach dem Willen des Eigentümers permanent befindet.[491] Das Kriterium des permanenten, legalen Aufbewahrungsortes kommt einer fiktiven Immobilisierung von Kulturgütern gleich.[492] Eine Anknüp-

---

485 *Jayme* (Fn. 482) S. 48.

486 *Jayme* (Fn. 480) S. 16. Allerdings handelt es sich nicht, wie von *Jayme* behauptet, um das ursprünglich für Josephine Bonaparte geschaffene Werk, sondern um eine von Canova eigens für den Duke of Bedford angefertigte Replik, welcher das Original 1814 bei Canova in Italien gesehen hatte; ausführlich dazu *Bush* IJCP 5 (1996) 269 ff.

487 Als die „Drei Grazien“ 1989 in die USA verkauft werden sollten, verhängte Großbritannien aufgrund ihrer Bedeutung für das englische Kulturerbe einen Ausfuhrstop; *Bush* (Fn. 486) 277 ff.

488 *Jayme* IPRax 1994, 481 f., 481; *Ferrer-Correia* (Fn. 71) S. 153; *Vrellis* Neues Recht, S. 69 ff., S. 70.

489 *Reichelt* Das kulturelle Erbe, S. 61 ff., S. 66; *Vrellis* (Fn. 488) S. 73; vgl. zur Bedeutung des Ensembleschutzes auch *v. Schorlemer* S. 38 ff.

490 *Jayme* (Fn. 482) S. 48.

491 Daneben wird unter dem Sitz des Kulturguts auch der Bestimmungsort des Kunstwerks verstanden, *Jayme* (Fn. 482) S. 48. Diese beiden Orte können aber voneinander abweichen. Viele Kunstgegenstände befinden sich, jedenfalls zivilrechtlich gesehen, legal an einem bestimmten Ort, für den sie aber nie bestimmt gewesen sind.

492 S. o. § 8 III. 1.

fung an den so verstandenen Sitz würde dazu führen, daß ein Kulturgut, auch wenn es für eine Ausstellung ausgeliehen wird, nach dem Recht seines üblichen Aufbewahrungsorts, an den es immer wieder zurückkehrt, beurteilt wird. Ebenfalls bleibt dieses Recht maßgeblich, wenn es gestohlen oder unterschlagen und in ein anderes Rechtsgebiet verbracht wird.[493] Die *lex originis* kann sich aber wandeln, wenn das Kulturgut legal veräußert und exportiert wird.[494] Es wird dann der Rechtsordnung des neuen Belegenheitsstaates zugeordnet.

Diese Vorstellung von einem Sitz des Kulturguts erinnert an die Sonderregel für Transportmittel (Art. 45 EGBGB).[495] Weil diese, obwohl sie sich ständig im Hoheitsgebiet vieler verschiedener Rechtsordnungen befinden, immer wieder an einen Ort zurückkehren, soll dieser Verbindung durch die Anknüpfung an eine Art „Sitz" Rechnung getragen werden. Allerdings ist die Situation dieser Sachen doch sehr verschieden: Es ist die Bestimmung von Transportmitteln, „unterwegs" zu sein, von Kunstwerken dagegen nicht.[496]

ff. Fundort

Bei archäologischen Gegenständen kommt auch der Fundort für die Bestimmung des Heimatrechts in Betracht.[497] Der Fundort gibt Aufschluß über die Zuordnung einer Sache zu einer bestimmten Kultur und stellt eine enge Verbindung zu dem Objekt dar.[498] Seine Bedeutung entspricht der neuen Tendenz in der Archäologie, die sich nicht mehr als Kunst- bzw. Schatz-, sondern als Kontextarchäologie begreift[499] und die Erforschung des Fundzusammenhangs in den Mittelpunkt ihrer Arbeit stellt.[500] Die Anknüpfung an den Fundort führt auch dazu, daß Bestimmungen zum Schutz des archäologischen Kulturguts leichter

---

493 Von einer Anknüpfung an die *lex furti* unterscheidet sich der Vorschlag der Anknüpfung an den Sitz dadurch, daß, wenn z. B. ein Kunstwerk während einer Ausstellung in einem anderen Land gestohlen wird, auf seine Rechtsverhältnisse nicht das Recht des Diebstahlsorts, zu dem die Sache ansonsten möglicherweise gar keine Verbindungen hat, Anwendung findet, sondern das Recht des Ortes, an den das Kunstwerk nach der Ausstellung planmäßig wieder zurückgekehrt wäre.

494 *Rigaux* FS Lalive, S. 733ff., S. 739.

495 S. o. § 8 I.

496 *Jayme* (Fn. 480) S. 48, meint allerdings: „*Kunstwerke reisen bekanntlich viel.*"

497 *Ferrer-Correia* (Fn. 71) 154; *Jayme* (Fn. 482) S. 49.

498 Vgl. *Schwadorf-Ruckdeschel* S. 116f.

499 Dazu *Heilmeyer* ZVglRWiss 95 (1996) 117ff.; vgl. auch die auf dem 13. Internationalen Kongreß für Klassische Archäologie in Berlin entworfene, international beachtete, sog. „Berliner Erklärung" über Kunstexport, Neuerwerbungen und Leihgaben, abgedr. bei *Heilmeyer* 124ff.

500 Vgl. *Jayme* (Fn. 377) 169; *ders.* (Fn. 488) 481; *ders.* IPRax 1996, 66f., 66.

Anwendung finden können, z. B. Normen, die archäologische Funde zum ausschließlichen Eigentum des Staates erklären.

Die Anknüpfung an den Fundort setzt voraus, daß dieser auch bekannt ist. Allerdings wird die Provenienz archäologischer Funde oft verschleiert und der Nachweis ist schwer zu führen.[501] Das würde sicher in noch stärkerem Maße gelten, wenn die Offenlegung des Fundorts dazu führen würde, daß die Rechtsordnung des Fundortes anwendbar wäre und damit auch die dort geltenden besonderen Vorschriften über Ausgrabungen und die Eigentumslage an den archäologischen Funden. Die Anknüpfung sachenrechtlicher Verhältnisse an das Recht des Fundorts stößt daher auf praktische Probleme. Außerdem stellt sich die Frage, ob diese Anknüpfung auf Dauer gelten soll oder ob nicht irgendwann, insbesondere im Fall einer legalen Veräußerung in ein anderes Land, andere Kriterien eine größere Bedeutung gewinnen können bzw. müssen.

gg. Rezeption

Nach Ansicht von *Jayme* wird die *lex originis* eines Kulturguts nicht zwingend im Zeitpunkt seines Entstehens unabänderlich festgelegt. Ein Kunstwerk kann, auch wenn es ursprünglich mit einem Land nichts zu tun hatte, von diesem rezipiert werden. Die Rezeptionstheorie stellt nicht auf den Künstler ab, sondern auf die Bedeutung, die ein Kulturgut für die Identität einer Nation und der sie bildenden Menschen erhalten hat.[502] Auch die Rezeption soll die Zugehörigkeit zum nationalen Kulturerbe und die Anknüpfung der sachenrechtlichen Verhältnisse an die Rechtsordnung dieses Landes als *lex originis* rechtfertigen können.[503] Als Beispiel werden Kunstwerke angeführt, die sich, obwohl sie von einem ausländischen Künstler in einem anderen Land geschaffen wurden, seit langer Zeit im Inland befinden. Sie haben an dem Ort, an dem sie sich befinden, Einfluß ausgeübt und werden mit diesem identifiziert.[504] Ebenfalls kann von Rezeption eines Kulturguts gesprochen werden, wenn sich Kunstwerke, die selbst nicht aus dem Land stammen, aber sich seit langer Zeit in einer Sammlung dieses Landes be-

---

501 *Fechner* (Fn. 354) S. 11 ff.

502 *Jayme* IPRax 1996, 66 f., 67; *ders.* Rückführung S. 203 ff., S. 207.

503 *Jayme* (Fn. 480) S. 26; *ders.* (Fn. 463) S. 30; *ders.* Neues Recht, S. 11 ff., S. 17.

504 In Berlin war z. B. lange Zeit nur ein einziges Gemälde als deutsches nationales Kulturgut registriert, und zwar ein Gemälde von Antoine Watteau, welches von Friedrich dem Großen aus einer Haager Kunstsammlung erworben und nach Berlin gebracht wurde. Obwohl das Kunstwerk von einem Franzosen geschaffen wurde und im Zeitpunkt seines Entstehens eindeutig Frankreich zugeordnet worden wäre, führt die Tatsache, daß es sich so lange Zeit in Deutschland befunden hat, dazu, daß es als deutsches Kulturerbe angesehen wird, vgl. *Jayme* (Fn. 480) S. 26. Vgl. auch *Merryman* Mich. L. Rev. 83 (1985) 1881 ff., 1915, in bezug auf die Elgin Marbles.

funden haben, sich so in diese Sammlung eingefügt haben, daß sie von dieser nicht getrennt werden könnten, ohne den besonderen kulturellen Wert der Sammlung zu zerstören.[505]

hh. Geschichtlicher Zusammenhang

Das Kriterium des geschichtlichen Zusammenhangs wird von *Jayme* nicht genannt, kann aber ebenfalls ausschlaggebende Bedeutung für die Zuordnung eines Kulturguts zu einer Nation entfalten. Manche Gegenstände werden gleichsam als Symbol für eine bestimmte historische Entwicklung angesehen, z. B. die in Philadelphia aufbewahrte Liberty Bell im Zusammenhang mit der amerikanischen Unabhängigkeit. Ein anderes Beispiel sind historische Dokumente. Bei diesen Sachen ist die „Nationalität" ihres Urhebers oder ihr Entstehungsort für die nationale Zuordnung meist weniger wichtig als die Bedeutung, die sie für die Geschichte eines Landes haben. Gerade bei historischen Dokumenten ist es aber auch denkbar, daß sie mit der Geschichte verschiedener Länder in Zusammenhang stehen.

ii. *Lex originis* von zu *res extra commercium* erklärten Kulturgütern

Im Hinblick auf die Untersuchung der Frage, wie eine internationale, einen Statutenwechsel überdauernde Anerkennung des Status eines Kulturguts als *res extra commercium* erreicht werden kann, könnte man bei der Bestimmung des Heimatrechts eines Kulturguts auch direkt an diesen Status anknüpfen. Heimatrecht des Kulturguts wäre danach das Recht, welches die Sache als *res extra commercium* behandelt. Daß mehrere Staaten ein und dasselbe Kulturgut als *res extra commercium* behandeln, ist eher unwahrscheinlich, zumal die Deklarierung in einigen Rechtsordnungen einen besonderen verwaltungsrechtlichen Akt voraussetzt. Bei den regelmäßig im Eigentum der öffentlichen Hand stehenden zu *res extra commercium* erklärten Kulturgütern handelt es sich um für die Nation besonders wichtige Kulturgüter, weil sie – anders als die meisten im Eigentum Privater stehenden Kulturgüter – in öffentlichen Museen oder sonstigen Gebäuden ausgestellt und damit der Öffentlichkeit zugänglich sind. Die Deklarierung eines Kulturguts zur *res extra commercium* durch einen Staat kann als Zeichen für die besondere Verbindung zwischen diesem Staat und dem betreffenden Kulturgut angesehen werden und könnte daher die Zuordnung zu der Rechtsordnung als *lex originis* rechtfertigen. Allerdings betrifft dieser Gesichtspunkt nur einen kleinen Teil sämtlicher Kulturgüter und kann daher kein allgemeines Kriterium für die Bestimmung der *lex originis* von Kulturgütern sein.

---

[505] *Engstler* S. 18f.; *Ferrer-Correia* (Fn. 71) 154; *Fechner* DÖV 1992, 609ff., 610; *Rigaux* (Fn. 494) S. 739; *Seidl-Hohenveldern* IPRax 1996, 410ff., 412; vgl. den Redebeitrag v. *Christoph Faistenberger* abgedr. in: Recht und Europa, S. 196.

b. Wertung der Kriterien

Alle aufgezählten Kriterien bilden aber lediglich Indizien für die Beantwortung der Frage, welcher Staat die Heimat des betreffenden Kulturguts und welche Rechtsordnung seine *lex originis* ist. Es geht nicht darum, die verschiedenen Gesichtspunkte in eine Rangfolge ihrer Bedeutung zu bringen, sondern nur, alle potentiell möglichen Beziehungen zu einem Land zu beachten. Es mag auch Fälle geben, in denen z. B. die Nationalität des Künstlers oder der Entstehungsort in überhaupt keine Beziehung zu dem Kunstwerk gesetzt werden können. Ebenso kann es vorkommen, daß die Bestimmungskriterien auf verschiedene Länder verweisen, zu denen eine gleich starke Bindung besteht. Das Heimatrecht eines Kunstwerkes ist nicht abstrakt feststellbar, sondern kann nur aus einer Vielzahl von Kriterien, die im Einzelfall eine ganz unterschiedliche Bedeutung haben können, herausgelesen werden.[506] Daraus erwächst aber auch eine große Unsicherheit und eine der Schwierigkeiten hinsichtlich der Anknüpfung an die *lex originis*. Insbesondere ist das Verhältnis zwischen den Kriterien, die auf eine inhaltliche Beziehung zwischen dem Land und dem Kulturgut abstellen und dem Kriterium des legalen Aufbewahrungsortes (sogenannter Sitz) problematisch. Wenn es für einen Statutenwechsel darauf ankommen soll, ob ein Kulturgut rechtmäßig in einen anderen Staat veräußert oder verbracht worden ist, ist die Entscheidung, zu welchem Staat eine inhaltliche kulturelle Verbindung besteht, für die Frage nach der anwendbaren Rechtsordnung im Grunde ohne Belang.[507]

c. Auswirkung einer Anknüpfung an die *lex originis* auf die internationale Anerkennung als *res extra commercium*

Die alternative kollisionsrechtliche Anknüpfung an die *lex originis* würde dazu führen, daß das Kulturgut, wenn es von der Rechtsordnung, die als sein Heimatrecht angesehen wird, als *res extra commercium* behandelt wird, diesen Status auch im Ausland nicht verliert, sondern weiterhin als nicht verkehrsfähig gilt. Das bedeutet, daß es auch nach einer Ausfuhr nicht gutgläubig erworben oder ersessen werden könnte, sondern jederzeit und unbegrenzt[508] von seinem Eigentümer herausgefordert werden könnte. Einzige Voraussetzung ist, daß die Rechtsordnung des Staates, in dessen Eigentum das extrakommerzielle Kulturgut steht, auch als *lex originis* angesehen wird, was in den meisten Fällen zutreffen wird, jedenfalls wenn man für die Bestimmung der *lex originis* in erster Linie auf den Sitz des Kulturguts und seine Rezeption in diesem Land abstellt

---

[506] Vgl. auch *Müller-Katzenburg* S. 231; *Vrellis* (Fn. 488) S. 71.

[507] S. u. § 10 II.

[508] Der Einwand der Verwirkung eines Rechts bzw. Anspruchs dürfte aber auch bei der Vindikation einer *res extra commercium* möglich bleiben.

und weniger auf die ursprüngliche Herkunft. Eine kollisionsrechtliche Anknüpfung käme insofern einer internationalen Anerkennung der *res extra commercium* sehr entgegen.[509]

d. Resolution des Institut de droit international

Auch das Institut de droit international hat sich 1991 in einer Resolution für eine besondere kollisionsrechtliche Anknüpfung von Kulturgütern bzw. Kunstwerken ausgesprochen.[510] Im Vorfeld der Sitzung war ebenfalls vorgeschlagen worden, einen größeren Schutz von Kulturgütern durch die Schaffung von Einheitsrecht bzw. mit Hilfe einer Sonderanknüpfung von Eingriffsnormen zu verwirklichen.[511] Die Mitglieder des Institut de droit international waren aber überwiegend der Ansicht, daß der allgemeinen Akzeptanz der Bewahrung von bestimmten Kulturgütern in ihrem jeweiligen Land nur durch eine kollisionsrechtliche Anknüp-

---

[509] Das räumt trotz Kritik an einer kollisionsrechtlichen Sonderbehandlung von Kulturgütern auch *Müller-Katzenburg* S. 313, ein.

[510] Der Wortlaut der Resolution (abgedr. in: AIDI 64-II (1991) 402 ff.) lautet:
Präambel: (...)
Article premier: 1. *Au sens de la présente résolution, on entend par:*
a) *objet d'art, celui qui est identifié comme appartenant au patrimoine culturel d'un pays par son classement, enregistrement ou tout autre procédé de publicité internationalement admis en la matière;*
b) *pays d'origine d'un objet d'art, celui auquel, du point de vue culturel, l'objet en question se trouve rattaché par le lien le plus étroit.*
2. *La présente résolution porte sur toute vente conclue avant ou après la sortie de l'objet d'art du territoire du pays d'origine en violation de la législation non rétroactive de ce pays en matière d'exportation de biens culturels.*
3. *La résolution s'applique à tous les cas futurs ou l'objet d'art aura été volé ou soustrait d'une autre manière illicite à son propriétaire ou possesseur, ou illégalement exporté.*
Article 2: *Le transfert de la propriété des objets d'art appartenant au patrimoine culturel d'un pays est soumis à la loi de ce pays.*
Article 3: *Les dispositions de la loi du pays d'origine concernant l'exportation d'objets d'art seront applicables.*
Article 4: 1. *Si, au regard de la loi du pays d'origine, aucun changement dans la titularité du bien ne s'est produit, le pays d'origine pourra, dans un délai raisonnable, réclamer le retour de l'objet dans son territoire, à condition de prouver que l'absence de l'objet porterait une atteinte significative à son patrimoine culturel.*
2. *Lorsque des objets d'art appartenant au patrimoine culturel d'un pays ont été exportés du pays d'origine dans les circonstances prévues à l'article premier, le possesseur ne peut invoquer la présomption de bonne foi. Le pays d'origine devrait accorder une indemnité équitable au possesseur qui aura prouvé sa bonne foi.*
3. *Aux fins du paragraphe 2, est un possesseur de bonne foi celui qui, au moment de l'acquisition, ignorait et n'était pas raisonnablement censé connaître l'absence ou les vices du titre du disposant ou le fait que l'objet avait été exporté en violation des dispositions du pays d'origine en matière d'exportation. En cas de donation ou de succession, le possesseur ne peut béneficier d'un statut plus favorable que celui de son ayant cause.*

[511] *Ferrer-Correia* (Fn. 98) 113ff.; *ders.* (Fn. 71) 168ff.

fung des Eigentumserwerbs von Kunstgegenständen an die Rechtsordnung des Ursprungslandes *(lex originis)* Rechnung getragen werden könne. Bei den Vorüberlegungen wurde ausdrücklich auf die Kulturgüter Bezug genommen, welche als *res extra commercium* behandelt werden, und ihre besondere Situation herausgestellt.[512]

Lex originis soll gemäß der Resolution die Rechtsordnung des Landes sein, mit welchem die Sache am engsten verbunden ist, was sich wiederum aus verschiedenen Kriterien (wie Funktionszusammenhang, kultische Bedeutung, Nationalität des Künstlers, Fundort oder Rezeption) ergeben muß.[513] Insoweit entspricht die Resolution der von *Jayme* vertretenen Meinung. Allerdings wird zusätzlich zum Kriterium der engsten Verbindung noch gefordert, daß die Kulturgüter von der Rechtsordnung, die sie als zu ihrem kulturellen Erbe gehörig ansieht, auch klassifiziert bzw. registriert worden sind.[514] Denn per definitionem (Art. 1 Abs. 1 a)) werden unter dem Begriff „Kunstwerk" im Sinne der Resolution nur solche Gegenstände verstanden, die durch einen Publizitätsakt zum kulturellen Erbe einer Nation erklärt worden sind. Dadurch soll sichergestellt werden, daß nur solche Rechtsordnungen angewandt werden, die auch ein Interesse an der Bestimmung des rechtlichen Schicksals des betreffenden Kulturguts haben.[515] Diese Voraussetzung erleichtert die Bestimmung der *lex originis*, verhindert aber auf der anderen Seite auch, daß noch unbekannte Kulturgüter, z. B. unausgegrabene archäologische Gegenstände, durch Anknüpfung an ihre *lex originis* geschützt werden. Viele der als *res extra commercium* behandelten Kulturgüter werden durch diese Einschränkung aber nicht betroffen, da sie dem besonderen dinglichen Regime in der Regel aufgrund eines Klassifikationsaktes unterliegen oder/und inventarisiert worden sind. Insgesamt unterstützt die Resolution des Institut de droit international aufgrund der Anknüpfung an die *lex originis* eine internationale Anerkennung des Status eines Kulturguts als *res extra commercium*.[516]

3. Anknüpfung an das Kulturgüter besser schützende Recht

Um einen absoluten und perfekten Schutz von Kulturgütern zu realisieren, könnte man daran denken, diese immer nach dem sie am besten schützenden Recht zu beurteilen und alternativ jeweils die eine und die andere Kollisionsregel zu benutzen.[517] Dieser Ansatz erinnert an den *„better-law-approach"* in der

---

[512] *Ferrer-Correia* (Fn. 98) 100ff.; *ders.* (Fn. 71) 167, 178.

[513] *Ferrer-Correia* (Fn. 71) 153f.

[514] *Ferrer-Correia* (Fn. 98) 96, 98.

[515] *Müller-Katzenburg* S. 231.

[516] S. o. § 8 III. 2. c.

[517] Ein bißchen in diese Richtung scheinen die Äußerungen von *Gerte Reichelt* zu gehen, die eine Anknüpfung *„de caractère substantiel"* fordert, *Reichelt* (Fn. 400) 74; *dies.* Internationaler

amerikanischen Doktrin.[518] Allerdings ist angesichts der vielfältigen Interessenlage die Bestimmung des für das Kulturgut „besten" Rechts selbst theoretisch gar nicht möglich. Fraglich wäre zum Beispiel, ob es nur um die Durchsetzung der Zugehörigkeit des Kunstwerks zu einem nationalen Kulturerbe und die Bekämpfung des illegalen Kunsthandels gehen sollte oder auch zu berücksichtigen wäre, in welchem Land das Kulturgut in seiner physischen Beschaffenheit am besten geschützt werden kann. Auch wenn es nach der hier vertretenen Meinung nicht ausgeschlossen ist, daß bereits bei der kollisionsrechtlichen Entscheidung die besondere Situation von Kulturgütern und insbesondere von solchen im Eigentum der öffentlichen Hand berücksichtigt wird,[519] kann dies nicht soweit gehen, daß gar keine verbindliche Norm besteht und die Wahl des anwendbaren Rechts nur noch von dem erwünschten Ergebnis im Einzelfall bestimmt wird. Außerdem wäre die Rechtsunsicherheit zu groß.[520]

IV. Interpretation materieller Rechtsnormen als einseitige, allseitig ausbaubare Kollisionsnormen

Einen interessanten Ansatz im Hinblick auf die kollisionsrechtliche Behandlung des dinglichen Status von Kulturgütern im italienischen IPR verfolgt der italienische Professor *Luigi Cannada-Bartoli*. Er zieht aus der Tatsache, daß die Normen des italienischen materiellen Rechts, aufgrund derer Kulturgüter als *res extra commercium* behandelt werden, zwingend anwendbar sind, auch wenn ein sachenrechtlicher Tatbestand im Ausland stattgefunden hat, die Schlußfolgerung, daß die italienischen Regeln über die Extrakommerzialität *leges speciales* gegenüber dem in Art. 22 disp. prel. (jetzt Art. 51 Gesetz Nr. 218 v. 1995) statuierten Grundsatz der *lex rei sitae* seien.[521] Aus italienischer Sicht sei allein die italienische Rechtsordnung befugt, über den dinglichen Status der Sachen zu entscheiden. Diese spezielle Teilfrage sei dem Anwendungsbereich der allgemeineren *lex rei sitae*-Regel daher entzogen.[522]

Cannada-Bartoli verallgemeinert diesen Gedanken aber auch hinsichtlich der von einer anderen Rechtsordnung als *res extra commercium* behandelten Kultur-

---

Kulturgüterschutz, S. 24f. Letztlich geht es ihr jedoch eher um das Finden der Rechtsordnung, zu der die engste Verbindung besteht, welche nicht unbedingt die für das Kulturgut günstigste Rechtsordnung sein muß.

518 Vgl. *Juenger* S. 21ff.; *Leflar* § 96.

519 Letztlich beruht jede Kollisionsnorm auch auf einer bereits vorweggenommenen Interessenwertung.

520 MünchKomm/*Kreuzer* (Fn. 6) Rn. 200; *Müller-Katzenburg* S. 233.

521 *Cannada-Bartoli* Riv. dir. int. 72 (1989) 618ff., 622f.

522 *Cannada-Bartoli* (Fn. 521) 624, 625.

güter. Er hält die Beurteilung der Frage, ob ein Kulturgut verkehrsfähig ist oder nicht, nach der *lex rei sitae* insgesamt für falsch. Das würde nämlich voraussetzen, daß sich die Rechtsordnung des Belegenheitsstaates mit allen Sachen, die potentiell in ihr Gebiet gelangen könnten, beschäftigt habe und eine Entscheidung über deren Verkehrsfähigkeit getroffen habe. Da sie aber mit diesen Sachen gar nichts zu tun habe und diese grundsätzlich auch nicht in ihrem Einflußbereich lägen, sei eine solche Annahme völlig unrealistisch.[523] Deswegen könne aus der Beschränkung der italienischen *res extra commercium*-Bestimmungen auf italienische Kulturgüter nicht der Gegenschluß gezogen werden, daß alle anderen Sachen *„in commercio"* stünden. Der italienische Gesetzgeber habe vielmehr lediglich eine Regelung für italienische Sachen getroffen; über den dinglichen Status anderer Sachen sei damit nichts ausgesagt.[524] Die Befugnis, die sich die italienische Rechtsordnung nehme, nämlich als einzige zur Regelung des dinglichen Status ihres Kulturguts berechtigt zu sein, müsse daher auch anderen Staaten zugesprochen werden, weil niemand die Anwendung der eigenen Schutznormen verlangen könne, wenn er sich nicht selbst in gleicher Weise verhalte.[525]

Konsequenz dieser Ansicht ist, daß die Frage, ob eine Sache verkehrsfähig ist, nicht der allgemeinen Verweisung auf die *lex rei sitae* unterliegt, sondern sich aufgrund einer besonderen versteckten Kollisionsnorm[526] nach derjenigen Rechtsordnung beurteilt, die sich für zuständig erklärt hat, indem sie die Extrakommerzialität statuiert hat. Die Anwendung der fremden Norm ist aber innerlich dadurch begrenzt, daß die Erklärung zur *res extra commercium* aufgrund der Natur der Sache und ihrer Beziehung zu der betreffenden Rechtsordnung nachvollziehbar ist *(„criterio della ragionevolezza")*.[527] Der Staat muß also eine legi-

---

[523] Eine Norm, welche die Verkehrsfähigkeit ausländischer Kulturgüter eigenständig regelt, würde im übrigen gegen das Territorialitätsprinzip verstoßen, s. o. § 2 IV. 2.

[524] *Cannada-Bartoli* (Fn. 521) 624: *„(...) altrimenti si dovrebbe supporre che il nostro legislatore abbia avuto presenti tutti gli oggetti esistenti al mondo, per esempio, anche le sculture Maori della Nuova Zelanda, i beni classés francesi, e solo per alcune cose, positivamente indicate nelle nostre norme materiali, abbia stabilito la incommerciabilità."*

[525] *Cannada-Bartoli* (Fn. 521) 625f. *Cannada-Bartoli* zieht auch eine Parallele zur internationalprivatrechtlichen Behandlung der Staatsbürgerschaft: Diesbezüglich sei es im IPR ganz anerkannt, daß nur die jeweilige Rechtsordnung bestimmen könne, ob jemand Staatsangehöriger ihres Staates sei, 626; vgl. hierzu auch *Lanciotti* S. 133 Fn. 42.

[526] *Cannada-Bartoli* gibt zu, daß man über eine Sonderanknüpfung der Bestimmungen als Eingriffsnormen zu demselben Ergebnis kommt, meint aber, daß ein Rückgriff auf die Theorie von der Sonderanknüpfung nicht notwendig wäre, sondern das Problem bereits mit den normalen IPR-Kriterien gelöst werden könne, vgl. 623: *„Condividiamo la conclusione, cioè la prevalenza delle norme sull' incommerciabilità (italiane o straniere), ma ci sembra che essa possa esser diversamente argomentata e fondata proprio sull funzionamento dei normali criteri internazionalprivatistici, senza ricorrere alla categoria delle norme di applicazione necessaria."*

[527] *Cannada-Bartoli* (Fn. 521) 627.

time Veranlassung gehabt haben, die Verkehrsunfähigkeit der Sache zu statuieren.

Cannada-Bartoli sieht in den materiellrechtlichen Normen der Art. 823 ital. C. c. bzw. Art. 23 des (alten) Gesetzes Nr. 1089 v. 1939[528] ein kollisionsrechtliches Element, weil diese Normen ihren Anwendungsbereich selbst bestimmen:[529] In der deutschen Literatur werden solche „versteckten" Kollisionsnormen als selbstbegrenzte, selbstbeschränkte, autolimitierte[530] oder auch selbstgerechte[531] Sachnormen bezeichnet. Diesen in die Sachnorm eingebauten einseitigen kollisionsrechtlichen Teil will *Cannada-Bartoli* verallgemeinern und eine allseitige Kollisionsnorm herauslesen. Ein solcher allseitiger Ausbau selbstbegrenzter Sachnormen wird auch in der deutschen Literatur vorgeschlagen, wenn hinter der Norm ein allgemein anerkanntes rechtspolitisches Interesse steht.[532]

Für das deutsche IPR und die Anerkennung ausländischer *res extra commercium* in Deutschland hilft die Theorie nicht weiter, da es im deutschen Recht keine materiellrechtliche Norm gibt, die man als Kollisionsnorm für den dinglichen Status von Kulturgütern interpretieren könnte. Allerdings würde sie für den Rechtsverkehr zwischen Ländern, die das Konzept des Kulturgüterschutzes durch die Statuierung von Verkehrsunfähigkeit kennen, zu einer Anerkennung des Status als *res extra commercium* führen und den internationalen Kulturgüterschutz fördern. Es bleiben jedoch grundsätzliche Bedenken gegen die Interpretation der Sachnormen als allseitige Kollisionsnormen. Zwar ist der Einwand *Cannada-Bartolis* richtig, daß die Unterstellung der Frage, ob eine Sache verkehrsunfähig ist, unter die *lex rei sitae* der Sachlage im Grunde nicht gerecht wird, weil sie von vornherein verneint werden muß.[533] Denn kein Staat behandelt ausländische Kulturgüter als unveräußerlich, selbst wenn er seine eigenen Kulturgüter dem Regime der Extrakommerzialität unterwirft. Diesem Problem kann man aber dadurch begegnen, daß man den dinglichen Status bei einem Statutenwechsel in der Form, wie ihn das neue Statut für seine Kulturgüter kennt, aufrechterhält.[534] Es geht dabei um ein Weiterwirken der Verkehrsunfähigkeit, nicht um eine Neubestimmung nach einer speziellen Kollisionsnorm, wie es *Cannada-Bartoli* anstrebt.

Ebenso ist richtig, daß den nationalen Bestimmungen, die Kulturgüter zu *res extra commercium* erklären, ein kollisionsrechtliches Element innewohnt, da sie

---

528 Jetzt ersetzt durch den T. U. v. 1999.

529 *Cannada-Bartoli* (Fn. 521) 626.

530 Vgl. z. B. *Kropholler* (Fn. 4) § 12 Anm. IV 2.

531 Vgl. *Kegel* GS Ehrenzweig, S. 51 ff.

532 *Kegel* (Fn. 239) § 6 Anm. I 5; *ders.* (Fn. 531) S. 74 f.

533 S. o. § 2 IV. 2.

534 S. o. § 2 IV. 5.

ihren Anwendungsbereich selbst bestimmen. Das ist allerdings bei allen Eingriffsnormen, um die es sich ja bei diesen Bestimmungen handelt,[535] so.[536] Wenn in alle Eingriffsnormen, nur weil sie rechtspolitisch sinnvoll sind, allseitige Kollisionsnormen hineininterpretiert würden, würde das zu einer völligen Preisgabe der Regelungskompetenz der eigentlich anwendbaren Rechtsordnung und auch zu einem großen Verlust an Rechtssicherheit führen. Daraus daß der italienische Staat für sich das Recht in Anspruch nimmt, den dinglichen Status der betreffenden Kulturgüter unabhängig von der anwendbaren *lex rei sitae* zu regeln, läßt sich noch nicht folgern, daß er dieses Recht auch anderen Staaten zugesteht. Eine solche Einstellung wäre zwar wünschenswert; sie kann dem Gesetzgeber aber nicht unterstellt werden. Da durch die Qualifizierung der *res extra commercium*-Bestimmungen als Eingriffsnormen eine besondere Privilegierung inländischer Güter und Interessen erreicht werden soll, könnte man eher eine Parallele zu den Exklusivnormen ziehen, bei denen sich ein allseitiger Ausbau gerade verbietet.[537] Dem Gesetzgeber sollte nicht der Wille zu einer Kollisionsnorm unterstellt werden, die er nicht normiert hat.

V. Behandlung des dinglichen Status als gesondert anzuknüpfende Teilfrage

Man könnte den dinglichen Status von Kulturgütern aber generell als kollisionsrechtliche Teilfrage behandeln und durch eine Sonderkollisionsnorm dem Recht des Herkunftsortes des Kulturguts unterstellen.

Unter dem Begriff der Teilfrage versteht man im IPR eine Rechtsfrage, die nicht isoliert, sondern im Zusammenhang mit einer anderen Rechtsfrage auftritt.[538] Grundsätzlich werden Teilfragen nach dem für die Hauptfrage geltenden Recht beurteilt. Durch eigenständige Normierung können sie aber auch von der Hauptfrage abgespalten und einem gesonderten Statut unterstellt werden.[539] Um Teilfragen handelt es sich z. B. bei der Geschäftsfähigkeit oder der Form eines Rechtsgeschäfts. Für diese Fragen sieht das EGBGB besondere Kollisionsnormen vor. Grund für die gesonderte Anknüpfung dieser Teilfragen ist, daß so den beteiligten Interessen in stärkerem Ausmaß Rechnung getragen werden kann, weil die Teilfragen nach der für sie angemesseneren Rechtsordnung be-

---

535 S. o. § 4 II.

536 MünchKomm/*Sonnenberger* (Fn. 283) Rn. 356.

537 Vgl. *v. Hoffmann* § 4 Rn. 13.

538 *V. Hoffmann* § 6 Rn. 43.

539 *V. Hoffmann* § 6 Rn. 46.

urteilt werden.[540] Ein Nachteil ist allerdings, daß einheitliche Lebenssachverhalte durch die Beurteilung nach verschiedenen Rechtsordnungen auseinandergerissen werden und widersprüchliche Ergebnisse entstehen können, weil die sich ergänzenden und in einem Sinnzusammenhang stehenden Normen einer Rechtsordnung nur teilweise angewandt werden. Auch besteht die Gefahr von Anpassungsproblemen.[541]

1. Gesonderte Anknüpfung des dinglichen Status von Kulturgut

Bei der Frage, ob an einem Kulturgut Eigentum erworben werden kann, stellt die Frage, ob es sich bei diesem Gegenstand um eine *res in commercio* oder *extra commercium* handelt, eine Teilfrage dar. Das EGBGB wie auch die IPR-Gesetze anderer Länder beurteilen die Frage nach der Verkehrsfähigkeit nicht getrennt, sondern unterstellen sie dem Statut der Hauptfrage.[542] Eine Sonderbehandlung würde aber eine besondere Kollisionsnorm voraussetzen. Man könnte hier daran denken, eine Parallele zu der Behandlung der Rechts- und Geschäftsfähigkeit eines Menschen zu ziehen. Diese wird, unabhängig von dem Sachstatut, dem das zu beurteilende Rechtsgeschäft unterliegt, als Teilfrage gemäß Art. 7 Abs. 1 EGBGB gesondert angeknüpft und dem Personalstatut unterstellt. So wie sich der rechtliche Status eines Menschen, d. h. seine Fähigkeit, rechtsgeschäftlich zu handeln, nach seinem Heimatrecht richtet und sich Statusbeschränkungen auf die Wirksamkeit des Rechtsgeschäfts auswirken können,[543] könnte sich auch der dingliche Status einer Sache nach ihrem Heimatrecht richten; Statusbeschränkungen dieses Heimatrechts könnten im Rahmen der *lex causae* zu berücksichtigen sein.[544] Die „Heimat" des Kulturguts wäre nach den oben genannten Kriterien zu bestimmen, wobei sich diese Anknüpfung letztlich nur auswirken würde, wenn ein Land eine Sache durch Gesetz oder verwaltungsrechtliche Entscheidung einem besonderen dinglichen Regime unterworfen hat. Das würde dazu führen, daß ausländische Kulturgüter, die zwar besonderen Bestimmungen unterworfen, aber nicht dem Rechtsverkehr entzogen sind, wie andere Sachen nach der *lex rei sitae* beurteilt würden, während zu *res extra commercium* erklärte Kulturgüter nach ihrer Ausfuhr in ein anderes Land zwar grundsätzlich auch der Rechtsordnung dieses Landes unterfallen würden, aber wegen einer Sonderanknüpfung ihrer Unveräußerlichkeit nicht veräußert, ersessen, gepfändet etc. werden könnten.

---

[540] *Kropholler* (Fn. 4) § 18 Anm. I 3; *v. Hoffmann* § 6 Rn. 44.

[541] *Kropholler* (Fn. 4) § 18 Anm. I 1; *v. Hoffmann* § 6 Rn. 44.

[542] S. o. Fn. 107.

[543] Allerdings ist hier auch die dem Verkehrschutz dienende Einschränkung dieser Regel in Art. 12 S. 1 EGBGB zu beachten.

[544] Vgl. zur Sonderanknüpfung von Sacheigenschaften *Siehr* (Fn. 21) S. 715.

Die Rechts- und Geschäftsfähigkeit des Menschen und die Verkehrsfähigkeit einer Sache sind jedoch zu unterschiedlich, als daß man eine Analogie zu Art. 7 Abs. 1 EGBG in Betracht ziehen könnte. Es fehlt außerdem an einer Regelungslücke, weil allgemein von der Regelungskompetenz der *lex rei sitae* auch für die Frage der Verkehrsfähigkeit ausgegangen wird.

2. Schaffung einer Sonderkollisionsregel de lege ferenda

Es bleibt die Möglichkeit, für die Teilfrage der Verkehrsfähigkeit von Kulturgütern eine ausdrückliche Sonderkollisionsregel zu schaffen, die an die *lex originis* anknüpft. Dasselbe Ergebnis kann natürlich auch dadurch erreicht werden, daß die Normen, die den dinglichen Status des Kulturguts bestimmen, als Eingriffsnormen einer Sonderanknüpfung unterliegen.[545] Durch eine geschriebene Norm, die den dinglichen Status eines Kulturguts dessen Heimatrecht unterstellt, wäre die Anwendung der *res extra commercium*-Bestimmung aber nicht von weiteren Bedingungen abhängig und nicht in das Ermessen des Richters gestellt, sondern müßte zwingend erfolgen.

§ 9 Ergänzung: Kollisionsrechtliche Behandlung von Ersitzung und Verjährung

Auch für die Ersitzung gilt – jedenfalls in den europäischen Ländern,[546] in Deutschland gemäß Art. 43 Abs. 1 EGBGB –, da es sich um einen sachenrechtlichem Erwerbstatbestand handelt, der Grundsatz der *lex rei sitae*. Bei beweglichen Kulturgütern führt diese Regel zur Anwendung der Rechtsordnung des Staates, in dem sich die Sache im Zeitpunkt der Verwirklichung des Erwerbstatbestandes befindet. Genauso wird die Verjährung des Vindikationsanspruchs behandelt, zumal manche Rechtsordnungen zwischen Ersitzung und Verjährung nicht genau unterscheiden.[547] Die *lex rei sitae* entscheidet auch darüber, ob eine bewegliche Sache der Ersitzung zugänglich ist.[548] Das bedeutet, daß eine nach ihrem Heimatrecht als unverjährbar behandelte Sache nach ihrer Verbringung in ein anderes Land unter dem neuen Statut grundsätzlich ersessen werden kann.

---

545 Auch bei der Sonderanknüpfung von Eingriffsnormen handelt es sich um eine Abspaltung von Teilfragen, die aber ohne ausdrückliche Gesetzesvorschrift erfolgt, sondern auf ungeschriebenem Kollisionsrecht beruht, *Kropholler* (Fn. 4) § 18 Anm. I 3.

546 In den USA werden die Vorschriften zum Eigentumserwerb durch Zeitablauf allerdings größtenteils verfahrensrechtlich qualifiziert und der *lex fori* unterworfen, vgl. z. B. *Cyprus v. Goldberg* (Fn. 193) 1385.

547 Staudinger/*Stoll* (Fn. 3) Rn. 271.

548 Staudinger/*Stoll* (Fn. 3) Rn. 272.

Wenn ein Statutenwechsel während der laufenden Ersitzungsfrist eintritt,[549] entscheidet das Neustatut auch darüber, ob eine unter dem früheren Statut verstrichene Besitzzeit anzurechnen ist und inwieweit es zu berücksichtigen ist, wenn die Frist unter dem alten Statut gehemmt oder unterbrochen war.[550] Hierbei handelt es sich aber nicht um eine kollisionsrechtliche Berücksichtigung des früheren Statuts, sondern um die materiellrechtliche Bewertung eines Auslandssachverhalts nach den Sachnormen des neuen Statuts.[551] Eine Anrechnung der unter dem vorhergehenden Statut verstrichenen Besitzzeiten auf die Ersitzungsfrist der hierfür nun maßgeblichen *lex rei sitae* wird größtenteils bejaht.[552]

I. *Koerfer gegen Goldschmidt*[553]

In der Sache *Koerfer gegen Goldschmidt* mußte sich das Schweizer Bundesgericht mit der Problematik des Transports eines Kunstwerks von einem Land in ein anderes während laufender Ersitzungszeit beschäftigen. Der Entscheidung lag folgender Sachverhalt zugrunde: 1931 übergab Jakob Goldschmidt in Deutschland im Rahmen einer Sicherungsübereignung seiner Bank als Sicherheit für seine Verbindlichkeiten unter anderem zwei Bilder von Toulouse-Lautrec. Der Jude Goldschmidt emigrierte im April 1933 aus Deutschland. Nachdem ihm 1940 die deutsche Staatsangehörigkeit aberkannt worden war, wurden seine Bilder 1941 beschlagnahmt und öffentlich versteigert. Die beiden Toulouse-Lautrec-Zeichnungen wurden von Jakob Koerfer ersteigert, welcher sie seiner Frau schenkte. 1944 wurden die Bilder in die Schweiz gebracht, wo sie von da an aufbewahrt wurden. Der Sohn und Alleinerbe Goldschmidts reichte eine Klage gegen die Kinder und Erben von Frau Koerfer, welche bereits 1944 gestorben war, auf Herausgabe der Bilder ein.

Da Goldschmidt die Bilder sicherungsübereignet hatte, war problematisch, ob er sein Eigentum nicht vielleicht schon 1931 durch die Übergabe an die Bank ver-

---

549 Hier spricht man ebenfalls von einem nicht abgeschlossenem Tatbestand, s. o. § 2 III.

550 In der älteren Literatur wurde diese Frage kontrovers beurteilt. *Frankenstein* S. 80, war der Meinung, daß es sich bei der Hemmung bzw. Unterbrechung nicht wie beim Fristablauf um ein rein tatsächliches Geschehen handele, sondern um einen Vorgang, dem von der Rechtsordung Einfluß auf den Fristablauf eingeräumt würde, der also rechtlicher Qualifizierung bedürfe. Die Frage, ob durch irgendein Ereignis die Ersitzungsfrist gehemmt oder unterbrochen worden sei, bestimme daher das alte Statut. A. A. dagegen *Zitelmann* S. 351 f.: „(...) *dabei wird die bereits auf dem alten Rechtsgebiet abgelaufene Besitzzeit miteingerechnet, obwohl sie, nach altem Statut beurteilt, für die Ersitzung überhaupt untauglich war.*"

551 MünchKomm/*Kreuzer* (Fn. 6) Rn. 77; Staudinger/*Stoll* (Fn. 3) Rn. 273.

552 *Hanisch* (Fn. 96) S. 220; *Jayme* (Fn. 463) S. 32; *Schmeinck* S. 128; Staudinger/*Stoll* (Fn. 3) Rn. 273; differenzierend *Kunze* S. 143 ff.

553 Schweizer Bundesgericht, Entsch. v. 13. 12. 1968, BGE 94 II, 297 ff.

loren hatte. Nach Ansicht des Appellationshofs war die Sicherungsübereignung an die Bank aus Gründen der schweizerischen öffentlichen Ordnung in ein Pfandrecht umzudeuten, weswegen 1941 das Eigentum Goldschmidts beschlagnahmt worden sei. Das Bundesgericht lehnte diese Argumentation ab und zweifelte insofern bereits an der Aktivlegimation des Klägers. Es behandelte diese Frage jedoch nicht weiter, weil, auch wenn Koerfer nicht durch die Versteigerung Eigentümer geworden sei, die Beklagten das Eigentum jedenfalls durch Ersitzung erworben haben könnten.[554] Solange sich die Bilder noch in Deutschland befanden, richtete sich eine Ersitzung nach deutschem Recht (§ 937 BGB). Da Goldschmidt als Jude während der nationalsozialistischen Herrschaft aber keinen Eigentumsanspruch i. S. v. § 941 BGB habe geltend machen können, hätte nach deutschem Recht keine Ersitzung stattfinden können. Ein Besitz ohne Möglichkeit der Anfechtung durch den Berechtigten tauge nicht zur Ersitzung.[555]

Nach dem Ortswechsel der Bilder richtete sich eine Ersitzung nach Schweizer Recht, welches in Art. 728 Abs. 1 ZGB voraussetzt, daß jemand die fremde Sache ununterbrochen und unangefochten während fünf Jahren in gutem Glauben als Eigentümer in seinem Besitz hatte. Das Gericht stellte sich dann die Frage, ob die Zeit, in der sich das Bild in Deutschland befunden hatte, auf die Frist anzurechnen sei.[556] Es kam zu dem Schluß, daß dies nicht gerechtfertigt sei, wenn der Lauf der Ersitzungsfrist nach dem früheren Recht gehemmt gewesen wäre.[557] Die Ersitzungsfrist begann also erst mit der Verbringung der Bilder in die Schweiz. Letztlich kam es aber für die Abweisung der Klage darauf gar nicht an, weil auch seit diesem Zeitpunkt bereits über fünf Jahre verstrichen waren.

II. Anrechnung der Besitzzeit nach einem Statutenwechsel

Wenn ein in seinem Heimatland als *res extra commercium* behandeltes Kulturgut in ein anderes Land verbracht wird, kann es dort gemäß der *lex rei sitae*-Regel ersessen werden.[558] Fraglich ist, ob die Zeitspanne, in der die Sache schon unter dem alten Statut besessen wurde, aber nicht ersessen werden konnte, auf die Ersitzungsfrist nach dem Neustatut angerechnet werden kann. Über diese Frage entscheidet das Neustatut. Da die Besitzzeit unter dem Altstatut behandelt wird,

---

554 BGE (Fn. 553) 304ff.

555 BGE (Fn. 553) 306, 308.

556 BGE (Fn. 553) 307ff.

557 BGE (Fn. 553) 308; *Schmeinck* S. 127, zitiert das Schweizer Gericht fälschlicherweise genau entgegengesetzt.

558 S. o. § 9.

als ob sie unter dem Neustatut verwirklicht worden sei,[559] und dieses das Kulturgut als verjährbar behandelt, könnte man meinen, daß die Tatsache, daß es sich um eine *res extra commercium* handelt, völlig irrelevant ist. Hier drängt sich aber die Parallele zu dem Fall *Koerfer gegen Goldschmidt* auf, in dem das Gericht es wegen der Unmöglichkeit der Ersitzung (oder jedenfalls Hemmung) nach dem Altstatut als nicht gerechtfertigt angesehen hat, die Besitzzeit anzurechnen.

Ebenso hat der Besitzer eines als *res extra commercium* behandelten Kulturguts kein schutzwürdiges Vertrauen; unter der Geltung des Altstatuts hätte er dieses trotz guten Glaubens ja gar nicht ersitzen können. Allerdings muß die Entscheidung des Neustatuts, ob die Unmöglichkeit bzw. Hemmung der Ersitzung nach dem Altstatut zu beachten ist, wohl davon abhängen, ob es diese Regelung grundsätzlich als gerechtfertigt anerkennt. In der Entscheidung *Koerfer gegen Goldschmidt* fand das österreichische Gericht nichts daran zu beanstanden, daß Koerfer nach deutschem Recht aufgrund der Tatsache, daß Goldschmidt sich gegen seinen Besitzverlust nicht hatte wehren können, die Bilder nicht ersitzen konnte. Hinsichtlich der Unverjährbarkeit von Kulturgütern spielt auch in diesem Zusammenhang eine Rolle, daß es ein allgemein anerkanntes Recht und Interesse jedes Staates ist, sein Kulturgut bestimmten Schutznormen zu unterwerfen, welches vom internationalen *ordre public* gedeckt wird.[560] Dem müßte beim Statutenwechsel eines als unverjährbar deklarierten Kulturguts wenigstens insoweit Rechnung getragen werden, daß die Besitzzeit, während der das Kulturgut nach dem alten Statut nicht hätte ersessen werden können, nicht auf die Ersitzungsfrist nach dem Neustatut angerechnet wird.[561]

III. Auswirkung einer Abweichung von der *lex rei sitae* auf die Ersitzung

Eine abweichende kollisionsrechtliche Behandlung der dinglichen Rechtsverhältnisse von Kulturgütern insgesamt bzw. von solchen, die in ihrem Heimatland als *res extra commercium* behandelt werden, führt natürlich auch zu einer Änderung des auf die Ersitzung anwendbaren Rechts. Wie bei der Unveräußerlichkeit wäre es möglich, den Status der Unverjährbarkeit eines Kulturguts bei einem Sta-

---

559 Zum nicht abgeschlossenen Veräußerungstatbestand, s. o. § 2 III.

560 S. o. § 4 IV. 3.

561 Gleiches gilt natürlich analog auch für die Verjährung: Die Verjährung des Anspruchs auf Herausgabe eines in seinem Heimatland als unverjährbar behandelten Kulturguts beginnt frühestens mit dem Statutenwechsel zu laufen. Die Zeitspanne, in welcher der Vindikationsanspruch schon bestand, aber sich das Kulturgut noch in seinem Heimatland befand, sollte auf die Verjährungsfrist des Neustatuts nicht angerechnet werden, vgl. auch *Jayme* IPRax 1995, 43.

tutenwechsel grundsätzlich nicht als irrelevant zu behandeln und in Rechtsordnungen, die bestimmten Kulturgütern ebenfalls den Schutz der Unverjährbarkeit zukommen lassen, im Rahmen des neuen Rechts als wohlerworbene sachenrechtliche Prägung aufrechtzuerhalten.[562] Wenn die nationalen Kulturgüter des Neustatuts längeren Verjährungsfristen unterliegen,[563] könnte man hinsichtlich der unter dem Altstatut als unverjährbar behandelten Kulturgüter jedenfalls diese längere Verjährungsfrist anwenden.

Die ausländischen Normen, welche die Unverjährbarkeit eines Kulturguts statuieren, könnten als Eingriffsnormen gesondert angeknüpft werden, auch wenn Sachstatut eine andere Rechtsordnung ist. Hier gelten dieselben Überlegungen wie bei den die Unveräußerlichkeit festlegenden drittstaatlichen Eingriffsnormen.[564] Ein generelles Abweichen vom Grundsatz der *lex rei sitae* im Kulturgütersachenrecht zugunsten der *lex originis*[565] würde bei nach dem Heimatrecht als unverjährbar behandelten Kulturgütern natürlich zur Anerkennung dieses Status führen, ebenso wie eine Anknüpfung lediglich des dinglichen Status an die *lex originis.*

§ 10 Bewertung der unterschiedlichen Ansätze

Es wurde dargestellt, auf welche unterschiedliche Art und Weise der Tatsache, daß es sich bei dem Gegenstand eines Rechtsgeschäfts um Kulturgüter allgemein bzw. um solche, die in ihrem Heimatland als *res extra commercium* angesehen werden, handelt, nach einem Statutenwechsel Rechnung getragen werden kann und welche Möglichkeiten es gibt, ausländische Gesetze zum Schutz von Kulturgütern anzuwenden oder doch jedenfalls zu berücksichtigen. Einige Gedanken beziehen sich auf das geltende Recht und wurden teilweise von der Rechtsprechung auch schon verwirklicht, während sich andere Vorschläge an den Gesetzgeber richten und nur de lege ferenda zu verstehen sind. Alle dargestellten Ansätze sind grundsätzlich zu begrüßen,[566] weil daraus immerhin ein Bemühen deutlich wird, Kulturgüter nicht wie normale Sachen zu behandeln, sondern die besonderen mit ihnen verbundenen Interessen miteinzubeziehen. Die verschiedenen Wege schließen sich auch nicht unbedingt aus. Trotzdem soll untersucht werden, welche Methode der Beachtung eines ausländischen Kulturgüterschutzgesetzes bzw. des Status als *res extra commercium* insgesamt vorzugswürdig erscheint.

---

562 S. o. § 2 IV. 5.

563 Vgl. z. B. das niederl. Recht, Art. 3:310b B. W., s. o. 4. Kap. § 1 XI. 2. c.

564 S. o. § 4 IV.

565 S. o. § 8 III. 2.

566 In diesem Sinne auch *Müller-Katzenburg* S. 310.

I. Berücksichtigung auf materiellrechtlicher Ebene

Grundlegend ist die Frage, ob sich die besondere Situation von Kulturgütern erst bei der Anwendung und Auslegung des Sachrechts oder bereits auf kollisionsrechtlicher Ebene auswirken soll. Von den Befürwortern der sogenannten Datumtheorie[567] wird argumentiert, daß durch die Berücksichtigung bestimmter kulturgutspezifischer Schutznormen als *„local"* bzw. *„moral data"* sehr viel flexiblere Ergebnisse erzielt würden, da der Richter jeweils auf die Situation des konkreten Falles eingehen könnte.[568] Verweisungsregeln, welche die Anwendbarkeit einer bestimmten Rechtsordnung anordneten, seien hingegen zu starr.[569] Außerdem sei es Sinn und Zweck des internationalen Privatrechts, die Frage nach dem anwendbaren Recht anhand weniger und einfacher Anknüpfungen zu entscheiden. Das IPR dürfe nicht durch komplizierte Sonderregeln und Sonderanknüpfungen überladen werden.[570] Eine besondere Kollisionsregel würde ferner voraussetzen, daß ihr Anwendungsbereich klar umgrenzt werden könne. Dagegen würde die Berücksichtigung des Kulturgüterschutzes auf materiellrechtlicher Ebene das Problem einer Definition des Begriffs „Kulturgut"[571] umgehen, weil jeweils auf den konkreten Fall abgestellt werden könnte und auf diese Weise schrittweise (sozusagen durch Fallrecht) ein bestimmter Bereich geschützter Güter entstehen würde.[572]

Es wurde aber bereits dargestellt, daß eine materiellrechtliche Berücksichtigung des Kulturgüterschutzes zwar sinnvoll, in vielen Fällen aber nicht ausreichend ist. Zum einen hängt es immer von der Bereitschaft des Richters ab, die kulturgüterspezifischen Belange in die Auslegung miteinfließen zu lassen. Gerade bei der Anwendung der eigenen Rechtsordnung wird ein Richter aber nur schwer dazu zu bewegen sein, fremde Rechtsnormen tatbestandlich mitzuberücksichtigen und so möglicherweise zu einem anderen Ergebnis zu gelangen als bei einer rein „inländischen" Beurteilung. Zum anderen darf die Auslegung den Bogen auch nicht überspannen; das anwendbare Recht kann dadurch nicht geändert werden. Auch eine im Sinne des Kulturgüterschutzes wohlwollende Auslegung des anwendbaren Sachrechts räumt trotz allem dem Interesse des Rechtsverkehrs an der Geltung der eigenen Rechtsordnung Vorrang ein.[573] Da

---

[567] S. o. § 3 I.

[568] *Sandrock* (Fn. 254) S. 473.

[569] *Müller-Katzenburg* S. 300; *Stoll*, Diskussionsbeitrag v. *Hans Stoll* abgedr. in: Rechtsfragen, S. 140f.

[570] *Sandrock* (Fn. 254) S. 462; *Stoll* (Fn. 569) S. 139f.

[571] S. o. 1. Kap. § 2.

[572] *Stoll* (Fn. 569) S. 127, S. 140f.; kritisch dazu *Roelof Kotting* Diskussionsbeitrag, abgedr. in: Rechtsfragen, S. 140.

[573] Vgl. *Stoll* (Fn. 47) S. 60, S. 65.

aber Verkehrsschutz und Kulturgüterschutz in den entscheidenden Fällen immer im Gegensatz zueinander stehen, werden sich die Belange des Kulturgüterschutzes letztlich nie durchsetzen können.[574]

Die Stimmen, welche eine kollisionsrechtliche Lösung unterstützen, argumentieren dagegen, daß der Kulturgüterschutz mittlerweile einen deutlich abgegrenzten Bereich darstellt. Kulturgüter würden sich in so starker Weise von üblicher Handelsware unterscheiden, daß bereits im Verweisungsrecht eine Beurteilung nach eigenständigen Kriterien geboten sei.[575] Denn allein das Kollisionsrecht stelle das geeignete Instrumentarium bereit, um zwischen mehreren betroffenen Rechtsordnungen die richtige auszuwählen und einen Fall mit Auslandsberührung nach dem Gebot der Interessengerechtigkeit und des Entscheidungseinklangs zu regeln.[576] Durch differenzierende Anknüpfungspunkte könne ein Ausgleich zwischen den Interessen des Kunstmarktes und des Kulturgüterschutzes gefunden werden.[577]

Betrachtet man, auf welche Weise der besondere nicht kommerzielle Wert von Kulturgütern und ihre Bindung zu einer anderen Rechtsordnung als der *lex rei sitae* von der Literatur und den Gerichten bei der Frage eines gutgläubigen Erwerbes berücksichtigt wurden, fällt auf, daß – wenn überhaupt – die Wirksamkeit eines Erwerbs verneint wurde, weil bestimmte subjektive Voraussetzungen beim Erwerber nicht erfüllt waren. Dieser hat z. B. nicht die erforderliche Sorgfalt angewandt und deswegen nicht in gutem Glauben gehandelt[578] oder sein Verhalten wird wegen der Kenntnis bestimmter Umstände als sittenwidrig eingestuft.[579] Problemstellungen des internationalen Kulturgüterschutzes über

---

574 Vgl. Diskussionsbeitrag v. *Erik Jayme* abgedr. in: Rechtsfragen, S. 126f. Das absolute Gewicht, das dem Verkehrsschutz beigemessen wird, kritisiert auch *Muir-Watt* (Fn. 86) 30: *„Mais l'argument de la sécurité des transactions a-t-il le même poids lorsque le bien ne relève pas ordinairement du commerce mobilier? Il est intéressant que cet argument de la sécurité juridique, qui se retrouve avec constance en droit comparé pour fonder le rattachement réel mobilier, est très généralment considéré comme étant si impérieux qu'il ne autorise aucun des divers correctifs que suggéraient les besoins spécifiques du contentieux des biens culturels."*; 32: *„La rigidité du rattachement est fonctionellement justifiée par le souci prédominant de sécurité. Mais tel n'est pas le cas si les intérêts du commerce des meubles ordinaires sont confrontés à un intérêt aussi digne d'attention que celui de la protection de biens qui s'accroissent d'une valeur extra-patrimoniale (...)."*

575 Diskussionsbeitrag v. *Erik Jayme* abgedr. in: Rechtsfragen, S. 143f.

576 *Schwadorf-Ruckdeschel* S. 132f.

577 Diskussionsbeitrag v. *Gerte Reichelt* abgedr. in: Rechtsfragen, S. 141.

578 S. o. § 3 II. 3.

579 Vgl. die *Nigeria-Entscheidung* des BGH s. o. § 3 V. 1. Fn. 242. In der Entscheidung ging es zwar nur um die Wirksamkeit des Versicherungsvertrages; die Argumentation wurde in der Literatur aber auch auf Fallgestaltungen ausgedehnt, bei denen die Wirksamkeit einer Übereignung in Frage stand, s. o. § 3 V. 2.

die Schiene subjektiver Vorwerfbarkeit zu lösen, ist meines Erachtens aber äußerst fragwürdig. Hinter der Verneinung eines wirksamen Erwerbs steht nämlich im Grunde das Bestreben, die Zuordnung eines Kulturguts zu einem Land, einer Nation oder einer bestimmten Person aufrechtzuerhalten und deswegen den Erwerb einer anderen Person zu verhindern. Ob ein potentieller Erwerber gut- oder bösgläubig ist bzw. sittenwidrig handelt, ist für das Schutzbedürfnis eines Kulturguts strenggenommen irrelevant. Grund dafür, daß man einen gutgläubigen Erwerb an (öffentlichem) Kulturgut verhindern will, ist das besondere Gewicht der Belange der Öffentlichkeit und des Kulturgüterschutzes und weniger die Sanktionierung des Erwerbers, dem man den Eigentumserwerb nicht gönnt. Die subjektive Einstellung des Erwerbers hat zwar Auswirkung auf dessen Schutzbedürfnis und kann insofern zu einer unterschiedlichen Abwägung der betroffenen Interessen führen.[580] Objektive Ziele des Kulturgüterschutzes sollten aber nicht mittels strengerer subjektiver Anforderungen an den Erwerber durchgesetzt werden.[581] Es wäre ehrlicher, bei bestimmten Kulturgütern (etwa solchen, die sich im Eigentum der öffentlichen Hand befinden und zu *res extra commercium* erklärt worden sind) einen gutgläubigen Erwerb generell auszuschließen, als – angetrieben von dem Gedanken, daß ein gutgläubiger Erwerb nicht möglich sein darf – die Anforderungen an den guten Glauben so hoch zu schrauben, daß ein Erwerb letztlich faktisch nicht möglich ist. Das Gleiche gilt für die von vielen propagierte Berücksichtigung ausländischer Kulturgüterschutzgesetze im Rahmen von § 138 BGB.[582]

Es wurde bereits dargestellt, daß die internationalprivatrechtliche Regel der Anknüpfung an die *lex rei sitae* beim Handel mit beweglichen Kulturgütern und besonders solchen, die in ihrem Heimatland als *res extra commercium* behandelt werden, zu unbefriedigenden Ergebnissen führt, da sie nur auf einen Ausgleich

---

[580] Allerdings ist auch hier zu beachten, wie schwer die subjektive Einstellung eines Erwerbers zu durchschauen sein kann, vgl. *Mußgnug* Kunst und Recht, S. 15ff., S. 20: „*Wer nicht gutgläubig ist, kann sich gutgläubig stellen.*"

[581] Ähnlich auch *Kreuzer* (Fn. 277) S. 87, in bezug auf die Beachtung ausländischer wirtschaftsrechtlicher Eingriffsnormen über § 138 BGB: „*Die Sittenwidrigkeitsklausel zwingt zu Scheinbegründungen. Es kommt m. E. nicht auf den Verstoß gegen das Anstandsgefühl aller billig und gerecht denkenden Deutschen an, sondern allein darauf, ob unser Interesse eine Berücksichtigung des fremden Wirtschaftsrechts gebietet.* (...) *Es ist auch kein Grund erkennbar, warum ein Verstoß gegen ein lex fori-Verbot per se, ein Verstoß gegen ein fremdes (zu berücksichtigendes) Verbot aber nur bei Sittenwidrigkeit Rechtsfolgen auslösen soll. § 138 BGB erzwingt u. U. auch Erwägungen zur subjektiven „Mißachtung" des fremden Gesetzes, die bei deutschen Verbotsgesetzen völlig unerheblich sind; worin liegt der Sachgrund, daß dies bei fremden Verbotsgesetzen anders sein soll?*" Auch *Schurig* (Fn. 235) 242, hält den § 138 BGB für vorgeschoben und spricht von „*Etikettenschwindel.*" Er fragt, ob hier nicht „*die kollisionsrechtlichen Probleme nur hinter einer sachrechtlichen Nebelwand verborgen werden.*"

[582] *Schurig* (Fn. 235) 243: „(...) *hier läßt man die sonst sehr ernst genommenen subjektiven Bestandteile der Sittenwidrigkeit oftmals unter den Tisch fallen.*"

der Interessen von Alteigentümer und neuem Besitzer abzielt, nicht aber das Interesse der Öffentlichkeit des Herkunftsstaates miteinbezieht.[583] Die Besonderheiten des Auslandssachverhalts und des Handels mit Kulturgütern können zwar bei der Auslegung des nationalen Sachrechts mitberücksichtigt werden, aber nur in einem bestimmten Rahmen. Diese Methode reicht nicht aus, den erforderlichen Schutz von ausländischen Kulturgütern zu gewährleisten. Insofern muß Kulturgütern auch auf kollisionsrechtlicher Ebene eine Sonderstellung zukommen.

II. Generelle Anknüpfung des Kulturgütersachenrechts an die *lex originis*

Das führt zu der Frage, ob für Kulturgüter eine eigene Kollisionsregel geschaffen werden sollte, welche die Anknüpfung der dinglichen Rechtsverhältnisse und Vorgänge an die *lex rei sitae* zugunsten der *lex originis* des Kulturguts aufgibt. Hier stellt sich zunächst das Problem, daß eine Definition des Begriffs Kulturgut erforderlich wäre, um den Anwendungsbereich der IPR-Regel bestimmen zu können. Die vielen Versuche einer Eingrenzung des Kulturgutbegriffs in nationalen Gesetzen, internationalen Abkommen und der Literatur zeigen aber, daß eine Definition nahezu unmöglich ist oder ihr jedenfalls immer ein gewisser Grad von Willkür innewohnt.[584] Man könnte diesem Problem entgegenwirken, indem man den Anwendungsbereich der Kollisionsregel auf solche Kulturgüter beschränkt, die in ihrem Heimatland einem Identifikationsprozeß (durch Klassifikation, Registrierung etc.) unterworfen worden sind.[585] Häufig werden jedoch von der jeweiligen Gesetzgebung ganze Kategorien von Gegenständen unter Schutz gestellt. Das Problem, ob ein Gegenstand geschütztes Kulturgut ist, wird dann nur auf die Frage, ob er in die geschützte Kategorie fällt, verlagert. Auch ist es problematisch, den Anwendungsbereich einer Kollisionsregel indirekt von der Gesetzgebung ausländischer Staaten abhängig zu machen. Dies würde zu einer Ungleichbehandlung führen, wenn ähnliche Gegenstände aus liberaleren Herkunftsstaaten, die dort keinem Identifikationsprozeß unterworfen worden sind, nach der allgemeinen *lex rei sitae*-Regel beurteilt würden.

Manchmal wird gegen eine Anknüpfung sachenrechtlicher Vorgänge an das Heimatrecht des Kulturguts auch eingewandt, daß dies nicht zwingend zu einem erhöhten Kulturgüterschutz führe, weil es sein könne, daß das Recht des Lage-

---

583 Diskussionsbeitrag v. *Erik Jayme* abgedr. in: Rechtsfragen, S. 138; *Lanciotti* S. 151; *Zimmer* (Fn. 43) 66; s. o. § 4 III. 7.; § 8 I.

584 S. o. 1. Kap. § 2.

585 Vgl. die Resolution des Institut de droit international, s. o. § 8 III. 2. d.

ortes in dieser Hinsicht viel günstiger als das des Herkunftsstaates sei. Ein gestohlenes italienisches Kulturgut könnte z. B. nach seinem Heimatrecht gutgläubig erworben werden, während diese Möglichkeit bei einem gutgläubigen Erwerb in Deutschland und einer Beurteilung nach der *lex rei sitae* ausgeschlossen wäre. Auch im Fall *Kunstsammlungen Weimar v. Elicofon*[586] hätte eine Beurteilung des Sachverhalts nach dem deutschen Heimatrecht nicht zur Rückgabe geführt. Die Befürworter einer Anknüpfung an die *lex originis* halten dagegen: Es sei Sache des Heimatstaates, die notwendigen Maßnahmen zum Schutze seines Kulturguts zu treffen. Wenn er das nicht tue, könne er auch nicht erwarten, daß ein anderes, die Rückgabe favorisierendes Recht angewandt würde.[587] Auf der anderen Seite mutet es aber ungerechtfertigt an, daß sich ein gutgläubiger Erwerber, der ein Kulturgut nach dem Recht des Lageortes nicht hätte erwerben können, aufgrund einer Kollisionsregel, die eigentlich auf die Bewahrung der ursprünglichen Eigentumsverhältnisse abzielt, auf die Geltung des Heimatrechts des Kulturguts, berufen können soll.

Die eigentliche Schwierigkeit einer Sonderkollisionsregel für Kulturgüter liegt aber in der Ermittlung der *lex originis*.[588] Es bestehen zwar viele mögliche Kriterien zur Bestimmung der Heimat eines Kunstwerks. In einigen Fällen ist die Zugehörigkeit eines Kulturguts zu einem bestimmten Ort, Land bzw. einer Nation auch sehr deutlich. Bei den meisten Kunstgegenständen ist das aber nicht der Fall. Sie könnten zwar ebenfalls anhand der oben aufgeführten Kriterien einem Staat bzw. einer Rechtsordnung zugeordnet werden. Die Festsetzung eines Heimatrechts ist in diesen Fällen jedoch ein eher künstlicher Vorgang, weil die Bindungen zwischen dem Kunstwerk und dem Staat nicht so groß sind, als daß dessen Recht als das einzige zur Regelung der dinglichen Verhältnisse berechtigte angesehen werden könnte. Man müßte also sagen, daß manche Kunstwerke ein Heimatrecht haben, andere dagegen nicht. Konsequent wäre es daher, bestimmte Kulturgüter, bei denen eine starke Verbindung zu einem Ort oder Land bzw. einer Nation besteht, einer besonderen Kollisionsregel zu unterwerfen und im Sachenrecht an die *lex originis* anzuknüpfen, während alle anderen Kulturgüter den Normen der *lex rei sitae* unterliegen.[589] Dies würde aber zu großen Abgrenzungsproblemen führen.[590] Auf die nationalen Kulturgüterschutzgesetze

---

586 S. o. § 8 II. 1. d. Fn. 407.

587 *Ferrer-Correia* (Fn. 71) 177: „(...) *il ne faut pas être plus royaliste que le roi* (...)."

588 *Kreuzer* (Fn. 109) 204f.; *Lhuilier* (Fn. 462) 549; vgl. auch *Hanisch* Recht und Kunst, S. 19ff., S. 34.

589 Ähnlich der Vorschlag von *Carducci* S. 170: „(...) *l'acquisition a non domino des objets d'art (lato sensu) peut être soumise à la loi du lieu d'acquisition, pour les raisons évoquées, et celle des véritables biens culturels (stricto sensu) soumise directement à la loi de l'État d'origine (lex originis).*"

590 So auch *Kreuzer* RabelsZ 64 (2000) 164ff., 169.

könnte dabei nicht zurückgegriffen werden, weil diese meist von einem sehr viel weiteren Kulturgutbegriff ausgehen und auch Kunstwerke, bei denen eine enge Verbindung nicht gegeben ist, besonderen Schutzbestimmungen unterwerfen. Letztlich liefe eine so formulierte Kollisionsregel auf eine Sonderanknüpfung im Bereich des Handels mit Kulturgütern hinaus, weil eine Abweichung von der *lex rei sitae* zugunsten einer anderen Rechtsordnung vom konkreten Einzelfall abhängig gemacht würde. Explizite Kollisionsnormen müssen aber klar formuliert werden und dürfen nicht selbst noch auslegungsbedürftig sein.

Gegen eine generelle Sonderkollisionsregel für das Kulturgütersachenrecht spricht auch, daß eine Rücksichtnahme auf die besondere Situation von Kulturgütern nur eine Beachtung kulturgutspezifischer Schutznormen erfordert. Ein Abweichen vom Grundsatz der *lex rei sitae* aufgrund einer besonderen Kollisionsnorm würde jedoch zu einer Anwendung sämtlicher, überhaupt nicht kulturgutbezogener Sachenrechtsnormen des Heimatrechts führen. Es ist aber nicht einzusehen, warum beispielsweise ein frei veräußerliches deutsches Kulturgut in Frankreich nicht nach dem Konsensprinzip übereignet werden kann, sondern das Abstraktionsprinzip Anwendung findet, nur weil es das deutsche Heimatrecht so vorsieht, oder warum ein österreichisches Kulturgut in Deutschland ohne Übertragung des Besitzes nicht sicherungsübereignet werden kann.[591] Dabei handelt es sich um Fragen, die mit dem Kulturgüterschutz nichts zu tun haben. Ebenso ist bei einer Anknüpfung an die *lex originis* unklar, ob und wann das Heimatrecht eines Kulturguts wechseln kann, wieviel Zeit etwa vergangen sein muß, bis das Kulturgut als von einem neuen Land rezipiert angesehen werden kann.

Ausschlaggebend für eine Ablehnung der *lex originis*-Regel ist aber letztlich, daß IPR-Normen grundsätzlich dem Ausgleich von privatrechtlichen Interessen dienen, besondere Regelungen zum Schutz von Kulturgütern dagegen im Interesse der Öffentlichkeit bestehen. Während die Kollisionsregel der *lex rei sitae* die betroffenen öffentlichen Interessen nicht berücksichtigt, ist es auf der anderen Seite auch nicht notwendig, sämtliche Sachenrechtsregeln der *lex originis* zu unterstellen. Hinsichtlich derjenigen Normen, die nur den Privatrechtsverkehr regeln und keinen kulturgutspezifischen Inhalt haben, muß vom Grundsatz der *lex rei sitae* nicht abgewichen werden.[592]

---

591 Das österreichische Sachenrecht verlangt für das Sicherungseigentum im Publizitätsinteresse zwingend eine Änderung der Besitzverhältnisse, OGH, Entsch. v. 14.12.1983, JBl. 1984, 550ff.

592 In diesem Sinne auch MünchKomm/*Kreuzer* (Fn. 6) Rn. 202. Vgl. auch *Pecoraro* (Fn. 115) 16f.: *„In addition, such a rule would not distinguish between vindication of public and purely private interests: the latter are less compelling and do not warrant the creation of an entirely new and anomalous regime on their behalf."*

III. Ausnahmeklausel

Art. 46 EGBGB sieht die Möglichkeit vor, statt der *lex rei sitae* eine andere Rechtsordnung anzuwenden, wenn zu dieser eine engere Beziehung besteht. Diese Ausweichklausel stellt allerdings nur einen äußersten Notbehelf dar, wenn das Anknüpfungsziel völlig verfehlt worden ist. Eine solche Situation wird in den meisten Fällen nicht bestehen, weil bei einem gutgläubigen Erwerb aus Verkehrsschutzgründen eine Beziehung zur *lex rei sitae* vorhanden ist und von dem Beklagten auch geltend gemacht wird.[593] Zwar besteht neben den zu regelnden privatrechtlichen Beziehungen häufig auch ein höher zu bewertendes öffentliches Interesse, welches die Berücksichtigung ausländischer Schutznormen fordert. Mit der Ausweichklausel kann diesen Fällen aber nicht Rechnung getragen werden. Für sie besteht nur ein Bedarf, wenn in einem besonderen Fall der Bezug des gesamten Sachverhalts zum Belegenheitsort gering ist. Dann ist nämlich auch für die Beurteilung der betroffenenen privatrechtlichen Interessen die *lex rei sitae* nicht das richtige Recht.

IV. Sonderanknüpfung

Weiterhin besteht die Möglichkeit, bestimmte Normen mit Hilfe einer Sonderanknüpfung anzuwenden. Dafür spricht, daß es bei einer Berücksichtigung von ausländischen Kulturgüterschutzgesetzen und speziell von Normen, die Kulturgüter zu *res extra commercium* erklären, um die Berücksichtigung eines öffentlichen Interesses geht, ihre Anwendung also auf einem von öffentlichrechtlichen Überlegungen getragenen kollisionsrechtlichen Befehl beruhen muß, während für den Ausgleich der betroffenen privatrechtlichen Interessen die allgemeine internationalprivatrechtliche Regel der *lex rei sitae* zuständig bleibt.[594] Konsequenz ist, daß ausländische Kulturgüterschutzgesetze, wenn die genannten Voraussetzungen dafür vorliegen, als privatrechtswirksame Eingriffsnormen im Rahmen der *lex rei sitae* angewandt werden.[595] Diese Lösung verdient den Vorrang, weil auf die besonderen Umstände des Einzelfalles eingegangen werden kann.[596] Außerdem müssen nur diejenigen Normen angewandt werden, die wirk-

---

[593] *Lalive* (Fn. 344) S. 61; *Stoll* (Fn. 20) 269; s. o. § 8 II. 3.

[594] MünchKomm/*Kreuzer* (Fn. 6) Rn. 202f., 205; *ders.* (Fn. 590) 173f.; *ders.* (Fn. 109) 203, 210, 213ff.; gegen eine unterschiedliche Anknüpfung für öffentlichrechtliche und privatrechtliche Normen *Jayme* (Fn. 482) S. 41.

[595] MünchKomm/*Kreuzer* (Fn. 6) Rn. 205; *ders.* (Fn. 109) 226f.

[596] Im Rahmen der Prüfung des „Inlandsinteresses“ (s. o. § 4 IV. 3.) kann z. B. berücksichtigt werden, aus welchen Gründen der Staat dem Kulturgut besonderen rechtlichen Schutz zukommen läßt, ob er es auch tatsächlich ausreichend gegen Diebstahl und Verlust geschützt hat und ob er sich angemessen und rechtzeitig um die Wiedererlangung bemüht hat.

lich einen Kulturgüter besonders betreffenden Inhalt haben, und nicht das gesamte Sachenrecht dieser Rechtsordnung.[597] Schließlich wird der eigentlich anwendbaren Rechtsordnung, der *lex rei sitae*, dadurch Rechnung getragen, daß die ausländischen Eingriffsnormen in deren Rahmen angewandt werden. So kann versucht werden, die Rechtsordnungen aufeinander abzustimmen und den Verkehrsschutz insofern mitzuberücksichtigen.

Eine Sonderanknüpfung von Bestimmungen, die Kulturgüter zu *res extra commercium* erklären, könnte zum einen de lege ferenda über eine explizite Vorschrift des internationalen Privatrechts erfolgen, welche den dinglichen Status eines Kulturguts als Teilfrage an diejenige Rechtsordnung anknüpft, die dem Gegenstand einen verkehrsfeindlichen dinglichen Status gegeben hat, oder aufgrund einer ungeschriebenen Kollisionsnorm, wenn die von der Sonderanknüpfungslehre aufgestellten Voraussetzungen vorliegen. Nachteil einer ungeschriebenen Sonderanknüpfung ist, daß eine stärkere Beachtung kulturgutschützender Belange damit in das Ermessen des Richters gestellt wird. Es könnte daran gezweifelt werden, ob die deutschen Richter genügend Entgegenkommen gegenüber den ausländischen Kulturgüterschutzgesetzen zeigen werden oder, zumal wenn es sich bei der *lex rei sitae* um die deutsche Rechtsordnung handelt, nicht in erster Linie den Schutz des inländischen Rechtsverkehrs vor Augen haben. Mit einer speziellen Regel für die Teilfrage der Verkehrsfähigkeit würde man die Kriterien, die für eine Sonderanknüpfung sprechen, gleichsam fingieren. Damit wäre dem Richter aber auch die Flexibilität der Entscheidungsfindung genommen und es wäre nicht mehr dem deutschen Recht überlassen, in welchen Fällen es Unveräußerlichkeitsbestimmungen als interessengerecht ansieht. In bezug auf Rechtsordnungen, die solche Normen aus unserer Sicht exzessiv anwenden und wie z. B. das mexikanische Recht sämtliche archäologischen Funde zu *res extra commercium* erklären,[598] müßte man diesen Status zunächst anerkennen, um dann in einem weiteren Schritt zu entscheiden, ob die Berücksichtigung solcher Bestimmungen den Verkehrsschutz nicht zu sehr einschränkt und das Ergebnis der Rechtsanwendung deshalb gegen den deutschen *ordre public* verstößt. Insofern ist es vorzugswürdig, diese Kontrolle bereits bei der Frage, ob eine ausländische kulturgutschützende Norm überhaupt Anwendung finden soll, vorzunehmen. Den vielschichtigen Bedürfnissen des internationalen Kulturgüterschutzes wird nur eine differenzierte Sonderanknüpfung gerecht.[599] Normen, die den dinglichen Status von Kulturgut definieren, nehmen aber im Kreis der nationalen Bestimmungen zum Schutz von Kulturgut eine besondere Stellung ein, weil sie – in stärkerem Maße als Ausfuhrverbote, welche sich auch auf

---

597 Vgl. auch *Muir-Watt* (Fn. 86) 32.

598 S. o. 4. Kap. § 3 I.

599 *Reichelt* Internationaler Kulturgüterschutz, S. 26; *Wyss* S. 208.

Kulturgut im Privateigentum beziehen – von dem legitimen Interesse getragen sind, Kulturgut im Eigentum des Staates und der Öffentlichkeit für diese zu bewahren und gegen Diebstahl und Verlust zu schützen.

Zwar wäre bereits unter der geltenden Rechtslage eine Sonderanknüpfung ausländischer Eingriffsnormen, die einer anderen Rechtsordnung als der *lex causae* angehören, möglich. Da die Rechtsprechung diesen Weg bisher aber nicht gegangen ist und um zu verdeutlichen, daß von öffentlichrechtlichen Zwecken getragene ausländische Normen nach anderen Kriterien und Kollisionsnormen anzuknüpfen sind als Privatrechtsnormen, wäre eine diese Möglichkeit festschreibende Norm im EGBGB wünschenswert.[600]

---

[600] Eine Umsetzung des Art. 7 Abs. 1 EVÜ würde sich allerdings nur auf das Schuldvertragsrecht beziehen. Da sich die Auswirkungen öffentlichrechtlicher Eingriffsnormen nicht auf das Schuldvertragsrecht beschränken und die Notwendigkeit ihrer Berücksichtigung im Sachenrecht in gleicher Weise besteht (s. o. § 4 III. 7.), wäre eine Art. 19 schweiz. IPRG entsprechende Norm angebracht.

6. Kapitel: Regelung der Anerkennung der Extrakommerzialität von Kulturgut durch internationale Zusammenarbeit

Häufig findet sich in der Literatur die Bemerkung, daß das Problem der Anerkennung des dinglichen Status von in ihrem Heimatland als *res extra commercium* behandelten Kulturgütern nur durch internationale Zusammenarbeit gelöst werden könne.[1] Nach der hier vertretenen Ansicht könnte eine Anerkennung bereits nach den allgemeinen Regeln erfolgen. Eine staatsvertragliche Regelung wäre aber von Vorteil, weil sich die Staaten absichern könnten, daß ihre Regeln anerkannt werden und die Gegenseitigkeit garantiert wäre. Im folgenden soll dargestellt werden, auf welche Weise geltende staatsvertragliche Regelungen zu einer direkten oder indirekten Anerkennung des Status als *res extra commercium* führen. Dabei sollen nicht sämtliche staatsvertraglichen Bestimmungen aus dem Bereich des Kulturgüterschutzes vorgestellt werden, sondern nur solche, die sich mit der Regelung des grenzüberschreitenden Handels von Kulturgütern befassen.

§ 1 Bilaterale Staatsverträge

Einige Staaten haben bilaterale Staatsverträge abgeschlossen, um den illegalen Kunsthandel einzudämmen. Der Vorteil bilateraler Abkommen liegt darin, daß eine Vereinbarung zwischen zwei Ländern mit ähnlicher Interessenlage relativ einfach und schnell getroffen werden kann, während die Konsensfindung bei einer Mehrzahl von Staaten meist einen langwierigen Prozeß darstellt.[2]

Zum Beispiel haben die massiven und destruktiven Plünderungen in Mittel- bzw. Südamerika dazu geführt, daß die USA mit einigen dieser Staaten Abkommen über die Rückführung bestimmter unrechtmäßig ausgeführter Kulturgüter geschlossen haben.[3] Die wesentliche Erleichterung dieser Rückführungsverträge

1 *Gattini* IJCP 6 (1997) 81 ff., 95; *Prott* Syr. J. Int'l. & Com. 10 (1983) 333ff., 349; *Schmeinck* S. 109; *de Visscher* Mouseion 43/44 (1938) 7ff., 19, 31.

2 *Colley* Ga. J. Int'l. & Comp. L. 8 (1978) 462ff., 479; *Jote* S. 172.

3 Besonders Mexiko machte hinsichtlich einer Rückführungsregelung Druck, auch unter Hinweis auf den 1936 geschlossenen bilateralen Vertrag über die Rückführung von gestohlenen Kraftfahrzeugen, von dem vor allen Dingen die USA profitierten, *Abramson/Huttler* L. & Pol. Int'l. Bus. 5 (1973) 932ff., 943.

gegenüber dem sonst geltenden Recht liegt darin, daß der „Exportstaat" nicht mehr die Mühe einer Rückgabeklage vor den nationalen Gerichten des „Importstaates" auf sich nehmen muß und eine Rückführung erfolgen kann, ohne daß die genaue Herkunft des Kulturguts und die Tatsache seines Diebstahls genau bewiesen werden muß.[4]

I. Staatsvertrag zwischen den USA und Mexiko[5]

Der zwischen den USA und Mexiko geschlossene Staatsvertrag trat 1971 in Kraft. Sein Anwendungsbereich ist auf bestimmte Kulturgüter beschränkt, nämlich auf Gegenstände archäologischer, historischer und kultureller Bedeutung,[6] die im Eigentum der Bundes-, Bundesstaats- oder Gemeinderegierung stehen.[7] Jede Partei verpflichtet sich, nach dem Inkrafttreten des Vertrages gestohlenes[8] Kulturgut zurückzugeben. Die Rückgabeforderungen werden auf diplomatischem Wege geltend gemacht. Wenn es dem ersuchten Staat nicht möglich ist, die Rückgabe zu bewirken, kann der Bundesstaatsanwalt dieses Landes eine zivilrechtliche Klage gegen den Besitzer auf Herausgabe erheben.[9] Der Ver-

---

4 Vgl. *Truslow* N. Y. U. J. L. & Pol. 15 (1983) 839ff., 848f.

5 Treaty of Co-operation between the United States of America and the United Mexican States Providing for the Recovery and Return of Stolen Archaeological, Historical and Cultural Properties v. 17.7.1970, I. L. M. 9 (1970) 1028ff.; abgedr. bei: *Merryman/Elsen* 3. Aufl., S. 125ff.; *Williams* App. VII, S. 287ff.

6 Dieser Begriff wird in Art. 1 näher definiert.

7 Das mag auch ein Grund sein, warum durch das mexikanische Kulturgüterschutzgesetz von 1972 alle archäologischen Gegenstände zu Staatseigentum erklärt worden sind, *Gonzalez* Col. J. Trans. L. 12 (1973) 316ff., 326, s. o. 4. Kap. § 3 I.

8 Der Vertrag definiert den Begriff „gestohlen" nicht. Wegen der weitreichenden Eigentumserklärungen durch das mexikanische Gesetz werden aber auch alle unrechtmäßig ausgegrabenen bzw. ausgeführten Gegenstände als gestohlen angesehen.

9 Art. 3 des Staatsvertrags: (1) *Each party agrees, at the request of the other party, to employ legal means at its disposal to recover and return from its territory stolen archaeological, historical and cultural properties that are removed after the date of entry into force of this Treaty from the territory of the requesting party.*
(2) *Requests for the recovery and return of designated archaeological, historical and cultural properties shall be made through diplomatic offices. The requesting Party shall furnish, at its expense, documentation and other evidence necessary to establish its claim to the archaeological, historical or cultural property.*
(3) *If the requested Party cannot otherwise effect the recovery and return of a stolen archaeological, historical or cultural property located in its territory, the appropriate authority of the requested Party shall institute judicial proceedings to this end. For this purpose, the Attorney General of the United States of America is authorized to institute judicial proceedings in the appropriate district court of the United States of America, and the Attorney General of the United Mexican States is authorized to institute proceedings in the appropriate district court of*

trag sieht aber keine sach- oder internationalprivatrechtlichen Normen hinsichtlich des Eigentumserwerbs an solchem Kulturgut und der Rückgabe vor,[10] sondern legt lediglich die verfahrensrechtliche Vorgehensweise fest.[11] Insofern ist die Rückgabe ausgeschlossen, wenn ein Herausgabeanspruch nach den allgemeinen Regeln verjährt ist oder ein gutgläubiger Erwerb stattgefunden hat.[12]

Zur Umsetzung des amerikanisch-mexikanischen Vertrages wurde in den USA 1972 ein gesetzliches Importverbot[13] für präkolumbianische Kulturgüter[14] erlassen, allerdings nur für abgetrennte Teile unbeweglicher Monumente bzw. für architektonische Bestandteile. Sie können nur unter Vorlage einer Bescheinigung, aus welcher hervorgeht, daß sich der Export in Übereinstimmung mit den Bestimmungen des Ursprungslands vollzogen hat, eingeführt werden. Zusätzlich wurden auch einige Zollvorschriften geändert.[15] Diese Regelungen geben den US-Zollbehörden die Möglichkeit, präkolumbianisches Kulturgut gleich bei der Einfuhr zu beschlagnahmen, um der Rückgabeverpflichtung nachzukommen.

Der Vertrag zwischen den USA und Mexiko führt dazu, daß in Mexiko als *res extra commercium* behandelte Kulturgüter zurückgegeben werden müssen. Die Rückgabeverpflichtung ist allerdings auf Kulturgüter von außerordentlicher Bedeutung beschränkt; außerdem ist sie ausgeschlossen, wenn in den USA ein wirksamer Eigentumserwerb stattgefunden hat. Die Rückgabe erfolgt also nicht wegen einer Anerkennung der Verkehrsunfähigkeit der Kulturgüter; sie hat mit dem Status als *res extra commercium* gar nichts zu tun. Allerdings führt die Rückführung der Kulturgüter nach Mexiko dazu, daß die Sachen wieder mexikanischem Recht unterliegen und insofern auch wieder dem Status der Extrakommerzialität.

---

the United Mexican States. Nothing in this Treaty shall be deemed to alter the domestic law of the Parties otherwise applicable to such proceedings.

10 Vgl. Art. 3 Abs. 3 S. 3 des Staatsvertrags.

11 *Siehr* RdC 243 (1993) 9ff., 105.

12 *Kreuzer* RdC 259 (1996) 9ff., 181; *Müller-Katzenburg* S. 98; *Walter* S. 64; vgl. auch *Gonzalez* (Fn. 7) 321; a. A.: *Jote* S. 163.

13 Regulation of Importation of Pre-Columbian Monumental or Architectural Sculpture or Murals, Public Law No. 92–587, 19 U. S. C. §§ 2091ff., teilweise abgedr. bei *Merryman/Elsen* (Fn. 5) S. 128f.

14 Das Importverbot ist aber nicht auf aus Mexiko stammende Kulturgüter beschränkt. Maßgeblich ist, daß das Kulturgut aus der präkolumbianischen-indianischen Kultur stammt.

15 Customs Regulations, Part 12, Title 19, Code of Federal Regulations, §§ 12.105 bis 12.109, abgedr. bei *Rovine* S. 432ff.

II. Weitere bilaterale Abkommen

Auch mit anderen Staaten haben die USA bilaterale Vereinbarungen über die Rückführung gestohlener Kulturgüter geschlossen. Mit Peru, Guatemala und Ecuador[16] bestehen sogenannte „Executive Agreements."[17] Anders als der Vertrag mit Mexiko enthalten diese Agreements keine Rechtspflichten für den innerstaatlichen Bereich.[18] Rückgabeforderungen werden auf diplomatischem Wege geltend gemacht. Es besteht aber keine Verpflichtung des ersuchten Staates, gegenüber dem Besitzer eines zurückzugebenden Kulturguts zivilrechtliche Klage zu erheben. Mit anderen Staaten bestehen Vereinbarungen, die auf Art. 9[19] der UNESCO-Konvention von 1970[20] beruhen.[21]

Auch zwischen Mexiko und Guatemala bzw. Mexiko und Peru bestehen Abkommen über die Rückführung von gestohlenen oder ohne Erlaubnis ausgeführten Kulturgütern.[22] Rückführungsabkommen bestehen häufig auch zwischen ehemaligen Kolonien und ihren früheren Mutterländern im Hinblick auf Kulturgut, das während der Kolonialzeit entwendet wurde.[23] Spanien hat bilaterale Staatsverträge mit Großbritannien (1960), Brasilien (1960), Griechenland (1966), Venezuela (1973) und Ecuador (1975) geschlossen, in denen die Regierungen erklärten, auf dem Gebiet der Bekämpfung und Unterbindung des illegalen Handels mit Kunstwerken, Dokumenten und Gegenständen von historischem Wert eng zusammenarbeiten zu wollen.[24]

---

16 *Jaeger* S. 121; *Knott* S. 146f.; *v. Schorlemer* S. 417.

17 *Prott/O'Keefe* III, Rn. 1309; *v. Schorlemer* S. 417.

18 *Streinz* S. 109f.; *Truslow* (Fn. 4) 846.

19 Art. 9 der UNESCO-Konvention v. 1970: *Jeder Vertragsstaat dieses Übereinkommens, dessen kulturelles Erbe durch archäologische oder ethnologische Ausbeutung gefährdet ist, kann sich an andere betroffene Vertragsstaaten wenden. Die Vertragsstaaten dieses Übereinkommens verpflichten sich, in diesen Fällen an gemeinsamen internationalen Aktionen teilzunehmen, mit dem Ziel, erforderliche konkrete Maßnahmen festzulegen und durchzuführen, einschließlich der Überwachung der Ausfuhr, der Einfuhr und des internationalen Handels mit den fraglichen Gütern. Bis zu einer Vereinbarung ergreift jeder Staat im Rahmen seiner Möglichkeiten einstweilige Maßnahmen, um zu verhindern, daß dem kulturellen Erbe des ersuchenden Staates unersetzlicher Schaden zugefügt wird.*

20 S. u. § 2 V.

21 Z. B. mit Kanada, vgl. Agreement between the Government of the United States of America and the Government of Canada Concerning the Imposition of Import Restrictions on Certain Categories of Archaeological and Ethnological Material v. 10. 4. 1997, abgedr. in: IJCP 8 (1999) 245ff. Vor kurzem hat die italienische Regierung ein entsprechendes Gesuch an das US-State-Department gerichtet, *Graaf* SZ v. 24. 1. 2000.

22 Dazu *Walter* S. 69.

23 Z. B. zwischen Zaire und Belgien, Indonesien und den Niederlanden, vgl. *Merryman/Elsen* 2. Aufl., S. 125.

24 Vgl. z. B. Art. IX des Cultural Agreement between Brazil and Spain: *The High Contracting*

Diese Klauseln stellen aber bloße Absichtserklärungen ohne weitere praktische Auswirkungen dar.[25]

§ 2 Multilaterale Staatsverträge

I. Vertragsentwürfe des Internationalen Museumsbüros

Bereits in den dreißiger Jahren gab es Bestrebungen, durch ein internationales Abkommen die Anerkennung nationaler Regelungen zum Schutz von Kulturgut zwischen den Staaten zu fördern und den illegalen Kunsthandel einzudämmen. Insgesamt drei Entwürfe wurden auf Anregung der Internationalen Kommission für geistige Zusammenarbeit[26] und des Völkerbundes vom Internationalen Museumsbüro[27] ausgearbeitet. Ziel war es, die Staaten zur Rückgabe von Kulturgütern zu verpflichten, welche unrechtmäßig veräußert oder aus ihrem Heimatstaat ausgeführt worden waren.[28] Wegen des Ausbruchs des Zweiten Weltkriegs wurde letztlich keiner der Vorschläge verwirklicht. Allerdings wurden viele Überlegungen später bei den Vorarbeiten zu der UNESCO-Konvention von 1970 wieder aufgenommen.[29]

1. Entwurf von 1933[30]

Der Entwurf von 1933 sah in Art. 1 vor, daß sich die Vertragsparteien verpflichten, Rechtsgeschäfte über Gegenstände von künstlerischem, historischem oder wissenschaftlichem Wert, durch welche Bestimmungen eines anderen Vertragsstaates verletzt würden, als nichtig zu behandeln.[31] Rechtsgeschäfte über in ihrem Heimatland

---

Parties undertake to establish close co-operation between the two Administrations, with a view to preventing and suppressing any future illegal traffic in works which are the artistic, historic or documentary property of either country. (abgedr. bei *v. Schorlemer* S. 418).

25 *Prott/O'Keefe* III, Rn. 1303; *v. Schorlemer* S. 419.

26 Dies war ein seit 1921 bestehendes Zweigorgan des Völkerbundes, welches aus 12 vom Völkerbundsrat ernannten Mitgliedern bestand; die Internationale Kommission für geistige Zusammenarbeit war Vorläuferin der UNESCO, vgl. *Engstler* S. 49.

27 Dieses wurde 1926 von einer Unterabteilung der Internationalen Kommission für geistige Zusammenarbeit errichtet, um die Zusammenarbeit zwischen den Museen der einzelnen Ländern zu verstärken, vgl. *Engstler* S. 49 Fn. 83.

28 *Esposito/Fiorillo* S. 117.

29 *Frigo* protezione, S. 201; *v. Schorlemer* S. 423.

30 Projet de convention internationale sur le repatriement des objets d'intérêt artistique, historique ou scientifique, perdus, volés ou ayant donné lieu à une aliénation ou exportation illicite, abgedr. in: Mouseion 23/24 (1933) 243f. Fn. 2, bzw. Mouseion 33/34 (1936) 281ff.

31 Art. 1 des Entwurfs v. 1933: *Les Hautes Parties Contractantes s'engagent à ne pas reconnaître la validité de transactions portant sur des objets mobiliers ou immobiliers, de caractère artis-*

als *res extra commercium* behandelte Kulturgüter wären also wegen Verstoßes gegen das Heimatrecht nichtig gewesen, ohne daß es auf die Kenntnis des Erwerbers von den relevanten Vorschriften angekommen wäre. Der Entwurf enthielt zwar auch Vorschriften über den gutgläubigen Erwerb. Gutgläubigkeit sollte für den Käufer aber lediglich zu einem Schadensersatzanspruch führen[32] und außerdem ausgeschlossen sein, wenn der Verlust des Kulturguts und eine Beschreibung desselben bereits vor dem Zeitpunkt des Erwerbs in einem öffentlichen Publikationsorgan des Internationalen Museumsbüros veröffentlicht worden waren.[33] Voraussetzung einer Rückforderung sollte allerdings weiterhin sein, daß der Verlust des Kulturguts dem Internationalen Museumsbüro gemeldet und in einer der regelmäßig erscheinenden Liste verschwundener Kulturgüter veröffentlicht worden war und daß seit dieser Veröffentlichung nicht bereits fünf Jahre vergangen waren.[34]

Eine Konvention in der Form des ersten Entwurfs hätte also nicht zur automatischen Anerkennung des Status als *res extra commercium* in allen Vertragsstaaten geführt; in diesem Fall hätte die Nichtigkeit des Rechtsgeschäfts und das Bestehen eines Rückforderungsanspruchs des Eigentümers nämlich nicht von der Veröffentlichung des Verlustes und dem Ablauf einer bestimmten Frist abhängig sein können. Die Konvention hätte aber trotz allem zu einem verstärkten Schutz von als *res extra commercium* behandelten Kulturgütern geführt,[35] da die Rückführung an den eigentlichen Eigentümer jedenfalls unter bestimmten Voraussetzungen und während einer gewissen Frist möglich gewesen wäre.

2. Entwurf von 1936[36]

Der erste Entwurf wurde von den meisten Mitgliedstaaten begrüßt, stieß bei den USA, Großbritannien und den Niederlanden aber auf Vorbehalte.[37] Daraufhin arbeitete das Internationale Museumsbüro 1936 einen zweiten Entwurf aus.

---

tique, historique ou scientifique, en cas d'infraction aux dispositions par lesquelles une desdites Parties aurait, conformément à sa legislation, interdit l'aliénation ou exportation illicite.

32 Art. 3 des Entwurfs v. 1933. Vgl. Art. 4 Abs. 1 der UNIDROIT-Konvention, s. u. § 2 IX. 3. b.

33 Art. 4 des Entwurfs v. 1933.

34 Art. 6 des Entwurfs v. 1933. Es ist nicht ganz klar, ob die in Art. 4 erwähnte, die Gutgläubigkeit ausschließende und die in Art. 5 und 6 geforderte Veröffentlichung identisch sind. Daß einerseits bei Veröffentlichung die Gutgläubigkeit ausgeschlossen sein soll, andererseits die Veröffentlichung ohnehin Voraussetzung für die Rückforderung ist, stellt eine Unklarheit dar, auf die auch *de Visscher* hinweist, Rev. dr. int. lég. comp. 62 (1935) 32ff., 70.

35 Vgl. zu der besonderen Rolle, die diese Güter bei den Überlegungen zu dem Entwurf von 1933 gespielt haben, L'activité de l'Office International des Musées 1932/33 – Rapport à la Commission International de Coopération Intellectuelle, Mouseion 23/24 (1933) 235ff., 245f.

36 Projet de convention internationale pour la protection des patrimoines historiques et artistiques nationaux, abgedr. in: Mouseion 33/34 (1936) 283ff.

37 *Goy* AFDI 16 (1970) 605ff., 614; L'activité de l'Office International des Musées 1933/34 – Rapport à la Commission de Coopération intellectuelle, Mouseion 27/28 (1934) 287ff., 288f.

Dieser verwendete insgesamt sehr viel vorsichtigere und schwächere Formulierungen. Die Rückgabe wurde begrenzt auf Gegenstände von bedeutendem Interesse, wobei die diesbezügliche Einschätzung allerdings dem rückfordernden Staat vorbehalten sein sollte.[38] Außerdem sollten die Staaten die Möglichkeit haben, den Anwendungsbereich durch einseitige Erklärung auf Kulturgut im Eigentum eines Staates oder einer öffentlichrechtlichen juristischen Person zu beschränken.[39] Darin zeigte sich schon eine Tendenz, dem Schutz von öffentlichem Kulturgut eine größere Bedeutung zuzumessen als dem Eigentum von Privatpersonen.

3. Entwurf von 1939[40]

1939 wurde von einem Redaktionskomitee, dem der belgische Professor *Charles de Visscher* vorsaß, ein dritter, endgültiger Entwurf ausgearbeitet. Dieser Entwurf grenzte den sachlichen Anwendungsbereich der Konvention noch stärker ein und beschränkte die Möglichkeit der Rückforderung auf Kulturgüter im staatlichen Eigentum bzw. in der Obhut des Staates oder öffentlichrechtlicher Einrichtungen, die zu einer öffentlichen Sammlung gehörten und einzeln inventarisiert waren.[41] *De Visscher* hatte bereits in seinem 1935 erschienenen Aufsatz *„La protection internationale des objets d'art et monuments historiques"*[42] sehr deutlich auf den Unterschied zwischen Regelungen zum Schutz von Kulturgut im Eigentum der öffentlichen Hand und dem Privater hingewiesen.[43] Allerdings sollten die Mitgliedstaaten dieses „Schutzsystem" auch auf Kulturgüter im Eigentum von Privaten oder von Gesellschaften erweitern können.[44] Der Rückgabeanspruch sollte mindestens zehn Jahre lang bestehen, auch länger, wenn der ersuchte Staat eine längere Verjährungszeit kannte.[45]

Wegen seines beschränkten Anwendungsbereichs wurde der Entwurf als Rückschritt gegenüber den vorherigen Entwürfen kritisiert.[46] Positiv ist allerdings zu bewerten, daß er der unterschiedlichen Interessenlage von Kulturgut im Eigentum Privater und solchem, das im Eigentum der öffentlichen Hand steht und der

---

[38] Art. 1 des Entwurfs v. 1936.

[39] Art. 17 des Entwurfs v. 1936.

[40] Projet de convention internationale pour le protection des collections nationales d'art et d'histoire, abgedr. in: Art et Archéologie 1 (1939) 78ff.

[41] Art. 1 und 3 des Entwurfs v. 1939; vgl. *Frigo* (Fn. 29) S. 200; *Genius-Devime* S. 128; *Goy* (Fn. 37) 614.

[42] S. o. Fn. 34.

[43] *De Visscher* (Fn. 34) 68ff.

[44] Art. 17 des Entwurfs v. 1939; *Goy* (Fn. 37) 614.

[45] Art. 10 des Entwurfs v. 1939; *Prott/O'Keefe* III, Rn. 1377.

[46] *Goy* (Fn. 37) 614.

Öffentlichkeit zur Verfügung gestellt worden ist, Rechnung trägt. Hierdurch wird deutlich, daß öffentlichen Kulturgütern, welche in vielen Rechtsordnungen zu *res extra commercium* erklärt worden sind, eine Sonderstellung zukommt und eine Rückforderung in größerem Maße als bei illegal exportiertem Kulturgut im Privateigentum gerechtfertigt ist. Der Entwurf von 1939 sollte einer von der Völkerbundsversammlung einberufenen diplomatischen Konferenz vorgelegt werden, die aber nicht mehr zustande kam.[47]

II. Washingtoner Vertrag von 1935[48]

Der Washingtoner Vertrag von 1935 war der erste multilaterale Staatsvertrag, auf den eine Rückforderung von Kulturgut gestützt werden konnte. Es handelt sich um ein auf die amerikanischen Staaten beschränktes Regionalabkommen, das im Rahmen der Panamerikanischen Union entworfen wurde. In Art. 1 werden, nach Epochen geordnet, diejenigen Kulturgüter aufgeführt, die vertraglichen Schutz genießen sollen. Diese Gegenstände dürfen nur bei Vorliegen einer besonderen Ausfuhrerlaubnis in einen anderen Mitgliedstaat eingeführt werden.[49] Erteilt werden darf eine solche Erlaubnis nur, wenn sich noch identische oder ähnliche Objekte im Land befinden.[50] Illegal eingeführte geschützte Kulturgüter dürfen beschlagnahmt und an ihr Herkunftsland zurückgeben werden.[51] Interessant ist Art. 4,[52] der vorsieht, daß an den von dem Vertrag geschützten Kulturgütern nur ein Nießbrauchsrecht bestehen kann, welches außerdem nur innerhalb desselben Landes übertragbar ist. Die genannten Kulturgüter sollen also nicht im Privateigentum stehen können, was sie rechtlich zu „*res extra commercium*" macht.[53] Art. 4 führt dazu, daß die diesbezüglichen nationalen Regeln, die ein Staat erläßt, auch von den anderen Vertragsstaaten anerkannt werden. Ein gutgläubiger Eigentumserwerb an den geschützten Gütern in einem anderen Vertragsstaat ist daher nicht möglich. Ebensowenig kann jemand in

---

47 *Engstler* S. 51.

48 Treaty on the Protection of Movable Property of Historic Value v. 15.4.1935; abgedr. bei *Hudson* VII, Nr. 409, S. 59ff. Ratifiziert wurde der Vertrag nur von Chile, El Salvador, Guatemala, Mexiko und Nicaragua.

49 Art. 2 des Washingtoner Vertrages.

50 Art. 3 des Washingtoner Vertrages.

51 Art. 5 des Washingtoner Vertrages.

52 Art. 4 des Washingtoner Vertrages: *The signatory countries understand that those who have objects declared to be movable monuments, can only enjoy the usufruct, which is transferable only within the same country, and they undertake to legislate to that effect.*

53 Fraglich ist aber, ob der Begriff *res extra commercium* wirklich der Realität entspricht, wenn die Gegenstände, auch wenn sie rein formal nicht im Privateigentum stehen können, durch Übertragung des Nießbrauchsrechts frei gehandelt werden könne, s. o. 4. Kap. § 4 I. 3.

einem anderen Vertragsstaat – vom Berechtigten oder gutgläubig – ein Nießbrauchsrecht erwerben, weil dieses gemäß Art. 4 nur im Herkunftsland übertragen werden kann.[54]

In der Praxis hat der Washingtoner Vertrag von 1935 – wie es scheint – keinerlei Anwendung gefunden.[55] Allerdings sind viele südamerikanische Staaten dem Modell des Vertrags gefolgt, indem sie sämtliches Kulturgut oder jedenfalls bestimmte Kategorien als im Eigentum des Staates stehend deklariert haben, es aber trotzdem zulassen, daß die betreffenden Gegenstände von Privaten besessen werden, welche sie auch veräußern können.[56]

III. Europäisches Kulturabkommen von 1954[57]

Das im Rahmen des Europarats ausgearbeitete Europäische Kulturabkommen von 1954 ist das erste Instrument kultureller Zusammenarbeit auf europäischer Ebene. Es zielt darauf ab, das „gemeinsame kulturelle Erbe Europas" zu schützen und zu bewahren, enthält aber keine Bestimmung, die sich auf den Handel mit Kulturgütern bezieht.

IV. Europäisches Übereinkommen über den Schutz des archäologischen Kulturguts von 1969[58]

Auch bei dem 1969 geschlossenen Europäischen Übereinkommen zum Schutz archäologischen Kulturguts handelt es sich um ein Übereinkommen der Mitgliedstaaten des Europarats. Es war ursprünglich darauf ausgerichtet, den illegalen Handel mit archäologischen Kulturgütern zu verbieten. Gedacht war an die internationale Durchsetzung ausländischer Exportkontrollen, die Schaffung entsprechender Importverbote hinsichtlich archäologischer Gegenstände im öffentlichen Eigentum und solcher von herausragender Bedeutung im Privateigentum sowie an Maßnahmen zur Rückführung illegal ausgeführter Kulturgüter.[59]

Diese Punkte wurden später jedoch im wesentlichen ignoriert. Das Abkommen zielt in erster Linie darauf ab, illegale Ausgrabungen und Plünderungen zu ver-

---

54 *Freytag* S. 180; *Walter* S. 48.

55 *Goy* (Fn. 37) 613.

56 S. o. 3. Kap. § 2 V., VI. und 4. Kap. § 3.

57 Abkommen v. 19.12.1954; abgedr. in: BGBl. 1955 II, 1128.

58 Abkommen v. 6.5.1969, abgedr. in: BGBl. 1974 II, 1286.

59 Vgl. *Prott/O'Keefe* III, Rn. 1314.

hindern. Weiterhin finden sich auch Bestimmungen über den Handel mit archäologischen Gegenständen. In Art. 6[60] verpflichten sich die Vertragsstaaten, die Belange des Kulturgüterschutzes beim internationalen Handel mit archäologischen Objekten zu beachten und auf Museen und ähnliche Einrichtungen Einfluß zu nehmen, um den Erwerb von illegal ausgegrabenen oder illegal von Ausgrabungsstätten entfernten archäologischen Kulturgütern zu verhindern. Die damalige Bundesregierung hat allerdings in Erläuterungen zu dem Entwurf des Zustimmungsgesetzes betont, daß bei der Durchführung von Art. 6 Abs. 2 nicht an die Einführung einer Bestimmung gedacht sei, die den Eigentumserwerb an solchen Gegenständen verhindern würde.[61] Daß die in dem Abkommen vorgesehenen Maßnahmen nicht die für den Handel maßgeblichen Vorschriften des Zivilrechts abändern sollen, stellt auch Art. 8[62] klar.[63] Insofern stellen die Verpflichtungen der Mitgliedstaaten reine Absichtserklärungen dar.[64]

An dieser Rechtslage hat sich auch 1992 durch die Revision des Abkommens auf der Konferenz von Valetta nichts geändert. Das Europäische Übereinkommen zum Schutz des archäologischen Erbes ist kein Staatsvertrag, durch den sich die Vertragsparteien zur Anerkennung und Anwendung ausländischer Vorschriften zum Schutz des archäologischen Kulturguts verpflichtet haben. Es zielt insofern auch nicht auf die Anerkennung des verkehrsfeindlichen Status von archäologischem Kulturgut in manchen Staaten ab.

---

60 Art. 6 des Europäischen Übereinkommens v. 1969: (1) *Jede Vertragspartei verpflichtet sich, erforderlichenfalls in der geeignetsten Weise dazu beizutragen, daß die internationale Weitergabe archäologischer Gegenstände nicht den Schutz der in diesen verkörperten kulturellen und wissenschaftlichen Werte beeinträchtigt.*
(2) *Jede Vertragspartei verpflichtet sich insbesondere:*
(a) *soweit Museen und ähnliche Einrichtungen betroffen sind, deren Ankäufe staatlicher Aufsicht unterstehen, die notwendigen Maßnahmen zu treffen, um den Erwerb archäologischer Gegenstände zu verhüten, bei denen aus bestimmten Gründen der Verdacht besteht, daß sie aus unzulässigen Ausgrabungen stammen oder bei amtlichen Ausgrabungen entwendet wurden;* (...).

61 Denkschrift zum Übereinkommen, BT-Drs. 7/896, 11f., 12.

62 Art. 8 des Europäischen Übereinkommens v. 1969: *Die in diesem Übereinkommen vorgesehenen Maßnahmen beschränken weder den rechtmäßigen Handel mit archäologischen Gegenständen und das rechtmäßige Eigentum daran, noch berühren sie die Rechtsvorschriften über die Übertragung derartiger Gegenstände.* Wie der Begriff „rechtmäßig" zu verstehen ist, wird nicht weiter erläutert. Durch das Übereinkommen wird ja überhaupt keine Form des Handels verbindlich eingeschränkt. Insofern könnte auch der gegen nationale Schutzvorschriften verstoßende internationale Handel mit Kulturgütern aus der Sicht des Übereinkommens als rechtmäßig verstanden werden; vgl. dazu auch *Prott/O'Keefe* III, Rn. 1315.

63 Kritik daran üben *Chatelain* Mittel zur Bekämpfung, S. 88; *Fechner* Archäologie, S. 94; *Prott/O'Keefe* III, Rn. 1315; *v. Schorlemer* S. 453.

64 *Fechner* (Fn. 63) S. 93.

V. UNESCO-Konvention von 1970[65]

1. Entstehungsgeschichte

Nachdem die Bemühungen des Internationalen Museumsbüros und des Völkerbundes um ein internationales Abkommen zur Bekämpfung des illegalen Kunsthandels durch die Anerkennung ausländischer Schutzbestimmungen und Rückgabepflichten 1939 durch den Ausbruch des Zweiten Weltkrieges gestoppt worden waren,[66] beschäftigte sich die UNESCO zuerst 1962 wieder mit dem Thema.[67] In der 13. Vollversammlung wurde am 19.11.1964 die „Recommendation on the means of prohibiting and preventing the illicit export, import and transfer of ownership of cultural property“[68] angenommen.[69] Diese Empfehlung stellte die Grundlage und den Anstoß für die Ausarbeitung eines internationalen Abkommens dar. 1969 legte ein Expertengremium den ersten Entwurf vor. Am 14.11.1970 wurde die Konvention angenommen und trat am 24.4.1972 in Kraft.

Die Konvention ist bislang für 91 Staaten in Kraft getreten. Darunter gehört jedoch der überwiegende Teil zu den sogenannten „Exportstaaten.“ Die ablehnende Haltung der meisten Staaten, in die Kulturgüter importiert werden, ist einer der Gründe für die Schwäche und fehlende Effizienz der Konvention.[70] Lange Zeit waren die USA und Kanada die einzigen Importstaaten unter den Vertragsstaaten.[71] In jüngerer Zeit ist die Konvention von Frankreich ratifiziert worden;[72] weitere Staaten haben die Überlegungen über einen Beitritt wieder neu aufgenommen, z. B. die Schweiz.[73] Obwohl die Konvention bereits dreißig Jahre alt ist, ist die Auslegung vieler Vorschriften immer noch sehr unklar und umstrit-

---

65 UNESCO-Konvention v. 14.11.1970 über Maßnahmen zum Verbot und zur Verhütung der unzulässigen Einfuhr, Ausfuhr und Übereignung von Kulturgut; I. L. M. 1971, 289ff.; abgedr. in deutscher Übers. bei *Walter* S. 225ff.

66 S. o. § 2 I.

67 *Walter* S. 49.

68 Eine Recommendation wird von der Generalversammlung der UNESCO beschlossen. Sie ist keine internationale Konvention, der sich die Mitgliedstaaten anschließen können, sondern dient als Modell für nationale Gesetzgebung, *Bolla* N. Y. U. J. Int.'l. L. 15 (1983) 765ff., 765.

69 Abgedr. in: UNESCO, Kompendium I, S. 382ff.; deutsche Übers. bei *Walter* S. 225ff.

70 *Byrne-Sutton* trafic, S. 220f.; *Fechner* (Fn. 63) S. 96; *Prott* ZVglRWiss 95 (1996) 188ff., 189.

71 Mitglied der UNESCO-Konvention war auch die DDR. Die Bundesrepublik hat diese Mitgliedschaft nach der Wiedervereinigung aber nicht fortgeführt, vgl. dazu *Jote* S. 235; *v. Schorlemer* S. 437 Fn. 224; *Streinz* S. 83 Fn. 281.

72 Décret n. 97–435 v. 25.4.1997, J. O. v. 3.5.1997, S. 6680; vgl. *Carducci* S. 3.

73 *Klein* ZSR 1999, 263ff., 266. Möglicherweise wird sich auch die Einstellung der EU-Mitgliedstaaten zur UNESCO-Konvention in Zukunft ändern, da sie aufgrund ihrer Verpflichtung zur Umsetzung der EG-Richtlinie 93/7/EWG (s. u § 3 II. 2.) ohnehin eine offenere Haltung einnehmen werden müssen, vgl. *Palmer* S. 20.

ten. Mittlerweile besteht überwiegend Einigkeit, daß keine der Vorschriften der Konvention „self-executing“ ist, sondern alle noch der internen Umsetzung durch die Mitgliedstaaten bedürfen, damit daraus verbindliche Rechtsfolgen hergeleitet werden können. Damit ist aber noch nicht geklärt, zu was für Umsetzungsregeln die Mitgliedstaaten verpflichtet sind. Einige Staaten, welche die Konvention ratifiziert haben, haben überhaupt keine diesbezügliche Gesetzgebung erlassen,[74] andere die Bestimmungen der Konvention nur in sehr begrenztem Maße umgesetzt. Die Konvention ist gespickt mit Formulierungen,[75] durch welche den Mitgliedstaaten Schlupflöcher[76] gelassen und die staatsvertraglichen Verpflichtungen aufgeweicht werden. Im folgenden sollen diejenigen Bestimmungen, die den internationalen Schutz von als *res extra commercium* behandelten Kulturgütern bewirken können, näher dargestellt werden.[77]

2. Einzelne Vorschriften der Konvention

a. Art. 3[78]

Gemäß Art. 3 ist jeder Export oder Import von Kulturgut unzulässig, wenn dadurch Bestimmungen, die aufgrund des Übereinkommens angenommen worden sind, verletzt werden. Diese Vorschrift ist im Zusammenhang zu Art. 6 zu sehen,[79] der die Staaten verpflichtet, für die Ausfuhr von Kulturgut ein Zertifikat vorzusehen und die Ausfuhr ohne Zertifikat zu verbieten. Gemäß Art. 3 ist also jeder Export und auch der nachfolgende Import als unzulässig zu betrachten, wenn nicht die (nach den Gesetzen des Ausfuhrstaates) rechtmäßige Ausfuhr durch ein Zertifikat belegt ist.

Bereits aus Art. 3 könnte man schließen, daß jeder Import, durch den Gesetze des Ausfuhrstaates verletzt werden, verboten sein soll und sich die Staaten verpflichten, nationale Kulturgüterschutzgesetze wechselseitig anzuerkennen und durchzusetzen.[80] Die Norm verwendet aber nicht den Begriff „unrechtmäßig“

---

74 *Prott/O'Keefe* III, Rn. 1488f.

75 Z. B. *as appropriate for each country, consistent with national legislation, to the extent feasible, consistent with the law of each State, as far as it is able.*

76 *V. Schorlemer* S. 434; *Knott* S. 152, spricht von salvatorischen Klauseln, *Fraoua* trafic, S. 111, von *„clauses échappatoires."*

77 Zu anderen Gesichtspunkten der UNESCO-Konvention v. 1970 vgl. die umfassenden Darstellungen bei *Frigo* (Fn. 29) S. 202ff.; *Prott/O'Keefe* III, Rn. 1401ff.; *v. Schorlemer* S. 427ff.; *Walter* S. 48 ff.; *Williams* S. 178ff.

78 Art. 3 der UNESCO-Konvention: *Die Einfuhr, Ausfuhr und Übereignung von Kulturgut gelten als unzulässig, wenn sie im Widerspruch zu den Bestimmungen stehen, die von den Vertragsstaaten in diesem Übereinkommen angenommen worden sind.*

79 *Prott/O'Keefe* III, Rn. 1413; *Streinz* S. 87.

80 In diesem Sinne wohl *Prott/O'Keefe* III, Rn. 1414f.; *Sandrock* ISWA I, S. 460ff., S. 464.

oder „ungesetzlich", sondern „unzulässig."[81] Möglicherweise soll diese Wortwahl eine bloße Mißbilligung ohne rechtliche Verbindlichkeit zum Ausdruck bringen. Außerdem wird in Art. 7b) i)[82] ein sehr viel differenzierteres Einfuhrverbot ausgesprochen. Art. 7b) i) würde aber keinen Sinn machen, wenn schon aufgrund von Art. 3 die Einfuhr eines größeren Kreises an Kulturgütern verboten wäre. Art. 3 ist also eher als unverbindliche Absichtserklärung denn als verbindlicher Auftrag an die Mitgliedstaaten zu verstehen.[83]

b. Art. 7 a)[84]

In Art. 7a) verpflichten sich die Staaten, Maßnahmen zu ergreifen, um den Erwerb von illegal exportiertem Kulturgut durch Museen oder ähnliche Einrichtungen zu verhindern. Eine geeignete Maßnahme könnte insbesondere darin gesehen werden, den dinglichen Status von als *res extra commercium* behandel-

---

[81] Die englische Fassung spricht von „*illicit*" anstelle von „*illegal*" oder „*unlawful,*" vgl. *Prott/O'Keefe* III, Rn. 1414.

[82] S. u. § 2 V. 2. c.

[83] *Walter* S. 54. Trotzdem war gerade Art. 3 ein Grund für die zurückhaltende Haltung vieler Staaten gegenüber dem Übereinkommen, weil befürchtet wurde, damit ausländische Exportverbote rückhaltlos anerkennen zu müssen, *Prott* (Fn. 70) 190f.; *dies.* Recovery of Stolen Art, S. 205ff., S. 208.

[84] Art. 7 der UNESCO-Konvention: *Die Vertragsstaaten dieses Übereinkommens übernehmen folgende Verpflichtungen:*
a) *Sie ergreifen im Rahmen der innerstaatlichen Rechtsvorschriften die erforderlichen Maßnahmen, um Museen und ähnliche Einrichtungen in ihrem Hoheitsgebiet am Erwerb von Kulturgut zu hindern, das aus einem anderen Vertragsstaat stammt und nach Inkrafttreten dieses Übereinkommens widerrechtlich aus dem betreffenden Staat ausgeführt worden ist. Soweit möglich teilen sie einem Ursprungsstaat, der Vertragspartei dieses Übereinkommens ist, mit, wenn Kulturgut angeboten wird, das nach Inkrafttreten dieses Übereinkommens für beide Staaten widerrechtlich aus jenem Staat entfernt worden ist;*
b) i) *sie verbieten die Einfuhr von Kulturgut, das nach Inkrafttreten dieses Übereinkommens für die betreffenden Staaten aus einem Museum oder einem religiösen oder weltlichen Bauwerk oder einer ähnlichen Einrichtung in einem anderen Vertragsstaat dieses Übereinkommens entwendet worden ist, sofern nachgewiesen werden kann, daß dieses Gut zum Inventar jener Einrichtung gehört;*
ii) *auf Ersuchen des Ursprungsstaates, der Vertragspartei dieses Übereinkommens ist, ergreifen sie geeignete Maßnahmen zur Wiedererlangung und Rückgabe von Kulturgut, das nach Inkrafttreten dieses Übereinkommens für beide betreffenden Staaten eingeführt wurde, sofern der ersuchende Staat einem gutgläubigen Erwerber oder einer Person mit einem Rechtsanspruch an dem Gut eine angemessene Entschädigung zahlt. Gesuche um Wiedererlangung und Rückgabe sind auf diplomatischem Wege zu übermitteln. Der ersuchende Staat stellt auf seine Kosten die Unterlagen und Nachweise zur Verfügung, die zur Feststellung seines Anspruchs auf Wiedererlangung und Rückgabe erforderlich sind. Die Vertragsstaaten erheben auf das nach diesem Artikel zurückgegebene Gut weder Zölle noch sonstige Abgaben. Alle Kosten im Zusammenhang mit der Rückgabe und Zustellung des Kulturgutes werden von dem ersuchenden Staat getragen.*

tem Kulturgut auch nach einem Statutenwechsel anzuerkennen und insofern auch die Möglichkeit des gutgläubigen Erwerbs und der Ersitzung zu verhindern. Art. 7a) steht aber unter dem Vorbehalt „vereinbar mit der innerstaatlichen Gesetzgebung," welcher auf Betreiben der USA eingefügt wurde.[85] Daraus läßt sich wohl entnehmen, daß unter den zu treffenden Maßnahmen nicht solche verstanden werden, die in einer Änderung der gesetzlichen Regeln über den Eigentumserwerb selbst liegen würden.

c. Art. 7b) i)

In Art. 7 b) i) verpflichten sich die Staaten, den Import von inventarisiertem Kulturgut, welches aus einem Museum, einem religiösen oder weltlichen öffentlichen Gebäude oder einer ähnlichen Einrichtung eines Mitgliedstaats gestohlen wurde,[86] zu verbieten. Damit bleibt diese Vorschrift weit hinter der Regelung eines früheren Entwurfs zurück, welche vorsah, den Import von sämtlichen Kulturgütern zu verbieten, für die keine Ausfuhrgenehmigung des Heimatstaats ausgestellt worden war.[87] Die Verpflichtung, ausländisches Kulturgut durch Importverbote zu schützen, wurde in der endgültigen Fassung des Übereinkommens auf einen kleinen Teil von Kulturgütern beschränkt und noch dazu nur im Falle von Diebstahl. Die als *res extra commercium* behandelten Kulturgüter werden von Art. 7b) i) aber im Regelfall erfaßt werden, da es sich dabei häufig um Museumsgut und immer um öffentliches bzw. kirchliches Kulturgut handelt, welches meist in öffentlichen Gebäuden aufbewahrt wird.

d. Art. 7b) ii)

In Art. 7 b) ii) verpflichten sich die Vertragsstaaten, auf Verlangen eines anderen Vertragsstaats das in Art. 7b) i) spezifizierte gestohlene Kulturgut herauszugeben.[88] Voraussetzung für die Rückgabe ist, daß der ersuchende Staat dem

---

[85] *Prott/O'Keefe* III, Rn. 1426. Die USA verstehen Art. 7a) in der Weise, daß die Vertragsstaaten nur, wie bereits nach geltendem Recht, die Erwerbspraktiken staatlicher Museen überwachen müssen.

[86] Es kommt nicht darauf an, in wessen Eigentum diese Kulturgüter standen, *Carducci* S. 243.

[87] Art. 7 des Vorentwurfs, dazu *Fraoua* Commentaire, S. 20f. Sämtliche illegal importierte Kulturgüter hätten nach dieser Vorschrift zurückgegeben werden müssen, auch wenn sie nach nationalem Recht gutgläubig erworben worden waren (in diesem Fall gegen Entschädigung).

[88] Art. 7b) ist kritisiert worden, weil ohnehin fast jede Rechtsordnung den bestohlenen Eigentümer schütze, er insofern nur eine Bekräftigung des geltenden Rechts ausspreche, vgl. *Carducci* S. 245; *Jote* S. 213; *Prott/O'Keefe* III, Rn. 1428; *Siehr* (Fn. 11) 104. Allerdings ist es mit diesem vielbeschworenen Eigentümerschutz bei gestohlenem Kulturgut nicht weit her, wenn der Eigentümer die Sache nur während einer kurzen Ausschlußfrist herausverlangen kann bzw. wie im deutschen Recht bei einer öffentlichen Versteigerung auch gestohlene Sachen gutgläubig erworben werden können. Für Art. 7 b) i) bleibt insofern ein eigenständiger Anwendungsbereich.

gutgläubigen Erwerber oder Eigentümer eine Entschädigung zahlt. Eine zeitliche Begrenzung des Herausgabeanspruchs sieht Art. 7b) ii) nicht vor.[89] Diese Vorschrift ist eine der meistdiskutiertesten des Übereinkommens. Es ist äußerst strittig, ob die Vorschrift schon für sich genommen eine hinreichend präzise Verpflichtung zur Rückgabe darstellt[90] oder noch der Umsetzung bedarf[91] bzw. die Herausgabepflicht erst dann besteht, wenn der ersuchte Staat Art. 7b) i) umgesetzt hat, das Kulturgut also auch unrechtmäßig importiert worden ist.[92]

Problematisch ist, daß nach der Konzeption des Art. 7b) ii) auch Kulturgut zurückgegeben werden soll, an welchem nach innerstaatlichem Recht gutgläubig Eigentum erworben worden ist. Die Konvention schreibt aber keine Anpassung der internen Normen über den gutgläubigen Besitz vor.[93] Es besteht also ein Widerspruch zwischen der staatsvertraglichen Rückgabepflicht und der Rechtslage nach internem Recht. Allerdings muß berücksichtigt werden, daß Anspruchsgegner des Art. 7b) ii) nicht der Besitzer des Kulturguts, der nach nationalem Recht möglicherweise Eigentum erworben hat, ist, sondern der Staat, in dessen Gebiet die Sache belegen ist. Es ist daher Sache dieses Staates, die notwendigen, auch gesetzgeberischen Maßnahmen zu ergreifen, um seiner Rückgabepflicht nachzukommen.[94] Hier stellt sich allerdings wieder die Frage, ob die Verpflichtung zur Rückgabe erst entsteht, wenn der Staat innerstaatliche Gesetze geschaffen hat, die es ermöglichen, das Kulturgut von dem Erwerber herauszufordern. Dies wird von der ganz überwiegenden Meinung aber anscheinend nicht vorausgesetzt.[95] Die durch die Restitutionspflicht bedingten tiefen Eingriffe in die Privatrechtsordnung der Mitgliedstaaten sind ein Grund, weshalb viele Staaten einer Ratifizierung der Konvention skeptisch gegenüberstanden und -stehen.[96]

---

89 *Mußgnug* Recht und Kunst, S. 15ff., S. 26; *Reichelt* Un. L. R. 1985, 42ff., 53, 139ff., *Siehr* (Fn. 11) 210. Bei der Umsetzung haben die Mitgliedstaaten den Anspruch aber teilweise befristet, vgl. sec. 312 des US-amerikanischen CPIA (5. Kap. Fn. 361), der unterschiedliche Verjährungsfristen vorsieht. Dagegen geht der kanadische CPEIA (5. Kap. Fn. 359) von der Unverjährbarkeit des Anspruchs aus, vgl. sec. 31 (9).

90 *Mußgnug* (Fn. 89) S. 25; *Walter* S. 52f.

91 *Bator* Stan. L. Rev. 34 (1982) 275ff., 383: „*If appropriate enabling legislation exists, 7 b would seem to authorize the United States to recover and return the item to the country of origin.*“; zweifelnd auch *Byrne-Sutton* (Fn. 70) S. 220.

92 In diesem Sinne wohl *Prott/O'Keefe* III, Rn. 1429.

93 *Frigo* (Fn. 29) S. 225.

94 *Freytag* S. 181; *Knott* S. 154f.; *Lo Monaco* Riv. dir. int. 71 (1988) 842ff., 853; *Walter* S. 52.

95 *Mußgnug* (Fn. 89) S. 25; *Walter* S. 52f.

96 *Jaeger* S. 20; *Müller-Katzenburg* S. 92; *Reichelt* Rechtsfragen, S. 67ff., S. 68; vgl. für die ablehnende Haltung der Bundesregierung auch BT-Drs. 8/4418, 3 und BT-Drs. 10/2237, 41.

Ein weiterer Problempunkt von Art. 7b) ii) ist die Entschädigungspflicht des ersuchenden Staates. Diese lehnt sich an einige romanische Rechtsordnungen an, in denen der gutgläubige Erwerber einer gestohlenen Sache gegenüber dem Eigentümer ein sogenanntes Lösungsrecht hat.[97] Die Formulierung *„to an innocent purchaser or to a person that has valid title to that property"* ist insofern undeutlich, weil nicht klar ist, ob mit *„innocent purchaser"* auch derjenige gutgläubige Erwerber gemeint ist, der nach innerstaatlichem Recht[98] kein Eigentum erworben hat und die Sache grundsätzlich entschädigungslos zurückgeben müßte. Eine solche Interpretation würde dazu führen, daß er im Anwendungsbereich der UNESCO-Konvention eine privilegiertere Stellung als bei Anwendung nationalen Rechts hätte. Teilweise wird angenommen, ein Staat könne den Anspruch aus Art. 7b) ii) nur geltend machen, wenn ein zivilrechtlicher Vindikationsanspruch erfolglos wäre.[99] Daß Art. 7b) ii) nur subsidiäre Anwendung finden darf, geht aus dem Wortlaut der Konvention aber nicht hervor. Im übrigen erfaßt Art. 7 auch einen ganz anderen Fall, weil anspruchsberechtigt nicht der Eigentümer, sondern der Herkunftsstaat ist. Die UNESCO-Konvention wollte den Mitgliedstaaten die Möglichkeit geben, gestohlene Gegenstände aufgrund ihrer Zugehörigkeit zum nationalen Kulturerbe zurückzufordern. Es gibt keinen Grund, wieso dies nur gelten soll, wenn ein Rückforderungsanspruch des Eigentümers nicht besteht.

Eine andere Meinung nimmt deswegen richtigerweise an, daß der staatsvertragliche und der zivilrechtliche Rückgabeanspruch selbständig nebeneinanderstehen, Art. 7b) ii) also nur eine zusätzliche Option darstellt.[100] Teilweise wird dann allerdings davon ausgegangen, daß die Entschädigung nach Art. 7b) ii) auch zu zahlen sei, wenn eine Rückgabe nach zivilrechtlichen Vorschriften entschädigungslos erfolgen müsse. Die Entschädigungspflicht sei der „Preis" für die durch Art. 7b) ii) gegebene zusätzliche und erfolgversprechendere Möglichkeit der Rückforderung.[101] Allerdings wäre es mit dem Anliegen der UNESCO-Konvention, die Rückgabe von Kulturgut zu fördern und die Rechte des ursprünglichen Eigentümers in stärkerem Maße zu schützen, schwer zu vereinbaren, daß sie zusätzliche Entschädigungsansprüche zu Lasten des Ursprungsstaates des Kulturguts vorsieht. Die fraglichen Worte in Art. 7b) ii) sollten daher so verstanden werden, daß mit *„innocent purchaser"* nur derjenige gemeint ist, der nach internem Zivilrecht gutgläubig Eigentum erworben hat oder dem Heraus-

---

[97] Vgl. z. B. Art. 2280 franz. C. c.

[98] Vgl. z. B. den angloamerikanischen Rechtskreis oder abgesehen vom Fall des § 935 Abs. 2 BGB die deutsche Rechtsordnung.

[99] *Frigo* (Fn. 29) S. 224; *Gordon* Harv. J. Int'l L. 12 (1971) 537ff., 551; *Williams* S. 184

[100] *Carducci* S. 244; *Fraoua* (Fn. 87) S. 77f.; *Knott* S. 155.

[101] *Knott* S. 155.

gabeverlangen ein Lösungsrecht entgegensetzen kann. Die Notwendigkeit des Zusatzes *„or a person who has valid title to that property"* kann nämlich auch damit erklärt werden, daß es neben dem gutgläubigen Eigentumserwerb auch noch andere Konstellationen geben kann, in denen der Besitzer das Kulturgut nach nationalem Recht nicht herauszugeben braucht, z. B. weil der Vindikationsanspruch verjährt ist oder er die Sache ersessen hat.[102] (Manche Rechtsordnungen setzen für die Ersitzung keine Gutgläubigkeit voraus.) Nach dieser Interpretation hätte ein gutgläubiger Besitzer, der das Kulturgut nach nationalem Recht entschädigungslos herausgeben müßte, auch keinen Anspruch auf Entschädigung nach Art. 7 b) ii).

Die Abwicklung der Rückgabe soll auf diplomatischem Wege erfolgen. Es sind nicht viele Fälle bekannt, in denen die Anwendung der UNESCO-Konvention zu einer Rückführung geführt hat.[103] Wohl unter Berufung auf das Übereinkommen gab z. B. Kuwait 1980 ein zwei Jahre zuvor aus einem Museum in Kairo gestohlenes Gemälde von Van Gogh nach Ägypten zurück.[104] Ein anderer Fall ist die Rückgabe einer aus Italien gestohlenen römische Statue aus dem 1. Jahrhundert v. Chr. durch die Behörden des Staates New York im Jahre 1997.[105] Da die Rückführung von Kulturgut aber häufig aufgrund von außergerichtlichen Verhandlungen und Kompromissen zwischen Regierungsvertretern und den beteiligten Institutionen und Privatpersonen erfolgt, ist auch schwer zu sagen, welchen Einfluß die in dem Abkommen normierten Pflichten und Standards auf das Ergebnis dieser Verhandlungen haben.

e. Art. 13 a) und b)[106]

Vorwegzuschicken ist, daß sich Art. 13 schlecht in das System der sonstigen Bestimmungen der Konvention einfügt. Während Art. 7 des ersten Entwurfs in seiner Reichweite stark eingegrenzt wurde, wurde Art. 13 nicht daran angepaßt.

---

102 In diesem Sinne auch *Fraoua* (Fn. 87) S. 75.

103 Gerichtsentscheidungen, bei denen die Rückführungspflicht von Kulturgut direkt auf die UNESCO-Konvention gestützt wurde, gibt es nicht, da die Forderung nach Rückgabe gemäß Art. 7 b) auf diplomatischem Wege geltend gemacht werden soll. Vielfach wurde aber bei zivilrechtlichen Streitigkeiten zur Unterstützung eines gewonnenen Ergebnisses auf die UNESCO-Konvention Bezug genommen, vgl. *Ecuador c. Danusso* (s. o. 5. Kap. § 2 II. 1. Fn. 23), *Nigeria-Entscheidung* des BGH (s. o. 5. Kap. § 3 V. 1. Fn. 242). Vgl. auch die Entscheidung des EuGMR v. 5. 1. 2000, Rev. dir. int. 83 (2000) 822 ff.

104 *Freytag* S. 181; *Walter* S. 55.

105 Carducci S. 140.

106 Art. 13 der UNESCO-Konvention: *Die Vertragsstaaten dieses Übereinkommens übernehmen ferner im Rahmen ihrer innerstaatlichen Rechtsordnung folgende Verpflichtungen:*
a) *Sie verhüten mit allen geeigneten Mitteln Übereignungen von Kulturgut, durch die eine unzulässige Einfuhr oder Ausfuhr desselben begünstigt werden könnte;*

Daraus resultieren Schwierigkeiten bei der Interpretation der Bestimmungen des Art. 13 und im Zusammenspiel mit anderen Normen.[107]

Gemäß Art. 13a) sollen die Mitgliedstaaten alle geeigneten Möglichkeiten ergreifen, um Übereignungen vorzubeugen, durch die der unzulässige Import oder Export von Kulturgut gefördert werden könnte. Den Mitgliedstaaten wird freie Hand gelassen, wie sie dabei vorgehen. Gemeint sind wohl in erster Linie Maßnahmen der Inventarisierung.[108] Welche Art von Übereignungen geeignet sind, die unzulässige Ausfuhr von Kulturgut zu fördern, wird nicht gesagt. Manche Staaten haben auf Art. 13a) so reagiert, daß sie jeden Verkauf von Kulturgut an Ausländer verboten haben.[109] Mit Art. 13b) verpflichten sich die Vertragsstaaten auf ebenfalls sehr allgemeine und daher unverbindliche Weise, die Koordination zwischen den verschiedenen zuständigen Stellen so zu organisieren, daß eine schnellstmögliche Rückgabe erfolgt.

f. Art. 13 c)

Art. 13c) normiert die Verpflichtung des ersuchten Staates, Klagen des rechtmäßigen Eigentümers auf Rückgabe verlorener oder gestohlener Kulturgüter zuzulassen. Dies ist aber ohnehin der Fall und eigentlich eine Selbstverständlichkeit. Ein darüber hinausgehender Inhalt kann dieser Vorschrift nicht entnommen werden.[110] Weder schafft sie eine besondere Klageart noch gibt sie dem Eigentümer per se einen Vindikationsanspruch.[111]

---

b) *sie tragen für eine Zusammenarbeit zwischen ihren zuständigen Dienststellen Sorge, damit die schnellstmögliche Rückgabe des unzulässig ausgeführten Kulturgutes an den rechtmäßigen Eigentümer erleichtert wird;*

c) *sie lassen Verfahren zur Wiedererlangung verlorengegangenen oder gestohlenen Kulturgutes zu, die vom rechtmäßigen Eigentümer oder in dessen Namen angestrengt werden;*

d) *sie erkennen das unantastbare Recht jedes Vertragsstaates an, bestimmtes Kulturgut als unveräußerlich einzustufen und zu erklären, das schon deshalb ipso facto nicht ausgeführt werden darf, und sie helfen dem betreffenden Staat, das Gut zurückzubekommen, falls es ausgeführt worden ist.*

107 *Fraoua* (Fn. 87) S. 87.

108 *Fraoua* (Fn. 87) S. 88

109 Vgl. *Prott/O'Keefe* III, Rn. 1454.

110 *Fraoua* (Fn. 87) S. 90f. Nicht zu folgen ist der Ansicht *Lo Monacos* (Fn. 94) 852, die Art. 13 c) gegenüber den internen Zivilrechtsregeln als spezielleres Einheitsrecht ansieht und meint, daß eine Vindikation in den Fällen des Art. 13 c) – unter Abdingung der nationalen Vorschriften über den gutgläubigen Eigentumserwerb – immer möglich sei.

111 *Frigo* (Fn. 29) S. 223; *Jaeger* S. 119.

g. Art. 13d)

Wie bereits ihr Titel sagt, zielt die Konvention nicht nur darauf ab, den unzulässigen Import und Export von Kulturgütern, sondern ebenso die unrechtmäßige Übertragung von Eigentum zu verbieten und ihr vorzubeugen. Gemäß Art. 13d) verpflichten sich die Mitgliedstaaten, das unantastbare Recht eines anderen Mitgliedstaates, bestimmtes Kulturgut für unveräußerlich zu erklären, anzuerkennen. Es wird also ausdrücklich auf als *res extra commercium* behandeltes Kulturgut Bezug genommen. Daraus könnte man schließen, daß sich die Staaten durch Art. 13d) verpflichten, rechtliche Bestimmungen anderer Staaten, die Kulturgüter zu *res extra commercium* erklären, auch auf ihrem Territorium anzuwenden, die UNESCO-Konvention von 1970 also zu einer internationalen Anerkennung des Status von Kulturgut als *res extra commercium* führt.[112] Das Zusammenspiel mit anderen Vorschriften und die Interpretation der ganzen Konvention zeigen aber, daß aus Art. 13d) ein solcher Inhalt leider nicht geschlossen werden kann.[113] Denn Art. 13d) steht, wie alle Absätze des Art. 13 unter dem Vorbehalt *„soweit mit der innerstaatlichen Rechtsordnung vereinbar."* Die Vorschrift ist damit nicht self-executing.[114]

Man könnte Art. 13 d) so verstehen, daß sich die Staaten verpflichten, innerstaatliche Vorschriften zu erlassen, welche darauf abzielen, Kulturgüter, die in einem anderen Mitgliedstaat zu *res extra commercium* erklärt worden sind, auch in ihrem Land als unveräußerlich zu behandeln.[115] Kein Staat hat allerdings bei der Umsetzung der Konvention entsprechende Vorschriften erlassen, was darauf schließen läßt, daß Art. 13d) eine solche Interpretation nicht zugemessen wird.[116] Unklar wäre anderenfalls auch das Verhältnis zu Art. 7b) ii) und, ob bei der Rückgabe von als *res extra commercium* behandeltem Kulturgut wie bei

---

[112] So hört es sich teilweise bei Kommentatoren der Konvention, die lediglich die Vorschriften zitieren, auch an; vgl. *D'Addino Serravalle* S. 61; *Goy* (Fn. 37) 623; *Peletan* R. R. J. 1998, 245ff., 253, weswegen häufig ein falscher Eindruck von der Reichweite und Innovation der Konvention besteht.

[113] *Kreuzer* (Fn. 12) 176f.; *Walter* S. 54; a. A. wohl *Lo Monaco* (Fn. 94) 847f.; *Nanetti/Squillante* Riv. dir. int. 1997, 396ff., 404.

[114] Frankreich hätte im Contessini-Fall – angenommen, beide Staaten hätten die UNESCO-Konvention damals schon ratifiziert gehabt – wohl keinen Erfolg gehabt, wenn es verlangt hätte, daß Italien wegen Art. 13d) die Unveräußerlichkeit des franz. Kulturguts anerkennen müsse. Einem Staat bleibt allerdings unbenommen, sich besonders völkerrechtsfreundlich zu verhalten und Art. 13d) den Vorrang vor entgegenstehendem Sachrecht einzuräumen, *Siehr* FS Trinkner, S. 703ff., S. 717.

[115] In diesem Sinne *Fraoua* (Fn. 87) S. 91, 106f.; *Lanciotti* S. 135.

[116] Die USA haben in einem sog. *„understanding"* klargestellt, daß sie Art. 13d) als auf Art. 13c) bezogen verstehen, also unveräußerliches Kulturgut nur insofern schützen, als es sich um gestohlenes oder verloren gegangenes Kulturgut handelt, *Carducci* S. 273.

gestohlenem und illegal eingeführtem Kulturgut eine Entschädigung zu zahlen ist.[117]

Fraglich ist, welcher Gehalt Art. 13d) dann noch bleibt. Eine mögliche Auslegung ist, daß einfach das Recht anderer Staaten anerkannt wird, unter Geltung ihrer *lex rei sitae* bestimmte Kulturgüter als *res extra commercium* zu behandeln,[118] daß also das Recht des Staates A einen im Staat B erfolgten Erwerb einer vom Recht des Staates B als *res extra commercium* behandelten Sache ebenfalls als unwirksam betrachtet. Das folgt aber bereits aus dem Grundsatz vom Schutz wohlerworbener Rechte.[119] Den Mitgliedstaaten würde lediglich die Möglichkeit genommen, das sich aus der Anwendung des alten Statuts ergebende Ergebnis unter Berufung auf den *ordre public* nicht anzuerkennen.

Art. 13d) enthält weiterhin die Verpflichtung der Staaten, dem Ursprungsstaat in dem Fall, daß zu *res extra commercium* erklärte Kulturgüter ausgeführt worden sind, zu helfen, diese Kulturgüter wieder zurückzuerhalten. Diese Verpflichtung ist jedoch so unbestimmt gehalten, daß sie nicht auf eine Stufe mit Art. 7b) ii) gestellt und daraus die Pflicht des Staates geschlossen werden kann, die Sache unabhängig von der innerstaatlichen Rechtslage zurückzugeben. Insofern kann eine Rückführung trotz Art. 13 d) wohl nur solange erfolgen, wie an dem extrakommerziellen Kulturgut kein Eigentum erworben worden ist.

3. Bewertung der Stellung von Kulturgütern als *res extra commercium* im Anwendungsbereich der UNESCO-Konvention von 1970

Zusammenfassend läßt sich sagen, daß die UNESCO-Konvention einen nur mäßigen Fortschritt für den grenzüberschreitenden Schutz von als *res extra commercium* behandelten Kulturgütern gebracht hat. Das liegt zum einen daran, daß die Konvention nur von wenigen Staaten, in die gestohlenes oder illegal ausgeführtes Kulturgut typischerweise verbracht wird, ratifiziert worden ist, zum anderen daran, daß die Konvention nicht unmittelbar anwendbar ist und auch

---

[117] Nach Ansicht von *Carducci* S. 271 ff., stellt Art. 13d) einen neben Art. 7 b) ii) eigenständigen Fall der Rückführung dar. Er sieht darin einen Ansatz in der UNESCO-Konvention zur Rückführung von (lediglich) illegal exportierten Kulturgütern. Die Rückführungspflicht eines unrechtmäßig ausgeführten Kulturguts steht aber unter so vielen Einschränkungen, daß ihre Bedeutung gering ist (wie *Carducci* selbst eingesteht, S. 272: *„minimime et presque inexistante"*). Es muß sich um ein nach dem Recht seines Herkunftsstaates als unveräußerlich behandeltes Kulturgut handeln; die illegale Ausfuhr führt nicht zu einer direkten Rückgabeverpflichtung, sondern nur zu der Verpflichtung, die Rückführung zu erleichtern und selbst diese Verpflichtung besteht nur im Rahmen der nationalen Gesetzgebung.

[118] *Prott/O'Keefe* III, Rn. 1458; *Siehr* (Fn. 11) 104; *Walter* S. 54. In diesem Sinne wohl auch *Frigo* (Fn. 29) S. 211: „(...) *una sorta di riconoscimento ex post* (...)."

[119] S. o. 5. Kap. § 2 II.; vgl. auch die Konstellation in der Sache *Ecuador c. Danusso* (s. o. 5. Kap. Fn. 23).

nur wenige verbindliche Verpflichtungen vorsieht, sondern den Mitgliedstaaten weitestgehend freie Hand läßt, auf welche Art und Weise sie die Zielsetzung der Konvention verwirklichen.[120] Eine internationale Anerkennung des Status als *res extra commercium* könnte durch Art. 13d) der Konvention erreicht werden, wenn diese Norm nicht den Zusatz *„consistent with national legislation"* beinhalten würde, sondern unmittelbar anwendbar wäre oder die Staaten dazu verpflichten würde, die Anerkennung durch eine geänderte Gesetzgebung vorzuschreiben. In seiner jetzigen Fassung und Auslegung ist Art. 13 d) jedoch nahezu bedeutungslos.

Ein Schutz kommt den als *res extra commercium* behandelten Kulturgütern insofern zu, als der größte Teil von ihnen unter die durch Art. 7b) geschützten Kulturgüter fällt, deren Import verboten ist und die trotz gutgläubigen Erwerbes zurückgegeben werden müssen. Nach ihrer Rückgabe unterliegen sie in ihrem Heimatland wieder dem Status der Extrakommerzialität. Die Rückgabe erfolgt jedoch nicht wegen Anerkennung des besonderen dinglichen Status der Kulturgüter und entspricht auch nicht deren Wesen, da einem gutgläubigem Erwerber eine Entschädigung gezahlt werden muß, was bei *res extra commercium* grundsätzlich nicht der Fall ist.[121] Manche Mitgliedstaaten haben für diesen Rückgabeanspruch bei der Umsetzung zudem Verjährungsfristen vorgesehen, wohingegen für *res extra commercium* charakteristisch ist, daß Zeitablauf an der ursprünglichen Rechtslage nichts ändern kann. Im übrigen werden von Art. 7b) nur gestohlene Kulturgüter erfaßt; bei anderen Fällen des unfreiwilligen Besitzverlustes greift die Vorschrift nicht ein.[122]

Die Bedeutung der UNESCO-Konvention von 1970 liegt wahrscheinlich in erster Linie darin, daß zum ersten Mal in einem internationalen (und nicht nur regionalen) Abkommen gemeinsame Ansichten und Wertmaßstäbe hinsichtlich des Schutzes von Kulturgut und der Bekämpfung des illegalen Kunsthandels niedergelegt worden sind. Diese internationalen Standards werden auch von Staaten, welche die Konvention nicht ratifiziert haben, als richtig und gültig empfunden und stellen daher ethisch – wenn auch nicht rechtlich – verbindliche Leitlinien dar.[123] Das wird daran deutlich, daß von Gerichten zur Untermaue-

---

[120] *Lalive* ISWA IV, S. 17ff., S. 18.

[121] Art. 2280 franz. C. c., der ein Lösungsrecht des gutgläubigen Erwerbers vorsieht, findet z. B. auf zum *domaine public* gehörende Kulturgüter keine Anwendung; vgl. aber Art. 20 des Gesetzes v. 1913.

[122] *Streinz* S. 85: *„Ferner ist zu beachten, daß es sich um „entwendete" („stolen") Gegenstände handeln muß. Darunter fallen nicht Unterschlagungen. Letztere kommen in der Museumspraxis aber durchaus vor."*

[123] Vgl. BT-Drs. 8/4418, 3 und BT-Drs 10/2237, 41: *„Die Bundesregierung bejaht Geist und Zielsetzung des Abkommens (...).";* vgl. allgemein zum Zusammenhang zwischen rechtlichen und moralischen Pflichten bei der Rückgabe von Kulturgut *Greenawalt* IJCP 7 (1998) 7ff.

rung eines Ergebnisses auf Normen der UNESCO-Konvention von 1970 Bezug genommen wurde, obwohl die Konvention auf den betreffenden Sachverhalt gar nicht anwendbar war.[124] In diesem Zusammenhang könnte auch Art. 13d) an Bedeutung gewinnen. Die Mitgliedstaaten der UNESCO-Konvention dürfen die Erklärung von Kulturgut eines anderen Vertragsstaates zu *res extra commercium* als Mittel des Kulturgüterschutzes jedenfalls nicht für mißachtenswert halten. Für die Rechtsanwendung kann sich diese Tatsache auf die Frage auswirken, ob eine ausländische Kulturgüterschutznorm bei der Auslegung des anwendbaren Rechts mitberücksichtigt werden oder sogar als Eingriffsnorm mittels einer Sonderanknüpfung selbst Anwendung finden muß.

VI. Konvention von San Salvador von 1976[125]

Die sogenannte San Salvador-Konvention wurde auf Anregung des Council for Education, Science and Culture im Rahmen der Organisation Amerikanischer Staaten (O. A. S.) ausgearbeitet. Ziel des Regionalabkommen ist es, das kulturelle Erbe der amerikanischen Nationen zu erhalten und den illegalen Handel zu verbieten. Zum kulturellen Erbe eines Staates gehören die in Art. 2 aufgezählten geschützten Kulturgüter, wenn sie in diesem Land geschaffen, gefunden oder rechtmäßig erworben worden sind (Art. 5). Gemäß Art. 3[126] soll jede Ausfuhr und Einfuhr dieser Güter unrechtmäßig sein, außer wenn der Ursprungsstaat die Ausfuhr zum Zwecke der Förderung von Kenntnissen über die nationale Kultur genehmigt hat. Daraus könnte man schließen, daß per se jeder Import und Export von Kulturgütern illegal ist bzw. die Mitgliedstaaten der Konvention verpflichtet sind, Export- und vor allem Importverbote zu erlassen. Eine solche Interpretation ist jedoch nicht mit anderen sehr viel vorsichtigeren und unverbindlicheren Formulierungen in der Konvention zu vereinbaren.[127] Jeder Vertragsstaat soll diejenigen Maßnahmen ergreifen, die er als sinnvoll erachtet, um illegalem Export und Import vorzubeugen, und die notwendig sind, um die Rückführung in den Ursprungsstaat zu erreichen (Art. 10). Art. 11 spricht von allen verfügbaren gesetzlichen Mitteln, die ein Staat, auf dessen Gebiet sich aus einem anderen Mitgliedstaat gestohlenes oder illegal exportiertes Kulturgut

---

[124] S. o. Fn. 103.

[125] Convention on the Protection of the Archaeological, Historical and Artistic Heritage of the American Nations v. 16. 6. 1976; abgedr. bei: UNESCO, Kompendium I, S. 370ff.; *Fraoua* (Fn. 76) Ann. II, S. 234ff.; *Williams* S. 280ff.

[126] Art. 3 der San Salvador-Konvention: *The cultural property included in the above article shall receive maximum protection at the international level, and its exportation and importation shall be considered unlawful, except when the state owning it authorizes its exportation for purposes of promoting knowledge of national cultures.*

[127] *Prott/O'Keefe* III, Rn. 1342.

befindet, ergreifen soll, ohne genau festzulegen, wozu der Staat verpflichtet ist. Zwar statuiert Art. 6[128] die Unverjährbarkeit der Rechte und der Klage eines Staates auf Gegenstände seines kulturellen Erbes. Dies nützt aber wohl nicht viel, wenn nach der innerstaatlichen Gesetzgebung die Herausgabe von einem Erwerber wegen Ablaufs bestimmter Fristen nicht mehr verlangt werden kann.[129] Insofern ist der effektive Schutz, der gestohlenem und illegal exportiertem Kulturgut widerfährt, auch im Anwendungsbereich der Konvention von San Salvador von der nationalen Gesetzgebung der Mitgliedstaaten abhängig. Das Abkommen schafft keinen eigenständigen Anspruch auf Rückgabe von Kulturgütern.[130]

Der San Salvador-Konvention gehören nur neun der 32 Mitgliedern der O. A. S. an (Costa Rica, Ecuador, El Salvador, Guatemala, Haiti, Honduras, Nicaragua, Panama und Peru). Insbesondere die USA lehnten eine Ratifizierung ab. Die geringe Zahl von Mitgliedstaaten und insbesondere das Fehlen der USA als dem maßgeblichen Markt für mittel- und südamerikanisches Kulturgut sind wohl der Grund für die relative Bedeutungslosigkeit der Konvention.[131]

VII. Europäisches Übereinkommen über Straftaten gegen Kulturgut von 1985[132]

Die vom Europarat ausgearbeitete Konvention versucht, dem illegalen Handel mit Kulturgütern durch Zusammenarbeit im Bereich des Strafrechts entgegenzuwirken. Obwohl das Abkommen bereits 1985 verabschiedet worden ist, ist es bislang noch nicht in Kraft getreten.[133] Die folgende Darstellung hat insofern nur theoretische Bedeutung. Während sich das Abkommen in erster Linie mit der gerichtlichen Verfolgung von Straftaten gegen Kulturgüter beschäftigt, ist ein

---

128 Art. 6 der San Salvador-Konvention: *The control exercised by each state over its cultural heritage and any actions that may be taken to reclaim items belonging to it are imprescriptible.*

129 *Kreuzer* (Fn. 12) 177f.; *Byrne-Sutton* (Fn. 70) S. 222, schließt aus der Unverjährbarkeit des Eigentums des Herkunftsstaates allerdings, daß die von der Konvention geschützten Kulturgüter niemals wirksam erworben werden können. Eine solche Auslegung würde die unmittelbare Anwendbarkeit der staatsvertraglichen Vorschriften voraussetzen. Diese zweifelt *Byrne-Sutton* auf S. 223 aber selbst an.

130 *Prott/O'Keefe* III, Rn. 1342; *Walter* S. 56.

131 *Walter* S. 56.

132 European Convention on Offences Relating to Cultural Property v. 23.6.1985, I. L. M. 25 (1986) 44ff.

133 Gemäß Art. 21 sind drei Ratifizierungen erforderlich, damit das Abkommen in Kraft treten könnte. Es wurde zwar von sechs Staaten (Griechenland, Italien, Liechtenstein, Portugal, Türkei, Zypern) unterzeichnet, aber bislang von keinem ratifiziert.

Teil mit dem Titel „Rückgabe von Kulturgut" überschrieben. In Art. 6[134] verpflichten sich die Vertragsparteien zur Zusammenarbeit im Hinblick auf die Rückgabe von Kulturgütern,[135] die infolge einer strafrechtlichen Handlung auf das Hoheitsgebiet eines anderen Vertragsstaates gelangt sind. Es folgen Vorschriften, wie diese Zusammenarbeit vor sich gehen soll. Welche Handlungen als Straftat im Sinne der Konvention betrachtet werden, wird im Anhang III aufgezählt. Darunter fallen zwingend Diebstahl, Raub und Hehlerei von Kulturgut.[136] Ein Mitgliedstaat kann aber fakultativ auch andere Handlungen, die in Anhang III Abs. 2 aufgezählt sind, bzw. auch solche, die nicht aufgelistet sind, als Straftat im Sinne der Konvention behandeln (Art. 2 Abs. 2, 3). Zu den in Anhang III Abs. 2 aufgelisteten potentiellen Straftaten gehören auch die Veräußerung von Kulturgut, das in seinem Ursprungsland als unveräußerlich behandelt wird (also *res extra commercium* ist) bzw. bestimmten Veräußerungsbeschränkungen unterliegt und der Erwerb solchen Kulturguts in Kenntnis dieser Vorschriften.[137]

Würde jeder Verlust eines Mitgliedstaats von Kulturgut infolge eines Vergehens im Sinne der Konvention zu einem Rückgabeanspruch führen, hätte das Abkommen sehr weitreichende Konsequenzen. Es würde unter Umständen (bei Erweiterung des Vergehenskatalogs) sogar eine Pflicht zur extraterritorialen Anerkennung von ausländischen *res extra commercium* vorschreiben. Allerdings handelt es sich bei der Konvention um ein Strafrechtsübereinkommen. Das aufgrund eines Vergehens außer Lande gebrachte Kulturgut kann nur dem Täter, nicht aber einem Er-

---

[134] Art. 6 des Übereinkommens: *The Parties undertake to co-operate with a view to the restitution of cultural property found on their territory, which has been removed from the territory of another Party subsequent to an offence relating to cultural property committed in the territory of a Party, notably in conformity with the provisions that follow.*

[135] In App. II Abs. 1 wird definiert, welche Gegenstände von den Mitgliedstaaten zwingend als Kulturgut anzusehen sind. Zusätzlich können die Mitgliedstaaten den Kulturgutbegriff auf im Katalog von App. II Abs. 2 aufgezählte oder auch sonstige Gegenstände erweitern.

[136] App. III: (1) a. *Thefts of cultural property*
b. *Appropriating cultural property with violence or menace.*
c. *Receiving of cultural property where the original offence is listed in this paragraph and regardless of the place where the latter was committed.*

[137] Anh. III: (2) f) i. *alienation of cultural property which is inalienable according to the law of a Party;*
ii. *acquisition of such property as referred to under i, if the person who acquires it acts knowing that the property is inalienable;*
iii. *alienation of cultural property in violation of the legal provisions of a Party which make alienation of such property conditional on prior authorisation by the competent authorities;*
iv. *acquisition of such property as referred to under iii, if the person who acquires it acts knowing that the property is alienated in violation of the legal provisions referred to under iii;*
v. *violation of the legal provisions of a Party according to which the person who alienates or acquires cultural property is held to notify the competent authorities of such alienation or acquisition.*

werber[138] entzogen werden.[139] Ursprünglich war sogar beabsichtigt worden, auch eine Norm über den gutgläubigen Erwerb in das Abkommen aufzunehmen. Während der erste Entwurf lediglich den an den guten Glauben anzulegenden Maßstab formulierte,[140] sah eine überarbeitete Fassung vor, den Erwerb von Eigentum an Kulturgut ganz auszuschließen, wenn es durch eine Straftat erlangt oder illegal aus seinem Herkunftsland exportiert worden war.[141] Der Vorschlag wurde jedoch später wieder zurückgenommen. Auch die Überlegung eines Zusatzprotokolls,[142] welches sich mit der Frage des gutgläubigen Erwerbs beschäftigen sollte, wurde angesichts der Arbeiten von UNIDROIT für ein Übereinkommen über die Rückgabe gestohlener und illegal exportierter Güter[143] wieder aufgegeben.[144] In seiner jetzigen Form führt das Abkommen lediglich zu Erleichterungen bei der praktischen Durchführung von Rückgabeverfahren, geht aber rechtlich über bereits bestehende Rechtshilfeabkommen nicht hinaus.[145]

VIII. Commonwealth Scheme von 1993[146]

Als Reaktion auf die Abweisung der Rückgabeklage des neuseeländischen Staates in der Sache *Attorney General of New Zealand v. Ortiz*[147] begannen die Mitgliedstaaten des Commonwealth mit der Ausarbeitung einer multilateralen Vereinbarung zum Schutz ihres Kulturerbes. Im November 1993 wurde das „Scheme for the Protection of the Material Cultural Heritage" verabschiedet. Die Vereinbarung sieht für einen Commonwealthstaat die Möglichkeit vor, sein illegal ausgeführtes und in einem anderen Mitgliedstaat aufgefundenes Kulturgut herauszufordern.[148] Durch das Commonwealth Scheme werden allerdings keine verbindlichen Verpflichtungen festgelegt. Es werden lediglich Prinzipien aufgestellt, die von den einzelnen Mitgliedstaaten in geltendes Recht umgesetzt werden sollen.[149]

---

138 Es sei denn, der Erwerb stellt wiederum eine Straftat dar.

139 *Fechner* (Fn. 63) S. 95; *Müller-Katzenburg* S. 97.

140 Art. 12, abgedr. bei: *Knott* S. 175.

141 *Frigo* Dir. Com. int. 1988, 611ff., 618 Fn. 9; *Hondius* ISWA II, S. 81ff., S. 85; *Knott* S. 175f.

142 Vgl. *Hondius* (Fn. 141) S. 85.

143 S. u. § 2 IX.

144 *Müller-Katzenburg* S. 97.

145 *Fechner* (Fn. 63) S. 95 Fn. 361; *Prott/O'Keefe* III, Rn. 1323; *Walter* S. 62.

146 Mauritius Scheme for the Protection of the Material Cultural Heritage, abgedr. in: IJCP 3 (1994) 295ff.

147 S. o. 5. Kap. § 2 II. 2. b. aa. Fn. 56.

148 *O'Keefe* I. C. L. Q. 44 (1995) 147ff., 148.

149 *O'Keefe* (Fn. 148) 148, 160.

IX. UNIDROIT-Konvention von 1995[150]

1. Entstehungsgeschichte

Wie bereits aufgezeigt, war eine der großen Schwierigkeiten der UNESCO-Konvention von 1970, daß sie rein öffentlichrechtlicher Natur war und das Privatrecht dabei außer Acht ließ, insbesondere Rückgabeansprüche normierte, ohne die Problematik des gutgläubigen Erwerbs von Kulturgut zu regeln.[151] Daher kam die Idee auf, die Konvention durch privatrechtliche Regelungen zu ergänzen. Für die Ausarbeitung eines diesbezüglichen Entwurfs kamen sowohl die Haager Konferenz für Internationales Privatrecht als auch das Institut für die Vereinheitlichung des Privatrechts UNIDROIT[152] in Betracht. UNIDROIT hatte bereits 1968 und 1974 Entwürfe für ein Einheitliches Gesetz über den Eigentumserwerb kraft guten Glaubens an beweglichen Sachen (LUAB)[153] vorgelegt. Sie wurden aber mit wenig Begeisterung aufgenommen und später nicht weiter verfolgt.[154] Bereits in den Vorarbeiten zum LUAB 1974 war die besondere Situation von Kulturgütern bedacht worden,[155] weswegen man hoffte, die damaligen Überlegungen für den besonderen Zweck des Kulturgüterschutzes nutzen zu können.

1984 erteilte daher die UNESCO UNIDROIT einen Forschungsauftrag für die Erarbeitung einer Studie zu privatrechtlichen Problemen des Internationalen Kulturgüterschutzes. Schnell kam man zu dem Schluß, daß es vorzugswürdig sei, weder den LUAB-Entwurf von 1974 zu adaptieren, weil ein Konsens im Bereich des gutgläubigen Erwerbs zu schwierig sei und man nicht mit einer Ratifizierung durch viele Staaten rechnen könne, noch ein Annexprotokoll zu Art. 7 der UNESCO-Konvention zu schaffen, welcher sich überhaupt nur auf einen geringen Teil an Kulturgütern bezog, sondern ein neues Instrumentarium zu entwickeln.[156]

---

[150] UNIDROIT-Übereinkommen über gestohlene oder rechtswidrig ausgeführte Kulturgüter v. 24. Juni 1995, I. L. M. 34 (1995) 1330ff.; nichtamtliche deutsche Übers. abgedr. in: ZVerglRWiss 95 (1996) 214ff.

[151] S. o. § 2 V. 2. d.

[152] UNIDROIT ist eine intergouvernementale Organisation mit Sitz in Rom, deren Ziel es ist, die weltweite Vereinheitlichung des Privatrechts durch die Ausarbeitung von Konventionen und Modellgesetzen zu fördern. Der Organisation gehören zur Zeit 58 Staaten an. UNIDROIT wurde 1926 unter der Schirmherrschaft des Völkerbundes und 1940 auf der Grundlage einer multinationalen Vereinbarung neu gegründet.

[153] Projet de Convention portant loi uniforme sur l'acquisition de bonne foi d'objets mobiliers corporels (LUAB de 1974), UNIDROIT, Etude XLV-Doc. 58 (1975).

[154] *Reichelt* (Fn. 89) 59; *Schmeinck* S. 122f. Der Entwurf wurde niemals einer Staatenkonferenz zur Billigung vorgelegt, *Siehr* RabelsZ 59 (1995) 454ff., 457.

[155] UNIDROIT, Etude XLV-Doc. 49 (1974) 24; Doc. 56 (1974) 16f.

[156] Les activités d'UNIDROIT en 1985, Rev. int. dr. comp. 1986, 127ff., 130f.; vgl. bereits *Reichelt* (Fn. 89) S. 61.

Die Entstehungsgeschichte der UNIDROIT-Konvention von 1995 zeigt insofern, daß sie nicht im Gegensatz zu der UNESCO-Konvention steht, sondern vielmehr in einem Verhältnis der Kooperation und Ergänzung.[157] Aufbauend auf zwei Studien der österreichischen Professorin *Gerte Reichelt*[158] wurde in den Jahren 1988 bis 1990 von einer unabhängigen Studienkommission ein erster Entwurf ausgearbeitet, der zwischen 1990 und 1994 auf vier Sitzungen von einer Regierungsexpertenkommission diskutiert wurde. Im Juni 1995 wurde im Rahmen der diplomatischen Abschlußkonferenz, an der 78 Staaten und mehrere Regierungs- und Nichtregierungsorganisationen teilnahmen, die endgültige Fassung mit einer Mehrheit von 37 Stimmen gegen fünf Gegenstimmen verabschiedet.[159] Die Konvention trat am 1. Juli 1998 in Kraft (nach der Annahme durch fünf Staaten, Art. 12 Abs. 1). Mittlerweile wurde die Konvention von 8 Staaten ratifiziert,[160] 4 Staaten sind ihr beigetreten.[161]

Die UNIDROIT-Konvention sieht sowohl Vorschriften für die Rückgabe gestohlener Kulturgüter als auch für die Rückführung illegal ausgeführter Kulturgüter vor, vereint also zum ersten Mal zivilrechtliche und öffentlichrechtliche Probleme in einer Konvention.[162]

2. Anwendungsbereich

Die UNIDROIT-Konvention geht von einem ‚autonomen Kulturgutbegriff aus.[163] Bei der Frage, welche Gegenstände in den Anwendungsbereich des Abkommens fallen, wird also anders als z. B. bei der UNESCO-Konvention[164] oder auch der europäischen Richtlinie[165] kein Rückgriff auf das nationale Recht genommen. Die Konvention bestimmt in Art. 2 und einem Anhang selbst, was sie als schützenswertes Kulturgut ansieht.

---

157 *Carducci* S. 238; *Droz* Rev. cr. dr. int. pr. 86 (1997) 239ff., 246; *Frigo* Riv. dir. int. pr. proc. 32 (1996) 435ff., 463; *Prott* Recovery of Stolen Art, S. 205ff., S. 214f.

158 UNIDROIT, Etude LXX-Doc. 1 (1985) (= Un. L. R. 1985, 42ff.), UNIDROIT, Etude LXX-Doc. 4 (1988) (=Un. L. R. 1988, 52ff.).

159 Die Bundesrepublik Deutschland enthielt sich zusammen mit der Schweiz und den USA der Stimme.

160 In chronologischer Reihenfolge: Litauen, Paraguay, Rumänien, Peru, Ungarn, Bolivien, Finnland und Italien (Stand v. 31. 1. 2001).

161 In chronologischer Reihenfolge: China, Ecuador, Brasilien und El Salvador. Die Konvention ist für 12 Staaten in Kraft getreten (Stand v. 31. 1. 2001). Frankreich will offenbar demnächst beitreten, vgl. *Coulée* R. G. D. I. P. 2000, 359ff., 360 Fn. 2.

162 *Reichelt* Neues Recht, S. 55ff., S. 60.

163 *Carducci* S. 235.

164 S. o. § 2 V.

165 S. u. § 3 II. 2. a.

Die gesamte Konvention bezieht sich gemäß Art. 1 nur auf Ansprüche internationaler Art. Über diesen Zusatz, der im Vorentwurf von 1990 nicht vorhanden war, hat es heftige Diskussionen gegeben. Es wurde befürchtet, daß Fälle wie *Winkworth v. Christie's*[166] von der Konvention nicht erfaßt würden, wenn sich die Sache im Zeitpunkt der gerichtlichen Entscheidung wieder in ihrem Ursprungsland befinde. Die Formulierung „Anspruch von internationaler Art" ist jedoch nach Sinne und Zweck der Konvention auszulegen und umfaßt daher richtigerweise auch Sachverhalte, in denen ein Kulturgut das Land verlassen hat, unter einer anderen Rechtsordnung gutgläubig erworben worden ist und dann wieder zurückgekehrt ist.[167]

Vorwegzuschicken ist noch, daß die Vorschriften der UNIDROIT-Konvention keine Rückwirkung haben. Das Abkommen tritt für einen Staat sechs Monate nach der jeweiligen Ratifizierung in Kraft (Art. 12). Die Regelungen, insbesondere auch die Verjährungsfristen,[168] beziehen sich nur auf nach diesem Zeitpunkt erfolgte Diebstähle bzw. illegale Exporte (Art. 10[169]).

3. Rückgabe gestohlener Kulturgüter

Der gutgläubige Erwerb an Kulturgut wurde im Rahmen der UNIDROIT-Konvention nicht vereinheitlicht, sondern nur indirekt durch die Behandlung seiner Rechtsfolgen geregelt.[170] Art. 3 Abs. 1[171] legt fest, daß der Besitzer eines gestohlenen Kulturgutes dieses zurückgeben muß. Im Anwendungsbereich der Konvention kann ein gutgläubiger Eigentumserwerb dem Herausgabeanspruch also

---

[166] S. o. 5. Kap. Fn. 146.

[167] *Carducci* S. 203; *Droz* (Fn. 157) 249; *Frigo* (Fn. 157) 440; *Siehr* IJCP 1 (1992) 321ff., 326; *ders.* (Fn. 154) 463.

[168] Dazu *Reichenau* S. 49.

[169] Art. 10 der UNIDROIT-Konvention: (1) *Die Bestimmungen von Kapitel II finden Anwendung auf ein Kulturgut, das gestohlen wurde, nachdem dieses Übereinkommen in bezug auf den Staat, in dem die Klage erhoben wird, in Kraft getreten ist, unter dem Vorbehalt, daß:*
a. *das Gut im Hoheitsgebiet eines Vertragsstaates gestohlen wurde, nachdem dieses Übereinkommen in bezug auf diesen Staat in Kraft getreten ist, oder*
b. *das Gut sich in einem Vertragsstaat befindet, nachdem dieses Übereinkommen in bezug auf diesen Staat in Kraft getreten ist.*
(2) *die Bestimmungen von Kapitel III finden nur auf ein Kulturgut Anwendung, das rechtswidrig ausgeführt wurde, nachdem dieses Übereinkommen in bezug auf den ersuchenden Staat wie auch den Staat, in welchem der Anspruch geltend gemacht wurde, in Kraft getreten ist.*
(3) (...)

[170] *Reichelt* (Fn. 96) S. 73; *dies.* FS Schwind, S. 205ff., S. 209. *Siehr* (Fn. 154) 461, drückt das so aus: *„Das nationale Recht der Mitgliedstaaten wird nicht geändert, sondern nur der Inhalt dinglicher Berechtigungen im internationalen Rechtsverkehr."*

[171] Art. 3 Abs. 1 der UNIDROIT-Konvention: *Der Besitzer eines gestohlenen Kulturguts hat dieses zurückzugeben.*

nicht entgegengehalten werden; Gutgläubigkeit führt lediglich zu einem Entschädigungsanspruch. Die UNIDROIT-Konvention regelt aber nicht, ob und unter welchen Voraussetzungen ein Erwerber Eigentum erlangt.[172] Diese Frage richtet sich nach dem nationalen Recht.[173]

Der Rückgabeanspruch nach Art. 3 Abs. 1 umfaßt sämtliches in den Anwendungsbereich fallendes Kulturgut[174] und damit einen sehr viel größeren Bestand an Kulturgut als Art. 7b) ii) der UNESCO-Konvention. Öffentliches Kulturgut, welches unter Umständen als *res extra commercium* behandelt wird, genießt insofern, was die Entstehung des Anspruchs angeht, keine privilegierte Stellung gegenüber dem Kulturgut im Eigentum Privater.[175]

a. Gestohlenes Kulturgut

Die Rückgabepflicht nach Art. 3 Abs. 1 besteht nur gegenüber gestohlenem Kulturgut. Der Begriff des Gestohlenseins wird nicht definiert und seine Reichweite war während der gesamten Vorarbeiten sehr umstritten. In früheren Entwürfen des Übereinkommens war ein „weiter Diebstahlsbegriff" vorgesehen, unter den auch andere Arten des Besitzverlustes (durch Betrug, Unterschlagung, widerrechtliche Aneignung von verlorenem Eigentum etc.) hätten fallen sollen.[176] Dieser Ansatz wurde jedoch wieder aufgegeben, da nur der Diebstahl im engeren

---

172 *Carducci* S. 143; *Jaeger* S. 143.

173 Hintergrund ist die Abwendung von der klassischen formellen Rechtsvergleichung hin zu einer funktionalen Rechtsvergleichung, auf der auch die Rechtsvereinheitlichung aufbaut. Für ein einheitliches Sachrecht im Bereich des Kulturgüterschutzes ist weniger die Nivellierung nationaler Rechtsdogmatik erforderlich, als vielmehr die Realisierung der Zielvorstellungen des internationalen Kulturgüterschutzes, vgl. hierzu *Reichelt* (Fn. 162) S. 60.

174 Bei von der UNIDROIT-Konvention geschütztem Kulturgut muß es sich gemäß Art. 2 um ein aus religiösen oder weltlichen Gründen für Archäologie, Vorgeschichte, Geschichte, Literatur, Kunst oder Wissenschaft bedeutungsvolles Gut handeln, welches gleichzeitig zu den in der Anlage aufgeführten Kategorien gehört. Diese Anlage entspricht fast wörtlich dem Art. 2 der UNESCO-Konvention v. 1970. Zu den Abweichungen *Renold* S. 22.

175 Aus dem Wortlaut des Art. 3 Abs. 1 geht direkt nicht hervor, ob es sich um aus einem Mitgliedstaat gestohlenes Kulturgut handeln muß. Ein Vergleich mit der Formulierung über die Rückforderung illegal exportierten Kulturguts legt die Interpretation nahe, daß die Ratifizierung des Abkommens durch den Staat, in dem das Kulturgut gestohlen worden ist, nicht Voraussetzung für die Entstehung des Anspruchs nach Art. 3 Abs. 1 ist, so auch *Carducci* S. 195, S. 199, S. 207; *Jaeger* S. 142; *Renold* S. 21. Aus Art. 10 Abs. 1 geht aber hervor, daß das Kulturgut entweder in einem Mitgliedstaat gestohlen worden sein muß oder sich zumindest gewöhnlich dort befinden muß. Danach fällt zwar das Kulturgut, welches sich kurzfristig – z. B. im Rahmen einer Ausstellung – in einem Nichtmitgliedstaat befunden hat und dort gestohlen worden ist, in den Anwendungsbereich der Konvention und kann in den Mitgliedstaat, in dem es sich normalerweise befindet, zurückgegeben werden. Nach Art. 3 Abs. 1 nicht verlangt werden kann aber die Rückgabe in einen Nichtmitgliedstaat, aus dem ein Kulturgut gestohlen worden ist, *Siehr* Un. L. R. 1998, 671 ff., 675.

176 *Jaeger* S. 144 f.; Art. 2 Abs. 1 des sog. Loewe-Draft, UNIDROIT, Etude LXX-Doc. 3 (1988).

Sinne eine in allen Ländern in gleicher Weise verstandene strafbare Handlung sei, während andere Delikte unterschiedlich behandelt würden.[177] Stattdessen wurde eine Vorschrift eingefügt, die vorsah, daß jeder Staat die Regeln über die Rückgabe gestohlenen Kulturguts auch auf andere Delikte, durch welche dem Kläger das Gut entwendet wurde, erstrecken könne.[178] Auch diese Vorschrift wurde aber später aufgegeben und die Generalnorm des jetzigen Art. 9 Abs. 1[179] für ausreichend gehalten.[180] Art. 9 sieht aber lediglich vor, daß ein Gericht das nach den normalen IPR-Vorschriften anwendbare Zivilrecht anwenden kann. Auch wenn ein Land z. B. Unterschlagung als strafbare Handlung ansieht, führt das nicht zur Bejahung eines Herausgabeanspruchs, wenn dieses Delikt einen gutgläubigen Erwerb nicht ausschließt. Eine weite Auslegung des Diebstahlsbegriffs entspricht eher dem Sinn und Zweck des Abkommens und in den Vorarbeiten wurde auch deutlich gemacht, daß der angerufene Richter bei der Beurteilung, ob die illegale Handlung in den Anwendungsbereich des Übereinkommens fällt, freie Hand haben soll, und diese Qualifizierung sowohl anhand der *lex fori* als auch anhand der nach dem IPR anwendbaren Rechtsordnung vornehmen bzw. den Diebstahlsbegriff autonom auslegen kann.[181] Es

---

[177] *Jaeger* S. 145; UNIDROIT, Etude LXX-Doc. 10 (1989) 9; Doc. 14 (1989) 7; Doc. 18 (1990) 12: „*One of the first problems which is encountered was that of whether only classes of theft should be regulated or whether on the other hand there should be an extension to any other similar act sanctioned by the criminal law. Some members were of the view that only theft should be dealt with, as this was a criminal act, in all legal systems, and that it would be most imprudent to extend the application of uniform law to less clearly defined cases.*" Es wurde also darauf abgestellt, welche Handlungen von strafrechtlicher Relevanz waren, nicht darauf, welche Handlungen einen Eigentumserwerb ausschließen. Daß hier keine Parallele besteht, zeigt das deutsche Recht, nach dessen Gesetzen eine Unterschlagung zwar strafrechtlich verfolgt wird, ein gutgläubiger Eigentumserwerb an der Sache dadurch aber nicht ausgeschlossen ist.

[178] Art. 11 des Vorentwurfs v. 26.1.1990 (Etude LXX-Doc. 18, App. III): *Each Contracting State shall remain free in respect of claims brought before its courts or competent authorities:*
(a) *for the restitution of a stolen cultural object:*
(i) *to extend the provisions of Chapter II to acts other than theft whereby the claimant has wrongfully been deprived of possession of the object;* (...)

[179] Art. 9 Abs. 1 der UNIDROIT-Konvention: *Dieses Übereinkommen hindert einen Vertragsstaat nicht daran, alle Vorschriften anzuwenden, die für die Rückgabe oder die Rückführung gestohlener oder rechtswidrig ausgeführter Kulturgüter günstiger sind als in diesem Übereinkommen vorgesehen.*

[180] *Droz* (Fn. 157) 270, meint, daß die Mitgliedstaaten wegen der Vorschrift des Art. 9 Abs. 1, welche vorsieht, daß die Staaten auch ihr eigenes Recht anwenden können, sofern dieses für die Rückführung von Kulturgut günstiger ist, die Rechtsvorschriften der Konvention über gestohlene Kulturgüter auch in bezug auf andere Delikte anwenden können.

[181] UNIDROIT, Etude LXX-Doc. 19 (1990) 20: „*It emerges in addition* (sc.: zu Art. 11 des alten Entwurfs) *from the discussions of the study group that it is for the court seized of the case to decide whether the act is wrongful, the court being free to chose between the direct application of its own law and the application of its rules of private international law to determine the applicable law.*"; UNIDROIT, Etude LXX-Doc. 39 (1993) 13; Explanatory Report, in: UNIDROIT, Acts and Proceedings, S. 18ff., S. 27.

ist aber fraglich, ob ein Richter soweit gehen wird oder nicht nur immer die Rechtssicherheit der *lex fori* in den Vordergrund stellen wird. Sinn eines internationalen Abkommens ist, daß bestimmte Regeln auf der Basis der Gegenseitigkeit verpflichtend festgelegt werden. Das hat auf der anderen Seite eine geringe Wahrscheinlichkeit zur Folge, daß einseitig über diese Verpflichtungen hinausgegangen wird. Die Beschränkung von Art. 3 auf das Delikt des Diebstahls ist daher zu beklagen, da aus der Sicht des Kulturgüterschutzes der Diebstahl eines Kulturguts nicht anders bewertet werden kann als die Aneignung mittels Betrug, Erpressung, Unterschlagung etc.[182]

Erweitert[183] wird der Diebstahlsbegriff allerdings in Art. 3 Abs. 2.[184] Dem gestohlenen Kulturgut wird Kulturgut gleichgesetzt, welches aus einer illegalen Ausgrabung stammt bzw. von einer rechtmäßigen Ausgrabung illegal entfernt wurde. Diese Gleichsetzung führt dazu, daß archäologisches Kulturgut – unabhängig von seiner Bedeutung – der unbedingten Rückgabepflicht des Art. 3 Abs. 1 und nicht den einschränkenden Kriterien der Rückführung illegal exportierten Kulturgutes unterliegt.[185] Die Gleichstellung steht unter dem Vorbehalt, daß dies mit den Rechtsvorschriften des Staates, in dem die Ausgrabungen stattgefunden haben, vereinbar ist. Dies bedeutet wohl nicht, daß die Rechtsordnung dieses Staates selbst illegale Ausgrabungen ausdrücklich als Diebstahl bezeichnen muß, sondern nur, daß sie solche Vorschriften enthalten muß, die eine Gleichbehandlung grundsätzlich rechtfertigen, z. B. wenn unausgegrabenes archäologisches Kulturgut im Eigentum des Staates steht.[186]

b. Entschädigungspflicht

Gemäß Art. 4 Abs. 1 hat der Besitzer eines gestohlenen Kulturguts, der zur Rückgabe verpflichtet ist, einen Anspruch auf Entschädigung, wenn er beim Erwerb des Kulturguts „gutgläubig" war. Diese Regelung versucht, einen Kom-

---

[182] Vgl. auch *Mußgnug* ISWA V, S. 63ff., S. 70; *Rodota* Report, S. 13.

[183] Diese ausdrückliche erweiternde Auslegung spricht im übrigen auch dafür, daß der Diebstahlsbegriff ansonsten eher eng ausgelegt werden wird.

[184] Art. 3 Abs. 2 der UNIDROIT-Konvention: *Im Sinne dieses Übereinkommens gilt ein rechtswidrig ausgegrabenes oder rechtmäßig ausgegrabenes, jedoch rechtswidrig einbehaltenes Kulturgut als gestohlen, wenn dies mit den Rechtsvorschriften des Staates, in dem die Ausgrabungen stattgefunden haben, vereinbar ist.* Diese Vorschrift gehört zu einer der umstrittensten der Konvention und war in dem Vorentwurf von 1990 noch nicht enthalten, vgl. *Prott* (Fn. 70) 197; *dies.* (Fn. 157) S. 210; *Siehr* (Fn. 167) 324. Kritisch zu der Ausdehnung *Merryman* IJCP 5 (1996) 11ff., 13ff. Letztlich setzten sich aber die von illegalen Plünderungen besonders betroffenen und daher eine Sonderbehandlung archäologischen Kulturgutes fordernden Staaten durch.

[185] Dazu u. § 2 IX. 4.

[186] *Carducci* S. 251, S. 260; *Gardella* Dir. com. int. 1998, 997ff., 1009; *Merryman* (Fn. 184) 13f.

promiß zwischen den extremen Lösungen, dem gutgläubigen Erwerber die Sache zu belassen oder ihm überhaupt keinen Schutz zuzubilligen, zu finden. Gutgläubigkeit i. S. von Art. 4 Abs. 1 setzt voraus, daß der Erwerber weder wußte noch hätte wissen müssen, daß das Kulturgut gestohlen war[187] und außerdem nachweisen kann, daß er mit gebührender Sorgfalt gehandelt hat. Die Anforderungen an die Sorgfaltspflicht werden in Art. 4 Abs. 4[188] konkretisiert. Während in den meisten nationalen Rechtsordnungen Gutgläubigkeit grundsätzlich vermutet wird,[189] erfolgt durch Art. 4 Abs. 1 eine Beweislastumkehr. Um in den Genuß des Entschädigungsanspruchs zu kommen, hat der Besitzer sein sorgfaltsgerechtes Verhalten zu beweisen.

Nicht konkretisiert wird die Höhe der Entschädigung. Die Konvention spricht nur von „angemessener" Entschädigung. Es besteht Einigkeit, daß die Höhe nicht dem Kaufpreis (wie beim Lösungsrecht des französischen oder schweizerischen Recht[190]) entsprechen muß, sondern vom Richter nach den Umständen des Einzelfalles festzusetzen ist. Dabei kann insbesondere auch auf die besondere Situation der sogenannten Entwicklungsländer Rücksicht genommen werden, welche unter Umständen sonst nicht in der Lage wären, ihr Kulturgut zurückzuerlangen.[191]

c. Verjährungsfrist

Der Rückgabeanspruch muß innerhalb einer bestimmten Frist geltend gemacht werden. Art. 3 Abs. 3[192] sieht zwei verschiedene Fristen vor: Der Anspruch verjährt innerhalb von drei Jahren, nachdem der Anspruchsberechtigte Kenntnis

---

[187] Danach würde die Kenntnis von der bloßen Nichtberechtigung des Veräußerers unschädlich sein. Angesichts der erhöhten Nachforschungspflicht kann man in diesen Fällen aber wahrscheinlich davon ausgehen, daß der Besitzer hätte wissen müssen, daß es sich um gestohlenes Kulturgut handelte.

[188] Art. 4 Abs. 4 der UNIDROIT-Konvention: *Zur Prüfung der Frage, ob der Besitzer mit gebührender Sorgfalt gehandelt hat, werden alle für den Erwerb erheblichen Umstände berücksichtigt, namentlich die Eigenschaften der Parteien und das gezahlte Entgelt sowie die Tatsache, ob der Besitzer in einem vernünftigerweise zugänglichen Verzeichnis gestohlener Kulturgüter nachgeschlagen hat, sowie sonstige diesbezügliche Auskünfte und Unterlagen, die er vernünftigerweise hätte erlangen können, und ob er Organisationen zu Rate gezogen hat, zu denen er Zugang haben konnte, und ob er jeden anderen Schritt unternommen hat, den eine vernünftige Person unter denselben Umständen unternommen hätte.*

[189] Vgl. z. B. § 932 BGB, § 3 Abs. 1 ZGB; Art. 2268 franz. C. c., Art. 1147 ital. C. c., Art. 434 span. C. c., *Renold* S. 28.

[190] Vgl. Art. 2280 franz. C. c.: „*(...) le prix qu'elle lui a coûté (...).*"

[191] *Jaeger* S. 146; *Renold* S. 29; *Siehr* (Fn. 167) 322.

[192] Art. 3 Abs. 3 der UNIDROIT-Konvention: *Jeder Anspruch auf Rückgabe muß innerhalb einer Frist von drei Jahren ab dem Zeitpunkt geltend gemacht werden, an welchem dem Anspruchsberechtigten die Belegenheit des Guts und die Identität seines Besitzers bekannt war und in jedem Fall innerhalb einer Frist von fünfzig Jahren ab dem Diebstahl.*

von der Belegenheit des Gutes und der Identität des Besitzers erlangt hat,[193] aber spätestens (d. h. wenn vorher keine Verjährung eingetreten ist, er also nie Kenntnis erlangt hat) 50 Jahre[194] nach dem Diebstahl. Dieser flexible Verjährungsbeginn lehnt sich an die US-amerikanische „*discovery rule*“ an.[195] Damit sieht die UNIDROIT-Konvention eine sehr viel längere Verjährungsfrist für den Anspruch auf Rückgabe von gestohlenem Kulturgut vor als die meisten nationalen Rechtsordnungen und trägt insofern der besonders großen Gefahr, die der Zeitablauf für Kulturgut darstellt, Rechnung.[196]

Die dreijährige Verjährungsfrist schränkt den Schutz des Eigentümers nicht ein, da sie erst zu laufen beginnt, wenn er seine Rechte an dem Kulturgut ohne Probleme und ohne Risiko verfolgen könnte. Sie beruht also mehr auf dem Rechtsgedanken der Verwirkung: Wer in dieser Situation keine Rechtsverfolgung betreibt, bedarf keines Schutzes. Die Festsetzung der absoluten Verjährungsfrist auf 50 Jahre kommt dem Eigentümer sehr entgegen. Die Möglichkeit, daß ein Dieb ein Kulturgut für 50 Jahre verschwinden läßt, besteht zwar immer noch, ist aber bedeutend geringer, da der Gewinn aus einem Verkauf ihm dann in den allermeisten Fällen jedenfalls persönlich nicht mehr zugute kommen wird.

Gemäß Art. 3 Abs. 4[197] unterliegen bestimmte Gruppen von Kulturgütern nur der relativen Verjährungsfrist von drei Jahren. Ansonsten sind die Ansprüche auf

---

[193] Diese Bestimmung wurde im Vergleich zu dem Vorentwurf von 1990 maßgeblich abgeändert. Nach Art. 3 Abs. 2 des Vorentwurfs wäre der Anspruch innerhalb von drei Jahren ab dem Zeitpunkt verjährt, in dem der Berechtigte die Belegenheit des Objekts oder die Identität des Besitzers kannte oder hätte kennen müssen. Nur ein Anhaltspunkt wäre also erforderlich gewesen, um den Lauf der Verjährungsfrist in Gang zu setzen. Das wurde aber als unzureichend angesehen, da der Berechtigte, wenn er den Lageort des Kulturguts kennt, möglicherweise noch nicht weiß, gegen wen er klagen kann. Umgekehrt läuft er bei bloßer Kenntnis der Identität des Besitzers Gefahr, daß dieser, sobald er verklagt wird, das Kulturgut verschwinden läßt oder veräußert. In diesem Fall kann der Berechtigte ohne Kenntnis des Lageorts keine Sicherungsmaßnahmen beantragen, vgl. *Droz* (Fn. 157) 252. Nach der Regelung des Vorentwurfs hätte die Verjährungsfrist außerdem schon bei fahrlässiger Unkenntnis zu laufen begonnen.

[194] Der Vorentwurf sah noch eine Frist von nur 30 Jahren vor, welche von vielen für zu kurz gehalten wurde, vgl. z. B. *Prott* I. C. L. Q. 41 (1992) 160ff., 163.

[195] *Müller-Katzenburg* S. 105. Die *discovery rule* wurde im Arzthaftungsrecht entwickelt und besagt, daß die Verjährungsfrist erst zu laufen beginnt, wenn der Anspruchsberechtigte genügend Informationen erlangt hat, die eine Klage stützen, *Müller-Katzenburg* S. 170 Fn. 421.

[196] S. o. 3. Kap. § 2 I. 2.

[197] Art. 3 Abs. 4 der UNIDROIT-Konvention: *Ein Anspruch auf Rückgabe eines Kulturguts, das Bestandteil eines identifizierten Denkmals oder einer identifizierten archäologischen Stätte ist oder einer öffentlichen Sammlung angehört, unterliegt keiner anderen Verjährungsfrist als der Frist von drei Jahren ab dem Zeitpunkt, an welchem dem Anspruchsberechtigten die Belegenheit des Gutes und die Identität seines Besitzers bekannt war.*

ihre Rückgabe unverjährbar.[198] Darunter fallen Kulturgüter, die Bestandteil eines Denkmals, einer archäologischen Stätte oder einer öffentlichen Sammlung sind. Der Begriff der öffentlichen Sammlung, der in Art. 3 Abs. 7[199] legaldefiniert ist, wird in sehr weitem Sinne verstanden.[200] Wie eine öffentliche Sammlung werden gemäß Art. 3 Abs. 8[201] Gegenstände sakralen oder rituellen Charakters behandelt.

Diese Sonderregel hinsichtlich der Verjährung trägt der Tatsache Rechnung, daß die sich in öffentlichen Sammlungen (z. B. Museen, Bibliotheken) befindlichen Kulturgüter in bestimmten Staaten einem besonderen dinglichen Status unterliegen.[202] In einigen Rechtsordnungen werden sie als unveräußerlich und unverjährbar und deswegen als *res extra commercium* behandelt. In anderen Rechtsordnungen sind sie jedenfalls unverjährbar; Rechte an ihnen können durch Zeitablauf nicht erlöschen. Teilweise unterliegen auch kirchliche Kulturgüter einem besonderen dinglichen Status. Diese Staaten setzten sich bei der Diskussion des Vorentwurfs dafür ein, daß die betreffenden Kulturgüter auch im Anwendungsbereich der UNIDROIT-Konvention keiner Verjährung unterliegen.[203] Voraussetzung für ihre Unverjährbarkeit ist allerdings, daß sie inventarisiert oder einem vergleichbaren Identifikationssystem unterworfen worden sind. Durch Art. 3 Abs. 8 werden ebenfalls Kultgegenstände von Religions- oder Stammesgemeinschaften (auf die der traditionelle Eigentumsbegriff vielfach

---

198 Diese Ausnahmeregel war im Vorentwurf v. 1990 noch nicht enthalten.

199 Art. 3 Abs. 7 der UNIDROIT-Konvention: *Als öffentliche Sammlung im Sinne dieses Übereinkommens ist jede Sammlung inventarisierter oder anderweitig identifizierter Kulturgüter zu verstehen, die:*

a. *einem Vertragsstaat;*

b. *einer regionalen oder lokalen Behörde eines Vertragsstaates;*

c. *einer in einem Vertragsstaat belegenen religiösen Einrichtung, oder*

d. *einer Einrichtung, die hauptsächlich zu kulturellen, pädagogischen oder wissenschaftlichen Zwecken in einem Vertragsstaat gegründet wurde und deren öffentliches Interesse in diesem Staat anerkannt ist, gehören.*

200 *Droz* (Fn. 157) 253.

201 Art. 3 Abs. 8 der UNIDROIT-Konvention: *Ferner unterliegt eine Klage auf Rückgabe eines sakralen oder eines für eine Gemeinschaft bedeutungsvollen Kulturgutes, das einer Eingeborenen- oder Stammesgemeinschaft in einem Vertragsstaat gehört und von ihr als Teil eines traditionellen oder rituellen Brauchs verwendet wird, der Verjährungsfrist, die auf öffentliche Sammlungen Anwendung findet.*

202 UNIDROIT, Etude LXX-Doc. 25 (1992) 7f.; Doc. 48 (1994) 18.

203 UNIDROIT, Etude LXX-Doc. 30 (1992) 12; Doc. 39 (1993) 16: *„In a spirit of compromise, one delegation submitted a written proposal to add a new paragraph to the effect that there should be no limitation period for the bringing of a claim for the restitution of those cultural objects which constituted the very heart of a State, those which were intimately related to the sense of identity of the people, that is to say cultural objects belonging to a State of to a public body in that State."; Bergé* J. D. I. 127 (2000) 215ff., 234; *Frigo* (Fn. 157) 448; *Prott* (Fn. 157) S. 210.

keine Anwendung findet) durch Unverjährbarkeit geschützt. Diese unterliegen allerdings nicht der Inventarisierungspflicht. Denn sie stehen nicht im Eigentum des Staates, sollen aber wegen der beachtlichen spirituellen Bedeutung, die sie für bestimmte Gemeinschaften haben, besonders geschützt werden.[204] Insgesamt fällt auf, daß der Status der Unverjährbarkeit genau denjenigen Kategorien von Kulturgütern zugute kommt, die in den nationalen Rechtsordnungen (sei es als *domaine public*, als klassifiziertes öffentliches Kulturgut oder als *res sacra*) typischerweise als *res extra commercium* behandelt werden.

Die Unverjährbarkeit von Kulturgut gemäß Art. 3 Abs. 4 setzt aber nicht voraus, daß die darunter fallenden Kulturgüter bereits nach nationalem Recht unverjährbar sind; es erfolgt also keine internationale Anerkennung des nach nationalem Recht begründeten dinglichen Status. Vielmehr kommen sämtliche Kulturgüter der Mitgliedstaaten, die einer der genannten Kategorien angehören und inventarisiert sind, auch wenn sie nach ihrem nationalem Recht keiner besonderen Regelung unterliegen, in den Genuß der Unverjährbarkeit. Auch wenn als *res extra commercium* behandelte Kulturgüter im Anwendungsbereich der UNIDROIT-Konvention ansonsten keiner Sonderstellung unterliegen, hat das Konzept des Kulturgüterschutzes durch Extrakommerzialisierung in ihr seinen Niederschlag gefunden, indem besondere Kategorien von Kulturgütern, die als besonders schutzwürdig empfunden werden, der Unverjährbarkeit unterliegen. Zwar werden auch diese Kulturgüter von der Dreijahresverjährung erfaßt. Das schränkt den durch die Unverjährbarkeit erreichten Schutz aber nicht ein, weil die diesbezügliche Verjährung nur eintreten kann, wenn sie vom Anspruchsberechtigten selbst verschuldet ist.[205] Auch bei *res extra commercium* könnte ein Vindikationsanspruch aber wegen Verwirkung verneint werden.[206]

Die Mitgliedstaaten haben allerdings gemäß Art. 3 Abs. 5[207] die Möglichkeit, eine Vorbehaltserklärung abzugeben, daß Ansprüche auf Herausgabe der in Art. 3 Abs. 4 als unverjährbar bezeichneten Kulturgüter einer Verjährungsfrist von 75 Jahren (oder länger) unterliegen.[208] Mit dieser Ausnahmeregel zu Art. 3 Abs. 4 (welcher wiederum eine Ausnahme zu der allgemeinen Verjährungsregel des Art. 3 Abs. 3 darstellt) sollte den Staaten entgegengekommen werden, die das

---

[204] Vgl. *Droz* (Fn. 157) 253.

[205] S. o. § 2 IX. 3. c.

[206] Vgl. o. 5. Kap. Fn. 508.

[207] Art. 3 Abs. 5 der UNIDROIT-Konvention: *Notwithstanding the provisions of the preceding paragraph, any Contracting State may declare that a claim is subject to a time limitation of 75 years or such longer period as is provided in its law. A claim made in another Contracting State for restitution of a cultural object displaced from a monument, archaeological site or public collection in a Contracting State making such declaration shall also be subject to that time limitation.* Die deutsche Übers. in ZVglRWiss 95 (1996) 214ff., 216, gibt die Vorschrift unrichtig wieder.

[208] Einen solchen Vorbehalt haben die Niederlande und China erklärt, *Klein* (Fn. 73) 267.

Konzept der Unverjährbarkeit nicht kennen. Eine Erklärung gemäß Art. 3 Abs. 5 führt dazu, daß der betreffende Staat bei Ansprüchen vor seinen Gerichten die 75-jährige Verjährungsfrist anwenden darf, hat aber andererseits auch zur Folge, daß Ansprüche auf Herausgabe seines eigenen Kulturgutes vor den Gerichten eines anderen Staates derselben Verjährungsfrist unterliegen, auch wenn der ersuchte Staat keinen Vorbehalt erklärt hat, sondern die betreffenden Kulturgüter grundsätzlich als unverjährbar behandeln würde. Diese Konsequenz stellt sozusagen eine Art Sanktionierung des Staates dar, der eine Erklärung abgibt und sich damit den Regeln der Konvention teilweise entzieht.[209] Allerdings ist auch die Verjährungsfrist von 75 Jahren noch sehr lang, so daß die in Art. 3 Abs. 4 aufgeführten Kategorien von Kulturgut auch bei Vorliegen eines Vorbehalts einem sehr großen Schutz unterliegen.[210]

d. Anspruchsberechtigung

Aus Art. 3 Abs. 1 geht nicht hervor, an wen die Rückgabe zu erfolgen hat.[211] Dies könnte sowohl der frühere Eigentümer als auch der frühere Besitzer sein. Kein Problem besteht, wenn früherer Eigentümer und Besitzer, wie zumeist, zusammenfallen. Es sind aber auch Situationen denkbar, wo das nicht der Fall ist, insbesondere wenn nach der Rechtsordnung eines Staates sämtliche Kulturgüter im Staatseigentum stehen, aber trotzdem Besitzrechte Privater an ihnen begründet und übertragen werden können.[212] Bei den Vorarbeiten zu der Konvention wurde beschlossen, diese Frage nicht zu regeln, sondern es dem mit der Frage befaßten Gericht zu überlassen, im Einzelfall zu prüfen, ob der Kläger Tatsachen vorbringt, die eine Rückgabe an ihn gemäß Art. 3 Abs. 1 rechtfertigen.[213]

4. Rückführung illegal ausgeführten Kulturgutes

Während der erste Teil der Konvention zivilrechtliches Einheitsrecht über die Rückgabe von gestohlenem Kulturgut normiert, stellt der zweite Teil eher eine Art Rechts- und Amtshilfeabkommen dar.[214] Die Vorschriften der UNIDROIT-Konvention über die Rückführung illegal exportierten Kulturgutes sind mit der

---

[209] *Frigo* (Fn. 157) 449; *Vrellis* Neues Recht, S. 69ff., S. 86.

[210] Man könnte – wenn auch juristisch keine Unverjährbarkeit vorliegt – hier fast von faktischer Unverjährbarkeit sprechen. Auch wenn die Zeitspannen, innerhalb derer Rückgabeklagen geltend gemacht worden sind, bisher immer noch weit unter dem Zeitraum von 75 Jahren lagen, ist hier allerdings Vorsicht angebracht, da insbesondere in Kriegszeiten gestohlene Kulturgüter häufig erst sehr viel später wieder ausfindig gemacht werden können, *Knopp* S. 8; *Prott* (Fn. 194) 163.

[211] Kritik daran übt *Siehr* (Fn. 167) 326.

[212] S. o. 3. Kap. § 2 V., VI.

[213] *Jaeger* S. 145. *Siehr* (Fn. 167) 326, meint, diese Frage sei nach Prozeßrecht und IPR der *lex fori* zu entscheiden.

[214] *Droz* (Fn. 157) 258.

Haager Konvention über Kindesentführung von 1980 verglichen worden, weil sie einem ähnlichen Schema folgen: Sofern bestimmte Voraussetzungen vorliegen, wird die Herstellung des status quo ante (hier die Rückführung in das Ursprungsland) angeordnet, ohne daß dabei eine Entscheidung über die zugrundeliegende Berechtigung (die Eigentumslage hinsichtlich des Kulturguts) getroffen wird.[215] Art. 5 beschäftigt sich mit der Rückführung von Kulturgütern, wenn bei deren Ausfuhr gegen Rechtsnormen eines Mitgliedstaates verstoßen wurde. Bei dem Rückführungsanspruch illegal ausgeführten Kulturguts handelt es sich um einen öffentlichrechtlichen Anspruch, der von dem Ursprungsstaat vor den Gerichten oder einer anderen zuständigen Behörde geltend gemacht wird. Damit werden die Mitgliedstaaten zu einer extraterritorialen Durchsetzung ausländischer öffentlichrechtlicher Vorschriften verpflichtet, was von den Gerichten bisher überwiegend abgelehnt wurde.[216]

a. Voraussetzungen des Rückführungsanspruchs

Die Rückführung soll jedoch nicht in jedem Fall illegaler Ausfuhr erfolgen, sondern unterliegt besonderen Bedingungen. Der Herkunftsstaat muß nachweisen, daß mindestens eines der in Art. 5 Abs. 3[217] aufgeführten Interessen beeinträchtigt ist.[218] Letztlich sind es aber die Gerichte (oder die jeweiligen zuständigen Stellen) des Belegenheitsstaates,[219] die über das Vorliegen der Kriterien entscheiden, so daß kein Raum für die Besorgnis ist, daß sich die Staaten hierdurch in die Abhängigkeit von möglicherweise übertriebenen und protektionistischen Exportvorschriften begeben.[220] Eher steht zu befürchten, daß Art. 5 der UNI-

---

[215] Vgl. *Droz* (Fn. 157) 259; *ders.* ISWA III, S. 535ff., S. 538ff.

[216] S. o. 5. Kap. § 2 II. 2. b.; vgl. *Roloff* S. 107ff.

[217] Art. 5 Abs. 3 der UNIDROIT-Konvention: *Das Gericht oder jede andere zuständige Behörde des ersuchten Staates ordnet die Rückführung eines rechtswidrig ausgeführten Kulturgutes an, wenn der ersuchende Staat nachweist, daß die Entfernung des Gutes aus seinem Hoheitsgebiet eines oder mehrere der nachstehenden Interessen wesentlich beeinträchtigt:*
a) *die materielle Erhaltung des Gutes oder seiner Umgebung;*
b) *die Unversehrtheit eines komplexen Gutes;*
c) *die Erhaltung von Informationen, z. B. wissenschaftlicher oder historischer Art;*
d) *den traditionellen oder rituellen Gebrauch des Gutes durch eine Eingeborenen- oder Stammesgemeinschaft;*
oder nachweist, daß das Gut für den ersuchenden Staat von wesentlicher kultureller Bedeutung ist.

[218] Für das Vorliegen ist der Herkunftsstaat beweispflichtig, Art. 5 Abs. 3, 4 der UNIDROIT-Konvention.

[219] Art. 8 Abs. 1 der UNIDROIT-Konvention normiert eine zusätzliche internationale Zuständigkeit zu Gunsten des Belegenheitsstaates des Kulturguts. Dieser wird meist mit dem Staat, in dem sich der Wohnsitz des Beklagten, des Besitzers der Sache befindet, identisch sein. Schon wegen der einfacheren Vollstreckungsmöglichkeiten wird meist dort geklagt werden, wo sich das Kulturgut auch befindet.

[220] Vgl. den Redebeitrag v. *Pierre Lalive* abgedr. in Breitler/Byrne-Sutton u. a., Actes d'une table ronde, Débats, S. 66.

DROIT-Konvention die Rückgabe illegal exportierten Kulturguts nur in geringem Maße begünstigen wird, da die Gerichte bzw. Behörden in vielen Fällen, auch um den inländischen Rechtsverkehr zu schützen, das Vorliegen von Kriterien im Sinne des Art. 5 Abs. 3 ablehnen werden.[221]

b. Verjährungsfrist

Was die Verjährungsfrist des Rückführungsanspruchs angeht, sieht Art. 5 Abs. 5 die gleichen Fristen wie Art. 3 Abs. 3 vor (gerechnet ab dem Zeitpunkt der unrechtmäßigen Ausfuhr). Es gibt aber keine Sonderverjährung für die in Art. 3 Abs. 4 aufgeführten Kategorien von Kulturgütern. Als Grund dafür wird angesehen, daß die illegale Verbringung eines Kulturguts aus einer öffentlichen Sammlung etc. ins Ausland nur Folge eines Diebstahls sein kann und deswegen bereits unter Art. 3 fällt.[222] Der Fall des Diebstahls umfaßt aber nicht jeden Fall, bei dem ein Nichteigentümer die Sache ausführt. Unter den Fall der illegalen Ausfuhr fallen auch sämtliche übrigen Fälle, in denen der öffentlichrechtliche Eigentümer den Besitz an dem Kulturgut verliert, z. B. durch Unterschlagung oder Betrug. Hier zeigt sich wieder, daß von vielen bei der Rückführung illegal ausgeführter Kulturgüter immer nur an die Ausfuhr durch den Eigentümer selbst gedacht wird, weswegen die diesbezüglichen Beschränkungen als exzessiv er-

---

[221] Abhilfe könnte die Entscheidung durch eine neutralere Behörde schaffen. Gemäß Art. 8 Abs. 1 der UNIDROIT-Konvention können die Parteien eine Gerichtsstandsvereinbarung treffen oder vereinbaren, die Sache einem Schiedsgericht oder einer anderen zuständigen (gemeint ist wohl: sachlich dafür kompetenten) Behörde vorzulegen. Zu den Vorzügen internationaler Schiedsgerichtsbarkeit im Rahmen der UNIDROIT-Konvention *Sidorsky* IJCP 5 (1996) 19ff., insbesondere 32ff.

[222] *Droz* (Fn. 157) 262f: „*En effet, l'exportation illicite d'un bien faisant partie du domaine public ou d'un musée ne peut être que le fait d'un voleur et l'on retombe dans le cadre du chapitre II. On conçoit mal en effet que l'État lui-même, un musée national ou local, effectue une exportation du bien que contrevienne délibérément aux règles de protection du patrimoine culturel national!*"; *Siehr* (Fn. 175) 680: „*There may be very few cultural treasures in Europe which would be subject to Chapter III of the UNIDROIT Convention and to requests from European States. As most national treasures are already kept in public museums which do not indulge in illegal export, and since these treasures are protected by Chapter II of the UNIDROIT Convention, only objects in private ownership (individuals, private associations or foundations) are apt to be covered by Chapter III.*" Vgl. auch UNIDROIT, Etude LXX-Doc. 30 (1992) 37: „*One representative suggested that if there were to be any chance of obtaining the deletion of the time limit, then Art. 5 of the Convention would have to be restricted to a very limited number of special cases of impairment of the cultural heritage, for example the notion of res extra commercium. The concept was known to certain countries, for example France for objects belonging to public collections and Spain in respect of certain religious objects but in the present state of private international law this concept of res extra commercium was not recognised in all countries. One representative however expressed the view that such a proposal was unrealistic as any illegal export of an object extra commercium would constitute a case of theft or fraudulent acquisition and would therefore be subject to the rules governing limitation of actions in respect of theft.*"

achtet werden und man einer Rückführung negativ gegenübersteht. Solange sich die Rückgabe nach Art. 3 UNIDROIT-Konvention aber auf gestohlenes Kulturgut beschränkt, muß auf die illegale Ausfuhr auch bei öffentlichem Kulturgut abgestellt werden, welches dem öffentlichrechtlichen Eigentümer auf andere Weise als durch Diebstahl entwendet wurde.[223] Insofern erscheint es ungerechtfertigt, daß öffentliches Kulturgut in solchen Fällen nicht den längeren Verjährungsfristen des Art. 3 Abs. 4 unterliegt.

c. Entschädigungsanspruch und Alternative

Auch der gutgläubige Erwerber, der illegal ausgeführtes Kulturgut zurückgeben muß, hat gemäß Art. 6 Abs. 1[224] einen Entschädigungsanspruch, für den grundsätzlich dasselbe gilt wie bei Art. 4. Für die Gutgläubigkeit kommt es darauf an, daß der Erwerber nicht wußte und auch nicht hätte wissen müssen, daß das Kulturgut unrechtmäßig exportiert worden ist.[225] Art. 6 Abs. 2 konkretisiert die Sorgfaltspflicht des Erwerbers.

Als Alternative zum Entschädigungsanspruch kann der gutgläubige Erwerber aber gemäß Art. 6 Abs. 3,[226] obwohl das Kulturgut in seinen Ursprungsstaat zurückgeführt wird, das Eigentum an der Sache behalten oder es entgeltlich oder

---

[223] Vgl. dazu *Mußgnug* (Fn. 182) S. 70.

[224] Art. 6 Abs. 1 der UNIDROIT-Konvention: *Der Besitzer eines Kulturguts, der das Gut nach dessen rechtswidriger Ausfuhr erworben hat, hat zum Zeitpunkt seiner Rückführung Anspruch auf die Zahlung einer angemessenen Entschädigung durch den ersuchenden Staat, unter dem Vorbehalt, daß ihm bei seinem Erwerb nicht bekannt war oder vernünftigerweise hätte bekannt sein müssen, daß das Gut rechtswidrig ausgeführt worden war.*

[225] Unklar ist im Zusammenhang mit der Gutgläubigkeit die Verteilung der Beweislast. Teilweise wird behauptet, diese läge wie bei Art. 4 Abs. 1 beim Erwerber, *Siehr* (Fn. 11) 221 (a. A. allerdings in FS Lalive, S. 763ff., S. 770). Denn dieser sei Gläubiger des Entschädigungsanspruchs, müsse also die den Anspruch begründenden Tatsachen beweisen, *Lalive* (Fn. 120) S. 37. Dagegen spricht allerdings die gegenüber Art. 4 Abs. 1 unterschiedliche Formulierung. Aus dem Wortlaut des Art. 6 Abs. 1 ist eher zu schließen, daß der Erwerber den Entschädigungsanspruch grundsätzlich hat und die fehlende Gutgläubigkeit ein Anspruchsausschlußgrund ist, den die Gegenseite zu beweisen hat. Weiter wird behauptet, die Frage der Beweislastverteilung richte sich nach dem Recht des um Rückführung ersuchten Staates, *Renold* S. 31. Durch diese Interpretation soll offenbar ein Gleichlauf mit Art. 9 Abs. 2 der Richtlinie 93/7/EWG erreicht werden, s. u. § 3 II. 2. f.

[226] Art. 6 Abs. 3 der UNIDROIT-Konvention: *Anstelle einer Entschädigung und im Einvernehmen mit dem ersuchenden Staat kann sich der Besitzer, der das Kulturgut in das Hoheitsgebiet des ersuchenden Staates rückzuführen hat, dafür entscheiden:*
a. *Eigentümer des Gutes zu bleiben oder*
b. *das Eigentum an eine im ersuchenden Staat ansässige Person seiner Wahl, welche die notwendigen Garantien bietet, gegen Entgelt oder unentgeltlich zu übertragen.*
Unter notwendigen Garantien wird verstanden, daß die Person für Schutz, Erhaltung und Sicherheit des Kulturgutes sorgen kann. Dieser Zusatz soll auch verhindern, daß das Kulturgut wieder in den Besitz desjenigen gebracht wird, der es illegal exportiert hat, und wohlmöglich von neuem illegal ausgeführt wird, *Frigo* (Fn. 157) 454.

unentgeltlich an eine im Ursprungsstaat ansässige Person übertragen. Hintergrund dieser Regelung ist, die Rückführung des Kulturguts zu begünstigen, weil die Ursprungsstaaten in manchen Fällen nicht die Möglichkeit haben, die finanzielle Last eines Entschädigungsanspruchs zu tragen. Auf der anderen Seite kann es auch Situationen geben, in denen diese Lösung den Interessen des Erwerbers entgegenkommt. Die Rückführung illegal exportierter Kulturgüter erfordert grundsätzlich nur, daß die Sache auf das Territorium des Ursprungslandes zurückgeführt wird, nicht dagegen die Wiederherstellung der ursprünglichen Eigentumslage.[227]

Fraglich ist, ob der gutgläubige Erwerber dieses Wahlrecht auch bei Kulturgütern hat, die in ihrem Ursprungsstaat als *res extra commercium* behandelt werden und unrechtmäßig exportiert worden sind. Wenn solche Güter in dieses Land zurückkehren, lebt ihr dinglicher Status grundsätzlich auf, weil sie für den Ursprungsstaat immer *res extra commercium* geblieben sind.[228] Die im Ausland an der Sache begründeten Rechte werden nicht anerkannt, weil die Normen über die Verkehrsfähigkeit von Kulturgut international zwingend sind.[229] Das hätte zur Folge, daß der gutgläubige Erwerber einer illegal ausgeführten *res extra commercium* sich zwar gemäß Art. 3 Abs. 3 entscheiden könnte, das Eigentum zu behalten, die Sache aber, sobald sie in das Ursprungsland zurückgekehrt ist, dort als Eigentum des ursprünglichen öffentlichrechtlichen Eigentümers beschlagnahmt werden bzw. gegen den Erwerber mit Erfolg eine Vindikationsklage erhoben werden könnte. Diese Situation ist aber ausgeschlossen, weil das Wahlrecht des gutgläubigen Erwerbers gemäß Art. 3 Abs. 3 immer das Einvernehmen des Ursprungsstaats voraussetzt. Bei als *res extra commercium* behandelten Kulturgütern ist der Ursprungsstaat durch die diesbezüglichen Bestimmungen selbst daran gehindert, an dem Kulturgut Eigentum zu übertragen. Dem käme aber die Erteilung des Einvernehmens im Sinne von Art. 3 Abs. 3 gleich. Das Wahlrecht des gutgläubigen Erwerbers muß bei diesen Kulturgütern deswegen ausgeschlossen sein, bzw. kann der Ursprungsstaat das erforderliche Einvernehmen erst erteilen, wenn die Sache auch nach der *lex originis*, etwa wegen Deklassifizierung, nicht mehr *res extra commercium* wäre.

d. Illegal ausgeführte *res extra commercium*

Als *res extra commercium* behandelte Kulturgüter, die nicht gestohlen, sondern auf andere Weise entwendet und außer Landes gebracht worden sind, können im Rahmen der UNIDROIT-Konvention nur gemäß Art. 5 zurückgefordert wer-

---

227 Dies ist in Fällen, in denen der Eigentümer das Kulturgut unrechtmäßig ausgeführt, sogar gerade nicht gewollt.

228 S. o. 5. Kap. § 2 V. 2.

229 S. o. 5. Kap. § 4 II.

den.[230] Ein Rückführungsanspruch besteht also nur bedingt, nämlich wenn mindestens eines der in Art. 5 Abs. 3 genannten Kriterien vorliegt. Nicht wegen des besonderen juristischen Status, sondern wegen der tatsächlichen Eigenschaften dieser Kulturgüter könnten diese Kriterien aber bei als *res extra commercium* behandelten Kulturgütern häufig erfüllt sein. Bei der Entfernung von Kunstwerken aus einer geschlossenen Sammlung, bei Bibliotheks- und Archivgut könnte man an eine Beeinträchtigung der Unversehrtheit eines komplexen Gutes (b) denken. Unter (b) fallen aber wohl eher Fälle wie die Entfernung von Mosaiken, Teilen von Statuen oder von zu historischen Gebäuden gehörenden Kunstwerken.[231] Bei der Entfernung einzelner Gegenstände aus Sammlungen und Archiven könnte dagegen die Erhaltung von Informationen wissenschaftlicher oder historischer Art (c) beeinträchtigt sein.[232] Insgesamt kommt bei öffentlichen Kulturgut wahrscheinlich häufiger als bei Privateigentum, welches der Öffentlichkeit oft nicht zugänglich ist, eine Berufung auf die wesentliche kulturelle Bedeutung für den ersuchenden Staat in Betracht.[233] Es ist aber zu erwarten, daß die Kriterien von Art. 5 Abs. 3 a–d und insbesondere die Generalklausel von den Gerichten sehr eng ausgelegt werden.

5. Behandlung von *res extra commercium* im Anwendungsbereich der UNIDROIT-Konvention

In der zweiten Vorstudie von *Gerte Reichelt* bestand ein Ansatzpunkt darin, sämtliche Kulturgüter in *res in commercio* und *res extra commercium* zu unterteilen. Jedes Land sollte selbst entscheiden können, welche Kulturgüter „*extra commercium*" sein sollten.[234] Diese sollten nicht gutgläubig erworben oder ersessen werden bzw. sollte ein Rückgabeanspruch nicht verjähren können. Da nicht jede Rechtsordnung das Konzept der *res extra commercium* kennt, zielte dieser Vorschlag wohl nicht auf die internationale Anerkennung des nationalen Rechts ab, sondern darauf, daß jeder Staat das für ihn besonders wichtige Kulturgut benennen und dieses dann in den Mitgliedstaaten als *res extra com-*

---

230 Vgl. deshalb auch die Kritik von *Mußgnug* (Fn. 182) S. 70: „*Chapter II should not solely deal with stolen cultural goods, but should extend the restitution claim to all objects illegally removed from their owners or rightful possessors. If the Convention confines itself to property in public collections and (as far as private art property is concerned) to objects of outstanding importance, it can also care for the restitution of objects lost by embezzlement, treachery and fraud.*"

231 *Carducci* S. 276; vgl. auch den Fall der Fresken von Cazenoves, s. o. 5. Kap. § 8 III. 1. a.

232 UNIDROIT, Etude LXX-Doc. 48 (1994) 30: „(...) *loss of information by removal of objects from their context and irreversible damage to the context, by the break-up of a collection or the loss of documentation* (...)."; vgl. *Prott* (Fn. 194) 165.

233 Vgl. *Siehr* (Fn. 175) 681.

234 *Reichelt* Un. L. R. 1988, 52ff., 89, 125.

mercium gelten sollte, ohne daß ihm dieser Status auch in seinem Heimatland zukommen müsste. Die Überlegung einer staatsvertraglichen Extrakommerzialisierung von bestimmten Kulturgütern wurde später aber, ohne daß darüber umfassend diskutiert worden wäre, wieder fallengelassen.

In diesem Zusammenhang ist aber auch zu bemerken, daß anfangs noch nicht von einer automatischen Rückgabepflicht von gestohlenem Kulturgut, wie sie nun Art. 3 vorsieht, ausgegangen wurde. Nach den ersten Entwürfen hätte die Gutgläubigkeit des Erwerbers nicht nur zu dessen Entschädigung geführt, sondern eine Rückgabe überhaupt ausgeschlossen;[235] dies war auch von *Reichelt* anfangs befürwortet worden.[236] Nachdem die unbedingte Rückgabe bei allen in den Anwendungsbereich der Konvention fallenden gestohlenen Kulturgütern beschlossen worden war, bestand ein viel geringeres Bedürfnis, bestimmtem Kulturgut unter dem Begriff der *res extra commercium* einen besonderen Schutz zuzubilligen. Dem Problem der Verjährung kamen die Autoren der Konvention entgegen, indem sie für besonders schützenswertes Kulturgut besondere Verjährungsregeln vorsahen.[237] Insgesamt wollte man die Unterscheidung zwischen verschiedenen Kategorien von Kulturgut durch die Einführung des sehr weiten Kulturgutbegriffs vermeiden.[238]

In den Vorarbeiten der Studienkommission wurde häufiger auf den besonderen Status von öffentlichem Kulturgut hingewiesen. Während anfangs noch die Besonderheit von Unveräußerlichkeits- und Unverjährbarkeitsregeln hervorgehoben wurde,[239] wurden sie später verstärkt zusammen mit Exportverboten genannt und mit dem allgemeinen Problem einer Anerkennung ausländischer Kulturgüterschutzgesetze vermischt.[240] Eine generelle Anerkennung wurde auf-

---

[235] Vgl. *Squillante* Riv. dir. int. 1998, 120ff., 124 Fn. 9.

[236] *Reichelt* (Fn. 89) 145.

[237] S. o. § 2 IX. 3. c. Eine Schutzlücke besteht hinsichtlich des Kulturguts, welches nicht gestohlen worden ist, sondern auf andere rechtswidrige Weise seinem Eigentümer entzogen worden ist, s. o. § 2 IX. 3. a.

[238] Vgl. die Ablehnung des Vorschlags, nur Gegenstände, die aus Museen oder öffentlichen Institutionen gestohlen worden sind (entsprechend Art. 7b) der UNESCO-Konvention), zurückzugeben; UNIDROIT, Etude LXX-Doc. 19 (1990) 29f.

[239] *Monaco* UNIDROIT, Etude LXX-Doc. 2 (1988) 3: „*Possible content of a new international Convention: Some preliminary thoughts may be offered for consideration.* (...) (5) *Will it be necessary, in respect of substantive rules to be elaborated, to draw any distinctions between:* (a) *property inalienable under the law of the State of origin* (...).“; UNIDROIT, Etude LXX-Doc. 5 (1988) 1: „*Other important issues to be considered,* (...), *were those related to the special treatment which might be reserved to property inalienable under the law of the State of origin.*“

[240] Vgl. *Prott* UNIDROIT, Etude LXX-Doc. 7 (1988) 2: „*Possible means of approach: each of the following courses, or a combination of them, would improve the protection of cultural objects above the present level of protection.*

grund der Verschiedenartigkeit der Schutznormen aber für unmöglich gehalten[241] und später mit Hilfe der Einschränkungen des Art. 5 gelöst.

Die Regeln der UNIDROIT-Konvention, wie sie 1995 verabschiedet wurde, führen nicht zu einer direkten Anerkennung des Status eines Kulturgutes als *res extra commercium*. Nach der Verbringung in den Geltungsbereich einer anderen Rechtsordnung werden diese Güter zivilrechtlich nach wie vor als normale Sachen behandelt. Ihre Verkehrsunfähigkeit *ex lege originis* wird nicht berücksichtigt. Sie können gutgläubig erworben, ersessen, verpfändet etc. werden. Diese Kulturgüter werden aber in vielen Fällen Gegenstand eines staatsvertraglichen Rückgabeanspruchs (nach Art. 3 oder 5 der UNIDROIT-Konvention) sein[242] und in ihren Ursprungsstaat zurückkehren, wo sie wieder ihrem besonderen

---

1. *Draft rules concerning the application of foreign (public) laws concerning the protection of cultural objects e. g. rules restricting export, rules as to inalienability and imprescriptibility (Art. 13d UNESCO)* (...)

3. *Draft rules concerning application to transactions concerning cultural objects of international public policy on the reciprocal enforcement of foreign laws concerning protection of cultural objects (inalienability, imprescriptibility, export controls).*" Vgl. UNIDROIT, Etude LXX-Doc. 10 (1989) App. V: Proposals by Ms. Lyndell *Prott*: „1. *In determining the right to possession of an object which is part of the cultural heritage of another State, the court shall have regard to the laws of that State including its rules as to inalienability, imprescriptibility and export prohibition.*

2. (a) *In determining the right to ownership of a cultural object, the court shall have regard to the mandatory rules of the State with which there is a substantial connecting factor.* (...)."

241 Vgl. UNIDROIT, Etude LXX-Doc. 10 (1989) 15: „*Considerable support was expressed for the view that the nature of cultural objects which each State might wish to retain within the territory and whose export it therefore prohibited or subjected to certain requirements varied so greatly that it would be unrealistic to suggest that States should in applying any future Convention, consider that question of how far the export legislation of other Contracting States coincided with or was similar to its own (res extra commercium or categories of objects peculiar to the requesting State)* (...)." Vgl. UNIDROIT, Etude LXX-Doc. 25 (1992) 5: „*A suggestion has been made that only objects classified by a national legislation should be protected under UNIDROIT Convention. However, a large number of States do not use classification systems. Some states have objections in principle to the classification or listing of specific cultural objects, especially those in private hands. It also requires a body of experienced cultural administrators, not always within the resources of developing States. Moreover, where such a system does not already exist and would have to be instituted, it would be many years before the Convention could effectively operate to protect materials coming from those jurisdictions.*"

242 Gemäß Art. 9 Abs. 1 (Fn. 179) verhindert die UNIDROIT-Konvention nicht den Rückgriff auf das ansonsten anwendbare Recht, also das aufgrund der IPR-Vorschriften der *lex fori* anwendbare Recht, wenn dieses die Rückgabe begünstigen würde, z. B. eine entschädigungslose Rückgabe vorsehen würde. Die Vorschriften des Übereinkommens sollen nur für einen Minimalschutz sorgen. Der öffentliche Eigentümer eines als *res extra commercium* behandelten Kulturgutes könnte also auch versuchen, einen normalen zivilrechtlichen Anspruch auf Herausgabe geltend zu machen und argumentieren, daß die *res extra commercium*-Bestimmungen als Eingriffsrecht gesondert anzuknüpfen seien. Es ist aber sehr zweifelhaft, ob sich die Gerichte der Mitgliedstaaten so rückgabefreundlich verhalten werden.

dinglichen Status unterliegen. Insofern führt die UNIDROIT-Konvention jedenfalls zu einer indirekten Anerkennung der Eigenschaft eines Kulturguts als *res extra commercium*.[243]

§ 3 Behandlung von Kulturgütern in der Europäischen Union

I. Freier Warenverkehr für Kulturgüter?

Als eine der vier europäischen Grundfreiheiten gilt innerhalb der Europäischen Union der Grundsatz der Warenverkehrsfreiheit. Zwischen den Mitgliedstaaten der Europäischen Gemeinschaft sind Handelsbeschränkungen gemäß Art. 23 Abs. 1, 28 und 29 EGV[244] (Art. 9 Abs. 1, 30 und 34 EGV a. F.) grundsätzlich verboten. Gälte dieser Grundsatz auch für Kulturgüter absolut, dürften die Mitgliedstaaten den innergemeinschaftlichen Kunst- und Antiquitätenhandel nicht durch Veräußerungs- oder Ausfuhrverbote einschränken.[245]

Eine Ausnahme zur Postulierung des freien Warenverkehrs sieht aber Art. 30 EGV[246] (Art. 36 EGV a. F.) vor. Dieser gibt den Mitgliedstaaten die Rechtfertigung, zum Schutz bestimmter Rechtsgüter von den Verboten der Art. 28ff. EGV (Art. 30ff. EGV a. F.) abzuweichen und doch Beschränkungen zuzulassen. Solche sind z. B. „zum Schutz des nationalen Kulturgutes von künstlerischem, geschichtlichem oder archäologischem Wert" möglich. Durch diese Umschreibung wird allerdings noch nicht festgelegt, welche Kulturgüter Ausfuhrverboten unterworfen werden dürfen, ohne den Grundsatz der Warenverkehrsfreiheit zu

---

243 *Carducci* S. 308, S. 324, S. 349.

244 In der Fassung des Amsterdamer Vertrages v. 2. 10. 1997, in Kraft getreten am 1. 5. 1999.

245 Angesichts der häufig erwähnten *sui generis*-Eigenschaft von Kulturgut könnte fraglich sein, ob es sich bei diesen überhaupt um Waren i. S. des Art. 23 Abs. 2 EGV (Art. 9 Abs. 2 EGV a. F.) handelt. Der EuGH hat in einem Urteil v. 10. 12. 1968 aber festgestellt, daß auch Kunstwerke Waren i. S. des EGV sind, *Kunstschätze I* (Kommission gegen Italien), Slg. 1968, 633ff., 642. Im übrigen setzt der EG-Vertrag die Wareneigenschaft von Kulturgut durch die Statuierung des Ausnahmevorbehalts in Art. 30 (Art. 36 a. F.) selbst voraus, *Schwarze* JZ 1994, 111ff., 112f.

246 Art. 30 EGV: *Die Bestimmungen der Artikel 28 und 29 stehen Einfuhr-, Ausfuhr- und Durchfuhrverboten oder -beschränkungen nicht entgegen, die aus Gründen der öffentlichen Sittlichkeit, Ordnung und Sicherheit, zum Schutze der Gesundheit und des Lebens von Menschen, Tieren oder Pflanzen, des nationalen Kulturguts von künstlerischem, geschichtlichem oder archäologischem Wert oder des gewerblichen oder kommerziellen Eigentums gerechtfertigt sind. Diese Verbote oder Beschränkungen dürfen jedoch weder ein Mittel zur willkürlichen Diskriminierung noch eine verschleierte Beschränkung des Handels zwischen den Mitgliedstaaten darstellen.*

verletzen.[247] In der deutschen Fassung wird der sehr weite Begriff des nationalen Kulturguts verwandt, unter den grundsätzlich jedes Kulturgut, was irgendeine Verbindung zu dem betreffenden Land hat, fallen könnte.[248] Dagegen wird in der französischen bzw. englischen Fassung von nationalen Schätzen (*„trésors nationaux," „national treasures"*) gesprochen, was eine sehr viel restriktivere Interpretation nahelegt. Die italienische und spanische Version liegen mit dem Begriff kulturelles Erbe (*„patrimonio culturale," „patrimonio cultural"*) dazwischen.[249]

Der EuGH hat sich noch nicht zur Auslegung und Reichweite des Begriffs des nationalen Kulturguts i. S. von Art. 30 EGV geäußert. Allerdings können seine Ausführungen zu anderen Schutzgütern des Art. 30 EGV als Parallele herangezogen werden. Grundsätzlich spricht die Tatsache, daß es sich bei Art. 30 EGV um einen Ausnahmetatbestand handelt, für eine restriktive Auslegung sowohl der sich darauf stützenden Schutzmaßnahmen als auch der genannten Schutzgüter und Sachbereiche.[250] Auf der anderen Seite hat der EuGH[251] klargestellt, daß die Mitgliedstaaten einen Spielraum in der Frage haben, wie sie den Schutz der Rechtsgüter des Art. 30 EGV ausgestalten wollen.[252] Art. 30 stellt lediglich die Anforderung auf, daß die Schutzvorschriften keine verschleierten Beschränkungen des Handelsverkehrs darstellen dürfen. Da im Rahmen des Rückgabeverfahrens der Richtlinie[253] nationale Gerichte damit befaßt sein werden, ob Kulturgüterschutzvorschriften eines anderen Staates von Art. 30 EGV gedeckt sind, ist zu erwarten, daß der EuGH in Zukunft durch Vorlageverfahren gemäß Art. 234 EGV (Art. 177 EGV a. F.) zu einer genaueren Interpretation des Begriffs des nationalen Kulturguts gezwungen sein wird.[254]

---

247 Dazu *Stamatoudi* Art, Antiquity and Law 3 (1998) 39ff.

248 Das deutsche KultgSchG stellt z. B. auf die Zugehörigkeit zum *„deutschen Kulturbesitz"* ab, welcher *„nicht an die nationale Herkunft der Objekte und auch nicht notwendig an deren Rang und Stellung gerade innerhalb der nationalen Kulturgeschichte anknüpft. Das Wort deutsch ist hier nur eine Ortsbestimmung, d. h. geschützt wird der Kulturbesitz, der sich im Geltungsbereich des Gesetzes befindet, gleichgültig, ob er deutscher oder ausländischer Herkunft und ob er schon lange oder erst seit kurzem hier ist,"* VGH Mannheim, NJW 1987, 1440f., 1441.

249 An anderen Stellen heißt es auch in der deutschen Fassung *„kulturelles Erbe,"* vgl. Art. 151 Abs. 1 EGV (Art. 128 Abs. 1 EGV a. F.).

250 *Stamatoudi* (Fn. 247) 44; *Uhl* S. 108; vgl. auch KOM (89) 594, 3; *Bauhuis* Entsch. des EuGH v. 25. 1. 1977, Slg. 1977, I, 5ff., 15.

251 Vgl. z. B. zum Gesundheitsschutz *De Peijper* Entsch. des EuGH v. 20. 5. 1976, Slg. 1976, 613ff., 635; weitere Nachweise bei *Uhl* S. 125.

252 Vgl. auch die Mitteilung der Kommission an den Rat v. 22. 11. 1989, KOM (89) 549, 3; Vorschlag der Kommission, KOM (91) 447 – SYN 392 v. 10. 2. 1992.

253 S. u. § 3 II. 2. d.

254 Vgl. dazu auch *Bila* S. 164; *Schwarze* (Fn. 245) 116.

II. Maßnahmen der EG zum Kulturgüterschutz

In jüngerer Zeit sind auch im Rahmen der Europäischen Gemeinschaft Maßnahmen zum Schutz von Kulturgut erlassen worden. 1993 erließ der Rat der Europäischen Gemeinschaft eine Verordnung über die Ausfuhr von Kulturgütern in Drittstaaten und wenig später auch eine Richtlinie über die Rückgabe von Kulturgütern, die das Hoheitsgebiet eines Mitgliedstaates unrechtmäßig verlassen haben. Hintergrund dieser Regelungen ist die durch die Einheitliche Europäische Akte (EEA) begründete Realisierung des Europäischen Binnenmarktes und der damit verbundene Wegfall von Zollkontrollen zum 1.1.1993. Diese Entwicklung hat dazu geführt, daß die Mitgliedstaaten die Einhaltung ihrer Kulturgüterschutzgesetze nicht mehr kontrollieren können. Art. 36 EGV a. F. (jetzt Art. 30 EGV n. F.) ist mit der Neuerung aber trotzdem nicht weggefallen. Die Staaten sind weiterhin berechtigt, Regeln zu erlassen, welche die Freiheit des Warenverkehrs einschränken, können sie aber an den innergemeinschaftlichen Grenzen nicht mehr überwachen.[255] Es bestand daher die Sorge, daß Kulturgüter aus einem EG-Land unrechtmäßig, aber unbemerkt in ein anderes gebracht werden würden, von wo aus sie dann ohne Probleme exportiert werden könnten, weil sie dort keinem Ausfuhrverbot mehr unterliegen. Dieser Befürchtung treten die beiden gemeinschaftsrechtlichen Maßnahmen entgegen. Durch die Verordnung wird eine einheitliche Ausfuhrkontrolle an den Außengrenzen der Gemeinschaft eingeführt. Die Richtlinie normiert quasi als Kompensation für die weggefallene Kontrolle an den Binnengrenzen ein innergemeinschaftliches Rückgabeverfahren.

Kulturelle Angelegenheiten fielen ursprünglich allerdings nicht in den Regelungsbereich der EG. Weder der EGV noch die EEA enthielten eine diesbezügliche Kompetenznorm. Für die EG gilt das Prinzip der begrenzten Einzelermächtigung, d. h. sie darf grundsätzlich nur tätig werden, wenn ihr für einen Bereich expressis verbis die Zuständigkeit übertragen worden ist.[256] Durch den Maastrichter Vertrag wurde 1992 aber ein eigener Titel XI a. F. (Titel XII n. F.) „Kultur“ eingeführt, wodurch dieser Bereich ausdrücklich in den Zuständigkeitskanon gemeinschaftsrechtlicher Regelungen aufgenommen wurde.[257]

Diese Bestimmung stellt aber nicht die Grundlage für die kulturgüterschutzrechtlichen Maßnahmen dar, da auf Art. 151 Abs. 5 EGV (Art. 128 Abs. 5 EGV a. F.) nur Fördermaßnahmen gestützt werden können. Die Harmonisierung von

---

[255] Im Geltungsbereich des Schengener Abkommens ist eine Kontrolle schließlich ganz unmöglich geworden, *Mußgnug* FS Bernhardt, S. 1225ff., S. 1225.

[256] Das ergibt sich aus der Formulierung des Art. 249 Abs. 1 EGV (Art. 189 Abs. 1 EVG a. F.): *„(...) nach Maßgabe dieses Vertrages (...).“*

[257] *Bila* S. 140.

Rechts- und Verwaltungsvorschriften der Mitgliedstaaten ist ausdrücklich ausgeschlossen. Grundlage für die Verordnung Nr. 3911/92 v. 9.12.1992 ist vielmehr Art. 113 a. F. (Art. 133 EGV n. F.), denn die Verordnung gestaltet die gemeinsame Handelspolitik, besonders die Ausfuhrpolitik, nach gemeinsamen Grundsätzen. Die Richtlinie wurde dagegen als Harmonisierungsmaßnahme, die der Verwirklichung des Binnenmarktes dient, auf Art. 100a EGV a. F. (Art. 95 EGV n. F.) gestützt.[258]

I. Verordnung über die Ausfuhr von Kulturgütern[259]

Um die Kontrollen hinsichtlich der Ausfuhr von Kulturgütern aus der Europäischen Gemeinschaft anzugleichen, unterwirft die Verordnung die Ausfuhr einem einheitlichen Verwaltungsverfahren.[260]

Den Bestimmungen der Verordnung unterliegen sämtliche Gegenstände, die unter eine der im gleichlautenden Anhang zu Verordnung und Richtlinie aufgeführten Kategorien fallen, auch wenn sie nach den nationalen Gesetzen nicht besonders geschützt werden (Art. 1[261]). Die Kategorien des Anhangs definieren sich nach Art des Kulturguts bzw. nach Zeit- und Wertgrenzen. Geschützt werden also Kulturgüter, die einerseits ein bestimmtes Mindestalter haben und andererseits bestimmte Wertgrenzen überschreiten.[262] Die Abhängigkeit des Kulturgutbegriffs der Verordnung (und damit auch seiner Schutzbedürftigkeit in bezug auf Exportkontrollen) von seinem kommerziellen Wert ist problematisch.[263] Wie schon oft erwähnt, können kommerzieller und kultureller Wert einer Sache stark differieren. Das Abstellen auf Wertgrenzen widerspricht der Vorstellung, daß der Wert eines Kulturguts eigentlich nicht in Geld gemessen werden kann.[264] Zwar hängt die Möglichkeit der Genehmigungserteilung und damit einer rechtmäßigen Ausfuhr aus dem Binnenbereich der EG letztlich nicht von den Kriterien des Anhangs, sondern von den nationalen Rechtsvorschriften ab. Erstere sind aber für die Frage erforderlich, ob überhaupt eine Genehmigung

---

258 Zur Problematik dieser Ermächtigungsgrundlage *Bila* S. 193ff.; *Eberl* NVwZ 1994, 729ff., 734.

259 Verordnung (EWG) Nr. 9311/92 des Rates v. 9.12.1992 über die Ausfuhr von Kulturgütern, ABl. EG Nr. L 395/1 v. 31.12.1992.

260 *Rigaux* FS Lalive, S. 733ff., S. 744.

261 Art. 1 der Verordnung Nr. 9311/92: *Unbeschadet der Befugnisse der Mitgliedstaaten nach Artikel 36 des Vertrages gelten als „Kulturgüter" im Sinne der Verordnung die im Anhang aufgeführten Güter.*

262 Es gibt allerdings auch die Wertgruppe 0, zu welcher z. B. archäologische Gegenstände gehören. Diese Sachen fallen, sofern sie die erforderliche Altersgrenze überschritten haben, unabhängig von ihrem Wert unter den Kulturgutbegriff der Verordnung.

263 Vgl. *Frigo* IJCP 2 (1993) 73ff., 78; *Schwarze* (Fn. 245) 116.

264 Vgl. hierzu *Reichelt* ÖJZ 1994, 339ff., 340f.; s. o. 1. Kap. § 1.

verlangt wird. Es kann durchaus sein, daß ein bestimmter Gegenstand von großer Bedeutung für das nationale Kulturerbe eines Landes ist, obwohl er nur von geringem kommerziellen Wert ist und deswegen nicht unter die Verordnung fällt.[265] Außerdem bestehen häufig praktische Schwierigkeiten, den Geldwert eines Kulturguts festzulegen.[266]

Sämtliche Kulturgüter i. S. der Verordnung bedürfen zu ihrer Ausfuhr aus dem Zollgebiet der Europäischen Gemeinschaft, also zu ihrer Verbringung aus einem Mitgliedstaat in einen Nichtmitgliedstaat, einer Ausfuhrgenehmigung (Art. 2 Abs. 1[267]).[268] Für die Notwendigkeit des Vorliegens einer Ausfuhrgenehmigung wird nur auf die Kriterien des Anhangs der Verordnung abgestellt. Denn weder kann dies von den Ausfuhrbestimmungen des jeweiligen Staates, aus dem das Kulturgut ausgeführt werden soll, abhängen; sonst würden alle Kulturgüter in das Land mit den liberalsten Exportbestimmungen gebracht und von dort aus dem Gemeinschaftsgebiet ausgeführt. Noch kann von den Zollbehörden verlangt werden, daß sie die nationalen Genehmigungsbestimmungen des jeweiligen Herkunftsstaats prüfen (möglicherweise wird ein Kulturgut ja aus einem anderen als seinem Ursprungsstaat ausgeführt).[269] Die Verordnung legt daher einen einheitlichen Minimalstandard für den Schutz von Kulturgütern fest.[270] Nur wenn der betroffene Gegenstand kein Kulturgut i. S. der Verordnung darstellt, darf jeder Staat seine eigenen nationalen Exportvorschriften anwenden (Art. 2 Abs. 4). Für diese Kulturgüter greift dann allerdings der gemeinschaftsrechtliche Schutz an den Außengrenzen der EG nicht. Sie können nur mit nationalen Mechanismen geschützt werden.[271]

Die Ausfuhrgenehmigung darf nur verweigert werden, wenn das Kulturgut auch nach den betreffenden nationalen Rechtsvorschriften geschützt ist und nicht ausgeführt werden darf (Art. 2 Abs. 2 UA 3[272]).[273] Bei der Prüfung durch die dafür

---

[265] *Bila* S. 158 f.; *Reichelt* (Fn. 264) 341; *Siehr* FS Lalive, S. 763 ff., S. 766.

[266] *Goyder* IJCP 2 (1993) 147 ff., 154; *Siehr* (Fn. 265) S. 766. Dafür zuständig soll wohl die Behörde sein, welche die Ausfuhrgenehmigung erteilt; maßgeblicher Zeitpunkt ist laut Anhang die Einreichung des Antrags. Es soll auf den Wert im Staat der zuständigen Behörde ankommen.

[267] Art. 2 Abs. 1 der Verordnung Nr. 9311/92: *Die Ausfuhr von Kulturgütern aus dem Zollgebiet der Gemeinschaft darf nur erfolgen, wenn eine Ausfuhrgenehmigung vorliegt.*

[268] Mit Art. 2 Abs. 2 UA 2 beinhaltet die Verordnung aber eine sog. Bagatellklausel, vgl. dazu *Maurer* S. 87 f.

[269] *Bila* S. 136; *Seidl-Hohenveldern* FS Lalive, S. 753 ff., S. 755.

[270] *Goyder* (Fn. 266) 148.

[271] *Bila* S. 150 f.

[272] Art. 2 Abs. 2 UA 3 der Verordnung Nr. 9311/92: *Die Ausfuhrgenehmigung kann im Hinblick auf die Ziele dieser Verordnung dann verweigert werden, wenn die betreffenden Kulturgüter*

zuständigen Behörden ist die Prüfung des nationalen Rechts zumutbar. Denn es wäre auch widersinnig, wenn ein Ursprungsstaat das betreffende Kulturgut gar nicht bewahren will, die Ausfuhr aus der EG aber trotzdem nicht erfolgen darf.

Bei Kulturgütern, die wegen ihrer Zugehörigkeit zum öffentlichen Eigentum eines Staates als *res extra commercium* behandelt werden, unterliegt die Prüfung durch die zuständige Behörde der Schwierigkeit, daß diese Kulturgüter meist nicht durch ausdrückliche Ausfuhrverbote geschützt werden, sondern sich das Exportverbot aus der Natur der Sache ergibt.[274] Grund für das Ausfuhrverbot ist also nur die Zugehörigkeit zu einem bestimmten öffentlichrechtlichen Eigentümer, was aber, wenn sich jemand das Kulturgut unrechtmäßig angeeignet hat, nach außen hin meist nicht erkennbar ist.[275] Es ist fraglich, wie die zuständigen Behörden in einem solchen Fall erkennen sollen, daß das Kulturgut nicht ausgeführt werden darf.[276] Hier zeigt sich wieder die Bedeutung von Listen und Registern von gestohlenem bzw. verschwundenem Kulturgut, durch welche die illegale Herkunft einer Sache aufgedeckt werden kann.

Zuständig für die Erteilung der Ausfuhrgenehmigung ist die Behörde, in deren Hoheitsgebiet sich das Kulturgut rechtmäßig und endgültig befindet und aus dem es ausgeführt werden soll (Art. 2 Abs. 2 UA 1[277]). Wie die Genehmigung auszusehen hat, ist durch die Ausführungsverordnung[278] geregelt. Wenn die Behörde bei der Prüfung der Rechtmäßigkeit der Ausfuhr feststellt, daß es sich um ein Kulturgut i. S. der Verordnung handelt, dieses aber aus einem anderen Mitgliedstaat unrechtmäßig ausgeführt worden ist, muß es diesen davon in

---

unter eine Rechtsvorschrift zum Schutz nationalen Kulturguts von künstlerischem und archäologischem Wert in dem betreffenden Mitgliedstaat fallen.

273 Allerdings kann es in vielen Fällen sehr schwer sein, die wahre Herkunft eines Kulturguts überhaupt in Erfahrung zu bringen.

274 S. o. 5. Kap. § 3 V. 3.; 5. Kap. § 4 IV. 1.

275 Vgl. *Seidl-Hohenveldern* (Fn. 269) S. 755.

276 Die betreffenden Kulturgüter sind zwar häufig in Inventarlisten von Museen, Archiven etc. aufgeführt, allerdings kann nicht von einer abschließenden Inventarisierung sämtlichen öffentlichen als *res extra commercium* behandelten Kulturguts ausgegangen werden. Außerdem ist es den zuständigen Behörden wohl kaum zuzumuten, das betreffende Kulturgut mit sämtlichen in Betracht kommenden Inventarlisten abzugleichen.

277 Art. 2 Abs. 2 UA 1 der Verordnung Nr. 9311/92: *Die Ausfuhrgenehmigung wird auf Antrag des Beteiligten erteilt*
– von einer zuständigen Behörde des Mitgliedstaats, in dessen Hoheitsgebiet sich das betreffende Kulturgut am 1. 1. 1993 rechtmäßig und endgültig befunden hat,
– oder, nach dem genannten Datum, von einer zuständigen Behörde des Mitgliedstaats, in dessen Hoheitsgebiet es sich nach rechtmäßiger und endgültiger Verbringung aus einem anderen Mitgliedstaat oder nach der Einfuhr aus einem Drittland oder der Wiedereinfuhr aus einem Drittland nach rechtmäßiger Verbringung aus einem Mitgliedstaat in dieses Land befindet.

278 Ausführungsverordnung der Kommission v. 30. 3. 1993, ABl. EG Nr. L 77/24 v. 31. 3. 1993.

Kenntnis setzen (Art. 2 Abs. 2 UA 4). Es kann so ein Verfahren über die Rückführung nach den Vorschriften der Richtlinie 93/7/EWG in Gang gesetzt werden.[279]

2. Richtlinie über die Rückgabe von unrechtmäßig aus dem Hoheitsgebiet eines Mitgliedstaats verbrachten Kulturgütern[280]

a. Kulturgutbegriff der Richtlinie

Die Richtlinie geht von einem anderen Kulturgutbegriff als die Verordnung aus. Voraussetzung dafür, daß eine Sache in ihren Anwendungsbereich fällt, ist grundsätzlich, daß sie nach dem Recht ihres Herkunftsstaates als nationales Kulturgut eingestuft ist und deswegen einem Ausfuhrverbot (bzw. einem Genehmigungsvorbehalt) unterliegt[281] und gleichzeitig auch unter eine der im gleichlautenden Anhang von Verordnung und Richtlinie genannten Kategorien fällt (Art. 1 Nr. 1[282]). Welche Kulturgüter als nationales Kulturerbe geschützt werden sollen, fällt weiterhin in die Kompetenz der Mitgliedstaaten.[283] Die Richtlinie schreibt diesbezüglich keine Regeln oder Standards vor. Voraussetzung ist lediglich, daß sich der Staat im Rahmen des Art. 30 EGV (Art. 36 EGV a. F.) hält.[284]

---

279 S. u. § 3 II. 2. d.

280 Richtlinie Nr. 93/7/EWG des Rates v. 15.3.1993, ABl. EG Nr. L 74/74 v. 27.3.1993, geändert durch die Richtlinie Nr. 96/100/EWG des Europäischen Parlaments und des Rates v. 17.2.1997, ABl. EG Nr. L 60/59.

281 Voraussetzung ist, daß das Ausfuhrverbot aufgrund der Zuordnung zum nationalen Kulturerbe und nicht etwa aus anderen, z. B. zollrechtlichen Gründen besteht.

282 Art. 1 der Richtlinie 93/7/EWG: *Im Sinne dieser Richtlinie gilt als*
1. *„Kulturgut": ein Gegenstand,*
- *der vor oder nach der unrechtmäßigen Verbringung aus dem Hoheitsgebiet eines Mitgliedstaats nach den einzelstaatlichen Rechtsvorschriften oder Verwaltungsverfahren im Sinne des Artikels 36 des Vertrages als „nationales Kulturgut von künstlerischem, geschichtlichem oder archäologischem Wert" eingestuft wurde, und*
- *unter eine der im Anhang genannten Kategorien fällt oder, wenn dies nicht der Fall ist,*
- *zu öffentlichen Sammlungen gehört, die im Bestandsverzeichnis von Museen, von Archiven oder von erhaltungswürdigen Beständen von Bibliotheken aufgeführt sind.*

Für die Zwecke der Richtlinie gelten als „öffentliche Sammlungen" diejenigen Sammlungen, die im Eigentum eines Mitgliedstaats, einer lokalen oder einer regionalen Behörde innerhalb eines Mitgliedstaats oder einer im Hoheitsgebiet eines Mitgliedstaats gelegenen Einrichtung stehen, die nach der Rechtsordnung dieses Mitgliedstaats als öffentlich gilt, wobei dieser Mitgliedstaat oder eine lokale oder regionale Behörde entweder Eigentümer dieser Einrichtung ist oder sie zu einem beträchtlichen Teil finanziert;
- *im Bestandsverzeichnis kirchlicher Einrichtungen aufgeführt ist;* (...).

283 *Stamatoudi* (Fn. 247) 43.

284 S. o. § 3 I. Es wäre daher unzulässig, daß ein Mitgliedstaat sämtliche im Anhang aufgeführten Kulturgüter als nationales Kulturgut einstuft. Der Anhang dient nicht dazu, zu definieren, welche Gegenstände den Rang eines national bedeutsamen Kulturguts haben, sondern

b. Sonderstatus öffentlichen Kulturguts

Kulturgüter, die zu einer öffentlichen Sammlung gehören oder im Bestandsverzeichnis kirchlicher Einrichtungen aufgeführt sind, genießen daneben einen Sonderstatus. Sie werden, sofern sie nach nationalem Recht geschützt sind, von der Richtlinie erfaßt, auch wenn sie unter keine Kategorie des Anhangs fallen. Diese Güter werden also nach der Intention der Richtlinie per se geschützt, ohne daß es des Korrektivs des Anhangs bedürfte. In dem Richtlinienentwurf von 1992 war diese Erweiterung des Kulturgutbegriffs noch nicht angelegt und wurde erst nach einer Zusammenkunft des Kulturministerrates v. 18. 5. 1992 hinzugefügt.[285] Der Begriff der öffentlichen Sammlung wird näher definiert: Darunter fallen sämtliches Museums- und Archivgut wie auch die erhaltungswürdigen Bestände von Bibliotheken. Für die Qualifizierung der Sammlung als „öffentlich" ist Voraussetzung, daß diese entweder im Eigentum des Staates, einer regionalen oder lokalen Behörde steht oder im Eigentum einer Einrichtung, die nach der Rechtsordnung des jeweiligen Mitgliedstaates als öffentlich gilt, weil sie z. B. durch öffentliche Gelder finanziert wird.[286] Voraussetzung ist aber in jedem Fall die Aufführung des Kulturguts in einem Bestandsverzeichnis; dieses muß also in irgendeiner Form inventarisiert sein.

Wie dargestellt, wird in vielen Rechtsordnungen Museums-, Archiv- und Bibliotheksgut im Eigentum der öffentlichen Hand wegen seiner Zugehörigkeit zum öffentlichen Eigentum (*domaine public* etc.) oder wegen einer besonderen Klassifizierung als unveräußerlich und unverjährbar behandelt. Auch Eigentum im Besitz kirchlicher Einrichtungen wird teilweise zur Kategorie der *res extra commercium* gerechnet. Die europäische Richtlinie trägt dieser besonderen Behandlung öffentlichen und kirchlichen Kulturguts Rechnung, indem sie dessen besondere Schutzbedürfigkeit nicht erst an den Kategorien des Anhangs mißt, sondern grundsätzlich von einer solchen ausgeht, solange das Kulturgut auch vom nationalen Recht als schutzbedürftig eingestuft ist.

Bei zum *domaine public*, *demanio pubblico*, *dominio público* etc. gehörenden Kulturgütern ist es aber so, daß sie nicht in erster Linie wegen ihrer Zugehörigkeit zum nationalen Kulturerbe des Staates, sondern generell wegen ihrer Zugehörigkeit zum öffentlichen Eigentum einem besonderen dinglichen Regime unterliegen und deswegen gegen Veräußerung und Ausfuhr geschützt sind. Man könnte insofern daran zweifeln, ob bei ihnen das Erfordernis des Schutzes durch nationale Vorschriften erfüllt ist. Der französische Gesetzgeber wollte dieser Gefahr

festzulegen, welche Kulturgüter dafür überhaupt nur in Frage kommen, *Rigaux* (Fn. 260) S. 745 Fn. 38; vgl. auch *Seidl-Hohenveldern* (Fn. 269) S. 757.

[285] *Goyder* IJCP 2 (1993) 387ff., 389.

[286] Damit wird der Situation in einigen Staaten wie z. B. Großbritannien Rechnung getragen, wo viele Museen zwar in privater Trägerschaft stehen, aber durch die öffentliche Hand zum größten Teil finanziert werden, vgl. *Prott/O'Keefe* Mésures, Anm. 132.

entgegentreten, indem er durch ein Gesetz v. 31.12.1992 öffentliche Sammlungen ausdrücklich zu *„trésors nationaux"* erklärte und ihre Ausfuhr verbot.[287] Aber auch in Rechtsordnungen, die ihre zum öffentlichen Eigentum gehörenden und daher unveräußerlichen, unverjährbaren und unexportierbaren Kulturgüter nicht noch einmal ausdrücklich als nationales Kulturgut eingestuft haben, müssen diese als i. S. von Art. 1 der Richtlinie geschützt angesehen werden.[288] Denn die Tatsache, daß die betreffenden Kulturgüter als einem öffentlichen Interesse gewidmet angesehen werden, beruht ja gerade auf ihrer kulturellen Bedeutung für die nationale Öffentlichkeit. Häufig werden diese Kulturgüter sicherlich auch deswegen nicht noch einmal einem Verfahren unterzogen, welches sie als nationales Kulturgut einstuft, weil sie durch die Regeln über das öffentliche Eigentum ohnehin schon einem maximalen Schutz unterliegen.

c. Rückgabeanspruch

Art. 2[289] normiert einen unbedingten Rückgabeanspruch hinsichtlich der unrechtmäßig aus dem Hoheitsgebiet eines Mitgliedstaates verbrachten Kulturgüter. Ob eine Verbringung unrechtmäßig war, hängt vom Recht des Mitgliedstaates ab.[290] Hierzu gibt die Richtlinie keine eigenen Kriterien vor. Das Entstehen des Rückgabeanspruchs unterliegt – anders als bei Art. 5 Abs. 1 der UNIDROIT-Konvention – keinen weiteren einschränkenden Bedingungen. Allerdings ist auch zu beachten, daß die Richtlinie durch die Definition in Art. 1 Nr. 1 von einem wesentlich engeren Kulturgutbegriff als die UNIDROIT-Konvention ausgeht. Daher führt die Richtlinie nicht zu einer unbeschränkten Anerkennung der Kulturgüterschutzvorschriften anderer Staaten, sondern nur in einem bestimmten Rahmen.

Als *res extra commercium* behandelte Kulturgüter sind zum Teil ausdrücklich durch Ausfuhrverbote geschützt. Wenn sie trotzdem ausgeführt werden, wird gegen Rechtsvorschriften zum Schutz nationaler Kulturgüter verstoßen; das Kulturgut gilt daher im Sinne der Richtlinie als unrechtmäßig verbracht. Bei zum öffentlichen Eigentum gehörenden Kulturgut ergibt sich das Ausfuhrverbot

---

[287] *Frier* AJDA 1993, 264ff., 266.

[288] Davon wird in den Kommentierungen auch ausgegangen, vgl. *Catelari/De Marco/Gasparini Casari/Papa/Tivelli* S. 147; *Rigaux* EuZP 1994, 95ff., 103.

[289] Art. 2 der Richtlinie 93/7/EWG: *Die unrechtmäßig aus dem Hoheitsgebiet eines Mitgliedstaats verbrachten Kulturgüter werden nach den in dieser Richtlinie vorgesehenen Verfahren und Bedingungen zurückgegeben.*

[290] Vgl. Art. 1 Nr. 2 der Richtlinie 93/7/EWG: *Im Sinne dieser Richtlinie gilt als*
2. *„unrechtmäßig aus dem Hoheitsgebiet eines Mitgliedstaats verbracht":*
– *jede Verbringung aus dem Hoheitsgebiet eines Mitgliedstaates entgegen dessen Rechtsvorschriften für den Schutz nationaler Güter oder entgegen der Verordnung (EWG) Nr. 3911/92* (...).

aber nicht aus speziellen ihre Ausfuhr betreffenden Vorschriften, sondern eo ipso aus ihrem besonderen dinglichen Status. Oben[291] wurde aber bereits festgestellt, daß auch die zum öffentlichen Eigentum eines Staates gehörenden Kulturgüter als durch nationale Kulturgüterschutzvorschriften geschützt angesehen werden können. Daher muß auch von einer unrechtmäßigen Verbringung im Sinne der Richtlinie ausgegangen werden, wenn sie unter Verstoß gegen ein ungeschriebenes Ausfuhrverbot aus dem Land gebracht werden.

Die Rückgabe kann nur von dem Mitgliedstaat verlangt werden, nicht von dem privaten Eigentümer des unrechtmäßig ausgeführten Kulturguts. Es geht bei dem Rückgabeanspruch nämlich um einen öffentlichrechtlichen Anspruch, der sich auf die Zugehörigkeit der Sache zum nationalen Kulturerbe und die damit verbundene Unterwerfung unter besondere öffentlichrechtliche Bestimmungen stützt. Der Eigentümer wird durch Art. 15 auf zivilrechtliche Ansprüche verwiesen. Diese Beschränkung stellt jedoch im Hinblick auf die als *res extra commercium* behandelten Kulturgüter kein Problem dar, da diese sowieso im Eigentum der öffentlichen Hand stehen. Tatsächliche Konsequenz dieser Beschränkung der Aktivlegitimation auf die Mitgliedstaaten ist wahrscheinlich sogar, daß die Rückerlangung öffentlichen Kulturguts durch die Richtlinie im Vordergrund stehen wird. Der Staat wird sich wahrscheinlich im größeren Maße für den Schutz desjenigen Kulturguts einsetzen, welches in seinem Eigentum steht und auch öffentlich zugänglich ist. An der Rückführung von Kulturgut im Eigentum Privater besteht dagegen – relativ gesehen – meist kein so großes Interesse. Auch die Bereitschaft des Staates, als „Preis" für die Rückführung eine Entschädigung[292] zu zahlen, dürfte bei öffentlichem Kulturgut größer sein.

d. Rückgabeverfahren

Wie die Rückgabe vor sich zu gehen hat, wird von der Richtlinie in den Art. 3ff. geregelt. Zunächst kann in einem Einigungsverfahren, in dem der ersuchte Staat die Rolle des Vermittlers spielt, versucht werden, die freiwillige Rückgabe durch den „Eigentümer" zu erreichen (Art. 4 Nr. 6). Scheitert dies, kann der ersuchende Staat gemäß Art. 5 vor dem zuständigen Gericht des Mitgliedstaats klagen.

e. Frist Art. 7 Abs. 1[293]

Die EG-Richtlinie sieht vor, daß der Rückführungsanspruch nach einer bestimmten Zeit nicht nur verjährt, sondern sogar erlischt. Wie die UNIDROIT-Konvention geht sie von zwei unterschiedlichen Fristen aus, einer flexiblen Frist

---

291 S. o. § 3 II. 2. b.

292 S. u. § 3 II. 2. f.

293 Art. 7 Abs. 1 der Richtlinie 93/7/EWG: *Die Mitgliedstaaten sehen in ihren Rechtsvorschriften vor, daß der Rückgabeanspruch gemäß dieser Richtlinie ein Jahr nach dem Zeitpunkt erlischt,*

von einem Jahr, die mit Kenntnis des ersuchenden Mitgliedstaates von dem Ort der Belegenheit und der Identität des „Eigentümers"[294] zu laufen beginnt und einer absoluten Frist, nach welcher der Rückgabeanspruch spätestens dreißig Jahre nach der unerlaubten Ausfuhr erlischt. Allerdings unterliegen auch hier Kulturgüter aus öffentlichen Sammlungen i. S. v. Art. 1 Nr. 1 und kirchliche Kulturgüter einer Sonderstellung. Der Rückgabeanspruch auf solche Kulturgüter unterliegt einer absoluten Ausschlußfrist von 75 Jahren. Sofern diese Güter nach nationalem Recht[295] als unverjährbar behandelt werden, unterliegt er nur der einjährigen Frist ab Kenntnis und ansonsten gar keiner zeitlichen Begrenzung.

Diese Sonderregel war in dem Richtlinienentwurf von 1992 noch nicht enthalten. Danach wäre bei sämtlichen Kulturgütern nach spätestens 30 Jahren die Rückgabe wegen Zeitablaufs ausgeschlossen gewesen. Die Möglichkeit einer zeitlichen Begrenzung auch für die Rückgabeansprüche von öffentlichem Kulturgut wurde aber von denjenigen Staaten kritisiert, die dieses als *res extra commercium* behandeln. Die völlige Unverjährbarkeit dieser Güter wurde wiederum von Staaten wie Großbritannien und den Niederlanden als den Kunsthandel zu sehr einschränkend angesehen. Als Kompromiß wurde schließlich eine absolute Ausschlußfrist von 75 Jahren festgelegt, mit der Besonderheit, daß die Herausgabeansprüche von nach nationalem Recht als unverjährbar behandelten öffentlichen Kulturgütern gar nicht erlöschen bzw. die Fristen durch bilaterale Abkommen verlängert werden können.[296]

---

zu dem der ersuchende Mitgliedstaat von dem Ort der Belegenheit und der Identität seines Eigentümers oder Besitzers Kenntnis erhält.

In jedem Fall erlischt der Rückgabeanspruch 30 Jahre nach dem Zeitpunkt, zu dem das Kulturgut unrechtmäßig aus dem Hoheitsgebiet des ersuchenden Mitgliedstaats verbracht wurde. Handelt es sich jedoch um Kulturgüter, die zu öffentlichen Sammlungen gemäß Art. 1 Nr. 1 gehören, sowie um kirchliche Güter in den Mitgliedstaaten, in denen sie nach den innerstaatlichen Rechtsvorschriften besonderen Schutzregelungen unterliegen, so erlischt der Rückgabeanspruch nach 75 Jahren; hiervon ausgenommen sind die Mitgliedstaaten, in denen der Rückgabeanspruch unverjährbar ist, sowie bilaterale Abkommen zwischen den Mitgliedstaaten, in denen eine Verjährungsfrist von über 75 Jahren festgelegt ist.

294 Die Richtlinie verwendet die Begriffe „Eigentümer" und „Besitzer" anders als im deutschen Sprachgebrauch. Sie werden in Art. 1 Nr. 5 bzw. 6 definiert. Danach ist „Eigentümer" die Person, welche die tatsächliche Sachherrschaft über das Kulturgut für sich selbst ausübt; „Besitzer" ist die Person, welche die tatsächliche Sachherrschaft über das Kulturgut für andere ausübt. Der Begriff des „Eigentümers" i. S. der Richtlinie entspricht also dem unmittelbaren Eigenbesitzer im deutschen Recht (unabhängig davon, ob er wirklich Eigentümer ist oder nicht), der Begriff des „Besitzers" i. S. der Richtlinie dem des unmittelbaren Fremdbesitzers, evt. auch des Besitzdieners i. S. v. § 855 BGB, *Mußgnug* (Fn. 255) S. 1232. Offenbar wurde in der Richtlinie der Begriff „Eigentümer" verwendet, um klarzustellen, daß ein wirksamer Eigentumserwerb dem Rückgabeanspruch nicht entgegengehalten werden kann.

295 Damit ist das Herkunftsrecht des betreffenden Kulturguts gemeint, also das Recht des ersuchenden Staates, *Mußgnug* (Fn. 255) S. 1233; unrichtig insofern *Siehr* (Fn. 11) 236, der meint, es komme auf die *lex fori*, das Recht des ersuchten Staates an.

296 Vgl. *Chiti* S. 161; *Goyder* (Fn. 266) 152; *dies.* (Fn. 285) 387f.; *Lanciotti* S. 98.

Dazu ist zu bemerken, daß diese Regelung diejenigen Staaten, die ihre Kulturgüter als *res extra commercium* behandeln, sehr begünstigt. Während sie die Rückgabeansprüche ausländischer Staaten nach spätestens 75 Jahren ablehnen können, sind die anderen Staaten verpflichtet, die durch das nationale Recht statuierte Unverjährbarkeit anzuerkennen und zu einer öffentlichen Sammlung gehörende bzw. kirchliche Kulturgüter unbegrenzt zurückzugeben.[297] Dies ist ein großer Unterschied zu der ansonsten ähnlichen Regelung des Art. 3 Abs. 4 der UNIDROIT-Konvention hinsichtlich gestohlener Kulturgüter, welcher die Unverjährbarkeit bestimmter öffentlicher Kulturgüter bzw. die Festlegung der Verjährungsfrist auf 75 Jahre auf Gegenseitigkeitsbasis regelt. Wenn ein Mitgliedstaat der UNIDROIT-Konvention den Vorbehalt erklärt hat, daß er bei Rückgabeansprüchen anderer Mitgliedstaten von einer absoluten 75-jährigen Verjährungsfrist ausgeht, gilt dies auch für die Rückgabeansprüche von aus seinem eigenen Land gestohlenem Kulturgut. Ein weiterer Unterschied zu Art. 3 Abs. 4 UNIDROIT-Konvention ist, daß dort generell sämtliches Kulturgut aus öffentlichen Sammlungen dem Status der Unverjährbarkeit (bzw. bei Erklärung eines Vorbehalts einer Verjährungsfrist von 75 Jahren), unabhängig vom nationalen Recht, unterliegt: Durch die UNIDROIT-Konvention wird per Einheitsrecht für eine bestimmte Gruppe von Kulturgut eine Sonderbehandlung hinsichtlich der Verjährung festgelegt. Dagegen wird im Anwendungsbereich der Richtlinie nur solches Kulturgut als unverjährbar behandelt, welches nach nationalem Recht diesem Status unterliegt. Die Richtlinie verlangt von den Mitgliedstaaten also die Anerkennung dieses durch das nationale Recht eines anderen Mitgliedstaates bestimmten besonderen dinglichen Status.

f. Entschädigungsanspruch

Gemäß Art. 9[298] hat der „Eigentümer" i. S. der Richtlinie, wenn die Rückgabe gerichtlich angeordnet wird, einen Anspruch auf Entschädigung, sofern das Gericht davon überzeugt ist, daß er beim Erwerb mit der erforderlichen Sorgfalt vorgegangen ist.[299] Welche Seite in dieser Frage die Beweislast trägt, bestimmt

---

297 Vgl. die Umsetzung dieser Richtlinienbestimmung im deutschen Recht: § 10 Abs. 2 KultgRückG: *Bei Kulturgut, das Teil einer öffentlichen Sammlung oder kirchlichen Einrichtung des ersuchenden Mitgliedstaats im Sinne des § 5 Abs. 1 Nr. 2 Buchstabe b ist, erlischt der Rückgabeanspruch nach 75 Jahren. Dieser Rückgabeanspruch erlischt jedoch nicht, wenn und soweit er auch nach dem Recht des um Rückgabe ersuchenden Mitgliedstaats keiner Verjährung und keinem durch Zeitablauf bedingten Erlöschen unterliegt.*

298 Art. 9 der Richtlinie 93/7/EWG: *Wird die Rückgabe angeordnet, so gewährt das zuständige Gericht des ersuchten Mitgliedstaats dem Eigentümer in der Höhe, die es im jeweiligen Fall als angemessen erachtet, eine Entschädigung, sofern es davon überzeugt ist, daß der Eigentümer beim Erwerb mit der erforderlichen Sorgfalt umgegangen ist.*
Die Beweislast bestimmt sich nach dem Recht des ersuchten Mitgliedstaats. (...).
Der ersuchende Mitgliedstaat hat die Entschädigung bei der Rückgabe zu zahlen.

299 Anders als die UNIDROIT-Konvention definiert die Richtlinie den Begriff der erforderlichen Sorgfalt nicht. Da Grund für den Rückgabeanspruch aber die Verletzung von öffent-

sich gemäß Art. 9 Abs. 2 nach dem Recht des ersuchten Mitgliedstaats, also nach der *lex fori*. Wie bei der UNIDROIT-Konvention wird die Höhe der Entschädigung in Art. 9 nicht spezifiziert, sondern soll vom Richter nach den Umständen des jeweiligen Einzelfalles festgesetzt werden. Der entschädigungspflichtige ersuchende Staat kann gemäß Art. 11 Rückgriff bei der für die illegale Verbringung verantwortlichen Person nehmen.

g. Kollisionsregel Art. 12[300]

Grundsätzlich normiert die Richtlinie nur einen öffentlichrechtlichen Rückgabeanspruch und läßt die privatrechtlichen Rechte an dem Kulturgut unberührt.[301] In Art. 12 enthält die Richtlinie aber eine Kollisionsregel: Diese bestimmt, daß sich die Eigentumsverhältnisse an dem Kulturgut, allerdings erst nach erfolgter Rückgabe, nach dem Recht des ersuchenden Mitgliedstaats richten. Welche Rechtsnormen ein Herkunftsstaat zum Schutz seines Kulturguts erläßt,[302] bleibt ihm selbst überlassen.[303] Beim Rückgabeverfahren spielt die Vorschrift allerdings noch keine Rolle. Denn die Rückgabe erfolgt aufgrund öffentlichen Rechts, unabhängig von den gegebenen Eigentumsverhältnissen.

Art. 12 spezifiziert nicht, ob es sich hierbei um eine IPR- oder um eine Sachnormverweisung handelt. Nur letzteres macht aber Sinn. Denn würde Art. 12 auf das IPR des ersuchenden Staates verweisen, bliebe, da alle Mitgliedstaaten der EG auch im Kulturgütersachenrecht bislang dem Grundsatz der *lex rei sitae* folgen, alles beim alten. Hintergrund von Art. 12 ist, daß verhindert werden soll, daß Kulturgüter aufgrund des illegalen Exports im Ausland gutgläubig erworben werden. Die Bestimmung muß deswegen als Sachnorm interpretiert werden.[304] Dadurch wird in dieser besonderen Konstellation vom Grundsatz der *lex rei sitae* abgewichen und auf das Recht des Herkunftsstaats, die *lex originis*, Bezug genommen. Der gutgläubige Erwerb kann dadurch allerdings nicht verhindert werden, solange sich die Sache noch im Ausland befindet, denn die Anknüpfung ändert sich erst nach der Rückgabe. Art. 12 führt also nur dazu, daß – in Abweichung vom Grundsatz des Schutzes wohlerworbener Rechte – ein im Ausland erfolgter gutgläubiger Eigentumserwerb, der nach dem Recht des

---

lichrechtlichen Exportvorschriften ist, ist klar, daß sie sich nicht auf die Verfügungsberechtigung des Verkäufers, sondern auf den rechtmäßigen Aufenthalt am Belegenheitsort beziehen muß.

300 Art. 12 der Richtlinie 93/7/EWG: *Die Frage des Eigentums an dem Kulturgut nach erfolgter Rückgabe bestimmt sich nach dem Recht des ersuchenden Mitgliedstaats.*

301 *Reichelt* (Fn. 264) 341.

302 Z. B. Unveräußerlichkeit, Beschlagnahme, Enteignung.

303 *Pfeiffer* IPRax 2000, 270ff., 279; *Siehr* Recht und Europa, S. 187ff., S. 191f.

304 *Jayme/Kohler* IPRax 1998, 417ff., 426.

ersuchenden Staates nicht hätte erfolgen können, in diesem nicht anerkannt wird. Das Kulturgut wird dadurch nach seiner Rückgabe gewissermaßen wie eine *res in transitu* behandelt:[305] Die zwischenzeitliche Belegenheit in dem Hoheitsgebiet einer anderen Rechtsordnung bleibt unberücksichtigt.

Es ist aber auch die gegenteilige Situation denkbar, in der beispielsweise ein gestohlenes Kulturgut unrechtmäßig in ein Land verbracht wird, in der an gestohlenen Sachen nicht gutgläubig Eigentum erworben werden kann, während nach dem Heimatrecht ein gutgläubiger Eigentumserwerb möglich gewesen wäre (denn nicht jede Bestimmung zum Schutz von Kulturgut verhindert ja den Eigentumserwerb). In solch einem Fall würde die Anknüpfung an die *lex originis* nach Rückgabe den gutgläubigen Eigentumserwerb gerade ermöglichen und somit dem Sinn der Richtlinie widersprechen. Deswegen wird angenommen, Art. 12 stelle lediglich eine Ausnahme vom Grundsatz des Schutzes wohlerworbener Rechte dar bzw. gebe dem Staat die Ermächtigung, die Eigentumsverhältnisse an dem Kulturgut nachträglich abzuändern.[306]

Fraglich ist, wie sich diese veränderte kollisionsrechtliche Anknüpfung nach der Rückgabe auf die als *res extra commercium* behandelten Kulturgüter auswirkt. Wenn diese zurückgegeben werden, wird die Frage, ob im Ausland an ihnen Eigentum erworben worden ist, wieder nach dem Heimatrecht, also nach dem Recht, welches diese Sachen als unveräußerlich und unverjährbar ansieht, beurteilt. Nach diesem Recht ist die Begründung von Rechten an den Kulturgütern aber weder durch gutgläubigen Erwerb noch durch Zeitablauf möglich. Ebenso wird der dingliche Status nach der Rückgabe wieder nach dem Heimatrecht beurteilt; die Sache unterliegt also wieder den Regeln der Unveräußerlichkeit und der Unverjährbarkeit. Die ursprüngliche Eigentumslage und der Status des Kulturguts als *res extra commercium* werden durch die Anknüpfung an die *lex originis* also aufrechterhalten.

Allerdings würde man zu diesem Ergebnis ebenfalls gelangen, wenn es keine besondere Kollisionsnorm gäbe. Wie dargestellt wurde, erlangen Kulturgüter, die in einem Land als *res extra commercium* behandelt werden, diesen Status immer wieder, wenn sie in dieses Land zurückkehren, weil die Vorschriften über die Extrakommerzialität als zwingende Normen gesondert angeknüpft werden und die Kulturgüter aus der Sicht dieser Rechtsordnung ihre besondere dingliche Eigenschaft nie verloren haben.[307] Bei als *res extra commercium* behandelten

---

305 *Roth* IPRax 1994, 165ff., 173; vgl. auch *Pfeiffer* (Fn. 303) 280.

306 KOM (91) 447, 30; *Siehr* (Fn. 154) 467. Seiner Meinung nach müßte Art. 12 der Richtlinie richtig lauten: *„Nach erfolgter Rückgabe werden Rechte, die nach der unrechtmäßigen Verbringung ins Ausland wohlerworben wurden, vom ersuchenden Staat nicht anerkannt und geschützt."*; vgl. auch *Kreuzer* (Fn. 12) 173ff.

307 Vgl. statt vieler *Carducci* S. 203; s. o. 5. Kap. § 2 V. 2.; 5. Kap. § 4 II.

Kulturgütern wäre also eine Norm wie Art. 12 gar nicht notwendig, um einem im Ausland erfolgten gutgläubigen Eigentumserwerb die Anerkennung zu verweigern.[308] Trotzdem wird zu Art. 12 häufig angemerkt, daß diese Vorschrift vor allen Dingen für als *res extra commercium* behandelte Kulturgüter Bedeutung habe.[309] In den Erläuterungen der Kommission zum Vorschlag einer Richtlinie wurde ausdrücklich erwähnt, daß Art. 12 auch die Eigenschaft als *res extra commercium* nach der Rückkehr ins Ursprungsland schützen wolle.[310] Gerade bei *res extra commercium* wäre eine Sonderkollisionsnorm, die erst nach der Rückgabe greift,[311] aber überflüssig. Man kann die Kollisionsnorm allerdings so verstehen, daß in der Richtlinie zum Ausdruck gebracht werden will, daß die Vorgehensweise des Herkunftsstaates (die zwingende Anwendung der Vorschriften über die Extrakommerzialität bestimmten Kulturgutes) nicht als verwerflicher Protektionismus, sondern als legitime Maßnahme des Kulturgüterschutzes angesehen wird und durch Art. 12 gewissermaßen gerechtfertigt ist.[312]

h. Schaffung von *res extra commercium europaeum*

Kulturgüter, die dem Rückgabesystem der Richtlinie unterfallen, werden von einigen Autoren als „*res extra commercium europaeum*" bezeichnet.[313] Dieser Begriff ist nicht leicht zu verstehen, vor allem weil er nicht mit dem hier auf-

---

[308] Ebenso *Carducci* S. 349.

[309] *Bila* S. 174f.; *Siehr* ZVerglRWiss 95 (1996) 170ff., 186; *ders.* Neues Recht, S. 38; *Siehr* behauptet in ZVerglRWiss 95 (1996) 170ff., 183, ohne eine Regelung wie Art. 12 der Richtlinie müsse der gutgläubige Erwerb an einer geschmuggelten, unveräußerlichen Sache nach deren Rückgabe in das Ursprungsland anerkannt werden, vorbehaltlich des nationalen *ordre public*. Der *ordre public* ist aber im Falle von *res extra commercium* nicht nur ausnahmsweise, sondern grundsätzlich betroffen, weil die Normen über die Extrakommerzialität aus der Sicht des Ursprungsstaates international zwingend sind, s. o. 5. Kap. § 2 IV., § 4 II.

[310] Kom (91) 447 – SYN 382, 29.

[311] Denn die Rückgabe des unrechtmäßig ausgeführten Kulturgutes erfolgt ja ohnehin unabhängig von der Eigentumslage und der Qualifizierung des Kulturgutes als *res extra commercium*.

[312] Ähnlich auch *Roth* (Fn. 305) 173: „*Die von Art. 12 der Richtlinie vorgesehene Modifizierung kollisionsrechtlicher Grundsätze nimmt Rücksicht auf die von manchen Mitgliedstaaten vorgesehene Sonderbehandlung des Kulturguts im Rechtsverkehr und die daran geknüpften kollisionsrechtlichen Konsequenzen: Geht die Rechtsordnung des ersuchenden Staates von der generellen Unveräußerlichkeit des nationalen Kulturgutes aus oder geht das unrechtmäßig veräußerte und versandte Kulturgut ex lege in staatliches Eigentum über, ist zu erwarten, daß dieser Mitgliedstaat, auch wenn er sonst der lex rei sitae folgt, bei Rückkehr des Kulturgutes einen zwischenzeitlichen Dritterwerb aufgrund des alten Belegenheitsstatuts entweder nicht anerkennen oder aber gesonderte Regeln für diese Fälle bereithalten wird. Art. 12 der Richtlinie nimmt darauf Rücksicht und ist – da in Form einer allseitigen Anknüpfung formuliert – zugleich ein weiteres Beispiel für die im sekundären Gemeinschaftsrecht deutlich werdende Tendenz, bei kollisionsrechtlichen Lösungen die Regelungsinteressen anderer (hier der ersuchenden) Mitgliedstaaten ausreichend zu berücksichtigen.*"

[313] *Siehr* (Fn. 114) S. 719; *ders.* (Fn. 154) 464; *Reichelt* (Fn. 264) 341. *Siehr* Neues Recht, S. 29ff., S. 34, spricht auch von „*res extra commercium intra communitatem.*"

gezeigten Verständnis des Begriffs *res extra commercium* zusammentrifft. Gemeint sind nicht nur diejenigen Kulturgüter, die nach nationalem Recht als *res extra commercium* behandelt werden und diesen Status nach der Rückgabe behalten, sondern sämtliche Kulturgüter, die unter den Kulturgüterbegriff der Richtlinie fallen. „*Res extra commercium europaeum*" in diesem Sinne bedeutet, daß diese Kulturgüter außerhalb ihres Ursprungsstaates innerhalb des europäischen Binnenmarktes nicht frei gehandelt werden können. Es können zwar Rechte an ihnen begründet werden; sie unterliegen aber stets der Rückgabepflicht. „*Res extra commercium europaeum*" bedeutet also nicht, daß die Gegenstände dem Rechtsverkehr entzogen sind, sondern nur, daß sie dem freien Warenverkehr innerhalb der EG entzogen sind. Der Begriff ist zwar recht illustrativ und einprägsam, aber im Zusammenhang mit der eigentlichen Bedeutung der *res extra commercium* als dinglichem Status, dem bestimmte Kulturgüter in einigen Staaten unterliegen, eher mißverständlich.

Weil die als *res extra commercium* behandelten Kulturgüter nach der Verbringung in ein anderes Land gemäß Art. 2 der Richtlinie wieder in ihr Ursprungsland zurückgegeben werden müssen,[314] führt die europäische Richtlinie jedenfalls zu einer indirekten Anerkennung des Status als *res extra commercium*.[315]

§ 4 Selbstauferlegte Verhaltenskodizes der Museen und des Kunsthandels

Mittelbar können auch sogenannte *Codes of Ethics*[316] verhindern, daß illegal veräußerte oder exportierte Kulturgüter gutgläubig erworben und ihrem ursprünglichen Berechtigten entzogen werden.

I. Hintergrund und Entstehung

Der illegale Kunsthandel spielt sich nicht allein im zwielichtigen und kriminellen Umfeld ab. Auch namhafte Museen sind in Affairen, bei denen es um gestohlenes, geplündertes oder unrechtmäßig ausgeführtes Kulturgut ging, beteiligt gewesen.[317] Dadurch wurde das Problem des illegalen Kunsthandels stärker in das Bewußtsein gerückt; gleichzeitig kam sowohl von Seiten der Öffentlichkeit als auch aus den Reihen der Museen selbst die Forderung auf, ihr Er-

---

[314] Bei ihnen ist ja jede Ausfuhr unrechtmäßig.

[315] *Carducci*, S. 308, S. 349; s. o. § 2 IX. 5.

[316] Dazu allgemein *Lewis* ISWA I, S. 557ff.

[317] Vgl. *Müller-Katzenburg* S. 196 Fn. 528.

werbsverhalten nicht nur rechtlich abzusichern, was angesichts der Tatsache, daß nationale Kulturgüterschutzregeln im Ausland grundsätzlich nicht durchsetzbar sind, keinen hohen Anspruch darstellt, sondern auch bestimmte ethische Standards einzuhalten. 1970 erließ das University of Pennsylvania Museum als erstes einen Verhaltenskodex.[318] Mittlerweile haben sich sehr viele Museen den Richtlinien der internationalen Museumsverbände unterworfen oder auch eigene Erwerbskodizes aufgestellt. Auch viele Verbände des Kunst- und Antiquitätenhandels[319] sowie Auktionshäuser[320] sind diesem Beispiel gefolgt.

II. Rechtliche Relevanz

Die Erwerbs- und Verhaltensregeln sind rechtlich nicht bindend, sondern werden von ihren Adressaten bzw. derjenigen Organisation, die sich selbst bestimmte Pflichten auferlegt hat, nur freiwillig befolgt.[321] Wenn also ein Museum unter

---

318 *Wardlaw Hamilton* S. 356.

319 Vgl. den Verhaltenskodex für den internationalen Handel mit Kunstwerken des Bundesverbandes des deutschen Kunst- und Antiquitätenhandels e. V. (abgedr. bei: *Müller-Katzenburg* Anh. I), Ziffer 1: *Der deutsche Kunsthandel wird sich nicht am Import, Export oder Handel solcher Gegenstände beteiligen, bei denen hinreichender Grund zur Annahme besteht, daß*
a) *der Verkäufer nach geltendem Recht nicht zur Verfügung über den Gegenstand berechtigt ist, insbesondere der Gegenstand mittels Diebstahls oder in anderer Weise unrechtmäßig erworben wurde,*
b) *ein importierter Gegenstand in seinem Herkunftsland unter Verstoß gegen das dort geltende Recht erworben oder exportiert wurde,*
c) *ein importierter Gegenstand ohne die erforderliche Erlaubnis ausgegraben oder aus Ausgrabungsstätten erworben wurde.*
Ziffer 3: *Im Rahmen der gegebenen Möglichkeiten wird sich der deutsche Kunsthandel ferner für die Rückführung gestohlener oder illegal ausgeführter Gegenstände in ihr Ursprungsland einsetzen, sofern der Nachweis unrechtmäßiger Ausfuhr aus diesem Lande erbracht worden ist, die Rückführung innerhalb angemessener Zeit verlangt und im Falle eines rechtmäßigen Erwerbs eine angemessene Entschädigung gewährt wird.*
Vgl. auch den bei der 30. General Conference der UNESCO im November 1999 angenommenen International Code of Ethics for Dealers in Cultural Property, abgedr. in Art, Antiquity and Law 5 (2000) 383f.
Daß sich auch der am kommerziellen Handel mit Kulturgütern unmittelbar beteiligte und davon profitierende Kunsthandel solche Standards auferlegt, ist zunächst beeindruckend. Allerdings wird auf den zweiten Blick auch deutlich, daß die Formulierungen im Grunde in nichts über den Stand des geltenden Rechts hinausgehen. Wenn ein hinreichender Grund zur Annahme besteht, daß der Verkäufer nicht zur Veräußerung berechtigt ist, wird der Erwerber in der Regel ohnehin bösgläubig sein. Insgesamt finden sich in den Kodizes des Kunst- und Antiquitätenhandels deutlich unbestimmtere Verpflichtungen und vagere Formulierungen als in denjenigen der Museen, vgl. auch *Giuliani* S. 8f.; *Griffith* Art, Antiquity and Law 2 (1997) 173ff.

320 *Streinz* S. 152.

321 *Wardlaw Hamilton* S. 352; kritisch zur begrenzten Reichweite der Kodizes *Palmer* S. 22ff.

Verstoß gegen seinen eigenen Verhaltenskodex einen bestimmten Gegenstand erwirbt, kann niemand unter Berufung auf diesen Verstoß den Erwerb für unwirksam erklären oder die Rückgabe fordern. Sanktionen sehen die Kodizes, wenn überhaupt, höchstens im Innenverhältnis vor.[322] Die Erwerbsregeln haben aber insofern eine starke faktische Wirkung, als sich Museen, die sich selbst bestimmte Standards auferlegt oder sich damit einverstanden erklärt haben, bei einem Verstoß in Widerspruch zu ihren eigenen Maßstäben setzen und damit vor der öffentlichen Meinung verantworten müssen.

Die Erwerbsregeln können jedenfalls mittelbar auch eine rechtliche Wirkung nach sich ziehen (sogenannte Reflexwirkung[323]). In ihnen zeigt sich ein allgemeiner Bewußtseinswandel; sie können daher als Konkretisierung des *ordre public* und zur Interpretation von Generalklauseln und unbestimmten Rechtsbegriffen herangezogen werden. In verschiedenen Gerichtsentscheidungen wurde bereits auf die *Codes of Ethics* Bezug genommen.[324] Ihre Auswirkungen auf die Praxis des Kunsthandels und das allgemeine Bewußtsein können langfristig auch die internationale Zusammenarbeit zwischen den Staaten oder die nationalen Gesetzgeber beeinflussen und somit rechtsfortbildend wirken.

In erster Linie enthalten die Kodizes Erkundigungspflichten und Erwerbsverbote für Objekte zweifelhafter Herkunft.[325] Teilweise ist ganz konkret vorgeschrieben, welchen Weg ein Museum gehen muß, bevor ein bestimmtes Kulturgut erworben werden kann. Einige Kodizes sehen auch die Rückgabe von Kulturgut, das in Abweichung von den festgelegten Regeln erworben wurde, an das Heimatland vor.[326] Viele Museen haben sich zu den in der UNESCO-Konvention von 1970 festgelegten Pflichten und Maßstäben bekannt, auch wenn ihr Heimatstaat nicht Mitglied dieser Konvention ist.[327] Die Erwerbskodizes sehen in vielen Fällen vor, daß bestimmte internationale Stellen oder als Heimatländer

---

322 *Griffiths* (Fn. 319) 175. Äußerst effektiv kann aber z. B. die Sanktion sein, daß dem Mitglied eines Museumsverbands, das gegen den Kodex des Verbandes verstoßen hat, keine Leihgaben mehr gemacht werden, dazu *O'Keefe* IJCP 7 (1998) 32ff., 45.

323 *Müller-Katzenburg* S. 215.

324 Vgl. *Kingdom of Spain v. Christie, Manson & Woods Ltd.* (4. Kap. Fn. 203); *Jeanneret v. Vichey* (5. Kap. Fn. 482).

325 Vgl. z. B. ICOM, Kodex der Berufsethik (abgedr. bei *Streinz* S. 376ff.), Ziffer 3.2, Abs. 2: *Ein Museum sollte einen Gegenstand weder durch Kauf, Schenkung, Legat oder Tausch erwerben, solange der Träger oder ein verantwortlicher Mitarbeiter sich nicht davon überzeugt hat, daß das Museum rechtmäßig Eigentum an dem betroffenen Gegenstand erwerben kann. Insbesondere darf der Gegenstand weder in seinem Ursprungsland noch einem Transitland (einschließlich des Landes, in dem sich das Museum befindet), in dem rechtmäßiges Eigentum an ihm bestand, unter Mißachtung der Gesetze dieses Landes erworben oder aus einem dieser Länder gesetzwidrig exportiert worden sein.*

326 *Streinz* S. 153. Vgl. die Beispiele bei *Müller-Katzenburg* S. 202ff.

327 *Müller-Katzenburg* S. 205f.; *Prott/O'Keefe* III, Rn. 266.

in Betracht kommende Staaten benachrichtigt werden müssen, auch wenn das Museum selbst vom Erwerb absieht.[328] Durch diese Informationsweitergabe kann häufig ein Kulturgut von seinem ursprünglichen Eigentümer ermittelt werden und ein anderweitiger gutgläubiger Erwerb verhindert werden.

III. *Codes of Ethics* und *res extra commercium*

Für als *res extra commercium* behandelte Kulturgüter haben die freiwilligen Verhaltenskodizes von Museen und Kunsthandel zum einen wie für jedes andere Kulturgut die Bedeutung, daß ein Ankauf häufig wegen der nicht zweifelsfrei nachweisbaren legalen Herkunft des Kulturguts abgelehnt und somit ein Eigentumserwerb verhindert wird. Zum anderen kann das Bestehen von freiwillig auferlegten Verhaltensnormen aber auch auf die Frage Einfluß nehmen, ob ausländische Kulturgüterschutznormen nicht trotz genereller Geltung einer anderen Rechtsordnung zu berücksichtigen sind. Bei als *res extra commercium* behandelten Kulturgütern wirkt sich dies bei der Frage aus, ob der Status der Extrakommerzialität, der einem Kulturgut in einem Land beigemessen wird, nach dessen Verbringung in ein anderes Land aufrechterhalten werden kann, als auch bei der Frage nach der Sonderanknüpfung einer ausländischen Kulturgüterschutznorm. In diesen Fällen kann die Tatsache, daß der betreffende Erwerber (Museum, Kunsthändler ...) freiwillig die Geltung moralischer Standards anerkannt hat und sich verpflichtet hat, bestimmte Regeln zu beachten, nämlich kein Kulturgut zu erwerben, das unter Verletzung kulturgutschützender Normen das Land verlassen hat, nicht unberücksichtigt bleiben.[329]

---

[328] *Wardlaw Hamilton* S. 359; vgl. z. B. Antiquities Acquisition Policy of the J. Paul Getty Museum, Art. 2: *Notification of foreign government. Before acquiring an important object, the Museum will send photographs of it to the appropriate government agency of the possible countries of origin in order to determine if there are any specific objections or possible claims that may be made concerning the object. In addition, photographs will be sent to the International Foundation for Art Research in New York to be checked against its current list of objects reported stolen or missing.*

[329] Vgl. auch *Müller-Katzenburg* S. 252 f.

7. Kapitel: *Res extra commercium* – ein Modell für den deutschen Kulturgüterschutz?

§ 1 Kulturgüterschutz in Deutschland

Das deutsche Kulturgüterschutzgesetz stammt aus dem Jahre 1955[1] und wurde 1999 in der seit dem 22.10.1998 geltenden Fassung[2] neu bekanntgegeben.[3] Der Bereich des Schutzes national wertvoller Kulturgüter gegen Abwanderung ins Ausland unterlag ursprünglich der konkurrierenden Gesetzgebungskompetenz des Bundes (Art. 74b Nr. 5 GG), wurde aber durch das Gesetz zur Änderung des Grundgesetzes v. 27.10.1994[4] der Rahmengesetzgebung (Art. 75 Abs. 1 Nr. 6 GG) zugewiesen. Als Grund wurde angegeben, daß für kulturelle Angelegenheiten grundsätzlich die Länder zuständig seien. Deswegen sei eine weitere Einbeziehung in den Kompetenzkatalog der konkurrierenden Gesetzgebung entbehrlich.[5] Da aber auch Auslandsbezug bestehen könne, sei die Überführung in die Rahmengesetzgebung des Bundes geboten.[6] Das Gesetz von 1955 galt aufgrund der Regelung des Art. 125a Abs. 1 GG zunächst fort. Die Änderungen stützten sich dann auf Art. 75 Abs. 1 S. 1 Nr. 6 GG.

In Deutschland werden Kulturgüter bislang in erster Linie gegen die Abwanderung ins Ausland geschützt. Grundsätzlich ist die Ausfuhr von Kulturgut erlaubt. Nur bei ausdrücklicher Anordnung unterliegt ein Kulturgut einem Aus-

---

1 Gesetz zum Schutz deutschen Kulturgutes gegen Abwanderung (KultgSchG) v. 6.8.1955, BGBl. 1955 I, 501.

2 Zuletzt geändert durch das Gesetz zur Umsetzung von Richtlinien der Europäischen Gemeinschaften über die Rückgabe von unrechtmäßig aus dem Hoheitsgebiet eines Mitgliedstaates verbrachten Kulturgütern und zur Änderung des Gesetzes zum Schutz deutschen Kulturguts gegen Abwanderung (Kulturgutsicherungsgesetz – KultgSiG) v. 15.10.1998, BGBl. 1998 I, 3162. Das Kulturgutsicherungsgesetz besteht aus dem Kulturgüterrückgabegesetz (Art. 1 KultgSiG) und dem Kulturgutschutzgesetzänderungsgesetz (Art. 2 KultgSiG).

3 BGBl. 1999 I, 1754. Dazu *Fuchs* IPRax 2000, 281 ff.; *Mußgnug* EuR 2000, 564 ff.; *v. Preuschen* EuZW 1999, 40 ff.

4 BGBl. 1994 I, 3146.

5 BR-Drs. 886/93, 18; BT-Drs. 12/6000, 34. Kritisch dazu v. *Mangoldt/Klein/Pestalozza* Art. 75 GG, Rn. 637 Fn. 734; *Mußgnug* FS Bernhardt, S. 1225 ff., S. 1238 Fn. 40; *ders.* Aktuelle Fragen, S. 11 ff., S. 11.

6 BR-Drs. 886/93, 18.

fuhrverbot (§ 1 Abs. 4 KultgSchG[7]).[8] Das deutsche Kulturgüterschutzrecht folgt damit dem Prinzip „Erlaubnis mit Verbotsvorbehalt."[9] Für jedes Bundesland existieren Verzeichnisse, in welches diejenigen Gegenstände aufgenommen werden, deren Abwanderung einen wesentlichen Verlust für den deutschen Kulturbesitz darstellen würde (§ 1 Abs. 1 KultgSchG).[10] Nur die darin aufgeführten Kulturgüter unterliegen einem Ausfuhrverbot.[11]

Eintragungsfähig ist aber weitgehend nur Kulturgut im Eigentum von Privatpersonen (§§ 18, 19 KultgSchG).[12] Der Gesetzgeber ging davon aus, daß besonders wertvolles und bedeutsames Sammelgut im öffentlichen Besitz durch Ver-

---

[7] I. V. m. § 10 Abs. 3 KultgSchG für Archivgut, welches Sonderbestimmungen unterliegt.

[8] Bewegliche Denkmäler, die durch die Denkmalschutzgesetze der Länder geschützt sind, dürfen meist ohne Genehmigung nicht von ihrem Aufbewahrungsort entfernt werden. Daraus folgt natürlich zwangsläufig auch ein Ausfuhrverbot, vgl. *Bernsdorff/Kleine-Tebbe* Teil C Rn. 14. Das Denkmalschutzrecht soll im folgenden aber außer Betracht bleiben, weil seine Bestimmungen nicht in erster Linie auf den Schutz des Kulturguts gegen Ausfuhr, sondern auf die Bewahrung der Substanz und des Kontextes gerichtet sind.

[9] *Mußgnug* Aktuelle Fragen, S. 11ff., S. 23; im Gegensatz zu anderen Staaten, vgl. z. B. § 16 Abs. 1 öster. DMSG; Art. 65, 66 ital. T. U.

[10] Die ständige Konferenz der Kultusminister der Länder hat hierfür einen Kriterienkatalog zum Vollzug des Kulturgüterschutzgesetzes aufgestellt, Beschluß v. 20. 5. 1983 (abgedr. bei *Bernsdorff/Kleine-Tebbe* § 21 Rn. 4). Über die Eintragung entscheidet die jeweilige oberste Landesbehörde (§ 2 Abs. 1 KultgSchG, § 11 Abs. 1 KultgSchG für Archivgut). Das Gesamtverzeichnis national wertvollen Kulturguts und national wertvoller Archive ist zuletzt am 19. 4. 1999 bekannt gemacht worden, Bundesanzeiger, Beilage Nr. 97a v. 28. 5. 1999. *Mußgnug* weist darauf hin, daß aus steuerlichen Gründen (vgl. § 115 Abs. 2 Nr. 4 BewG) hauptsächlich Gegenstände von hohem finanziellen Marktwert, aber eher geringer kulturpolitischer Bedeutung eingetragen werden, FS Bernhardt, S. 1225ff., S. 1236.

[11] Einem Ausfuhrverbot unterliegt z. B. die Handschrift des Nibelungenliedes aus der Fürstlich Fürstenbergischen Bibliothek, welche 1999 aufgelöst und zum größten Teil ins Ausland verkauft wurde, vgl. dazu FAZ v. 24. 7. 1999, S. 41; FAZ v. 4. 9. 1999, S. 41.

[12] § 18 KultgSchG: *Dieses Gesetz findet auf das im öffentlichen Eigentum befindliche national wertvolle Kulturgut und Archivgut keine Anwendung, soweit zu dessen Veräußerung nur oberste Bundes- oder Landesbehörden befugt sind oder nach besonderen gesetzlichen Vorschriften die Genehmigung einer aufsichtführenden Stelle der öffentlichen Verwaltung erforderlich ist.*
§ 19 KultgSchG: (1) *Dieses Gesetz findet keine Anwendung auf Kulturgut und Archivgut, das im Eigentum der Kirchen oder einer anderen als Körperschaft des öffentlichen Rechtes anerkannten Religionsgesellschaft sowie deren kirchlich beaufsichtigten Einrichtungen und Organisationen steht, soweit durch eigene öffentlichrechtliche Vorschriften die Veräußerung wertvollen Kultur- und Archivgutes von der Genehmigung einer aufsichtführenden kirchlichen Stelle oder auf Grund gesetzlicher Vorschriften von der Genehmigung einer staatlichen Stelle abhängig gemacht worden ist. Jedoch muß vor der Entscheidung über die Veräußerungsgenehmigung eine sachverständige Stelle unter den Gesichtspunkten dieses Gesetzes gehört werden.*
(2) *Die Kirchen und die als Körperschaften des öffentlichen Rechts anerkannten Religionsgemeinschaften können in ihrem Eigentum stehende Kunstwerke und anderes Kulturgut im Sinne dieses Gesetzes zur Aufnahme in das „Verzeichnis national wertvollen Kulturgutes" anmelden. Über die Aufnahme entscheidet die oberste Landesbehörde nach diesem Gesetz.*

äußerungsbeschränkungen[13] bereits ausreichend gegen die Abwanderung ins Ausland geschützt sei und von daher auf eine Eintragungspflicht verzichtet werden könne.[14] Diese Annahme führt aber dazu, daß öffentliches Kulturgut keinem gemeinschaftsrechtlichen Schutz unterliegt, weil in den Anwendungsbereich der Richtlinie nur dasjenige Kulturgut fällt, welches durch ein innerstaatliches Gesetz als nationales Kulturgut eingestuft worden ist.[15] Auch sonst ist öffentliches Kulturgut im deutschen Recht nur unzureichend geschützt.[16] Ein Referentenentwurf von 1997 sah die Einbeziehung des öffentlichen Kulturguts in das Kulturgutschutzgesetz vor;[17] diese Anregung wurde jedoch bislang nicht verwirklicht.[18] Das Gesetz wurde lediglich dahingehend geändert, daß die Kirchen und die als Körperschaften des öffentlichen Rechts anerkannten Religionsgemeinschaften das in ihrem Eigentum stehende Kulturgut zur Aufnahme in das Verzeichnis national wertvollen Kulturguts anmelden können (§ 19 Abs. 2 KultgSchG).

---

[13] Vgl. z. B. § 63 Abs. 2 BHO und entsprechende Vorschriften der Landeshaushaltsordnungen. Diese Vorschriften beziehen sich aber nur auf die Veräußerung von Vermögenswerten und nehmen auf die Belange des Kulturgüterschutzes keine Rücksicht, *Bernsdorff/Kleine-Tebbe* § 18 Rn. 3; *Hipp* S. 97. Besondere Genehmigungsvorbehalte für die Veräußerung von Kulturgut enthalten teilweise die Gemeindeordnungen, vgl. z. B. § 97 Abs. 3 Nr. 4 NGO; § 105 Abs. 4 Nr. 2 GO LSA, weitere Nachweise bei *Falkenkötter* Städtetag 1999, 2ff., 4. Anwendbar ist das KultgSchG hinsichtlich kommunalen Kulturgutes, soweit in den Gemeindeordnungen der Länder keine Genehmigungsvorbehalte (mehr) enthalten sind, wie z. B. in Bayern (Art. 75 BayGO), vgl. dazu *Falkenkötter* Städtetag 1999, 2ff., 4. Daß in diesen Ländern nun eine Eintragungswelle von öffentlichem Kulturgut stattfinden wird, ist aber nicht zu erwarten. Insgesamt erscheint es merkwürdig, daß ein Schutz gegen Abwanderung und der damit verbundene gemeinschaftsrechtliche Schutz nur erreicht werden kann, wenn auf interne Veräußerungskontrollen verzichtet wird.

[14] *Bernsdorff/Kleine-Tebbe* § 18 Rn. 1; *v. Preuschen* (Fn. 3) 42; *Oldenhage* S. 52; *Uhl* S. 56; kritisch dazu *Mußgnug* (Fn. 3) 572.

[15] BT-Drs. 13/10789, 1, 9; BT-Drs. 13/11158, 1f.; *Mußgnug* (Fn. 9) S. 22.

[16] S. u. § 3 I. Vgl. auch *Bernsdorff/Kleine-Tebbe* § 18 Rn. 2; *Hönes* BayVBl. 1989, 38ff., 40; *Uhl* S. 57.

[17] S. u. § 3 II. 3.

[18] Der Gesetzentwurf der Fraktionen von CDU/CSU und FDP nahm diese Vorschläge nicht auf, BT-Drs. 13/10789. Auf den daraus resultierenden fehlenden gemeinschaftsrechtlichen Schutz wird in der Begründung gar nicht eingegangen. Es heißt lediglich auf S. 9: „*Die Richtlinie 93/7/EWG erfordert keine Änderung des deutschen Rechts zum Schutz deutschen Kulturguts gegen Abwanderung.*" Vgl. dazu aber *Mußgnug* (Fn. 3) 583: „*Ihm* (sc.: dem KultgRückG) *liegt die Annahme zugrunde, daß der gemeinschaftsrechtliche Repatriierungsanspruch ausschließlich wegen des vom Eigentümer selbst ins Ausland verschobenen, privaten Kulturguts gebraucht werde, sich für den Kulturbesitz der öffentlichen Museen und Archive und der Kirchen aber erübrige, weil bei ihm mit unzulässigen Veräußerungen nicht zu rechnen sei.*" S. u. § 3 II. 3.

§ 2 Schutz der öffentlichen Sachen

I. Öffentliches Eigentum

Das deutsche Recht kennt keinen besonderen, dem französischen *„domaine public"* vergleichbaren rechtlichen Status, dem Sachen im Eigentum der öffentlichen Hand, welche dem Nutzen der Öffentlichkeit gewidmet sind, unterliegen. Die Theorie des deutschen Verwaltungsrechtlers *Otto Mayer*, welcher am Anfang des 20. Jh. nach dem Vorbild des französischen *„domaine public"* ein solches öffentliches Eigentum[19] schaffen wollte, fand in Deutschland keinen großen Zuspruch. Nach dieser Theorie sollten Sachen, die einem öffentlichen Zweck zu dienen bestimmt sind und gleichzeitig im Eigentum des betreffenden Hoheitsträgers stehen, vom Privatrecht vollständig exemt sein und ausschließlich öffentlichrechtlichen Regeln unterliegen.[20]

Es steht dem Gesetzgeber allerdings frei, Sachen im Eigentum der öffentlichen Hand allein öffentlichrechtlichen Regeln zu unterwerfen und ein „öffentliches Eigentum" im Sinne einer umfassenden öffentlichrechtlichen Sachherrschaft, insofern vergleichbar mit dem privatrechtlichen Vollrecht „Eigentum," zu schaffen.[21]

Diesen Weg sind die Länder Hamburg in bezug auf seine öffentlichen Wege[22] und Deichgrundstücke[23] und Baden-Württemberg in bezug auf die Gewässer

---

[19] Der Begriff des öffentlichen Eigentums ist insofern mißverständlich, als er nahelegt, daß es bei der Verkehrsunfähigkeit von Sachen um eine Einschränkung bzw. inhaltliche Änderung von Eigentumsrechten geht. In Wirklichkeit verhält es sich aber so, daß an bestimmten Sachen eine dingliche Eigenschaft besteht oder begründet wird, die dazu führt, daß diese Gegenstände nicht mehr fähig sind, im Privateigentum zu stehen. An ihnen kann lediglich eine öffentlichrechtliche Berechtigung stattfinden, welche mit dem Begriff „öffentliches Eigentum" bezeichnet wird. *Salzwedel* § 42 Rn. 5 spricht von *„begrifflicher Spielerei."* Vgl. auch BVerfGE 24, 367ff., 388.

[20] *Mayer* §§ 35, 36, S. 39ff., bes. S. 63f.

[21] *Papier* S. 6.

[22] § 4 Abs. 1 hamb. WegeG: *Wegeeigentum. Grundflächen, die als öffentliche Wege gewidmet sind und der Freien und Hansestadt Hamburg gehören, stehen einschließlich der in § 2 II genannten Gegenstände in öffentlichem Eigentum der Freien und Hansestadt Hamburg. Das öffentliche Eigentum begründet eine hoheitliche Sachherrschaft. Die in öffentlichem Eigentum stehenden Gegenstände sind dem Rechtsverkehr entzogen. Die Vorschriften des bürgerlichen Rechts, insbesondere über den Besitz und das Eigentum, finden keine Anwendung.* Vgl. zur verfassungsrechtlichen Zulässigkeit BVerwGE 27, 131ff.; BVerfGE 42, 20 ff.

[23] § 4a Abs. 1 hamb. DOG: *Hochwasserschutzanlagen, die auf Grund einer in das Wasserbuch eingetragenen Planfeststellung oder Genehmigung (§ 55) errichtet worden sind und der Freien und Hansestadt Hamburg gehören, stehen im öffentlichen Eigentum der Freien und Hansestadt Hamburg. Das öffentliche Eigentum begründet eine hoheitliche Sachherrschaft, die von den Deichverbänden im Rahmen ihrer durch Gesetz und Satzung geregelten Aufgaben, im übrigen*

erster und zweiter Ordnung[24] gegangen. Art. 4a Abs. 1 hamb. DOG bestimmt z. B., daß die im öffentlichen Eigentum stehenden Gegenstände dem Rechtsverkehr entzogen sind und die Vorschriften des bürgerlichen Rechts keine Anwendung finden. Sie können nicht auf zivilrechtlichem Wege veräußert, nicht gutgläubig erworben und nicht ersessen werden, sind also *res extra commercium*. Die Einführung eines anderen als des privatrechtlichen Eigentumsbegriff durch den Landesgesetzgeber ist verfassungsrechtlich zulässig.[25] Seine Gesetzgebungskompetenz dazu ergibt sich aus Art. 30, 70 Abs. 1 GG. Dem widerspricht auch nicht das den Art. 3 a. F. (Art. 1 Abs. 2 n. F.), 55, 218 EGBGB zu entnehmende Kodifikationsprinzip,[26] da dieses nur den Erlaß privatrechtlicher, das Eigentum betreffender Normen verbietet.[27]

II. Öffentliche Sachen

Sachen mit einer öffentlichen Zweckbestimmung unterliegen als sogenannte öffentliche Sachen aber auch im deutschen Recht besonderen rechtlichen Regeln. Daraus könnte man eine Sonderstellung des öffentlichen Kulturguts herleiten.

Zu den öffentlichen Sachen werden Gegenstände gerechnet, welche unmittelbar durch ihren Gebrauch entweder dem Gemeinwohl oder den Bedürfnissen der öffentlichen Verwaltung zu dienen bestimmt sind.[28] Der besondere öffentlich-

---

von der Wasserbehörde ausgeübt wird. Die in öffentlichem Eigentum stehenden Gegenstände sind dem Rechtsverkehr entzogen. Die Vorschriften des bürgerlichen Rechts, insbesondere über den Besitz und das Eigentum finden keine Anwendung. Vgl. zur verfassungsrechtlichen Zulässigkeit BVerfGE 24, 367ff.

24 Vgl. § 4 bw WasserG.

25 BVerwGE 27, 131ff., 133; BVerfGE 24, 367ff., 380.

26 Das Kodifikationsprinzip stellt eine Sperre für den Landesgesetzgeber dar, außerhalb der Vorbehalte des EGBGB privatrechtliche Normen zu setzen, BVerfGE 7, 342ff., 347f.

27 BVerfGE 42, 20ff., 33; BVerfGE 24, 367ff., 386.

28 Öffentliche Sachen werden üblicherweise in Sachen im Bürgergebrauch bzw. Zivilgebrauch, die entweder im Gemeingebrauch bzw. Sondergebrauch (z. B. öffentliche Straßen, Gewässer) oder im Anstaltsgebrauch (öffentliche Einrichtungen wie z. B. Museen und Bibliotheken) stehen, und in Sachen im Verwaltungsgebrauch (z. B. Büroinventar, Dienstwagen) unterteilt, statt vieler *Pappermann/Andriske* in: Pappermann/Löhr/Andriske, § 3, S. 5ff. Abzugrenzen sind die öffentlichen Sachen von den nur rein tatsächlich öffentlichen Sachen. Dabei handelt es sich um Sachen im Eigentum Privater, die zwar öffentlich zugänglich sind, aber nicht durch einen gesetzlichen oder verwaltungsrechtlichen Akt dazu gewidmet worden sind, *Axer* Widmung, S. 28f.; *Pappermann/Andriske* § 1, S. 2. Diese Sachen werden ausschließlich nach Privatrecht beurteilt. Ein Beispiel sind die in einer privaten Kunstgalerie ausgestellten Bilder. Diese sind zwar für die Öffentlichkeit zugänglich, können aber frei veräußert werden, ohne daß dem eine öffentlichrechtliche Zweckbindung entgegenstehen würde. Nicht zu den öffentlichen Sachen gehören außerdem die Gegenstände des sog. Finanzvermögens. Das

rechtliche Rechtsstatus einer Sache als öffentliche Sache wird allerdings erst durch einen juristischen Akt (die sogenannte Widmung) und die nachfolgende Indienststellung[29] begründet. Die Widmung ist ein hoheitlicher Rechtsakt, durch den die zuständige öffentliche Stelle erklärt, daß die Sache einem öffentlichen Zweck dienen soll.

Nach der bislang herrschenden Meinung sollten allein Widmung und Indienststellung den Status als öffentliche Sache begründen, ohne daß es dafür einer gesetzlichen Grundlage bedurft hätte.[30] Sie sollte sowohl durch Rechtsnorm als auch durch Verwaltungsakt und, sofern keine besondere Form vorgeschrieben war, auch durch konkludentes Handeln erfolgen können.[31]

Nach der herrschenden Theorie vom modifizierten Privateigentum besteht der verwaltungsrechtliche Sonderstatus der öffentlichen Sachen in einem dinglichen Recht an der Sache. Öffentliche Sachen unterliegen weiterhin der privatrechtlichen Eigentumsordnung; diese wird aber durch die öffentlichrechtlichen Regeln überlagert (dualistische Konstruktion des Rechtsstatus).[32] Auf dem Privateigentum lastet ein beschränkt-dingliches Recht, eine Art „Dienstbarkeit" des öffentlichen Rechts. Dieses dingliche Recht verleiht eine besondere öffentlichrechtliche Sachherrschaft über die Sache; die privatrechtlichen Eigentümerbefugnisse werden im Umfang dieser öffentlichrechtlichen Nutzungsbefugnisse verdrängt.[33] Sofern die Sache im Eigentum des öffentlichen Sachherrn selbst steht, fallen beide Positionen zusammen. Auch Sachen im Eigentum Privater können aber zu öffentlichen Sachen werden, wenn der Verfügungsberechtigte zustimmt.[34]

Für die Verkehrsfähigkeit der öffentlichen Sache bedeutete das nach der bislang herrschenden Meinung, daß sie insoweit eingeschränkt wird, als die öffentlichrechtliche Zweckbindung tangiert ist. Öffentliche Sachen bleiben veräußerlich, sie sind also keine *res extra commercium*.[35] Die durch die Widmung begründete

---

sind Gegenstände, die der öffentlichen Verwaltung nur mittelbar zur Erfüllung ihrer Aufgaben dienen, nämlich durch ihren Vermögenswert und ihren Ertrag. Diese Gegenstände sind keinem öffentlichen Zweck gewidmet und unterliegen ebenfalls ausschließlich dem Privatrecht, *Pappermann/Andriske* § 1, S. 3.

[29] Darunter versteht man den Realakt, durch welchen die Sache faktisch benutzbar gemacht wird, *Pappermann/Andriske* (Fn. 28) § 4, S. 15.

[30] *Forsthoff* § 20, S. 379; *Pappermann/Andriske* (Fn. 28) § 4, S. 13f.; *Salzwedel* § 42 Rn. 2.

[31] *Pappermann/Andriske* (Fn. 28) § 4, S. 14; *Salzwedel* § 45 Rn. 7; *Wolff/Bachof* (9. Aufl.) § 56, S. 490.

[32] *Forsthoff* § 20, S. 379ff.; *Frotscher* VerwArch 62 (1971) 153ff., 154ff.; *Pappermann/Andriske* (Fn. 28) § 4, S. 17; *Salzwedel* § 42 Rn. 8.

[33] *Papier* S. 10; *Pappermann/Andriske* (Fn. 28) § 4, S. 18.

[34] *Forsthoff* § 20, S. 385; *Pappermann/Andriske* (Fn. 28) § 4, S. 18.

[35] *Papier* S. 80.

öffentlichrechtliche Dienstbarkeit geht aber auf den Rechtsnachfolger über. Sie kann nicht einmal durch gutgläubigen lastenfreien Erwerb untergehen; § 936 BGB ist nicht anwendbar.[36] Dasselbe gilt für den originären Eigentumserwerb durch Ersitzung:[37] Dieser ist grundsätzlich möglich, aber das Eigentum wird auch hier durch die an der Sache bestehende öffentlichrechtliche Dienstbarkeit eingeschränkt.[38]

1. Öffentliches Kulturgut als öffentliche Sache

Nach der Theorie vom modifizierten Privateigentum würde auch Kulturgut im Eigentum der öffentlichen Hand eine Sonderstellung und besonderen Schutz erlangen, sofern man von einer Widmung zu einem öffentlichen Zweck ausgehen und insofern den Status als öffentliche Sache bejahen könnte. Denn Kulturgut, das sich in öffentlichen Museen, Archiven, Bibliotheken oder sonstigen Sammlungen befindet, dient der Daseinsvorsorge im Bereich des Bildungswesens.[39]

Problematisch ist bei öffentlichem Kulturgut aber die Widmung. Von der ganz herrschenden Meinung wurde lange die Eingliederung in eine öffentliche Sammlung bzw. die Inventarisierung für ausreichend gehalten.[40] Es wurden aber auch Bedenken vorgetragen, ob an die Widmung nicht gewisse Publizitätserfordernisse gestellt werden müßten bzw. ob die Begründung von das Privatrecht überlagernden öffentlichrechtlichen Rechten nicht einer gesetzlichen Grundlage bedürfe.[41]

---

36 *Pappermann/Andriske* (Fn. 28) § 4, S. 19.

37 *Salzwedel* § 42 Rn. 8.

38 Daß öffentliches Kulturgut nach deutschem Recht als sogenannte „*people's property*" gar nicht ersessen werden könnte, hatten die Kunstsammlungen von Weimar im Fall *Kunstsammlungen Weimar v. Elicofon* (5. Kap. Fn. 407) geltend gemacht, *Burks* Tex. Int'l. L. J. 19 (1984) 189ff., 205. Das amerikanische Gericht wandte dann bekanntlich aber gar kein deutsches Recht an, s. o. 5. Kap. § 8 II. 1. d.

39 Da Kulturgut nicht den Aufgaben der Verwaltung dient, sondern der Allgemeinheit, welche allerdings nur unter bestimmten Voraussetzungen zur „Benutzung" zugelassen wird, könnte es sich bei diesen Sachen um öffentliche Sachen im Anstaltsgebrauch handeln. Ausnahmsweise können Kulturgüter allerdings auch zu den öffentlichen Sachen im Verwaltungsgebrauch gehören, z. B. Archive, wenn sie ausschließlich der Verwaltung für die Erfüllung ihrer Aufgaben dienen. In VG Köln, NJW 1991, 2584ff. (s. u. § 2 II. 3. b.), wurde die Frage offen gelassen.

40 *Frotscher* (Fn. 32) 153; *Salzwedel* § 42 Rn. 9, § 45 Rn. 5; vgl. Redebeitrag v. *Matthias Herdegen* abgedr. in: Rechtsfragen, S. 221; wohl auch *Franz* S. 69; *Knott* S. 69; *Kromer* S. 151; *Laufersweiler/Schmidt-Rögnitz* S. 120.

41 *Kromer* S. 135; *Mußgnug* Symposium, S. 141ff., S. 144; *Salzwedel* § 42 Rn. 7.

2. Exkurs: *res sacrae* als öffentliche Sachen

Trotz fehlender gesetzlicher Normierung werden allerdings die *res sacrae* zu den öffentlichen Sachen gerechnet. Wegen des Status der Kirchen als Körperschaften des öffentlichen Rechts (Art. 140 GG i. V. m. Art. 137 Abs. 5 WRV) werden kirchlichen Weihehandlungen die Rechtswirkungen einer staatlichen Widmung zugemessen.[42] Ebenso wie bei Kulturgütern gibt es zwar auch bei den *res sacrae* keine gesetzliche Grundlage für die Widmung; hier wird aber eine gewohnheitsrechtliche Ermächtigung angenommen.[43]

3. Hamburger Stadtsiegelfall

Eine entscheidende Kehrtwende für das Recht der öffentlichen Sachen und insbesondere auch im Hinblick auf den Status von öffentlichem Kulturgut brachte der sogenannte Hamburger Stadtsiegelfall. Gegenstand einer ganzen Reihe von Prozessen war ein Siegeltypar der Stadt Hamburg, welches nachweislich bereits 1306 zum Siegeln von Urkunden verwendet worden war. Es handelte sich um das das älteste noch erhaltene Siegel der Stadt Hamburg. Bis 1810 war es in Gebrauch und wurde danach verwendet, um die Echtheit von Urkunden zu überprüfen, bis es Anfang des 20. Jahrhunderts in die Petschaft-Sammlung des Stadtarchivs übernommen und inventarisiert worden war. Während des zweiten Weltkriegs wurde das Archivgut in einem Salzbergwerk ausgelagert. Nach Kriegsende zeigte sich, daß eine Kiste aufgebrochen war und das Siegeltypar fehlte. 1986 ersteigerte eine Kölner Antiquitätenhändlerin das Siegel bei der öffentlichen Auktion eines Kunsthauses. Auftraggeber des Auktionators war ein Ehepaar gewesen, welches das Siegel ein paar Jahre zuvor auf einem Trödelmarkt in Braunschweig erworben hatte.

Die Stadt Hamburg erließ zunächst einen Leistungsbescheid auf Herausgabe des Siegeltypars gegen die Antiquitätenhändlerin, welchen diese aber vor dem Verwaltungsgericht Hamburg erfolgreich anfocht.[44] Daraufhin erhob Hamburg auf dem Zivilrechtsweg eine Vindikationsklage, die aber in letzter Instanz zurückgewiesen wurde.[45]

---

42 *Axer* (Fn. 28) S. 208; *Renck* DÖV 1990, 333ff., 334; kritisch dazu *Schlink* NVwZ 1987, 633ff., 634f., weil mit der Zuerkennung des Status einer Körperschaft des öffentlichen Rechts noch nicht die Verleihung von Hoheitsgewalt verbunden ist.

43 *Schlink* (Fn. 42) 637.

44 Da es an einer gesetzlichen Grundlage fehlte, konnte die Stadt Hamburg einen eventuellen Rückgabeanspruch nicht durch Erlaß eines Verwaltungsaktes (sog. Inanspruchnahmeverfügung) durchsetzen, *Manssen* JuS 1992, 745ff., 746; a. A.: *Salzwedel* § 42 Rn. 10.

45 Das erstinstanzliche Gericht hatte die Klage ebenfalls abgewiesen; die Berufungsinstanz hatte ihr jedoch stattgegeben, da sie einen Eigentumserwerb der Antiquitätenhändlerin am Erfordernis der Gutgläubigkeit scheitern ließ.

a. Urteil des BGH v. 5. 10. 1989[46]

Der BGH entschied, daß eine Sache, auch wenn sie durch die Widmung zu einem öffentlichen Zweck zur öffentlichen Sache geworden sei, dadurch nicht zur *res extra commercium* werde, sondern weiterhin Gegenstand des privaten Rechtsverkehrs sei. Auch eine öffentliche Sache könne daher gutgläubig erworben werden.[47] Weil das Siegel gestohlen worden war, wäre ein gutgläubiger Erwerb zwar grundsätzlich wegen § 935 Abs. 1 BGB ausgeschlossen, das gelte aber nicht für den Fall einer öffentlichen Versteigerung (§ 935 Abs. 2 BGB). Unter den Begriff der öffentlichen Versteigerung falle nämlich nicht nur eine Versteigerung aufgrund der ZPO, sondern jede freiwillige Versteigerung, sofern sie nur die Voraussetzungen des § 383 Abs. 3 BGB erfülle, also durch einen gemäß § 34b Abs. 5 GewO öffentlich bestellten Versteigerer erfolgt und vorher öffentlich bekannt gegeben worden sei.[48] Die Versteigerung durch das Auktionshaus genügte nach den Feststellungen des Berufungsgerichts diesen Anforderungen und war von der Revision nicht angezweifelt worden. An der Gutgläubigkeit der Antiquitätenhändlerin hatte der BGH keine Zweifel, obwohl im Auktionskatalog die hamburgische Herkunft des Siegels sogar angegeben war.[49]

Die zivilrechtliche Vindikationsklage der Stadt wurde daher abgewiesen. Ob sie wegen einer eventuellen öffentlichrechtlichen Sachherrschaft einen Herausgabeanspruch habe, ließ der BGH offen, weil dieser Anspruch öffentlichrechtlicher Natur und daher vor den Verwaltungsgerichten gelten zu machen sei.[50]

b. Urteil des VG Köln v. 20. 3. 1991[51]

Daraufhin startete die Stadt Hamburg vor dem Kölner Verwaltungsgericht einen neuen Versuch. Dieses bejahte die Eigenschaft des Stadtsiegels als öffentliche Sache. Dessen Widmung sei spätestens Anfang des 14. Jahrhunderts durch konkludenten Verwaltungsakt im Wege der Ingebrauchnahme erfolgt.[52] Auch

---

46 BGH, NJW 1990, 899ff.

47 BGH (Fn. 46) 900.

48 BGH (Fn. 46) 900. Daß jede Versteigerung i. S. von § 383 Abs. 3 BGB die Privilegierung des § 935 Abs. 2 BGB nach sich zöge, war auch vorher nicht bestritten, vgl. z. B. *Dünkel* S. 51ff., aber noch nicht höchstrichterlich entschieden worden; vgl. auch *Franz* S. 101ff.

49 Allerdings war der Katalog vor der Auktion dem Bundeskriminalamt und zahlreichen Museen, auch solchen in Hamburg, zugesandt worden.

50 Der § 17 Abs. 2 GVG, nach dem das angerufene Gericht den Rechtsstreit unter allen in Betracht kommenden Gesichtspunkten, auch wenn sie einem anderen Rechtsweg zuzuordnen sind, prüfen muß, trat erst am 1. 1. 1991 in Kraft.

51 VG Köln, NJW 1991, 2584ff.

52 Daß es damals die Rechtsfigur und den Begriff der Widmung noch nicht gegeben habe, sei unerheblich, da bereits im Mittelalter zwischen dem Eigentumsrecht und den aus der Souveränität des Staates folgenden Befugnissen (Regalien) unterschieden worden wäre.

nachdem das Typar 1810 nicht mehr zum Siegeln von Urkunden verwendet und später archiviert wurde, habe keine Entwidmung, sondern nur eine Umwidmung zu einem anderen Zweck stattgefunden.[53] Die Eigenschaft als öffentliche Sache wäre schließlich auch nicht durch das Abhandenkommen untergegangen.[54]

Das VG Köln billigte der Stadt Hamburg wegen der Widmung trotz des Eigentumserwerbs der Antiquitätenhändlerin einen Herausgabeanspruch zu. Nach der Theorie vom modifizierten Privateigentum könne der öffentliche Sachherr, soweit ein Auseinanderfallen von Eigentumsrechten und öffentlichrechtlicher Sachherrschaft der widmungsmäßigen Zweckbindung entgegenstehe, die Sache sogar vom Eigentümer herausverlangen. Dies ergebe sich als Annexkompetenz zu der dem öffentlichen Sachherrn verliehenen Befugnis, die öffentliche Sache widmungsgemäß zu verwenden.[55]

c. Urteil des OVG Münster v. 25. 2. 1993[56]

Allerdings hatte die Berufung der Antiquitätenhändlerin gegen das dem Herausgabeanspruch stattgebende Urteil des Verwaltungsgerichts Erfolg. Denn das OVG Münster war der Meinung, daß mit der Eigenschaft als öffentliche Sache keine öffentlichrechtliche Dienstbarkeit verbunden sei, welche sich gegenüber dem gutgläubigen Erwerb des Eigentums behaupten könne und den erhobenen Herausgabeanspruch trage.[57] Wegen der Eigentumsgarantie des Art. 14 GG könne man der Widmung eine solche Rechtsfolge nur beimessen, wenn sie sich aus einem Rechtssatz herleiten lasse. Gesetzliche Regelungen bestünden aber nur für das Straßen- und Wasserrecht. Von einem Gewohnheitsrechtssatz könne trotz einer herrschenden Meinung in der Literatur nicht ausgegangen werden.[58] Auch für eine Lückenschließung durch eine Gesamtrechtsanalogie sowie für richterliche Rechtsfortbildung sei kein Platz.[59] Es bestehe nämlich gar kein Bedürfnis für eine Sonderbehandlung abhanden gekommener öffent-

---

[53] Unbeachtlich sei, ob es sich nach der Archivierung weiterhin um eine Sache im Verwaltungsgebrauch oder um eine solche im Anstaltsgebrauch gehandelt habe, da auf jeden Fall weiterhin eine öffentliche Sache vorläge, VG Köln (Fn. 51) 2585: „(...) *Die Aufnahme einer Sache in ein von einem öffentlichen Rechtsträger betriebenes Archiv stellt nach Auffassung der Kammer – vergleichbar mit der Aufnahme eines Buches in eine öffentliche Bibliothek – stets eine (Um)widmung zu einem öffentlichen Zweck dar. Das Archivgut wird wegen seiner besonderen Bedeutung im öffentlichen Leben der Nachwelt erhalten.*"

[54] VG Köln (Fn. 51) 2585.

[55] VG Köln (Fn. 51) 2586.

[56] OVG Münster, NJW 1993, 2635ff.

[57] OVG Münster (Fn. 56) 2635.

[58] OVG Münster (Fn. 56) 2635; für eine gewohnheitsrechtliche Bindung *Wernecke* AcP 195 (1995) 445ff., 456ff.

[59] OVG Münster (Fn. 56) 2636f.

licher Sachen, da diese im Regelfall ersetzbar seien, es also allein um die finanziellen Folgen des Abhandenkommens gehe. Bei einmaligen und unersetzbaren Sachen wie dem Hamburger Stadtsiegel hingegen ließen die bürgerlichrechtlichen Vorschriften über den gutgläubigen Erwerb befriedigende Ergebnisse zu.[60]

d. Beschluß des Bundesverwaltungsgerichts v. 12. 8. 1993

Vom Bundesverwaltungsgericht wurde die Revision der Stadt Hamburg nicht zugelassen. Auch die Nichtzulassungsbeschwerde hatte keinen Erfolg.[61] Das BVerwG war der Ansicht, daß es sich bei dem die Entscheidung des OVG Münster tragenden Rechtssatz um nicht reversibles Landesrecht handele. Mit der Entscheidung seien keine grundsätzlich bedeutsamen Rechtsfragen verbunden. Im übrigen sei in der Rechtsprechung des BVerwG[62] geklärt, daß allein die Widmung einer Sache privatrechtliche Ansprüche Dritter nicht ausschließe, sondern es dazu einer gesetzlichen Grundlage bedürfe.[63]

e. Kritik

Unabhängig davon, ob man die Entscheidung des OVG Münster für richtig oder falsch hält, ist es sehr verwunderlich, daß das Bundesverwaltungsgericht die Revision nicht zugelassen hat.[64] Denn bei den Auswirkungen der Zweckbindung einer öffentlichen Sache auf das private Sachenrecht geht es keineswegs um nicht reversibles Landesrecht, sondern um allgemeines Verwaltungsrecht.[65] Angesichts der bisher ganz herrschenden Meinung, daß das Privateigentum bei allen einem öffentlichen Zweck gewidmeten Sachen durch die öffentlichrechtliche Sachherrschaft eingeschränkt und von ihr überlagert würde, wäre die höchstrichterliche Klärung dieser Frage erforderlich und wünschenswert gewesen. Die Entscheidung, auf die das BVerwG Bezug nahm,[66] um zu belegen, daß die Frage

---

60 OVG Münster (Fn. 56) 2637. Diese Argumentation verwundert angesichts der Bejahung der Gutgläubigkeit durch die ordentlichen Gerichte und der Tatsache, daß das Abhandenkommen wegen § 935 Abs. 2 BGB keine Rolle spielte.

61 BVerwG, Beschl. v. 12. 8. 1993, NJW 1994, 144f.

62 Für diese Behauptung nahm es allerdings nur auf eine einzige Entscheidung, BVerwG, NJW 1980, 2538ff., 2540 Bezug.

63 BVerwG (Fn. 61) 145.

64 Vgl. *Wernecke* (Fn. 58) 446: „*Die knappe Argumentation des Gerichtes erweckt den Eindruck, als habe der entscheidende Senat nicht den Mut gehabt, sich in die kontroverse, gesetzlich nicht geregelte Streitfrage einzumischen.*"

65 In diesem Sinne auch *Wernecke* (Fn. 58) 446.

66 BVerwG, Urt. v. 1. 2. 1980, NJW 1980, 2538ff. In der Entscheidung ging es um einen nichtigen Grundstückstauschvertrag zwischen einer Gemeinde und einer Privatperson. Die Gemeinde, die das ihr übereignete Grundstück (materiell baurechtswidrig) mit einem Rathaus bebaut hatte, setzte dem Bereicherungsanspruch der Privatperson die Widmung des Grundstücks zu einem öffentlichen Zweck entgegen. Es leuchtet ein, daß die öffentliche

bereits geklärt sei, betraf zudem einen sehr speziellen Fall, der nicht unbedingt verallgemeinerungsfähig ist.[67]

In der das Urteil des OVG Münster kommentierenden Literatur wurde bemängelt, daß das Gericht zwar die Eigenschaft des Siegels als öffentliche Sache bejaht, dann aber die Existenz eines öffentlichrechtlichen Herausgabeanspruchs trotz gutgläubigen Eigentumserwerbs abgelehnt habe.[68] Einleuchtender wäre es gewesen, bereits den dinglichen Status als öffentliche Sache am Fehlen der gesetzlichen Grundlage scheitern zu lassen und als Konsequenz den Anspruch mangels öffentlichrechtlicher Sachherrschaft abzulehnen.[69] Insgesamt wurde die Aussage, daß öffentlichrechtliche Bindungen, welche das Privatrecht überlagern, einer gesetzlichen Grundlage bedürfen, aber begrüßt[70] bzw. war das Urteil des VG Köln dementsprechend kritisiert worden.[71]

Weiterhin wurde in der Literatur vorgebracht, daß die Widmung zur öffentlichen Sache einen Eingriff in Art. 14 Abs. 1 GG darstelle, welcher einer gesetzlichen Grundlage bedürfe.[72] Allerdings hatte im Zeitpunkt der Widmung der widmende öffentlichrechtliche Sachherr selbst Eigentum an dem Stadtsiegel; ein Eingriff in Art. 14 Abs. 1 GG lag daher nicht vor.[73] Die Antiquitätenhändlerin erwarb

---

Hand nicht rechtswidrig eine Sache widmen und sich dann gegenüber privatrechtlichen Ansprüchen auf die öffentlichrechtliche Zweckbindung der Sache berufen kann. Ein maßgeblicher Unterschied zwischen den beiden Sachverhalten ist auch, daß das Grundstück bereits im Zeitpunkt der Widmung dem Bereicherungsanspruch des früheren Eigentümers unterlag, während das Siegel im Zeitpunkt der Widmung im Eigentum der Stadt Hamburg stand, durch die öffentliche Zweckbindung keine Rechte Dritter berührt wurden und die Antiquitätenhändlerin später die bereits gewidmete Sache und somit belastetes Eigentum erwarb.

67 Das räumt auch *Manssen* (Fn. 44) 746 Fn. 34, ein.

68 *Ehlers* NWVBl. 1993, 327ff., 330; vgl. auch *Manssen* (Fn. 44) 747.

69 Dann wären allerdings die meisten Sachen im Verwaltungs- und Anstaltsgebrauch keine öffentlichen Sachen.

70 *Ehlers* (Fn. 68) 328.

71 *Axer* NWVBl. 1992, 11ff., 13; *Manssen* (Fn. 44) 747. Daneben wurde noch ein anderer Punkt aufgeworfen, dem die Entscheidungen keine Beachtung geschenkt hatten, nämlich die Frage, ob ein Verwaltungsakt mit dinglicher Wirkung überhaupt konkludent erfolgen kann, dazu schon *Kromer* S. 134f.; *Mußgnug* Kunst und Recht, S. 15ff., S. 23 Fn. 15. Dies könnte nämlich mit dem im Sachenrecht geltenden Publizitätsgrundsatz unvereinbar sein. Wenn sich die Widmung nicht nur verwaltungsintern auswirken, sondern gegenüber jedermann gelten soll, muß dies nach außen auch erkennbar werden, *Manssen* (Fn. 44) 747; a.A. *Wernecke* (Fn. 58) 452f. Dem tragen die §§ 41 Abs. 1 S. 1, Abs. 3 S. 2, 43 Abs. 1 S. 1 VwVfG Rechnung, wonach eine Allgemeinverfügung, worum es sich bei einer Widmung mit absolut-dinglicher Wirkung handelt, gegenüber allen Beteiligten bzw. öffentlich bekannt gegeben werden muß, um Wirkung zu entfalten.

72 *Mußgnug* Rechtsfragen, S. 199ff., S. 204.

73 *Wernecke* (Fn. 58) 454, 465. Einigermaßen abstrus sind die Überlegungen von *Axer* (Fn. 71) 13, daß ein Grundrechtseingriff nicht durch das Einverständnis des damaligen Eigentümers

später die Sache bereits mit der Belastung durch die öffentlichrechtliche Dienstbarkeit, so daß auch hier kein Eingriff in Art. 14 Abs. 1 GG gegeben war.[74] Dagegen wird argumentiert, daß Art. 14 Abs. 1 GG auch berührt sein könne, wenn die zu widmende Sache im Privatrechtseigentum der öffentlichen Hand steht, weil wie im Rathausfall des BVerwG[75] immerhin schuldrechtliche Ansprüche vereitelt werden könnten, welche ebenfalls von Art. 14 Abs. 1 GG geschützt seien.[76] In solch einem Fall mag ein Eingriff in Art. 14 Abs. 1 GG vorliegen; daraus kann jedoch nicht der Rückschluß gezogen werden, daß dies immer so ist.[77]

Allerdings könnte der Grundsatz des Gesetzesvorbehalts betroffen sein.[78] Nach der Rechtsprechung des BVerfG bedarf es einer gesetzlichen Grundlage nämlich immer dann, wenn der Staat eine namentlich für die Verwirklichung der Grundrechte wesentliche Entscheidung treffen will.[79] Dies muß nicht unbedingt mit einem Eingriff in ein Grundrecht verbunden sein. Bei der Begründung von Sachenrechten ist solch eine wesentliche Entscheidung stets anzunehmen.[80] Denn die Begründung der öffentlichrechtlichen Sachherrschaft und die damit verbundene dingliche Änderung der betreffenden Sache führt dazu, daß an ihr trotz Vorliegens von Gutgläubigkeit kein „unbelastetes" Eigentum mehr erworben werden kann, wie es bei jeder anderen Sache möglich wäre.

Dem Urteil des OVG Münster und den zustimmenden Anmerkungen ist also im Ergebnis beizupflichten, weil die Begründung einer öffentlichrechtlichen Sachherrschaft, welche eine der Sache auf Dauer anhaftende dingliche Eigenschaft darstellt und sich im Privatrechtsverkehr auswirkt, wegen der Wesentlichkeitstheorie einer gesetzlichen Grundlage bedarf und außerdem den sachenrechtlichen Grundsatz der Publizität beachten muß. Eine andere Frage ist aber, ob eine gesetzliche Grundlage rechtspolitisch wünschenswert wäre. Die Kommentatoren des Hamburger Stadtsiegelfalles lehnen dies überwiegend ab.[81]

---

ausgeschlossen sein könne, da man der eigenen Widmung nicht zustimmen könne und der Rechtsnachfolger an die Zustimmung insofern nicht gebunden sei. Vgl. dazu auch *Thormann* NWVBl. 1992, 354ff., 356 Fn. 32: *„Denn es ist widersinnig, wenn dem Einverständnis eines Dritten, das quasi ersatzweise eingeholt werden muß, weil es dem Widmenden an Eigentum fehlt, eine rechtliche Bedeutung zukommt, die die Widmung durch den Eigentümer jedoch nicht haben soll."*

[74] *Ehlers* (Fn. 68) 328; Redebeitrag v. *Matthias Herdegen* abgedr. in: Rechtsfragen, S. 222.

[75] S. o. Fn. 66.

[76] *Manssen* (Fn. 44) 747.

[77] Vgl. auch *Wernecke* (Fn. 58) 454 Fn. 31.

[78] Vgl. den Redebeitrag v. *Reinhard Mußgnug* abgedr. in: Rechtsfragen, S. 224.

[79] BVerfGE 49, 89ff., 126f.

[80] *Axer* (Fn. 28) S. 167; *Ehlers* (Fn. 68) 328; a. A.: *Thormann* (Fn. 73) 357.

[81] *Ehlers* (Fn. 68) 333; *Manssen* (Fn. 44) 747; vgl. auch OVG Münster (Fn. 56) 2637; a. A. *Fechner* JuS 1993, 704.

Dabei haben sie offenbar lediglich die üblichen Sachen im Verwaltungsvermögen, wie Tische, Stühle, Computer etc. im Sinn. Bei dem potentiellen Schutz dieser Sachen durch einen besonderen dinglichen Status ginge es aber nur um den Schutz vor finanziellen Verlusten, denn die einzelnen Sachen sind ersetzbar.[82] Anders ist es mit Museumsgegenständen, mit Archivgut und – teilweise – Bibliotheksgut. Hierbei handelt es sich um Sachen im Anstaltsgebrauch, welche nicht nur der Verwaltung, sondern der gesamten Öffentlichkeit zugute kommen. Diese Sachen sind überwiegend nicht ersetzbar. Es ist eine differenzierende Behandlung erforderlich, die der Einmaligkeit von öffentlichem Kulturgut Rechnung trägt. Eine gesetzliche Regelung ist daher erstrebenswert.[83]

§ 3 Gesetzgeberische Möglichkeiten für die Erklärung von Kulturgut zu *res extra commercium*

I. Gründe für den Bedarf einer solchen Regelung

Die Behandlung von öffentlichem Kulturgut als *res extra commercium* ist vermehrt gefordert worden.[84] Vor allem von Seiten der staatlichen Museen und Archive hat man sich dafür ausgesprochen.[85] Für eine Extrakommerzialisierung von öffentlichem Kulturgut spricht sein unzureichender Schutz durch privatrechtliche und öffentlichrechtliche Regeln.

---

82 Die öffentliche Verwaltung benötigt z. B. Computer, um ihre Aufgaben zu erfüllen; sie benötigt aber nicht genau den einen Computer, den sie (aus was für Gründen auch immer) nach den Regeln des allgemeinen Zivilrechts nicht herausverlangen kann. Daß sie die finanzielle Last einer Neuanschaffung tragen muß, rechtfertigt es nicht, sie durch die Zubilligung einer öffentlichrechtlichen Sachherrschaft gegenüber einer Privatperson zu privilegieren.

83 So auch *Hipp* S. 365. Nicht für erforderlich hält dies *Wernecke* (Fn. 58) 466: „*Die Forderung nach einer gesetzlichen Regelung des Rechts der öffentlichen Sachen, mithin der Unterwerfung unter einen allgemeinen Gesetzesvorbehalt, ist nicht nur dogmatisch überzogen, sondern derzeit auch nicht zu verwirklichen: Wenn der Gesetzgeber von sechzehn Bundesländern schweigt, wenn es eine herkulische Aufgabe wäre, das Recht der Museumsstücke in gleicher Weise zu regeln wie die Bestände öffentlicher Bibliotheken, ist es dann nicht geboten, sich einem über zweitausend Jahre alten Gewohnheitsrecht zu beugen?*“; vgl. auch *Franz* S. 69 Fn. 326; *Laufersweiler/Schmidt-Rögnitz* S. 120, welche das Urteil des OVG Münster anscheinend völlig ignorieren.

84 *Bila* S. 188; *Fechner* Prinzipien, S. 11ff., S. 40; *v. Gehren* FAZ v. 10.7.1992, S. 31; *ders.* FAZ v. 22.12.1993, S. 25; *Jaeger* S. 111; *Mußgnug* bereits 1985 (Fn. 71) S. 22f.; *ders.* (Fn. 41) S. 141ff.; *ders.* (Fn. 72) S. 199ff.; *ders.* (Fn. 9) S. 26ff.; vgl. dazu auch *Abele* S. 74f.

85 Vgl. Redebeitrag v. *Eckhard Leberl* Staatliche Museen Preußischer Kulturbesitz, abgedr. in: Rechtsfragen, S. 223f.: „*Die Stiftung und ihre Schwester-Institutionen hätten besser dagestanden, wenn der Gesetzgeber die zivilrechtliche Verjährungsfrist für Vindikationsansprüche auf bei Kriegsende abhanden gekommene Kulturgüter aufgehoben hätte. Leider ist das nicht geschehen. Es ist jetzt auch nicht mehr nachholbar. In dieser Situation wäre die gesetzliche*

1. Kein ausreichender Schutz durch § 935 Abs. 1 BGB

Häufig liest man, daß öffentliches und kirchliches Kulturgut gegen den Eigentumserwerb eines gutgläubigen Nichtberechtigten ausreichend durch Art. 935 Abs. 1 BGB geschützt ist. Ein „Abhandenkommen" i. S. v. § 935 Abs. 1 BGB liegt aber nicht vor, wenn die Sache von einer hierzu berechtigten Person an einen Dritten weggeben wird (z. B. zur Leihe für eine Ausstellung oder zur Restaurierung) und von diesem veräußert wird.[86] Im Rahmen einer öffentlichen Versteigerung kann schließlich auch gestohlenes oder sonstwie abhanden gekommenes Kulturgut gutgläubig erworben werden (§ 935 Abs. 2 BGB). Wenn man bedenkt, daß öffentliche Versteigerungen gerade bei wertvollen Kunstgegenständen eine sehr häufige Form der Veräußerung darstellen, kommt der Vorschrift des § 935 Abs. 2 BGB im Bereich des Handels mit gestohlener Kunst nicht der Ausnahmecharakter zu, der ihr ansonsten beigemessen wird und den sie ihrer Stellung im Gesetz nach zu haben scheint.[87] § 935 Abs. 1 BGB gilt auch nicht für den Fall der gutgläubigen Ersitzung, welche gemäß § 937 BGB bei beweglichen Sachen schon nach zehn Jahren eintritt.

2. Kein Schutz gegen Verjährung

Es wurde bereits dargestellt, welche Gefahr die Möglichkeit der Verjährung für Kulturgut darstellt.[88] Den deutschen Museen sind vor allen Dingen zum Ende des zweiten Weltkrieges durch Plünderungen viele Kulturgüter abhanden gekommen, die erst sehr viel später wieder auftauchten und wegen Verjährung nicht zurückgefordert werden konnten.[89] Zweck der Verjährung ist der Rechtsfrieden und die Rechtssicherheit.[90] Bei dem in der Eisenbahn vergessenen Regen-

---

Erhebung des Museumsguts zur „res extra commercium" ein großer Fortschritt. Denn die Probleme um die Kriegsverluste haben sich keineswegs durch den Zeitablauf erledigt. Das Gegenteil ist der Fall. Ich nenne nur den Quedlinburger Domschatz. Es werden gewiß noch viele andere Erben im Nachlaß ihrer Väter oder Großväter Kunstschätze entdecken, die diese 1945 an sich gebracht haben, und sie auf den Markt bringen. Außerdem ist denkbar, daß in der DDR viele Kunstgegenstände auftauchen, die früher in Museen hingen. Denn von dort haben wir vor der Wende keine Angebote erhalten. Es wäre also gut, wenn der Gesetzgeber Herrn Mußgnugs Vorschlag einer res-extra-commercium-Regelung für Museums- und Archivgut aufgriffe."; *Knopp* S. 7ff.; für Archivgut *Oldenhage* S. 52f.; für Bibliotheksgut *Mittler* S. 62.

86 S. o. 5. Kap. § 3 III. 3. Fn. 233. Vgl. auch *Mußgnug* (Fn. 3) 584; *Prott* Art, Antiquity and Law 5 (2000) 333ff., 337.

87 *Dünkel* S. 1; *Franz* S. 95.

88 S. o. 3. Kap. § 2 I. 2.

89 *Leberl* (Fn. 85) S. 223. Die Stiftung Preußischer Kulturbesitz drängte 1975 aufgrund der Befürchtung, daß im Jahre 1976 mit Ablauf der Verjährungsfrist seit Kriegsende das bisher gehortete Material auf den Markt kommen würde, auf eine Änderung der Verjährungsvorschriften des Bürgerlichen Rechts; dieser Vorstoß blieb allerdings ohne Erfolg, *Knopp* S. 8.

90 MünchKomm/*v. Feldmann* § 194 BGB Rn. 6.

schirm[91] ist dieses Argument sicherlich von Bedeutung. Es ist aber zweifelhaft, ob die Rechtssicherheit bei einem aus einem öffentlichen Museum gestohlenen Kunstwerk verglichen mit dem Interesse an seiner Erhaltung für die Öffentlichkeit einen so hohen Wert darstellen kann.[92] Der dreißigjährigen Verjährung[93] unterliegt in Deutschland unterschiedslos das „Eigentum"[94] von Privatpersonen und das der öffentlichen Hand. Die undifferenzierte Behandlung wird der vollkommen unterschiedlichen Interessenlage aber nicht gerecht. Sicherlich besteht kein Grund dafür, jede Sache im Eigentum der öffentlichen Hand als unverjährbar zu behandeln. Bei öffentlichem (bzw. öffentlich zugänglichem) Kulturgut ist meines Erachtens das öffentliche Interesse aber so groß, daß die Zubilligung dieses dinglichen Status gerechtfertigt ist, um zu verhindern, daß die Sache versteckt wird, bis die Verjährungsfrist abgelaufen und eine Vindikation nicht mehr möglich ist.[95]

Die Verjährung eines Anspruchs hat immer auch Sanktionscharakter. Dem Eigentümer wird vorgeworfen, sich nicht früher um die Geltendmachung des Anspruchs gekümmert zu haben. Dieses Argument geht jedoch fehl, wenn Besitzer und Belegenheit der Sache unbekannt sind.[96] In diesem Fall hat der Eigentümer

---

[91] S. o. 1. Kap. § 1.

[92] Vgl. *Knopp* S. 7f. Vgl. auch *Kunze* S. 151: *„Die Verjährbarkeit des Herausgabeanspruchs schützt allein den bösgläubigen Besitzer, dem die Ersitzung versagt ist. Ein im Grunde ungerechtfertigtes Ergebnis, welches mit der (angeblichen) Notwendigkeit begründet wird, die Rechtslage zu beruhigen."*

[93] Die dreißigjährige Verjährungsfrist ist gegenüber den Verjährungsfristen anderer Rechtsordnungen vergleichsweise lang; allerdings ist dabei auch zu berücksichtigen, daß der Vindikationsanspruch der öffentlichen Hand in vielen Rechtsordnungen nicht verjährt bzw. eine gestohlene Sache von einem bösgläubigen Besitzer immer herausverlangt werden kann.

[94] Streng genommen verjährt in Deutschland nicht das Eigentum an sich, sondern lediglich der personenbezogene Herausgabeanspruch. Insofern beginnt die Verjährungsfrist zwar bei jedem Besitzerwechsel grundsätzlich neu zu laufen, auch wenn der Vindikationsanspruch vorher schon verjährt war. Dem Neubesitzer wird die Besitzzeit des Vorbesitzers aber gemäß § 221 BGB angerechnet, ohne daß es auf seine Gutgläubigkeit hinsichtlich der Besitzberechtigung des Altbesitzers ankäme. Das übersehen *Reich/Fischer* NJW 1993, 1417ff., 1421.

[95] Vgl. *Finkenauer* JZ 2000, 241ff., 247; *Knopp* S. 7f.; *Hipp* S. 169. Interessant ist, daß sich die Bundesrepublik im Prozeß *City of Gotha and Federal Republic of Germany v. Sotheby's and Cobert Finance S. A.* (s. o. 5. Kap. § 2 II. 2. b. cc. Fn. 62) darauf berufen hat, die Anwendung der deutschen Verjährungsregeln sei *ordre public*-widrig (aus englischer Sicht), weil das deutsche Recht weder die Kenntnis des ursprünglichen Eigentümers von der Belegenheit der Sache, noch die Tatsache, daß die Sache gestohlen worden war, noch die fehlende Gutgläubigkeit der Käufer berücksichtige, *Finkenauer* 247 Fn. 72. Vgl. dazu auch *v. Gehren* FAZ v. 10. 7. 1992, S. 31: *„Zum andereren wird immer deutlicher, daß das größte Hindernis für die Restitution dieser* (sc.: im Zweiten Weltkrieg abhanden gekommener) *Kunstgegenstände an ihre rechtmäßigen Eigentümer ausgerechnet das deutsche Recht ist."*

[96] In anderen Rechtsordnungen beginnt die Verjährungsfrist daher teilweise erst ab dem Zeitpunkt zu laufen, in dem die Geltendmachung des Anspruchs möglich gewesen wäre, vgl. die *discovery-rule* im amerikanischen Recht, dazu *Knott* S. 46ff., s. o. 6. Kap. Fn. 195.

auch keine Möglichkeit, die Verjährungsfrist zu hemmen oder zu unterbrechen.[97] Der Rechtssicherheit kann auch im Rahmen des Rechtsinstituts der Verwirkung Rechnung getragen werden. Dafür kann z. B. berücksichtigt werden, wie sehr sich der Eigentümer um die Rückerlangung des Kunstwerkes bemüht hat, ob er den Verlust hat registrieren lassen etc. Das sind Punkte, auf die für den Lauf der Verjährung überhaupt keine Rücksicht genommen wird.

3. Kein Schutz durch öffentliche Zweckbindung

Der Hamburger Stadtsiegelfall hat gezeigt, daß öffentlichem Kulturgut nach geltendem Recht auch kein besonderer Schutz aufgrund seiner Widmung zu einem öffentlichem Zweck zukommt oder daß diese Widmung zumindest nicht in der Lage ist, eine das Privatrecht überlagernde öffentlichrechtliche Bindung zu begründen.

II. Gesetzgeberische Möglichkeiten

Im Hamburger Stadtsiegelfall wurde ein Herausgabeanspruch der Stadt Hamburg abgelehnt, weil ein solcher wegen der Grundrechtsrelevanz einer gesetzlichen Grundlage bedürfe. De lege ferenda könnte ein solches Gesetz aber geschaffen werden. Verfassungsrechtliche Bedenken ergäben sich nicht, weil es sich bei der Begründung einer Verkehrsunfähigkeit um eine bloße Inhalts- und Schrankenbestimmung handeln würde, welche durch das öffentliche Interesse an der Erhaltung öffentlicher Sammlungen und der Bewahrung des Kulturguts für die Öffentlichkeit gerechtfertigt ist.[98] Schwieriger ist dagegen die Erklärung von Kulturgütern im Eigentum Privater zu *res extra commercium.*[99] Selbst wenn der Eigentümer einer Extrakommerzialisierung zustimmen würde, würden sich verfassungsrechtliche Probleme ergeben, weil fraglich ist, ob bei Kulturgut in Privateigentum ein ausreichender Grund für eine aus der Verkehrsunfähigkeit resultierende Einschränkung der Sicherheit des Rechtsverkehrs gegeben ist.[100] Anders ist die Sachlage natürlich wiederum, wenn das Kulturgut öffentlich zugänglich ist, also einem öffentlichen Zweck dient.[101]

In der Literatur werden zwei Möglichkeiten vorgeschlagen, wie der Gesetzgeber bei der Extrakommerzialisierung von Kulturgut vorgehen könnte: ein öffentlichrechtlicher Weg und ein privatrechtlicher Weg.

---

97 A. A. *Reich/Fischer* (Fn. 94) 1420f., s. o. 3. Kap. Fn. 25.

98 *Jaeger* S. 111; *Mußgnug* (Fn. 41) S. 144; *ders.* (Fn. 72) S. 205; vgl. auch die Begründung des Referentenentwurfs v. 1997 (s. u. § 3 II. 3.) S. 35f.

99 Das gilt sowieso, wenn der Eigentümer nicht zustimmt, *Abele* S. 75.

100 Hierfür besteht kein Handlungsbedarf, *Jaeger* S. 111.

101 *Mußgnug* (Fn. 41) S. 145; *ders.* (Fn. 72) S. 206.

I. Öffentlichrechtlicher Weg

Der öffentlichrechtliche Weg nimmt sich das öffentliche Straßenrecht zum Vorbild und will eine Sonderstellung von Kulturgut durch die Widmung zur öffentlichen Sache erreichen.[102] Dazu müßte ein Gesetz erlassen werden, auf dessen Grundlage Kulturgüter durch Verwaltungsakt gewidmet würden und damit einer öffentlichrechtlichen Sachherrschaft unterlägen. In Betracht kämen Kulturgüter, die sich bereits im Eigentum der öffentlichen Hand befinden, aber auch Kulturgüter im Eigentum Privater, dann allerdings wegen Art. 14 Abs. 1 GG nur mit Zustimmung des Eigentümers.[103] Als Voraussetzung des besonderen öffentlichrechtlichen Schutzes wird weiterhin die ordnungsgemäße Inventarisierung der gewidmeten Gegenstände und die Verdeutlichung ihrer Zugehörigkeit zum Verwaltungsvermögen durch eine äußere Kennzeichnung genannt.[104] Die Widmung müßte als Allgemeinverfügung i. S. von § 35 Abs. 1 S. 2 VwVfG gemäß § 41 Abs. 3 S. 2 VwVfG öffentlich bekannt gemacht werden. Durch die Widmung würde das öffentliche Kulturgut dem Privatrechtsverkehr zwar nicht entzogen, also streng genommen nicht zur *res extra commercium*,[105] die privatrechtlichen Verhältnisse an der Sache würden aber stets durch die öffentlichrechtliche Zweckbindung überlagert.[106] Verkauf, Übereignung (auch gutgläubiger Erwerb) und Ersitzung blieben möglich; aber solange das Kulturgut nicht entwidmet wäre, müßte es an seinen öffentlichen Sachherrn (z. B. ein Museum) zurückgegeben werden.

Problematisch wäre bei dieser Vorgehensweise allerdings die Gesetzgebungskompetenz, denn das Recht der öffentlichen Sachen fällt grundsätzlich in die Gesetzgebungskompetenz der Länder.[107] Der Bund könnte daher nur Regelungen für sein eigenes Kulturgut (vgl. z. B. das Bundesarchiv oder die Stiftung Preußischer Kulturbesitz) schaffen, während für den Schutz des landeseigenen und des kommunalen Kulturguts die Länder zuständig wären.[108] Im Interesse des Kulturgüterschutzes wäre jedoch eine bundeseinheitliche Regelung notwendig, weil für das deutsche Kulturgut ein einheitlicher Schutzstandard gewähr-

---

102 *Mußgnug* (Fn. 41) S. 144f.; *ders.* (Fn. 72) S. 202f.

103 Ein Bedürfnis dafür kann z. B. bei Dauerleihgaben in öffentlichen Museen oder auch bei öffentlich zugänglichen Privatsammlungen bestehen.

104 *Mußgnug* (Fn. 41) S. 145; *ders.* (Fn. 72) S. 206. Allerdings haben die technischen Möglichkeiten, solche Kennzeichen zu entfernen, auch Fortschritte gemacht, vgl. *Knopp* S. 8.

105 *Mußgnug* (Fn. 41) S. 143; *ders.* (Fn. 72) S. 202.

106 Vgl. § 2 Abs. 3 FStrG: *Durch privatrechtliche Verfügungen oder Verfügungen im Wege der Zwangsvollstreckung über die der Straße dienenden Grundstücke oder Rechte an ihnen wird die Widmung nicht berührt.*

107 BVerwG, NJW 1994, 144f.; *Wernecke* (Fn. 58) 466 Fn. 71.

108 *Jaeger* S. 112; *Mußgnug* (Fn. 72) S. 206.

leistet werden muß. Zu überlegen wäre, ob die Rahmengesetzgebungskompetenz des Bundes gemäß Art. 75 Abs. 1 S. 1 Nr. 6 GG so weit ausgelegt werden könnte, daß auch die Rechtsgrundlage für eine öffentlichrechtliche Widmung von ihr erfaßt wäre, weil diese das Kulturgut zwar nicht in erster Linie, aber letztlich auch vor einer Abwanderung ins Ausland schützt.[109]

Von den Befürwortern der öffentlichrechtlichen Methode wird angeführt, daß sie flexibel zu handhaben sei, weil bereits die Widmung durch Verwaltungsakt zum besonderen Schutz des einzelnen Kulturguts führe.[110] Zwar könne die Widmung einen gutgläubigen Eigentumserwerb oder eine Ersitzung nicht verhindern. Das sei jedoch unbedenklich, weil dem öffentlichrechtlichen Herausgabeanspruch keine privatrechtlichen Einwendungen entgegengehalten werden könnten.[111] Auch der Herausgabeanspruch sei einfach durchzusetzen, da der Erlaß eines Verwaltungsakt genüge, den die Verwaltung selbst vollstrecken könne.[112]

Demgegenüber läßt sich jedoch einiges einwenden. Denn die Durchsetzung des die privatrechtlichen Rechtsverhältnisse überlagernden öffentlichrechtlichen Herausgabeanspruchs funktioniert zwar im Inland, aber nicht mehr, wenn die Sache erst einmal ins Ausland gelangt ist. Dabei würde es sich nämlich um die Durchsetzung eines noch nicht vollzogenen ausländischen Hoheitsaktes handeln, was mit dem Territorialitätsprinzip nicht vereinbar ist.[113] Ein Staat kann seine Staatsgewalt nur innerhalb seiner eigenen Grenzen durchsetzen. Diese Problematik hat nichts mit der Frage zu tun, daß im Rahmen des IPR auch öffentliches ausländisches Recht angewandt werden kann.[114] Denn hier geht es nicht um die bloße Anwendung, sondern um die Durchsetzung fremden Rechts:[115] Der Staat macht keinen Vindikationsanspruch geltend, sondern einen Anspruch, dessen unmittelbare Grundlage sich im öffentlichen Recht findet. Unter internationalen Gesichtspunkten ist daher die Tatsache, daß die öffentlichrechtliche Widmung einen Eigentumswechsel auf privatrechtlicher Ebene nicht verhindert, sehr wohl relevant.[116] Denn bei Kulturgütern ist aufgrund der Globalität des

---

[109] In diesem Sinne der Referentenentwurf v. 1997 (s. u. § 3 II. 3.), Begründung, S. 2f.

[110] *Mußgnug* (Fn. 41) 145.

[111] *Mußgnug* (Fn. 41) 145.

[112] *Mußgnug* (Fn. 41) 145; *ders.* (Fn. 72) S. 206.

[113] S. o. 5. Kap. § 2 II. 2. b.

[114] Zu Unrecht beruhigt ist daher *Mußgnug* (Fn. 41) S. 146, wenn er meint: *„Davon abgesehen zeichnet sich ab, daß die internationalprivatrechtliche Doktrin von der Unbeachtlichkeit des ausländischen öffentlichen Rechts neuerdings nicht mehr mit der gleichen Rigidität beachtet wird, wie das bislang der Fall gewesen ist.“; ders.* (Fn. 72) S. 208.

[115] Vgl. auch den Redebeitrag v. *Ulrich Fastenrath* abgedr. in: Rechtsfragen, S. 219.

[116] Vgl. auch *Jaeger* S. 113.

Kunsthandels und der Tatsache, daß Kunstgegenstände planmäßig in andere Länder verbracht werden, um sie dem Schutz ihres Heimatrechts zu entziehen, keine Regelung zufriedenstellend, die den Schutz auf internationaler Ebene völlig außer Betracht läßt.[117]

2. Privatrechtliche Lösung

Ein anderer Ansatz zielt darauf ab, Kulturgütern privatrechtlich eine Sonderstellung einzuräumen. Dafür müßten Ausnahmevorschriften zu den für „normale" Sachen geltenden zivilrechtlichen Normen geschaffen werden, die sicherstellen, daß gutgläubiger Erwerb, Ersitzung und Verjährung nicht möglich sind.[118] Bei dieser Lösung würden keine Kompetenzprobleme bestehen, weil der Bund (gemäß Art. 74 Nr. 1 GG) die Gesetzgebungskompetenz für das Zivilrecht hat.

Problematisch hierbei ist, wie man festlegen soll, welche Gegenstände *res extra commercium* sind. Um klarzustellen, welche Sachen unter die Ausnahmevorschriften fallen, müßte genau definiert werden, was das Gesetz unter dem Begriff des geschützten Kulturguts versteht. Es wurde bereits angedeutet, daß eine Definition, die sämtlichen Interessen gerecht wird, aber auch nicht völlig ausufert, überaus schwierig, wenn nicht sogar unmöglich ist.[119] Selbst wenn man sich für eine bestimmte Definition entscheiden würde, könnte im Einzelfall immer noch strittig sein, ob ein bestimmter Gegenstand darunter fällt.

Vorteil einer privatrechtlichen Vorgehensweise ist, daß der öffentliche Eigentümer eines Kulturguts das Eigentum nicht verlieren kann, weil Ersitzung und gutgläubiger Erwerb ausgeschlossen sind. Deswegen kann er, wenn das Kulturgut ins Ausland gelangt, einen auf sein Eigentumsrecht gestützten Herausgabeanspruch geltend machen. Gemäß dem Grundsatz der *lex rei sitae* würde ein ausländisches Gericht auch die Wirksamkeit einer Veräußerung oder Ersitzung, die noch in Deutschland stattgefunden hat, ablehnen. Nur diese Lösung läßt schließlich auch die Hoffnung zu, daß ein ausländisches Gericht die Extrakommerzialität doch in gewisser Weise anerkennt bzw. ihr Wirkung verleiht, obwohl ein Eigentumserwerb im Geltungsbereich einer anderen Rechtsordnung erfolgt ist, etwa weil die *lex fori* oder die *lex rei sitae* ähnliche Regelungen kennen.

---

[117] Lapidar dagegen *Mußgnug* (Fn. 41) S. 146; *ders.* (Fn. 72) S. 208: „(...) *Aber dieses Manko der öffentlichrechtlichen Lösung sollte nicht überschätzt werden. Es läßt sich durch internationale Abkommen überwinden.*" Wie im 5. Kapitel, bes. unter § 7 gezeigt, tun sich die meisten Staaten auch in internationalen Abkommen mit der Anerkennung und Durchsetzung ausländischer Kulturgüterschutzvorschriften noch sehr schwer.

[118] Um mißbräuchliche Verfügungen von grundsätzlich Verfügungsberechtigten zu verhindern, müßte die Vertretungs- und Verfügungsbefugnis von z. B. Museumsleitern genau geregelt werden und Außenwirkung haben, *Mußgnug* (Fn. 41) S. 145; *ders.* (Fn. 72) S. 207.

[119] S. o. 1. Kap. § 2.

3. Referentenentwurf für ein Rahmengesetz zum Schutz nationalen Kulturgutes (Kulturgutschutzrahmengesetz – KultgSRG) von 1997[120]

1997 wurde im Innenministerium ein Entwurf für ein Rahmengesetz[121] zum Schutz des nationalen Kulturguts ausgearbeitet.[122] Veranlaßt war dieser Entwurf zum einen durch die Umsetzungsbedürftigkeit der Richtlinie 93/7/EWG, deren Umsetzungsfrist bereits am 15. 3. 1994 abgelaufen war;[123] zum anderen sollte aber auch der Schutz des öffentlichen Kulturguts verbessert werden. Der Hamburger Stadtsiegelfall, auf den in der allgemeinen Begründung des Entwurfs wiederholt ausdrücklich Bezug genommen wurde,[124] hatte gezeigt, wie lückenhaft und verbesserungsbedürftig dieser Schutz war. Eines der Anliegen des Entwurfes war, eine klare Unterscheidung in der Behandlung von privatem und öffentlichem Kulturgut zu treffen. Während für privates Kulturgut an der liberalen Tradition festgehalten wurde, daß die Veräußerung und Ausfuhr grundsätzlich erlaubt ist, wenn das betreffende Kulturgut nicht durch Eintragung in ein Verzeichnis ausdrücklich unter Schutz gestellt worden ist, wurde für öffentliches Kulturgut ein lückenloser Schutz angestrebt.

Durch die Gesetze soll gewährleistet sein, daß das Kulturgut seiner Zweckbestimmung als Museums-, Archiv-, Bibliotheks- oder Kirchengut erhalten bleibt.[125] Denn die Anwendung der Vorschriften des bürgerlichen Rechts hat in der Vergangenheit häufig die Rückgewinnung von öffentlichem Kulturgut verhindert und zu unwiederbringlichen Verlusten geführt.[126] Ohne eine Gesetzesänderung fällt deutsches öffentliches Kulturgut auch nicht in den Anwendungsbereich der Richtlinie, weil Voraussetzung von deren Kulturgutbegriff ist, daß das Kulturgut nach internem Recht als nationales Kulturgut eingestuft ist.[127] Öffentliches und

---

120 Referentenentwurf (RefEntw.) v. 22. 7. 1997 i. d. F. v. 10. 10. 1997, abgedr. in Blick durch die Wirtschaft (FAZ) v. 21. 4. 1998, S. 4 und v. 24. 4. 1998, S. 4 (Fortsetzung).

121 Weil die Zuständigkeit des Bundes für den Schutz deutschen Kulturgutes gegen Abwanderung in das Ausland gemäß Art. 75 Abs. S. 1 Nr. 6 GG eine Rahmengesetzgebungskompetenz ist, werden die Länder gemäß § 38 des Entwurfs verpflichtet, die zur Durchführung des Gesetzes erforderlichen Landesgesetze zu erlassen.

122 Vgl. dazu *Streinz* S. 130ff.

123 Die Bundesrepublik war deswegen von der EU-Kommission sogar schon vor dem EuGH verklagt worden (Klageschrift v. 3. 12. 1997, AZ Rs. C-413/97), vgl. Blick durch die Wirtschaft (FAZ) v. 21. 4. 1998, S. 4.

124 RefEntw., Begr., S. 15, S. 19, S. 35.

125 RefEntw., Begr., S. 2.

126 RefEntw., Begr., S. 37.

127 S. o. 6. Kap. § 3 II. 2. a. Das letztlich verabschiedete KultgSiG, welches die Richtlinie in das KultgRückG umgesetzt und das KultgSchG geändert hat, sieht für das öffentliche Kulturgut keine besondere Regelung vor. Vgl. dazu *Mußgnug* (Fn. 3) 571: *„Es ist nicht die einzige, aber die ärgerlichste Unbegreiflichkeit des KultgSiG, daß es diese Klassifizierung nicht ausge-*

kirchliches Kulturgut ist aber aus dem Anwendungsbereich des KultgSchG ausgenommen.[128] Dieses könnte also im Falle seiner rechtswidrigen Verbringung ins Ausland nicht gemäß Art. 2 der Richtlinie zurückgefordert werden.

Der Referentenentwurf v. 10.10.1997 (RefEntw.) kombiniert den oben aufgezeigten öffentlichrechtlichen und den privatrechtlichen Ansatz miteinander.[129] Gewidmetes Kulturgut unterliegt der Sonderbehandlung öffentlicher Sachen, die ihrer gemeinnützigen, öffentlichrechtlichen Zweckbestimmung nicht entzogen werden dürfen,[130] woraus sich weitreichende Eingriffe in das Eigentum ergeben. Gleichzeitig genießt das auf diese Weise definierte[131] öffentliche Kulturgut aber auch privatrechtlich eine Sonderstellung, weil bestimmt wird, daß es nicht gutgläubig erworben oder ersessen werden kann und der Herausgabeanspruch des Eigentümers nicht verjährt. Der Referentenentwurf von 1997 sorgte für Kontroversen und fand innerhalb der damaligen Regierungskoalition keine Mehrheit. Insbesondere die FDP-Bundestagsfraktion und die betroffenen Verbände der Kunst- und Antiquitätenhändler übten harte Kritik.[132] 1998 wurde von den Fraktionen von CDU/CSU und FDP ein Gesetzesentwurf eingebracht, welcher lediglich die Bestimmungen (allerdings auch dies nicht vollständig) der Richtlinie umsetzte, das deutsche Kulturgüterschutzrecht ansonsten aber nicht änderte.[133] Die sich auf den Schutz des öffentlichen Kulturguts beziehenden Bestimmungen des Referentenentwurfs v. 1997 sollen aber trotzdem dargestellt werden, weil sich das Problem durch die Verabschiedung des KultgSiG v. 1998 nicht erledigt hat. Nach Informationen aus dem Bundesinnenministerium[134] ist von Seiten einiger Länder außerdem erneut der Ruf nach einem Rahmengesetz zum Schutz des öffentlichen Kulturguts laut geworden.

---

sprochen und damit eine der bedeutendsten Chancen zur besseren Sicherung des deutschen Museums- und Kirchenguts achtlos verspielt hat. Die Erklärung, warum sich dieses verunglückte Gesetz trotzdem Kulturgutsicherungsgesetz nennt, bleibt die Begründung, die ihm seine geistigen Mütter und Väter mitgegeben haben, leider schuldig."

128 Vor der Änderung des KultgSchG v. 1998 galt diese Aussage absolut. Auch jetzt gilt das KultgSchG aber de facto nicht für öffentliches und kirchliches Kulturgut, s. o. § 1.

129 Diesen Vorschlag macht auch *Mußgnug* (Fn. 9) S. 27, welcher an der Ausarbeitung des Entwurfs als Berater beteiligt war, *Mußgnug* (Fn. 3) 572 Fn. 28.

130 RefEntw., Begr., S. 31.

131 Unabhängig von einer Widmung sollen gemäß § 3 Abs. 3 auch archäologische oder paläontologische Funde ab dem Zeitpunkt ihrer Entdeckung öffentliches Kulturgut sein.

132 Blick durch die Wirtschaft (FAZ) v. 21.4.1998, S. 4. *Mußgnug* (Fn. 3) 590, hegt den Verdacht, daß es der Kunsthandel-Lobby auch darum ging, abhanden gekommenes Museums- und Kirchengut weiterhin ungestört an Gutgläubige versteigern und mit ihm weiterhin Handel treiben zu dürfen, sobald es von einem Gutgläubigen ersessen oder einem Bösgläubigen 30 Jahre lang verborgen gehalten worden ist.

133 *Falkenkötter* (Fn. 13) 2; vgl. dazu *Mußgnug* (Fn. 3) 574ff., 581f.

134 Telefongespräche mit dem zuständigen Referenten für Kultur und Medien im Bundesinnenministerium Gerd Trautmann v. 1.11.1999 und v. 7.3.2000.

Gemäß § 4 Abs. 1 RefEntw. kann Kulturgut „*zur Nutzung im Rahmen der kulturellen und wissenschaftlichen Aufgaben einer öffentlichen Einrichtung gewidmet werden.*" Der Begriff der öffentlichen Einrichtung ist in § 3 Abs. 5 RefEntw. legaldefiniert: Darunter versteht das Gesetz „*Museen, Archive, Bibliotheken und andere Sammlungen von Kulturgut des Bundes, der Länder, der Gemeinden, der Gemeindeverbände und anderer juristischer Personen des deutschen öffentlichen Rechts.*" Diesen stehen gemäß § 3 Abs. 6 RefEntw. öffentlich zugängliche Sammlungen privater Träger sowie „*Kirchen und andere Gebäude, die der öffentlichen Religionsausübung dienen oder im Rahmen des bei vergleichbaren öffentlichen Einrichtungen Üblichen besichtigt werden können,*" gleich.[135] Daß das Kulturgut im Eigentum dieser Einrichtung steht, ist nicht Voraussetzung.[136] Wenn es im Eigentum von Privatpersonen steht, ist aber notwendig, daß diese ihre Zustimmung zu der Widmung geben. Die Zustimmung kann auch unter einer auflösenden Bedingung oder unter Widerrufsvorbehalt erteilt werden (§ 4 Abs. 1 S. 6, 7 RefEntw.). So können Dauerleihgaben, die den öffentlichen Museen aus Privatbesitz zur Verfügung gestellt werden, in den verstärkten Schutz einbezogen werden.[137] Das Gesetz gilt aber nur für „*Gegenstände von künstlerischem, kulturellem, geschichtlichem, archäologischem, paläontologischem oder wissenschaftlichem Wert.*"[138] Insofern gelten Gegenstände, die zwar zum inventarisierten Bestand einer der genannten Einrichtungen gehören (z. B. Bibliothek), diese Qualität aber nicht haben, nicht als öffentliches Kulturgut und unterliegen keiner besonderen Behandlung.[139]

Die Widmung erfolgt gemäß § 4 Abs. 1 S. 2 RefEntw. durch Eintragung in ein Bestandsverzeichnis der öffentlichen Einrichtung.[140] Die Bestandsverzeichnisse

---

135 Zwar ist die Widmung kirchliche Angelegenheit und bestimmt sich nach kirchlichem (Sachen-) Recht. Außerhalb dieses Bereichs wird das Handeln der Religionsgemeinschaft aber als öffentlichrechtliche Widmung anerkannt und dieser gleichgestellt, RefEntw., Begr., S. 27; s. o. § 2 II. 2.

136 Im Umkehrschluß dazu kann daher auch Kulturgut im Eigentum der öffentlichen Hand privates Kulturgut sein, z. B. wenn es der Ausstattung nicht öffentlich zugänglicher Dienstgebäude dient, RefEntw., Begr., S. 25. Entsprechendes gilt für kirchliches Kulturgut, S. 27. Keine *res extra commercium* wären also die Weihnachten 1997 aus dem Münchener Revisionsamt verschwundenen Gemälde, vgl. SZ v. 25. 4. 1998, S. 33.

137 RefEntw., Begr., S. 25. Der private Eigentümer geht dabei kein großes Risiko ein, weil er sich hinsichtlich des öffentlichrechtlichen Status des Kulturguts nicht unwiderruflich festlegen muß. Auch ihm kommt aber für die Dauer der Widmung der zivilrechtliche Schutz (§ 9 RefEntw.) zugute.

138 Legaldefinition in § 3 Abs. 1 RefEntw.

139 RefEntw., Begr., S. 22. Insofern unterscheidet sich die Regelung von der Behandlung des franz. *domaine public* oder des ital. *demanio pubblico*, wonach sämtliches Bibliotheksgut *res extra commercium* ist. Das liegt daran, daß in diesen Rechtsordnungen Grund für die besondere Behandlung nur die Widmung zu einem öffentlichen Zweck ist, welche z. B. bei allen Büchern einer öffentlichen Bibliothek gegeben ist, und nicht die Eigenschaft als öffentliches Kulturgut.

140 Die Eintragung ist konstitutives Merkmal der Widmung, RefEntw., Begr., S. 31.

müssen von jedermann einsehbar sein (§ 5 Abs. 2 RefEntw.). Ebenso ist eine Entwidmung (durch Austragung) möglich (§ 4 Abs. 1 S. 3 RefEntw.). Um dem Erfordernis der Bekanntgabe, der die Widmung als Allgemeinverfügung i. S. v. § 35 S. 2 VwVfG unterliegt (§ 41 VwVfG), gerecht zu werden, greift das Gesetz auf eine Fiktion zurück (§ 4 Abs. 1 S. 4 RefEntw.): *„Mit der Bekanntgabe, wo das Bestandsverzeichnis eingesehen werden kann und daß die Widmung durch Eintragung in das Bestandsverzeichnis erfolgt ist, gilt die Widmung als bekanntgegeben."* Diese Vorschrift tritt als Sondervorschrift i. S. d. § 1 Abs. 1 VwVfG an die Stelle des § 41 VwVfG.[141]

Zur Widmung sind gemäß § 4 Abs. 2 RefEntw. auch private Einrichtungen, welche der Allgemeinheit öffentlich zugänglich sind, und die Kirchen und Religionsgemeinschaften, welche den Status einer Körperschaft des öffentlichen Rechts innehaben, berechtigt. Diese werden also mit der Befugnis zur Widmung beliehen.[142]

Gemäß § 4 Abs. 3 RefEntw. wird die Widmung *„durch rechtsgeschäftliche Verfügungen oder Verfügungen im Wege der Zwangsvollstreckung oder Arrestvollziehung nicht berührt."* Das bedeutet, daß die öffentlichrechtliche Sachherrschaft die privatrechtlichen Verhältnisse überlagert und, solange die Sache nicht entwidmet wird, nicht untergehen kann. Die öffentlichrechtliche Sachherrschaft gibt der jeweiligen öffentlichen Einrichtung gemäß § 6 RefEntw. auch einen öffentlichrechtlichen Herausgabeanspruch, welchen diese durch Verwaltungsakt sogar selbst durchsetzen kann. § 6 RefEntw. ist Konsequenz der Entscheidung des OVG Münster, wonach für einen solchen das Privatrecht überlagernden Anspruch eine förmliche, gesetzliche Grundlage erforderlich ist.[143]

Gemäß § 9 RefEntw. können *„das Eigentum sowie andere Rechte an öffentlichem Kulturgut nicht gutgläubig erworben oder ersessen werden."* Der Herausgabeanspruch des Eigentümers von öffentlichem Kulturgut unterliegt nicht der Verjährung. Durch diese Vorschrift wird das öffentliche Kulturgut auf privatrechtlicher Ebene aus dem Kreis der normalen Sachen i. S. v. § 90 BGB heraus-

---

[141] RefEntw., Begr., S. 31. Denn angesichts des umfangreichen Bestands des öffentlichen Kulturguts wäre eine einzelne Bekanntgabe jeder Ein- und Austragung zu aufwendig und auch nicht sinnvoll. Ähnliche Regelungen finden sich in den Denkmalschutzgesetzen der Länder. Alternative wäre eine Markierung des gewidmeten Kulturguts. Das ist aber vielfach nicht möglich, ohne daß die Objekte dadurch in ihrer Substanz beeinträchtigt werden. Das Rahmengesetz sieht daher von einem Markierungszwang ab; diese Möglichkeit steht dem Landesgesetzgeber aber dennoch offen, RefEntw., Begr., S. 32. Die Kennzeichnung von Kulturgütern z. B. mit Nummern, welche mit der Inventarisierung korrespondieren, wird schon jetzt von vielen Museen praktiziert, *Knopp* S. 6.

[142] RefEntw., Begr., S. 33.

[143] RefEntw., Begr., S. 35.

genommen.[144] Wenn öffentliches Kulturgut dem öffentlichen Eigentümer innerhalb Deutschlands abhanden kommt, kann er entweder einen zivilrechtlichen Vindikationsanspruch geltend machen, dem wegen § 9 RefEntw. keine privatrechtlichen Gegenrechte und Einreden entgegengesetzt werden können oder er kann, was einfacher ist, wegen der öffentlichrechtlichen Zweckbindung der Sache, gestützt auf § 6 Abs. 1 und 2 RefEntw. einen Verwaltungsakt auf Herausgabe erlassen. Wenn aber die Sache bereits ins Ausland gelangt ist,[145] wäre ihm dieser zweite Weg versperrt.[146] Dadurch daß sich aber, jedenfalls solange die Sache noch in Deutschland belegen war, auch die Eigentumsverhältnisse an der Sache nicht geändert haben können, kann er sich in diesem Fall auf sein Eigentumsrecht stützen.

§ 9 RefEntw. bringt für den öffentlichen Kulturgüterschutz ebenfalls im Hinblick auf die Regelungen der Richtlinie 93/7/EWG große Vorteile. Denn gemäß Art. 12 der Richtlinie richten sich die Eigentumsverhältnisse an dem Kulturgut nach der Rückgabe nach dem Recht des Heimatstaats. Der Ausschluß von gutgläubigem Erwerb, Ersitzung und Verjährung kommt also auch hier zum Tragen. Andernfalls könnte die Bundesrepublik öffentliches Kulturgut zwar gemäß Art. 2 der Richtlinie zurückverlangen, müßte dann aber unter Umständen das im Ausland durch gutgläubigen Erwerb oder Ersitzung erworbene Eigentum anerkennen.[147] Außerdem führt der Ausschluß der Verjährung dazu, daß der Bundesrepublik die Regelung des Art. 7 Abs. 2 der Richtlinie zugute kommt und die anderen Mitgliedstaaten die Unverjährbarkeit von Kulturgut aus öffentlichen Sammlungen bzw. kirchlichem Kulturgut anerkennen müssen.[148]

Öffentliches Kulturgut kann nach den Regelungen des Referentenentwurfs weiterhin veräußert werden. Es gibt keine Vorschrift, die eine Ausnahme zu § 929 BGB darstellt, mit der Folge, daß öffentliche Kulturgüter gar nicht wirksam übereignet werden könnten. An ihnen kann nur nicht ohne Zustimmung des Verfügungsberechtigten Eigentum erworben werden. Allerdings unterliegt öffentliches oder kirchliches Kulturgut ohnehin Veräußerungsbeschränkungen bzw. wird sogar überhaupt von Unveräußerlichkeit ausgegangen.[149] Zudem

---

144 Aus verfassungsrechtlichen Gründen wirkt die Regelung des § 9 nicht zurück. Die Ersitzung von öffentlichem Kulturgut soll laut Begründung aber ausgeschlossen sein, wenn die Zehnjahres-Frist des § 937 BGB bei Inkrafttreten des Gesetzes noch nicht abgelaufen ist, RefEntw., Begr., S. 38. Das Gleiche muß dann wohl für die Verjährung gelten.

145 § 8 RefEntw. belegt öffentliches Kulturgut mit einem Ausfuhrverbot. Davon nicht erfaßt ist die nur temporäre Ausfuhr, bei der die Rückführung beabsichtigt ist.

146 S. o. § 3 II. 1.

147 *Mußgnug* (Fn. 10) S. 1241 f.

148 *Mußgnug* (Fn. 10) S. 1237.

149 Vgl. auch *Knopp* S. 3: *„In aller Regel bleiben die von öffentlichen Museen erworbenen Gegenstände dem Publikum für alle Zeiten, zumindest aber für lange Zeit erhalten und zugänglich,*

wirkt sich hier auch die Widmung aus, wegen der das Kulturgut seiner Zweckbestimmung erhalten bleiben muß. Außerdem verankert § 2 S. 2 RefEntw. die Verpflichtung zur Erhaltung des gesetzlich geschützten Kulturgutes. Dadurch wird die Veräußerung von öffentlichem Kulturgut auf den im Rahmen einer ordnungsgemäßen Verwaltung üblichen Verkauf von Doubletten, auf Tauschgeschäfte und auf Transaktionen, die das kulturpolitische Interesse an der Präsenz deutscher Kunstwerke in den Museen des Auslands rechtfertigt, begrenzt.[150] Deswegen kann hinsichtlich des dinglichen Status von öffentlichem Kulturgut, wie es der Referentenentwurf vorsieht, trotzdem von *res extra commercium* gesprochen werden.[151]

4. Stellungnahme

Eine privatrechtliche Regelung, durch welche der gutgläubige Erwerb und die Ersitzung von öffentlichem Kulturgut nicht nur faktisch, sondern auch rechtlich ausgeschlossen werden, ist unabdingbar, weil das Kulturgut nur so auch bei einer Verbringung ins Ausland erfolgreich zurückgefordert werden kann. Diese Lösung bietet sich auch im Hinblick auf die gemeinschaftsrechtlichen Regelungen an. Denn nur, sofern die zivilrechtliche Verjährung für öffentliches und kirchliches Kulturgut ausgeschlossen ist, müssen die Gerichte der anderen Mitgliedstaaten dem öffentlichrechtlichen Rückgabeanspruch ohne zeitliche Begrenzung Folge leisten. Ebenfalls unter rechtsvergleichenden Gesichtspunkten empfiehlt es sich, diesen Weg zu gehen. Denn diejenigen Länder, die ihre Kulturgüter zu *res extra commercium* erklären, realisieren dies, indem sie die privatrechtlichen Regeln für unanwendbar erklären. Sollte in Zukunft eine Möglichkeit für eine internationale Konvention bestehen, durch welche die internationale Anerkennung von Kulturgut als *res extra commercium* erreicht wird, ist es sicherlich von Vorteil, wenn die verschiedenen Staaten relativ ähnlichen Konzepten folgen.[152]

(...). Für die öffentlichen Sammlungen gilt in aller Regel der (meist ungeschriebene) Grundsatz, daß Erworbenes unter allen Umständen zu erhalten ist und nicht wieder veräußert werden darf. (...) In der Stiftung Preußischer Kulturbesitz mit ihren riesigen Sammlungsbeständen hat man z. B. von Anfang an aus dem Errichtungsgesetz, das eine Bewahrung dieser Güter „bis zu einer Neuregelung nach der Wiedervereinigung" vorschreibt, herausgelesen, daß unter Treuhändergesichtspunkten zumindest der überkommene Sammlungsbestand (wenn auch nicht die Neuerwerbungen) unveränderlich und unveräußerlich ist. (...) Außerhalb des Preußischen Kulturbesitzes gibt es natürlich auch andere Konstruktionen, die Wiederveräußerung ausschließen, z. B. meines Wissens ein ausdrückliches statuarisches Verbot im Städel'schen Institut Frankfurt a. M., (...)."

150 RefEntw., Begr., S. 21.

151 So auch RefEntw., Begr., S. 32. Auch *Mußgnug* (Fn. 3) 573, nimmt auf die Regeln des codice civile über den *demanio pubblico* (s. o. 4. Kap. § 1 IV. 2. a.) Bezug, vgl. allerdings oben Fn. 139.

152 Vgl. dazu *Roellecke* S. 39.

Die öffentlichrechtliche Lösung bietet aber für die Identifizierung des geschützten Kulturguts die vorzugswürdige Lösung. Eine Definition des unter die privatrechtlichen Sonderregeln fallenden Kulturguts würde den oben genannten Schwierigkeiten unterliegen; außerdem würde es wahrscheinlich in jedem Einzelfall zum Streit kommen, ob die notwendigen Kriterien erfüllt sind. Das Problem wird umgangen, wenn ohnehin nur geschützt ist, was durch Einzelentscheidung gewidmet worden ist. Dieses Erfordernis dient außerdem der Rechtssicherheit. Die Kombinationslösung, die der Referentenentwurf von 1997 vorsah, ist daher positiv zu bewerten und es steht zu hoffen, daß sich ein Gesetz durchsetzen kann, welches diese beiden Punkte erneut berücksichtigt.

8. Kapitel: Zusammenfassung und Ergebnisse

Die Arbeit beschäftigte sich mit der Behandlung von Kulturgütern als *res extra commercium* im internationalen Sachenrecht. Ausgehend von diesem Thema wurde untersucht, was Extrakommerzialität im rechtlichen Sinne bedeutet, welche Rechtsordnungen bestimmte Kulturgüter als *res extra commercium* behandeln und wie dieser besondere dingliche Status bei einer Verbringung der betreffenden Sache in eine andere Rechtsordnung unter internationalprivatrechtlichen Gesichtspunkten zu beurteilen ist. Es wurde dargestellt, daß diesen Kulturgütern im Internationalen Privatrecht eine Sonderstellung zukommen muß und die mit ihnen verbundenen Probleme getrennt von der allgemeinen Problematik einer Anerkennung ausländischer Kulturgüterschutzgesetze zu sehen sind, weil hinter diesen Regelungen andere Wertungen als hinter bloßen Exportverboten stehen. Insofern ist auch eine Beachtung ausländischer *res extra commercium*-Bestimmungen grundsätzlich eher gerechtfertigt.

Das Internationale Privatrecht berücksichtigt diese Besonderheit nicht, weil alle sachenrechtlichen Vorgänge und somit auch die Frage, ob eine Sache *res extra commercium* oder *res in commercio* ist, nach dem Recht des Lageorts der Sache zu beurteilen sind (Grundsatz der *lex rei sitae*).[1] Einem als *res extra commercium* behandelten Kulturgut kommt dieser Status aber nur nach seinem Heimatrecht zu, auch wenn eine andere Rechtsordnung ihr eigenes Kulturgut ebenfalls als *res extra commercium* behandelt.[2] Das anwendbare Recht ist insofern sehr leicht zu manipulieren. Folge ist, daß gestohlene oder unrechtmäßig angeeignete Kulturgüter regelmäßig in diejenigen Länder gebracht werden, unter deren Recht sie am leichtesten wirksam veräußert oder erworben werden können.[3] Eine neben der allgemeinen kollisionsrechtlichen Entscheidung vorzunehmende Sonderanknüpfung bestimmter ausländischer Normen erfolgt sehr selten; von der deutschen höchstrichterlichen Rechtsprechung wird diese Methode abgelehnt. Auch durch internationale Staatsverträge ist das Problem bisher nicht geregelt worden.

Schließlich wurde noch ein Blick auf den rechtlichen Kulturgüterschutz in Deutschland geworfen. Da die gesetzlichen Bestimmungen das deutsche öffentliche Kulturgut nur unzureichend schützen, wurde überlegt, ob die Erklärung

---

1 S. o. 5. Kap. § 2 IV.; 5. Kap. § 8 I.

2 S. o. 5. Kap. § 2 IV. 2., 3.

3 S. o. 5. Kap. § 8 I.

von öffentlichem Kulturgut zu *res extra commercium* eine Lösung der bestehenden Probleme darstellen und wie ein solcher Vorschlag verwirklicht werden könnte.

Im folgenden sollen die wesentlichen Ergebnisse der Arbeit noch einmal zusammengefaßt werden:

Extrakommerzialität bedeutet die Unfähigkeit einer Sache, Gegenstand von privatrechtlichen Rechtsänderungen zu sein. Sie stellt eine dingliche, der Sache selbst unmittelbar und dauerhaft anhaftende Eigenschaft dar. Extrakommerzialität setzt sich aus den beiden Komponenten Unveräußerlichkeit (die Sache ist dergestalt, daß sie nicht durch Rechtsgeschäft übertragen werden kann) und Unverjährbarkeit (an der Sache können durch Zeitablauf – Verjährung oder Ersitzung – keine Rechte begründet werden oder erlöschen) zusammen. Die Verkehrsunfähigkeit muß gegenüber anderen rechtlichen Einschränkungen (wie etwa Beschränkungen der Verfügungsmacht, Veräußerungsbeschränkungen) abgegrenzt werden.[4]

In vielen Rechtsordnungen werden bestimmte Kulturgüter *als res extra commercium* behandelt.[5] In Europa sind das vor allem die romanischen Rechtsordnungen, welche sich an dem Konzept der *res publica in publico uso* des römischen Rechts orientieren.[6] Betroffen ist Kulturgut im Eigentum der öffentlichen Hand (des Staates und anderer öffentlichrechtlicher Körperschaften), teilweise auch kirchliches Kulturgut. Grund für die Erklärung von öffentlichem Kulturgut zu *res extra commercium* ist der besondere Stellenwert, der diesen Sachen aufgrund des an ihnen bestehenden öffentlichen Interesses eingeräumt wird. Durch ihre Behandlung als verkehrsunfähige Sachen wird sichergestellt, daß sie ihrem Zweck, für die Öffentlichkeit zur Verfügung zu stehen und Zeugnis über die Vergangenheit und Kultur eines Landes abzugeben, nicht entzogen werden können.[7]

Eine Berücksichtigung der Belange des internationalen Kulturgüterschutzes im Wege der Auslegung des anwendbaren Sachrechts (z. B. im Rahmen von Begriffen wie Gutgläubigkeit, Abhandenkommen oder Sittenwidrigkeit)[8] ist nicht ausreichend. Der spezifischen Situation von öffentlichem Kulturgut, welches einem besonderen dinglichen Status unterliegt, wird dadurch nur ungenügend Rechnung getragen. Zudem ist die Vorgehensweise unbefriedigend, weil objektive

---

[4] S. o. 1. Kap. § 3 I. und 3. Kap. § 2 I.

[5] S. o. 4. Kap.

[6] S. o. 2. Kap. § 1 I. 2.

[7] S. o. 3. Kap. § 1.

[8] Das ist der Weg, den die deutsche Rechtsprechung und ein Großteil der Literatur propagieren, s. o. 5. Kap. § 3.

Zielsetzungen auf eine subjektive Ebene verlagert werden und das Sachrecht unzulässig ausgedehnt wird, um das gewünschte Ergebnis zu erreichen.[9]

An der Geltung des *lex rei sitae*-Prinzips sollte auch bei Kulturgütern grundsätzlich festgehalten werden. Denn die allgemeinen Kollisionsnormen des IPR sind darauf ausgerichtet, einen Ausgleich für die betroffenen privatrechtlichen Interessen zu finden. Im Hinblick auf diese rechtfertigt die besondere Situation von Kulturgütern aber keine unterschiedliche Beurteilung gegenüber anderen Sachen. Ein prinzipielles Abweichen von dem Grundsatz der *lex rei sitae* bei Kulturgütern zugunsten ihrer *lex originis* ist daher abzulehnen.[10]

Res extra commercium-Bestimmungen der *lex rei sitae* sind, obwohl es sich um öffentliches Recht handelt, immer zu berücksichtigen. Abgesehen davon, daß der Grundsatz von der prinzipiellen Nichtanwendung ausländischen öffentlichen Rechts in letzter Zeit eine deutliche Änderung erfahren hat, geht es bei der Berücksichtigung von Extrakommerzialitätsbestimmungen um die Anerkennung der privatrechtlichen Wirkung einer öffentlichrechtlichen Norm, welche von der kollisionsrechtlichen Verweisung unproblematisch mitumfaßt wird.[11]

Auch wenn Kulturgüter unter einer anderen *lex rei sitae* als der ihres Ursprungslands veräußert worden sind, können ausländische Extrakommerzialitätsbestimmungen kollisionsrechtlich berücksichtigt werden. Denn die grundsätzlich zuständige *lex rei sitae* berücksichtigt nur die in Frage stehenden privatrechtlichen Interessen. Nach anderen Kriterien bestimmt sich, welche öffentlichen Interessen legitimerweise zu berücksichtigen sind.[12]

Wenn ein als *res extra commercium* behandeltes Kulturgut in das Hoheitsgebiet einer anderen Rechtsordnung verbracht wird, welche ihre eigenen Kulturgüter ebenfalls als verkehrsunfähig behandelt, kann der dingliche Status der Sachen als wohlerworbene sachenrechtliche Prägung aufrechterhalten werden, auch wenn sich die Regelungen des neuen Statuts nur auf Kulturgut im Eigentum des eigenen Staates beziehen.[13]

Wenn das Neustatut das Konzept des Kulturgüterschutzes durch Extrakommerzialität von öffentlichem Kulturgut nicht kennt, ist an eine Sonderanknüpfung ausländischer *res extra commercium*-Bestimmungen zu denken, wenn die Erklärung des Kulturguts zur *res extra commercium* durch die Rechtsordnung seines Ursprungsstaats nachvollziehbar ist und auf legitimen Gründen beruht,

---

[9] S. o. 5. Kap. § 10 I.

[10] S. o. 5. Kap. § 10 II.

[11] S. o. 5. Kap. § 2 II. 2. a.

[12] S. o. 5. Kap. § 4 III. 7.

[13] S. o. 5. Kap. § 2 IV. 5.

welche von der *lex fori* in gleicher Weise geteilt werden.[14] Bei der Frage, welche Rechtsordnungen auf die Rechtsverhältnisse von ausländischem Kulturgut anwendbar sind, muß dem internationalen *ordre public* Rechnung getragen werden.

Bei Regelungen, die Kulturgüter zu *res extra commercium* erklären, handelt es sich um sogenannte Eingriffsnormen.[15] Die für das Schuldrecht entwickelte Sonderanknüpfungslehre kann auch auf das Sachenrecht übertragen werden.[16] In Deutschland wäre eine Sonderanknüpfung drittstaatlicher *res extra commercium*-Bestimmungen bereits de lege lata möglich; eine Bestimmung im EGBGB, welche die Gebotenheit einer solchen Sonderanknüpfung in bestimmten Fällen verdeutlicht, wäre aber begrüßenswert.[17]

Eine Nichtbeachtung ausländischer *res extra commercium*-Bestimmungen widerspricht dem Prinzip des internationalen Entscheidungseinklangs. Denn aufgrund ihrer Qualifizierung als Eingriffsnormen würde das frühere Eigentum an dem Kulturgut und sein extrakommerzieller Status immer wieder aufleben, wenn es in sein Heimatland zurückkehrt. Wenn unter der Geltung einer anderen Rechtsordnung Eigentum an ihm erworben worden wäre, würden hinkende Rechtsverhältnisse an der Sache entstehen.[18]

Eine Grenze der Anerkennung ausländischer *res extra commercium*-Bestimmungen muß dort liegen, wo die betreffende Rechtsordnung bestimmte Kulturgüter (häufig ganze Kategorien) zwar rechtlich zu *res extra commercium* erklärt, an diesen aber trotzdem Besitz-, Gewahrsams- oder Nießbrauchsrechte, deren Inhalt dem Eigentum gleichkommt, begründet werden können. Da in diesen Fällen mit den Sachen Handel zwischen Privaten getrieben wird, liegt faktisch gar keine Extrakommerzialität von Kulturgut vor. Eine Anerkennung dieser exorbitanten Gesetze im Ausland ist nicht gerechtfertigt, weil die Extrakommerzialität nicht von legitimen Gründen getragen ist und im Inland selbst auch nicht durchgesetzt wird.[19]

Eine garantierte internationale Anerkennung des Status eines Kulturguts als *res extra commercium* könnte nur durch eine staatsvertragliche Vereinbarung erreicht werden. Abgesehen von einem in der Realität bedeutungslosen Regionalabkommen (Washingtoner Vertrag von 1935[20]) gibt es keinen Staatsvertrag,

---

14 S. o. 5. Kap. § 4 IV.

15 S. o. 5. Kap. § 4 II.

16 S. o. 5. Kap. § 4 III. 7.

17 S. o. 5. Kap. § 4 III. 6.; 5. Kap. § 10 IV.

18 S. o. 5. Kap. § 2 V.

19 S. o. 4. Kap. § 4 I. 3.; 5. Kap. § 2 II. 2. d.; 5. Kap. Fn. 227.

20 S. o. 6. Kap. § 2 II.

der darauf abzielen würde, den dinglichen Status von Kulturgütern nach ihrem Heimatrecht auch in den anderen Vertragsstaaten anzuerkennen.[21] Manche Abkommen (insbesondere die UNIDROIT-Konvention von 1995) führen allerdings zu einer mittelbaren Anerkennung der Eigenschaft eines Kulturguts als *res extra commercium*, weil sie aus anderen Gründen eine Rückführung von Kulturgut in sein Heimatland ermöglichen, welches dort dann wieder den Regeln der Extrakommerzialität unterliegt.[22] Das gilt auch für das durch die europäische Richtlinie 93/7/EWG geschaffene Rückgabesystem.[23]

Öffentliches Kulturgut wird in Deutschland nur unzureichend geschützt, da es keinen besonderen gesetzlichen Regelungen unterliegt, sondern wie jede beliebige andere Sache behandelt wird.[24] Die Theorie von einer das Zivilrecht überlagernden öffentlichrechtlichen Widmung kann nach neuerer Rechtsprechung mangels gesetzlicher Grundlage nicht mehr aufrechterhalten werden.[25] Ebenso fällt das deutsche öffentliche Kulturgut nach geltendem Recht nicht in den Anwendungsbereich der EG-Richtlinie und kann auch nicht von deren das öffentliche Kulturgut besonders privilegierenden Regelungen profitieren. In dieser Situation ist die Extrakommerzialität von öffentlichem Kulturgut zu befürworten. Sie würde eine unrechtmäßige Aneignung des öffentlichen Kulturguts verhindern, gleichzeitig aber das Eigentum des öffentlichrechtlichen Eigentümers nicht mehr, als es bisher schon der Fall ist, einschränken.

Die Erklärung zu *res extra commercium* sollte vorzugsweise durch eine Kombination von öffentlichrechtlicher Widmung und zivilrechtlichen Ausnahmetatbeständen erfolgen, wie es auch ein nicht verwirklichter Referentenentwurf von 1997 vorsah.[26] Die öffentlichrechtliche Widmung ermöglicht die Identifikation besonders geschützter Objekte und verhilft dem öffentlichrechtlichen Eigentümer zu einem hoheitlichen Herausgabeanspruch. Die Exemtion von den zivilrechtlichen Vorschriften über gutgläubigen Erwerb, Ersitzung und Verjährung wiederum garantiert, daß der öffentliche Eigentümer sein zivilrechtliches Eigentum behält und die Sache insofern auch nach einer Verbringung ins Ausland erfolgreich vindizieren kann.

---

21 *Kreuzer* RdC 259 (1996) 9ff., 213 Fn. 722.

22 S. o. 6. Kap. § 2 IX. 5.

23 S. o. 6. Kap. § 3 II. 2. h.

24 S. o. 7. Kap. § 3 I.

25 S. o. 7. Kap. § 2 II. 3. e.

26 S. o. 7. Kap. § 3 II. 3., 4.

Summary

In many countries cultural property is treated as *res extra commercium*. Having its origins in Roman Law the term describes property not being subject to private law rules because it is inalienable as well as imprescriptible. Inalienability means that it cannot be sold or otherwise transferred by any legal transaction; imprescriptibility signifies that it cannot be acquired by possession or by the mere lapse of time. Especially public and ecclesiastical property is governed by these rules on *res extra commercium*.

After an introduction in the first chapter and a historic overview in the second chapter the third chapter of the present work shows how *res extra commercium*-legislation affects the legal status of cultural property. A distinction is drawn to other protective instruments as restrictions of disposal or export prohibitions.

The fourth chapter examines the legislation of most European States as well as of two Central American States taking into consideration whether the law of these States treats certain cultural property as *res extra commercium*.

The qualification as *res extra commercium* under national legislation is a useful instrument for the protection of cultural property against illegal appropriation because the (public) owner can always recover his objects regardless of any lapse of time or of any bona fide purchase of the person seized of the object.

However, the provisions on *res extra commercium* are fairly ineffective in international trade if the property is removed from the country of origin; according to traditional rules of private international law (the generally accepted lex rei sitae-rule) the validity of a transfer is governed by the law of the country in which the property is located at the time of the legal transaction. The law to be applied will be the law of the state to which the object of cultural property has been brought. Thiefs and smugglers of course take advantage of this principle of international property law.

Cultural property therefore looses its special status as *res extra commercium* as soon as it is removed from the country of origin. Cases show that this happens even if the object is taken to a country that itself treats its national cultural property as *res extra commercium*. Although most countries agree on the common objective of fighting the illegal trade in art, they refrain from applying foreign public law on the protection of cultural property.

In the fifth chapter the author asks whether private international law *de lege lata* and *de lege ferenda* should recognize the legal status of *res extra commercium*. If qualified as such a res and if brought to a country that follows a similar concept of protective legislation, this status should be recognized as a kind of vested right. In general the author declines to create a special conflicts rule for cultural property and to apply the lex originis (law of the country of origin), but advocates to qualify the status of *res extra commercium*-provisions as internationally mandatory rules.

In the sixth chapter international treaties in force are examined with regard to the recognition of *res extra commercium*. Although some treaties take the problem into consideration no treaty leads to a direct reciprocal recognition of inalienability and imprescriptibility. In addition the situation of *res extra commercium* under the new legal instruments of the European Union is described.

In German law public cultural property is not conceded a special legal status; it is treated like any other piece of private property. In the seventh chapter it is shown why a stronger form of protection is needed and how the concept of *res extra commercium* could be introduced into German law.

Résumé

Dans plusieurs pays les biens culturels sont traités comme des choses hors commerce (*res extra commercium*). Cette notion qui est originaire du droit romain décrit des biens qui sont soustraits au droit privé parce qu'ils sont aussi bien inaliénables qu'imprescriptibles. L'inaliénabilité indique qu'une chose ne peut pas être vendue ou autrement transférée; par contre, l'imprescriptibilité marque l'impossibilité de la chose d'être acquise par possession ou par un laps de temps. En particulier, les biens culturels appartenant à l'État ou à d'autres établissements de droit public sont frappés par ces règles.

Suite à une introduction dans le premier chapitre et à un aperçu historique dans le deuxième chapitre, le troisième chapitre de ce travail montre comment le régime juridique des choses hors commerce influence l'état juridique des biens culturels et se distingue d'autres mesures protectrices, telles que les restrictions à la libre disposition ou les limitations à l'exportation.

Le quatrième chapitre examine la législation de la plupart des pays européens, ainsi que celle de deux États de l'Amérique centrale et analyse si le droit de ces États traite certains biens culturels comme *res extra commercium*.

La qualification de certains biens de *res extra commercium* sous l'angle national est une mesure utile pour la protection des biens culturels contre l'appropriation illicite, parce que le propriétaire (public) pouvant toujours revendiquer sa propriété malgré l'écoulement du temps ou la bonne foi du possesseur.

Toutefois, les dispositions en question sont jusqu'à maintenant plutôt inefficaces lorsque la chose est exportée de son pays d'origine, car, suivant les règles traditionelles de droit international privé (le principe lex rei sitae qui est généralement accepté), la validité d'une acquisition est soumise à la loi du pays dans lequel la chose se trouve au moment de la transaction. La loi applicable est la loi de l'État dans lequel l'objet d'art a été illicitement transporté. Voleurs et contrebandiers tirent bien-entendu avantage de ce principe de droit international privé.

Le bien culturel perd donc son charactère de chose hors commerce quand il traverse les frontières de son pays d'origine. Ainsi que l'ont montré des décisions, cela se passe même quand la chose est transféréé dans un pays qui traite aussi ses biens culturels comme *res extra commercium*. Bien que la plupart des États soient d'accord sur l'objectif commun de combattre le trafic illicite des biens culturels, ils hésitent à appliquer des lois étrangères visant à les proteger.

Dans le cinquième chapitre, l'étude examine les possibilités que le droit international privé offre *de lege lata* et *de lege ferenda* pour reconnaître l'état juridique d'une *res extra commercium*.

L'auteur est d'avis que le charactère de chose hors commerce peut être reconnue comme une sorte de «droit acquis» quand le bien culturel est transferé dans un pays qui connaît un concept similaire de legislation protectrice. Généralement, l'auteur refuse la creation d'une règle de rattachement spéciale pour les biens culturels, donc l'application de la lex originis (la loi du pays d'origine), mais plaide pour la prise en compte des dispositions en question en tant que règles d'application immédiate.

Dans le sixième chapitre sont examinés les traités internationaux en vigueur en vue de la reconnaissance des biens culturels comme choses hors commerce. Bien que quelques conventions traitent du problème, aucun traité ne conduit à la reconnaissance directe et réciproque de l'inaliénabilité et l'imprescriptibilité. À part cela, la situation des *res extra commercium* est examiné dans le cadre des nouveaux règlements de l'Union Européenne.

Le droit allemand ne concède pas de régime juridique spécial aux biens culturels publics; ils sont traités comme n'importe quel bien meuble privé. Dans le septième chapitre, l'auteur montre pourquoi on a besoin d'une forme de protection plus rigoureuse et comment on peut introduire le concept de *res extra commercium* en droit allemand.

Literaturverzeichnis

Abele, Klaus Ist das Verhältnis von Kulturgüterschutz und Eigentum ein Finanzierungsproblem? – Daneben auch ein Beitrag zum Begriff des Kulturgüterschutzes, in: Fechner/Oppermann/Prott, Prinzipien des Kulturgüterschutzes, Berlin 1996, S. 67ff.

Abramson, Ronald D./Huttler, Stephen B. The Legal Response to the Illicit Movement of Cultural Property, L. & Pol. Int'l. Bus. 5 (1973) 932ff.

Agnew, Julian/Farrer, Matthew Essay: Goya's The Marquesa De Santa Cruz, IJCP 1 (1992) 137ff.

Alessi, Renato Principi di Diritto Amministrativo, Bd. 1, 4. Aufl., Milano 1978

Alibrandi, Tommaso/Ferri, Pier Giorgio Il diritto dei beni culturali – La protezione del patrimonio storico-artistico, Roma 1988

Allihn, Karen Gräber in Mondlandschaften – Schatzsucher und Sondengänger rauben wichtige archäologische Stätten aus, FAZ v. 22. 8. 2000, S. 14

Amorth, Giorgio L'acquisto del patrimonio mobilare indisponibile dello Stato mediante possesso di buona fede, Riv. trim. dir. proc. civ. 1953, 476ff.

Andriske, Wolfgang s. u. Pappermann, Ernst/Löhr, Rolf-Peter/Andriske, Wolfgang

Arias Ramos, J. Derecho Romano, Bd. 1: Parte general – Derecho reales, 12. Aufl. (überarbeitet v. *Arias Bonet, J. A.*), Madrid 1972

Astuti, Guido voce „cosa (storia)", Enciclopedia del Diritto, Bd. XI, Milano 1962, 1ff.

Aubry, Charles/Rau, G./Esmein, Paul Droit civil français, Bd. 2: Les biens, 7. Aufl., Paris 1961

Audit, Bernard Le statut des biens culturels en droit international privé français, Rev. int. dr. comp. 46 (1994) 405ff.

Axer, Peter Das Hamburger Stadtsiegel – ein Problem des Rechts der öffentlichen Sachen, NWVBl. 1992, 11ff.

– Die Widmung als Schlüsselbegriff des Rechts der öffentlichen Sachen – Zur Identität des Rechts der öffentlichen Sachen als Rechtsgebiet, Diss. Universität Bonn 1993, Berlin 1994 (zit. als: *Axer* Widmung)

Bachof, Otto s. u. Wolff, Hans J./Bachof, Otto

Barbieri, Jean-François Observations (Anm. zu Cass., Entsch. v. 15. 4. 1988, D. S. 1988, 325ff.), JCP 1988, II, n. 21066

Barr-Smith, Adrian United Kingdom, National Report on Topic 1. Freedom of Museums to Sell, Trade or Otherwise Dispose of Objects of Art in their Collection, in: Briat/Freedberg (Hrsg.), ISWA III, S. 147ff.

Basedow, Jürgen Private Law Effects of Foreign Export Controls – An International Case Report, GYIL 27 (1984) 109ff.

Bassenge, Peter in: Palandt, Bürgerliches Gesetzbuch, 59. Aufl., München 2000

Bator, Paul M. An Essay on the International Trade in Art, Stan. L. Rev. 34 (1982) 275ff.

Batiffol, Henri/Lagarde, Paul Droit international privé, Bd. 2, 7. Aufl., Paris 1983

Beaucamp, Eduard Die sowjetischen Trophäenkommissionen kamen nur bis Berlin – Die Bremer Kunsthalle feiert die Rückkehr der „101 Blätter" in einer Ausstellung, FAZ v. 19. 7. 2000, S. 53

Belting, Hans Bild und Kult, Eine Geschichte des Bildes vor dem Zeitalter der Kunst, München 1990

Bergé, Jean-Sylvestre La Convention d'Unidroit sur les biens culturels: remarques sur la dynamique des sources en droit international, J. D. I. 127 (2000) 215ff.

Berndt, Joachim Internationaler Kulturgüterschutz, Diss. Universität Münster 1996, Köln, Berlin 1998

Bernsdorff, Norbert/Kleine-Tebbe, Andreas Kulturgutschutz in Deutschland – Ein Kommentar, Köln, Berlin 1996

Beudant, Ch. Cours de droit civil français, Bd. 4: Les biens, 2. Aufl., Paris 1938

Biondi, Biondo voce „beni fuori commercio“, Novissimo Digesto Italiano, Bd. II, 1957, S. 354 ff.

Blake, Janet Export Embargoes and the International Antiquities Market – The Turkish Experience, Art, Antiquity and Law 2 (1997) 233 ff.

– On Defining the Cultural Heritage, I. C. L. Q. 49 (2000) 61 ff.

Bleckmann, Albert Sittenwidrigkeit wegen Verstoßes gegen den ordre public international, ZaöRVR 34 (1974) 112 ff.

Boll, Jan M. Import and Export: The Netherlands, in: Briat (Hrsg.), ISWA II, S. 97 ff.

– „Compositie met twee lijnen“, ofwel „het eigen-aardige karakter wan het eigendomsrecht van overheidslichamen op kunstvoorwerpen“ en de „Wet Cultuurbezit“, RM Themis 1989, 125 ff.

Bolla, Gerard Keynote Adress, The UNESCO Convention on Illicit Traffic of Art, N. Y. U. J. Int'l. L. & Pol. 15 (1983) 765 ff.

Bonfante, Pietro Corso di diritto romano, Bd. 2: La proprietà, Teil 1, Milano 1966

Bouaïta, Nabil La restitution des archives nationales et biens culturels a leurs pays d'origine dans le cadre du nouvel ordre culturel, Rev. dr. int. 61 (1983) 27 ff.

Bour, Jean Droit privé interne et international: rapport luxembourgeois, in: Travaux de l'Association Henri Capitant, La protection des biens culturels, Paris 1989, S. 279 ff.

Bourguignon, Agnès/Choppin, Jean-Edouard L'art volé – Enquête sur le vol et le trafic d'objets d'art, Paris 1994

Brechet, R. Régime de la propriété: Monuments historiques, in: Jurisclasseur administratif, Paris 1976

Bredin, Jean-Denis Propriété et droits réels, Rev. trim. dr. civ. 1966, 107 ff.

Breitler, Christine/Byrne-Sutton, Quentin/Geisinger-Mariéthoz, Fabienne/Renold, Marc-André (Hrsg.), La Convention d'UNIDROIT du 24 juin 1995 sur les biens culturels volés ou illicitement exportés, Actes d'une table ronde organisée le 2 octobre 1995, Zürich 1997

Brestel, Heinz Der Kunstmarkt im Zwielicht, Blick durch die Wirtschaft (FAZ) v. 26.5.1994, S. 1

– Die Börse macht die Kunstpreise, Blick durch die Wirtschaft (FAZ) v. 23. 3. 1995, S. 1

– Der Blick aus Zürich – Es müssen nicht immer Zinsen sein, FAZ v. 24. 6. 2000, S. 23

Briat, Martine (Hrsg.), International Sales of Works of Art, Bd. 2 (zit. als: ISWA II), Deventer, Boston 1990

– */Freedberg, Judith A.* (Hrsg.), International Sales of Works of Art, Bd. 3: International Art Trade and Law (zit. als: ISWA III), Deventer, Boston 1991

– International Sales of Works of Art, Bd. 4: Legal Aspects of International Art Trade (zit. als: ISWA IV), Papers presented at the Fourth International Symposium on International Sales of Works of Art, held February 12-14, 1992 in Madrid, Deventer, Boston 1993

– International Sales of Works of Art, Bd. 5: Legal Aspects on International Trade in Art (zit. als: ISWA V), The Hague, London, Boston 1996

Brill, Klaus Spektakulärer Kunstraub in Italien – Dreiste Diebe sperren Wächterinnen ein und erbeuten drei Werke von Van Gogh und Cézanne, SZ v. 22. 5. 1998, S. 12

– Mit Van Gogh unterm Bett, SZ v. 7.7.1998, S. 3
– s. u. Calonego, Bernadette/Brill, Klaus
Brüning, Sybille Die Beachtlichkeit des fremden ordre public, Diss. Universität Passau 1996, Berlin 1997
Burks, Sylvia K. Kunstsammlungen zu Weimar v. Elicofon: Theft of Priceless Art Treasures Gives Rise to Protracted International Legal Battle, Tex. Int'l. L. J. 19 (1984) 189ff.
Burnham, Bonnie The Protection of Cultural Property, Handbook of National Legislations, Paris 1974
Bush, Sara E. The Protection of British Heritage: Woburn Abbey and The Three Graces, IJCP 5 (1996) 269ff.
Busse, Daniel Die Berücksichtigung ausländischer „Eingriffsnormen" durch die deutsche Rechtsprechung, ZVglRWiss 95 (1996) 386ff.
van Buuren, P. J. J./Koning, S. C. H. Wet tot behoud cultuurbezit, Ars Aequi 34 (1985) 83ff.
Byrne-Sutton, Quentin Le trafic international des biens culturels sous l'angle de leur revendication par l'État origine (Aspects de droit international privé), Schweizer Studien zum internationalen Recht, Bd. 52, Zürich 1988 (zit. als *Byrne-Sutton* trafic)
– Qui est le propriétaire légitime d'un objet d'art volé? Une source de conflit dans le commerce international, in: Lalive (Hrsg.), ISWA I, S. 483ff.
– s. o. Breitler, Christine/Byrne-Sutton, Quentin/Geisinger-Mariéthoz, Fabienne/Renold, Marc-André
– */Renold, Marc-André* (Hrsg.), La libre circulation des collections d'objets d'art, Études en droit de l'art, Bd. 3, Zürich 1993
Calonego, Bernadette/Brill, Klaus Die hohe Kunst der Kriminalität – Internationaler Handel mit geraubten Kulturgütern: Eine italo-schweizerische Connection, SZ v. 6.5.1997, S. 3
Cannada-Bartoli, Eugenio In tema di alienabilità di beni patrimoniali indisponibili, Riv. trim. dir. pub. 3 (1953) 813ff.
Cannada-Bartoli, Luigi Sul trasferimento dei beni fuori commercio nel diritto internazionale privato, Riv. dir. int. 72 (1989) 618ff.
Caputi Jambrenghi, Vincenzo voce „beni pubblici", Enciclopedia giuridica, Bd. 5, Roma, Anm. 1.10.5, S. 12f.
Carducci, Guido La restitution internationale des biens culturels et des objets d'art volés ou illicitement exportés – Droit commun, Directive CEE, Conventions de l'Unesco et d'Unidroit, Paris 1997
– L'obligation de restitution des biens culturels et des objets d'art en cas de conflit armé: droit coutumier et droit conventionnel avant et après la Convention de La Haye de 1954, R. G. D. I. P. 2000, 289ff.
Carl, Michael H./Güttler, Herbert/Siehr, Kurt (Hrsg.), Kunstdiebstahl vor Gericht – City of Gotha v. Sotheby's, Berlin, New York 2001
Catelari, Alessandro/De Marco, Eugenio/Gasparini Casari, Vittorio/Papa, Anna/Tivelli, Massimo La circolazione dei beni culturali – Commento alle legge 30 marzo 1998, n. 88, Milano 1998
Chatelain, Jean Mittel zur Bekämpfung des Diebstahls von Kunstwerken und ihres unerlaubten Handels im Europa der Neun, Baden-Baden 1978 (zit. als: *Chatelain* Mittel zur Bekämpfung)
– rapport de synthese, in: Travaux de l'Association Henri Capitant, La protection des biens culturels, Paris 1989, S. 1ff. (zit. als: *Chatelain* rapport)

– Droit et administration des musées, Paris 1993 (zit. als: *Chatelain* musées)
– France: Rapport national sur le sujet 1. Liberté des musées de proceder à des transactions d'objets d'art, in: Briat/Freedberg, ISWA III, S. 109ff.
– */Chatelain, Françoise* Œuvres d'art et objets de collection en droit français, Paris 1990 (zit. als: *Chatelain* oeuvres d'art)
Chimelli, Rudolph Schlafende Wachleute – Im Pariser Louvre läßt es sich zu leicht rauben, SZ v. 13. 6. 1998, S. 12
Chiti, Mario P. Circolazione e tutela dei beni culturali in ambito comunitario, in: Chiti, Mario P. (Hrsg.), Beni culturali e comunità europea, Quaderni della rivista italiana di diritto pubblico comunitario, Milano 1994, S. 141ff.
Choppin, Jean-Edouard s. o. Bourguignon, Agnès/Choppin, Jean-Edouard
Chrétien, A. De la protection et de la conservation des monuments et objets précieux d'art et d'antiquité, d'après la nouvelle loi italienne, Clunet 30 (1903) 736ff.
Church, Judith Evaluating the Effectiveness of Foreign Laws on National Ownership of Cultural Property in U. S. Courts, Col. J. Trans. L. 30 (1992) 179ff.
Cian, Giorgio/Trabucchi, Alberto Commentario breve al codice civile, 3. Aufl., Padova 1989
Ciancarelli, Claudia Destinazione d'uso di un bene a pubblico servizio e sua ascrivibilità nella categoria dei beni patrimoniali indisponibili, Giust. civ. 1998, 2650ff.
Clerici, Roberta La protection des biens culturels vis-à-vis des règles italiennes de conflit, Riv. dir. int. pr. proc. 25 (1989) 799ff.
Coggins, Clemency United States Cultural Property Legislation: Observations of a Combatant, IJCP 7 (1998) 52ff.
Colley, Mary The Effect of Efforts to Control Illicit Art Traffic on Legitimate International Commerce in Art, Ga. J. Int'l. & Comp. L. 8 (1978) 462ff.
Cornu, Marie Le droit culturel des biens – L'intérêt culturel juridiquement protégé, Bruxelles 1996
– L'espérance d'intangibilité dans la vie des oeuvres – Réflexions sur la longé vité de certains biens, Rev. trim. dr. civ. 2000, 697ff.
Cortese, Wanda I beni culturali e ambientali: Profili normativi, Padova 1999
Costanza, Maria La circolazione delle opere d'arte: regole civilistiche di scambio, in: Costanza, Maria (Hrsg.), Commercio e circolazione delle opere d'arte, Padova 1999, S. 3ff
Coulée, Frédérique Quelques remarques sur la restitution interétatique des biens culturels sous l'angle du droit international public, R. G. D. I. P. 2000, 359ff.
Council of Europe International Legal Protection of Cultural Property, Proceedings of the Thirteenth Colloquy on European Law, Delphi 20–22 September 1983, Strasbourg 1984
Coutau-Bégarie, Hervé/Schmitt, Jean-Marie (Hrsg.), Le patrimoine mobilier – quelle politique européenne?, Paris 1990
Cozzuto Quadri, Maria Rosaria La circolazione delle cose d'arte, Napoli 1997
Crewdson, W. R. An International Register of Stolen Valuables, in: Council of Europe, International Legal Protection of Cultural Property, Strasbourg 1984, S. 112f.
Crüwell, Konstanze Hände weg von Beutekunst – Diebesgut verjährt nicht mehr: Ein Londoner Musterprozeß trocknet den grauen Markt aus, FAZ v. 4.11.1998, S. 41
– */Lovenberg, Felicitas v.* Rätselraten um Van Goghs Portrait des Dr. Gachet – Das teuerste Bild der Welt ist in diesem Sommer auch das meistgesuchte: Die Spur führt nach Europa, FAZ v. 31. 7. 1999, S. 51

D'Addino Serravalle, Paola I beni culturali – la tutela italiana nel contesto europeo, in: Quaderni di restauro dei monumenti e di urbanistica dei centri antichi, 1993, Nr. 125–126

d'Avack, Pietro Agostino voce „Patrimonio culturale ecclesiastico“, Enciclopedia del diritto, Bd. XXXII, Milano 1982, S. 420 ff.

Deangeli, Andrea Sull'opponibilità al terzo di buona fede della nullità dell'alienazione di bene artistico (Anm. zu Cass., Entsch. v. 7.4.1992, n. 4260, Foro it. 1992, I, 2402 ff.), Giur. it. 1994, 1241 ff.

Dekkers, René s. u. Page, Henry De/Dekkers, René

Deliyannis, Jean Anomalies dans la conclusion et l'exécution de la vente d'objets d'art en droit hellenique, in: Lalive (Hrsg.), ISWA I, S. 63 ff.

Delpech, Henry Note (Anm. zu Trib. de Montluçon, Entsch. v. 29.9.1965, D. S. 1965, 774 ff.), D. S. 1965, 776

Delpino, L./Giudice, F. del Diritto Amministrativo, 8. Aufl., Napoli 1990

Dicke, Detlev Christian The instruments and the agencies of the international protection of cultural property, in: Council of Europe, International Legal Protection of Cultural Property, Strasbourg 1984, S. 17 ff.

Diéna, Giulio Les conflits de lois en matière de droits réels à l'institut de droit international, Rev. dr. int. pr. 7 (1911) 561 ff.

Dimolitsa, Antonias Greece: Introduction, in: Briat/Freedberg (Hrsg.), ISWA III, S. 39 ff.

– Grèce: Rapport national sur le sujet 2. Liberté du collectioneur de disposer de tout ou partie de sa collection, in: Briat/Freedberg (Hrsg.), ISWA III, S. 175 ff.

Dolzer, Rudolf Die Deklaration des Kulturguts zum „common heritage of mankind“, in: Dolzer/Jayme/Mußgnug, Rechtsfragen des internationalen Kulturgüterschutzes, Heidelberg 1994, S. 13 ff.

– */Jayme, Erik/Mußgnug, Reinhard* (Hrsg.), Rechtsfragen des internationalen Kulturgüterschutzes, Symposium v. 22./23. Juni 1990 im Internationalen Wissenschaftsforum Heidelberg, Heidelberg 1994

Dominicé, Christian/Patry, Robert/Reymond, Claude (Hrsg.), Études de droit international en l'honneur de Pierre Lalive, Basel, Frankfurt 1993

Drimmer, Jonathan Hate Property: A Substantive Limitation for America's Cultural Property Laws, Tenn. L. Rev. 65 (1998) 691 ff.

Droz, Georges A. L. La protection internationale des biens culturels et des objets d'art vue sous l'angle d'une convention de droit international privé, in: Briat/Freedberg (Hrsg.), ISWA III, S. 535 ff.

– La convention d'UNIDROIT sur le retour international des biens culturels volés ou illicitement exportés (Rome, 24 juin 1995), Rev. cr. dr. int. pr. 86 (1997) 239 ff.

Duboff, Leonard (Hrsg.), Art Law – Domestic and International, South Hackensack 1975

Dufau, Jean Régime de la propriété, domaine public, in: Jurisclasseur administratif, Paris 1975 (zit. als: *Dufau* Jurisclasseur)

– Le domaine public, Bd. 1, 4. Aufl., Paris 1993 (zit. als: *Dufau* domaine public)

Düll, Rudolf Zum Recht der Bildwerke in der Antike, in: Studi in onore di Emilio Betti, Bd. 3, Mailand 1962, S. 129 ff.

Dünkel, Hans Peter Öffentliche Versteigerung und gutgläubiger Erwerb, Diss. Universität Freiburg 1970, Karlsruhe 1970

Eberl, Wolfgang Probleme und Auswirkungen der EG-Vorschriften zum Kulturgüterschutz, NVwZ 1994, 729 ff.

Ehlers, P. Das öffentliche Sachenrecht – ein Trümmerhaufen, NWVBl. 1993, 327 ff.

Elsen, Albert s. u. Merryman, John Henry/Elsen, Albert

Elvinger, Marc Droit public: rapport luxembourgeois, in: Travaux de l'Association Henri Capitant, La protection des biens culturels, Paris 1989, S. 445ff.

Emiliani, Andrea Leggi, bandi e provvedimenti per la tutela dei beni artistici e culturali negli antichi stati italiani 1571–1860, 2. Aufl., Bologna 1996

Engstler, Ludwig Die territoriale Bindung von Kulturgütern im Rahmen des Völkerrechts, Köln, Berlin 1964

Erichsen, Hans-Uwe (Hrsg.), Allgemeines Verwaltungsrecht, 10. Aufl., Berlin, New York 1995

Esmein, Paul s. o. Aubry, Charles/Rau, G./Esmein, Paul

Esposito, Vitaliano/Fiorillo, Letizia The Harmonization of National Legal Systems – A Precondition for Effective International Co-operation in the Restitution of Unlawfully Removed Cultural Property, in: Council of Europe, International Legal Protection of Cultural Property, S. 117ff.

Eyster, Jason United States v. Pre-Columbian Artifacts and the Republic of Guatemala: Expansion of National Stolen Property Act in its Application to Illegally Exported Cultural Property, IJCP 5 (1996) 185ff.

Falkenkötter, Thomas Das Kulturgutsicherungsgesetz und die Städte, Städtetag 1999, 2ff.

Farrer, Matthew s. o. Agnew, Julian/Farrer, Matthew

Fechner, Frank Rechtlicher Schutz archäologischen Kulturguts (Regelungen im innerstaatlichen Recht, im Europa- und Völkerrecht sowie Möglichkeiten zu ihrer Verbesserung), Berlin 1991 (zit. als: *Fechner* Archäologie)

– Die Vorhaben der EG zum Kulturgüterschutz, DÖV 1992, 609ff.

– Der Hamburger Stadtsiegelfall, JuS 1993, 704

– Prinzipien des Kulturgüterschutzes – Eine Einführung, in: Fechner/Oppermann/Prott (Hrsg.), Prinzipien des Kulturgüterschutzes, Berlin 1996, S. 11ff. (zit. als: *Fechner* Prinzipien)

– */Oppermann, Thomas/Prott, Lyndel V.* Prinzipien des Kulturgüterschutzes – Ansätze im deutschen, europäischen und internationalen Recht, Tübinger Schriften zum internationalen und europäischen Recht, Bd. 37, Berlin 1996

Fedozzi, Prospero Il diritto internazionale privato, teorie generali e diritto civile, in: Fedozzi, Prospero/Romano, Santi, Trattato di diritto internazionale, Bd. 4, 2. Aufl., Padova 1939

Feldmann, Börries von in: Münchener Kommentar zum Bürgerlichen Gesetzbuch, Bd. 1, Allgemeiner Teil (§§ 1–240), 3. Aufl., München 1993

Ferid, Murad/Sonnenberger, Hans Jürgen Das französische Zivilrecht, Bd. 2: Schuldrecht, Sachenrecht, 2. Aufl., Heidelberg 1986

Ferrer-Correia, Antonio La vente internationale d'objets d'art, sous l'angle de la protection du patrimoine culturel (Travaux préparatoires, Éxposé préliminaire), Annuaire de l'Institut de Droit International, Session de Bâle 1991, Vol. 64 (1991) I, Paris 1991, 90ff. (zit. als: *Ferrer-Correia* AIDI)

– Travaux préparatoires: rapport définitif, Annuaire de l'Institut de Droit International, Session de Bâle 1991, Vol. 64 (1991), I, Paris 1991 140ff. (zit. als: *Ferrer-Correia* AIDI)

– Nouvelle règles de conflit de lois sur la vente internationale d'objets d'art, in: Briat/Freedberg (Hrsg.), ISWA IV, S. 41ff.

Ferri, Pier Giorgio s. o. Alibrandi, Tommaso/Ferri, Pier Giorgio

Finkenauer, Thomas Zum Begriff der Rechtsnachfolge in § 221 BGB, JZ 2000, 241ff.

Fischer, Hermann J. s. u. Reich, Steven A./Fischer, Hermann J.

Fleiner-Gerster, Thomas/Zurkirchen, Josef Grundzüge des allgemeinen und schweizerischen Verwaltungsrechts, 2. Aufl., Zürich 1980
Forsthoff, Ernst Lehrbuch des Verwaltungsrechts, Bd. 1: Allgemeiner Teil, 10. Aufl., München 1973
Foutty, Stephen L. Autocephalous Greek-Orthodox Church of Cyprus v. Goldberg & Feldman Fine Arts, Inc.: Entrenchment of the Due Diligence Requirement in Replevin Actions for Stolen Art, Vand. L. Rev. 43 (1990) 1839ff.
Frank, Rainer (Hrsg.), Recht und Kunst, Symposium aus Anlaß des 80. Geburtstag von Wolfram Müller-Freienfels, Heidelberg 1996
– Der Anspruch Griechenlands auf die „Elgin Marbles“ im Britischen Museum in London, in: Frank, Rainer (Hrsg.), Recht und Kunst, Heidelberg 1996, S. 1ff.
Frankenstein, Ernst Internationales Privatrecht (Grenzrecht), Bd. 2, Berlin-Grunewald 1929
Franz, Michael Markus Zivilrechtliche Probleme des Kulturgüteraustausches, Diss. Universität Gießen 1995, Frankfurt a. M., Berlin 1996
Fraoua, Ridha Le trafic illicite des biens culturels et leur restitution – Analyse des réglementations nationales et internationales, critiques et propositions, Diss. Universität Fribourg 1984, Fribourg Suisse 1985 (zit. als: *Fraoua* trafic)
– Convention concernant les mésures à prendre pour interdire et empêcher l'importation, l'exportation et le transfert de propriété illicites des biens culturels, Commentaire et aperçu de quelques mésures nationales d'exécution, UNESCO-Dokument CC-86/WS/40, Paris 1970 (zit. als *Fraoua* Commentaire)
Freedberg, Judith A. s. o. Briat, Martine/Freedberg, Judith A.
Freytag, Christiane „Cultural Heritage“: Rückgabeansprüche von Ursprungsländern auf „ihr“ Kulturgut?, in: Fechner/Oppermann/Prott (Hrsg.), Prinzipien des Kulturgüterschutzes, Berlin 1996, S. 175ff.
Frier, Pierre-Laurent L'exportation des biens culturels – Commentaire de la loi du 31 décembre 1992 et du décret du 29 janvier 1993, AJDA 1993, 264ff.
Frigo, Manlio L'acquisto di beni mobili dal titolare apparente nel diritto internazionale privato: Il caso del trasferimento illecito di opere d'arte di proprietà dello Stato, Comunicazioni e studi, Bd. 17/18, Milano 1985, 547ff.
– La protezione dei beni culturali nel diritto internazionale, Milano 1986 (zit. als *Frigo* protezione)
– Trasferimento illecito di beni culturali e legge applicabile (Anm. zur Entsch. des Tribunale di Roma v. 27. 6. 1987), Dir. com. int. 1988, 611ff.
– The Proposed EEG Council Directive on the Return of Unlawfully Exported Cultural Objects, IJCP 2 (1993) 73ff.
– La Convenzione dell'UNIDROIT sui beni culturali rubati o illecitamente esportati, Riv. dir. int. pr. proc. 32 (1996) 435 ff.
Frotscher, Werner Probleme des öffentlichen Sachenrechts, VerwArch 62 (1971) 153ff.
Fuchs, Angelica Kulturgüterschutz im Kulturgutsicherungsgesetz, IPRax 2000, 281ff.
Fuentes Camacho, Victor El tráfico ilícito internacional de bienes culturales, Madrid 1993
Galgano, Francesco Aspects juridiques du commerce de l'art en Italie, in: Lalive (Hrsg.), ISWA I, S. 121ff.
– Diritto privato, 9. Aufl., Padova 1996 (zit. als: *Galgano* Diritto privato)
García-Escudero, Piedad/Pendas García, Benigno El nuevo régimen del patrimonio histórico español, Madrid 1986
Gardella, Anna Nuove prospettive per la protezione internazionale dei beni culturali: La convenzione dell'UNIDROIT del 24 giugno 1995, Dir. com. int. 1998, 997ff.

Garlato, Pietro Costituzione, Concordato e beni culturali ecclesiastici, in: Conservazione e valorizzazione dei beni culturali ecclesiastici, Atti del Convegno, Padova 1990, S. 15ff.

Gattini, Andrea The Fate of the Koenigs Collection, IJCP 6 (1997) 81ff.

Gautier, Philippe Droit international public: rapport belge, in: Travaux de l'Association Henri Capitant, La protection des biens culturels, Paris 1989, S. 35ff.

Gehren, Georg v. Ius nudum – Gegen die Verjährung des Eigentumsrechts an Kulturgut, FAZ v. 10.7.1992, S. 31

– Umgekehrte Beweislast – Kunstdiebstahl verjährt nicht, FAZ v. 22.12.1993, S. 25

Geisinger-Mariéthoz, Fabienne s. o. Breitler, Christine/Byrne-Sutton, Quentin/Geisinger-Mariéthoz, Fabienne/Renold, Marc-André

Genius-Devime, Barbara Bedeutung und Grenzen des Erbes der Menschheit im völkerrechtlichen Kulturgüterschutz, Baden-Baden 1996

Getty, Clive F. The Case of the Boston Raphael, in: Merryman, John Henry/Elsen, Albert, Law, Ethics and the Visual Arts, 3. Aufl., London, The Hague, Boston 1998, S. 111ff.

Giaccardi, Giorgio Droit public interne: rapport italien, in: Travaux de l'Association Henri Capitant, La protection des biens culturels, Paris 1989, S. 423ff.

Giannini, Massimo Severo I beni culturali, Riv. trim. dir. pub. 26-I (1976) 3ff.

Gilessen, Günter Ein Baedeker für Generäle, FAZ v. 18.5.1999, S. 54

Giudice, F. del s. o. Delpino, L./Giudice, F. del

Giuliani, Luca Von der braven Wissenschaft, dem bösen Markt und der Zerstörung archäologischer Fundkontexte, in: Niemeyer, Hans Georg (Hrsg.), Archäologie, Raubgrabungen und Kunsthandel, Hannover 1995

Glöckner, Dietmar s. u. Mußgnug, Reinhard/Glöckner, Dietmar

Görl, Wolfgang Ein weißer Fleck, wo einst ein Bürkel hing, SZ v. 25.4.1998, S. 33

Gonzalez, Marlene Alva New Legal Tools to Curb the Illicit Traffic in Pre-columbian Antiquities, Col. J. Transnat'l. L. 12 (1973) 316ff.

Gonzales Campos, Julio D./Virgós Soriano, Miguel Le commerce international de l'art en droit espagnol, in: Lalive, Pierre (Hrsg.), ISWA I, S. 333ff.

– Law and Practice of International Art Trade in Spain, in: Briat (Hrsg.), ISWA II, S. 107ff.

Gordon, John B. The UNESCO Convention on the Illicit Movement of Art Treasures, Harv. J. Int'l. L. 12 (1971) 537ff.

Gottheiner, Hans Georg Zum Eigentumsübergang beim Kauf beweglicher Sachen, RabelsZ 18 (1953) 356ff.

Goy, Raymond Le régime international de l'importation, de l'exportation et du transfer de propriété des biens culturels, AFDI 16 (1970) 605ff.

Goyder, Joanna Treaties and EG Matters, European Community – Free Movement of Cultural Goods and European Community Law, Part III: New Legislative Proposals, IJCP 2 (1993) 147ff.

– Treaties and EG Matters, European Community – Free Movement of Cultural Goods and European Community Law, Part IV, Progress of Legislative Proposals, IJCP 2 (1993) 387ff.

Graaf, Vera Von Grabräubern, guten Geschäften und dem Gesetz – Italien bemüht sich um ein Abkommen mit den USA, um den Handel mit Antiken aus illegalen Ausgrabungen zu unterbinden, SZ v. 24.1.2000

Graepler, Daniel Raubgrabungen und Archäologie, in: Niemeyer, Hans Georg (Hrsg.), Archäologie, Raubgrabungen und Kunsthandel, Hannover 1995, S. 23ff.

Greenawalt, Kent Thinking in Terms of Law and Morality, IJCP 7 (1998) 7ff.
Griffiths, Antony Codes of Conduct, in: Art, Antiquity and Law 2 (1997) 173ff.
Güttler, Herbert s. o. Carl/Güttler/Siehr
Guinchard, Serge L'affectation des biens en droit privé français, Paris 1976
Hanisch, Hans Internationalprivatrechtliche Fragen im Kunsthandel, in: Dieckmann, Albrecht/Frank, Rainer/Hanisch, Hans/Simitis, Spiros (Hrsg.), Festschrift für Wolfram Müller-Freienfels, Baden-Baden 1986, S. 193ff. (zit. als: *Hanisch* FS Müller-Freienfels)
– Aspects juridiques du commerce international de l'art en République Fédérale d'Allemagne, in: Lalive (Hrsg.), ISWA I, S. 157ff.
– Der Fall des Liotard und die nationale Zuordnung eines Kunstwerks, in: Frank (Hrsg.), Recht und Kunst, Heidelberg 1996, S. 19ff. (zit. als: *Hanisch* Recht und Kunst)
Hansen, Ulrich/Rohr Bongard, Linde/Schumacher, Manfred Der Kunstboom – Schon mit 1 000 Mark sind Sie dabei, Capital 1990, 83ff.
Harding, Sarah Value, Obligation and Cultural Heritage, Ariz. St. L. J. 31 (1999) 291ff.
Haumont, François Belgique: Introduction, in: Briat/Freedberg (Hrsg.), ISWA III, S. 31ff.
– Belgique: Rapport national sur le sujet 1. Liberté des musées de proceder a des transactions d'objets d'art, in: Briat/Freedberg (Hrsg.), ISWA III, S. 99ff.
Hayton, David Selling, Giving and Acquiring Works of Art in Breach of Trust or Condition, in: Palmer (Hrsg.), The Recovery of Stolen Art, London 1998, S. 121ff.
Heeder, Oliver Fraus legis – Eine rechtsvergleichende Untersuchung über den Vorbehalt der Gesetzesumgehung in Deutschland, Österreich, der Schweiz, Frankreich und Belgien unter besonderer Berücksichtigung des IPR, Diss. Universität Regensburg 1997, Frankfurt a. M. 1998
Heilmeyer, Wolf-Dieter Schutz archäologischer Kulturgüter aus der Sicht der Archäologie, ZVglRWiss 95 (1996) 117ff.
Heimerl, Hans/Pree, Helmuth Handbuch des Vermögensrechts der katholischen Kirche, Regensburg 1993
Heinick, Angelika Gerichtsurteil – Der Louvre muß fünf Bilder zurückgeben, FAZ v. 18. 6. 1999, S. 54
– Elektronische Kunstpolizei – Interpol veröffentlicht eine CD-Rom mit gestohlenen Kunstwerken, FAZ v. 6. 11. 1999 (Kunstmarkt)
Heinrichs, Helmut in: Palandt, Bürgerliches Gesetzbuch, 59. Aufl., München 2000
Heldrich, Andreas in: Palandt, Bürgerliches Gesetzbuch, 59. Aufl., München 2000
Helfgott, Norbert Die Rechtsvorschriften für den Denkmalschutz, Wien 1979
Henrich, Dieter (Hrsg.), Vorschläge und Gutachten zur Reform des deutschen internationalen Sachen- und Immaterialgüterrechts, Tübingen 1991
– Einführung in das englische Privatrecht, 2. Aufl., Darmstadt 1993
Hinschius, Paul System des katholischen Kirchenrechts mit besonderer Rücksicht auf Deutschland, Bd. 4, Graz 1959
Hipp, Anette Schutz von Kulturgütern in Deutschland, Diss. Universität Heidelberg 1999/2000, Berlin, New York 2000
Hoffmann, Bernd von Internationales Privatrecht, 6. Aufl., München 2000
Hohloch, Gerhard in: Erman, Walter, Handkommentar zum Bürgerlichen Gesetzbuch, Bd. 2, 9. Aufl, Münster 1993
Holch, Georg in: Münchener Kommentar zum Bürgerlichen Gesetzbuch, Bd. 1 (§§ 1–240), 3. Aufl., München 1993

Hondius, Frits W. Activities of the Council of Europe, in: Briat (Hrsg.), ISWA II, S. 81 ff.

Hönes, Ernst-Rainer Das Gesetz zum Schutz des deutschen Kulturgutes gegen die Abwanderung vom 6. August 1955, BayVBl. 1989, 38 ff.

Hudson, Manley O. (Hrsg.), International Legislation, Bd. 7 (1935–1937), 1941 (Nachdruck: New York 1972)

Hugger, Heiner Rückführung nationaler Kulturgüter und internationales Recht am Beispiel der Elgin Marbles, JuS 1992, 997 ff.

Hutt, Sherry/McKeown, Timothy Control of Cultural Property as Human Rights Law, Ariz. St. L. J. 31 (1999) 363 ff.

Huttler, Stephen B. s. o. Abramson, Ronald D./Huttler, Stephen B.

Irsheid, Christine The Protection of Cultural Property in the Arab World, IJCP 6 (1997) 11 ff.

Jaeger, Andrea Internationaler Kulturgüterschutz, Rechtslage – Rechtspraxis – Rechtsentwicklung, Diss. Universität Köln 1992/93, Köln, Berlin 1993

Jayme, Erik Ausländische Rechtsregeln und Tatbestand inländischer Sachnormen – Betrachtungen zu Ehrenzweigs Datum-Theorie, in: Jayme/Kegel (Hrsg.), Gedächtnisschrift für Albert A. Ehrenzweig, Heidelberg 1976, S. 35 ff. (zit. als: *Jayme* GS Ehrenzweig)

– Internationaler Kulturgüterschutz: Lex originis oder lex rei sitae – Tagung in Heidelberg, IPRax 1990, 347 f.

– Kunstwerk und Nation: Zuordnungsprobleme im internationalen Kulturgüterschutz, Vortrag v. 27. 10. 1990 (Sitzungsberichte der Heidelberger Akademie der Wissenschaften, Philosophisch-historische Klasse), erweiterte Fassung des auf dem Wiener Symposium gehaltenen Vortrages „Die Nationalität des Kunstwerks als Rechtsfrage“ (s. u.), Heidelberg 1991 (zit. als: *Jayme* Kunstwerk)

– Schutz des Kulturerbes und Internationales Privatrecht – Gründungstagung der Griechisch-Deutschen Juristenvereinigung in Athen, IPRax 1991, 357 f.

– Die Nationalität des Kunstwerks als Rechtsfrage (Eröffnungsvortrag), in: Reichelt, Gerte (Hrsg.), Internationaler Kulturgüterschutz, Wiener Symposium 18./19. Oktober 1990, Wien 1992, S. 7 ff. (zit. als: *Jayme* Symposium)

– Neue Anknüpfungsmaximen für den Kulturgüterschutz im internationalen Privatrecht, in: Dominicé/Patry/Reymond (Hrsg.), Études de droit international en l'honneur de Pierre Lalive, Basel, Frankfurt 1993 (zit. als: *Jayme* FS Lalive);
ebenfalls abgedruckt in: Dolzer/Jayme/Mußgnug (Hrsg.), Rechtsfragen des internationalen Kulturgüterschutzes, Heidelberg 1994, S. 35 ff. (zit. als: *Jayme* Rechtsfragen)

– „Entartete Kunst“ und Internationales Privatrecht, Vortrag v. 6. 11. 1993 (Sitzungsberichte der Heidelberger Akademie der Wissenschaften, Philosophisch-Historische Klasse), Heidelberg 1994 (zit. als: *Jayme* „Entartete Kunst“)

– Antonio Canova (1754–1822) als Künstler und Diplomat, Heidelberg 1994 (zit. als: *Jayme* Canova)

– The Status of Cultural Property in German Private International Law, in: Jayme, Erik (Hrsg.), German National Reports in Civil Law Matters for the XIVth Congress of Comparative Law in Athens 1994, Heidelberg 1994, S. 87 ff. (zit. als: *Jayme* Reports)

– Internationaler Kongreß für Rechtsvergleichung in Athen – Fragen des internationalen Privatrechts, IPRax 1994, 481 f.

– Anm. zu LG München I, Urteil v. 8. 12. 1993 (Rechtsstreit um das Bild „Sumpflegende“ von Paul Klee), IPRax 1995, 43

- Kunstwerke als Kriegsbeute: Restitution und internationales Privatrecht im deutsch-französischen Rechtsverkehr, IPRax 1995, 260f.
- Kulturgüterschutz in ausgewählten europäischen Ländern, ZVglRWiss 95 (1996) 158ff.
- Archäologie und Internationales Privatrecht, Tagung der Deutsch-Türkischen Juristenvereinigung in Pergamon, IPRax 1996, 66f.
- Rechtsbegriffe und Kunstgeschichte, Eröffnungsvortrag, in: Reichelt, Gerte (Hrsg.), Neues Recht zum Schutz von Kulturgut, Wien 1997 (zit. als: *Jayme* Neues Recht)
- Nationales Kunstwerk und Internationales Privatrecht (Vorträge – Aufsätze – Gutachten), Gesammelte Schriften, Bd. 1, Heidelberg 1999
- Die Rückführung von Kunstwerken zwischen Recht und Wirklichkeit, Vortrag v. 14.11.1998, abgedruckt in: Nationales Kunstwerk und Internationales Privatrecht, Heidelberg 1999, S. 203ff. (zit. als: *Jayme* Rückführung)
- Gutachten vom 30. November 1992: Schloßmuseum zu Gotha v. Sotheby's in re „Joachim Wtewael, Heilige Familie mit Heiligen und Engeln", abgedruckt in: Jayme, Nationales Kunstwerk und Internationales Privatrecht, Heidelberg 1999, S. 225ff. (zit. als *Jayme* Gutachten)
- s. o. Dolzer, Rudolf/Jayme, Erik/Mußgnug, Reinhard
- /*Hausmann, Rainer* (Hrsg.), Internationales Privat- und Verfahrensrecht, 9. Aufl., München 1998
- /*Kegel, Gerhard* (Hrsg.), Gedächtnisschrift für Albert A. Ehrenzweig, Karlsruhe, Heidelberg 1976
- /*Kohler, Christian* Das Internationale Privat- und Verfahrensrecht der EG 1993 – Spannung zwischen Staatsverträgen und Richtlinien, IPRax 1993, 357ff.
- Europäisches Kollisionsrecht 1998: Kulturelle Unterschiede und Parallelaktionen, IPRax 1998, 417ff.

Jefferson, M. An Attempt To Evade The Lex Situs Rule for Stolen Goods (Anm. zu Winkworth v. Christie, Manson & Woods Ltd. (1980) 2 W. L. R. 937), L. Q. R. 96 (1980) 508ff.

Jessup, Philip C. General Report: Topic 1. Freedom of Museums to Sell, Trade or Otherwise Dispose of Objects of Art in their Collections, in: Briat/Freedberg, ISWA III, S. 67ff.

Joffe, Josef Späte Debatte über Nazi-Raubkunst – Konferenz beschließt unverbindliche Regeln für Entschädigung, SZ v. 4.12.1998, S. 1

Jote, Kifle International Legal Protection of Cultural Property, Stockholm 1994

Juenger, Friedrich K. Zum Wandel des Internationalen Privatrechts, Vortrag v. 2.7.1973 (Schriftenreihe Juristische Studiengesellschaft, Heft 113), Karlsruhe 1974

Junker, Abbo s. u. Richard, Dagmar/Junker, Abbo

von Kaenel, Hans-Markus Die internationale Staatengemeinschaft und der Schutz des archäologischen Patrimoniums, in: Niemeyer (Hrsg.), Archäologie, Raubgrabungen und Kunsthandel, Hannover 1995, S. 71ff.

Kaiser, Alfons Mit der Maus zur Madonna, Bayerische Fahnder suchen mit einer Kunstdatenbank nach gestohlenen Werken, FAZ v. 2.2.1999, S. 13

Kampmann, Bernd s. u. Pieroth, Bodo/Kampmann, Bernd

Kaps, Cornelia Öffnet die Depots – Erste Ergebnisse der Beutekunst-Konferenz in Washington, FAZ v. 3.12.1998, S. 45

Kaser, Max Vom Begriff des „commercium", in: Studi in onore di Vincenzo Arangio-Ruiz, Bd. 2, S. 161ff., Napoli 1953 (zit. als: *Kaser* Studi Arangio-Ruiz)
- Das römische Privatrecht, Bd. 1: Das altrömische, das vorklassische und klassische Recht, 2. Aufl., München 1971 (zit. als: *Kaser* I)

Kaufmann, Franz Die Stellung des Privatrechtssubjeks zur res extra commercium des corpus juris civilis – Ein Beitrag zur Lehre der Extracommercialität, Diss. Universität Bonn 1887

Kegel, Gerhard Die selbstgerechte Sachnorm, in: Jayme/Kegel (Hrsg.), Gedächtnisschrift für Albert Ehrenzweig, Karlsruhe, Heidelberg 1976, S. 51 ff. (zit. als: *Kegel* GS Ehrenzweig)

– Internationales Privatrecht, 7. Aufl., München 1995 (zit. als: *Kegel* IPR)

Keihl, Bernhard Das staatliche Recht der res sacrae, Köln, Berlin 1977

Kenety, William H. Who Owns the Past? The Need for Legal Reform and Reciprocity in the International Art Trade, Cornell Int'l. L. J. 23 (1990) 1 ff.

Klein, Frédéric-Edouard En relisant la Convention UNIDROIT du 24 juin 1995 sur les biens culturels volés ou illicitement exportés: Réflexions et suggestions, ZSR 1999, 263 ff.

Kleine-Tebbe, Andreas s. o. Bernsdorff, Norbert/Kleine-Tebbe, Andreas

Knapp, Blaise Précis de droit administratif, 3. Aufl., Basel, Frankfurt 1988 (zit. als: *Knapp* Précis)

– La protection des biens culturels, Rapports suisses présentés au XIIIème Congrès international de droit comparé, Montréal 19.–24. 8. 1990, Zürich 1990, S. 227 ff. (zit. als: *Knapp* Rapports suisses)

– Suisse: Rapport national sur le sujet 1. Liberté des musées de proceder à des transactions d'objets d'art, in: Briat/Freedberg (Hrsg.), ISWA III, S. 135 ff.

Knoepfler, François Le commerce de l'art en droit international privé suisse, in: Lalive (Hrsg.), ISWA I, S. 359 ff.

Knopp, Werner Museumspolitik als Kulturgüterschutz, in: Mußgnug/Glöckner (Hrsg.), Aktuelle Fragen des Kulturgüterschutzes, Heidelberg 1998

Knott, Hermann J. Der Anspruch auf Herausgabe gestohlenen und illegal exportierten Kulturguts, Internationalprivatrechtliche und rechtsvergleichende Aspekte zum Herausgabeanspruch des privaten Eigentümers und des Herkunftsstaates, Diss. Universität Köln 1989, Baden-Baden 1990

Kogelfranz, Siegfried/Korte, Willi Quedlinburg – Texas und zurück, München 1994

Köhler, Wolfgang Ramses ist schon lange raus – Die Jagd nach ägyptischen Antiquitäten, FAZ v. 2. 8. 2000, S. 12

Kohler, J. Das Recht der Kunstwerke und Alterthümer, Arch. bürg. R. 9 (1899) 56 ff.

Koning, S. C. H. s. o. van Buuren, P. J. J/Koning, S. C. H.

Kormann, Karl Die kirchenrechtlichen Veräusserungsbeschränkungen beim katholischen Kirchengut und das bürgerliche Recht – zugleich ein Beitrag zur Lehre von den Veräußerungsverboten nach bürgerlichem Gesetzbuch, Stuttgart 1907

Kornelius, Stefan Auf der Tagesordnung: Besonnenheit – In Washington beginnt die zweite Konferenz über die geraubten Vermögen der Holocaust-Opfer, SZ v. 30. 11. 1998, S. 4

Korte, Willi s. o. Kogelfranz, Siegfried/Korte, Willi

Kötz, Hein s. u. Zweigert, Konrad/Kötz, Hein

Koumantos, Georges International Legal Protection of Cultural Property, Introductory Report, in: Council of Europe, International Legal Protection of Cultural Property, Strasbourg 1984, S. 12 ff. (zit. als: *Koumantos* Council of Europe)

– Réflexions préalables sur la protection internationale des biens culturels, in: Brem, Ernst (Hrsg.), Festschrift zum 65. Geburtstag für Mario M. Pedrazzini, Bern 1990, S. 159 ff. (zit. als: *Koumantos* FS Pedrazzini)

– La protection des biens culturels en droit civil, in: Institute of Hellenic Constitutional History and Constitutional Law (Hrsg.), Archaeological Heritage: Current

Trends in its Legal Protection (International Conference Athens, 26–27 November 1992), Athens 1995, S. 169 ff. (zit. als: *Koumantos* Archaeological Heritage)

Krämer, Gerd Bernsteinzimmer-Mosaik: Ersitzung durch den gutgläubigen Erben des bösgläubigen Besitzers?, NJW 1997, 2580f.

Kreuzer, Karl Ausländisches Wirtschaftsrecht vor deutschen Gerichten – Zum Einfluß fremdstaatlicher Eingriffsnormen auf private Rechtsgeschäfte, Heidelberg 1986 (zit. als: *Kreuzer* Wirtschaftsrecht)

– Gutachtliche Stellungnahme zum Referentenentwurf eines Gesetzes zur Ergänzung des Internationalen Privatrechts, Sachenrechtliche Bestimmungen, in: Henrich, Dieter (Hrsg.), Vorschläge und Gutachten zur Reform des deutschen internationalen Sachen- und Immaterialgüterrechts, Tübingen 1991, S. 37ff. (zit. als: *Kreuzer* Gutachten)

– La propriété mobilière en droit international privé, Académie de droit international, RdC 259 (1996) 9ff.

– in: Münchener Kommentar zum Bürgerlichen Gesetzbuch, Bd. 10: Einführungsgesetz zum Bürgerlichen Gesetzbuche (Art. 1–38), Internationales Privatrecht, 3. Aufl., München 1998

– Buchbesprechung: *Carducci, Guido* La restitution internationale des biens culturels et des objets d'art volés ou illicitement exportés, RabelsZ 64 (2000) 164ff.

Krinzinger, Friedrich Schutz von archäologischem Kulturgut – Betrachtungen zur Kontextarchäologie, in: Reichelt, Gerte, Neues Recht zum Schutz von Kulturgut, Wien 1997, S. 45ff.

Kromer, Michael Sachenrecht des öffentlichen Rechts – Probleme und Grundlagen eines allgemeinen Teils des Öffentlichen Sachenrechts, Diss. Universität Heidelberg 1984, Berlin 1985

Kropholler, Jan Europäisches Zivilprozeßrecht, 4. Aufl., Heidelberg 1993 (zit. als: *Kropholler* EuGVÜ)

– Internationales Privatrecht, 3. Aufl., Tübingen 1997 (zit. als: *Kropholler* IPR)

Krüger, Paul/Mommsen, Theodor Corpus iuris civilis, Bd. 1: Institutiones, Digesta, Dublin, Zürich 1968

Kügler, Clementine Spätes Glück – Spanischer Staat kauft Goya-Bild, FAZ v. 21.1.2000, S. 52

– Viel Geld für die Condesa – Goyas Meisterportrait der Gräfin von Chinchon im Prado, FAZ v. 3.10.2001, S. 41

Kunze, Hans Henning Restitution „entarteter Kunst" – Sachenrecht und Internationales Privatrecht, Diss. Universität Heidelberg 1999, Berlin, New York 2000

Ladas, Panayiotis Droit privé interne et international: rapport grec, in: Travaux de l'Association Henri Capitant, La protection des biens culturels, Paris 1991, S. 227ff.

Lagarde, Paul Le commerce de l'art en droit international privé français, in: Lalive (Hrsg.), ISWA I, S. 389ff.

– Droit privé interne et international: rapport général, in: Travaux de l'Association Henri Capitant, La protection des biens culturels, Paris 1989, S. 95ff. (zit. als: *Lagarde* rapport)

– s. o. Batiffol, Henri/Lagarde, Paul

Lalive, Pierre The Transfer of Chattels in the Conflict of Laws, A Comparative Study, Oxford 1955 (zit. als: *Lalive* Transfer)

– (Hrsg.), International Sales of Works of Art, Geneva Workshop 11–13 April 1985 (zit. als: ISWA I), Genève 1988

– Rapport Général: Le projet de Convention de l'UNIDROIT sur les biens culturels volés ou illicitement exportés, in: Briat/Freedberg (Hrsg.), ISWA IV, S. 17ff.

– Sur le régime des objets d'art volés en droit international privé, in: Matscher/Seidl-Hohenveldern (Hrsg.), Europa im Aufbruch, Festschrift für Fritz Schwind zum 80. Geburtstag, Wien 1993, S. 51 ff. (zit. als: *Lalive* FS Schwind)
– Le statut des biens culturels en droit international privé suisse, in: Rapports suisses présentés au XIVème congrès international de droit comparé Athènes, 31. 7.–6. 8. 1994, Zürich 1994, S. 91 ff. (zit. als: *Lalive* rapports suisses)
Lanciotti, Alessandra La circolazione dei beni culturali nel diritto internazionale privato e comunitario, Napoli 1996
Landi, Guido/Potenza, Giuseppe Manuale di diritto amministrativo, 5. Aufl., Milano 1974
Lando, Ole in: International Encyclopedia of International Law, Bd. 3: Private International Law, Chapter 24: Contracts, Tübingen 1976
Larenz, Karl Methodenlehre der Rechtswissenschaft, 3. Aufl., Berlin, Heidelberg 1975
– */Wolf, Manfred* Allgemeiner Teil des bürgerlichen Rechts, 8. Aufl., München 1997
Laufersweiler, Jochen/Schmidt-Rögnitz, Andreas Der Erwerb von Museumsgut, Handbuch des Museumsrechts, Bd. 3, Opladen 1994
Leflar, Robert A. American Conflicts Law, 3. Aufl., Indianapolis, New York 1977
Leniaud, Jean-Michel Les fondements et l'évolution de l'approche française de la protection du patrimoine culturel, in: Byrne-Sutton/Renold (Hrsg.), La libre circulation des collections d'objets d'art, Zürich 1993, S. 57 ff.
Lepelletier, F. De la prohibition d'exporter des objets d'art à l'étranger, d'après la législation italienne, Clunet 23 (1896) 962 ff.
Lewald, Hans Das deutsche internationale Privatrecht auf Grundlage der Rechtsprechung, Leipzig 1931
Lewis, Geoffrey The Return of Cultural Property, Journal of the Royal Society of Arts 129 (1981) 435 ff.
– Museums: International and National Self-Regulation, in: Lalive (Hrsg.), ISWA I, S. 557 ff.
– General Report: Topic 1. International Issues Concerning Museum Collections, in: Briat/Freedberg, ISWA III, S. 73 ff.
Lhuilier, Gilles „Les oeuvres d'art, res sacrae?“, R. R. J. 1998, 513 ff.
Löhr, Rolf-Peter s. u. Pappermann, Ernst/Löhr, Rolf-Peter/Andriske, Wolfgang
Lomas, Paul/Orton, Simon Potential Repercussions from the City of Gotha Decision, Art, Antiquity and Law 4 (1999) 159 ff.
Lombardi, Giorgio Die behördliche Kontrolle des grenzüberschreitenden Handels mit Kunstwerken und sonstigen Kulturgütern in Italien, in: Dolzer/Jayme/Mußgnug, Rechtsfragen des internationalen Kulturgüterschutzes, Heidelberg 1994, S. 191 ff.
Lo Monaco, Anna Sulla restituzione di beni culturali rubati all'estero secondo la convenzione dell' UNESCO, Riv. dir. int. 71 (1988) 842 ff.
Loosli, Mauro Kulturgüterschutz in Italien – Rechtliche Grundlagen und Instrumente; Handel und Verkehr, Diss. Universität Zürich 1996, Zürich 1996
Lovenberg, Felicitas v. Was übrig bleibt – Das Schicksal der Fürstlichen Hofbibliothek in Donaueschingen, FAZ v. 24. 7. 1999, S. 41
– s. o. *Crüwell, Konstanze/Lovenberg, Felicitas v.*
Lüderitz, Alexander Die Beurteilung beweglicher Sachen im IPR, in: Lauterbach, Wolfgang, Vorschläge und Gutachten zur Reform des deutschen internationalen Personen- und Sachenrechts, Tübingen 1972, S. 185 ff.
Luzzatto, Riccardo Trade in art and conflict of laws: The position in Italy, in: Lalive (Hrsg.), ISWA I, S. 409 ff.

Mair, Antony Misappropriation and Skulduggery in Germany and Russia: The Case of Wtewael's The Holy Family, Art, Antiquity and Law 3 (1998) 413ff.

Mangoldt, Hermann v./Klein, Friedrich/Pestalozza, Christian Das Bonner Grundgesetz, Kommentar, Bd. 8: Art. 70–75, 3. Aufl., München 1996

Mansel, Heinz-Peter De Weerth v. Baldinger – Kollisionsrechtliches zum Erwerb gestohlener Kunstwerke, IPRax 1988, 268ff.

Mansi, Antonio La tutela dei beni culturali, 2. Aufl., Milano 1998

Manssen, Gerrit Der Hamburger Stadtsiegelfall – VG Köln, NJW 1991, 2584 –, JuS 1992, 745ff.

Marco Molina, Juana Eigentumsvorbehalt, Mobiliarhypothek und Sicherungsübereignung, in: Löber, Burckhardt/Peuster, Witold (Hrsg.), Aktuelles spanisches Handels- und Wirtschaftsrecht, Frankfurt, Köln 1991, S. 223ff.

Marguery, Jean La protection des objets mobiliers d'intérêt historique ou artistique, législations française et italienne, Paris 1912

Mariotti, Filippo La legislazione delle belle arti, Roma 1892

Martiny, Dieter in: Münchener Kommentar zum Bürgerlichen Gesetzbuch, Bd. 10: Einführungsgesetz zum Bürgerlichen Gesetzbuch (Art. 1–38), Internationales Privatrecht, 3. Aufl., München 1998

– s. u. Reithmann, Christoph/Martiny, Dieter

Marty, Gabriel/Raynaud, Pierre Droit civil: Les biens, 2. Aufl., Paris 1980

Matscher, Franz/Seidl-Hohenveldern, Ignaz (Hrsg.), Europa im Aufbruch, Festschrift für Fritz Schwind zum 80. Geburtstag, Wien 1993

Maurer, Christoph Die Ausfuhr von Kulturgütern in der Europäischen Union, Diss. Universität Heidelberg 1997, Frankfurt a. M. 1997

Maury, Jean Note (Anm. zu Cass., Entsch. v. 15.4.1988, D. S. 1988, 325ff.), D. S. 1988, 329f.

Mayer, Otto Deutsches Verwaltungsrecht, Bd. 2, 3. Aufl., Berlin 1968 (unveränderter Nachdruck der 3. Aufl. v. 1924)

Mayer-Maly, Theo in: Münchener Kommentar zum Bürgerlichen Gesetzbuch, Bd. 1: Allgemeiner Teil (§§ 1–240), 3. Aufl., München 1993

Mazzoni, Cosimo Marco Droit privé interne et international: rapport italien, in: Travaux de l'Association Henri Capitant, La protection des biens culturels, Paris 1989, S. 243ff.

McFarland – Taylor, Laura Tracking Stolen Artworks on the Internet: A New Standard for Due Diligence, J. Marshall J. Computer & Info. L. 16 (1998) 937ff.

McKeown, Timothy s. o. Hutt, Sherry/McKeown, Timothy

Mehrtens, Gerhard Das gesetzliche Veräußerungsverbot, Diss. Universität Göttingen 1974

Merryman, John Henry The protection of Patrimony, in: Duboff, Leonard (Hrsg.), Art Law – Domestic and International, South Hackensack 1975, S. 255ff. (zit. als *Merryman* Art Law)

– Thinking about the Elgin Marbles, Mich. L. Rev. 83 (1985) 1881ff.

– Two Ways of Thinking About Cultural Property, Am. J. Int'l. L. 80 (1986) 831ff.

– Il controllo nazionale sull'esportazione dei beni culturali, Riv. dir. civ. 34 (1988) 633ff.

– American Law and the International Trade in Art, in: Lalive (Hrsg.), ISWA I, S. 425ff.

– Limits on State Recovery of Stolen Artifacts: Peru v. Johnson, IJCP 1 (1992) 169ff.

– The UNIDROIT-Convention: Tree Significant Departures from the Urtext, IJCP 5 (1996) 11ff.

– A Licit International Trade in Cultural Objects, in: Briat/Freedberg (Hrsg.), ISWA V, S. 3 ff.
– Cultural Property Ethics, IJCP 7 (1998) 21 ff.
– The Free International Movement of Cultural Property, N. Y. U. J. Int'l. L. & Pol. 31 (1998) 1 ff.
– */Elsen, Albert* Law, Ethics and the Visual Arts, Bd. 1, 2. Aufl., Philadelphia 1987 (zit. als: *Merryman/Elsen* 2. Aufl.)
– Law, Ethics and the Visual Arts, 3. Aufl., London, The Hague, Boston 1998 (zit. als: *Merryman/Elsen* 3. Aufl.)
– The Importance of a Licit Market, in: Merryman/Elsen, Law, Ethics and the Visual Arts, Bd. 1, Philadelphia 1987, S. 62 ff.

Metzger, Oliver Making The Doctrine of Res Extra Commercium Visible in United States Law, Tex. L. Rev. 74 (1996) 615 ff.

Meurer, Christian Der Begriff und Eigenthümer der heiligen Sachen – zugleich eine Revision der Lehre von den juristischen Personen und dem Eigenthümer des Kirchenguts, Bd. 1: Die Rechtsgebiets-, Begriffs- und allgemeine Eigenthumslehre, Bd. 2: Die specielle Eigenthumslehre, Düsseldorf 1885

Mittler, Elmar Bibliotheksbestände von Kulturgutrang, in: Mußgnug/Glöckner, Aktuelle Fragen des Kulturgüterschutzes, Heidelberg 1998, S. 59 ff.

Moine, Isabelle Les choses hors du commerce: notion et régime, Diss. Universität Dijon 1993

Moore, Jonathan S. Enforcing Foreign Ownership Claims in the Antiquities Market, Yale L. J. 97 (1988) 466 ff.

Moustakos, John Group Rights in Cultural Property Justifying Strikt Inalienablity, Cornell L. Rev. 74 (1989) 1179 ff.

Mülbert, Peter Ausländische Eingriffsnormen als Datum, IPRax 1986, 140 ff.

Müller, Markus Kulturgüterschutz: Mittel nationaler Repräsentation oder Wahrung des Gemeinsamen Erbes der Menschheit?, in: Fechner/Oppermann/Prott, Prinzipien des Kulturgüterschutzes, Berlin 1996, S. 257 ff.

Müller-Katzenburg, Astrid Internationale Standards im Kulturgüterverkehr und ihre Bedeutung für das Sach- und Kollisionsrecht, Diss. Universität Freiburg 1995, Berlin 1996
– Besitz- und Eigentumssituation bei gestohlenen und sonst abhanden gekommenen Kunstwerken, NJW 1999, 2551 ff.
– Possession and Ownership of Stolen or Otherwise Lost Works of Art, Art, Antiquity and Law 5 (2000) 105 ff.

Muir-Watt, Horatia La revendication internationale des biens culturels: à propos de la décision américaine Eglise Autocéphale, Rev. cr. dr. int. pr. 81 (1992) 1 ff.

Musatti, Alberto La nuova legge sulle antiquità e belle arti, Riv. dir. com. 7 (1909) 435 ff.

Mußgnug, Reinhard Das Kunstwerk im internationalen Recht, in: Kunst und Recht (Schriftenreihe der Deutschen Richterakademie, Justiz und Recht, Bd. 2), Heidelberg 1985, S. 15 ff. (zit. als: *Mußgnug* Kunst und Recht)
– Museums- und Archivgut als „res extra commercium"?, in: Reichelt, Gerte (Hrsg.), Internationaler Kulturgüterschutz, Wiener Symposium v. 18./19. Oktober 1990, Wien 1992, S. 141 ff. (zit. als: *Mußgnug* Symposium)
– Museums- und Archivgut als „res extra commercium"? (aktualisierte und erweiterte Fassung des oben genannten Aufsatzes), in: Dolzer/Jayme/Mußgnug (Hrsg.), Rechtsfragen des internationalen Kulturgüterschutzes, Heidelberg 1994, S. 199 ff. (zit. als: *Mußgnug* Rechtsfragen)
– Überlegungen zur Umsetzung der neuen EG-Vorschriften über den Verkehr mit

Kulturgütern, in: Beyerlin, Ulrich (Hrsg.), Recht zwischen Umbruch und Bewahrung, Festschrift für Rudolf Bernhardt, Berlin 1995, S. 1225ff. (zit. als: *Mußgnug* FS Bernhardt)
– National Report on Topic 1. The Regulatory Framework for the Free International Circulation of Objects of Art, in: Briat/Freedberg, ISWA V, S. 63ff.
– Europäischer und nationaler Kulturgüter-Schutz, in: Mußgnug/Glöckner (Hrsg.), Aktuelle Fragen des Kulturgüterschutzes, Heidelberg 1998, S. 11ff. (zit. als: *Mußgnug* Aktuelle Fragen)
– Unehrliche Finder von Regenschirmen und Kunstwerken (Leserbrief), FAZ v. 10.11.1998, S. 12
– Die deutsche Renitenz gegen das Kulturgutrecht der EG, EuR 2000, 564ff.
– s. o. Dolzer, Rudolf/Jayme, Erik/Mußgnug, Reinhard
– */Glöckner, Dietmar* (Hrsg.), Aktuelle Fragen des Kulturgüterschutzes – Beiträge zur Reform des deutschen Kulturgutschutzgesetzes 1955 und seiner Angleichung an den europäischen Kulturgüterschutz, Heidelberg 1998
Nafziger, James A. R. An Anthro-Apology for Managing the International Flow of Cultural Property, Houst. J. Int'l. L. 4 (1981) 189ff.
– Comments on the Relevance of Law and Culture to Cultural Property Law, Syr. J. Int'l. L. & Com. 10 (1983) 323ff.
Nanetti, F./Squillante, Francesca In tema di restituzione di beni culturali illecitamente trasferiti, Riv. dir. int. 1997, 396 ff.
Neumayer, Karl Heinz Zur positiven Funktion der kollisionsrechtlichen Vorbehaltsklausel, in: v. Caemmerer, Ernst/Nikisch, Arthur/Zweigert, Konrad, Vom deutschen zum europäischen Recht, Festschrift für Hans Dölle, Bd. 2, Tübingen 1963, S. 179ff.
Niboyet, J. P. Traité de droit international privé français, Bd. 4: La territorialité, Paris 1947
Niéc, Halina Legislative Models of Protection of Cultural Property, Hastings L. J. 27 (1976) 1089ff.
Niemeyer, Hans Georg (Hrsg.), Archäologie, Raubgrabungen und Kunsthandel, Podiumsdiskussionen auf der 23. Mitgliederversammlung des Deutschen Archäologenverbandes in Münster, 26. Juni 1993, Schriften des Deutschen Archäologen-Verbandes, Schrift XIII, Hannover 1995
Nieper, Franz Einführung in: Nieper, Franz/Westerdijk, Arjen, Niederländisches Bürgerliches Gesetzbuch, Series of Legislation in Translation, Bd. 3, München 1996
Nott, Susan M. Title to Illegally Exported Items of Historic or Artistic Worth, I. C. L. Q. 33 (1984) 203ff.
Odrich, Barbara Jetzt verfallen auch die Preise für Kunst, Blick durch die Wirtschaft (FAZ) v. 23.7.1996, S. 1
Özsunay, Ergun Protection of Cultural Heritage in Turkish Private Law, IJCP 6 (1997) 278ff.
O'Keefe, Patrick Export and Import Controls on Movement of the Cultural Heritage: Problems at the National Level, Syr. J. Int'l. L. & Com. 10 (1983) 352ff.
– Protection of the Material Cultural Heritage: The Commonwealth Scheme, I. C. L. Q. 44 (1995) 147ff.
– Formulating General Principles by Reference to International Standards – An Example from the Council of Europe, in: Fechner/Oppermann/Prott (Hrsg.), Prinzipien des Kulturgüterschutzes, Berlin 1996, S. 277ff.
– The Use of Databases to Combat Theft of Cultural Heritage Material, Art, Antiquity and Law 2 (1997) 357ff.

– Code of Ethics: Form and Function in Cultural Heritage Management, IJCP 7 (1998) 32ff.
– s. u. Prott, Lyndel V./O'Keefe, Patrick J.
Oldenhage, Klaus Archivgut als Gegenstand des Kulturgüterschutzes, in: Mußgnug/Glöckner, Aktuelle Fragen des Kulturgüterschutzes, Heidelberg 1998, S. 51ff.
Ommeslaghe, Denis Van Belgique: Rapport national sur le sujet 1. Les règles juridiques applicables à la circulation internationale d'objets d'art, in: Briat/Freedberg, ISWA IV, S. 53ff.
Oppermann, Thomas s. o. Fechner, Frank/Oppermann, Thomas/Prott, Lyndel V.
Orton, Simon s. o. Lomas, Paul/Orton, Simon
Page, Henry De/Dekkers, René Traité élémentaire de droit civil belge, Bd. 5: Les principaux contrats usuels, Les biens, 2. Aufl., Bruxelles 1975
Palmer, Norman (Hrsg.), The Recovery of Stolen Art – a collection of essays, London 1998
– Statutory, forensic and ethical initiatives in the recovery of stolen art and antiquities, in: Palmer (Hrsg.), The Recovery of Stolen Art, S. 1ff.
Papier, Hans-Jürgen Recht der öffentlichen Sachen, 3. Aufl., Berlin, New York 1998
Pappermann, Ernst/Löhr, Rolf-Peter/Andriske, Wolfgang Recht der öffentlichen Sachen, München 1987
Paterson, Robert K. Protection Taonga: The Cultural Heritage of the New Zealand Maori, IJCP 8 (1999) 108ff.
Patry, Robert s. o. Dominicé, Christian/Patry, Robert/Reymond, Claude
Pecoraro, Thomas Choice of Law in Litigation to Recover National Cultural Property: Efforts of Harmonization in Private International Law, Va. J. Int'l. L. 31 (1990) 1ff.
Peletan, Sandrine La protection juridique internationale des biens culturels, R. R. J. 1998, 245ff.
Périnet-Marquet, Hugues La protection des biens culturels en droit français, Rev. int. dr. comp. 42 (1990) 789ff.
Pfeiffer, Thomas Der Stand des Internationalen Sachenrechts nach seiner Kodifikation, IPRax 2000, 270ff.
Pieroth, Bodo/Kampmann, Bernd Außenhandelsbeschränkungen für Kunstgegenstände, NJW 1993, 1385ff.
Piva, Giorgio voce „cose d'arte", Enciclopedia del Diritto, Bd. XI, Milano 1962, S. 93ff.
Plahl, Silvia „Mosaik aus Bernsteinzimmer nicht ersessen", SZ v. 22.2.2000, S. 16
Planta, Regina v. Wider die Täuschungen – Ethik auf dem Markt: Sotheby's hat eine Abteilung für die Moral, FAZ v. 18.9.1999, S. 51
Plöchl, Willibald Maria Bd. 1: Das Recht des ersten christlichen Jahrtausends – Von der Urkirche bis zum großen Schisma, 2. Aufl., Wien, München 1960
– Geschichte des Kirchenrechts, Bd. 2: Das Kirchenrecht der abendländischen Christenheit – 1055 bis 1517, 2. Aufl., Wien, München 1962
Poli, Jean-François La protection des biens culturels meubles, Paris 1996
Potenza, Giuseppe s. o. Landi, Guido/Potenza, Giuseppe
Pree, Helmuth s. o. Heimerl, Hans/Pree, Helmuth
Preuschen, Diethardt v. Kulturgutsicherungsgesetz und EG-Recht, EuZW 1999, 40ff.
Prott, Lyndel V. International Control of Illicit Movement of the Cultural Heritage: The 1970 UNESCO Convention and some possible alternatives, Syr. J. Int'l. L. & Com. 10 (1983) 333ff.

- The Protection of the Cultural Heritage, Académie de droit international, RdC 217 (1989) 215ff.
- The Preliminary Draft Unidroit Convention on Stolen or Illegally Exported Cultural Objects, I. C. L. Q. 41 (1992) 160ff.
- Kulturgüterschutz nach der UNIDROIT-Konvention und nach der UNESCO-Konvention, ZVglRWiss 95 (1996) 188ff.
- UNESCO and UNIDROIT: A Partnership against Trafficking in Cultural Objects, in: Palmer (Hrsg.), The Recovery of Stolen Art, London 1998, S. 205ff. (zit. als: *Prott* Recovery of Stolen Art)
- Cultural Heritage Law: The Perspective of the Source Nations, Art, Antiquity and Law 5 (2000) 333ff.
- */O'Keefe, Patrick J.* Mésures législatives et réglementaires nationales visant à lutter contre le traffic illicite de biens culturels, UNESCO-Dokument CLT-83/WS/16, Paris 1983 (zit. als: *Prott/O'Keefe* Mésures)
- Law and the Cultural Heritage, Bd. 1, Discovery and excavation, Edinburgh 1983 (zit. als: *Prott/O'Keefe* I)
- Handbook of National Regulations Concerning the Export of Cultural Property, UNESCO-Dokument CC/WS/27, Paris 1988 (zit. als: *Prott/O'Keefe* Handbuch)
- Law and the Cultural Heritage, Bd. 3: Movement, London, Edinburgh 1989 (zit. als: *Prott/O'Keefe* III)
- „Cultural Heritage“ or „Cultural Property“?, IJCP 1 (1992) 307ff.
- s. o. Fechner, Frank/Oppermann, Thomas/Prott, Lyndel V.

Quaedvlieg, Anton A. The Netherlands: Introduction, in: Briat/Freedberg, ISWA III, S. 45ff.

Raape, Leo Das gesetzliche Veräußerungsverbot des Bürgerlichen Gesetzbuchs, Berlin 1908

Raber, Hans Georg Das kulturelle Erbe der Menschheit – Bestandsaufnahme und Perspektiven des internationalen Kulturgüterschutzes, Diss. Universität Köln 1994

Radcliffe, Julian The Work of the International Art and Antiques Loss Register, in: Palmer (Hrsg.), The Recovery of Stolen Art, London 1998, S. 189ff.

Radin, Margaret Jane Market-Inalienability, Harv. L. Rev. 100 (1987) 1849ff.

Raschèr, Andrea The Washington Conference on Holocaust-Era Assets (November 30–December 3, 1998), IJCP 8 (1999) 338ff.

Rau, G. s. o. Aubry, Charles/Rau, G./Esmein, Paul

Raynaud, Pierre s. o. Marty, Gabriel/Raynaud, Pierre

Redmond-Cooper, Ruth Time Limits in Actions to Recover Stolen Art, in: Palmer (Hrsg.), The Recovery of Stolen Art, London 1998, S. 145ff.
- Limitation of Actions in Art and Antiquity Claims, Part 2, Art, Antiquity and Law 5 (2000) 185ff.

Reich, Steven A./Fischer, Hermann J. Wem gehören die als „entartete Kunst“ verfemten, von den Nationalsozialisten beschlagnahmten Werke?, NJW 1993, 1417ff.

Reichelt, Gerte La protection internationale des biens culturels / International Protection of Cultural Property, Un. L. Rev. 1985, 42ff.
- Kulturgüterschutz und Internationales Privatrecht, IPRax 1986, 73ff.
- La protection internationale des biens culturels (deuxième étude) / International Protection of Cultural Property (second study), Un. L. Rev. 1988, 52ff.
- Internationaler Kulturgüterschutz – rechtliche und kulturpolitische Aspekte, Vortrag v. 30. Mai 1988, Saarbrücken 1988 (zit. als: *Reichelt* Internationaler Kulturgüterschutz)

- Kulturgüterschutz und Internationales Verfahrensrecht – Anm. zu Cass., Entsch. v. 15.4.1988, D. S. 1988, 325ff., IPRax 1989, 254
- Kulturgüterschutz in Österreich, ZfRV 1990, 61ff.
- (Hrsg.), Internationaler Kulturgüterschutz, Wiener Symposium v. 18./19. Oktober 1990, Wien 1992
- Einführung in die Thematik, in: Reichelt (Hrsg.), Internationaler Kulturgüterschutz, Wiener Symposium v. 18./19.10.1990, Wien 1992, S. 31ff. (zit. als: *Reichelt* Symposium)
- Rechtsfragen des internationalen Kulturgüterschutzes – Aktuelle Entwicklungen, in: Sladek, Gerhard (Hrsg.), Das kulturelle Erbe im Risiko der Modernität, Salzburger Symposium 1992 (Schriftenreihe Sicherheit und Demokratie), Wien 1993, S. 61ff. (zit.: als *Reichelt* Das kulturelle Erbe)
- Die Rolle von UNIDROIT für den internationalen Kulturgüterschutz – Neue methodische Ansätze im „UNIDROIT-Entwurf 1990 über gestohlene und unerlaubt ausgeführte Kulturgüter", in: Matscher/Seidl-Hohenveldern (Hrsg.), Europa im Aufbruch, Festschrift für Fritz Schwind zum 80. Geburtstag, Wien 1993, S. 205ff. (zit. als: *Reichelt* FS Schwind)
- Die Vereinheitlichung des privatrechtlichen Kulturgüterschutzes nach dem UNIDROIT-Vertragsentwurf 1990, in: Dolzer/Jayme/Mußgnug, Rechtsfragen des internationalen Kulturgüterschutzes, Heidelberg 1994, S. 67ff. (zit. als: *Reichelt* Rechtsfragen)
- Europäischer Kunstmarkt, ÖJZ 1994, 339ff.
- (Hrsg.), Neues Recht zum Kulturgüterschutz – Internationaler Kulturgüterschutz (EG-Richtlinie, UNIDROIT-Konvention und Folgerecht), Wien 1997
- Die Unidroit-Konvention 1995 über gestohlene oder unerlaubt ausgeführte Kulturgüter – Grundzüge und Zielsetzungen, in: Reichelt (Hrsg.), Neues Recht zu Kulturgüterschutz, Wien 1997, S. 55 ff. (zit. als: *Reichelt* Neues Recht)

Reichenau, Christoph Unidroit – ein weiterer richtiger Schritt, in: Schweizerische Akademie der Geistes- und Sozialwissenschaften (Hrsg.), Unidroit: Recht und Ethik im Handel mit Kulturgut, Bern 1998, S. 47ff.

Reithmann, Christoph/Martiny, Dieter (Hrsg.), Internationales Vertragsrecht: Das internationale Privatrecht der Schuldverträge, 5. Aufl., Köln 1996

Renck, Ludwig Grundfragen des Rechts der res sacrae, DÖV 1990, 333ff.

Renold, Marc-André Les principales règles de la convention d'UNIDROIT sur les biens culturels volés ou illicitement exportés, in: Breitler/Byrne-Sutton/Geisinger-Mariéthoz/Renold (Hrsg.), La Convention d'UNIDROIT du 24 juin 1995 sur les biens culturels volés ou illicitement exportés, Zürich 1997, S. 19ff.
- s. o. Breitler, Christine/Byrne-Sutton, Quentin/Geisinger-Mariéthoz, Fabienne/Renold, Marc-André
- s. o. Byrne-Sutton, Quentin/Renold, Marc-André

Reppas, Michael J. The Deflowering of the Parthenon: A Legal and Moral Analysis on why the „Elgin Marbles" Must Be Returned to Greece, Fordham Intell. Prop. Media & Ent. L. J. 9 (1999) 911ff.

Resta, Raffaele in: Scialoja, Antonio/Branca, Giuseppe, Commentario del codice civile, libro terzo: Della proprietà (Art. 810–956), 4. Aufl., Bologna 1976

Reymond, Claude s. o. Dominicé, Christian/Patry, Robert/Reymond, Claude

Richard, Dagmar/Junker, Abbo Hans und Felicitas Tucher in New York – Deutsches Sachenrecht vor amerikanischen Gerichten, Jura 1985, 415ff.

Riedl, Joachim Die zwei Mona Lisas von Wien – Österreich tut sich noch immer schwer mit der fälligen Rückgabe von Nazi-Beutekunst, SZ v. 9.7.1999, S. 17

Rigaux, François Le commerce des oeuvres d'art dans le Marché Commun, in: Dominicé/Patry/Reymond (Hrsg.), Études de droit international en l'honneur de Pierre Lalive, Basel, Frankfurt a. M. 1993, S. 733 ff. (zit. als *Rigaux* FS Lalive)
– Libre circulation des biens culturels et protection des tresors nationaux, EuZP 1994, 95 ff.
Rodotà, Stefano The Civil Law Aspects of the International Protection of Cultural Property, in: Council of Europe, International Legal Protection of Cultural Property, Strasbourg 1984, S. 99 ff. (zit. als: *Rodotà* Council of Europe)
– Report on the Art Trade, Parliamentary Assembly of the Council of Europe v. 3.2.1988, Doc. 5834 (zit. als: *Rodotà* Report)
Roellecke, Gerd Warum schützen wir Kulturgüter?, in: Mußgnug/Glöckner (Hrsg.), Aktuelle Fragen des Kulturgüterschutzes, Heidelberg 1998, S. 31 ff.
Römer, Gustav Gesetzesumgehung im deutschen Internationalen Privatrecht, Berlin 1955 (zit. als: *Römer* Gesetzesumgehung)
Römer, Hermann Der gutgläubige Mobiliarerwerb im französischen Recht, Diss. Universität Münster 1984 (zit. als: *Römer* Mobiliarerwerb)
Roloff, Stefanie Die Geltendmachung ausländischer öffentlichrechtlicher Ansprüche im Inland, Diss. Universität Regensburg 1993, Frankfurt a. M. 1994
Rose-Ackermann, Susan Inalienability and the Theory of Property Rights, Col. L. Rev. 85 (1985) 931 ff.
Roth, Wulf-Hennig Angleichung des IPR durch sekundäres Gemeinschaftsrecht, IPRax 1994, 165 ff.
Rovine, Arthur W. (Hrsg.), Digest of United States Practice in International Law (1973), Washington 1974
Säcker, Franz Jürgen in: Münchener Kommentar zum Bürgerlichen Gesetzbuch, Bd. 6: Sachenrecht (§§ 854–1296), 3. Aufl., München 1997
Saleilles, Raymond Le domaine public à Rome et son application en matière artistique, I., Rev. hist. dr. fr. etr. 12 (1888) 497 ff.; II., Rev. hist. dr. fr. etr. 13 (1889) 457 ff.
Salvestroni, Umberto Incommerciabilità di beni e autonomia negoziale, Riv. dir. com. dir. gen. ob. 1988, 477 ff.
Saltzman, Cynthia Portrait of Dr. Gachet, The Story of a Van Gogh Masterpiece, New York 1998
Salzwedel, Jürgen in: Erichsen, Hans-Uwe (Hrsg.), Allgemeines Verwaltungsrecht, 10. Aufl., Berlin, New York 1995, §§ 40 ff.: Anstaltsnutzung und Nutzung öffentlicher Sachen
Sandrock, Otto Foreign Laws Regulating the Export of Cultural Property: The Respect Due to them by the Judge, in: Lalive (Hrsg.), ISWA I, S. 457 ff.
Sandulli, Aldo voce „beni pubblici", Enciclopedia del Diritto, Bd. V, Milano 1959, S. 277 ff.
Savigny, Friedrich Karl v. System des heutigen römischen Rechts, Bd. 8, Berlin 1849 (Neudruck Aalen 1974)
Sax, Joseph L. Property Rights and Public Benefits, in: Lee, Antoinette J. (Hrsg.), Past meets future – Saving America's Historic Environments, Washington 1992, S. 137 ff.
Schilling, Bruno/Sintesis, Carl Friedrich Ferdinand Das Corpus iuris canonici in seinen wichtigsten und anwendbarsten Teilen, in's Deutsche übersetzt und systematisch zusammengestellt, Bd. 1, Leipzig 1834
Schlink, Bernhard Neuere Entwicklungen im Recht der kirchlichen öffentlichen Sachen und der res sacrae, NVwZ 1987, 633 ff.

Schmeinck, Sabine Internationalprivatrechtliche Aspekte des Kulturgüterschutzes, Diss. Universität Münster 1993, Berlin 1994
Schmidt-Rögnitz, Andreas s. o. Laufersweiler, Jochen/Schmidt-Rögnitz, Andreas
Schmitt, Jean Marie s. o. Coutau-Bégarie Hervé/Schmitt, Jean Marie
Schnitzler, Christian Kirchenraub auf Bestellung – Das kulturelle Erbe Siebenbürgens ist bedroht, FAZ v. 24. 8. 1999, S. 10
Schoen, Susanne Kulturgüterschutz bei – illegaler – Rückkehr kriegsbedingt verbrachter Kulturgüter aus Rußland nach Deutschland, NJW 2001, 537 ff.
Schorlemer, Sabine v. Internationaler Kulturgüterschutz – Ansätze zur Prävention im Frieden sowie im bewaffneten Konflikt, Diss. Universität Hamburg 1991, Berlin 1992
– Stolen Art, GYIL 48 (1998) 317 ff.
Schumacher, Edward Peru's Antiquities Crumbling in Museums, in: Merryman/Elsen, Law, Ethics and the Visual Arts, Bd. 1, 2. Aufl., Philadephia 1987, S. 60 ff.
Schurig, Klaus Zwingendes Recht, „Eingriffsnormen" und neues IPR, RabelsZ 54 (1990) 217 ff.
Schwadorf-Ruckdeschel, Brigitte Rechtsfragen des grenzüberschreitenden rechtsgeschäftlichen Erwerbs von Kulturgütern, Diss. Universität Mannheim 1994, Frankfurt a. M. 1995
Schwander, Ivo Lois d'application immédiate, Sonderanknüpfung, IPR-Sachnormen und andere Ausnahmen von der gewöhnlichen Anknüpfung im internationalen Privatrecht (Schweizer Studien zum internationalen Recht, Bd. 1), Zürich 1975
Schwarze, Jürgen Der Schutz nationalen Kulturguts im europäischen Binnenmarkt, JZ 1994, 111 ff.
Schwind, Fritz Hinkendes Eigentum im österreichisch-deutschen Rechtsverkehr – ein juristischer Alptraum, in: Musielak, Hans-Joachim/Schurig, Klaus, Festschrift für Gerhard Kegel zum 75. Geburtstag 26. 6. 1987, Stuttgart, Berlin 1987, S. 599 ff.
Seidl-Hohenveldern, Ignaz Patrimoine cultural mobilier et Marché intérieur de la Communauté européenne, in: Dominicé/Patry/Reymond (Hrsg.), Études de droit international en l'honneur de Pierre Lalive, Basel, Frankfurt a. M. 1993, S. 753 ff. (zit. als: *Seidl-Hohenveldern* FS Lalive)
– Völkerrechtswidrigkeit der Konfiskation eines Gemäldes aus der Sammlung des Fürsten von Liechtenstein als angeblich „deutsches" Eigentum, IPRax 1996, 410 ff.
Seidl-Hohenveldern, Ignaz s. o. Matscher, Franz/Seidl-Hohenveldern, Ignaz
Shyllon, Folarin Cultural Heritage Legislation and Management in Nigeria, IJCP 5 (1996) 235 ff.
Sidorsky, Emily The 1995 UNIDROIT Convention on Stolen or Illegally Exported Cultural Objects: The Role of International Arbitration, IJCP 5 (1996) 19 ff.
Siehr, Kurt Der gutgläubige Erwerb beweglicher Sachen – Neue Entwicklungen zu einem alten Problem, ZVerglRWiss 80 (1981) 273 ff.
– Kunstraub und das internationale Recht, SJZ 77 (1981) 189 ff.
– Ausländische Eingriffsnormen im inländischen Wirtschaftskollisionsrecht, RabelsZ 52 (1988) 41 ff.
– Nationaler und Internationaler Kulturgüterschutz – Eingriffsnormen und der internationale Kunsthandel, in: Pfister, Bernhard (Hrsg.), Festschrift für Werner Lorenz zum siebzigsten Geburtstag, Tübingen 1991, S. 525 ff. (zit. als: *Siehr* FS Lorenz)
– Zivilrechtliche Fragen des Kulturgüterschutzes, in: Reichelt, Gerte (Hrsg.), Internationaler Kulturgüterschutz, Wiener Symposium v. 18./19. Oktober 1990, Wien 1992, S. 41 ff. (zit. als: *Siehr* Symposium)

– The UNIDROIT Draft Convention of Cultural Property, IJCP 1 (1992) 321ff.
– International Protection of Cultural Property in the European Community, in: Dominicé/Patry/Reymond (Hrsg.), Études de droit international en l'honneur de Pierre Lalive, Basel, Frankfurt a. M. 1993, S. 763ff. (zit. als: *Siehr* FS Lalive)
– International Art Trade and the Law, Académie de droit international, RdC 243 (1993) 9ff.
– Kulturgüter als res extra commercium im internationalen Rechtsverkehr, in: Westphalen, Friedrich v., Lebendiges Recht – Von den Sumerern bis zur Gegenwart, Festschrift für Reinhold Trinkner zum 65. Geburtstag, Heidelberg 1995, S. 703ff. (zit. als: *Siehr* FS Trinkner)
– Vereinheitlichung des Mobiliarsachenrechts in Europa, insbesondere im Hinblick auf Kulturgüter, RabelsZ 59 (1995) 454ff.
– Völkerrecht und Internationaler Kulturgüterschutz vor Gericht, in: Frank, Rainer (Hrsg.), Recht und Kunst, Heidelberg 1996, S. 57 ff. (zit. als: *Siehr* Recht und Kunst)
– Kulturgüterschutz innerhalb der Europäischen Union, ZVerglRWiss 95 (1996) 170ff.
– Die EG-Richtlinie von 1983 über die Rückgabe von Kulturgütern und der Kunsthandel, in: Reichelt (Hrsg.), Neues Recht zum Kulturgüterschutz, Wien 1997, S. 29ff. (zit. als: *Siehr* Neues Recht)
– The Protection of Cultural Property: the 1995 UNIDROIT Convention and the EEC Instruments of 1992/93 Compared, Un. L. Rev. 1998, 671ff.
– Europäischer Kulturgüterschutz, in: Reichert-Facilidades, Fritz (Hrsg.), Recht und Europa: Ringvorlesung am Zentrum für Europäisches Recht, Bd. 2, Wien 1998, S. 187ff. (zit. als: *Siehr* Recht und Europa)
– Europäisches Recht des Kulturgüterschutzes und die Schweiz, AJP 1999, 962ff.
– /*Üstün, Çagla*, Antike Grabstelen aus der Türkei bleiben in der Schweiz (Anm. zu Schweiz. Bundesgericht, 22. 5. 1996 – 5 P. 438/1995/szu), IPRax 1999, 489ff.
– s. o. Carl/Güttler/Siehr

Simler, Philippe, s. u. Weill, Alex/Terré, François/ Simler, Philippe

Sintesis, Carl Friedrich Ferdinand s. o. Schilling, Bruno/Sintesis, Carl Friedrich Ferdinand

Sisinni, Francesco Tutela e valorizzazione dei beni culturali dopo il Concordato e verso il 1992, in: Conservazione e valorizzazione dei beni culturali ecclesiastici, Atti del Convegno, Padova 1990, S. 33ff.

Solazzi, Siro „Quodam modo" nelle Istituzioni di Gaio, SDHI 19 (1953) 109ff.

Sonnenberger, Hans Jürgen in: Münchener Kommentar zum Bürgerlichen Gesetzbuch, Bd. 10: Einführungsgesetz zum Bürgerlichen Gesetzbuch (Art. 1–38), Internationales Privatrecht, 3. Aufl., München 1998

Sovilla, Kurt Eigentumsübergang an beweglichen körperlichen Gegenständen bei internationalen Käufen, Freiburg Schweiz 1954

Speroni, Mario La tutela dei beni culturali negli stati italiani preunitari, Milano 1988

Squillante, Francesca La tutela dell'acquirente a non domino di beni culturali rubati secondo la convenzione UNIDROIT ed il disegno di legge per esecuzione della convenzione, Riv. dir. int. 1998, 120 ff.
– s. o. Nanetti, F./Squillante, Francesca

Stamatoudi, Irini A. The National Treasures Exception in Article 36 of the EC Treaty: How Many of them Fit the Bill?, Art, Antiquity and Law 3 (1998) 39ff.

St Clair, William The Elgin Marbles: Questions of Stewardship and Accountability, IJCP 7 (1998) 391ff.

Steinauer, Paul-Henri L'acquisition d'objets d'art selon le droit privé suisse approche des questions relatives aux droits réels, in: Lalive (Hrsg.), ISWA I, S. 103ff.

Staechelin, Ruedi Die Unidroit-Konvention: kulturell verherrend, mit Schweizer Recht unvereinbar, wirtschaftlich ein Eigentor, in: Schweizerische Akademie der Geistes- und Sozialwissenschaften (Hrsg.), Unidroit: Recht und Ethik im Handel mit Kulturgut, Bern 1998, S. 63ff.

Stoll, Hans Sachenrechtliche Fragen des Kulturgüterschutzes in Fällen mit Auslandsberührung, in: Dolzer/Jayme/Mußgnug (Hrsg.), Rechtsfragen des internationalen Kulturgüterschutzes, Heidelberg 1994, S. 53ff. (zit. als: *Stoll* Rechtsfragen)

– in: J. von Staudingers Kommentar zum Bürgerlichen Gesetzbuch mit Einführungsgesetz und Nebengesetzen, EGBGB – IPR, Internationales Sachenrecht, 13. Bearbeitung, Berlin 1996 (zit. als Staudinger/*Stoll*)

– Zur gesetzlichen Regelung des internationalen Sachenrechts in Artt. 43–46 EGBGB, IPRax 2000, 259ff.

Streinz, Rudolf Internationaler Schutz von Museumsgut, Handbuch des Museumsrechts, Bd. 4, Opladen 1998

Sultan, Jennifer Combating the Illicit Art Trade in the European Union: Europol's Role in Recovering Stolen Artwork, N. W. J. Int'l. L. & Bus. 18 (1998) 759ff.

Tamiozzo, Raffaele Problematiche giuridiche relative all'esportazione di beni inerenti al patrimonio culturale italiano, in: Maresca Compagna, Adelaide/Petraroia, Pietro, Beni culturali e mercato europeo – norme sull'esportazione nei paesi della comunità, Roma 1991, S. 25ff.

Terré, Francois s. u. Weill, Alex/Terré, Francois/Simler, Philippe

Theiner, Augustin Codex diplomaticus dominii temporalis S. Sedis, Bd. 3, Rom 1862 (unveränderter Nachdruck, Frankfurt a. M. 1964)

Thormann, Martin Nochmals: Das Hamburger Stadtsiegel, NWVBl. 1992, 354ff.

Thorn, Karsten Der Mobiliarerwerb vom Nichtberechtigten, Diss. Universität Trier 1996, Baden-Baden 1996

Trabucchi, Alberto s. o. Cian, Giorgio/Trabucchi, Alberto

Travaux de l'Association Henri Capitant des amis de la culture juridique française La protection des biens culturels (Journées polonaises), Bd. 40, Paris 1989

Truslow, Frederic J. Peru's Recovery of Cultural Patrimony, N. Y. U. J. Int'l. L. & Pol. 15 (1983) 839ff.

Tyler, Barbara J. The Stolen Museum: Have United States Art Museums Become Inadvertent Fences for Stolen Art Works Looted by the Nazis in World War II?, Rutgers L. J. 30 (1999) 441ff.

Üstün, Çagla s. o. Siehr, Kurt/Üstün, Çagla

Uhl, Antje-Katrin Der Handel mit Kunstwerken im europäischen Binnenmarkt – Freier Warenverkehr versus nationaler Kulturgutschutz, Diss. Universität Tübingen 1992, Berlin 1993

Ulph, Janet Tracing and Recovering Stolen Art or the Proceeds of Sale, in: Palmer (Hrsg.), The Recovery of Stolen Art, London 1998, S. 67ff.

UNESCO The Protection of movable cultural property, Compendium of legislative texts, Bd. 1 und 2, Paris 1984 (zit. als: UNESCO Kompendium I und II)

UNIDROIT Etude XLV-Doc. 49 (1974)

UNIDROIT Etude XLV-Doc. 56 (1974)

UNIDROIT Les activités d'Unidroit en 1985, Rev. int. dr. com. 1986, 127ff.

UNIDROIT Etude LXX-Doc. 1 (1985)

UNIDROIT Etude LXX-Doc. 3 (1988)

UNIDROIT Etude LXX-Doc. 4 (1988)
UNIDROIT Etude LXX-Doc. 10 (1989)
UNIDROIT Etude LXX-Doc. 14 (1989)
UNIDROIT Etude LXX-Doc. 18 (1990)
UNIDROIT Etude LXX-Doc. 19 (1990)
UNIDROIT Etude LXX-Doc. 25 (1992)
UNIDROIT Etude LXX-Doc. 30 (1992)
UNIDROIT Etude LXX-Doc. 39 (1993)
UNIDROIT Etude LXX-Doc. 48 (1994)
UNIDROIT Diplomatic Conference for the adoption of the draft UNIDROIT Convention, Rome 7 to 24 june 1995 – Acts and proceedings, Rome 1996
Uslucan, Haci-Halil Ausverkauf nationaler Werke, Aus türkischen Zeitungen: Mit Zollarchäologen gegen Kunstraub, FAZ v. 9. 8. 2000, S. B 32
Venturini, Giancarlo Diritto internazionale privato, Padova 1956
Verheul, J. P. Foreign Export Prohibitions: Cultural Treasures and Minerals, NILR 1984, 419ff.
Vieira de Andrade, José Carlos Droit public interne: rapport portugais, in: Travaux de l'Association Henri Capitant, La protection des biens culturels, Paris 1989, S. 473ff.
Viladás, Carlos Obras de arte y Patrimonio Histórico en España: Una reforma legislativa reciente, in: Clark, David (Hrsg.), Comparative and private international law, essays in honor of John Henry Merryman on his seventieth birthday, Berlin 1990, S. 317ff.
Virgós Soriano, Miguel Spain: National Report on Topic 1. Freedom of Museums to Sell, Trade or Otherwise Dispose of Objects of Art in their Collections, Briat/Freedberg (Hrsg.), ISWA III, S. 127ff.
Vischer, Frank Zwingendes Recht und Eingriffsgesetze nach dem schweizerischen IPR-Gesetz, RabelsZ 53 (1989) 438 ff.
– Der ausländische Staat als Kläger (Überlegungen zum Fall Duvalier v. Haiti), IPRax 1991, 209 ff.
Visscher, Charles de La protection internationale des objets d'art et des monuments historiques (1re partie), Rev. dr. int. lég. comp. 62 (1935) 32ff.
– La protection des patrimoines artistiques et historiques nationaux nécessite d'une réglementation internationale, Mouseion 43/44 (1938) 7ff.
Voci, Pasquale Istituzioni di diritto romano, 5. Aufl., Milano 1996
Volker, Michael Scherbengericht auf dem Kunstmarkt – Skandalöses über die Praktiken im noblen Auktionshaus Sotheby's, SZ v. 10. 12. 1997, S. 914
Volpe, Giulio Il governo dei beni culturali, 1996
Voudouri, Daphné Droit public interne: rapport grec, in: Travaux de l'Association Henri Capitant, La protection des biens culturels, Paris 1989, S. 409ff.
Vrellis, Spyridon Le statut des biens culturels en droit international privé, in: Rapports Généraux, XIVème Congrès international du droit comparé Athènes 1994, Athens, The Hague 1996 (zit. als: *Vrellis* Rapports), S. 221 ff.
– UNIDROIT-Konvention 1995 über gestohlene oder unerlaubt ausgeführte Kulturgüter – Bedeutung der lex originis, in: Reichelt (Hrsg.), Neues Recht zum Kulturgüterschutz, Wien 1997, S. 69ff. (zit. als : *Vrellis* Neues Recht)
Wagner, Rolf Der Regierungsentwurf eines Gesetzes zum Internationalen Privatrecht für außervertragliche Schuldverhältnisse und für Sachen, IPRax 1998, 429ff.
Walter, Bernhard Rückführung von Kulturgut im internationalen Recht, Diss. Universität Tübingen 1988, Bremen 1988

Walton, Kelly Diane Leave No Stone Unturned: The Search for Art Stolen by the Nazis and the Legal Rules Governing Restitution of Stolen Art, Fordham Intell. Prop. Media & Ent. L. J. 9 (1999) 549ff.

Wappäus, Heinrich Zur Lehre von den dem Rechtsverkehr entzogenen Sachen nach römischem und heutigen Recht, Göttingen 1867

Wardlaw Hamilton, L. Museum Acquisitions: The Case for Self-Regulation, in: Duboff, Leonard (Hrsg.), Art Law, South Hackensack 1975, S. 347ff.

Watson, Peter Sotheby's – Das Ende eines Mythos (Übersetzung aus dem Englischen), München 1997

Wegenius, Christian Sweden, National Report on Topic 1. Freedom of Museums To Sell, Trade or Otherwise Dispose of Objects of Art in their Collections, in: Briat/Freedberg, ISWA III, S. 133f.

Weill, Alex/Terré, François/Simler, Philippe Précis Dalloz, Droit civil: Les biens, 3. Aufl., Paris 1985

Weisflog, Werner Der Schutz des Erwerbers beweglicher Sachen vom Nichteigentümer im internationalen Privatrecht, Diss. Universität Zürich 1930

Weiske, Julius (Hrsg.), Der Sachsenspiegel (Landrecht) nach der ältesten Leipziger Handschrift, 10. Aufl., Leipzig 1919

Wengler, Wilhelm Die Anknüpfung des zwingenden Schuldrechts im internationalen Privatrecht, ZVglRWiss 54 (1941) 168ff.

Wenner, Joseph Kirchliches Vermögensrecht, Paderborn 1940

Wernecke, Frauke Die öffentliche Sache im Widerstreit privater und allgemeiner Belange – verdeutlicht am Fall des Hamburgischen Stadtsiegels, AcP 195 (1995) 445ff.

Williams, Sharon A. The International and National Protection of Movable Cultural Property – A Comparative Study, New York 1988

Wolf, Manfred s. o. Larenz, Karl/Wolf, Manfred

Wolff, Hans J./Bachof, Otto Verwaltungsrecht, Bd. 1, 9. Aufl., München 1974

Wolkowitsch, Gilles Archives, bibliothèques, musées – Statut des collections accessibles au public, Paris 1986

Wussow, A. v. Die Erhaltung der Denkmäler in den Kulturstaaten der Gegenwart, Bd. 1 und Anlageband, Berlin 1885

Wyss, Martin Philipp Rückgabeansprüche für illegal ausgeführte Kulturgüter – Überlegungen zu einem kulturpolitischen ordre public, in: Fechner/Oppermann/Prott (Hrsg.), Prinzipien des Kulturgüterschutzes, Berlin 1996, S. 201ff.

Zimmer, Daniel Ausländisches Wirtschaftsrecht vor deutschen Zivilgerichten: Zur Unterscheidung zwischen einer normativen Berücksichtigung fremder zwingender Normen und einer bloßen Beachtung ihrer tatsächlichen Folgen, IPRax 1986, 65ff.

Zitelmann, Ernst Internationales Privatrecht, Bd. 2, München, Leipzig 1912

de Zulueta, Francis (Hrsg.), The Institutes of Gaius, Bd. 1, Oxford 1946

Zweigert, Konrad Nichterfüllung auf Grund ausländischer Leistungsverbote, RabelsZ 14 (1942) 283ff.

– */Kötz, Hein* Einführung in die Rechtsvergleichung, 3. Aufl., Tübingen 1996

Ohne Verfasser (in chronologischer Reihenfolge):

FAZ v. 10. 6. 1994, Archiv und Bibliothek in Mainz geplündert

FAZ v. 24. 5. 1995, S. 11, Kunstprofessor bot entwendete Manuskriptseiten zum Kauf an

FAZ v. 1. 6. 1995, S. 32, Handschriftendünkel – Kunsthistoriker unter Verdacht

SZ v. 6.2.1997, S. 9, Beutekunst – Rußland reklamiert Eigentum
SZ v. 14.5.1997, S. 1, Föderationsrat bestätigt Beutekunst-Gesetz
Blick durch die Wirtschaft (FAZ) v. 21.4.1998, S. 4 und v. 24.4.1998, S. 4 (Fortsetzung), Der europäische Kunsthandel zwischen freiem Warenverkehr und nationalem Kulturgüterschutz
SZ v. 5.5.1998, S. 13, Wegbereiter – Suche nach Corot-Bild erfolglos
SZ v. 6.5.1998, S. 17, Tiefer hängen? Der Kunst-Diebstahl im Louvre offenbart Sicherheitsmängel
FAZ v. 11.5.1998, S. 43, Verjährt? Niederlande verweigern Kunstrückgabe
SZ v. 27.6.1998, S. 63, Engelskopf führt auf Spur von Kirchendieben
SZ v. 22.9.1998, S. 14, Geiselgangster rauben in Nizza wertvolle Gemälde
SZ v. 14.10.1998, S. L6: Kunstfahnder des Landeskriminalamtes melden Diebstahlsserie. Ungebetene Besucher in Bayerns Kirchen. Meist schleichen sich die Täter tagsüber in unversperrte Gotteshäuser.
FAZ v. 8.4.1999, S. 4, Einbrecher mit Troika – Kunstdiebstahl im Russischen Museum
FAZ v. 21.7.1999, S. 1, Gericht: Beutekunst ist endgültig russisches Eigentum
FAZ v. 21.7.1999, S. 14, Willkür
FAZ v. 21. 7. 1999, S. 43, Rechtmäßige Beute
FAZ v. 22.7.1999, S. 47, Wundenlecken – Wenig Trost nach dem Beutekunst-Urteil
FAZ v. 4.9.1999, S. 41, Nibelungenklagelied
FAZ v. 3.1.2000, S. 47, Rauchschutz verkehrt – Cezanne-Diebstahl in der Silvesternacht
FAZ v. 26.5.2000, S. 46, Prämien statt MGs – Organisierter Kunstraub im Irak
FAZ v. 10.8.2000, S. B 32, Geklaute Götter: Nepalesisches Relief repatriiert
FAZ v. 11.8.2000, S. 47, Abreise: Gott Shiva kehrt nebst Gemahlin nach Nepal zurück
FAZ v. 16.8.2000, S. 11, Schmuggel archäologischer Fundstücke in Haifa verhindert

Personen- und Sachverzeichnis